MICHAEL HUDSON

DER SEKTOR

WARUM DIE GLOBALE FINANZWIRTSCHAFT UNS ZERSTÖRT

Aus dem Amerikanischen
von Stephan Gebauer,
Dorothee Merkel
und Thorsten Schmidt

Klett-Cotta

Klett-Cotta
www.klett-cotta.de
Die Originalausgabe erschien unter dem Titel:
»Killing the Host. How Financial Parasites and Debt
Destroy the Global Economy«
im ISLET-Verlag, Glashütte 2015

Redaktion: Ulf Müller, Köln
Printed in Germany
Cover: Rothfos & Gabler, Hamburg
Unter Verwendung einer Abbildung von © Volker Möhrke/Corbis
Gesetzt von Dörlemann Satz, Lemförde
Gedruckt und gebunden von C. H. Beck, Nördlingen
ISBN 978-3-608-96404-2

Bibliografische Information der Deutschen Nationalbibliothek
Die Deutsche Nationalbibliothek verzeichnet diese Publikation in der
Deutschen Nationalbibliografie; detaillierte bibliografische Daten
sind im Internet über http://dnb.d-nb.de abrufbar.

Inhalt

Vorwort für die deutsche Ausgabe 9

Einleitung – das Thema unseres Zeitalters 19

Der Parasit, der Wirt und die Kontrolle über das wirtschaftliche Gehirn 35

TEIL I
Von der Aufklärung zu einer Wirtschaft der Neo-Rentiers

1 Der Finanzsektor und sein Aufstieg zur Macht 59

2 Der lange Kampf, um Volkswirtschaften vom Rentier-Erbe des Feudalismus zu befreien 72

3 Kritiker und Apologeten der ökonomischen Rente, von John Locke bis John Stuart Mill 84

4 Die alles verschlingende Macht des Zinseszinses 102

5 Wie das Eine Prozent die übrigen 99 Prozent in exponentiell wachsender Verschuldung hält 115

6 Wie die Rentiers ihre Einkünfte aus den volkswirtschaftlichen Einkommensstatistiken verbannten 128

7 Der vergebliche Versuch, die Hochfinanz zu industrialisieren. . . . 152

TEIL II

Die Wall Street als zentrale Planungsabteilung

8 Die Börse als Schauplatz rücksichtsloser Finanzmachenschaften 177

9 Von den Anfängen des Aktienmarkts zur Ausgabe von Ramschpapieren 193

10 Finanz kontra Industrie: Die zwei Seiten der Bilanzaufstellung 215

11 Die Blasenökonomie: von der Vermögenspreisinflation zur Schuldendeflation 229

12 Die Banker haben es kommen sehen, aber die Ökonomen schauten weg 251

13 Der Coup von 2008: Wie die Banken gerettet wurden, aber nicht die Wirtschaft 273

14 Die staatlichen Geschenke werden immer mehr von Politik und Korruption beherrscht 297

15 Die Scheinversicherung der Wall Street gegen den Crash 317

16 AIG wird gerettet, um Goldman durchzufüttern 332

17 Die Wall Street übernimmt das Ruder und verhindert Schuldenerleichterungen 347

18 Von der Demokratie zur Oligarchie 366

TEIL III

Die selbstauferlegte Sparpolitik als Griff nach den Gemeingütern

19 Die selbstauferlegte Sparpolitik Europas 385

20 Die finanzielle Eroberung Lettlands: von der sowjetischen Planwirtschaft zur neoliberalen Austerität 401

21 Die Gründung der Troika: ihre bankenfreundliche, arbeiterfeindliche Agenda 418

22 Die Hochfinanz »verramscht« die Demokratie 433

23 Die Hochfinanz installiert Technokraten als Statthalter 446

24 Der Weg der Troika in die Schuldknechtschaft 462

25 US-Gerichte blockieren Schuldenschnitte 477

26 Sparpolitik oder Neuanfang? 495

27 Der Finanzkapitalismus als Krieg 511

28 Werden die ökonomischen Produktivkräfte durch Rentenextraktion gelähmt?. 529

TEIL IV
Es gibt eine Alternative!

29 Der Kampf um das 21. Jahrhundert 545

Schluss
Die griechische Tragödie könnte das Ende des Euro bedeuten.... 572

Nachwort für die deutsche Ausgabe von 2016 592

ANHANG

Anmerkungen 605

Register 654

Länderregister 654
Personenregister 656
Sachregister 661

Vorwort für die deutsche Ausgabe

Vor einhundert Jahren schien Deutschland Europa in die Zukunft zu führen. Obwohl Großbritannien das Heimatland der Industriellen Revolution war, spielten deutsche Großbanken eine führende Rolle bei der Finanzierung von Industrieunternehmen. Gemeinsam mit Behörden und der Schwerindustrie förderten sie langfristige Projekte, statt auf kurzfristige Erträge zu drängen. Britische Banken dagegen konzentrierten sich auf Handelsfinanzierung und Spekulation, hauptsächlich mit Staatsanleihen. Auch die britischen Aktienmärkte zeigten wenig Interesse, industrielle Investitionen zu finanzieren, da es dabei überwiegend um windige Eisenbahn- und Kanalbauprojekte ging, die anfällig für Betrug und Insidergeschäfte waren. Nach dem Ausbruch des Ersten Weltkriegs im Jahr 1914 riefen diese Unterschiede bei britischen Ökonomen die Sorge hervor, das deutsche Bankensystem könne dem Feind einen militärischen Vorteil verschaffen.

Fast alle Ökonomen glaubten, der Krieg werde nur ein paar Monate dauern. Aber sämtliche Seiten entdeckten schon bald das Grundprinzip der öffentlichen Finanzwirtschaft: Staaten können ihr eigenes Geld drucken, wie es die Vereinigten Staaten in ihrem Bürgerkrieg fünfzig Jahre zuvor getan hatten, und wie es Georg Friedrich Knapp in seiner *Staatlichen Theorie des Geldes* (1905) beschrieb.

Die Wende brachte allerdings weder das Bankwesen noch die Geldschöpfung, sondern der Kriegseintritt der USA im Jahr 1917. Nach dem militärischen Sieg über die Achsenmächte strebten die Vereinigten Staaten die finanzielle Vorherrschaft über ihre Alliierten an, indem sie die Bezahlung jener Rüstungsgüter verlangten, die diese vor dem Kriegseintritt der USA gekauft hatten.

In Versailles forderten die Alliierten von Deutschland, ihre Schulden gegenüber den Vereinigten Staaten zu übernehmen. Deutschland wurden im Versailler Vertrag Fremdwährungsschulden auferlegt, die seine Zahlungsfähigkeit weit überstiegen. Anders als die Kosten der inländischen Kriegsanstrengungen konnten Reparationsforderungen in Fremdwährungen nicht durch staatliches Gelddrucken beglichen werden. Auslandsschulden konnten nur mithilfe eines Exportüberschusses, durch den sich Pfund Sterling, französische Francs und andere Devisen erwirtschaften ließen, zurückgezahlt werden.

Deutschland wurde seiner wichtigsten Exportgüter beraubt, dennoch vertraten der französische Monetarist Jacques Rueff und andere gläubigerfreundliche Ökonomen die Auffassung, Staaten könnten Auslandsschulden in beliebiger Höhe dadurch zurückzahlen, dass sie ihre inländischen Arbeitskräfte und ihre Industrie besteuerten. Das Problem bestand jedoch darin, dass die deutschen Steuern in inländischen Mark, nicht in Devisen gezahlt wurden. Wie sollte Deutschland inländische Steuereinnahmen in die Fremdwährungen konvertieren, mit denen die Reparationsforderungen beglichen werden mussten? In dem verzweifelten Versuch, Devisen zu kaufen, um die Ansprüche der Alliierten zu erfüllen, warf die Reichsbank Mark auf Devisenmärkte. Dadurch brach der Wechselkurs der Mark zusammen, was die inländischen Kosten für Einfuhren und damit die Preise in die Höhe trieb.

Wir haben diese tragische Epoche der deutschen Geschichte jedoch in falscher Erinnerung behalten. Obwohl Deutschland zur Begleichung ausländischer Reparationsforderungen riesige Mengen an Mark druckte, kam es zu einer fiskalischen und finanziellen Deflation. Geld wurde nicht geschöpft, um inländische Ausgaben zu finanzieren und so die brutale Sparpolitik abzumildern, die zu schweren sozialen Verwerfungen führte.

Der Erste Weltkrieg und seine Nachwirkungen zeigen, wie kurzsichtig die Vorstellung ist, eine strenge Sparpolitik könne Output für den Export »freisetzen«. John Maynard Keynes war derjenige, der die gängige Vermengung des fiskalischen Problems (wie viel inländische Währung kann ein Staat besteuern?) mit dem Transfer-Problem am verständlichsten erklärte: Wie viel Fremdwährung kann bezahlt werden?

Alle Hyperinflationen (außer in Simbabwe) sind eine Folge des Bestrebens, eine höhere Summe an Auslandsschulden zurückzuzahlen, als die entsprechende Volkswirtschaft an Devisen zu erwirtschaften vermag. Ein strenger Sparkurs der öffentlichen Hand kann dieses Transferproblem nicht lösen, weil Austerität und Schuldendeflation Produktionskapazitäten zerstören und Arbeitnehmer dazu bewegen, auf der Suche nach Arbeit ins Ausland abzuwandern. Die Umlenkung von Einkommen weg von der inländischen Produktion hin zur Befriedigung von Gläubigern gleicht dem »therapeutischen« Vorgehen eines mittelalterlichen Quacksalbers, der seine Patienten umso häufiger zu Ader lässt, je kränker sie werden.

Der IWF hat diese zerstörerische Dynamik über fünfzig Jahre lang Schuldnerländern der Dritten Welt auferlegt, und die Europäische Zentralbank und die Europäische Union wenden sie seit 2012 in Griechenland an. Wenn an einer verfehlten wirtschaftspolitischen Strategie von solcher Tragweite festgehalten wird, obwohl sie ganz offensichtlich nicht den versprochenen Erfolg zeitigt, stehen dahinter immer mächtige Sonderinteressen. Eine rigorose Sparpolitik führt zwangsläufig zu Wirtschaftskrisen und stellt somit eine Art »Kriegserklärung« an Arbeitnehmer und Industrie dar. Sie erhöht zudem den Druck auf Regierungen, öffentliche Vermögenswerte und Staatsbetriebe zu privatisieren. Diese Vermögenswerte bieten Anleiheinhabern, Investoren und Spekulanten dadurch Gelegenheiten zur Abschöpfung ökonomischer Renten, die größtenteils mit zinstragenden Krediten finanziert werden.

Die Tatsache, dass diese Ideologie der Austerität vor allem in Deutschland auf so fruchtbaren Boden fiel, zeigt, dass hier kaum etwas von den finanzpolitischen Kontroversen der 1920er-Jahre in Erinnerung geblieben ist. Deutsche Banken und Banken anderer Länder behandeln Volkswirtschaften der Eurozone genau so, wie die Gläubiger damals Deutschland behandelten.

Verschlimmert werden die Auswirkungen der Austeritätspolitik dadurch, dass es gemäß den Statuten der Europäische Zentralbank den Mitgliedstaaten der Eurozone untersagt ist, eigenes Geld zu drucken, um Haushaltsdefizite zu finanzieren. Dies zwingt Staaten in die Abhängigkeit von Anleihegläubigern. Der Schuldendienst bekommt dadurch den Charakter der Bedienung von Auslandsschulden. Außerdem beanspruchen die Zinszahlungen auf diese Schulden den gesamten Zuwachs des Volkseinkommens für einen Staat wie Griechenland – und bald wohl auch für Italien, Spanien und Portugal.

Die monetäre Zwangsjacke der Eurozone

Durch das geldpolitische Instrument der *quantitativen Lockerung* hat die Europäische Zentralbank (»so viel wie notwendig ist«, sagte Mario Draghi) Geld geschöpft, um die Forderungen von Banken und Anleihegläubigern aus notleidenden Krediten und Investitionen zu erfüllen. Aber sie schöpft kein Geld zur Ankurbelung der Konjunktur in Europa. Im Gegenteil: Die Regierungen der Eurozone verfolgen eine strenge Sparpolitik und opfern die Wirtschaft auf dem Altar der Gläubigerforderungen, denen sie Vorrang einräumen.

Anders als eine staatliche Defizitfinanzierung, die das Wachstum der Wirtschaft und der Märkte ankurbelt, schöpfen Banken Kredit in Form zinstragender Darlehen für ihre Kunden – hauptsächlich Käufer von Immobilien, Aktien und Anleihen sowie Finanzinvestoren. Diese Kreditvergabe durch die Banken treibt zwar Preise für diese Vermögenswerte in die Höhe, dient aber nicht zur Finanzierung von Sachanlageinvestitionen und Arbeitsplätzen, Löhnen oder Verbraucherpreisen. Aus diesem Grund hat die quantitative Lockerung der US-Notenbank (Fed) und der Europäischen Zentralbank – das Ausreichen von Krediten an US-amerikanische und europäische Banken, nicht an Firmen oder Verbraucher – die Güterpreise nicht erhöht. Auf diese Weise wächst die Überschuldung der Wirtschaft, die in zunehmendem Maße unter einer Schuldendeflation leidet. Dieser Gegensatz zwischen einer Vermögenspreisinflation und Schuldendeflation ist ein zentrales Thema dieses Buches.

Die Frage, vor der Europa heute steht, ist die gleiche, vor der die Vereinigten Staaten im Jahr 2008 standen: Soll der Finanzsektor oder soll die Wirtschaft gerettet werden?

Die Regierung Obama entschied sich, die Banken zu retten. Sie setzte die Macht zur Geldschöpfung, über die das Finanzministerium und die Fed verfügen, nur dazu ein, Banken und Anleihegläubigern Verluste zu ersparen, während Eigenheimbesitzer und andere Schuldner die Last ihrer Hypothekenverbindlichkeiten allein stemmen mussten. Zentralbanken überall auf der Welt retten den Finanzsektor und dessen gigantischen Bestand an Forderungen – das heißt, sie sichern die finanziellen und Eigentumsansprüche des Einen Prozents gegen die verschuldeten 99 Prozent ab.

Dies wird zwangsläufig mit einem Zusammenbruch des Finanzsystems enden, während die Wirtschaft unter der Schuldenlast begraben wird. Die Erkenntnis dieser mathematischen Gewissheit sollte der Ausgangspunkt jeder wirtschaftspolitischen Diskussion unserer Zeit sein. Wenn die Summe der Schulden von Unternehmen, privaten Haushalten und der öffentlichen Hand so groß ist wie das Bruttoinlandsprodukt (BIP) – ein Normalfall in der heutigen Welt – und wenn die Zinsen auf diese Schulden, zum Beispiel, 5 Prozent betragen, dann muss die Wirtschaft jedes Jahr um 5 Prozent wachsen, um die Zinskosten überhaupt bezahlen zu können.

Aber Volkswirtschaften wachsen nicht mit dieser Rate. Dies bedeutet, dass ihre wachsenden Schulden gegenüber Banken und Anleihegläubigern nach und nach die Substanz der Volkswirtschaften aufzehren, so dass weniger Einkommen für Produktion und Konsum zur Verfügung steht. Im Fall Griechenlands beläuft sich die Verschuldung auf 180 Prozent des BIP. Um Schuldzinsen in Höhe von 5 Prozent zahlen zu können, müsste Griechenland jährlich 9 Prozent seines BIP aufwenden. Ein finanzieller Aderlass in dieser Größenordnung führt zur Schrumpfung der Binnenmärkte und damit der Beschäftigung sowie neuer produktiver Investitionen. Das ist die Dynamik der Schuldendeflation. Volkswirtschaften verarmen und zerfallen, wenn Einkommen und Vermögen an Gläubiger übergehen.

In hochverschuldeten Volkswirtschaften kommt es zu einer politischen Polarisierung, für gewöhnlich einem Erstarken nationalistischer Kräfte, wenn sozialistische Politiker keine Alternative anbieten. Dies geschah in Deutschland im Jahr 1931, als verspätet ein Moratorium auf die deutschen Reparationszahlungen erklärt wurde. Ein ähnlicher nationalistischer Widerstand gegen die deflatorische Sparpolitik der Eurozone wiederholt sich heute. So, wie die Deutschen in dem Maße, wie die Bezahlung ihrer Reparationsschulden nach dem Ersten Weltkrieg ihre Volkswirtschaft zerstörte, immer ausländerfeindlicher wurden, so entwickeln heute Griechen und andere Südeuropäer eine wachsende Animosität gegen Deutschland und die französische und niederländische Regierung, die ebenfalls eine strenge Sparpolitik befürworten.

Kurzfristig lautet die vordringlichste Frage: Wie lässt sich die heutige Abwärtsspirale der Schuldendeflation aufhalten? Die Weigerung der Eurozone, dem Wirtschaftswachstum Vorrang zu geben, droht diese auseinanderbrechen zu lassen, da die hochverschuldeten Mitgliedstaaten versuchen, sich deren deflatorischen, arbeitnehmerfeindlichen Ideologie der »inneren Abwertung«, die nichts anderes als Lohn- und Rentenkürzungen bedeutet, zu entziehen.

Diese Sparpolitik und das Schrumpfen der Wirtschaftsleistung sind kontraproduktiv. Wenn Staaten Geld schöpfen können, um Kriege zu finanzieren oder den Finanzsektor zu retten, dann können sie auch Geld schöpfen, um es in die Wirtschaft zu pumpen und die Investitionstätigkeit und die Beschäftigung anzukurbeln. Das ist die zentrale Einsicht der *Modernen Monetären Theorie* (MMT), die die Geldschöpfung als eine grundlegende öffentliche Dienstleistung behandelt.

Das politische Problem besteht darin, dass die Schuldendeflation nicht ohne Erlass jener Schulden überwunden werden kann, die die Zahlungsfähigkeit von Volkswirtschaften übersteigen – das heißt, ihre Fähigkeit, ihre Schulden zurückzuzahlen, ohne in eine tiefe Depression zu geraten. Die Reparationsforderungen und die interalliierten Schulden im Gefolge des Ersten Weltkriegs verdeutlichten die Grenzen des Schuldendienstes, der geleistet werden konnte, ohne Volkswirtschaften zu zerstören, und folglich ihrer Fähigkeit, einen Überschuss zur Bedienung der Schulden zu erwirtschaften. Wenn man Länder dazu zwingt, »ihren Verhältnissen entsprechend zu leben«, indem sie die Forderungen von Banken und Anleihegläubigern vollumfänglich befriedigen – und es zulässt, dass Banken gegen verschuldete Firmen und Privatpersonen Zwangsvollstreckungen betreiben –, führt dies unweigerlich zu Instabilität und wirtschaftlicher Polarisierung zwischen Gläubiger- und Schuldnerländern sowie zwischen Gläubigern und Schuldnern innerhalb jedes Landes.

Ein Schuldenerlass zur Konjunkturbelebung ist das wichtigste wirtschaftspolitische Gebot der Stunde für die Vereinigten Staaten und Europa – dennoch behaupten Banken und Anleihegläubiger, dies werde die Realwirtschaft in eine Krise stürzen. Dabei blenden sie die Erfahrungen Deutschlands im Gefolge des Zweiten Weltkriegs aus. Die von den Alliierten durchgeführte Währungsreform von 1948 strich alle inländischen Schulden, außer für Mindestgeschäftsguthaben von Banken und für Lohnschulden von Arbeitgebern. Das machte die deutsche Wirtschaft schuldenfrei. Das Ergebnis war das deutsche Wirtschaftswunder.

Es war leicht, Schulden in einer Situation zu streichen, wo der größte Teil dieser Verbindlichkeiten ehemaligen Nazis oder deren Unternehmen geschuldet wurde. Aber in den Kopf der Europäer wurde eine falsche Erinnerung eingepflanzt: Die Vorstellung, dass es sich um »marktwirtschaftliche« Reformen handele, zu denen gläubigerfreundliche Regeln und die Unantastbarkeit von Schulden gehören sollen. Das ist das Gegenteil des deutschen Modells des Schuldenerlasses von 1948.

Die heutige ökonomische Ideologie macht die Reformen der Progressiven Ära rückgängig

Lobbyisten jener Interessengruppen, die es auf die Abschöpfung ökonomischer Renten abgesehen haben, sowie deren Banken haben die ökonomischen und steuerlichen Reformen, auf die die französischen Physiokraten, Adam Smith, John Stuart Mill und ihre Anhänger im Namen freier Märkte drängten, bewusst falsch dargestellt. Diese klassischen Ökonomen forderten die Gesellschaft auf, Märkte von »unverdientem« (nicht durch eigene Arbeit erworbenem) Einkommen und der Rentier-Schuldenlast zu befreien. Die heutige steuerliche Begünstigung des Finanzsektors verkehrt diese Doktrin ins Gegenteil; sie fördert das Abschöpfen ökonomischer Renten (Rent-Seeking) durch Banken, Anleiheinhaber und ihre Kunden im Immobilien- und Rohstoffsektor sowie die Entstehung von Monopolen und Finanzkonzernen.

Die klassische Arbeitstheorie der Wertschöpfung definierte die ökonomische Rente als der Betrag, um den der Preis die technologisch notwendigen Produktionskosten übersteigt. Der Begriff umfasst Bodenrenten, Monopolrenten und Zinsen, die von Grundeigentümern und anderen Eigentümern natürlicher Ressourcen, von Monopolisten und Banken abgeschöpft werden. Diese Rente verdankte sich nicht der Produktion »realen« Outputs, sie war vielmehr »leistungsloses« Einkommen. Das meiste davon war ein Überbleibsel steuerähnlicher Privilegien, die ihren Ursprung in den mittelalterlichen Eroberungskriegen Europas, den Kreuzzügen und christlicher Bankdynastien haben.

Deutsche Ökonomen wie Wilhelm Roscher, Karl Heinrich Rau und Karl Marx, die sich auf die politische Ökonomie von Adam Smith, David Ricardo und der Ricardianischen Sozialisten im Gefolge von John Stuart Mill stützten, wollten die Wertschöpfung in Einklang mit dem Preis bringen, um Volkswirtschaften auf diese Weise von »unverdientem« Rentier-Einkommen zu befreien.

Auch die Sozialdemokratische Partei Deutschlands (SPD) schloss sich diesem Reformziel von sozialdemokratischen und Arbeiterparteien in ganz Europa an: Volkswirtschaften von dem Vermächtnis des Feudalismus – seiner Bodenrente, der Monopolrente und dem ausbeuterischen Kreditgewerbe – zu befreien und elementare Infrastrukturdienstleistungen kostenlos oder zumindest zu subventionierten Preisen als öffentliches Gut zur Verfügung zu stellen. Straßen und andere Verkehrswege, Post, Telekommunikation, Wasserversorgung und Abwasserentsorgung, das Gesundheits- und Schulwesen sollten öffentliche Versorgungseinrichtungen sein und nicht an Monopolisten verkauft werden, die durch Preiserhöhungen ihre Erträge maximieren. Wo Land, Bodenschätze und Infrastrukturmonopole in privaten Händen blieben, sollte ihre ökonomische Rente besteuert werden.

Industrielle Arbeitgeber und Lohnempfänger sowie Verbraucher wären die Nutznießer, weil die Besteuerung von Renten und die Subventionierung öffentlicher Dienstleistungen die betreffenden Volkswirtschaften wettbewerbsfähiger machen würden. Niedrige Preise für den Zugang zu Grund und Boden sowie anderen grundlegenden Dienstleistungen würden die Lebenshaltungskosten und damit auch die Kosten unternehmerischer Tätigkeit senken. Grundeigentum wäre kein Gemeinkostenfaktor mehr, der die Wirtschaft insgesamt belastete.

Die angestrebte staatliche Abschöpfung ökonomischer Renten blieb aus. Bankenlobbyisten, die einen hundertjährigen Kampf gegen die Besteuerung ökonomischer Renten führten, haben eine »Gegenrevolution« unterstützt, die sozialdemokratische Parteien in ganz Europa dazu veranlasste, ihre ursprünglichen Reformvorhaben aufzugeben. Sie sind auf den Privatisierungszug aufgesprungen und unterstützen sogar eine harte Sparpolitik, die darauf abzielt, die Anleihegläubiger auszuzahlen. In Großbritannien hat Tony Blair eine »thatcheristischere« Politik betrieben als die Konservativen, und auf ihn folgte Gordon Brown mit seiner »legeren Regulierungspolitik«. Französische, spanische und andere Sozialisten schlossen sich dem Rechtsschwenk zu einer Austeritätspolitik an. In Griechenland verfolgte die sozialistische Partei (Pasok) eine strenge Sparpolitik und erklärte sich zur Rückzahlung von Schulden bereit, was die griechische Wirtschaft seit 2010 in einem permanenten Krisenzustand hält. Der Pasok-Vorsitzende Giorgos Papandreou wurde just zu dem Zeitpunkt zum Vorsitzenden der

Sozialistischen Internationalen gewählt, als seine Partei ihren Rückhalt in der eigenen Bevölkerung verlor.

Nachdem die Demokratische Partei im Jahr 2008 im US-Kongress für Bankenrettungspakete kämpfte, berief Präsident Obama das Wall-Street-Faktotum Tim Geithner (der durchweg eine Schurkenrolle in diesem Buch spielt) als Finanzminister in sein Kabinett. Das Justizministerium wurde den Wall-Street-Anwälten Eric Holder und Lanny Breuer anvertraut, die darauf verzichteten, auch nur einen einzigen korrupten Banker vor Gericht zu bringen.

Im Jahr 2008 wäre eine Anpassung der Schuldenlast an die Zahlungsfähigkeit der Schuldner angezeigt gewesen, und dies hätte bedeutet, dass faule Kredite hätten abgeschrieben werden müssen. Stattdessen wurden Citigroup und andere Großbanken, die im Zentrum des Betrugs mit Ramschhypotheken standen, gerettet und subventioniert, sodass sie heute noch viel größer sind als im Jahr 2008, obwohl sie damals insolvent waren. Die Fed hat im Rahmen der quantitativen Lockerung über 4 Billionen Dollar gedruckt, um die Vermögenspreise erneut künstlich aufzublähen und die Überschuldung der Wirtschaft aufrechtzuerhalten. In ähnlicher Weise rettet auch die Europäische Zentralbank die Privatbanken und nicht etwa die Wirtschaft, die Arbeitnehmer und deren Lebensstandard.

Das Finanzsystem vom industriellen Wachstum abkoppeln und es »parasitär« machen

Dieses Buch beschreibt, wie sich die heutigen Bankensysteme und Aktienmärkte von der Finanzierung von Investitionen in Sachanlagen abgekoppelt haben und sogar die Entwicklung des industriellen Sektors regelrecht hemmen. Besonders deutlich zeigt sich dies, wenn Banken und Anleihe-Inhaber Corporate Raiders mit hochverzinslichen Ramschanleihen finanzieren, die durch Veräußerung einzelner, wertvoller Unternehmensteile zurückgezahlt werden. Aber das Problem liegt tiefer. Banken haben entdeckt, dass ihr ertragsstärkstes Geschäftsfeld Kredite für Immobilienkäufer, monopolistische Rohstoffkonzerne und natürliche Monopole sind. Die sind die Sektoren, die hohe ökonomische Renten generieren und die nach Ansicht der klassischen marktliberalen Ökonomen die natürliche Basis der Besteuerung werden sollten. Stattdessen sind sie zur Hauptquelle der Zinseinnahmen von Banken und Anleihegläubigern geworden. Da sie erkennen, dass das, worauf der Fiskus verzichtet, von den Banken als Zinsen vereinnahmt werden kann, drängen Bankenlobbyisten und die ihnen ergebenen Wirtschaftswissenschaftler darauf, Rentier-Einkommen steuerfrei zu lassen und die Steuerlast auf Arbeitnehmer und Konsumentenkäufe abzuwälzen. Aus diesem Grund sind finanzialisierte Volkswirtschaften in der heutigen Welt so kostenintensiv und nicht wettbewerbsfähig.

Während Rentenabschöpfung und eine Verschiebung der Steuerlast von Rentier-Einkommen auf Löhne und Verbraucherausgaben Volkswirtschaften kostenintensiv machen, zehrt die Schuldendeflation an der Substanz von Volkswirtschaften und ruft eine soziale Polarisierung hervor; sie führt zu Konkursen und letztlich zur Unfähigkeit, faule Kredite einzutreiben. Das macht die heutige monetaristische Austerität so kontraproduktiv. Der Weg für diese zerstörerische Politik wurde dadurch geebnet, dass die klassische Volkswirtschaftslehre ihres Kerns beraubt wurde: ihrer Definition freier Märkte als Märkte, die frei sind von unverdientem Einkommen, frei von Immobilienspekulation, unregulierten Monopolen und ausbeuterischen Finanzpraktiken.

Die Aufklärung, die klassische Volkswirtschaftslehre Europas und sozialdemokratische Reformen wollten etwas anderes erreichen. Bankensysteme und Aktienmärkte sollten restrukturiert werden, um industrielles Wachstum zu finanzieren, wie es die Reichsbank und andere mitteleuropäische Banken seit dem Ende des 19. Jahrhunderts getan hatten. Besteuert werden sollten Rentier-Einkommen aus Eigentum an Grund und Bodenschätzen, von Banken und Monopolen, nicht dagegen Löhne und Gewinne von Industrieunternehmen. Wenn man die heutigen Störungen des Wirtschaftsgeschehens in diesen historischen Kontext stellt, erkennt man, vor welcher grundlegenden wirtschaftspolitischen Frage Europa heute steht: Wird es der Kontinent zulassen, durch eine neoliberale Steuerverlagerung von Renteneinkommen auf den Faktor Arbeit, die weitere Privatisierung der öffentlichen Infrastruktur, Rentenextraktion, Schuldendeflation und Sparpolitik zerstört zu werden? Oder wird er seine Unabhängigkeit von den Rentier-Lobbyisten zurückerlangen, die es darauf anlegen, finanzielle Forderungen exponentiell zu vermehren und Volkswirtschaften in eine immer tiefere Schuldendeflation zu treiben?

Einleitung – das Thema unseres Zeitalters

Eigentlich hatte ich gar nicht vor, Ökonom zu werden. An der Universität von Chicago, an der ich studierte, belegte ich keinen einzigen Kurs in Wirtschaftswissenschaften und machte auch um die Gebäude dieser Fakultät immer einen weiten Bogen. Mein Interesse galt vielmehr der Musik und der Kulturgeschichte. 1961 zog ich nach New York und wollte in diesem Bereich im Verlagswesen tätig werden. Ich hatte bereits als Assistent für Jerry Kaplan bei der Free Press Chicago gearbeitet und dachte gerade darüber nach, einen eigenen Verlag zu gründen, als mir der ungarische Literaturkritiker Georg Lukács die englischsprachigen Rechte an seinen Schriften übertrug. Und als 1962 Leo Trotzkis Witwe Natalja Sedowa starb, überließ mir Max Shachtman, der als ihr Nachlassverwalter fungierte, die Rechte an Trotzkis Schriften und Archiv. Es gelang mir jedoch nicht, einen Verlag für die Veröffentlichung dieser Werke zu gewinnen. Wie sich herausstellen sollte, sah meine Zukunft anders aus. Die Werke fremder Leute zu veröffentlichen, gehörte nicht dazu.

Zu diesem Zeitpunkt hatte mein Leben bereits eine sehr plötzliche Wende genommen, und zwar an einem einzigen Abend. Mein bester Freund aus Chicago hatte mich gedrängt, Terence McCarthy aufzusuchen, den Vater eines seiner Schulkameraden. Terence hatte früher als Ökonom für General Electric gearbeitet und den sogenannten »Forgash Plan« verfasst. Dieser Plan war nach dem Senator von Florida, Morris Forgash, benannt und enthielt den Vorschlag, eine »Weltbank für den wirtschaftlichen Aufschwung« zu gründen, als politische Alternative zu der bereits bestehenden Weltbank. Teil dieses Plans war, die Kreditvergabe in der jeweiligen Landeswährung abzuwickeln, um so die Landwirtschaft zu reformieren und eine stärkere Unabhängigkeit in der Nahrungsmittelversorgung zu gewährleisten, statt hauptsächlich für den Export zu produzieren.

Schon am ersten Abend, an dem ich Terence McCarthy besuchte, wurde ich mit zwei Ideen oder Leitgedanken konfrontiert, die mich so sehr fesselten, dass sie zu meinem Lebenswerk wurden. An erster Stelle stand seine fast poetische Beschreibung des Weges, den der Geldstrom durch das Wirtschaftssystem nimmt. Er erklärte mir, warum im Verlauf der amerikanischen Geschichte die meisten Finanzkrisen im Herbst stattfanden – also zu der Zeit, in der die Ernte eingefahren wird. Wenn im Mittleren Westen oder anderswo in den USA Schwankungen im Grundwasserspiegel oder Klimaturbulenzen auftraten, kam es regelmäßig zu Dürren, die wiederum zu Ernteausfällen führten. Dies belastete den Bankensektor derart, dass die Institute sich gezwungen sahen, ihre ausstehenden Kredite zurückzufordern. Finanzen, natürliche Ressourcen und Industrie waren eng miteinander vernetzt, ganz ähnlich wie Sonnensysteme in der Astronomie – ein Phänomen, dessen Schönheit mich schon immer faszinierte. Doch anders als in der Astronomie führen die mathematischen Regeln von Zins und Zinseszins in der Wirtschaft unweigerlich in eine Schuldenkrise, weil auf mathematischen Kalkuationen basierende finanzielle Forderungen schneller wachsen als die Volkswirtschaft selber. Somit verschärft die Schuldenlast die Krise weiter. Wenn die Kette der Verbindlichkeiten an irgendeiner Stelle wegen Zahlungsunfähigkeit bricht, kann das dazu führen, dass die gesamte Wirtschaft kollabiert.

An diesem Abend beschloss ich, Ökonom zu werden. Ich schrieb mich an der Universität ein und suchte mir einen Job an der Wall Street, denn das war die einzige Möglichkeit, die Funktionsweisen einer Volkswirtschaft praktisch zu erfahren. Während der nächsten zwanzig Jahre unterhielten Terence und ich uns jeden Tag etwa eine Stunde lang über die aktuelle Wirtschaftslage. Er hatte die *Geschichte der volkswirtschaftlichen Lehrmeinungen* ins Englische übersetzt – eine von Karl Kautsky zusammengestellte Ausgabe einiger Schriften von Karl Marx. In diesem Band war auch die erste englische Version der *Theorien über den Mehrwert* enthalten, ein Werk, das man mit Fug und Recht als die erste nennenswerte Geschichte des ökonomischen Denkens bezeichnen kann. Terence empfahl mir, zunächst sämtliche Bücher zu lesen, die in der Bibliographie dieses Bandes aufgelistet waren – die Physiokraten, John Locke, Adam Smith, David Ricardo, Thomas Malthus, John Stuart Mill und so weiter.

Die Themen, die mich am meisten interessierten – und die im vorliegenden Buch im Mittelpunkt stehen –, wurden an der New York University, an der ich mein Studium der Wirtschaftswissenschaften absolvierte, nicht unterrichtet. Genau genommen werden sie an keiner einzigen Universität unterrichtet. Diese Themen waren: die Schuldendynamik, die Frage, wie die Kreditvergabepraxis der Banken die Immobilienpreise aufbläht, die Prinzipien der Volkswirtschaftsstatistik sowie der steigende Anteil an Kapitalerträgen im Finanz-, Versicherungs- und Immobilien- (FVI-)Sektor. Es gab nur einen Weg, diese Themen eingehend zu untersuchen: Ich musste in einer Bank arbeiten. Damals, in den sechziger Jahren, fanden sich kaum Anzeichen, dass die erwähnten Tendenzen zu einer gigantischen Finanzblase führen würden. Aber die grundlegende Dynamik war auch zu dieser Zeit schon vorhanden, und ich hatte das Glück, eine Anstellung zu bekommen, in der es eine meiner Aufgaben war, eben diese Dynamik statistisch zu erfassen.

Mein erster Job war absolut banal: Ich wurde als Wirtschaftsexperte bei der Savings Banks Trust Company eingestellt, einer Treuhandgesellschaft, die es heute nicht mehr gibt. Sie war von den 127 Sparkassen gegründet worden, die damals in New York existierten (und die es heute ebenfalls nicht mehr gibt, weil sie von Geschäftsbanken geschluckt, privatisiert und zerschlagen wurden). Meine Aufgabe dort sah folgendermaßen aus: Ich sollte untersuchen, wie viel Zinsen die Spareinlagen einbrachten und in welchem Umfang dieses Geld in die Vergabe neuer Hypothekendarlehen floss. Das Diagramm, das ich zur Entwicklung dieser Spareinlagen erstellte, sah aus wie Hokusais »Große Welle von Kanagawa«, mit dem Unterschied, dass sich der Höchststand alle drei Monate wiederholte – wie der Herzschlag in einem Kardiogramm –, nämlich immer dann, wenn die vierteljährlichen Dividenden den Anlegern gutgeschrieben wurden.

Der Zuwachs an Sparguthaben wurde in Form von Krediten an die Eigenheimkäufer weitergereicht und trug so erheblich zu dem Preisanstieg im Immobiliensektor nach Ende des Zweiten Weltkriegs bei. Damals hielt man das noch für einen endlos funktionierenden Wohlstandsmotor, der das Reinvermögen der Mittelklasse unablässig steigern würde. Je mehr Kredite die Banken vergaben, desto höher kletterten die Preise für die Immobilien, die auf Hypothekenbasis erworben wurden. Und je höher diese Preise kletterten, desto mehr Kredite waren die Banken bereit zu vergeben – es mussten sich nur genügend Leute finden, die an dieser wie ein Perpetuum Mobile anmutenden Wohlstandsmaschine teilhaben wollten.

Aber dieser Prozess funktioniert nur so lange, wie auch die Einkommen wachsen. Selbst dann machen sich die wenigsten Menschen klar, dass sie den überwiegenden Teil ihres Einkommenszuwachses für ihre Wohn- und Lebenshaltungskosten aufwenden müssen. Sie haben stattdessen das Gefühl reicher zu werden, etwas auf die hohe Kante zu legen, indem sie Geld in etwas investieren, dessen Wert immer weiter wachsen wird. Zumindest hat das nach dem Ende des Zweiten Weltkriegs sechzig Jahre lang genau so funktioniert.

Aber jede Blase platzt irgendwann, weil Blasen immer durch Schulden finanziert werden, die sich gesamtwirtschaftlich gesehen nach dem Schneeballprinzip vermehren. Die Hypothekenschulden zu bedienen beansprucht einen immer größeren Anteil vom Einkommen der Hausbesitzer. Unterdessen häufen neue Käufer weitere Schulden an, um Häuser zu erwerben, deren Preise bereits gestiegen sind und stetig steigen werden. Wie sich herausstellte, war die Statistik, die ich vom Zusammenhang zwischen Spareinlagen und kreditfinanziertem Anstieg der Immobilienpreise erstellte, die beste Methode, um zu verstehen, wie es im 20. Jahrhundert zur Entstehung und immer weiteren Aufblähung von »Papiervermögen« kam. Doch obwohl Immobilien der größte Vermögenswert einer Volkswirtschaft sind – und ebenso der wichtigste Vermögenswert und Schuldgrund für die meisten Familien –, war die Analyse von Boden- oder Grundrente und Grundstücksbewertung in keinem einzigen der Kurse, die ich abends im Rahmen meines wirtschaftswissenschaftlichen Promotionsstudiums besuchte, überhaupt ein Thema.

Nach Abschluss meines Studiums 1964 nahm ich eine Stelle in der ökonomischen Forschungsabteilung der Chase Manhattan Bank an, wo ich Zahlungsbilanzen analysierte. Dieser Job stellte sich als weiterer Glücksfall heraus, denn er bot mir die Gelegenheit, reichlich neue Erfahrungen zu sammeln. Die Arbeit für eine Bank oder eine staatliche Statistikbehörde ist meiner Ansicht nach die einzige Möglichkeit, wirklich etwas über dieses Thema zu lernen. Meine erste Aufgabe in diesem neuen Job bestand darin, die Entwicklung der Zahlungsbilanzen von Argentinien, Brasilien und Chile einzuschätzen. Dabei untersuchte ich die Exporteinnahmen und andere Deviseneinkünfte der genannten Länder, um die Einnahmen veranschlagen zu können, die der amerikanische Staat aus dem Schuldendienst für die bei US-Banken neu aufgenommenen Kredite erzielen würde.

Genau wie man sich bei der Vergabe von Hypotheken die Mieteinnahmen als Grundlage für die Zinszahlung ansieht, rechnen internationale Banken damit, dass die Deviseneinkünfte, die in anderen Ländern zu erwarten sind, in die Staatsanleihen fließen und ihnen somit als Zinsen zukommen. Unausgesprochenes Ziel der Marketingabteilung einer Bank – und von Kreditgebern generell – ist es, den gesamten wirtschaftlichen Mehrwert im Schuldendienst zu binden.

Ich fand schon bald heraus, dass die lateinamerikanischen Länder, für deren Analyse ich zuständig war, ihre Kreditmöglichkeiten komplett ausgeschöpft hatten und somit »kreditgesättigt« waren. Es gab keinen Zustrom von harter Währung mehr, den man für Zinszahlungen auf neue Kredite oder Anleiheemissionen hätte einsetzen können. Im Gegenteil, es kam zu einer Kapitalflucht. Die besagten Länder konnten ihre bestehenden Schulden nur dann bedienen, wenn ihre Banken (oder der Internationale Währungsfonds) ihnen Geld für die immer höheren Zinsaufwendungen liehen. So wurden die Kredite, die während der siebziger Jahre an souveräne Staaten vergeben worden waren, stets aufs Neue verlängert. Die Auslandsschulden nahmen aber aufgrund des Zinseszinseffekts exponentiell zu, was schließlich zur Krise von 1982 führte, als Mexiko bekanntgab, seine Schulden nicht mehr bezahlen zu können.

In dieser Hinsicht nahm die Kreditvergabe an Länder der Dritten Welt die Immobilienblase vorweg, die 2008 platzte. Doch in den achtziger Jahren wurden diesen Ländern die Schulden mithilfe der Brady Bonds zumindest teilweise erlassen – anders als später den Hauseigentümern die Hypothekenschulden.

Die wichtigste Erfahrung, machte ich bei der Chase Manhattan Bank, als ich eine Methode für Statistiken entwickelte, mit der sich die Zahlungsbilanz der US-amerikanischen Ölindustrie analysieren ließ. Mehrere Führungskräfte der Standard Oil Company erklärten mir den Unterschied zwischen Wirtschaftsstatistik und Realität und setzten mir auseinander, wie die Benutzung von »Billigflaggen« aus Liberia und Panama es ihnen ermöglichte, Steuern sowohl im Produktions- als auch im Abnehmerland zu umgehen. Man brauchte nur die Illusion zu schaffen, es würde keinerlei Profit erzielt. Der Trick lag darin, einen »Verrechnungspreis« zu benutzen. Man nahm eine konzerneigene Transportgesellschaft mit Sitz in einer Steueroase und kaufte unter ihrem Namen in den ölproduzierenden Ländern des Nahen

Ostens oder in Venezuela das Rohöl zu einem niedrigen Preis ein. Dann wurde das Öl aus diesen Verschiffungs- und Bankenzentren – wo Gewinne nicht besteuert wurden – zu erhöhten Preisen an die eigenen Raffinerien in Europa oder anderswo weiterverkauft. Man musste nur den ursprünglichen Verrechnungspreis hoch genug ansetzen, damit ein Profit, den man hätte versteuern müssen, gar nicht erst entstand.

Was die Zahlungsbilanz anging, wurde jeder Dollar, der von der Ölindustrie im Ausland ausgegeben wurde, innerhalb von nur 18 Monaten wieder in die US-Wirtschaft zurückgeführt. Mein Bericht landete auf dem Schreibtisch jedes Senators und Mitglieds des US-amerikanischen Kongresses und sorgte dafür, dass die Ölindustrie von der Zahlungsbilanz-Kontrolle ausgenommen wurde, die Präsident Lyndon B. Johnson der Wirtschaft während des Vietnamkriegs auferlegt hatte, um den Abfluss von Devisen zu unterbinden.

Die letzte Aufgabe, die ich bei Chase erhielt, war eng mit dem Dollar-Problem verknüpft. Man bat mich, eine Schätzung vorzunehmen, in welchem Umfang illegales Geld auf Sparkonten in der Schweiz und in anderen Steuerschlupfwinkeln floss. Das amerikanische Außenministerium hatte Chase und auch andere Banken angehalten, in der Karibik Zweigniederlassungen zu gründen, um auf diesem Weg das Geld der von Drogenhändler Drogendealern und Schmugglern sowie ähnlicher Personenkreise anzulocken. Man hoffte, damit den Dollar zu stärken, der durch die überbordenden Militärausgaben unter Druck geraten war. Der Kongress unterstützte diese Maßnahme und verzichtete darauf, die üblichen 15 Prozent Quellensteuer auf die Zinsen von US-Schatzwechseln Staatsanleihen zu erheben. Meine damaligen Berechnungen ergaben, dass für die Festsetzung der Wechselkurse weder der Handel noch dic Direktinvestitionen die wichtigste Rolle spielten, sondern die Rubrik der »Fehler und Nicht-Erfasstes« – ein Euphemismus für »heißes Geld«. Und es gibt niemanden, der »flüssiger« ist oder über mehr heißes Geld verfügt als Drogenhändler und korrupte Beamte, die die Exporteinnahmen ihres Landes unterschlagen. Sowohl das Außen- als auch das Finanzministerium der USA waren bemüht, diesen illegalen Einnahmen einen sicheren Hafen zu bieten, als einen verzweifelten Versuch, die durch die Militärausgaben schwer belastete Zahlungsbilanz auszugleichen.

1968 weitete ich meine Analyse des Geldflusses auf die gesamte US-amerikanische Wirtschaft im Rahmen eines einjährigen Projekts aus, das ich für die heute nicht mehr existierende Wirtschaftsprüfungsgesellschaft Arthur

Andersen umsetzte. Meine Statistik zeigte, dass während der gesamten sechziger Jahre ausschließlich die Militärausgaben für das Zahlungsdefizit der USA verantwortlich waren. Der private Sektor – Außenhandel und Investitionen – wies Jahr für Jahr eine vollkommen ausgeglichene Bilanz auf, und die Entwicklungshilfe erwirtschaftete sogar einen Dollar-Überschuss (wozu sie nach US-amerikanischem Recht aber auch verpflichtet war).

Aufgrund meiner Veröffentlichung zu diesem Thema lud man mich 1969 ein, einen Vortrag an der wirtschaftswissenschaftlichen Fakultät der New School (New York) zu halten. Damals suchte man dort einen Dozenten für internationalen Handel und Finanzen. Nach meinem Vortrag bot man mir diesen Job sofort an. Da ich auf der New York University nie einen Kurs zu diesem Thema belegt hatte, beschloss ich, Unterrichten sei die beste Möglichkeit herauszufinden, was die akademischen Theorien dazu zu sagen hatten.

Ich erkannte sehr bald, dass von allen Teildisziplinen der Wirtschaftswissenschaften die Außenhandelstheorie zweifellos die absurdeste war. In diesem Geflecht abstrakter Theorien tauchten weder Kanonenboote noch sonst irgendwelche Militärausgaben auf, geschweige denn die wirtschaftlich so schwerwiegenden »Fehler und Nicht-Erfasstes«, die Kapitalflucht, der Schmuggel oder die fiktiven Verrechnungspreise zur Steuervermeidung und -hinterziehung. Nur indem man diese Phänomene ausgeklammerte, konnte man zu der so abwegigen wie folgenreichen Schlussfolgerung gelangen, ein jedes Land könne jede auch noch so große Schuldenlast begleichen, wenn es nur die Löhne weit genug senkte. Alles, was man dafür brauche, so wurde suggeriert, seien eine hinreichende Abwertung der Landeswährung (was vor allem die lokalen Arbeitskosten abwertet) oder Lohnsenkungen durch Arbeitsmarkt-»Reformen« und Sparprogramme. Diese Theorie hat sich überall dort, wo man sie in die Praxis umsetzte, als kontraproduktiv erwiesen. Dennoch ist sie nach wie vor das Kernstück jener Doktrin, die etwa der Internationale Währungsfonds (IWF) vertritt.

Die akademische Theorie des Geldes ist noch barbarischer. Die »Chicagoer Schule« von Milton Friedman erörtert die Frage der Geldmenge einzig und allein im Kontext von Rohstoffpreisen und Löhnen und klammert Vermögenswerte wie Immobilien, Aktien und Anleihen völlig aus. Sie tut so, als dienten die Kredite, die an Unternehmen vergeben werden, lediglich dazu, Investitionsgüter zu kaufen und Löhne zu bezahlen. Der Versuch, den

Schuldendienst in die Statistik mit einzubeziehen, findet so gut wie nicht statt. Ich musste also feststellen, dass die akademischen Theorien genau das Gegenteil von dem besagten, was tatsächlich in der Welt geschah. Und keiner meiner Professoren besaß genug praktische Erfahrung im Bankensektor oder an der Wall Street, um diese Diskrepanz zu bemerken.

Während meiner Tätigkeit an der New School suchte ich drei Jahre lang nach einer Antwort auf die Frage, warum die Weltwirtschaft nicht konvergiert, sondern sich stattdessen immer weiter polarisiert. Ich entdeckte, dass die »merkantilistischen« Wirtschaftstheorien des 18. Jahrhunderts dem heutigen Mainstream einiges voraus hatten. Und ich stellte fest, um wie viel klarer die Ökonomen früherer Zeiten erkannt hatten, wie problematisch es ist, wenn sich Regierungen (und andere Instanzen) auf die politische Beratung durch Gläubiger verlassen. Darauf hat schon Adam Smith aufmerksam gemacht:

> Doch hat ein Kreditgeber des Staates an sich kein Interesse daran, ob irgendein Stück Land gut angebaut oder ein bestimmtes Kapital wirtschaftlich eingesetzt wird. ... Er kann diese Dinge nicht beaufsichtigen und kann sich auch nicht um sie kümmern. Über den Zusammenbruch eines einzelnen Projektes erfährt er in vielen Fällen überhaupt nichts, und er berührt ihn auch nicht direkt.[1]

Anleihegläubiger sind einzig und allein daran interessiert, schnellstmöglich so viel Geld wie möglich zu erbeuten, ohne Rücksicht auf die Schäden, die sie in der Gesellschaft damit anrichten. Und dennoch ist es ihnen gelungen, den Glauben zu verbreiten, souveräne Staaten seien ebenso wie Individuen moralisch dazu verpflichtet, ihre Schulden zurückzuzahlen und sogar die Interessen der Gläubiger vor die ihrer eigenen Bevölkerung zu stellen.

Meine Warnung, die Länder der Dritten Welt würden ihre Schulden nicht zurückzahlen können, war dem damaligen Dekan der Fakultät, Robert Heilbroner, ein Dorn im Auge. Er fand, dies sei absolut undenkbar, und beschwerte sich, dass der Schwerpunkt, den ich auf die Frage der finanziellen Gemeinkosten legte, die Studenten von der wichtigsten Form der Ausbeutung ablenke: nämlich die der Lohnarbeiter durch die Arbeitgeber. Selbst die marxistisch orientierten Dozenten, die er einstellte, interessierten sich nicht sonderlich für Themen wie Zinsen, Schulden oder Kapitalerträge.

Eine ähnliche Aversion der politischen Linken gegenüber dem Schuldenproblem begegnete mir, als ich zu verschiedenen Konferenzen am Institute for Policy Studies in Washington eingeladen wurde. Als ich anregte, den Weg für einen Schuldenerlass der Dritten Welt zu ebnen, sagte Marcus Raskin, der Kodirektor des Instituts, eine derart verschrobene Idee könnten sie unmöglich unterstützen. (Es sollte noch ein ganzes Jahrzehnt dauern, bis diese Problematik ins Zentrum der Aufmerksamkeit rückte, genauer gesagt bis 1982, als Mexiko die lateinamerikanische Schuldenkrise auslöste, indem es, wie oben bereits erwähnt, bekanntgab, seine Schulden nicht begleichen zu können.)

1972 veröffentlichte ich mein erstes umfangreicheres Buch mit dem Titel *Super Imperialism: The Economic Strategy of American Empire.* Darin legte ich dar, wie die Abkopplung des US-Dollars vom Goldstandard von 1971 dazu führte, dass nur noch die US-amerikanischen Staatsanleihen als globale Geldreservedienten. Das Zahlungsbilanzdefizit der USA, durch die amerikanischen Militärausgaben verursacht, führte zu einem verstärkten Dollarabfluss ins Ausland. Dieses Geld landete bei den ausländischen Zentralbanken, die es wieder zurück in die Vereinigten Staaten leiteten, indem sie US-Staatsanleihen kauften. Dies glich das amerikanische Haushaltsdefizit wieder aus. Dieses System verschafft den USA einen einzigartigen finanziellen Vorteil. Sie können ihr Defizit scheinbar *ad infinitum* selbst finanzieren, denn das Zahlungsbilanzdefizit gleicht letztendlich das Haushaltsdefizit wieder aus. Die Abkopplung des Dollars vom Goldstandard etabliert ein internationales Finanzsystem, das andere Länder dazu zwingt, die US-amerikanischen Militärausgaben zu finanzieren – ob sie das nun wollen oder nicht.

Einige meiner Freunde an der Wall Street halfen mir, mich aus der engen akademischen Welt zu befreien und in die Welt der Ideenschmieden zu wechseln. Ich nahm eine Anstellung an dem von Herman Kahn gegründeten Hudson Institute an. Bald darauf erhielt das Institut vom Verteidigungsministerium folgenden Großauftrag: Wie genau war es dazu gekommen, sollte ich erklären, dass die USA den oben erwähnten Freibrief für ein Haushalts- und Zahlungsbilanzdefizit erhalten hatten? Außerdem schrieb ich einen regelmäßig erscheinenden Börsenbrief für eine Investitionsfirma in Montreal. Mehr als die politische Linke war also die Wall Street an meiner Analyse des Geldflusses interessiert! 1979 erschien mein Buch *Global Fracture: The New International Economic Order.* In diesem Buch sagte ich vorher, wie die US-amerikanische Dominanz im Finanzsystem zu einer Spaltung der Welt führen würde. Diese Spaltung ähnelt der gegenwärtigen, an der die Weltwirtschaft heute zu zerbrechen droht. Dies behandle ich in den Kapiteln, die ich im vorliegenden Buch den internationalen Themen widme.

Ebenfalls Ende der siebziger Jahre wurde ich Berater des Ausbildungs- und Forschungsinstituts der Vereinten Nationen UNITAR. Auch hier warnte ich immer wieder davor, dass die Länder der Dritten Welt ihre Auslandsschulden nicht würden zurückzahlen können.[2] Denn sie hatten die meisten Kredite aufgenommen, aber damit bestehende Handelsabhängigkeiten fortgeschrieben, anstatt den Umbau ihrer Wirtschaft zu finanzieren und ihre Länder wieder zahlungsfähig zu machen. Die Sparprogramme des IWF mit ihren sogenannten »Strukturanpassungen« – so wie sie gegenwärtig auch in der Eurozone angewandt werden – verschlimmerten die Schuldensituation erheblich: Sie erhöhten die Leitzinsen, besteuerten die Arbeitskraft stärker, kürzten Renten und Sozialausgaben und leiteten einen Ausverkauf der öffentlichen Infrastruktur an ausbeuterische Monopolisten ein (insbesondere für das Bankwesen, die Wasser- und Abbaurechte, sowie das Kommunikations- und Transportwesen). Diese Art von »Anpassung« führt auf direktem Wege zu einer Wiederbelebung des Klassenkampfs auf internationaler Ebene.

Das UNITAR-Projekt wurde 1980 mit einer Konferenz in Mexiko abgeschlossen, deren Gastgeber der ehemalige mexikanische Präsident Luis Echeverria war. Unter den Konferenzteilnehmern entbrannte ein Streit, weil ich auf meiner Meinung beharrte, die Schuldner der Dritten Welt würden schon bald ihre Zahlungsunfähigkeit erklären müssen. Normalerweise wissen die Banker der Wall Street, die Zeichen der Zeit zu deuten und ein drohendes Debakel zu erkennen. Doch in diesem Fall waren die Lobbyisten einhellig der Meinung, alle Schulden könnten bezahlt werden, wenn man nur den Gürtel eng genug schnallt. Banken haben generell ein eigennütziges Interesse, die offensichtlichen Probleme zu leugnen, die entstehen, wenn ein »Kapitaltransfer« in harter Währung bezahlt werden muss.

Meine Erfahrungen mit einer derart wirklichkeitsfremden ökonomischen Theorie, die von den Banken unterstützt und in die staatlichen Behörden getragen wird, brachten mich auf die Idee zu untersuchen, wie verschiedene Gesellschaften im Wandel der Zeit mit ihren Schuldenproblemen umgegangen sind. Ich brauchte ungefähr ein Jahr, um die Geschichte der Schuldenkrisen bis ins antike Griechenland und Rom zurückzuverfolgen und auch den biblischen Hintergrund des Sabbatjahres zu untersuchen. Doch dann stieß ich auf Schuldenpraktiken, die bis ins sumerische Reich im dritten Jahrtausend v. Chr. zurückreichten. Die Quellen zu diesem Thema waren weit verstreut. Niemand hatte bis dahin das Wissen über diese entscheidende Epoche – den Vorläufer der westlichen Wirtschaftskultur im Nahen Osten – unter ökonomischen Gesichtspunkten zusammengefasst.

Bis 1984 war ich mit der Rekonstruktion beschäftigt, wie der verzinsliche Kredit entstanden war. Er geht auf Praktiken in den Tempeln und Palästen zurück und nicht etwa auf den Tauschhandel zwischen Individuen. Die meisten Forderungen wurden diesen Institutionen oder ihren Schuldeneintreibern geschuldet, weshalb die Herrscher überhaupt in die Lage gesetzt waren, einen Schuldenerlass zu gewähren. Sie erließen ihren Schuldnern die Schulden, um Verwerfungen in ihrer Gesellschaft zu verhindern. Ich zeigte einigen Universitätskollegen meine Entdeckungen, worauf man mir ein Forschungsstipendium im Fachbereich Babylonische Wirtschaftsgeschichte an der Anthropologisch-Archäologischen Abteilung des Harvard Peabody Museum anbot.

Nach wie vor war ich aber auch als Finanzberater tätig. 1999 stellte mich die Firma Scudder, Stevens & Clark ein. Ich sollte den ersten Fonds auf Basis von Staatsanleihen errichten. Da ich in Bezug auf die Schulden der Dritten Welt als »Dr. Doom« – als Untergangsverkünder – bekannt war, fungierte ich als eine Art Prüfstein. Man sagte mir, die Firma würde die Einrichtung des Fonds davon abhängig machen, ob es ihren Geschäftsführern gelänge, mich zu überzeugen, dass die betroffenen Länder für mindestens fünf weitere Jahre ihre Schulden zahlen könnten. Nach der genannten Laufzeit würde der Fonds automatisch aufgelöst. Aus diesem Projekt wurde der erste Staatsanleihenfonds (Sovereign Wealth Fund) überhaupt. Es war ein in den Niederländischen Antillen registrierter Offshore-Fonds, der an der Londoner Börse gehandelt wurde.

Zu diesem Zeitpunkt war die Kreditvergabe an lateinamerikanische Staaten zum Erliegen gekommen. Die Schuldnerländer waren daher so verzweifelt auf der Suche nach Finanzmitteln, dass die argentinischen und brasilianischen Dollaranleihen einen Jahreszinssatz von 45 Prozent abwarfen und die mexikanischen mittelfristigen *tessobonos* einen Zinssatz von über 22 Prozent. Doch alle Versuche, die Fondsanteile an US-amerikanische oder europäische Investoren zu verkaufen, scheiterten. Stattdessen wurden sie in Buenos Aires und São Paulo verkauft, hauptsächlich an die Angehörigen der dortigen Finanzelite, die auf ihren Offshore-Konten ohnehin die renditestarken Dollaranleihen ihrer eigenen Länder deponiert hatten. Daraus schlossen wir, dass die Finanzmanager tatsächlich noch einige Zeit dafür sorgen würden, dass die Auslandsschulden ihrer Länder bedient würden, zumindest solange sie selbst auf ihren Auslandskonten mit amerikanischen Anleihen Gewinne machen konnten. Der Scudder-Fonds erwirtschaftete 1990 die zweithöchste Rendite weltweit.

In dieser Zeit trat ich an einige kommerzielle Verleger heran und schlug ihnen vor, ein Buch zu schreiben, in dem ich vor dem unweigerlichen Platzen der gegenwärtigen Spekulationsblase warnen wollte. Man sagte mir, das sei ungefähr so, als würde ich verkünden, dass es mit gutem Sex schon recht früh im Leben vorbei sei. Ob ich nicht meine düsteren Voraussagen mit irgendwelchen erfreulichen Informationen versüßen und den Lesern erklären könne, wie sich aus dem Zusammenbruch Profit schlagen ließe? Ich schloss daraus, dass sich ein Großteil der Öffentlichkeit einen Finanzkrach eher im Nachhinein erklären lassen möchte und nicht schon vorher, wenn man noch damit beschäftigt ist, die bestmögliche Rendite einzufahren. »Dr. Doom« in der Schuldenfrage zu sein hatte ungefähr den gleichen Stellenwert, wie sich angeblich zu früh dem Antifaschismus zu verschreiben.

Daher konzentrierte ich mich auf meine historischen Forschungen. Im März 1990 stellte ich meinen ersten Forschungsbericht mit drei wesentlichen Erkenntnissen vor. Diese waren auf anthropologischer Ebene nicht weniger radikal als alles, was ich bisher im ökonomischen Bereich geschrieben hatte. Die vorherrschende Meinung in den Wirtschaftswissenschaften folgte immer noch der individualistischen Theorie der Österreichischen Schule, der zufolge die Zinsnahme ein weitverbreitetes Phänomen aus der Altsteinzeit sei und angeblich vorkam, wenn einzelne Personen anderen Vieh, Saatgut oder Geld liehen. Hingegen fand ich heraus, dass die ersten und wichtigsten Gläubiger die Tempel und Paläste Mesopotamiens in der Bronzezeit gewesen sind und eben keine Privatleute, die auf eigene Rechnung handelten. Das Erheben eines bestimmten Zinsbetrages scheint sich von Mesopotamien aus ungefähr im 8. Jahrhundert v. Chr. ins antike Griechenland und dann ins Römische Reich ausgebreitet zu haben. Dabei richtete sich der Zinssatz in den verschiedenen Regionen nicht etwa nach der Produktivität.

Er basierte vielmehr auf dem jeweils einfachsten mathematischen Berechnungssystem: 1/60 pro Monat in Mesopotamien (das heißt 20 Prozent pro Jahr), später 1/10 pro Jahr in Griechenland und 1/12 in Rom.[3]

Heute sind diese Ideen sowohl in der assyriologischen als auch in der archäologischen Forschung anerkannt. 2012 erschien David Graebers Buch *Schulden: Die ersten 5000 Jahre*, in dem er meine Forschungen zur frühen Entwicklungsgeschichte der Schulden und den damals so oft gewährten Schuldenerlassen zusammenfasst. Ich hatte zu Beginn der neunziger Jahre selbst eine Übersicht zu diesem Thema geschrieben, konnte aber keinen Verlag überzeugen, dass es hinreichende Beweise für die Tradition eines biblischen Schuldenerlasses im Nahen Osten gab. Noch vor zwei Jahrzehnten glaubten die meisten Wirtschaftshistoriker und viele Bibelforscher, das Sabbatjahr sei eine rein literarische Erfindung, eine utopische Flucht vor der Realität. Mit meiner Behauptung, diese Praxis sei durch die immer detaillierter ausgeführten staatlichen Proklamationen zu Schuldenerlassen belegt, stieß ich auf eine Mauer von Unverständnis.

Jede Region hatte ihren eigenen Begriff für derartige Proklamationen: So gab es zum Beispiel das sumerische *amargi*, das eine Rückkehr zur »Mutter« (*ama*), zu einer Welt im Gleichgewicht bedeutete; das babylonische *misharum* oder auch *andurarum*, von dem sich das judäische *deror* ableitet; und das hurritische *shudutu*. Auch der ägyptische Stein von Rosetta erwähnt eine Schuldenamnestie und die Begnadigung von Verbannten und Gefangenen. Nicht die Schulden waren heilig und unantastbar, sondern deren regelmäßige *Aufhebung*, die Annullierung der in Naturalien denominierten Schulden und die Befreiung der in Schuldknechtschaft Geratenen. Auf diese Weise sollte das gesellschaftliche Gleichgewicht aufrechterhalten werden. Die Schuldenerlasse gefährdeten also nicht die gesellschaftliche und wirtschaftliche Stabilität, sondern waren im Gegenteil unerlässlich für ihren Erhalt.

Um die Unterstützung der Assyriologen und Archäologen zu gewinnen, gründete ich zusammen mit der Harvard-Universität und einer privaten Stiftung das Institute for the Study of Long-term Economic Trends (Institut zur Erforschung langfristiger wirtschaftlicher Entwicklungen). Wir wollten eine Reihe von Konferenzen alle zwei oder drei Jahre abhalten, welche die historischen Ursprünge von Wirtschaftsinstitutionen und deren Privatisierung behandeln sollten und daneben Themen wie Landbesitz, Schulden und die Geschichte des Geldes. Unsere erste Konferenz fand 1984 in New York statt und hatte die Privatisierung im Alten Orient und der klassischen Antike zum Thema. Heute, drei Jahrzehnte später, können wir auf fünf Buchveröffentlichungen zurückschauen; diese stellten die Wirtschaftsgeschichte der westlichen Zivilisation in ein vollkommen neues Licht. Ich werde mich in diesem Buch häufiger auf die genannten früheren Gesellschaftsformen und ihren Umgang mit der Schuldenfrage beziehen und den Kontrast dieser Praktiken zu der heutigen Vorgehensweise verdeutlichen, die den Gläubiger immer an oberste Stelle stellt und zulässt, dass Volkswirtschaften durch Schulden polarisiert und erheblich geschwächt werden.

Mitte der 1990er Jahren entwickelte Hyman Minsky zusammen mit seinen Kollegen, zunächst am Levy Institute des Bard College und später an der University of Missouri – Kansas City (UMKC), eine moderne Finanztheorie, die auf realistischeren Parametern beruhte. Ich wurde wissenschaftlicher Mitarbeiter am Levy Institute und verfasste Schriften zu Immobilien- und Finanzthemen. Bald darauf tat ich mich mit Randy Wray, Stephanie Kelton und anderen Kollegen zusammen, die man eingeladen hatte, an der UMKC ein volkswirtschaftliches Curriculum zur *Modernen Geldtheorie* zu erarbeiten. Während der letzten zwanzig Jahre versuchten wir, die notwendigen Schritte aufzuzeigen, um der Arbeitslosigkeit und den gewaltigen Eigentumsverschiebungen von den Schuldnern hin zu den Gläubigern entgegenzuwirken, die die heutigen Volkswirtschaften zu zerreißen drohen.

Im Jahr 2004 stellte ich in Kansas City mein eigenes finanzielles Grundmodell vor.[4] Dazu entwarf ich ein Diagramm, das ich auch in dem im Mai 2006 als Titelgeschichte im *Harper's Magazine* erschienen Artikel verwendete. Die *Financial Times* druckte dieses Diagramm 2009 abermals ab, als sie mich als einen der acht Ökonomen würdigte, die die Finanzkrise von 2008 vorhergesehen hatten.[5] Aber es ging mir nicht nur darum, die Krise vorherzusagen. Schließlich hatte jeder andere außer den Ökonomen sie kommen sehen. Mein Diagramm erklärt vielmehr auch die exponentielle Finanzdynamik, durch die solche Zusammenbrüche unausweichlich werden. In der Folge schrieb ich eine Reihe von Kolumnen für die *Financial Times*, in denen ich mich mit Lettland und Island auseinandersetzte und die jeweiligen Krisen dieser Länder als Generalprobe für das restliche Europa und die Vereinigten Staaten bezeichnete.

Welch lähmende Wirkung Schulden haben, erkannte man im 18. und 19. Jahrhundert sehr viel deutlicher. Das hat dazu geführt, dass Ökonomen, die gewohnheitsmäßig die Partei der Gläubiger ergreifen, die Entwicklungsgeschichte des ökonomischen Denkens aus dem Lehrplan ausklammern. Die vorherrschende ökonomische Meinung zensiert alles, was nicht pro Gläubiger, pro Austerität (also für Sparmaßnahmen und gegen die Arbeitnehmer) und gegen staatliche Einmischung ist (mit Ausnahme der Rettungsmaßnahmen, mit denen ihrer Ansicht nach der Steuerzahler die größten Banken und Anleger vor dem Bankrott bewahren muss). Dennoch hat diese ökonomische Sichtweise die Politik des amerikanischen Kongresses, die Universitäten und die Massenmedien für sich eingenommen und sie dazu gebracht, ein vollkommen verfälschtes Bild von der Funktionsweise einer Volkswirtschaft zu zeichnen. Das ist der Grund, warum die meisten Menschen die Realität so sehen, wie sie von dem »Einen Prozent« der Reichsten festgeschrieben – und verzerrt – wird. Es handelt sich um eine Entstellung der Wirklichkeit.

Obwohl er scheinbar die Ideologie des freien Marktes vertritt, verwirft der pro Gläubiger eingestellte Mainstream alles, was die klassischen ökonomischen Reformer tatsächlich angestrebt haben. Angeblich bleibt einem nur noch die Wahl zwischen der zentralistischen Planung einer öffentlichen Bürokratie oder der noch sehr viel zentralistischeren Planung der Finanzbürokratie an der Wall Street. Die Alternative eines Mittelwegs zwischen privater und öffentlicher Wirtschaft ist fast vollkommen in Vergessenheit geraten – oder wird als »Sozialismus« diffamiert. Und doch war jede erfolgreiche Volkswirtschaft der Geschichte eine solche Mischwirtschaft.

Dieses Buch will Abhilfe schaffen, indem es darlegt, wie der Anstieg der Verschuldung und der Sparvermögen politisiert wird, um komplette Regierungen zu kontrollieren. Ein Schuldenberg wächst meist immer so lange an, bis es zum Zusammenbruch, zu Krieg oder einer politisch gewollten Abschreibung kommt. Nicht nur die Schulden sind das Problem. Es sind auch die angehäuften Vermögenswerte – also das, was in der Bilanzaufstellung auf der Seite der Aktiva steht. Dieses Vermögen befindet sich zum Großteil in den Händen des Einen Prozents, wird dann aber zu den Schulden, indem es meistens als Kredite an die restlichen 99 Prozent weiterverliehen wird.

Was die Finanzdynamik im Unternehmensbereich anbetrifft, so haben »aktivistische Aktionäre« und Corporate Raiders oder »Finanzheuschrecken« die Industrie in einem Maßstab »finanzialisiert«, der den Arbeitsmarkt und eine Kapitalbildung zu produktiven Zwecken unterhöhlt, statt sie zu fördern.

Die Kreditvergabe wird immer aggressiver und ausbeuterischer. Und man kümmert sich meist gar nicht mehr darum, ob die betroffenen Personen, Unternehmen und Regierungen das Geld überhaupt zurückzahlen können.

Dieses Verschuldungsmuster ist genau das, was die klassischen Ökonomen einst als unproduktiv definierten: ein System, das nicht durch Arbeitskraft verdiente Kapitaleinkünfte (die ökonomische Rente) bevorzugt und spekulative Gewinne über die Profite stellt, die man durch Beschäftigung von Arbeitskräften im Dienstleistungs- und Produktionsbereich erwirtschaftet. Ich werde also zunächst dem Leser einen Überblick verschaffen, wie die Denker der Aufklärung und die ersten Ökonomen des freien Marktes zwei Jahrhunderte lang versucht haben, genau die Art von Rentier-Herrschaft zu verhindern, durch die heutige Volkswirtschaften erstickt, Demokratien unterhöhlt und Finanzoligarchien geschaffen werden.

Um die Grundlage für diese Diskussion zu schaffen, muss man zunächst einmal klarstellen, dass hier eine Orwell'sche Strategie der rhetorischen Täuschung am Werk ist. Diese zielt darauf ab, den Finanzsektor und alle sonstigen Rentiers als einen unabdingbaren Teil der Volkswirtschaft darzustellen. Das ist genau die Strategie, die in der Natur auch die Parasiten anwenden, um ihre Wirte darüber hinwegzutäuschen, dass sie in Wirklichkeit nur Schmarotzer sind und keineswegs ein Teil des zu schützenden Wirtskörpers.

Der Parasit, der Wirt und die Kontrolle über das wirtschaftliche Gehirn

Der biologische Gebrauch des Wortes »Parasit« beruht auf einer aus dem Griechischem übernommenen Metapher. Damals waren die griechischen Beamten, deren Aufgabe es war, das Getreide für die kommunalen Feste einzusammeln, oft zusammen mit Helfern unterwegs. Diese nahmen sie auch zu den Mahlzeiten mit, die den Beamten auf Kosten der Allgemeinheit gewährt wurden, und waren daher als Parasiten bekannt. Der Begriff war damals gar nicht abwertend gemeint, sondern bedeutete einfach nur »Tischgenosse«, von den altgriechischen Wörtern *para* (neben) und *sitos* (Mahl).

Zu Zeiten der Römer hatte dieser Begriff bereits die Bedeutung eines überflüssigen Schmarotzers angenommen. Der »Parasit« verlor seinen Status als Person, die bei der Ausführung einer öffentlichen Aufgabe half, und wurde stattdessen zum ungeladenen Gast, der sich in ein privates Mahl drängte: ein stereotyper Charakter in der Komödie. Er verschaffte sich mithilfe von Lügen und Schmeicheleien Zutritt.[1]

Später dann, im Mittelalter, wurden Wucherer von den Predigern und Reformern als Parasiten und Blutsauger bezeichnet. Seitdem bezeichneten zahlreiche Autoren ökonomischer Schriften die Vertreter des Bankwesens als Parasiten, besonders diejenigen, die auf internationaler Ebene tätig waren. Schließlich übernahmen die Biologen den Begriff und benutzten ihn für Lebewesen wie den Bandwurm oder den Blutegel, die sich von größeren Wirten ernähren.

Doch war auch seit langem unbestritten, dass Blutegel zudem eine nützliche medizinische Funktion erfüllen: Sowohl George Washington als auch Josef Stalin wurden auf ihrem Totenbett mit Blutegeln behandelt. Nicht nur, weil man glaubte, der Aderlass an sich habe eine heilende Wirkung (in einer ähnlichen Weise, wie es heutige Monetaristen für finanzielle Sparmaßnahmen annehmen), sondern auch, weil Blutegel – mit dem Stoffgemisch, das sie in den Wirtskörper injizieren – Entzündungen lindern und daher zur Genesung beitragen können.

Die Vorstellung des Parasitismus als positive Symbiose findet in der Bezeichnung von Volkswirtschaften als *Wirtswirtschaften* (*host economies*) ihren Höhepunkt – Wirtschaftssysteme, die ausländische Investoren willkommen heißen. Die betreffenden Regierungen laden Banker und Investoren ein, die Infrastruktur, natürliche Ressourcen und Industriebetriebe ihrer Länder aufzukaufen oder sie zumindest zu finanzieren. Die einheimische Elite und die angehenden Staatsbeamten solcher Länder schickt man für ihre Ausbildung gewöhnlich in das imperiale oder finanzielle »Kern«-Land. Dort werden sie mit der entsprechenden Ideologie indoktriniert und akzeptieren das Abhängigkeitssystem als natürliche, für beide Seiten vorteilhafte Einrichtung. Der erzieherische und ideologische Apparat des Heimatlandes wird dann so umgeformt, dass auch er dieses Gläubiger/Schuldner-Verhältnis als ein System darstellt, von dem alle profitieren.

Kluger versus selbstzerstörerischer Parasitismus in Natur und Wirtschaft

In der Natur überleben Parasiten nur selten, wenn sie sich nur bedienen und nicht auch etwas geben. Das Überleben des Stärkeren kann nicht bedeuten, dass nur der Stärkere überlebt. Parasiten brauchen Wirte. Das Ergebnis ist oft eine wechselseitig vorteilhafte Symbiose. Manche dieser Parasiten helfen ihrem Wirt im Überlebenskampf, indem sie ihm neue Nahrungsquellen erschließen, andere schützen ihn vor Krankheiten. Schließlich ist es nur zu ihrem Vorteil, wenn der Wirt wächst und gedeiht.

Im 19. Jahrhundert gab es im Finanzbereich eine Parallele zu dieser Form der Symbiose. Damals taten sich Hochfinanz und Regierung zusammen, um die öffentlichen Versorgungsbetriebe, die Infrastruktur und den kapitalintensiven Teil des Produktionssektors zu finanzieren, insbesondere die Schwerindustrie. Das Bankwesen war nicht mehr der rücksichtslose Schmarotzer, der es bisher gewesen war, sondern sorgte nun dafür, dass die Industrie so effizient wie möglich funktionierte. Die Länder, in denen sich diese nützliche Verschmelzung am erfolgreichsten vollzog, waren Deutschland und seine zentraleuropäischen Nachbarstaaten, die über demokratische Strukturen verfügten. Quer durch das politische Spektrum, von den Befürwortern der Sozialgesetzgebungen unter Bismarck bis hin zu marxistischen Theoretikern, erwartete man von den Bankern, dass sie ihren Platz im Zentrum der Wirtschaftsplanung einnahmen, indem sie Kredite für die profitabelsten und für die Gesellschaft vorteilhaftesten Verwendungszwecke bereitstellten. Auf diese Weise entstand eine dreifache Symbiose, die eine »Mischwirtschaft« aus Staat, Hochfinanz und Industrie erschuf.

Während einer Zeitspanne von Tausenden von Jahren, vom antiken Mesopotamien über das klassische Altertum Griechenlands und Roms, waren die wichtigsten Kreditgeber die Tempel und Paläste. Sie waren für die Münzprägung und Bereitstellung von Geldmitteln verantwortlich, schufen die grundlegende Infrastruktur und trieben Nutzungsgebühren und Steuern ein. Im Mittelalter leiteten die Templer- und Hospitaliter-Orden eine Wiederbelebung des Bankwesens in Europa ein. In der Renaissance wurden öffentliche Investitionen auf produktive Weise mit privaten Finanzierungen verknüpft, und dann erneut in der sogenannten »Progressiven Ära« der USA.

Damit diese Symbiose erfolgreich war und nicht durch Sonderprivilegien oder Korruption belastet wurde, versuchten die Ökonomen des 19. Jahrhunderts, die Parlamente vor dem Einfluss der besitzenden Klasse zu schützen, die in den jeweiligen Ländern im Oberhaus dominierten. Das britische House of Lords und auch die Senatshäuser der übrigen Welt verteidigten ihre ureigensten Interessen gegen die demokratischeren Regelungen und Steuern, die die unteren Parlamentskammern umzusetzen versuchten. Die parlamentarischen Reformen, die das Wahlrecht auf die Gesamtbevölkerung ausgeweitet hatten, sollten die Wahl von Regierungen ermöglichen, die im langfristigen Interesse der Gesellschaft handelten. Die öffentlichen Behörden waren für die wichtigsten Kapitalinvestitionen im Bereich von Straßenbau, Häfen und übrigem Transportwesen, im Nachrichtenwesen, in der Energieversorgung sowie in anderen Bereichen der Grundversorgung verantwortlich. Dazu gehörte auch das Bankwesen – und zwar ohne die private Rentenextraktion, die den finanziellen Ablauf stört.

Die Alternative wären Eigentumsverhältnisse an der Infrastruktur gewesen, die denen eines abwesenden Grundherren ähnelten – einem System, das es den nach Abschöpfung ökonomischer Renten strebenden Eigentümern ermöglichte, überall ihre Mautstellen zu errichten und der Gesellschaft so viel Zoll abzuverlangen, wie es der Markt gerade eben ertrug. Solche Privatisierungen widersprechen allem, was die klassischen Ökonomen unter dem Begriff des freien Markts verstanden haben. Sie stellten sich darunter einen Markt vor, in dem es keine ökonomische Rente für eine Grundherrenklasse gab, die ihr Vermögen nur geerbt hatte, genauso wenig wie Zinsen und Monopolpreise, die man an private Eigentümer zahlen musste. Das ideale System bestand für sie aus einem gerechten Markt, in dem die Menschen für ihre Arbeitskraft und ihren Unternehmungsgeist belohnt wurden. Ein Markt, der eben nicht aus Leuten bestand, die ein Einkommen erhielten, ohne einen positiven Beitrag zur Produktion und den damit zusammenhängenden sozialen Bedürfnissen zu leisten.

Adam Smith, David Ricardo, John Stuart Mill und ihre Zeitgenossen warnten, durch die Rentenextraktion würden über die notwendigen Kosten der Produktion hinaus Einkommen abgeschöpft und Preise in die Höhe getrieben. Ihr Hauptziel war, die Grundherren daran zu hindern, »das zu ernten, was sie nicht gesät haben«, wie Smith es formulierte. Ihre Arbeitswerttheorie (die ich in Kapitel 3 erörtern werde) zielte darauf ab, Grundherren und Besitzer von natürlichen Ressourcen und Monopolen daran zu hindern, über den Kostenwert hinausgehende Preise zu verlangen. Sie richtete sich gegen Regierungen, die von den Rentiers kontrolliert wurden.

Gegen Ende des 19. Jahrhunderts verbreitete sich die Erkenntnis, dass die meisten großen Vermögen durch rücksichtslose, um nicht zu sagen räuberische Methoden angehäuft worden waren, durch Wucher, Kriegskredite oder politische Insidergeschäfte. Man eignete sich die Gemeingüter an und verschaffte sich von der Gesellschaft Monopol-Privilegien, die teuer zu bezahlen waren, bis schließlich die Leute Finanzmagnate, Grundherren und die erbliche Führungselite als Parasiten wahrnahmen. Der französische Anarchist Pierre-Joseph Proudhon brachte dies pointiert in seinem Bonmot »Eigentum ist Diebstahl« auf den Punkt.

Statt eine Symbiose zum beiderseitigen Vorteil zu schaffen, mit einer Wirtschaft, in der Produktion und Konsum Hand in Hand gehen, hat es der heutige Finanzparasitismus einzig und allein darauf abgesehen, Einkommen abzuschöpfen, die dringend für Investitionen und Wachstum gebraucht werden. Banker und Anleihegläubiger saugen die Wirtswirtschaft aus, indem sie ihr in Form von Zinsen und Dividenden Einnahmen entziehen. Die Abzahlung oder Amortisierung – also die Tilgung – eines Kredits lässt den

Wirt schrumpfen. Sowohl das Wort »Amortisierung« als auch der englische Begriff »mortgage« (Hypothek) enthalten den französischen Wortstamm »mort« – Tod. Eine finanzialisierte Volkswirtschaft wird zum Leichenhaus, während der Wirt von den finanziellen Schmarotzern aufgefressen wird, die Zinsen, Gebühren und andere Entgelte erheben, ohne etwas zur Produktion beizutragen.

Die große Frage – sowohl in einer finanzialisierten Volkswirtschaft als auch in der belebten Natur – lautet: Muss diese Entwicklung notwendig zum Tod des Wirts führen oder ist es möglich, eine positive Symbiose herzustellen? Die Antwort hängt davon ab, ob es dem Wirt gelingt, sich trotz der parasitären Angriffe weiterhin selbst zu steuern.

Wie die Parasiten die Kontrolle über das Gehirn/die Regierung des Wirts übernehmen

Die moderne Biologie liefert eine etwas ausgefeiltere Analogie zur gegenwärtigen Finanzstrategie. Sie beschreibt nämlich die ausgeklügelten Methoden, mit denen Parasiten die Kontrolle über ihren Wirt erlangen, indem sie seine normalen Abwehrmechanismen außer Kraft setzen. Um von ihm akzeptiert zu werden, muss der Parasit den Wirt davon überzeugen, kein Feind zu sein, der ihn gerade angreift. Zu diesem Zweck muss der Parasit die Kontrolle über das Gehirn des Wirts erlangen. Er muss zunächst einmal dessen Wahrnehmung so weit trüben, dass er den Befall durch den Eindringling nicht bemerkt. Dann gaukelt der Parasit dem Wirt vor, ihn nicht auszusagen, sondern ihm vielmehr behilflich zu sein, lediglich bescheidene Ansprüche zu haben und nur eine kleine Gegenleistung für die Bereitstellung seiner Dienste zu verlangen. In diesem Sinne stellen auch die Banker ihre Zinsforderungen als einen notwendigen und nützlichen Teil der Wirtschaft dar, so als würden sie ihre Kredite nur vergeben, um die Produktion zu stützen. Daher verdienten sie es auch, am Überschuss teilzuhaben, der angeblich durch sie geschaffen würde.

Zu den Bankern gesellen sich die Versicherungsgesellschaften und Börsenmakler. Sie alle verfolgen dasselbe Ziel: zwischen rein ausbeuterischen finanziellen Ansprüchen auf Vermögenswerte und tatsächlicher Wohlstandsbildung zu unterscheiden. Sie erheben Zinsen und Gebühren und sorgen dafür, dass dem Fluss aus Zahlungen und Einkünften, der zwischen Herstellern und Konsumenten zirkuliert, wesentliche Anteile entzogen werden. Um etwaige schützende Regulierungen zur Begrenzung ihrer Übergriffe zu verhindern, verbreitet die Hochfinanz die Auffassung, das Ganze sei völlig »wertfrei«, da kein Sektor den anderen ausbeute. Egal welche Summen die Gläubiger und Finanzmanager sich auch aneignen, sie seien nur eine gerechte Bezahlung für die Dienstleistungen, die sie gewähren (wie in Kapitel 6 beschrieben wird).

Warum sollten die Leute oder Unternehmen denn sonst Zinsen zahlen, so fragen die Banker, wenn es nicht um für das Wirtschaftswachstum notwendige Kredite ginge? Die Banker behaupten genau wie ihre wichtigsten Kunden – Immobiliensektor, Öl- und Bergbaubranche sowie Monopolgesellschaften –, dass das, was sie vom Rest der Wirtschaft abschöpfen, genauso fair verdient wurde wie bei direkten Investitionen ins Industriekapital. Der Satz »Man bekommt, wofür man bezahlt hat« wird benutzt, um jeden Preis zu rechtfertigen, egal wie absurd er ist. Dieser Argumentation liegt ein Zirkelschluss voller Tautologien zugrunde.

Doch die verheerendste Methode, mit der die vorherrschende Lehrmeinung uns einzulullen versucht, ist das Mantra: »Jedes Einkommen ist ehrlich verdient.« Diese trügerische Illusion soll davon ablenken, wie der Finanzsektor der Wirtschaft die Nahrung entzieht, um sie den Monopolen und übrigen ausbeuterischen Sektoren zuzuführen. Oft handelt es sich dabei um Strukturen, die sich aus vergangenen Jahrhunderten bis in unsere Gegenwart erhalten haben und sich nun aus neuen Quellen monopolistischer Einnahmen speisen, vor allem im Finanz- und Geldmanagement-Sektor. Diese Illusion ist Teil des Bildes, dass die heutigen Volkswirtschaften von Ökonomen zeichnen, wenn sie den Kreislauf aus Investition und Produktion beschreiben wollen, und zwar in ihrer sogenannten volkswirtschaftlichen Gesamtrechnung. In den USA heißt diese Rechnung »National Income and Product Accounts« (NIPA). In ihrer gegenwärtigen Form vernachlässigen die NIPA den Unterschied zwischen produktiven Tätigkeiten und »Nullsummen« – also Transferzahlungen ohne Einfluss auf Gesamtproduktion oder echtes Wachstum, bei denen die eine Partei lediglich ein Einkommen erzielt, das die andere verliert. Die NIPA verzeichnet pflichtschuldigst das Einkommen des Finanz-, Versicherungs- und Immobiliensektors (auch FVI-Sektor genannt) sowie der Monopole als »Einkünfte«. Doch kennt diese Art von Gesamtrechnung keine Kategorie für das, was klassische Ökonomen als ökonomische Rente bezeichnet haben, – nämlich Einkommen, das ohne entsprechende Arbeits- oder Unternehmensleistung vom Gesamtkapital abgeschöpft wurde. Doch ein immer größerer Anteil dessen, was die NIPA als »Einkünfte« bezeichnen, stammt aus ebensolchen ökonomischen Renten.

Dem Begründer der Chicagoer Schule, Milton Friedman, diente das Rentier-Motto als eine Art Tarnumhang: »There Is No Such Thing As A Free Lunch« – TINSTAAFL – (auf Deutsch in etwa: Nichts im Leben ist umsonst). Das soll heißen, es gibt keine Parasiten, die nehmen, ohne etwas von gleichem Wert zurückzugeben – zumindest nicht in der Privatwirtschaft.[2] Staatliche Regulierungen werden verurteilt, nicht jedoch die Rentenextraktion. Tatsächlich wird die Besteuerung der Rentiers – der Empfänger des nicht selbst verdienten Einkommens, der »Kuponabschneider«, die von Staatsanleihen oder Mietobjekten oder Monopolen leben – abgelehnt, ganz anders als bei Adam Smith, John Stuart Mill und den übrigen Anhängern des freien Markts im 19. Jahrhundert, auf die sich die Chicagoer Schule so gern beruft.

David Ricardo hatte bei seiner Rententheorie die Grundbesitzer in Großbritannien im Auge, schwieg sich aber über die Rentiers im Finanzsektor aus – jenen Menschenschlag, von dem John Maynard Keynes scherzhaft sagte, man sollte ihn einschläfern lassen. Gutsbesitzer, Finanziers und Monopolisten wurden als die auffälligsten Schmarotzer herausgegriffen und hatten somit das stärkste Interesse, dieses Konzept grundsätzlich zu leugnen.

Allgemein bekannte Beispiele für Parasiten in der heutigen Volkswirtschaft sind die Investmentbanker an der Wall Street, die Hedgefonds-Manager, die wie Heuschrecken über einzelne Unternehmen herfallen und deren Pensionsrücklagen plündern, die Vermieter, die ihren Mietern Wucherpreise abverlangen (und mit Räumungsklagen drohen, wenn ihre unfairen und überhöhten Forderungen nicht erfüllt werden), sowie die Monopolisten, die die Verbraucher mit Preisen erdrücken, die in keiner Weise durch die tatsächlichen Produktionskosten gerechtfertigt sind. Geschäftsbanken fordern, der Staat oder die Zentralbanken sollten ihre Verluste decken, mit der Begründung, die durch sie geleistete Kreditvergabe sei unverzichtbar, um Finanzmittel zu verteilen und wirtschaftliche Krisen zu verhindern. Auch hier finden wir wieder die grundlegende Forderung aller Rentiers: »Geld oder Leben!«

In einer von Rentiers kontrollierten Volkswirtschaft erheben Individuen oder auch ganze Sektoren Gebühren für die Nutzung der Besitztümer und Privilegien, die sie sich angeeignet oder, was viel häufiger der Fall ist, von ihren Vorfahren geerbt haben. Wie schon Honoré de Balzac so treffend bemerkte: »Hinter jedem großen Vermögen steht ein Verbrechen.« Oder Insidergeschäfte, deren Einzelheiten in graue Vorzeit zurückgehen und daher allein durch die Macht der gesellschaftlichen Trägheit legitimiert wurden.

An der Wurzel eines solchen Parasitismus liegt das Prinzip der Rentenextraktion: Nehmen, ohne zu produzieren. Wenn man zulässt, dass überhöhte Marktpreise erhoben werden, die den Kostenwert einer Sache bei weitem überschreiten, wird es den Vermietern, Monopolisten und Bankern möglich, mehr für ihre Grundstücke, natürlichen Ressourcen und Kredite zu berechnen, als ihre Dienstleistungen eigentlich kosten müssten. Gesellschaften ohne entsprechende Reformen sind gezwungen, diejenigen mitzuschleppen, die von den Journalisten des 19. Jahrhunderts als die »reichen Müßiggänger«, von den Schriftstellern des 20. Jahrhunderts als »Raubritter« und »Machtelite« und von der Occupy-Wall-Street-Bewegung als die »One Percenters« – das »Eine Prozent« – bezeichnet wurden.

Um eine solche gesellschaftlich zerstörerische Ausbeutung zu verhindern, haben die meisten Länder die Aktivitäten der Rentiers reguliert und besteuert oder potentielle Quellen für die Rentenextraktion (vor allem die grundlegende Infrastruktur) in der öffentlichen Hand belassen. Aber diese Regulierung ist in den vergangenen Jahren systematisch ausgeschaltet worden. Das reichste Eine Prozent hat die Steuern und Regulierungen, die während der vergangenen beiden Jahrhunderte in Kraft gesetzt wurden, abgebaut und sich beinahe den gesamten Einkommenszuwachs angeeignet, der seit der Finanzkrise von 2008 erwirtschaftet wurde. Sie zwingen dem Rest der Gesellschaft die Rolle des Schuldners auf und sind selbst die Gläubiger. Ihren Reichtum und ihre Kreditforderungen haben sie dazu benutzt, Kontrolle über das Wahlverfahren und die Regierungen zu gewinnen. Dies erreichten sie unter anderem dadurch, dass sie jene Abgeordneten unterstützten, die ihnen die Steuern erließen, und diejenigen Richter oder Gerichtssysteme förderten, die davon absahen, sie strafrechtlich zu verfolgen. Die Logik, die die Gesellschaft veranlasste, Rentiers zu regulieren und zu besteuern, wurde über Bord geworfen. Stattdessen herrscht an den Denkfabriken und Wirtschaftsfakultäten die Auffassung vor, die Einnahmen der

Rentiers seien ein wertvoller Beitrag zur Volkswirtschaft und keineswegs eine Ausbeutung derselben.

Im Verlauf der Geschichte gab es immer wieder Eroberer, Kolonialherren oder privilegierte Insider, die die Kontrolle übernommen und die Früchte der Arbeit und der Industrie geerntet haben. Banker und Anleihegläubiger fordern Darlehenszinsen, Vermieter und Ressourceneigner erheben Miete oder Pachtzinsen und Monopolisten treiben die Preise ins Unermessliche. Das Resultat ist eine von Rentiers kontrollierte Wirtschaft, die der Bevölkerung Sparmaßnahmen auferlegt. Eine schlechtere Welt kann man sich kaum vorstellen: Während die Wirtschaft ausgeblutet wird, macht die ökonomische Rente sie immer kostspieliger, da sie die Preisspanne weit über die eigentlichen, gesellschaftlich notwendigen Kosten von Produktion und Distribution hinaustreibt.

Die Aufhebung der klassischen Reformen seit dem Zweiten Weltkrieg und besonders seit 1980

Die große Umkehrung der klassischen Reformideologie des Industriezeitalters, die das Einkommen der Rentiers noch reguliert oder stark besteuert hatte, setzte nach Ende des Ersten Weltkriegs ein. Die Bankiers stellten fest, dass ihre wichtigsten Märkte Immobilien, Bodenschätze und Monopole waren. Sie beschränkten ihre Kreditvergabe hauptsächlich auf diese Sektoren, um dort den Kauf und Verkauf von Instrumenten zur Rentenextraktion zu finanzieren. Die Sicherheiten für diese Kredite bestanden in dem Gewinn, den die Käufer von Land, Bergwerken und Monopolen aus diesen Mautstellen herauszupressen vermochten. Auf diese Weise wurden der Wirtschaft die Grundrente und der Gewinn aus der Ausbeutung der Bodenschätze entzogen, genau das, was die klassischen Ökonomen als natürliche Steuergrundlage betrachteten. Im Industriesektor der Vereinigten Staaten wurde die Wall Street zur »Mutter der Konzerne«, indem sie Fusionen in die Wege leitete und Monopole schuf, die dann der Entnahme von Monopolrenten dienten.

Eben weil ein leistungsloses Einkommen (die ökonomische Rente) vollkommen umsonst war – sofern es die Regierung nicht so hoch besteuerte, dass nichts mehr davon übrigblieb –, bemühten sich die Spekulanten und andere Käufer um Kredite, um eben solche Privilegien zur Rentenextraktion zu erwerben. Entgegen dem Ideal eines klassischen freien Marktes, in dem die Rente in Form von Steuern abfloss, wurden solche »Freifahrten« *finanzialisiert* – das heißt, sie wurden zu Bankkrediten kapitalisiert und als Zinsen oder Dividenden ausbezahlt.

Die Banken bereicherten sich auf Kosten der Steuerzahler. 2012 lasteten in den Vereinigten Staaten schon auf über 60 Prozent des Gesamtwerts an Wohneigentum Schulden, so dass der Löwenanteil vom Mietwert der Immobilien als Zinsen an die Banken ging und nicht mehr der Allgemeinheit zugutekam. Der Besitz von Wohneigentum wurde quasi »auf Pump« demokratisiert. Und doch ist es den Banken gelungen, die Illusion zu erzeugen, es sei die Regierung, die sich räuberisch verhält, und nicht etwa die Banken. Der steigende Anteil an Wohneigentum hat dazu geführt, dass die Grundsteuer die unbeliebteste aller Steuern wurde. Dieser Umstand täuscht darüber hinweg, dass eine Senkung dieser Steuer im Wesentlichen dazu führen würde, noch mehr Kapital in die Taschen der Hypothekengeber zu lenken.

Eine Steuersenkung im Immobilienbereich führt unmittelbar zu einem Anstieg der Hypothekenschulden, da die Immobilienpreise durch Vergabe von Bankkrediten in die Höhe getrieben werden. Die öffentliche Moral steht den Opfern der Verschuldung kritisch gegenüber – und das gilt nicht nur für Einzelpersonen, sondern auch für ganze Regierungen. Der Trick in diesem ideologischen Krieg besteht darin, den Schuldnern einzureden, der allgemeine Wohlstand hänge davon ab, dass man die Banker bezahlt und die Anleihegläubiger reich macht. Man könnte das fast als Stockholm-Syndrom bezeichnen: Der Schuldner identifiziert sich mit seinen finanziellen Geiselnehmern.

Die heutige Auseinandersetzung um die Frage angemessener politischer Maßnahmen gründet hauptsächlich auf einer falschen Vorstellung davon, wer die Last der Steuern und Bankkredite tatsächlich trägt. Worum geht es letztlich? Rührt der Wohlstand der Wirtschaft vom Finanzsektor her? Stammt er aus Krediten und Schuldverhältnissen, die ebendieser Finanzsektor geschaffen hat? Oder wird der Wohlstand von einem zunehmend räuberisch agierenden Finanzsektor abgeschöpft? Die »Pro-Gläubiger«-Doktrin stellt es so dar: In den Zinszahlungen spiegeln sich die Entscheidungen »ungeduldiger« Individuen wider, die unbedingt sofort konsumieren wollen statt irgendwann in ferner Zukunft. Darum sind sie bereit, einem »geduldigen« Sparer eine Prämie zu bezahlen, damit er sein Geld dafür bereitstellt. Diese Darstellung, die von einer angeblich freien Entscheidung ausgeht, verschweigt die Zwänge, denen sich die meisten Menschen heutzutage gegenübersehen. Sie müssen sich immer höher verschulden, um sich ein Eigenheim, eine Ausbildung oder sogar lebensnotwendige Grundausgaben leisten zu können. Und ebenso unterschlägt sie die Tatsache, dass durch den Schuldendienst gegenüber den Banken sehr viel weniger Geld übrigbleibt, um Waren und Dienstleistungen zu kaufen.

Heutzutage sind immer weniger Löhne und Gehälter hoch genug, um ein, wie es in der volkswirtschaftlichen Gesamtrechnung heißt, »verfügbares Einkommen« zu schaffen. Der Großteil dessen, was nach Abzug von Steuern und obligatorischen Zwangsabgaben für die Sozial- und Gesundheitsversicherung noch übrigbleibt, ist schon fest verplant: für Hypothekentilgung oder Wohnungsmiete, für Kranken- und andere Versicherungen, für Bank- und Kreditkartengebühren, für Auto-Darlehen und sonstige persönliche Kredite, für Mehrwertsteuer und die finanzialisierten Gebühren, die in den gekauften Waren und Dienstleistungen enthalten sind.

Auch hier findet sich in der Natur eine nützliche Parallele zu den ideologischen Täuschungsmanövern des Bankensektors. Das Instrumentarium von Parasiten umfasst nämlich auch ein Enzym, das das Verhalten des Wirts verändert und ihn dazu bringt, den Parasiten zu beschützen und zu ernähren. Die finanziellen Eindringlinge, die sich im Wirt, der Wirtschaft, breitmachen, erschaffen sich ihre eigene plumpe Wirtschaftslehre (*junk economics*) und benutzen diese, um den Parasitismus der Rentiers als vollkommen vernünftig erscheinen zu lassen. Im Rahmen dieser Lehre stellt man es so dar, als leiste der Parasit einen produktiven Beitrag und als sei der Tumor, der durch den Eindringling entsteht, ein Teil des Wirtskörpers und keineswegs ein Geschwür, das sich von der Wirtschaft ernährt. Man erweckt den Anschein, als bestünde ein harmonisches Verhältnis zwischen Industrie und Finanzen, zwischen Wall Street und dem Rest der Welt und sogar zwischen Gläubigern und Schuldnern oder Monopolisten und ihren Kunden. In den NIPA und auch in den volkswirtschaftlichen Gesamtrechnungen anderer Länder gibt es keine Kategorie für »unverdiente« (leistungslose) Einkünfte oder Ausbeutung.

Das für die klassische Ökonomie grundlegende Konzept der ökonomischen Rente aus der klassischen Ökonomie wurde zensiert. Nun bezeichnet man die Finanz-, Immobilien- und Monopolsektoren als »Industrien«, mit dem Ergebnis, dass die Hälfte dessen, was die Medien den »industriellen Profit« nennen, in Wahrheit Renteneinkünfte aus eben diesen Sektoren sind. Und die meisten der sonstigen »Profite« stammen aus den Patenteinnahmen der Monopole (allen voran der Pharma- und IT-Konzerne) – ebenfalls eine Form der ökonomischen Rente – und anderen Rechtsprivilegien. Einkünfte aus Renten werden einfach mit Profit gleichgesetzt. Das ist die Terminologie der finanziellen Eindringlinge und Rentiers, die versuchen, die begrifflichen und ideologischen Konzepte von Adam Smith, David Ricardo und deren Zeitgenossen auszulöschen, in denen die ökonomische Rente noch als parasitär betrachtet wurde.

Teil der Strategie, mit deren Hilfe der Finanzsektor Arbeitnehmer, Industrie und Politik unter seine Herrschaft bringt, ist demnach die Ausschaltung des wirtschaftlichen »Gehirns« – also der Regierung – und der von ihr initiierten demokratischen Reformen, mit denen sie Banken und Anleihegläubiger zu regulieren sucht. Die Finanzlobbyisten attackieren staatliche Planung und verunglimpfen öffentliche Investitionen und Steuern als Wohlfahrtsverluste. Sie leugnen deren Funktion als wirtschaftliche Steuerungsmechanismen, die helfen, Wohlstand, Wettbewerbsfähigkeit, Produktivität und Lebensstandard zu erhöhen. Stattdessen übernehmen die Banken mehr und mehr die Wirtschaftsplanung, mit dem erklärten Ziel, Industrie und Arbeitnehmer in den Dienst des Finanzsektors zu stellen statt umgekehrt.

Selbst ohne einen solchen Plan führt der Zinseszinseffekt dazu, dass der Finanzsektor die Gesellschaft spaltet und große Teile der Bevölkerung in Armut stürzt. Die durch Zinsen wachsenden Sparvermögen fließen in neue Kredite, immer auf der Suche nach weiteren Verschuldungsmöglichkeiten. Doch deren Umfang geht weit über das hinaus, was durch produktive industrielle Investitionen aufgefangen werden kann (wie in Kapitel 4 ausgeführt).

Die Gläubiger behaupten, sie würden Wohlstand auf finanziellem Wege schaffen, durch Vermögenspreisinflation, Aktienrückkäufe, die Zerschlagung von Unternehmen und den Einsatz von Kredithebeln. Bei diesem Täuschungsmanöver verliert man jedoch aus den Augen, dass der finanzielle Modus der Vermögensbildung nur den finanziellen Eindringling mästet und eben nicht das Ziel der klassischen Ökonomen erfüllt, steigende Produktivität bei steigendem Lebensstandard zu erreichen.[3]

Vor einem Jahrhundert stellten Sozialisten und andere Reformer der sogenannten »Progressiven Ära« in den USA eine Entwicklungstheorie auf, derzufolge Volkswirtschaften nur dann ihr ganzes Potential entfalten können, wenn sie die post-feudalen Rentier-Klassen – also Grundherren und Bankiers – der Industrie, dem Arbeitsmarkt und dem Gemeinwohl unterordnen. Die Reformen, die man hierzu auf den Weg bringen wollte, wurden von den intellektuellen Täuschungsmanövern und oft auch der tatsächlichen Gewaltanwendung derjenigen vereitelt. Dabei ging es einzig und allein darum, das eigene Interesse durchzusetzen – wie es der chilenische Diktator Pinochet tat – und mit allen Mitteln Reformen zu verhindern, die den Interessen des Finanz-, Immobilien- und Monopolsektors entgegenstanden.

Das bringt uns wieder zurück zur Frage nach den Parasiten. In der Natur sichern diese sich ihr Überleben zumeist dadurch, dass sie ihren Wirt am Leben halten und gedeihen lassen. Handeln sie zu egoistisch, verhungert der Wirt, und ihre kostenlose »Mahlzeit« ist gefährdet. Daher begünstigt die natürliche Auslese auch die positive Form der Symbiose, bei der Wirt und Nutznießer gleichermaßen profitieren. Das gilt aber nicht für eine finanzialisierte Wirtschaft: Während hier das angesparte Vermögen in Form von zinsbringenden Krediten an Industrie und Landwirtschaft, Privathaushalte und Regierungen immer weiter wächst, wird das Handeln des Finanzsektors immer kurzsichtiger und destruktiver. Trotz all ihrer positiven Beiträge lässt die Hochfinanz (und auch das übrige Finanzwesen) der Wirtschaft kaum jemals genug Kapital für Sachanlagen übrig, um zu wachsen, geschweige denn, um der unersättlichen, exponentiellen Dynamik der Zinseszinsen und der räuberischen Ausschlachtung und Zerschlagung von Unternehmen zu genügen.

In der Natur töten die Parasiten für gewöhnlich den sterbenden Wirt und verfüttern das, was von ihm übrigbleibt, an die eigene Nachkommenschaft. Die ökonomische Parallele dazu sind Finanzmanager, die ihre Abschreibungsreserven für Aktienrückkäufe benutzen oder als Dividenden ausbezahlen, statt damit die Fabrik und deren Anlagen zu modernisieren. Die Mittel für Investitionen in Sachanlagen, Forschung und Entwicklung und Beschäftigung werden zugunsten reiner Finanzerträge gekürzt. Wenn Gläubiger Sparprogramme fordern, um aus den Schuldnern die ihnen »zustehende« Summe herauszupressen – und so ein exponentielles Wachstum ihrer Kredite und Investitionen zu ermöglichen –, sorgen sie dafür, dass die gewerbliche Wirtschaft ausgeblutet wird, und lösen eine demographische, ökonomische, politische und soziale Krise aus.

Genau das ist es, was die Weltöffentlichkeit bis heute in Irland und Griechenland beobachten kann. Irland hat erhebliche faule Immobilienschulden, deren Kosten hauptsächlich den Privathaushalten und Steuerzahlern aufgebürdet werden, und im Falle Griechenlands handelt es sich um eine Staatsverschuldung. In beiden Ländern schrumpft die Bevölkerungszahl durch eine sich immer mehr beschleunigende Emigration. Die Löhne sinken, die Selbstmordrate steigt, die Lebensdauer verkürzt sich, und die Zahl der Eheschließungen und Geburten stürzt ins Bodenlose. Da nicht genug Erträge in neue Produktionsmittel investiert werden, schrumpft die Wirtschaft, was wiederum die Kapitalflucht in Länder bewirkt, die weniger stark unter den ihnen auferlegten Sparprogrammen leiden.[4]

Wer trägt die Verluste, die der Finanzsektor durch hemmungsloses Aussaugen des industriellen Wirts erzeugt?

Die große politische Frage, die sich von nun an im 21. Jahrhundert stellt, ist folgende: Welcher Sektor schafft es, genug Einkünfte zu sammeln, um ohne die eigene Position verschlechternde Verluste, zu überleben – die industrielle Wirts-Wirtschaft oder ihre Gläubiger?

Für die Wirtschaft als Ganzes kann eine echte und nachhaltige Erholung nur dann erfolgen, wenn der Finanzsektor in seine Schranken gewiesen und daran gehindert wird, mit seiner Kurzsichtigkeit und seinem Egoismus das gesamte System zum Zusammenbruch zu bringen. Vor einem Jahrhundert führte dies zu dem logischen Entschluss, das Bankwesen in die öffentliche Hand zu geben. Heute ist diese Aufgabe wesentlich schwieriger, weil die Banken mittlerweile zu nahezu undurchdringlichen Konglomeraten geworden sind, die untrennbar mit der Wall Street – oder anderen Finanzplätzen – verbunden sind. Neben den ganz normalen Giro- und Sparkontogeschäften und den regulären Kreditvergaben an Privatkunden und Unternehmen sind sie in spekulative Arbitragegeschäfte und Wetten auf Derivate im Kasino-Stil verwickelt und werden dadurch »too big to fail« – zu groß, als dass sich die Gesellschaft ihren Bankrott noch leisten könnte.

Die heutigen Banken drücken sich vor jeder Diskussion darüber, wie übermäßige Kreditvergaben und Schuldendeflation zu Austerität – also Sparprogrammen – und zum Schrumpfen der Wirtschaft führen. Diese Weigerung, anzuerkennen, dass die Zahlungsfähigkeit einer jeden Volkswirtschaft begrenzt ist, droht den Arbeitsmarkt und die Industrie ins Chaos zu stürzen.

2008 wurden wir Zeugen einer Art Generalprobe für die drohende Katastrophe. Damals redete die Wall Street dem amerikanischen Kongress ein, ohne Rettungsmaßnahmen für die Banken und Anleihegläubiger könne die Wirtschaft nicht überleben. Deren Zahlungsfähigkeit sei, so wurde behauptet, eine unerlässliche Voraussetzung für das Funktionieren der »Realwirtschaft«. In Wirklichkeit wurden die Banken gerettet und nicht die Wirtschaft. Der Schuldentumor blieb. Die Hauseigentümer, die Pensionsfonds, die städtischen und staatlichen Finanzen wurden geopfert, die Märkte schrumpften und mit ihnen die wirtschaftlichen Investitionen und der Arbeitsmarkt. Seit 2008 ist »Sparen« gleichbedeutend mit dem Abzahlen von Schulden an den Finanzsektor und eben nicht mit Investitionen, die Wirtschaftswachstum fördern. Diese Art der »Zombie-Rettung« plündert den ökonomischen Kreislauf zwischen Produzenten und Verbrauchern. Man behauptet, die Wirtschaft damit zu retten, blutet sie in Wirklichkeit aber aus – ganz ähnlich wie es die Ärzte im Mittelalter mit ihren Patienten taten.

Der Kapitalentzug durch den Finanzsektor schwächt die Wirtschaft erheblich. Das Einkommenswachstum wird monopolisiert. Einkünfte dienen lediglich dazu, die bestehende Ausbeutung noch zu verstärken, anstatt die Wirtschaft aus ihrer Schuldendeflation zu befreien. Das finanzielle Ziel ist einzig und allein, Einkommen in Form von Zinsen, Gebühren und der Tilgung von Schulden und unbezahlten Rechnungen zu entziehen. Wenn das finanzielle Einkommen durch räuberische Methoden erlangt wurde und die Kapitalgewinne nicht durch eigene Arbeit oder eigenes Unternehmertum entstanden sind, dann sollte das Eine Prozent nicht behaupten dürfen, es habe die 95 Prozent an zusätzlichem Einkommen, die es seit 2008 eingestrichen hat, selbst geschaffen. Vielmehr hat sie es den übrigen 99 Prozent *abgenommen.*

Wenn es tatsächlich stimmt, dass die Dienste, die das Bankwesen zur Verfügung stellt, denselben Wert haben wie der übergroße Reichtum, den es für das Eine Prozent geschaffen hat, warum musste es dann überhaupt gerettet werden? Und wenn das gesamte Wirtschaftswachstum, das nach einer solchen Rettungsmaßnahme entsteht, auf den Finanzsektor entfällt, wie kann das der Industrie und den Arbeitnehmern helfen, deren Schulden eben nicht aus den Geschäftsbüchern gestrichen werden? Warum wurden nicht Beschäftigungssektor und die Unternehmen, die in Sachanlagen investieren, gerettet, indem man *ihnen* die Schulden löschte?

Wenn die Einkünfte die Produktivität widerspiegeln, warum sind dann die Löhne seit den siebziger Jahren gleich geblieben, während doch die Produktivität fast ins Unermessliche gestiegen ist? Warum wurden die Gewinne durch die Banken und Finanziers abgeschöpft und kamen eben nicht den Beschäftigten zugute? Warum gibt es in den heutigen volkswirtschaftlichen Gesamtrechnungen keine Kategorie für unverdiente, leistungslose Einkünfte (ökonomische Rente) – eine Kategorie, die im Mittelpunkt der klassischen Wert- und Preistheorie stand? Wenn es in den Wirtschaftswissenschaften wirklich um die Ausübung des freien Willens geht, warum befanden es dann die Prediger der Rentier-Interessen für nötig, die Geschichte des klassischen ökonomischen Gedankenguts aus dem Lehrplan zu verbannen?

Die Strategie der Schmarotzer besteht darin, den Wirt so einzulullen, dass ihm gar nicht in den Sinn kommt, diese Fragen zu stellen. Dieses durch Zensur erzeugte Trugbild ist Kern der postklassischen Wirtschaftslehre, die unter dem betäubenden Einfluss der »neoliberalen« Ökonomen steht, jener Wirtschaftswissenschaftler, die für die Rentiers und gegen staatliche Eingriffe und den Arbeitsmarkt Partei ergreifen. Ihre logischen Schlussfolgerungen lassen es so aussehen, als wären Sparmaßnahmen (Austerität), Rentenextraktion und Schuldendeflation nur ein weiterer Schritt nach vorn und würden keineswegs zum Absterben der Wirtschaft führen. Künftige Generationen werden vielleicht erkennen, dass diese selbstzerstörerische Ideologie die Errungenschaften der Aufklärung ausgelöscht und in der heutigen Weltwirtschaft eine der größten oligarchischen Machtübernahmen eingeleitet hat, die es jemals in der Geschichte der Menschheit gab. Wie schon der Dichter Charles Baudelaire schrieb: »Die schönste List des Teufels ist es, uns zu überzeugen, dass es ihn nicht gibt.«

Die zwölf Themen dieses Buches

1. Das Schicksal eines jeden Landes wird von zwei Arten wirtschaftlicher Beziehungen bestimmt. Die meisten Lehrbücher und vorherrschenden Strömungen der Wirtschaftswissenschaften konzentrieren sich auf die »Realwirtschaft« mit ihrem Kreislauf aus Produktion und Konsum, die auf dem Einsatz von Arbeitskräften, Produktionsmitteln und technologischem Potential beruht.
   Diese materielle, greifbare Form der Wirtschaft – nennen wir sie Wirtschaft Nr. 1 – ist von einem juristischen und institutionellen Netzwerk aus Krediten und Schulden, Vermögensverhältnissen und Eigentumsprivilegien umgeben, während im Mittelpunkt der Wirtschaft Nr. 2 der »Sektor«, zusammengesetzt aus Finanz-, Versicherungs- und Immobilienbereich, steht. Diese auf »Schuld und Eigentum« basierende Form der Wirtschaft verwandelt ihre Profite in politische Kontrolle, um die Zahlung von Schulden und die Erhaltung ihres Eigentums an Immobilien, natürlichen Ressourcen und (zumeist geerbten) Monopoleinkünften zu gewährleisten.
   Zinsen und ökonomische Renten sind Transferleistungen von Wirtschaft Nr. 1 an Wirtschaft Nr. 2. Die herrschende ökonomische Lehrmeinung stellt es so dar, als würden alle Einkünfte auf produktivem Wege verdient, selbst dann, wenn es sich um Immobilien- und Börsenspekulanten handelt, die lediglich ihre Rentier-Profite und Zinsen einstreichen. Die grundlegende Täuschung liegt in der These, der Profit eines jeden würde sich an seinem tatsächlichen Beitrag zur Produktion bemessen. Die volkswirtschaftliche Gesamtrechnung behandelt sämtliche Einnahmen, die diese Personen der Wirtschaft entziehen, als Beitrag zum Bruttoinlandsprodukt (BIP) – so als spiegelten ihre exorbitanten Einkünfte eine entsprechend hohe Produktivität wider. Ihr »Output« – also ihre wirtschaftliche Produktionsmenge – wird mit ihrem Einkommen gleichgesetzt – weshalb man das BIP eigentlich als Bruttoinlands*kosten* bezeichnen müsste. Ökonomischen Parasitismus oder unnötige Lebenshaltungs- und Geschäftskosten scheint es demnach überhaupt nicht zu geben. Die Existenz eines Schmarotzertums wird weder erkannt noch anerkannt, folglich auch nicht der Umstand, dass es eine Wirtschaft Nr. 2 gibt, die nicht zur Produktivität von Wirtschaft Nr. 1 beiträgt.

2. Die heutigen Banken haben aufgehört, Sachinvestitionen in Fabriken, neue Produktionsmittel oder Forschung und Entwicklung zu finanzieren – also die Form von produktiver Kreditvergabe zu betreiben, die den Schuldnern die nötigen Mittel an die Hand geben soll, um ihre Schulden auch zurückzubezahlen. Stattdessen vergeben die Banken meist nur solche Kredite, die auf bereits bestehenden Sicherheiten beruhen, wozu hauptsächlich (bei 80 Prozent aller Kreditvergaben) Immobilien zählen, sowie Aktien und Anleihen. Die Folge ist, dass diese Vermögenswerte den Besitzer wechseln, ohne die Produktion anzukurbeln.
3. Die Kreditnehmer benutzen diese Kredite, um die Preise für die Vermögenswerte in die Höhe zu treiben, die sie auf Kredit erwerben: Wohn- und Bürogebäude, ganze Unternehmen (wie etwa bei fremdfinanzierten Übernahmen) und Teile der öffentlichen Infrastruktur, in denen sie dann ihre »Mautstellen« errichten und Benutzungsgebühren erheben. Die auf solchen Vermögenswerten beruhende Form der Kreditvergabe führt auf direktem Wege zur Vermögenspreisinflation.
4. Die Zurückzahlung solcher Kredite mitsamt ihrer Zinsen verringert das Lohn- oder Profiteinkommen, das für Konsum- und Investitionsgüter zur Verfügung steht. Diese Form der Schuldendeflation ist eine unmittelbare und unvermeidliche Folge der Vermögenspreisinflation. Schuldendienst und die Gebühren, die in die ökonomische Rente einfließen, lassen Märkte, Konsumausgaben, Beschäftigung und Löhne schrumpfen.
5. Sparprogramme erschweren die Zurückzahlung von Schulden, indem sie die Märkte austrocknen und die Arbeitslosigkeit ansteigen lassen. Genau deshalb forderte John Maynard Keynes die »Einschläferung der Rentiers«, wenn man den Industriekapitalismus zum Erfolg verhelfen wolle. Er hoffte, den Hunger nach Reichtum vom Bankwesen wegzulenken und somit auch von dessen wichtigsten Kreditmärkten, zu denen vor allem die Immobilienspekulation und die Privatisierung von Monopolen zur Schaffung ökonomischer Renten gehören.
6. Die Politik des Mainstreams tut so, als wären die Volkswirtschaften in der Lage, ihre Schulden zu bezahlen, ohne dass die Menschen ihren Lebensstandard senken oder auf Besitztümer verzichten müssen. Aber die Schulden wachsen exponentiell – also wesentlich schneller als die Fähigkeit einer Volkswirtschaft, die Schulden auch zurückzuzahlen. Die

Zinsen häufen sich an und werden zur Schuldenlast hinzugefügt (während auf elektronischem Wege immer neue Bankkredite geschaffen werden). Die »Macht des Zinseszinses« verdoppelt und verdreifacht sowohl das Sparvermögen als auch das Schuldensaldo, einzig und allein aufgrund von mathematischen Gesetzen und diese scheren sich nicht darum, ob eine Wirtschaft genug produziert, um die ganze Schuldenlast auch begleichen zu können. Die Wirtschaft verschuldet sich immer mehr, während sich alle Zahlungsansprüche in den Händen des Einen Prozents konzentrieren.

7. Schulden, die nicht bezahlt werden können, werden auch nicht bezahlt. Die Frage ist nur: Auf welche Weise werden sie nicht bezahlt? Dafür gibt es zwei Möglichkeiten. Die drastischere und schädlichere der beiden (die oft genug euphemistisch als »Business as usual« – alles geht seinen gewohnten Gang – bezeichnet wird) besteht darin, dass die betroffenen Personen, Unternehmen oder Regierungen ihre Vermögenswerte verkaufen oder verlieren. Die zweite Möglichkeit ist, die Schulden bis zu dem Betrag zu erlassen, der tatsächlich noch bezahlt werden kann. Die Banker und Anleihegläubiger bevorzugen die erste Möglichkeit und bestehen darauf, dass alle Schulden bezahlt werden können, wenn man es nur will – das heißt, wenn man sich bereit erklärt, ihnen den eigenen Besitz zu überlassen. Das ist auch die Lösung, die die monetaristischen Mainstreamökonomen, die Regierungspolitik und die Massenmedien als moralisches Grundprinzip propagieren. Dieses Vorgehen zerstört jedoch die Wirtschaft Nr. 1 und bereichert das Eine Prozent, das die Wirtschaft Nr. 2 beherrscht.
8. Eine *Blasenökonomie* (*bubble economy*) – also eine Wirtschaft, die von einer *Spekulationsblase* beherrscht wird – mag den Zusammenbruch zunächst hinauszögern können, wenn die Banken ihre Kredite zu günstigeren Konditionen vergeben. Das machte es zuletzt den Kreditnehmern möglich, die Preise für Immobilien und andere Vermögenswerte weiter in die Höhe zu treiben. Diese Form der Inflation ist der einzige Weg, die Gläubiger zu bezahlen. Die Wirtschaft verschuldet sich jedoch immer mehr. Die Schuldner können ihre Gläubiger nur bezahlen, indem sie weitere Sicherheiten verpfänden und die Preise der ihnen zugrundeliegenden Vermögenswerte weiter in schwindelnde Höhen treiben. Um eine derartige Blase aufrechtzuerhalten, müssen neue Kreditvergaben

und Schulden ein exponentielles Wachstum durchlaufen: Genau wie bei einem Kettenbrief oder einem Schneeballsystem wird es notwendig, immer neue Teilnehmer zu gewinnen.

Als nach dem Jahr 2001 die Preise für Vermögenswerte stiegen, verleitete das die Hauskäufer dazu, zum Erwerb ihrer Immobilien Kredite aufzunehmen. Die Zinszahlungen »sicherten« die Käufer mit ihren Gewinnen aus dem erwarteten Wertanstieg eben dieser Vermögenswerte ab. Doch dieses zunächst scheinbar endlos funktionierende, sich immer weiter selbst aufblasende Perpetuum mobile brach in sich zusammen, als die laufenden Erträge nicht mehr ausreichten, um die Zinsforderungen zu decken. 2007 stellten die Spekulanten ihre Käufe ein und begannen, Immobilien abzustoßen. Die Preise fielen dadurch ins Bodenlose. Die Schulden aber waren keineswegs getilgt; sie bestanden weiter: Man »verfügte« mit einem Schlag über negatives Eigenkapital.

9. Banken und Anleihegläubiger lehnen jeglichen Schuldenerlass ab. Sie tun das sogar dann, wenn dadurch die bestehenden Schulden so weit reduziert werden könnten, dass sie mit den tatsächlichen Einnahmen und einer auf den Anschaffungskosten basierenden Vermögensbewertung in Einklang stehen. Die Forderungen der Gläubiger zwingen die Gesamtwirtschaft in eine Richtung, die den Interessen der finanzialisierten Wirtschaft Nr. 2 entspricht, statt die überschuldete Wirtschaft Nr. 1 – mit Konsum und Produktion – zu schützen. Am Ende werden beide Wirtschaften in den Bankrott getrieben.
10. »Der Sektor«, also der Finanzsektor – gleichbedeutend mit dem Einen Prozent –, fördert Oligarchien. Die Gläubiger der Eurozone haben nach dem Beginn der Krise von 2008 durchgesetzt, dass in den stark überschuldeten Ländern Italien und Griechenland Technokraten an die Macht kamen und demokratische Referenden über die Frage blockierten, ob man die Rettungsmaßnahmen und die damit verbundenen Sparprogramme akzeptierte. Diese politische Vorgehensweise reicht bis in die sechziger und siebziger Jahre des 20. Jahrhunderts zurück, als der IWF und die US-amerikanische Regierung Oligarchien und Militärdiktaturen unterstützten, die den Gläubigerinteressen dienten.
11. Hinter jeder Wirtschaft steht ein Plan. Aber wer ist für diesen Plan verantwortlich? Die Banken oder die demokratisch gewählten Regierungen? Werden die Planung und Strukturierung der Wirtschaft den kurzfristi-

gen Interessen des Finanzsektors dienen (und somit Gewinne aufgrund von Vermögenspreissteigerungen und ökonomischer Rente ermöglichen)? Oder fördern sie langfristig die Industrie und heben die Lebensstandards? Die Banken verunglimpfen öffentliche Investitionen. Sie geißeln die Verlagerung der Steuerlast von den Lohneinkommen auf die Rentier-Profite als einen »Weg in die Knechtschaft«. Aber eine starke öffentliche Regulierung ist unbedingt notwendig: Dadurch verhindert man, dass die Wirtschaft immer mehr polarisiert und zwischen Schuldnern und Gläubigern aufgespalten wird. Außerdem vereitelt man so die Anstrengungen des Finanzsektors, Sparprogramme zu diktieren und die Wirtschaft immer tiefer in eine tatsächliche Knechtschaft – nämlich in die Schuldknechtschaft – zu führen.

12. Der Versuch des Finanzsektors, seine politische Macht auszuweiten, hat fatale Folgen für das Steuerrecht: Jeglicher Gewinn aus der ökonomischen Rente, der nicht besteuert werden muss, kann den Banken wieder in Form von Zinszahlungen zugutekommen. Die Banken setzen sich daher dafür ein, dass die Steuern auf Immobilien, natürliche Ressourcen und monopolistische Preistreiberei abgeschafft werden. Das ist das genaue Gegenteil der klassischen Politik, die eine Besteuerung und »Deprivatisierung« von Profiten aus ökonomischen Renten und Vermögenspreissteigerungen – also Kapitalerträgen verfolgte.

    Die klassische Wert- und Preistheorie zeigt, dass eine Besteuerung der ökonomischen Rente die Preise nicht in die Höhe treibt, sondern aus dem Gewinn der Rente bezahlt wird. Man schöpft mit ihr also den Preisüberschuss ab, der über den Anschaffungswert eines Objekts hinausgeht.

    Das war das politische Ziel, das die Ökonomen des freien Marktes verfolgten, von den Physiokraten und Adam Smith bis hin zu John Stuart Mill und den Vertretern der Progressiven Ära in den USA. Gegen Ende des 19. Jahrhunderts bezeichnete man diese Haltung dann als Sozialismus – was ursprünglich nur hieß, dass die Märkte vom politischen Erbe der Feudalprivilegien befreit wurden und nun auch die Gemeingüter – die sogenannte Allmende – und die privatisierte öffentliche Infrastruktur umfassten.

TEIL I

Von der Aufklärung zu einer Wirtschaft der Neo-Rentiers

KAPITEL 1

Der Finanzsektor und sein Aufstieg zur Macht

»Die Rentiers ließen sich nicht einschläfern, im Gegenteil: Aufgeschreckt durch die Stagflationskrisen der siebziger Jahre, machten sie gegen den keynesianischen Wohlfahrtsstaat Front und bündelten ihre Macht in weltweit operierenden Pensions- und Investmentfonds. Es gelang ihnen, ihren Einfluss auf die internationale Finanz- und Währungspolitik beträchtlich zu verstärken und ein hegemoniales Regime zu errichten, von dem Keynes sich nichts hätte träumen lassen.«

Christoph Deutschmann[1]

Vor einem Jahrhundert glaubte fast jeder, der Anstieg des Wohlstands und des Lohnniveaus würden dazu führen, dass die Menschen mehr sparen und sich weniger verschulden. Im Jahr 2008 jedoch war die Sparquote in den USA unter Null gesunken. Nicht nur Einzelpersonen, sondern auch der Immobilien- und der Industriesektor und sogar die Regierung verschuldeten sich immer mehr, was – wie es in der Fachsprache der Ökonomen heißt – ein »Entsparen« zur Folge hatte.

Heutzutage führt in den USA jeder Versuch, in die Mittelschicht aufzusteigen, unmittelbar in die Schuldknechtschaft. Man schließt eine Hypothek ab, um sich ein Haus zu kaufen, nimmt ein Studentendarlehen auf, um die nötige Ausbildung zu finanzieren, einen Auto-Kredit, damit man zur Arbeit fahren kann, und macht Kreditkartenschulden, um das tägliche Leben zu finanzieren. Dadurch fällt der Schuldner immer tiefer in ein Schuldenloch. In letzter Zeit sehen sich viele Hochschulabsolventen aufgrund der hohen Tilgungsraten ihrer Studentendarlehen gezwungen, bei ihren Eltern zu wohnen. Sie können es sich nicht leisten, zu heiraten oder eine Familie zu gründen, geschweige denn, eine Hypothek aufzunehmen. Daher war seit 2008 auch kein Anstieg mehr in den Konsumausgaben zu verzeichnen.

Selbst wenn ihr Einkommen steigt, müssen viele Familien feststellen, dass ihr Lohn vom Schuldendienst aufgezehrt wird.

Genau das bedeutet »Schuldendeflation«. Der Anteil am Einkommen, den man Gläubigern zahlen muss, steht nicht mehr für andere Ausgaben zur Verfügung – wie etwa den Erwerb von Gütern und Dienstleistungen. Noch in den dreißiger Jahren fürchtete Keynes, der wachsende Wohlstand würde dazu führen, dass die Leute einen größeren Teil ihres Einkommens nicht ausgeben, sondern sparen und es dadurch zu einem Ausfall der Marktnachfrage kommen würde. Heute besteht das Problem darin, dass »Sparen« nicht mehr nur zustande kommt, indem man mehr verdient, als man ausgibt: Die volkswirtschaftliche Einkommensstatistik zählt auch Einkommensteil zum »Sparen«, der zum Schuldendienst benutzt wird. Das Problem einer unzureichenden Marktnachfrage, das Keynes Sorgen machte, entsteht heute durch die drückende Schuldenlast und nicht etwa, weil die Menschen zu viel Geld verdienen, das sie nicht ausgeben wollen. Die Schuldendeflation führt bei Privatpersonen zu Zahlungsausfällen und Zwangsvollstreckungen, während die Anleihegläubiger und Banken auf Kosten der Regierung gerettet werden.

Viele Menschen trauen sich heute nicht, sich wegen schlechter Bedingungen an ihrem Arbeitsplatz zu beschweren. Denn sie sind so hoch verschuldet, dass sie es sich nicht leisten können, ihren Job zu verlieren und dadurch ihre Hypothekenschulden nicht mehr bedienen und Wasser- und Stromrechnungen nicht mehr bezahlen zu können oder ihre Kreditkartenkonten so weit überziehen zu müssen, dass ihnen Strafzinsen von bis zu 29 Prozent drohen. Dieser Effekt hat in den USA bereits einen Namen: Man nennt ihn den »debt-traumatized worker effect« – den Effekt des durch Schulden »traumatisierten Arbeiters« –, und er ist eine der Hauptursachen für stagnierende Löhne.

Die finanzielle Rente und die Grundrente: Wie die Banker die Rolle des Landadels übernahmen

Als die Normannen 1066 Großbritannien eroberten und auch im übrigen Europa ähnliche kriegerische Eroberungen stattfanden, löste das eine dauerhafte Auseinandersetzung darüber aus, wem die Grundrente nun zustand:

dem König als seine ureigene Steuergrundlage oder dem Adel, unter den das Land aufgeteilt worden war, damit er es offiziell im Auftrag des Herrschers verwaltete. Die Grundherren aus dem Erbadel setzten mit der Zeit durch, dass die Grundrente mehr und mehr privatisiert wurde, wodurch sich die Monarchen gezwungen sahen, stattdessen Arbeitskraft und Industrie zu besteuern.

Diese Annexion der Grundrente führte zu dem großen Kampf der klassischen Ökonomen eines freien Marktes, von den französischen Physiokraten bis hin zu Adam Smith, John Stuart Mill, Henry George und ihren Zeitgenossen, die sich dafür einsetzten, das Land und die natürlichen Ressourcen zur Steuergrundlage zu machen. Die Grundrente, die nur den eigennützigen Interessen der Aristokratie diente, sollte durch öffentliche Steuern ersetzt werden und das, was letztendlich ein Geschenk der Natur war, sollte wieder in den Besitz der Allgemeinheit übergehen. Für die Physiokraten galt die Sonne als Quelle der landwirtschaftlichen Erträge, für David Ricardo war es die natürliche Fruchtbarkeit des Bodens. Außerdem waren sie der Ansicht, die Grundrente steige einfach nur wegen der zunehmenden Urbanisierung, durch die auch der Wert von Wohn- und Gewerbeflächen stieg.

Die klassische Wert- und Preistheorie wollte vor allem diese Form der Grundrente neu definieren. Sie sollte nicht länger die Arbeits- und Betriebskosten widerspiegeln (wobei Kosten für Gebäude und andere Kapitalaufwertungen außer Acht gelassen wurden), sondern vielmehr das Land als Geschenk der Natur und deshalb als nationales Erbe betrachten.

Während der vergangenen drei Jahrhunderte war das Hauptziel der politischen Ökonomie, die aus Landbesitz und natürlichen Ressourcen abgeschöpften Renten, die die Monarchen des Mittelalters an private Eigner abgetreten hatten, wieder in die öffentliche Hand zu überführen. In der politischen Praxis führte dies zu demokratischen Verfassungsreformen, um die Macht der Grundherren zu brechen. Gegen Ende des 19. Jahrhunderts wurde auf die Landbesitzer in Großbritannien, den Vereinigten Staaten und anderen Ländern zunehmend politischer Druck ausgeübt, für ihren Besitz Steuern zu zahlen. Als 1910 in Großbritannien eine Verfassungskrise ausbrach, die sich an der Frage der Besteuerung von Grundbesitz entzündet hatte, führte dies dazu, dass der Landadel im Oberhaus seine Macht verlor. Nun konnte er die steuerrechtlichen Pläne des Unterhauses nicht länger blockieren. Auch die von Sun Yat-Sen angeführte Revolution in China im

Jahr 1911, die zum Sturz der Qing-Dynastie führte, entbrannte aufgrund von Forderungen nach einer angemessenen Besteuerung des Grundeigentums. Und als die Vereinigten Staaten 1913 die Einkommenssteuer einführten, waren davon hauptsächlich die Einkünfte der Rentiers betroffen, die diese aus ihren Immobilien, natürlichen Ressourcen und Kapitalerträgen bezogen. Vergleichbare demokratische Steuerreformen fanden in der ganzen Welt statt.

Zu Beginn des 20. Jahrhunderts ging immer mehr Land aus dem Besitz des Adels in den des Volkes über – und zwar mithilfe von Krediten. Das war für die meisten Familien der einzige Weg, ein Eigenheim zu erwerben. Von der Aufnahme eines Hypothekendarlehens versprach man sich sicheren eigenen Wohnraum und zudem ein im Wert steigendes Anlagegut. Für einen Großteil der Bevölkerung nahmen private Ersparnisse nun immer mehr die Form von Tilgungszahlungen für ihre Hypotheken an. Ihr Grundbesitz wurde zum wichtigsten Bestandteil ihres Eigenkapitals.

Kein Ökonom ahnte jedoch damals, was für weitreichende Folgen diese Entwicklung haben würde. Kein Experte sah voraus, dass der Immobiliensektor in den Vereinigten Staaten wie auch in Europa der bei weitem größte Markt für Bankkredite werden würde. Niemand rechnete damit, dass die Immobilienpreise weniger aufgrund des Bevölkerungswachstums, das mehr Menschen um weniger freien Boden konkurrieren lässt, steigen würden. Die Immobilienpreise nahmen vielmehr wegen der Bankkredite zu, die mit immer weniger Eigenkapital ausgestattet waren, und wegen der immer umfangreicheren öffentlichen Dienstleistungen, die die Grundstückswerte in die Höhe trieben, ohne dass sich die öffentliche Hand die so geschaffene Wertsteigerung durch eine entsprechend höhere Grundsteuer zurückholte. Im Gegenteil, tatsächlich wurde die Grundsteuer sogar gesenkt.

Das Ergebnis dieser »Demokratisierung« von Immobilien »auf Pump« ist, dass nun ein Großteil der Erträge, die sie abwerfen und die vormals den Grundherren als Pacht oder Miete gezahlt wurden, nun als Hypothekenzinsen an die Banken geht und nicht an die Regierung – worauf die klassische ökonomische Lehre eigentlich gedrängt hatte. Auf diese Weise hat der heutige Finanzsektor die Rolle übernommen, die der Landadel im Europa der Feudalzeit innehatte. Zwar fließt die Grundrente nun nicht mehr dem Landadel zu, aber ebenso wenig dient sie als Steuergrundlage. Stattdessen wird sie den Banken als Hypothekenzins gezahlt. Hauskäufer, gewerbliche

Investoren und Immobilienspekulanten müssen im Gegenzug für ihren Erwerb auf Kredit das Äquivalent des Mietpreises an die Banken zahlen. Derjenige, der dank hoher Kredite am meisten bietet, bekommt die Immobilie. Das hat dazu geführt, dass sich der Preis einer Immobilie danach bemisst, wieviel Kredit die Bank zu geben gewillt ist, indem sie die Mieteinnahmen als Sicherheit für ihre Kredite akzeptiert.

Der Finanzsektor als Mutter aller Monopole

Die andere Form der ökonomischen Rente, die Adam Smith und andere klassische Ökonomen weitestgehend abschaffen wollten, waren die Einkünfte aus natürlichen Monopolen – wie etwa jenen, die durch Handelsprivilegien entstanden (z.B. die Ostindiengesellschaften Großbritanniens, Frankreichs und Hollands). Genau das war es, was diese Ökonomen ursprünglich unter freiem Handel verstanden: die Befreiung der Wirtschaft von Monopolrenten. Die meisten europäischen Länder beließen die grundlegende Infrastruktur in öffentlicher Hand – wie zum Beispiel das Straßennetz, die Eisenbahnlinien, das Kommunikationssystem, die Wasserversorgung, das Bildungs- und Gesundheitswesen sowie die Pensionsfonds. Die Lebenshaltungs- und Geschäftskosten wurde dadurch auf ein Minimum gesenkt, weil der Staat die nötigen Dienstleistungen entweder zu geringen, subventionierten Kosten oder vollkommen kostenlos zur Verfügung stellte.

Der heutige Finanzsektor hat mit diesen Zielen nichts mehr am Hut. Ihm geht es mitnichten darum, die Kosten für Straßen, Elektrizität, Transportwesen, Wasser oder Bildung zu senken. Im Gegenteil, der »Sektor« will das, was als wirtschaftliche Monopolrente berechnet werden kann, maximieren. Seit 1980 hat sich das Tempo, mit dem diese Infrastrukturbereiche privatisiert wurden, wieder und wieder beschleunigt. Öl und Gas, Bergbau und Energieversorgung hat der Finanzsektor bereits »finanzialisiert« – nun versucht er auch, sich die Wasserversorgung und die übrigen bedeutenden Bestandteilen der gesellschaftlichen Infrastruktur einzuverleiben. Er will die öffentliche Hand auf diese Weise zwingen, die Steuern für den »Sektor« – die Finanz-, Versicherungs- und Immobilienbereiche – zu senken.

Die Vereinigten Staaten waren eines der ersten Länder, die das Eisenbahn- und Telefonnetz, die Strom- und Gasversorgung sowie andere Infrastrukturmonopole privatisiert haben. Sie regulierten diese Bereiche durch Kommissionen für öffentliche Dienstleistungen, damit die Preise sich im Einklang mit den Produktionskosten und Einkommen entwickelten. Seit den 1980er Jahren wurden diese natürlichen Infrastrukturmonopole immer mehr privatisiert und die Regulierungen immer weiter abgebaut, unter dem Vorwand, die mit Bankkrediten und finanzialisiertem Management verbundene Privatisierung staatlicher Unternehmen führe quasi von selbst zu einer effektiveren Wirtschaft. Der Thatcherismus und die Ideologie dahinter haben sich als katastrophal herausgestellt. Das gilt seit 1991 besonders auch für die Volkswirtschaften der ehemaligen Sowjetunion, für Carlos Slims Telefonmonopol in Mexiko, für die US-amerikanischen Pharmakonzerne und das dortige Kabelfernsehen. In Wirklichkeit haben solche Faktoren wie Schuldendienst (Zinsen und Dividenden), exorbitante Verwaltungsgebühren, Aktienoptionen, Versicherungsgebühren, Fusionen und Übernahmen dazu geführt, dass die Kosten der Geschäftstätigkeit gestiegen sind.

Immobilienspekulanten und Käufer von gewinnträchtigen Monopolen haben eine ähnliche Philosophie: »Die ökonomische Rente ist zur Zinstilgung da.« Je höher die Monopolrente, desto mehr bezahlen die Spekulanten den Bankern und Anleiheinvestoren für diese Besitzrechte. So wird der Finanzsektor zum Hauptempfänger der Monopol- und Grundrenten und eignet sich nun das an, was früher der Landadel besessen hatte.

Das Bemerkenswerte daran ist, dass all dies im Namen des »freien Marktes« geschah – eines Konzepts, das die Finanz-Lobbyisten neu definiert haben, und zwar als Freiheit von staatlichem Besitz und öffentlicher Regulierung. Es ist dem Finanzsektor gelungen, eine antistaatliche Ideologie zu mobilisieren, mit deren Hilfe er sich das Allgemeingut aneignete und die regulierende Gesetzgebung unterband. Man wirft der staatlichen Planung vor, von Natur aus bürokratisch, verschwenderisch und oftmals auch korrupt zu sein – als wäre die Geschichte der Privatisierung nicht voll von korrupten Insidergeschäften und Intrigen, um an Rechte zu gelangen, die eine Rentenextraktion ermöglichen und die Wettbewerbsfähigkeit der betroffenen Volkswirtschaften erheblich schmälern.

Die Finanzialisierung der Industrie, um Profite in Zinsen und Aktienrückkäufe zu verwandeln

Zu Beginn des 20. Jahrhunderts schien das Bankwesen überall auf der Welt darauf ausgerichtet, die Beziehungen der Industrie zur Regierung zu koordinieren und eine zukunftsorientierte Planung zu entwerfen (siehe Kapitel 7). Dies gelang besonders gut in Deutschland und Mitteleuropa. Ökonomische Lehrwerke entwerfen auch heute noch Bilderbuchszenarien, in denen die Banken die Vermögensbildung finanzieren. Und nach wie vor herrscht die Überzeugung vor, niedrige Leitzinsen würden die Investitionen in die Industrie ankurbeln, indem sie die Kreditaufnahme profitabler machten.

Aber Banken finanzieren heute nur noch selten neue Produktionsmittel. Sie ziehen es vor, ihre Kredite für Fusionen, Unternehmensübernahmen durch das Management (Management Buyouts) oder Ausschlachtungen bestehender Unternehmen zu vergeben. Und was die Anleihegläubiger angeht, so entdeckten sie während der achtziger Jahre einen neuen Markt für sich: die hochverzinslichen Ramschanleihen (»Junk-Bonds«), die oft eine feindliche Übernahme einleiteten oder begleiteten. Niedrigere Zinssätze erleichtern die Kreditaufnahme und somit auch die Übernahme von Unternehmen – sowie deren anschließende Zerschlagung, ihre Ausblutung durch immense Managementkosten und das Zurückschrauben der Pensionsgelder für die Angestellten unter Androhung eines sonst fälligen Bankrotts der Firma.

Die Kreditvergabe der Banken konzentrierte sich auf die Finanzierung von Handelsgeschäften und nicht auf Kapitalinvestitionen. Die Ökonomen empfahlen der Industrie, auf ihrem Eigenkapital aufzubauen, um die Anleihegläubiger und andere Kreditgeber daran zu hindern, die Unternehmensleitung an sich zu reißen und es an die kurze Leine zu nehmen. Aber die Industrie wurde immer stärker finanzialisiert, und »aktivistische Aktionäre« benutzen Industrieunternehmen als Vehikel für den eigenen finanziellen Profit. Die Bezahlung der Manager richtet sich nach der Geschwindigkeit, mit der es ihnen gelingt, den Aktienkurs ihres Unternehmens in die Höhe zu treiben – ein Ziel, das am schnellsten durch Fremdkapitalaufnahmen erreicht werden kann. Auf diese Weise wurde die Börse zum Schauplatz eines vermehrten »Asset Stripping« – der Zerschlagung von Vermögenswerten. Unternehmensprofite werden für Aktienrückkäufe und höhere Dividendenzahlungen eingesetzt, und nicht für langfristige Investitionen (siehe Kapitel 8). Die Finanzpresse verurteilt diese Praktiken zwar zumeist, aber niemand stellt sich dieser Entwicklung entgegen (Kapitel 9).

Die Finanzialisierung der Industrie hat dafür gesorgt, dass sich das Wesen des Klassenkampfes erheblich gewandelt hat, wenn man es mit dem vergleicht, was die Sozialisten und Arbeiterführer Ende des 19. und zu Beginn des 20. Jahrhunderts vor Augen hatten. Damals fand die Auseinandersetzung zwischen Arbeitgebern und Arbeitnehmern statt und drehte sich um Löhne und Sozialleistungen. Das heutige Finanzwesen schlachtet das Industriekapital aus, zwingt der Gesellschaft Sparprogramme auf und verursacht einen Beschäftigungsrückgang, während sein Drang nach der Privatisierung von Monopolen die Lebenshaltungskosten in die Höhe treibt.

Die Finanzwelt übernimmt die Regierungsmacht

Zentralbanken wurden eigentlich geschaffen, um es den Regierungen zu ersparen, Kredite bei privaten Anleihegläubigern aufnehmen zu müssen. Aber mit den Haushaltsdefiziten stieg auch die Macht der Finanzlobbyisten. Sie übten Druck auf die Regierungen aus, um die Steuerprogression wieder abzuschaffen und die Kapitalsteuern zu senken. Statt das nötige Geld für »Defizitfinanzierungen« zur Verfügung zu stellen – also für Ausgaben, die die Einnahmen der öffentlichen Haushalte übersteigen –, drucken die Zentralbanken hauptsächlich zu dem Zweck Geld, um es den Banken zu leihen, die damit wiederum die Schuldenlast der Wirtschaft erhöhen. Seit 2008 hat die Federal Reserve, die US-amerikanische Notenbank, vier Billionen Dollar durch expansive Geldpolitik (*quantitative easing*, quantitative Lockerung) geschaffen, die als Kredite an die Banken geflossen sind. Ziel ist das erneute Aufblähen von Vermögenspreisen – Immobilien, Aktien und Anleihen –, die die Finanzinstitute (und das Eine Prozent) als Sicherheiten halten, und nicht etwa die Stärkung oder Genesung der Realwirtschaft.

Am schlimmsten ist die Lage in der Eurozone. Die Europäische Zentralbank hat die Summe von einer Billion Euro autorisiert: »Was immer nötig sein wird«, wie es ihr Präsident Mario Draghi formulierte, um Staatsanleihen zu kaufen. Und doch weigert sich die EZB grundsätzlich, den Regierungen der Eurozone auf direktem Wege, also ohne Umweg über Privatbanken, Geld zu leihen, obwohl die Haushaltsdefizite die Grenze von 3 Prozent des BIP nicht überschreiten dürfen. Dies führt dazu, dass sich zu der Schuldendeflation noch eine Haushaltsdeflation gesellt. Auf diese Weise werden die Regierungen gezwungen, sich auf die Anleihegläubiger zu verlassen und immer mehr öffentliches Eigentum zu verkaufen.

All das steht in direktem Gegensatz zu dem, was die klassischen Ökonomen für notwendig hielten. Sie wollten erreichen, dass die demokratisch gewählten Regierungen den wirtschaftlichen Mehrwert erhalten und verteilen. Vermutlich hätte dies die Lebenshaltungs- und Geschäftskosten gesenkt, eine zunehmende Bandbreite an öffentlichen Dienstleistungen ermöglicht, die subventioniert oder gänzlich kostenlos sind, und eine gerechte Gesellschaft gefördert, in der niemand besondere Privilegien oder erbliche Rechte genießt.

Die Fürsprecher des Finanzsektors haben versucht, die Kontrolle über demokratisch gewählte Regierungen zu erlangen, indem sie den gewählten Volksvertretern die Verantwortung für Steuerpolitik und Bankenregulierung entziehen ließen. Die Verantwortung übertrug man stattdessen Leuten, die von den globalen Finanzzentren auserkoren wurden. Diese Art von Planung ist nicht daran interessiert, irgendeines der klassischen fortschrittlichen Ziele umzusetzen, wie etwa dasjenige, Ersparnisse zu mobilisieren, um die Produktivität anzukurbeln und der Bevölkerung aus der Armut herauszuhelfen. Das Ziel des Finanzkapitalismus ist nicht die Kapitalbildung, sondern der Erwerb von Privilegien, die das Abschöpfen einer ökonomischen Rente ermöglichen, sei es durch Immobilien, natürliche Ressourcen oder Monopole.

Das sind genau die Einkünfte, die klassische Ökonomen auf ein Minimum reduzieren oder so hoch besteuern wollten, dass kaum noch etwas davon übrigblieb. Indem sich die Banken und die Hochfinanz mit den Rentiers verbünden und deren Interessen vertreten – um die ökonomische Rente in Form von Zinszahlungen zu erhalten –, sind sie zu einem Teil der Gemeinkosten geworden, die der Wirtschaft auferlegt werden: eine Ausbeutung, von der die klassischen Ökonomen die Gesellschaft befreien wollten. Die Symbiose, die die Finanzwelt mit dem Immobiliensektor, dem Bergbau, der Förderung von Öl und anderen natürlichen Ressourcen sowie mit den Monopolen eingegangen ist, hat zu einer Finanzialisierung all dieser Sektoren geführt. Zusätzlich haben die Banklobbyisten darauf gedrängt, die Grundsteuer abzuschaffen, um mehr Einkünfte für Zinszahlungen freizusetzen. Dies wiederum zwingt die Regierungen, Arbeitskraft und Industrie stärker zu besteuern.

Um diese Steuerverlagerung und Verschärfung des Verschuldungsgrades zu ermöglichen, haben die Finanzlobbyisten das schon erwähnte Täuschungsmanöver erdacht, das es so aussehen lässt, als diene die Finanzialisierung dem wirtschaftlichen Wachstum. Sie werfen den Zentralbanken vor, die Monetarisierung von Haushaltsdefiziten würde notwendig die Inflation erhöhen – obwohl es für diese Behauptung nicht den geringsten Beweis gibt. Diesem Vorwurf steht auch die ungeheuer hohe Inflationsrate auf dem Immobilien- und Aktienmarkt entgegen, die durch die aggressive Kreditvergabe der Banken verursacht wurde.

Der Prozess der Geldschöpfung wurde von den Banken monopolisiert, die nun ihre Macht benutzen, um den Transfer von Vermögenswerten zu finanzieren. Und die besten und am schnellsten zugänglichen Einnahmequellen sind dabei nun einmal die Infrastruktur und die natürlichen Ressourcen von Schuldnerländern. Die darin enthaltenen Vermögenswerte werden der öffentlichen Hand durch politische Insidergeschäfte und Verschuldung entzogen – was einer Fusion der globalen Finanzzentren mit Kleptokratien gleichkommt.

Die Krönung dieser speziellen Finanzstrategie ist der Aufbau internationaler Finanzinstitutionen (Internationaler Währungsfonds und Europäische Zentralbank), die auf die verschuldeten Volkswirtschaften Druck ausüben. Dadurch wollen sie sie veranlassen, demokratisch gewählten Parlamenten die Kontrolle über die Steuerpolitik zu entziehen und sie den Institutionen zu übertragen, die im Interesse der Banker und Anleihegläubiger eigene Regeln aufstellen. Diese globale Machtkonzentration hat es der Finanzwelt ermöglicht, potentiell schuldnerfreundliche Regierungen auszuschalten.

Demokratien werden durch Finanzoligarchien ersetzt

Diese Entwicklungen widersprechen allem, wofür die Menschen im 18., 19. und einem Großteil des 20. Jahrhunderts gekämpft haben. Damals wollte man die Volkswirtschaften von der Macht der Grundherren, der Monopolisten und »Kuponabschneider« befreien, die von den Einnahmen ihrer Anleihen, Aktien und (zumeist geerbten) Immobilien lebten. Die Form ihres Einkommens war ein technisch und ökonomisch nutzloses Überbleibsel aus früheren Eroberungszeiten – mit Privilegien, die von Generation zu Generation weitervererbt wurden.

Als die parlamentarischen Reformen die Kontrolle des Landadels über die Regierung beseitigten, breitete sich die Hoffnung aus, ein auf die Gesamtbevölkerung ausgeweitetes Wahlrecht würde eine andere Politik zur Folge haben. Grund und Boden, natürliche Ressourcen und Monopole, so glaubte man, könnten nun so verwaltet werden, dass sie dem langfristigen Wohl der Gesellschaft dienten. Doch die Vertreter dessen, was Thorstein Veblen das »egoistische Einzelinteresse« nannte, haben ihre politische Vormachtstellung wieder neu zementiert. Angeführt wurden sie dabei vom Finanzsektor, der seinen Reichtum einsetzte, um Einfluss auf das Wahlverfahren zu erlangen und eine Gesellschaft der »Neo-Rentiers« zu erschaffen, die dem Staat einen Sparkurs aufzwingt.

Es hat eine kulturelle Gegenrevolution stattgefunden. Und das ist nur deshalb so wenigen Leuten aufgefallen, weil der Finanzsektor die Geschichte umgeschrieben und die öffentliche Meinung darüber, was unter ökonomischen Prozessen und einer fairen Gesellschaft zu verstehen ist, neu definiert hat. Der von der Finanzwirtschaft geprägte Gegenentwurf zur klassischen Ökonomie ist der sogenannte »Neoliberalismus«. Dabei handelt es sich jedoch um das Gegenteil dessen, was die ursprünglichen liberalen Reformdenker der Aufklärung unter dem Begriff »liberal« verstanden. Die Grundrente ist eben *nicht* im Machtbereich der Regierung verblieben, und mehr und mehr öffentliche Dienstleistungen sind privatisiert worden, um eine wirtschaftliche Monopolrente aus ihnen herauszupressen. Die Banken haben die Kontrolle über die Regierungen übernommen, und ihre Zentralbanken schaffen nur dann Geld, wenn es darum geht, die Verluste der Gläubiger aufzufangen und nicht, wenn es um die Finanzierung öffentlicher Ausgaben geht.

In den folgenden Kapiteln beschäftige ich mich mit der klassischen Analyse der Wert-, Preis- und Rententheorie, um zu zeigen, wie die ökonomische Rente der öffentlichen Hand entzogen und stattdessen dem Finanzsektor zugeschlagen wurde. Statt eine Symbiose mit der Industrie einzugehen, wie man es sich noch vor einem Jahrhundert erhoffte, unterstützt die Finanzwirtschaft nun diejenigen, die sich auf die Extraktion von Renten spezialisiert haben. Und statt dass die Zentralbanken Geld schaffen, um die Haushaltsdefizite zu finanzieren, sind die Regierungen auf die Anleihegläubiger angewiesen und müssen die zum Wachstum der Wirtschaft benötigte Kreditvergabe den Geschäftsbanken und anderen Gläubigern überlassen.

Als Folge daraus entwickeln sich die heutigen Gesellschaften immer mehr in eine Richtung, die selbst Finanzlobbyisten stets verurteilt haben: hin zur zentralen Planung. Allerdings mit dem großen Unterschied, dass diese Planung nun in den Finanzzentren stattfindet (in der Wall Street, der City of London und in Frankfurt). Dahinter steht der Plan, eine Gesellschaft der Neo-Rentiers zu etablieren. Statt der Wirtswirtschaft zum Wachstum zu verhelfen, sind die Banken, die Anleihemärkte und sogar die Börsen zum Bestandteil einer räuberischen, extraktiven Dynamik geworden.

Dieses zerstörerische Szenario wäre niemals möglich gewesen, wenn die klassische Kritik an den Rentiers im Zentrum der politischen Diskussion geblieben wäre. In Kapitel 2 werde ich daher rekapitulieren, wie man über drei Jahrhunderte hinweg versuchte, den industriellen Kapitalismus durch aufklärerische Reformen von den Rentierkosten als einem Erbe der Feudalzeit zu befreien. Nur wenn man dieses Vermächtnis versteht, lässt sich erkennen, wie die heutige, vom Finanzsektor betriebene Gegenaufklärung uns in eine neofeudale Wirtschaftsordnung zurückführt.

Für den Marxismus bestand der entscheidende innere Widerspruch des Industriekapitalismus darin, dass er seinen Profit zu steigern suchte, indem er den Lohnarbeitern so wenig wie möglich bezahlte. Das, so lautete die These, bewirke dann ein Austrocknen der heimischen Märkte. Die inneren Widersprüche des Finanzkapitalismus sind ganz ähnlicher Art: Die Schuldendeflation frisst die wirtschaftlichen Einkünfte des Staates aus Grundrente, natürlichen Ressourcen, industriellen Profiten, verfügbarem persönlichem Einkommen und Steuern auf, was zur Folge hat, dass die Volkswirtschaften den exponentiellen Anstieg ihrer Schuldenlast nicht mehr tragen können. Extreme Sparmaßnahmen (Austerität) führen zu Zahlungsausfall – wie wir heute am Beispiel Griechenlands nur zu deutlich erkennen können.

Die Antwort des Finanzsektors bestand darin, den Wetteinsatz zu verdoppeln und so viele Kredite zu vergeben, dass die Schuldner ihre Schulden auch weiterhin bezahlen können. Wenn dann die Finanzblase platzt, werden die Gläubiger die öffentlichen Haushalte der Schuldnerländer pfänden –

ganz ähnlich wie die Häuser derjenigen, die ihre Hypotheken nicht mehr bezahlen können. Die Zentralbanken überschwemmen die Wirtschaft mit Krediten und senken die Leitzinsen, in dem Versuch, die neue Vermögenspreisblase weiter aufzublähen. Die US-amerikanischen Schatzwechsel (T-Bonds) werfen weniger als 1 Prozent ab, und der Zinssatz deutscher Bundesanleihen war eine Zeitlang sogar negativ. An dieser Entwicklung lässt sich die starke Tendenz erkennen, sich in sichere Investitionen zu flüchten, wenn ein Schuldenerlass bei anderen Anleihen unausweichlich scheint.

Am Ende wird man sogar Null-Zins-Darlehen nicht mehr bezahlen können. Man kann das Thema, das sich wie ein roter Faden durch das vorliegende Buch zieht, in einem einzigen Satz zusammenfassen: *Schulden, die nicht bezahlt werden können, werden auch nicht bezahlt.*

Aber der Versuch, es dennoch zu tun, stürzt die jeweiligen Länder in eine lang anhaltende wirtschaftliche Depression.

KAPITEL 2

Der lange Kampf, um Volkswirtschaften vom Rentier-Erbe des Feudalismus zu befreien

»Wenn du sie nicht besitzt, wird es ihnen mit der Zeit gelingen, dich zu besitzen. Sie werden deine Politik zerstören und deine Institutionen korrumpieren.«

Der Bürgermeister von Cleveland Tom Johnson (1901–1909)
in einer Rede über Energieversorgungsunternehmen

Die klassische Ökonomie war Teil eines Reformprozesses, der Europa aus der Feudalzeit ins Industriezeitalter führen sollte. Dazu war es zunächst einmal notwendig, die Macht des Landadels, der Bankiers und der Monopole zu brechen. Sie sollten nicht länger unfaire Forderungen erheben dürfen, die nicht durch tatsächliche Arbeitskraft oder Geschäftstätigkeit gerechtfertigt waren. Man hielt ihre Einkünfte für »unverdient«.

Bei dem ursprünglichen Kampf für einen freien Markt ging es darum, sich von der Ausbeutung derer zu befreien, die sich durch Rentenextraktion bereicherten: der Eigentümer von Grundstücken, natürlichen Ressourcen, Monopolrechten und Geldvermögen, die ein Einkommen erbrachten, ohne dass dafür entsprechende Arbeit geleistet und meist auch keine Steuern bezahlen wurden. Während sich die reiche Aristokratie von ihrem geerbten Einkommen ernährte, wurde ein Großteil der Steuerlast auf die arbeitende Bevölkerung und die Industrie abgewälzt, zusätzlich zu ihren Pacht- und Mietzahlungen und ihrem Schuldendienst.

Das klassische Reformprogramm, das Adam Smith und seine Anhänger aufstellten, umfasste die Besteuerung von Einkommen aus Privilegien, die noch aus der europäischen Feudalzeit mit ihren militärischen Eroberungen stammten. Von nun an sollten Grundbesitz, Bankwesen und Monopole von der öffentlichen Hand reguliert werden. Der heutige Neoliberalismus hat die ursprüngliche Bedeutung des Begriffs auf den Kopf gestellt. Nun bedeutet »freier Markt« eine Wirtschaft, die freies, ungehemmtes »Rent-Seeking« – das Anhäufen von Gelegenheiten zur Rentenextraktion – ermöglicht, weil sie »frei« von staatlicher Regulierung oder der Besteuerung »unverdienter« Rentier-Einkünfte ist.

Die beste Methode, um diese Gegenrevolution wieder rückgängig zu machen, besteht darin, auf die klassische Unterscheidung zwischen verdientem und nicht verdientem Einkommen zurückzugreifen und sich daran zu erinnern, wie man damals das Verhältnis zwischen Hochfinanz und Schuldnern als ein die Gesamtwirtschaft aushöhlendes Konzept definierte (insbesondere was die Frage der Zinseszinsen anging). Diese ursprüngliche Kritik an den Grundherren, den Bankiers und Monopolisten wurde aus der gegenwärtigen politischen Debatte ausgeklammert und durch eine Haltung ersetzt, die man bestenfalls als eine »Pseudo-Ökonomik des Trickle-down-Effekts« bezeichnen kann – also eine vollkommen unbrauchbare Wirtschaftslehre, die den Glauben vertritt, die Armen würden vom Wohlstand der Reichen profitieren, indem das angehäufte Geld irgendwann bis zu ihnen nach unten durchsickert (*trickle down*).

Der Lehrstuhl, den Adam Smith an der Universität von Edinburgh innehatte, trug die Bezeichnung »Moralphilosophie«. So hießen auch die wirtschaftswissenschaftlichen Kurse, die in Großbritannien und den USA während des gesamten 19. Jahrhunderts gelehrt wurden. Eine andere Bezeichnung lautete »politische Ökonomie«, und in Schriften aus dem 18. Jahrhundert findet sich zudem der Begriff »politische Arithmetik«. Ihr gemeinsames Ziel war es, die politischen Entscheidungen des Staates zu beeinflussen, besonders in den Fragen, wie die Regierungsgeschäfte zu finanzieren seien, wie man am besten die Steuern verteilen und welche Regeln man aufstellen sollte, um das Bank- und Kreditwesen zu regulieren.

Die französischen Physiokraten waren die Ersten, die sich selbst die Bezeichnung *économistes* gaben. Der Begründer dieser Denkrichtung, François Quesnay (1694–1774), entwickelte das erste Wirtschaftsmodell zum Volkseinkommen. Mit diesem Modell wollte er begründen, warum Frankreich seine Hauptsteuerlast von den Arbeitern und der Industrie auf den Landadel übertragen sollte. Adam Smith stimmte der Ansicht des Marquis de Mirabeau zu (des Vaters von Honoré Gabriel de Riqueti, Comte de Mirabeau, einem der ersten Anführer der Französischen Revolution), der Quesnays *Tableau Économique* zu den drei wichtigsten Erfindungen der Menschheitsgeschichte zählte (neben dem Geld und der Schrift), weil darin zwischen verdientem und nicht verdientem Einkommen unterschieden wurde. Die nachfolgende Debatte zwischen David Ricardo und Thomas Malthus, die sich um die Frage drehte, ob man die ländlichen Grundherren in Großbritannien mit hohen Zöllen (durch die sogenannten »Korngesetze«) schützen dürfe, fügte der physiokratischen Analyse, wie wirtschaftlicher Mehrwert entsteht, wer seine Nutznießer sind und wie diese ihre Erträge ausgeben, das Konzept der Grundrente hinzu.

Das Leitprinzip war folgendes: Jeder sollte die Früchte seiner eigenen Arbeit genießen können, aber nicht die der anderen. Die klassische Wert- und Preistheorie schuf das analytische Rüstzeug, mit dem man das Phänomen des nicht verdienten Einkommens messen und definieren konnte. Dadurch wollte man die notwendigen Produktionskosten – den Wert – vom nicht notwendigen (und daher parasitären) Preisüberschuss unterscheiden, der über diese Kosten hinausging. Die Monopolrente wurde, zusammen mit der Grundrente und dem über den tatsächlichen Wert einer Sache hinausgehenden Kredit als *ökonomische Rente* bezeichnet – die Quelle des Rentier-Einkommens. Eine effiziente Volkswirtschaft sollte die ökonomische Rente so niedrig wie möglich halten, um eine Ausbeutung durch die Rentier-Klassen zu verhindern. Während der letzten Jahrhunderte war es das politische Ziel der Werttheorie, die einzelnen Nationen von den drei Vermächtnissen der militärischen und finanziellen Eroberungen des feudalen Europas zu befreien: der Grundrente, der monopolistischen Preistreiberei und dem Zinswucher.

Die Grundrente ist das, was die Grundherren als Gegenleistung für die Benutzung des Grund und Bodens berechnen, den irgendein Vorfahr erobert hat. Bei der Monopolrente werden die Preise durch Unternehmen mit besonderen Privilegien oder hoher Marktmacht rigoros in die Höhe getrieben. Diese Privilegien werden Patente genannt: Sie verleihen ihren Besitzern das Recht, den höchsten Preis zu berechnen, den der Markt noch tragen kann, ungeachtet der tatsächlichen Geschäftskosten. Auch die Banken berechnen für ihre Dienstleistungen sehr viel mehr, als zur Deckung ihrer Kosten nötig wäre.

Die Angleichung der Preise und Einkünfte an die tatsächlichen Produktionskosten würde die Volkswirtschaften von dieser finanziellen Belastung befreien. Die Grundherren müssen keinen Finger rühren, um höhere Pacht- oder Mietzinsen zu verlangen. Wenn der Wohlstand einer Gesellschaft wächst, steigen automatisch auch die Bodenpreise. So veranlassen zum Beispiel staatliche Behörden den Bau von Straßen, Schulen und öffentlichen Transportsystemen und steigern dadurch den Wert der betroffenen Grundstücke. Auch im Bankwesen gilt, dass das Geld für seine Zinsen nicht »arbeitet« – das tun ausschließlich die Schuldner.

Zu dem Reformprogramm der Aufklärung, dessen Ziel die Schaffung gerechterer Gesellschaften war, gehörte auch die genaue Unterscheidung zwischen Erträgen, die durch Arbeitskraft entstehen, und solchen, die sich allein aufgrund von Sonderrechten und Privilegien ergeben. Gleichzeitig sollte damit auch eine weniger kostenintensive und industriell wettbewerbsfähigere Wirtschaft geschaffen werden. Doch die Angehörigen der Rentier-Klasse behaupten, ihre finanziellen Forderungen würden die Lebenshaltungs- und Geschäftskosten nicht erhöhen. Sie versichern, dass sie ihren Gewinn auf produktive Weise investieren (und nicht etwa, um weitere Vermögenswerte oder Luxusartikel zu erwerben oder noch mehr Kredite zu vergeben). Und ihre Unterstützer bemühen sich derweil, die allgemeine Aufmerksamkeit davon abzulenken, wie ihre maßlosen Forderungen die Wirtschaft polarisieren und verarmen lassen.

Im Kern der heutigen neoliberalen Wirtschaftslehre steht die Behauptung, es gebe kein »unverdientes« Einkommen oder Vermögen und die Marktpreise würden den tatsächlichen Wert einer Ware oder Dienstleistung niemals unnötig übersteigen. Wäre die Behauptung wahr, würde das bedeuten, dass eine öffentliche Regulierung gar nicht notwendig ist. Es wäre dann auch nicht erforderlich, dass Infrastruktur und elementare Dienstleistungen im Besitz der öffentlichen Hand verbleiben. Die Erträge der obersten Einkommensstufe sickern ja angeblich nach unten durch, so dass das Eine Prozent den übrigen 99 Prozent dient und Arbeitsplätze und Wohlstand schafft, statt sie zu vernichten.

Mithilfe der Arbeitswerttheorie lässt sich die ökonomische Rente gesondert betrachten und messen

Bis zum Beginn des Mittelalters waren die meisten Familien in der Lage, selbst für ihre Grundbedürfnisse zu sorgen. Auf den Märkten wurden hauptsächlich ausgefallene, nur selten benötigte Güter gehandelt, wie zum Beispiel Importwaren und Luxusgüter. Erst im 14. Jahrhundert machten die Wiederbelebung des Handels und eine zunehmende Urbanisierung es notwendig, das Verhältnis zwischen Marktpreisen und Produktionskosten zu untersuchen.

Man wollte auf diese Weise gerechte Preise festlegen, die Bankiers, Händler und andere Berufstätige für ihre Waren und Dienstleistungen berechnen konnten. Die Frage war, ab wann ein Preis als ausbeuterisch hoch gelten muss und daher von einer gerechten Gesellschaft verhindert werden sollte, und was als notwendige Geschäftskosten zu gelten hatte. Die entsprechende Diskussion fand in den wichtigsten Bildungszentren der damaligen Zeit statt: den kirchlichen Institutionen, die auch die ersten Universitäten gründeten.

Die Theorie der Theologen zum »gerechten Preis« bildete den Anfang der Arbeitswerttheorie: Die Kosten, die bei der Herstellung einer Ware anfallen, bestehen letztendlich aus den Aufwendungen für die Arbeitskraft, einschließlich des Anteils, der bei der Produktion der Rohmaterialien anfällt, sowie aus den Kosten für die Werkstätte und die Produktionsmittel. Thomas von Aquin (1225–1274) vertrat in seinen Schriften die Auffassung, Bankiers und Kaufleute sollten genug verdienen, um ihre Familien in einer ihrer Stellung angemessenen Weise ernähren und darüber hinaus noch etwas für wohltätige Zwecke und Steuern erübrigen zu können.

Dabei war die Problematik, der sich Thomas von Aquin und andere Denker der Scholastik gegenübersahen, der heutigen nicht unähnlich: Man hielt es für ungerecht, dass die Bankiers für die von ihnen erbrachten Dienstleistungen (wie etwa den Transfer von Geldmitteln zwischen verschiedenen Herrschaftsgebieten oder Währungen oder die Vergabe von Krediten für unternehmerische Vorhaben) so viel mehr verdienten als Menschen anderer Berufe. Das ähnelt der heutigen Diskussion um die Frage, wie viel die Investmentbanker der Wall Street verdienen dürfen.

Die Logik der Scholastiker zufolge durfte der Lebensstandard der Bankiers den von anderen Berufstätigen in vergleichbaren Stellungen nicht überschreiten. Das erforderte, dass man für den Preis ihrer Dienstleistungen eine Grenze festlegte (etwa durch die Gesetze gegen Wucherzins, die vor den 1980er Jahren noch in den meisten Volkswirtschaften weltweit galten). Man regulierte die Preise, die sie für ihre Dienstleistungen berechnen durften, und besteuerte überdurchschnittlich hohe Einkommen und Luxusgüter.

Es dauerte vier Jahrhunderte, bis man das Konzept des »gerechten Preises« auch auf die Grundrente ausdehnte, die den Grundbesitzern bezahlt werden musste. Zwei Jahrzehnte nach der normannischen Invasion Englands im Jahr 1066 ordnete Wilhelm der Eroberer 1086 die Erstellung des sogenannten »Domesday Book« (Buch des Jüngsten Tages) an. Anhand der darin gesammelten Daten wurde eine steuerliche Abgabe für Grundbesitz erhoben, die vom Landadel zur Grundrente umgewandelt und somit privatisiert wurde, als dieser sich gegen den habgierigen König Johann Ohneland (reg. 1199–1216) erhob. Auch die Revolte, die 1215 zur Abfassung der Magna Carta führte, sowie der »Erste Krieg der Barone« gingen hauptsächlich vom Landadel aus. Man wollte so einer Besteuerung entgehen, die Grundrente selbst einstreichen und die Steuerlast der arbeitenden Bevölkerung und den Städten aufbürden. Daher war die von ihnen erhobene Grundrente ein Vermächtnis aus den Zeiten, als Kriegsherren in Europa nach militärischen Eroberungen den Ernteüberschuss der unterworfenen Länder als Tribut forderten.

Ende des 18. Jahrhunderts mehrten sich die Versuche, die Volkswirtschaften von den Rentier-Privilegien und den politischen Machtmonopolen zu befreien, die noch aus Zeiten der Eroberungen stammten. Kritik kam auf, sowohl an der Grundrente als auch an der die Gesellschaft immer mehr belastenden Aristokratie, deren Angehörige man zunehmend als »reiche Müßiggänger« zu bezeichnen pflegte. Diese ersten kritischen Äußerungen mündeten in einer umfassenden Moralphilosophie, die ihrerseits den ideologischen Hintergrund zur Industriellen Revolution bildete. Zu den politischen Forderungen dieser Moralphilosophie gehörten demokratische Reformen, die die Macht des Landadels über die Regierung beschneiden sollten. Dabei wollte man keineswegs den Staat an sich demontieren. Ziel war vielmehr, dessen Steuerpolitik, Geldschöpfung und Gesetzgebung zu reformieren und die Forderungen der ausbeuterischen Rentiers zu begrenzen. Das war das Herzstück von John Stuart Mills an Ricardo orientierter »sozialistischer«

Theorie und auch der amerikanischen Reformzeit mit ihrer Regulierung des Kartellwesens und den Gesetzen zur Kontrolle der Energieversorgung.

Steuerrechtliche Vetternwirtschaft zugunsten der Rentiers und der Niedergang der Nationen

Diese früheren Diskussionen sind darum auch heute noch relevant, weil die heutigen Volkswirtschaften Gefahr laufen, sich einem neuen Rentier-System zu unterwerfen. Spanien hätte den unermesslichen Zustrom aus Silber und Gold, den ihm die Eroberungen in der Neuen Welt bescherten, dazu nutzen können, zu Europas führender Industriemacht zu werden. Stattdessen floss das Edelmetall einfach durch die Wirtschaft hindurch wie Wasser durch ein Sieb. Die aristokratischen Großgrundbesitzer Spaniens beanspruchten die Reichtümer für sich, um sich damit in verschwenderischen Ausschweifungen zu ergehen, noch mehr Ländereien zu kaufen, noch mehr Geld zu verleihen und weitere Eroberungskriege zu finanzieren. Der Adel erdrückte mit seinen Pachtforderungen die Landbevölkerung und erlegte auch den Stadtbewohnern so hohe Steuern auf, dass überall Armut herrschte. Es wurde so gut wie nichts in Bildung, Wissenschaft und Technologie investiert – jene Bereiche, die in den demokratischer geprägten Herrschaftsgebieten Nordeuropas florierten, wo die Macht des Landadels weniger erdrückend war.

Das »Spanische Syndrom« wurde zum Musterbeispiel für ein Fehlverhalten. Es veranlasste die Ökonomen zu untersuchen, auf welche verschiedenen Weisen der Reichtum der Rentiers – und die Steuer- und Kriegspolitik, die er unterstützte – den Fortschritt hemmte und zu Niedergang oder Zusammenbruch einer Nation führen konnte. Josiah Tucker, ein walisischer Geistlicher und politischer Ökonom, wies 1774 darauf hin, dass es einen riesigen Unterschied gab zwischen Ländern, die sich Geldmittel verschafften, indem sie ihre Bevölkerung einer geregelten, produktiven Arbeit nachgehen ließen, und solchen, die sie durch Piraterie oder Plünderungen von Gold und Silber erlangten, wie es beispielsweise in Spanien und Portugal mit solch verheerenden und lähmenden Folgen für die Wirtschaft geschehen war. Dort seien nur »sehr wenige Menschen an der Anhäufung dieses immensen Reichtums beteiligt gewesen … und noch sehr viel weniger gelang es, das Errungene zu behalten«.[1]

Auch heute noch werden Parallelen zu dieser Zeit gezogen. In ihrem Buch *The Great Reckoning* von 1991 schreiben James Dale Davidson und Lord William Rees-Mogg über die »glorreichen« Tage des »goldenen Jahrhunderts« in Spanien (1525–1625):

> Die führenden Köpfe der spanischen Regierung wurden damals vollständig von Interessen beherrscht, die Steuergelder verschlangen, statt sie zu erzeugen: Militär, Bürokratie, Kirche und Adel ... Spaniens Anführer lehnten jegliche Kosteneinsparung rigoros ab ... Zwischen 1556 und 1577 wurden die Steuern verdreifacht, und die Ausgaben schossen sogar noch schneller in die Höhe ... Um 1600 mussten bereits 40 Prozent des Haushalts als Zinszahlungen für die Staatsschulden geleistet werden. Spanien ging Konkurs und hat sich nie wieder davon erholt.[2]

Trotz seines gigantischen Zustroms an Gold und Silber wurde Spanien in der Frühen Neuzeit des 16. Jahrhunderts zu dem Land mit der höchsten Verschuldung in Europa. Es hatte die Steuerlast zur Gänze auf die ärmsten Teile der Bevölkerung abgewälzt und so die Entwicklung eines gesunden Binnenmarkts verhindert.

Doch die heutigen neoliberalen Lobbyisten drängen auf ähnliche Steuerbegünstigungen. Sie wollen den Finanz- und Immobiliensektor steuerlich entlasten und stattdessen Arbeitnehmer und Konsumenten noch stärker zur Kasse bitten. Die Ausgaben für öffentliche Infrastruktur und Sozialprogramme sollen gekürzt werden, und Rentier-Manager sollen die Kontrolle über die Regierung übernehmen.

Der Hauptunterschied zu Spanien und späteren, post-feudalen Volkswirtschaften besteht darin, dass die Grundrente, die damals den Großgrundbesitzern zu entrichten war, heute als Zinszahlungen an den Finanzsektor fließt. Und dennoch wird in der ökonomischen Diskussion das Phänomen des Rentier-Einkommens völlig ausgeklammert. Auch über Niedergang und Zusammenbruch von Nationen erfährt man nichts. Bei der Schönrederei des Neoliberalismus dreht sich alles nur um Wachstum, um den Anstieg von Volkseinkommen und BIP *ad infinitum,* ohne auch nur zu versuchen, die eigennützigen Interessen der Superreichen in irgendeiner Form zu beschneiden.

Der wesentliche Unterschied zwischen den heutigen Eroberungsmethoden und denen Spaniens im 16. Jahrhundert (und Frankreichs im 18. Jahrhundert) besteht darin, dass das Ganze heute zumeist finanziell und nicht militärisch abläuft. Land, natürliche Ressourcen, öffentliche Infrastruktur und Industriekonzerne werden auf Kredit erworben. Die Kosten einer solchen »Eroberung« sind genauso hoch wie im Falle einer militärischen Annexion. Die Grundbesitzer zahlen ihre Miet- oder Pachteinnahmen als Zinsen an die Banken, die ihnen Kredite für neue Immobilienkäufe gewähren. Auch die Finanzheuschrecken, die Unternehmen kaufen, plündern und zerschlagen, zahlen ihre Einkünfte als Zinsen an die Anleihegläubiger, die ihre Übernahmen finanzieren. Und sogar von den Steuereinnahmen wird ein immer größerer Teil an Gläubiger gezahlt (die oft, ähnlich wie im Mittelalter, im Ausland sitzen), statt damit in Infrastruktur, Rentenversorgung, wirtschaftlichen Aufschwung und soziale Sicherung zu investieren.

Die heutige Monopolisierung des Reichtums seitens der Rentier-Klasse, die Steuern und staatliche Regulierungen umgeht, indem sie sich die Kontrolle über die Regierung erkauft, ist das gleiche Problem, mit dem es schon die klassischen Ökonomen zu tun hatten. Ihr Kampf um die Erschaffung einer gerechteren Gesellschaft brachte äußerst nützliche ökonomische Erkenntnisse hervor, anhand derer man auch nachvollziehen kann, warum heutige Volkswirtschaften immer weiter polarisiert und immer unproduktiver werden. Die Physiokraten sowie Adam Smith, David Ricardo und ihre Nachfolger lieferten eine bemerkenswert klare Analyse, wie das »Rent-Seeking« dem wirtschaftlichen Kreislauf Mittel entzieht.

Die klassische Kritik an der ökonomischen Rente

Die klassische Werttheorie hält die begrifflichen Werkzeuge bereit, um die Dynamik, durch die heutige Volkswirtschaften polarisiert werden und verarmen, zu analysieren. Die Arbeitswerttheorie ging Hand in Hand mit einer »Rententheorie«, in der das Konzept der ökonomischen Rente, die von Grundbesitzern, Monopolisten und Bankiers erhoben wurde, erweitert wird. Diese Rententheorie ermöglicht, zwischen verdientem und nicht verdientem Einkommen zu unterscheiden.

Fast die gesamte Regulierungspolitik des 20. Jahrhunderts baute auf dem Fundament auf, das durch diese aufklärerischen Ideen und politischen

Reformen seit ihrem ersten Verfechter John Locke gelegt wurde. Die Analyse von Wert, Preis und ökonomischer Rente führte zu einer progressiven Steuerphilosophie, zur Preisregulierung von Monopolen, zu Gesetzen gegen Zinswucher und zu der Kontrolle der erzielten Renten.

Doch die Verteidiger der Grundbesitzer wehrten sich. So behauptete zum Beispiel Thomas Malthus, Grundbesitzer würden die Rente nicht einfach passiv einziehen, sondern sie stattdessen produktiv investieren, um die Wirtschaft anzukurbeln. Spätere Apologeten klammerten das unverdiente Einkommen einfach aus ihren Modellen aus und hofften, es möge dadurch unsichtbar bleiben und somit auch nicht besteuert oder reguliert werden.

Ende des 19. Jahrhunderts definierten John Bates Clark in den USA und ähnlich trivialisierende Denker in anderen Ländern jegliches Einkommen als verdient, allein deshalb, weil es aus einem freimarktwirtschaftlichen Verhältnis hervorgegangen sei. Die Begriffe »Schuldendienst« und »ökonomische Rente« tauchen in solchen Modellen so gut wie nie auf, es sei denn, sie werden im Zusammenhang des »Durchsickereffekts« der allgemeinen Marktnachfrage oder im Hinblick auf die Finanzierung neuer Investitionen erwähnt. (In Kapitel 6 werde ich mich mit den Einzelheiten des heutigen Finanzlobbyismus auseinandersetzen.)

Statt zuzugeben, dass ein räuberisches Rentier-Verhalten tatsächlich existiert, stellen es die Finanzlobbyisten so dar, als wären jegliche Kreditvergaben produktiv und als bekämen die Schuldner so die Mittel an die Hand, um ausreichend Profit für die Rückzahlung ihrer Schulden zu erwirtschaften. Doch im gesamten Verlauf der Geschichte gab es nur sehr wenige Fälle, in denen derartige Kredite tatsächlich vergeben wurden, von Investitionen in Handelsunternehmungen einmal abgesehen. Die meisten Bankkredite dienen nicht der Schaffung neuer Produktionsmittel, sondern drehen sich um Immobilien, Wertpapiere oder andere Vermögenswerte, die bereits vorhanden sind.

Seit den 1980er Jahren waren die Haupteinnahmequelle für Kreditnehmer nicht die Profite, sondern der Wertanstieg ihrer auf Kredit gekauften Immobilien, Aktien und Anleihen infolge der Vermögenspreisinflation. Das heißt also, sie profitierten von einer durch Schuldenhebel aufgeblähten Spekulationsblase.

Die klassische Ökonomie sah deshalb klarer als die heute vorherrschende ökonomische Lehrmeinung, weil sie nach der Verteilung von Reichtum fragte und sich auf Privilegien konzentrierte, die der Wirtschaft Einkünfte entziehen, ohne Produkte oder Dienstleistungen von entsprechendem Wert zu schaffen. Meistens spiegeln sich in einer bestehenden Ungleichheit nicht die Unterschiede in der Produktivität wider, sondern die Verzerrungen, die sich durch Eigentums- und andere Sonderrechte ergeben. Aufgrund ihrer Unterscheidung zwischen verdientem und nicht verdientem Einkommen stellte sich den klassischen Ökonomen die Frage, welche Art von Steuerphilosophie und Ordnungspolitik zu den effektivsten und gerechtesten Preisen und Einkünften und zu einem geregelten Wirtschaftswachstum führen würden.

Die Regierungen spielten eigentlich immer eine Schlüsselrolle in der Verteilung von Ressourcen. Doch obwohl die meisten historischen Volkswirtschaften Mischformen aus öffentlichen und privaten Wirtschaftssystemen waren, versuchen die heutigen Kräfte, die feindlich gegen das staatliche Wirken eingestellt sind, die Wirtschaften eindimensional zu gestalten. Und diese Wirtschaft kontrollieren maßgeblich Wall Street oder ähnlichen Finanzzentren in anderen Ländern.

Die demokratischen politischen Reformen hatten eine solche Entwicklung eigentlich verhindern sollen, indem sie ererbte Privilegien durch Chancengleichheit ersetzten. Das Ziel war, diese Art von Privilegien gänzlich abzuschaffen und jedes Individuum und Unternehmen auf die gleiche Stufe zu stellen. Man wollte die Volkswirtschaften von Ausbeutung befreien und natürliche Monopole sowie Grund und Boden in das Allgemeingut überführen.

So kam es auch, dass sich die klassischen freimarktwirtschaftlichen Reformen an der Schwelle zum 20. Jahrhundert immer mehr in Richtung eines, wenn auch jeweils unterschiedlich ausgeprägten, Sozialismus entwickelten. Die erbliche Klasse der Grundbesitzer verkaufte ihr Land an Käufer auf Kredit. Auf diese Weise wurde der Besitz von Grundstücken und Häusern demokratisiert. Doch niemand hatte damit gerechnet, dass nun die Banken das Einkommen aus der Grundrente erhielten, die vormals den Grundherren bezahlt worden war, und zwar jetzt in Form von Hypothekenzahlungen. Der Finanzsektor hat die Grundbesitzer als wichtigste Rentier-Klasse ersetzt. Er bildet die heutige, post-industrielle Aristokratie.

In den Jahren kurz vor Beginn des Ersten Weltkriegs hatte es ganz den Anschein, als würden die Finanzen industrialisiert, also zur Stützung des industriellen Wohlstands mobilisiert, auch vor dem Hintergrund der demokratischen Reformen, die allen Männern – und später auch den Frauen – unabhängig von ihren Besitzverhältnissen das Wahlrecht gaben. Der Würgegriff des Erbadels schien seinem Ende entgegenzugehen. So verlor etwa das britische Oberhaus – das »House of Lords« – sein Recht, die neuen Einkommensgesetze, die das Unterhaus verabschiedete, zu verhindern.

Der »Sektor« kontra Industrie

Der heutige Finanzsektor zerstört, was man noch vor einem Jahrhundert als seinen gesellschaftlichen Nutzen betrachtet hatte: seine Fähigkeit, Produktion und Beschäftigung zu steigern. Die »Realwirtschaft« wird angesichts der exponentiell wachsenden Finanzforderungen (Bankkredite, Aktien und Anleihen), die vor allem das Eine Prozent bereichern, fortwährend gebremst. Statt die Finanzen zu industrialisieren, finanzialisierte man die Industrie. Die Aktien- und Anleihemärkte wurden zu Schauplätzen von fremdfinanzierten Übernahmen und »Asset Stripping«. (Vorgänge, die ich in Kapitel 9 und 10 näher erläutern werde.)

Diese Dynamik ist Ausdruck einer Gegenrevolution, die mit den klassisch-ökonomischen Ideen zum freien Markt aufgeräumt hat. Die heutige neoliberale Steuer- und Finanzphilosophie ist alles andere als produktiv und zersetzt und zerstört die Wirtschaft. Statt Industrie, Kapitalbildung und Infrastruktur zu fördern, ist die Finanzwelt eine Symbiose mit den anderen Rentier-Sektoren eingegangen: dem Immobiliensektor, der Ausbeutung von Bodenschätzen und den natürlichen Monopolen. Für den Erwerb von Privilegien, die eine Rentenextraktion ermöglichen – mithilfe von Krediten oder einfach durch Insidergeschäfte und zwielichtige juristische Manöver –, braucht man keine langfristigen Investitionen, wie sie im Herstellungssektor notwendig sind. In Kapitel 3 werde ich mich allgemein mit dem Phänomen der Rentier-Privilegien auseinandersetzen. Kapitel 4 erklärt die Finanzmathematik hinter der Macht des Zinseszinseffekts, der angehäufte Vermögen oder Schuldenberge ohne Rücksicht auf die Bedürfnisse von Arbeitsmarkt und Industrie immer weiter wachsen lässt.

KAPITEL 3

Kritiker und Apologeten der ökonomischen Rente, von John Locke bis John Stuart Mill

»Der wichtigste inhaltliche Erfolg der Neoliberalisierung war jedoch die Umverteilung – und nicht etwa die Genese – von Einkommen und Vermögen. … [Mit] ›Akkumulation durch Enteignung‹ bezeichne ich … die Verwandlung von Grund und Boden in Ware und die Privatisierung von Landbesitz, was zur gewaltsamen Vertreibung der bäuerlichen Bevölkerung führt …, die Umwandlung verschiedener Arten von Eigentumsrechten (Gemeinde-, Kollektiv- oder Staatseigentum) in die exklusive Form von Privateigentum …, die Abschaffung der Nutzungsrechte am Gemeindeland …; koloniale, neokoloniale und imperiale Methoden der Aneignung von Vermögenswerten (einschließlich natürlicher Ressourcen) …, Zinswucher, Staatsverschuldung und vor allem das Kreditsystem mit seinen extrem zerstörerischen Wirkungen … [das] häufig als radikales Instrument der Akkumulation durch Enteignung [fungiert]. … Zu dieser Liste einschlägiger Instrumente könnte man noch eine Reihe weiterer Techniken hinzufügen, etwa Lizenzerträge aus Patenten und Rechten auf geistiges Eigentum und die Reduzierung oder Abschaffung unterschiedlicher Formen gemeinsamer Eigentumsrechte, die erst in langen und zähen Klassenkämpfen errungen wurden (zum Beispiel staatliche Pensionen, bezahlte Ferien und Zugang zu Bildungs- und Gesundheitsinstitutionen). Eines der wichtigsten Ziele der Republikaner in den USA ist zum Beispiel die Privatisierung aller Ansprüche auf staatliche Altersvorsorge, wie sie erstmals unter der Pinochet-Diktatur in Chile realisiert wurde.«

David Harvey[1]

Sämtliche Phänomene, die Harvey hier aufzählt, sind Gelegenheiten zur Rentenextraktion. Die Anhänger des Neoliberalismus behaupten, solche Sonderrechte und Enteignungen von bis dahin im Gemeinbesitz befindlichen Vermögenswerten würden die Wirtschaft effizienter machen. Die klassischen Vertreter des freien Marktes bezeichneten jedoch die so entstandenen Renten als unverdient und für die Produktion nicht nötig; sie waren ein noch aus Feudalzeiten stammender Mehraufwand.

Für gewöhnlich gilt das Jahr 1690 als Ursprungsjahr der klassischen Unterscheidung zwischen verdientem und unverdientem Wohlstand und dem ihm zugrundeliegenden Einkommensstrom. Damals ging es um den Gegensatz zwischen dem »realen« Wohlstand, der durch Arbeitskraft entsteht, und dem Wohlstand, der auf – meist noch aus Feudalzeiten herrührenden – Sonderrechten beruht. Von diesen Privilegien, so glaubte man, könne die Gesellschaft sich befreien und somit auch ihre Kosten senken.

John Lockes wichtigste Überzeugung lautete, dass alle Menschen ein natürliches Recht auf die Früchte ihrer eigenen Arbeit haben. Und der logische Schluss daraus war, dass Grundherren nur auf das ein Anrecht haben, was sie auch selbst produzieren, weshalb sie auch nicht über die Arbeit ihrer Pächter bestimmen und diese ausbeuten dürfen:

> Obwohl die Erde und alle niedrigeren Geschöpfe den Menschen gemeinschaftlich gehören, so hat doch jeder Mensch ein Eigentum an seiner eigenen Person ... Die Arbeit seines Körpers und das Werk seiner Hände, können wir sagen, sind im eigentlichen Sinn sein Eigentum. Alles also, was er dem Zustand, den die Natur vorgesehen, und in dem sie es gelassen hat, entrückt, hat er mit seiner Arbeit gemischt, ihm etwas zugesellt, was sein eigen ist, und macht es dadurch zu seinem Eigentum ... Denn da diese Arbeit das unbestreitbare Eigentum des Arbeiters ist, kann niemand als er selbst ein Recht auf das haben, womit diese Arbeit einmal verbunden worden ist, wenigstens da, wo genug und ebenso gutes für den gemeinschaftlichen Besitz anderer vorhanden ist.[2]

Lockes Theorien zu Arbeit, Eigentum und Vermögen waren wegbereitend, denn sie ermöglichten eine Unterscheidung zwischen solchen Einkünften aus Grund und Boden, die auf Arbeits- und Kapitalaufwendungen ihres Besitzers beruhten, und solchen, die sich einfach nur aus den Eigentumsrechten ergaben und keinerlei Arbeitsaufwand erforderten. Diese Unterscheidung lag zahlreichen Steuerreformen zugrunde, einschließlich jenen der Progressiven Ära in den USA zu Beginn des 20. Jahrhunderts.

Locke suggeriert allerdings, der Großteil der Einkünfte entstünde durch die Arbeit des Grundherrn selbst und nicht etwa durch die seiner Pächter oder durch gesamtwirtschaftliche Bemühungen. Auch unterschied er nicht zwischen den ursprünglichen Eroberern dieser Ländereien und ihren Erben, so als sei es ganz richtig, dass die aus früheren Arbeitsbemühungen oder vielmehr Eroberungen gewonnenen Vorteile über Generationen hinweg vererbt werden durften.

Dennoch lösten Lockes Darlegungen eine jahrhundertelange Diskussion aus. Im 19. Jahrhundert vertrat man schließlich die Ansicht, die steigenden Grundstückspreise hätten nichts mit der Arbeit der Grundbesitzer zu tun. In der Grundrente, die sie berechneten, spiegelte sich der Wohlstand der restlichen Gesellschaft wider und nicht etwa ihre eigenen Anstrengungen. Die Ökonomen bezeichnen diese Form von Gewinn als Zufalls- oder leistungslosen Gewinn, also eine Art Lottogewinn. Das trifft in vielen Fällen auch auf die »Erbschaftslotterie« zu, in der man je nach Höhe des elterlichen Vermögens zum Gewinner wird oder nicht.

Die klassischen Ökonomen stellten die These auf, dass zur Erschließung von Arbeitskraft und Kapitalgütern ein gewisser Kostenaufwand nötig ist. Die Arbeit muss mit einem Gehalt entlohnt werden, das die Lebenshaltungskosten deckt und einen angemessenen Lebensstandard ermöglicht. Dieser Standard sollte darüber hinaus mit der Zeit steigen und auch für persönliche Investitionen in eine bessere Qualifikation sowie in Bildung und Gesundheit ausreichen. Und Kapitalinvestitionen werden nur dann getätigt, wenn auch die Aussicht auf Profit besteht.

Schwerer fällt da schon, Rechenschaft über Grund und Boden und natürliche Ressourcen abzulegen. Zu jeder Form von Produktion sind ein Stück Land, Energie (wie Sonnenlicht), Luft und Wasser nötig, doch die bloße Bereitstellung dieser Ressourcen erfordert weder einen Arbeits- noch einen Kapitalaufwand. Andererseits können sie jedoch gewaltsam oder durch politische Ermächtigungen (also durch Verkauf seitens des Staates) privatisiert werden. So hat zum Beispiel die reichste Person Australiens, Gina Rinehart, von ihrem Vater, einem Prospektor, die Schürfrechte für ein von ihm entdecktes Eisenerzvorkommen geerbt.[3] Einen ziemlich großen Teil ihres Vermögens hat sie für politische Lobbyarbeit ausgegeben, um die Regierung davon abzuhalten, ihren »leistungslosen Gewinn«, eigentlich ein leistungsloses Einkommen, zu besteuern.

Bei der Frage, wie eine gerechte Verteilung zwischen Personen, die sich einen Vermögenswert oder ein Grundstück angeeignet hatten, ihren Erben und den Steuerbehörden aussehen müsste, konzentrierten sich die klassischen Ökonomen auf genau diese Art von Besitzanspruch. Man wollte untersuchen, welcher Anteil an den Einkünften der Gesellschaft als Ganzes zustand und wie viel in den Händen derer verbleiben sollte, die diesen Vermögenswert entdeckt oder sich angeeignet haben, sowie deren Erben. Das daraus resultierende Konzept der ökonomischen Rente wurde später auch auf Monopolrechte und Patente ausgedehnt – wie etwa die Patentrechte, die sich im Besitz der Pharmaunternehmen befinden und von diesen zur Preistreiberei benutzt werden.

Die Geschichte der Eigentumsaneignung ist auf Gewalt und politische Intrigen gegründet – und nicht auf der Arbeitskraft ihrer gegenwärtigen Besitzer. Dabei waren die reichsten Eigentümer von Vermögenswerten oftmals auch die gierigsten – wie etwa kriegerische Eroberer, Angehörige des Landadels, Bankiers, Anleihegläubiger und Monopolisten. Die Besitzrechte, die es ihnen ermöglichen, eine ökonomische Rente für Grund und Boden, Bergwerke, Patente oder monopolisierte Handelsgeschäfte zu erheben, beruhen auf juristischen Privilegien eines Rechtssystems, das von ihnen kontrolliert wird – und sind keineswegs die Früchte der eigenen Arbeit. So war es etwa im Mittelalter üblich, die engsten Gefährten des Herrschers als Dank für ihre politische Treue mit Ländereien zu belohnen.

Und diese Form der Landzuweisung setzte sich nicht nur während der Kolonialzeit fort oder im Amerika des späten 19. Jahrhunderts bei den mächtigen Eisenbahnbaronen. In den meisten Ländern gab es die ein oder andere Form von politisch motivierten Geschenken an Gefolgsleute, oft in Gestalt von Bestechungen oder anderen Formen der Korruption. So überließ man zum Beispiel in den neunziger Jahren des vergangenen Jahrhunderts in den postsowjetischen Volkswirtschaften den politischen Insidern Privatisierungsrechte für Öl-, Gas- und Mineralvorkommen sowie Immobilien und Infrastruktur zu Schleuderpreisen. Russland und andere Länder der Region folgten dem Rat der USA sowie der Weltbank, Besitzrechte an Einzelpersonen einfach zu verschenken, ganz so als würde man dadurch automatisch einen effizienten freien Markt nach westlich-europäischer Prägung schaffen.

Tatsächlich schuf man dadurch aber nur eine mächtige Klasse von Oligarchen, die sich die entsprechenden Vermögenswerte durch Insidergeschäfte aneigneten.[4] Der Volksmund fand ein Wort für dieses Phänomen – die

Leute sprachen von räuberischer Privatisierung oder Oligarchenkleptokratie. Die Manager der ehemaligen sowjetischen Unternehmen bereicherten sich, indem sie natürliche Ressourcen, öffentliche Versorgungsunternehmen oder Fabriken sich selbst überschrieben, riesige Aktienpakete zu hohen Preisen an westliche Investoren verkauften und den Großteil ihrer Einnahmen daraus als Fluchtkapital ins Ausland schleusten (seit 1991 sind dies in Russland jährlich etwa 25 Milliarden Dollar). Diese neoliberale Privatisierung brachte den Kalten Krieg zu einem unrühmlichen Ende, indem es den öffentlichen Sektor der Sowjetunion demontierte und auch hier eine neofeudale Gesellschaft schuf.

Die große Herausforderung, der sich die postsowjetischen Volkswirtschaften nun gegenübersehen, ist die Aufgabe, die Auswirkungen dieser kleptokratischen Raubzüge wieder rückgängig zu machen. Ein Weg bestünde darin, die Vermögenswerte wieder zu verstaatlichen. Das wäre politisch nicht gerade einfach durchzusetzen, wenn man bedenkt, wie viel Einfluss sich die Oligarchen schon erkauft haben. Eine »marktorientiertere« Variante wäre es, die Vermögenswerte in den Händen ihrer jetzigen Besitzer zu belassen, aber ihren Besitz an Land und natürlichen Ressourcen in einer Weise zu besteuern, damit wenigstens ein Teil ihres leistungslosen Einkommens wieder der Gesellschaft als Ganzes zukommt.

Ohne eine solche Restrukturierung bliebe Wladimir Putin nur noch die Möglichkeit, die russischen Oligarchen moralisch unter Druck zu setzen und sie dazu zu bringen, ihre Einnahmen im eigenen Land zu reinvestieren. Statt das westeuropäische und US-amerikanische produktive Wirtschaftsideal verwirklichen, wie es sich zur Blütezeit der aufklärerischen oder gar revolutionären Reformen vor einem Jahrhundert darstellte, befinden sich die postsowjetischen Volkswirtschaften nun auf direktem Wege in eine neoliberale Rentier-Dekadenz.

Die Frage, wie sich eine Volkswirtschaft von einer solchen räuberischen Privatisierung erholen kann, ist nicht neu. Die klassischen Ökonomen Großbritanniens und Frankreichs haben zwei Jahrhunderte darüber nachgedacht, wie man die ökonomische Rente, die mit solchen Aneignungen einhergeht, wieder in den Allgemeinbesitz zurückführen kann. Ihre Lösung bestand in der Besteuerung solcher Einnahmen. Die heutigen Vertreter eigennütziger Renten-Interessen kämpfen mit Zähnen und Klauen darum, die klassische Sichtweise der ökonomischen Rente und die damit verbundene

Unterscheidung zwischen verdientem und nicht verdientem Einkommen aus der Diskussion auszublenden. Eine Rückbesinnung auf die damaligen Erkenntnisse würde es den heutigen Reformkräften ersparen, wieder neu lernen zu müssen, wie man einen gerechten Wert bestimmt. Indem man die Geschichte des ökonomischen Denkens zensiert oder umschreibt, möchte man verhindern, dass sich die Besteuerung von Rentenerträgen aus Vermögenswerten als folgerichtige und logische Verfahrensweise durchsetzt.

Die Physiokraten erfinden die volkswirtschaftliche Gesamtrechnung

Als die Physiokraten die französische Monarchie in den Jahrzehnten vor der Revolution von 1789 zu reformieren suchten, schrieben sie sich den Begriff *laissez faire*, »lasst es gewähren«, auf die Fahnen. Diese Maxime war während des Widerstands gegen die königlichen Verordnungen entstanden, durch die zwischen 1750 und 1760 die Getreidepreise und somit auch die Grundrenten künstlich auf hohem Niveau gehalten wurden. François Quesnay, der Begründer der physiokratischen Denkschule, weitete diese Parole dann auf die Freiheit von der ausbeuterischen Aristokratie aus. Der Adel schwelgte von den Einkünften seiner ökonomischen Renten im höfischen Luxus, während die übrige Bevölkerung unter der Steuerlast erstickte.

Quesnay war Chirurg. Der Begriff »Physiokratie«, der aus dem Griechischen stammt und »Herrschaft der Natur« bedeutet, hat unter anderem auch damit zu tun, dass Quesnay im wirtschaftlichen Kreislauf aus Einkommen und Ausgaben eine Parallele zum Blutkreislauf des menschlichen Körpers erkannte. Dieses Kreislaufprinzip inspirierte ihn zu dem ersten Entwurf einer volkswirtschaftlichen Gesamtrechnung überhaupt, dem schon erwähnten *Tableau Économique* von 1759. Dieses sollte zeigen, wie der wirtschaftliche Mehrwert Frankreichs – das, was nach dem Abzug der Lebens- und Geschäftskosten noch übrigblieb – als Grundrente in den Händen der Grundherren endete.

In diesem Kreislauf aus Einnahmen und Ausgaben, an dem Hersteller, Verbraucher und Grundherren beteiligt waren, wiesen die Physiokraten den wirtschaftlichen Mehrwert allein der Landwirtschaft zu. Aber im Gegensatz zu Locke sahen sie den von den Grundbesitzern geforderten Pachtzins nicht als berechtigte Gegenleistung für deren Arbeit an. In ihren Augen war der Ernteüberschuss der Energie der Sonne zu verdanken. Und als logische politische Schlussfolgerung daraus propagierten sie eine einzige Steuer – nämlich die auf Einnahmen aus Landbesitz – *l'impôt unique*, die »Einsteuer«. Indem man die Grundrente besteuerte, so argumentierten sie, führte man der Allgemeinheit zu, was die Natur vollkommen umsonst bereitstellte (nämlich Sonnenlicht und Boden) und was demnach von vornherein der öffentlichen Hand als Steuergrundlage zustand.

Im 19. Jahrhundert verbreitete sich die Ansicht, die Grundherren und anderen Rentiers seien nichts als »reiche Müßiggänger«. Aber zu jener Zeit war Frankreich ein autokratischer Staat, dessen Landadel auf die Unterstützung durch die Kirche und die königlichen Institutionen zählen konnte. Zu behaupten die Angehörigen des Landadels würden die Einkünfte aus ihren ökonomischen Renten nicht verdienen, wäre politisch unklug gewesen. Quesnay und seine Gefolgsleute hofften stattdessen, eine steuerrechtliche Revolution mit der Unterstützung von Reformkräften herbeizuführen, die selbst aus der Elite stammten. Sie versuchten, die Rentier-Klasse mit rhetorischen Mitteln zu beeinflussen, indem sie auf deren Selbstbildnis abzielten und sie als die Quelle des französischen Wohlstands bezeichneten. Die Industrie, so sagten sie, könne einzig und allein aufgrund der Ausgaben des Landadels überleben.

Industrie und Handel galten im System der Physiokraten als *stérile* – also als ein Teil der Volkswirtschaft, der keinen direkten wirtschaftlichen Mehrwert erzielte. Daraus ergab sich die logische Schlussfolgerung, dass die Grundherren die Steuerlast allein zu tragen hatten. Quesnays Kunstgriff bestand in seinem Postulat, dass die Klasse, die den wirtschaftlichen Mehrwert hervorbrachte, auch die natürliche Steuerquelle sei. Indem man die Landwirtschaft als die eigentliche Quelle des wirtschaftlichen Mehrwerts bezeichnete, war es nur logisch, dass auch alle Steuern sich aus der Landwirtschaft zu speisen hatten. Weil der Herstellungssektor als »steril« galt und nur mit den Rohmaterialien arbeitete, die die Natur hervorbrachte, würde eine Besteuerung der Industrie oder der von ihr eingestellten Arbeitskräfte lediglich zu einer Anhebung der Kostendeckungsschwelle führen.

Jegliche Steuern, die man auf die Erzeugnisse von Industrie und Arbeitskraft erhob, würden demnach einfach nur an die eigentliche Quelle des wirtschaftlichen Mehrwerts – die landwirtschaftlichen Grundherren – weitergeleitet. Im Endeffekt sagten die Physiokraten also: »Ihr Grundherrn seid wahrhaftig die Quelle des Wohlstands unserer Nation. Darum werden letztendlich auch alle Steuern von euch beglichen, sei es nun direkt oder indirekt. Lasst uns also einfach die Dinge beim Namen nennen und erklärt euch einverstanden mit unserer direkten Einsteuer, denn so verhindern wir die weitere Verarmung des Handels und der Industrie in Frankreich.«

Die physiokratische Analyse des Wirtschaftskreislaufs aus Einnahmen und Ausgaben ermöglichte es späteren Ökonomen, den volkswirtschaftlichen Reinertrag (*produit net*) zu berechnen – definiert als diejenigen Einkünfte, die über die Kostendeckungsschwelle hinausgehen. So ließ sich auch bestimmen, wer die Nutznießer dieses Reinertrags waren und wer die Steuerlast dafür schulterte.

Quesnays Kreislaufanalyse beschreibt ein Phänomen, das ich mit dem Begriff »Rentendeflation« bezeichnen möchte. Ähnlich wie die Schuldendeflation, die bei der Bezahlung der Gläubiger entsteht, findet auch hier eine Transferleistung von Landwirtschaft, Industrie und Handel an die Empfänger der ökonomischen Rente statt – also an Personen, die nicht direkt und aktiv an der Produktion beteiligt sind. Aber diese Personen besitzen die Macht, der Wirtschaft ihre dringend benötigte Unterstützung vorzuenthalten.

Adam Smith erweitert die Rententheorie der Physiokraten

Adam Smith lernte Quesnay und *Les Économistes* während seiner Reisen nach Frankreich zwischen 1764 und 1766 kennen. Auch er hielt es für notwendig, Arbeiterschaft und Industrie von der Grundrente zu befreien, die von den privilegierten Adelsgeschlechtern Europas erhoben wurde: »Grundrenten für Häuser und übliche Bodenrenten [sind] vermutlich die Art Einkommen, die eine gesonderte Besteuerung am besten tragen können.«[5] Doch im Gegensatz zu den Physiokraten, denen der Industriesektor zu »steril« für eine Besteuerung gewesen war, bezeichnete Smith die Industrie als produktiv.

In den Vorlesungen, die er in Edinburgh hielt – zehn Jahre bevor er *Wohlstand der Nationen* schrieb –, bezeichnete Smith das Konzept der ökonomischen Rente allgemein als passives, nicht durch eigene Arbeit verdientes

Einkommen. Dabei benutzte er die Arbeitswerttheorie, um dieses Konzept auch auf den Finanzsektor und den Grundbesitz auszudehnen:

> Die Arbeitskraft und Zeit der Armen opfert man in zivilisierten Ländern den Bedürfnissen der Reichen, damit diese ihr Leben in Bequemlichkeit und Luxus führen können. Dem Grundherrn wird durch die Arbeit seiner Pächter ein Dasein im Müßiggang und voller Ausschweifungen ermöglicht. Der vermögende Geldmensch treibt sein Einkommen vom fleißigen Kaufmann ein und auch von den Bedürftigen, die ihm ein Leben im Nichtstun ermöglichen, weil sie ihn dafür bezahlen müssen, dass sie sein Geld benutzen. Doch jeder Wilde kann die Früchte seiner eigenen Arbeit genießen, denn in seiner Zeit gibt es keine Grundherren, Wucherer oder Steuereintreiber.[6]

Da man diese Erlöse aus ökonomischer Rente nicht besteuerte, entfiel die Hauptsteuerlast auf Handel und Industrie, deren Gewinne und somit auch Kapitalbildung sie untergrub. Zusätzlich zu den Pachtzinsen musste die Bevölkerung auch noch die Verbrauchssteuer bezahlen. Diese wurde erhoben, um die Zinszahlungen für die öffentlichen Schulden zu leisten, die ja überhaupt erst entstanden waren, weil man die Grundbesitzer von jeder Steuer ausnahm.

Die Grundrente blieb bis ins 18. Jahrhundert das Hauptaugenmerk der Wert- und Preistheorie. John Stuart Mill erklärte 1848, warum es logisch sei, dem Grundbesitzer diese Einnahmen durch eine hohe Besteuerung abzunehmen: »Man nehme den Fall an, dass eine Art von Einkommen die Tendenz habe, sich beständig zu vermehren, ohne Zutun oder Anstrengung irgend einer Art von Seiten der Eigentümer, welche dadurch zu einer Klasse der Gesellschaft werden, die bei völliger Passivität ihrerseits der natürliche Lauf der Dinge fortwährend bereichert.« Mill lehnte die moralische Rechtfertigung ab, die Locke für die Grundbesitzer formuliert hatte – nämlich dass sie den Wert ihres Landes mit ihrer eigenen Arbeit schufen –, und schrieb stattdessen über die Grundherren:

> Sie werden gleichsam im Schlaf, ohne Arbeit, ohne Risiko, ohne Ersparnis reicher. Welchen Anspruch haben sie auf diesen Zuwachs ihres Vermögens nach den allgemeinen Grundsätzen sozialer Gerechtigkeit? Worin

> würde hier eine Ungerechtigkeit liegen, wenn die Gesellschaft von Anfang an sich das Recht vorbehalten hätte, diesen von selbst geschehenden Zuwachs der Bodenrente so hoch zu besteuern, wie es die Finanzbedürfnisse verlangen mögen?[7]

Der Wert des Landbesitzes wuchs durch die Anstrengungen der gesamten Gemeinschaft. Mill schloss daraus, dass dieser steigende Wert somit auch der Öffentlichkeit als Steuergrundlage zugutekommen sollte, statt eine »unverdiente Zunahme der Reichtümer einer besonderen Klasse« zu bleiben.

Mill rechtfertigte die Besteuerung von Landbesitz sowohl mit nationalen Interessen als auch mit moralphilosophischen Argumenten. Damit sollte eine Besteuerung von Arbeitskraft und Industrie verhindert und stattdessen nur solches Einkommen besteuert werden, das nicht auf Arbeitskraft gegründet war. Mit der Zeit wurde dann die Arbeitswerttheorie auch auf Monopolrenten angewandt.

Bis zum Ende des Jahrhunderts gab es zahlreiche Vorschläge, wie die ökonomische Rente, die Grund und Boden abwarfen, am besten zu besteuern oder zu verstaatlichen sei. Unter anderem trugen Patrick Dove, Alfred Wallace, Herbert Spencer und Henry George zu der ungeheuren Vielzahl journalistischer und politischer Werke bei, die zu diesem Thema erschienen. Doch auch sie schreckten vor einer Verstaatlichung des Landbesitzes zurück und folgten grundsätzlich der Logik Mills:

> Der erste Schritt müsste sein, alles Grundeigentum des Landes zu schätzen; sein gegenwärtiger Wert müsste von der Steuer frei bleiben, aber nach Verlauf einiger Zeit, während dessen die Bevölkerung und das Kapital des Landes zugenommen haben, könnte ein allgemeiner Überschlag der von selbst entstandenen Vermehrung der Rente seit jener früheren Schätzung vorgenommen werden ... [So] ließe sich annähernd schätzen, wie viel die Grundstücke in Folge natürlicher Ursachen an Wert zugenommen haben, und wenn man darnach eine allgemeine Grundsteuer anlegte ... würde man die Sicherheit haben, diejenige Vermehrung des Einkommens aus Grundstücken nicht zu treffen, welche durch verbesserte Bewirtschaftung oder Kapitalauslagen seitens der Eigentümer bewirkt worden ist.[8]

Als das britische Unterhaus zwischen 1909 und 1910 endlich ein Gesetz zur Grundsteuer erließ, löste das Oberhaus eine Verfassungskrise aus, indem es das Gesetz für null und nichtig erklärte. Daraufhin änderte man die Verfahrensregeln, um so für alle Zukunft zu verhindern, dass das House of Lords ein vom Parlament verabschiedetes Einkommensteuergesetz ablehnte. Doch der Schwung der Reformen ging in den politischen Wirren vor Ausbruch des Ersten Weltkriegs verloren, durch den sich alles veränderte.

David Ricardo erhebt den Bankensektor zur Stütze von Handel und Industrie

Jede wirtschaftliche Klasse ist bestrebt, die eigenen Interessen zu rechtfertigen. Auch der für die Rentenextraktion verantwortliche Sektor behauptet, einen Beitrag zum Wohlergehen der »befallenen« Wirtswirtschaft zu leisten. Das wird nirgendwo deutlicher als in der Debatte zwischen David Ricardo, dem Wortführer der Interessen des britischen Bankensektors, und Thomas Malthus, der für die Grundbesitzer und ihre protektionistischen Korngesetze einstand, welche einen Anstieg der Lebensmittelkosten (und somit auch des Pachtwerts von Ackerland) ausgelöst hatten.

Ricardo hoffte, die Stellung Großbritanniens als »Werkstatt der Welt« zu stärken, und wies darauf hin, dass es zur Erhaltung der britischen Wettbewerbsfähigkeit notwendig sei, die Lebensmittelpreise und somit auch den Mindestlohn niedrig zu halten. Er drängte, man solle das Getreide auf den günstigsten Märkten erwerben, statt in der Getreideversorgung und anderen Bereichen der Nahrungsmittelproduktion unbedingt autark bleiben zu wollen. Zu diesem Zweck entwickelte er eine Handelstheorie, die auch heute noch Geltung hat und in der er auseinandersetzte, welche Vorteile aus einer globalen Spezialisierung der Arbeitsbereiche erwüchsen. In Ricardos Schlussfolgerungen spiegelten sich die eigennützigen Interessen des von ihm vertretenen Bankensektors wider: Globalisierung, so behauptete er, fördere den Handel, der zu Beginn des 19. Jahrhunderts nach wie vor der Hauptabnehmer für Bankkredite war.

Im Kern seiner Theorie stand die Behauptung, dass die Lebenshaltungskosten der Arbeiter, vor allem für Nahrungsmittel, den Großteil des industriellen Produktionsaufwands ausmachten. Als Lösung für dieses Problem schlug Ricardo vor, die Korngesetze abzuschaffen und stattdessen den Freihandel einzuführen. Dann könne man Getreide und andere Rohstoffe zu günstigen Preisen im Ausland erwerben, wo das Land fruchtbarer war und es andere natürliche Ressourcen gab. Dafür aber musste man Großbritannien überreden, seine wirtschaftliche Unabhängigkeit in der Lebensmittelproduktion aufzugeben – eine Unabhängigkeit, die es 1815 während der Napoleonischen Kriege erlangt hatte.

Ricardo benutzte die Arbeitswerttheorie, um die Grundrente zu differenzieren. Die Eigentümer des vermeintlich fruchtbarsten Bodens müssten, so Ricardo, ihre Ernte zu so hohen Preisen verkaufen, dass damit auch die Kosten für den Anbau auf den schlechtesten Böden gedeckt würden. (Dieses Konzept der »Differentialrente« wandte er in ähnlicher Form auch auf Bergbau und natürliche Ressourcen an.) Dabei behauptete er, dass die Fruchtbarkeit den »ursprünglichen und unzerstörbaren Kräften des Bodens« zu verdanken sei, und schloss daraus (in recht unwissenschaftlicher Manier), dass keine noch so hohe Kapitalinvestition, kein Düngemittel und auch keine sonstige Maßnahme die *relative* Fruchtbarkeit des Bodens verändern könne.[9]

Demnach konnten die Grundbesitzer auch mit keiner Kapitalinvestition das Gefälle innerhalb der Grundrenten beeinflussen und somit auch nicht den Kostenvorteil, den jene Landwirte erzielten, die den fruchtbarsten Boden bewirtschafteten.

Ricardo ging sogar noch weiter. Er behauptete, ein Sinken der Ernteerträge sei unvermeidlich, da es das Bevölkerungswachstum erforderlich mache, auch auf solchen Böden anzubauen, die von Natur aus schlechter waren. Die steigenden Lebensmittelpreise, die durch diese zuletzt bewirtschafteten, vermutlich weniger fruchtbaren Böden verursacht werden, hätten dann einen Rentenertrag zur Folge, der über die eigentlichen Kosten hinausgehe – eine Art preisliches Sicherheitsnetz für die Besitzer der fruchtbareren Böden. Daraus folgte aber auch, dass die Grundbesitzer nicht weiter in diese Ländereien investieren mussten, um einen stetig steigenden Anteil am Volkseinkommen zu erhalten. Sie brauchten keinen Finger zu rühren.

Ricardos pessimistische Einschätzung der Landwirtschaft ließ jedoch die revolutionären Entwicklungen in der Agrochemie außer Acht, die zu enormen Verbesserungen der landwirtschaftlichen Erträge führten. Er behauptete, selbst dann, wenn es gelänge, durch den Einsatz von Düngemitteln und Kapitalinvestitionen den Ertrag zu steigern, bliebe der *relative* Unterschied zwischen den verschiedenen Bodenqualitäten davon unbeeinflusst. Der bessere Boden würde daher weiterhin mehr abwerfen, selbst bei insgesamt höherem Kapitalaufwand – und auch die Erträge sänken weiter, was wiederum die Lebensmittelpreise in die Höhe treiben würde, während immer mehr Kapital in die Landwirtschaft floss.

Ricardos Schlussfolgerung, die Grundrenten würden unweigerlich mit dem Bevölkerungswachstum steigen, lässt sich viel eher auf die Rentenerträge moderner städtischer Standorte anwenden. Die Attraktivität besserer Wohnlagen wird durch Investitionen in die öffentliche Infrastruktur wie etwa das Transportwesen zusätzlich erhöht, aber auch durch das allgemeine Wohlstandsniveau – und in letzter Zeit immer häufiger auch durch Hypothekendarlehen zu wesentlich günstigeren (also eine höhere Verschuldung bewirkenden) Konditionen. Die Besitzer werden Nutznießer eines Preisanstiegs, ohne selbst weitere finanzielle Mittel investieren zu müssen – genau die Situation, die Ricardo für die landwirtschaftlichen Grundbesitzer beschreibt.

Malthus konzentriert sich auf die Frage, wie Grundbesitzer ihren Gewinn reinvestieren und für Konsumgüter ausgeben

Die ungeklärte Frage war, ob die Grundbesitzer die von ihnen erzielten Renten zum Wohl der Wirtschaft einsetzten, oder ob im Gegenteil hohe Grundrenten die Wirtschaft ungerechtfertigt belasteten. Malthus führte zwei Argumente an, mit denen er die vom Staat stark protegierten Grundrenten verteidigte. Zunächst einmal, so meinte er, würden sich die Grundbesitzer genau wie Industriekapitalisten verhalten und ihre zusätzlichen Gewinne wieder in ihre Betriebe stecken, um deren Profit durch eine Produktionssteigerung zu erhöhen. Anders als Smith behauptet hatte, seien die hohen Grundrenten kein unverdientes, passives Einkommen, sondern sie ermöglichten weitere Investitionen, um die Erträge zu steigern.[10]

Malthus war der Ansicht, die hohen Getreidepreise, die durch die britischen Korngesetze geschützt waren, würden es den Grundbesitzern ermöglichen, mehr in ihr Ackerland zu investieren und somit den Ertrag pro Hektar zu erhöhen. Er wies darauf hin, dass in der Zeit der Kriege gegen Frankreich, als der Nahrungsmittelhandel unterbrochen war und die Preise stiegen, die

Grundbesitzer als Reaktion darauf die Produktivität ihrer Gutshöfe erhöhten, um die heimische Nachfrage zu decken.[11] Technologische Entwicklungen wie der Kunstdünger und die Mechanisierung versprachen, die Erträge der Höfe noch zu steigern.

Weil Malthus überzeugt war, das durch Zölle geschützte Einkommen aus der Grundrente werde in produktiver Weise investiert, lehnte er Ricardos Einschätzung, die Grundrente sei ein Wohlfahrtsverlust und treibe lediglich die Brotpreise in die Höhe, ab. Während Ricardo die Grundrente als eine »Übertragung von Wert« begriff, »die nur für die Grundeigentümer vorteilhaft und entsprechend *nachteilig* für die Konsumenten ist«, argumentierte Malthus, dass eine Reinvestition in das Ackerland ohne hohe Getreidepreise nicht möglich sei. Er sah »die Rente, und die Anhebung derselben, als notwendige und unvermeidliche Bedingung einer höheren Getreideernte, die der Ernährung einer wachsenden Bevölkerung dient«.[12] Genau dieses Argument – dass höhere Preise auch zu höheren Kapitalinvestitionen führten, um die Produktivität zu steigern – wurde viele Jahrhunderte lang zur Rechtfertigung von Schutzzöllen herangezogen, so auch zum Beispiel von heutigen US-amerikanischen Industriellen, die Schutzzölle für »junge Industriezweige« fordern.

Das zweite Argument, das Malthus anführte, betraf die Konsumausgaben der Grundbesitzer. Diese seien weit davon entfernt, der Wirtschaft Mittel zu entziehen, sondern würden mit ihren Ausgaben vielmehr dazu beitragen, Arbeitslosigkeit zu verhindern. Die Grundbesitzer taten seiner Ansicht nach das, was sich das heutige Eine Prozent zugute hält: Sie schufen Jobs. Sie nahmen die Dienste von Kutschern, Schneidern und Näherinnen in Anspruch, stellten Butler und andere Dienstboten ein, kauften Equipagen, teure Kleider und kostbare Möbel. Sie gaben ihr Geld zwar für Luxusgüter aus, aber sie schufen dadurch auch Arbeitsstellen.

In dieser Argumentation wurde jedoch außer Acht gelassen, dass die Arbeiter, wenn sie nicht so viel für ihre Lebensmittel bezahlen müssten, ihrerseits mehr für Industrieprodukte ausgeben könnten – oder, falls sie nur einen Mindestlohn verdienten (wovon Ricardo ausging), die Profite der Industrie auf Kosten der Grundrente steigen würden. Tatsächlich war es also eine Wahl zwischen dem Konsum von Luxusgütern durch den Landadel einerseits und einem höheren Lebensstandard für die übrige Bevölkerung bei gleichzeitig höheren Industrie-Investitionen andererseits.

John Maynard Keynes hielt Malthus' Argument zu den Konsumausgaben der Grundbesitzer (oder auch der Regierung, der Finanziers oder irgendeiner anderen Gesellschaftsklasse) für durchaus richtig, weil sich daran zeige, wie wichtig das Konzept der Verbrauchernachfrage sei.[13] Aber das, was Malthus beschrieb, lässt sich viel eher als die Rentier-Nachfrage des Einen Prozents bezeichnen. Er rechtfertigte genau das, was der Karikaturist Thomas Nast gegen Ende des 19. Jahrhunderts in seinen Zeichnungen festhielt: die in Luxusgewändern herausgeputzten Plutokraten der Wall Street, die von ihrer maßlosen Gefräßigkeit so fett geworden sind, dass ihnen beinahe die Knöpfe von den Jacken platzen.

Wie Grundrenten zu Sparmaßnahmen führen können

Ricardo trug den Sieg davon. Wenngleich seine Theorie zu unterschiedlichen Bodenqualitäten und seine Annahme sinkender landwirtschaftlicher Erträge in direktem Gegensatz zu den empirischen Erkenntnissen seiner Zeit standen, prägte seine Schlussfolgerung, die ökonomische Rente sei als der Überschuss der Preise über die Produktionskosten definiert, die nachfolgende Begriffsbildung der Rententheorie.

Die Ideologie vom freien Handel erforderte jedoch, dass man andere Länder dazu brachte, ihrerseits auf den Schutz der eigenen Wirtschaft durch Zölle und Subventionen zu verzichten. Wenn nun das Prinzip lautete, in dem Markt mit den günstigsten Preisen einzukaufen, dann war das im Bereich der Herstellung und auch des Kreditwesens eindeutig Großbritannien. Nachdem das britische Parlament 1846 die Korngesetze aufgehoben hatte, versuchte man, auch andere Länder zu überzeugen, vom Schutz ihrer Wirtschaftserzeugnisse abzusehen. Im Gegenzug würden sie mit ihren Nahrungsmitteln und Rohstoffen freien Zugang zum britischen Markt erhalten. Ricardos Handelstheorie stellte dies als eine Entwicklung dar, von der beide Seiten profitierten. Aber das Problem dabei ist natürlich, dass die Wirtschaft, wenn man in den jeweils günstigsten Märkten einkauft, von ausländischen Produzenten abhängig wird. Das Risiko, das langfristig durch eine solche Abhängigkeit beim Import von Nahrungsmitteln und elementaren Konsumgütern entsteht, übersah Ricardo jedoch – ebenso wie das Problem, dass man den Handel so durch Auslandsverschuldung finanziert.

Ricardo brachte detailliert seine Sorge zum Ausdruck, dass ohne einen solchen freien Handel die steigenden Inlandspreise für Nahrungsmittel den Mindestlohn in unzumutbare Höhen treiben würden: »Die natürliche Tendenz des Profits ist also zu fallen, denn mit der fortschreitenden Entwicklung der Gesellschaft kann die zusätzlich benötigte Menge Lebensmittel nur durch das Opfer von immer mehr Arbeit gewonnen werden.«[14] Aufgrund der steigenden Arbeitslöhne sinken die Profite, wodurch

> die Akkumulation aufhören [muss], weil dann kein Kapital irgendeinen Profit abwerfen kann, keine weitere Arbeit nachgefragt wird und die Bevölkerung damit ihren höchsten Stand erreicht hat. Allerdings wird schon viel früher die außerordentlich niedrige Profitrate jede Akkumulation zum Stillstand gebracht haben, und fast das gesamte Produkt des Landes wird nach Bezahlung der Arbeiter Eigentum der Grundeigentümer und der Empfänger von Zehnten und Steuern sein.[15]

Am Ende, so schrieb Ricardo, würden die Grundbesitzer sämtliche Einnahmeüberschüsse, die über die Mindestlöhne hinausgingen, auf sich vereinen. Jegliche industrielle Kapitalbildung wäre dann beendet:

> Farmer und Fabrikant können ebensowenig ohne Profit wie der Arbeiter ohne Lohn leben. Ihr Anreiz zur Akkumulation wird mit jeder Verringerung des Profits abgeschwächt und wird dann ganz verschwinden, wenn ihr Profit so gering ist, dass er ihnen keine angemessene Entschädigung für ihre Mühe und das Risiko gewährt, das sie notwendigerweise bei der produktiven Anlage ihres Kapitals auf sich nehmen müssen.[16]

Marx nannte dieses Szenario die »bürgerliche Götterdämmerung, ... der jüngste Tag«.[17] Der Import von Nahrungsmitteln zu niedrigeren Preisen aus dem Ausland konnte diesen wirtschaftlichen Weltuntergang nur hinauszögern. Der amerikanische Diplomat Alexander Everett bemerkte dazu, Ricardos Schlüsse implizierte, dass in einem Land nach dem anderen die Erträge sänken, wenn die Bevölkerung wuchs.[18] Auch in den entlegeneren Ländereien würde die Bodenfruchtbarkeit immer schlechter werden, was die Nahrungsmittelpreise und damit die Lohnkosten in die Höhe treiben und die industriellen und finanziellen Profite erheblich schmälern würde.

Von der Rentendeflation zur Schuldendeflation

In Ricardos Arbeitswerttheorie ging es lediglich darum, die Grundrente zu erfassen, während jedoch die Zinszahlungen unberücksichtigt blieben. Als parlamentarischer Wortführer der Finanziers bezichtigte er ausschließlich die Grundbesitzer, der Wirtschaft die Erträge zu entziehen, und verschonte die Gläubiger. Dieser »blinde Fleck« ist wohl darauf zurückzuführen, dass er selbst Bankier und Börsenmakler war und auch einer Bankiersfamilie entstammte. (Die Ricardo-Brüder waren zum Beispiel 1824 für den ersten Kredit zur Finanzierung des griechischen Freiheitskampfes verantwortlich, der mit katastrophalen Zahlungsbedingungen für Griechenland verbunden war.)

Ricardo erkannte keinerlei Parallele zwischen den Zinsen, die an die Banken gezahlt wurden, und dem Pachtzins, der an die Grundbesitzer ging. Er ignorierte Adam Smiths Warnung, dass die Verbrauchersteuern, die auf Nahrungsmittel und andere lebensnotwendige Güter erhoben wurden, um die Anleihegläubiger der britischen Kriegsschulden zu bezahlen, den Mindestlohn in die Höhe trieben.[19] Ricardos einseitige Konzentration auf die Grundrente lenkte die Aufmerksamkeit davon ab, wie der anwachsende Schuldendienst – die finanzielle Entsprechung zur Grundrente – die Kostendeckungsschwelle anhob und dadurch weniger Einkommen für den Erwerb von Gütern und Dienstleistungen übrigließ. Ricardo tat so, als hätten Schulden und die damit verbundenen Belastungen nichts mit der Steigerung des Kosten- und Preisniveaus zu tun und als würde man das Geld, das zur Abbezahlung von Staatschulden abgezweigt werden musste, durch die Exportverkäufe der zahlenden Nation vollständig zurückgewinnen. Er erwähnte mit keinem einzigen Wort, dass der Schuldendienst die Wechselkurse nach unten drückt oder zu Sparmaßnahmen führt.

Als Abgeordneter des britischen Parlaments unterstützte er eine Politik der Deflation, die zur Senkung des Goldpreises (und der Preise anderer Rohstoffe) auf das Vorkriegsniveau von 1798 führen sollte.[20] In Wirklichkeit wachsen die Schulden während eines Preisverfalls, da durch ihn die Zahlungsforderungen der Gläubiger aufgewertet werden. Eine solche Polarisierung von Schuldnern und Gläubigern erfolgte nach den Napoleonischen Kriegen und auch nach dem amerikanischen Bürgerkrieg. Damals wurden die verschuldeten amerikanischen Farmer zusammen mit der übrigen Wirtschaft an ein »Kreuz aus Gold« genagelt, wie William Jennings Bryan damals die Preisdeflation bezeichnete.

Heute nimmt der Finanzsektor die dominante Stellung ein, die in der Vergangenheit den Grundbesitzern vorbehalten war. Und die Rolle, die zu Ricardos Zeiten die Grundrente spielte – insofern sie der Wirtschaft große Teile ihres Gewinns entzog –, spielt heute der Schuldendienst. Während man bei den Grundherren noch davon ausging, dass sie zur Wirtschaft beitrugen, indem sie Luxusgüter kauften und Kapitalinvestitionen tätigten, lassen die Gläubiger den Großteil ihres Gewinns einfach wieder in neue Kredite fließen. Dadurch wächst der Schuldenberg weiter an, ohne dass sich Produktivität oder Lebensstandard erhöhen.

Ricardos Kritik an der Rentenextraktion diente zunächst als Argument, die Schutzzölle abzuschaffen, die den britischen Grundbesitzern zugute gekommen waren. Später wurde sie von den »ricardianischen Sozialisten«, darunter auch John Stuart Mill, benutzt, um eine hohe Besteuerung der Grundrente zu fordern. Aber die Klasse der Rentiers hat sich immer schon zu wehren gewusst. Jede Analyse, die ihr Einkommen als leistungslose, parasitäre Belastung der Arbeitnehmer und der Industrie darstellt (ganz zu schweigen von dem Sparkurs und den Wirtschaftskrisen, die sie auslösen), wird als unzutreffend verworfen.

Heute hat das Bankwesen seinen Hauptabsatzmarkt in der Kreditvergabe an Immobilienkäufer und an Monopole gefunden. Zu den bestehenden Grund- und Monopolrenten kommen nun auch noch die Forderungen des Finanzmarkts hinzu. Das finanzielle Gegenstück zu Ricardos schwindenden Erträgen, die zu einem Anstieg der Lebenshaltungs- und Geschäftskosten führen, äußert sich dabei in zweierlei Weise: Die Zinsen steigen, um das wachsende Risiko der Kreditvergabe an überschuldete Volkswirtschaften abzudecken. Und die »Macht des Zinseszinses« entzieht der Wirtschaft einen immer größeren Betrag, der in die Schuldentilgung fließt, während die Gläubiger ihre Zinsen in neue Kredite investieren. Das hat zur Folge, dass die Schulden wesentlich schneller wachsen als die Fähigkeit der Wirtswirtschaft, sie zu bezahlen.

KAPITEL 4

Die alles verschlingende Macht des Zinseszinses

»Dieser Terminator ist da draußen. Mit dem können Sie nicht verhandeln. Und mit dem können Sie auch nicht vernünftig reden. Er fühlt weder Mitleid, noch Reue, noch Furcht. Und er wird vor nichts haltmachen, vor gar nichts, solange Sie nicht tot sind.«

Kyle Reese über den Charakter des Terminators
in dem gleichnamigen Film von 1984

Die Wurzel allen Übels bei der gegenwärtigen Wirtschaftskrise ist die Überschuldung, die von der Mathematik des Zinseszinses – dem Sparvermögen, das in Kredite fließt und daher exponentiell wächst – angetrieben wird. Die Gläubiger verdienen Geld, indem sie ihr Vermögen durch die Zinsen weiterwachsen lassen und dadurch ihre Forderungen an die Volkswirtschaft verdoppeln und verdreifachen. Diese Dynamik führt dazu, dass die Macht der Gläubiger über den Arbeitsmarkt, den Grundbesitz, die Industrie und die Steuereinnahmen immer weiter wächst. In ihren Händen konzentrieren sich immer größere Teile der Besitzrechte und der Regierungsmacht. Jede Finanztheorie sollte mit einer Analyse der Art und Weise beginnen, wie Gesellschaften mit einer solchen Verschuldung zurechtgekommen sind oder zurechtkommen.

Geld ist kein »Produktionsfaktor«. Es ist eine Forderung an die Wirtschaftsleistungen oder Einkommen, die von anderen erbracht werden. Die Schuldner leisten die Arbeit, nicht die Gläubiger. Bevor sich im Altertum ein offizieller Markt für Lohnarbeit entwickelte, war der Geldverleih die wichtigste Methode, um sich der Dienste eines Schuldknechts zu versichern. Diese Knechte waren gezwungen, so lange für den Gläubiger zu arbeiten, bis auch die Zinsen ihrer Schulden abgegolten waren. Selbst die Familienmitglieder der Schuldner wurden an die Gläubiger verpfändet. In Indien und in vielen anderen Teilen der Welt gibt es auch heute noch eine Form der Schuldknechtschaft, die den Schuldner zwingt, dem Gläubiger seine Arbeitskraft zu überlassen.[1]

In ähnlicher Weise ging man vor, wenn man Landbesitzer zur Aufnahme einer Schuld verleitete, um so später auf das zu ihrem Lebensunterhalt notwendige Land zugreifen zu können und die archaischen kommunalen Grundbesitzregelungen zu durchbrechen. In dieser Hinsicht unterscheiden sich die Gläubiger nicht von den Grundbesitzern: Sie benutzen die Arbeitskraft anderer und werden reich, ohne einen Finger zu krümmen – »im Schlaf«, wie John Stuart Mill es zusammenfasste.

Die Problematik von Schulden, die schneller wachsen als die Wirtschaft, ist in praktisch jeder Gesellschaft bekannt. So haben zum Beispiel zahlreiche Religionsführer angemahnt, man müsse, um die Wirtschaft tragfähig zu erhalten, die Gläubiger in ihre Schranken weisen. Die frühchristlichen und islamischen Gesellschaften haben es aus diesem Grund sogar ganz verboten, Zinsen zu verlangen, selbst für geschäftliche Kredite. Deshalb stellte auch das Judentum das Ablass- oder Jubeljahr, in dem alle Schulden gestrichen wurden, ins Zentrum des mosaischen Gesetzes – eine Vorgehensweise, die ihrerseits auf einer babylonischen Praxis aus der Zeit um 2000 v. Chr. beruhte, sowie auf einer sumerischen Tradition, die noch einmal tausend Jahre älter war. Die Lehrlinge der Schriftgelehrten, die für die Buchführung in den Palästen und Tempeln verantwortlich waren, wurden an den Schulen der Sumerer und Babylonier schon früh in den mathematischen Grundsätzen unterrichtet, durch die sich Geld, das man zu Zinsen verleiht, verdoppelt und verdreifacht.

Der übliche kommerzielle Zinssatz, der von ungefähr 2500 v. Chr. bis ans Ende der neubabylonischen Epoche im ersten vorchristlichen Jahrtausend galt, war sehr hoch und entsprach jährlich etwa 20 Prozent.[2] Ein solch hoher Satz wurde in der Neuzeit erst wieder 1980 erreicht, als der Leitzins der US-Banken auf 20 Prozent stieg und dadurch eine Krise auslöste. Damals blieb er jedoch während mehr als zweitausend Jahren stabil und galt für alle Verträge zwischen Geldgebern und Händlern oder anderen Geschäftsleuten. Der Zinssatz war unabhängig von der Höhe des Profits oder von der Fähigkeit des Schuldners, ihn zu zahlen. Ebenso wenig wurde er durch das Verhältnis von Angebot und Nachfrage auf dem »Markt« bestimmt. Die Rate war vielmehr aus Gründen der einfachen mathematischen Berechenbarkeit von den ersten Gläubigern festgelegt worden – zunächst den Tempelanlagen aus sumerischer Zeit und später, nach etwa 2750 v. Chr. den Herrschaftspalästen.

Die damalige Gewichtseinheit war das »Mina«. Ein Mina Silber entsprach im Wert einem Scheffel Getreide. Und genau wie man damals einen Scheffel in 60 Quart unterteilte, bestand ein Mina Silber aus 60 Schekel. Dieses »sexagesimale« System benutzten die Tempel, um ihren Zinssatz festzulegen, weil das am einfachsten zu rechnen war: ein Schekel im Monat, zwölf Schekel im Jahr, sechzig Schekel in fünf Jahren.

Die exponentielle Vervielfachung von Schulden

Jeder Zinsatz bedingt eine »Verdopplungszeit« – also die Zeit, nach der die Summe der gezahlten Zinsen genauso hoch ist wie der ursprüngliche Darlehensbetrag. Etwa 2000 v. Chr. erhielten angehende babylonischen Schriftgelehrte folgende Übungsaufgabe: Sie sollten ausrechnen, wie lange es dauert, bis sich ein Mina Silber aufgrund des üblichen Zinssatzes von einem Schekel pro Mina je Monat verdoppelt hat. Die Antwort darauf lautete: fünf Jahre – also die damals gebräuchliche Laufzeit eines Darlehens, das ein Geldgeber einem Händler, der auf eine Handelsreise aufbricht, gewährt. Für eine Fracht ins Ausland, die in Silber oder andere Importwaren eingetauscht wurde, schloss man üblicherweise einen Vertrag über fünf Jahre (60 Monate) ab. Ein zu diesem Zinssatz ausgeliehener Mina würde also in fünf Jahren 60 Schekel abwerfen und damit die ursprüngliche Darlehenssumme verdoppeln. Die Darlehensverträge der Assyrer waren in jener Zeit so ausgelegt, dass ein Kapitalgeber 2 Mina Gold vorstreckte und fünf Jahre später 4 Mina zurückerhielt.[3]

Diese Art von exponentiellem Wachstum findet in einem ägyptischen Sprichwort Ausdruck: »Wenn du deinen Reichtum dorthin bringst, wo er Zinsen trägt, kommt er verdoppelt zu dir zurück.«[4] In einem Bild aus babylonischen Zeiten wird die Vergabe eines Kredits mit der Geburt eines Säuglings verglichen. In dieser Parallele spiegelt sich auch der Umstand wider, dass das Wort für »Zinsen« in jeder Sprache des Altertums für ein Neugeborenes steht: ein kleines Zicklein (*mash*) im Sumerischen oder ein junges Kalb sowohl im Griechischen (*tokos*) als auch im Lateinischen (*foenus*). Der als »Neugeborenes« gezahlte Zins wurde vom Silber oder Gold »geboren«, und nicht etwa vom geliehenen Vieh (wie einige Ökonomen früher glaubten, die übersahen, dass es sich hier um eine Metapher handelte). Geboren wurde der »Säuglings«-Anteil der Leihsumme, und zwar jeden Monat 1/60stel. (In Griechenland wurden die Zinsen zum Neumond fällig.) Das Wachstum war dabei rein mathematischer Natur, und die »Trächtigkeitsdauer«, nach deren Ablauf eine Verdopplung stattgefunden hatte, wurde durch den Zinssatz festgelegt.

Das Konzept des Zinseszinses geht auf die Sumerer aus dem dritten Jahrtausend vor Christus zurück, die damals bereits den Begriff *mashmash* kannten: »Zinsen (*mash*) für Zinsen«. Die Schüler sollten ausrechnen, wie lange es dauert, bis sich ein Mina 64 Mal vervielfacht hat, also den Wert 2^6 angenommen oder – mit anderen Worten – sechs Verdopplungszyklen von jeweils fünf Jahren Dauer durchlaufen hat. Für die Lösung musste man mit Potenzzahlen rechnen ($2^2 = 4$, $2^3 = 8$ und so weiter).[5] Ein Mina vervielfacht sich in 10 Jahren vier Mal (zwei »Trächtigkeitszeiten«), in 15 Jahren acht Mal (drei Trächtigkeitszeiten), in 20 Jahren sechzehn Mal (vier Zeiten) und in 30 Jahren 64 Mal. Der Zeitraum von 30 Jahren umfasste daher also sechs fünfjährige Verdopplungsphasen.

Solche Wachstumsraten lassen sich unmöglich über längere Zeiträume aufrechterhalten. Eine automatische Anhäufung von Zahlungsrückständen war nicht erlaubt, weshalb die Geldgeber nach Ablauf der üblichen Darlehenszeit von fünf Jahren ein neues Projekt finden oder einen neuen Vertrag aufsetzen mussten. Je mehr Zeit verging, desto schwieriger wurde es vermutlich, Projekte zu finden, mit denen man sein Vermögen verdoppeln konnte.[6]

Die mathematischen Berechnungen zu verzinslichen Darlehen und ihrem Wachstum über einen längeren Zeitraum hinweg wurden erheblich vereinfacht, als der schottische Mathematiker John Napier 1614 den Logarithmus erfand (von griechisch, »logos« – Verhältnis, Berechnung, Lehre, und »arithmos« – Zahl). In seinem zweiten Werk, *Rabdologiae* von 1617 beschrieb er das exponentielle Anwachsen von Schulden und illustrierte dieses Prinzip an einem Schachbrett, auf dem jedes Feld die Zahl des vorherigen Feldes verdoppelte, bis alle 64 Felder verdoppelt waren – also nach der ersten Verdopplung in einem Verhältnis von 2^{63}.

Drei Jahrhunderte später, im 19. Jahrhundert, illustrierte der deutsche Ökonom Michael Flürscheim diese exponentielle Verdopplung und Verdrei-

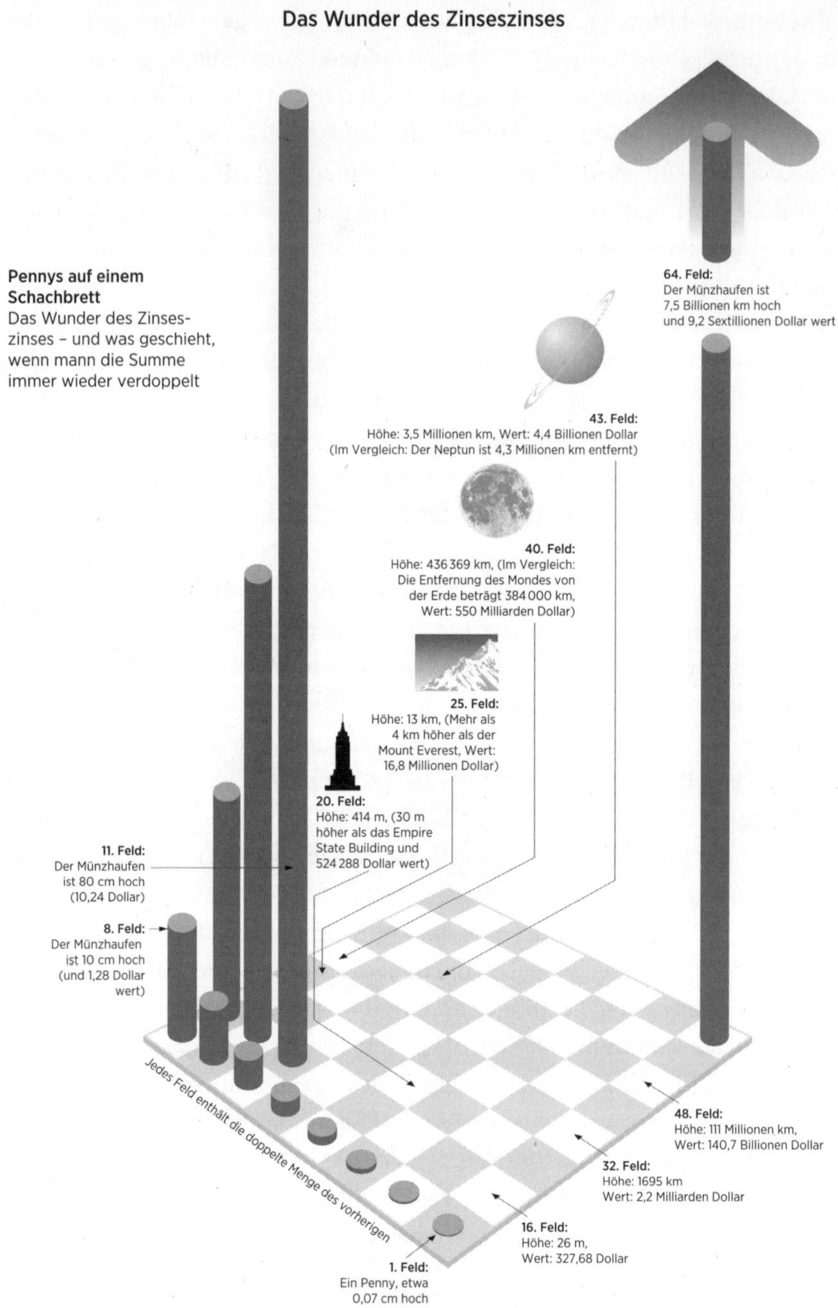
Das Wunder des Zinseszinses
Pennys auf einem Schachbrett
Das Wunder des Zinseszinses – und was geschieht, wenn mann die Summe immer wieder verdoppelt
64. Feld: Der Münzhaufen ist 7,5 Billionen km hoch und 9,2 Sextillionen Dollar wert
43. Feld: Höhe: 3,5 Millionen km, Wert: 4,4 Billionen Dollar (Im Vergleich: Der Neptun ist 4,3 Millionen km entfernt)
40. Feld: Höhe: 436 369 km, (Im Vergleich: Die Entfernung des Mondes von der Erde beträgt 384 000 km, Wert: 550 Milliarden Dollar)
25. Feld: Höhe: 13 km, (Mehr als 4 km höher als der Mount Everest, Wert: 16,8 Millionen Dollar)
20. Feld: Höhe: 414 m, (30 m höher als das Empire State Building und 524 288 Dollar wert)
11. Feld: Der Münzhaufen ist 80 cm hoch (10,24 Dollar)
8. Feld: Der Münzhaufen ist 10 cm hoch (und 1,28 Dollar wert)
Jedes Feld enthält die doppelte Menge des vorherigen
48. Feld: Höhe: 111 Millionen km, Wert: 140,7 Billionen Dollar
32. Feld: Höhe: 1695 km Wert: 2,2 Milliarden Dollar
16. Feld: Höhe: 26 m, Wert: 327,68 Dollar
1. Feld: Ein Penny, etwa 0,07 cm hoch

Abbildung 1

fachung anhand eines persischen Sprichworts: Ein Schah wollte einen seiner Untertanen belohnen, der das Schachspiel erfunden hatte, und fragte ihn, was er sich wünschte. Der Mann erbat sich lediglich ein einzelnes Weizenkorn, das auf das erste Feld des Schachbretts gelegt und auf jedem folgenden Feld verdoppelt werden sollte, in einer Reihe von 1, 2, 4, 8, 16, 32, 64 und so weiter.

Zunächst war das Königreich noch in der Lage, die sich immer höher anhäufenden Weizenkörner zu bezahlen, auch dann noch, als man schon das zwanzigste Feld erreicht hatte. Aber als das hypothetische Schachbrett zur Hälfte gefüllt war, begann sich die Vervielfachung in riesigen Sprüngen fortzusetzen. Der Schah erkannte, dass er hier etwas versprochen hatte, was er nicht halten konnte, da alle Schatzkammern seines gesamten Königreichs es nicht zu kaufen vermochten.[7]

Die Moral von der Geschichte ist, dass der erwirtschaftete Gewinn, unabhängig davon, wie viel Technologie man einsetzt, um die menschliche Produktionskraft zu erhöhen, unweigerlich von den Schulden überholt wird. Denn durch die Macht des Zinseszinses wachsen diese immer schneller an. Die Hauptquelle für die Vergabe weiterer Kredite sind die Mittel aus der Rückzahlung bestehender Kredite, die ihrerseits weiterverliehen werden, um neue Kredite zu finanzieren – oft mit steigendem Risiko, weil das Kontingent an »soliden Projekten« erschöpft ist.

Genauer gesagt sind es die Sparvermögen, die sich anhäufen, und nicht die Schulden selbst. Die Schuld eines jeden Individuums wird irgendwann in der ein oder anderen Form beglichen, doch die Gläubiger verwenden ihre Zins- und Tilgungszahlungen für neue verzinsliche Darlehen. Das einzige Problem für die »Sparer« ist die Frage, ob sie genug Schuldner finden, die gewillt sind, neue Verpflichtungen einzugehen.

Die 72er-Regel

Ein mathematisches Prinzip, das man die »72er-Regel« nennt, liefert eine nützliche Faustformel, mit der man solche Verdopplungszeiten berechnen kann: Dazu muss man nur die Zahl 72 durch den jährlichen Zinssatz teilen, und schon hat man die Zeitspanne, in der sich die Summe verdoppeln wird. Wenn man wissen möchte, wie lange es dauert, bis sich

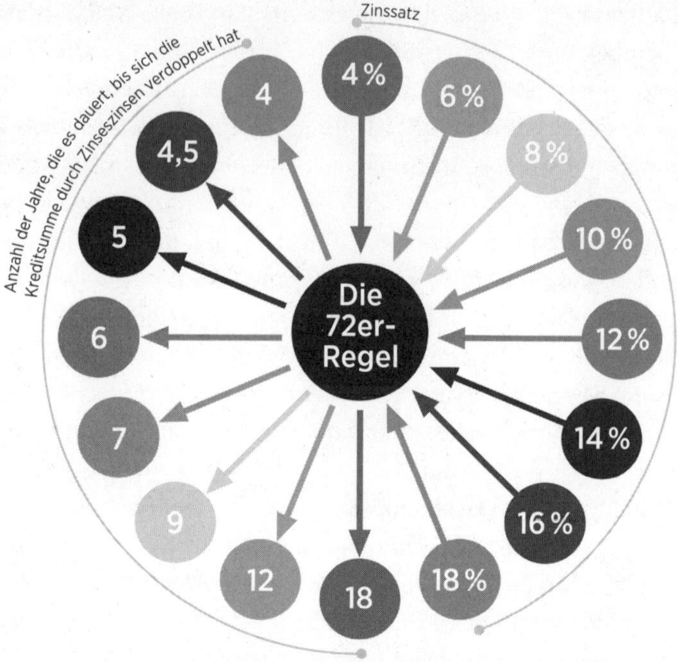

Abbildung 2

eine zu 8 Prozent Jahreszins angelegte Summe verdoppelt, teilt man 72 durch 8.

Die Antwort lautet: 9 Jahre. In weiteren 9 Jahren hat sich die ursprüngliche Kreditsumme vervierfacht und in 27 Jahren verachtfacht. Ein Darlehen zu 6 Prozent verdoppelt sich in 12 Jahren und eines zu 4 Prozent in 18 Jahren. Mit dieser Regel kann man also rasch berechnen, wann sich eine Summe zu jedem beliebigen Zinssatz verdoppelt haben wird.

Das exponentielle Wachstum von Vermögen – oder den Schulden anderer

Ein Zeitgenosse von Adam Smith, der anglikanische Geistliche und Versicherungsmathematiker Richard Price, hat ebenfalls sehr anschaulich erklärt, wie die scheinbar magische Kraft des Zinseszinses funktioniert. In seinem

1772 erschienenen Pamphlet *Appeal to the Public on the Subject of the National Debt* schrieb er:

> Geld, das Zinseszinsen trägt, wächst zunächst nur langsam. Doch die Wachstumsrate beschleunigt sich unentwegt und erhöht sich mit der Zeit so rasch, dass sie alle menschliche Vorstellungskraft übersteigt. Hätte man zur Geburt unseres Erlösers einen Pfennig zu 5 Prozent Zinsen verliehen, so wäre er schon lange vor dem heutigen Tag zu einer Summe herangewachsen, die größer ist als alles, was man aus 150 Millionen Welten erlangen könnte, die sämtlich aus gediegenem Gold bestünden. Hätte man ihn jedoch nur zu einem einfachen Zins verliehen, so wäre er in derselben Zeit nicht mehr wert als 7 Schilling und 4½ Pfennige.[8]

In seinem Werk *Observations on Reversionary Payments*, das 1769 erschien und schon im Jahr 1803 die siebte Auflage erreicht hatte, führt Price aus, dass die Vermehrungsrate bei 6 Prozent sogar noch höher ist: »Ein Schilling, den man zur Geburt unseres Erlösers zu 6 Prozent Zinsen verliehen hätte, wäre ... mehr wert, als es das gesamte Sonnensystem fassen könnte, wenn man es als eine Kugel vom Durchmesser der Umlaufbahn Saturns ansieht.«[9]

Etwas naiv war jedoch Price' Vorschlag, die britische Regierung möge sich dieses exponentielle Prinzip zunutze machen und die staatlichen Schulden abbezahlen, indem sie einen Staatsfonds gründete, der sich seinerseits aufgrund des Zinseszinseffekts vermehrte – einen sogenannten »Tilgungsfonds«. Diese Idee hatte Nathaniel Gould, der damalige Direktor der Bank of England, schon ein halbes Jahrhundert zuvor gehabt. Das Parlament sollte eine Millionen Pfund verzinslich anlegen und die ursprüngliche Summe anwachsen lassen, indem es die jährlich anfallenden Dividenden reinvestierte. In einer erstaunlich kurzen Zeit, so versprach Price, würde der Fonds genug gewachsen sein, um es der Regierung zu ermöglichen, sich von ihren gesamten Schulden freizukaufen. »Ein Staat wird daher niemals in Schwierigkeiten geraten, da doch das kleinste Sparvermögen es vermag, in der kurzen Zeit, die seine Zinsen zum Wachstum brauchen, die größten Schulden zu tilgen.«

Was Price hier entdeckt hatte, war das Prinzip des exponentiellen Wachstums von verzinslich angelegtem Geld, durch das sich das ursprüngliche Vermögen bei Wiederanlage der Dividenden vervielfachen kann. In den

Händen der Banker, Anleihegläubiger und anderen Sparer wachsen die Salden mit einer lawinenartigen Kraft, so als gäbe es bis in alle Ewigkeit die Möglichkeit, einträgliche Projekte und kreditwürdige Schuldner zu finden, die für die anfallenden Zinsen aufkommen können.

Die Lehre daraus ist, dass jede Volkswirtschaft nur eine begrenzte Fähigkeit hat, genug zu produzieren und genügend Überschuss zu erwirtschaften, um für exponentiell wachsende Zinsforderungen aufzukommen. Je mehr sie durch die Zahlungen an die Gläubiger belastet ist, desto weniger kann sie – wegen steigender Arbeitslosigkeit, fehlender Auslastung, Emigration und Kapitalflucht – produzieren und bezahlen.

In den zweitausend Jahren, die seit Christi Geburt vergangen sind, ist die europäische Wirtschaft mit einer jährlichen Rate von 0,2 Prozent gewachsen – einer Rate, die wesentlich niedriger ist, als die jeweiligen Zinssätze es waren. Finanzielle Vermögen sind immer wieder in sich zusammengebrochen, was zum Teil den Zinszahlungen geschuldet ist. Sie haben Einnahmen verschlungen, die ansonsten für direkte Neuinvestitionen zur Verfügung gestanden hätten.

Dass produktive Investitionsmöglichkeiten nicht mit der Kreditexpansion Schritt halten können, ist die Achillesferse eines jeden Wachstums, das auf einer finanziellen Basis aufbaut. Wie kann man die Zinseszinsen bezahlen? Wer wird am Ende dafür geradestehen? Welche Personen werden die Zahlungen erhalten, und was werden sie damit tun? Wenn das Geld an Banken und andere Gläubiger fließt, werden sie es dann im Inland investieren, um die Volkswirtschaft im Gleichgewicht zu halten, oder werden sie die Gelder von der heimischen Wirtschaft abziehen und ins Ausland transferieren, zu neuen Kreditmärkten, und dadurch die Wirtschaft im eigenen Land, die für die Zinszahlungen des wachsenden Schuldenbergs aufkommen muss, ersticken? Und falls der Staat dieses Geld erhält, wie wird er es zurück in den Wirtschaftskreislauf bringen?

Die Macht des Zinseszinses und die Zahlungsfähigkeit der Wirtschaft

1. Weder Geld noch Kredit zählen zu den wirtschaftlichen Produktionsfaktoren. Die Schuldner arbeiten, um die Gläubiger zu bezahlen. Das bedeutet, dass man die Zinsen nicht zu dem Ertrag hinzuzählen kann, den die Produktionsfaktoren abwerfen. Nur wenige Kredite werden als Kapitalinvestition eingesetzt oder dazu, die Produktion zu steigern. Die meisten dienen lediglich dem Transfer von Vermögensbesitz.

2. Wenn der Kredit nicht dazu eingesetzt wird, genügend Gewinn zu erwirtschaften, damit der Gläubiger ausbezahlt werden kann (»produktive Kreditschöpfung«), müssen Zins- und Tilgungszahlungen aus anderen Einkommensbereichen des Schuldners oder durch Vermögensveräußerungen beglichen werden. Eine solche Art von Kreditvergabe wird als »räuberisch« oder »ausbeuterisch« bezeichnet.

3. In weiten Teilen der Welt ist das Ziel der räuberischen Kreditvergabe die Erlangung von Arbeitskraft zum Abbezahlen von Schulden (Schuldknechtschaft) oder die Zwangsenteignung der Schuldner. Heute dient sie aber immer häufiger dazu, verschuldete Regierungen zu einer Privatisierung ihrer natürlichen Ressourcen und ihrer Infrastruktur zu zwingen.

4. Die meisten Erbschaften bestehen aus finanziellen Ansprüchen an die Gesamtwirtschaft. Im Altertum war die Enteignung wegen Zahlungsunfähigkeit eine bewährte Methode, um in den Besitz von traditionell innerhalb einer Familie weitervererbtem Grund und Boden zu gelangen. (Früher ließen Gläubiger sich zuweilen als erstgeborene Söhne in die Schuldnerfamilie adoptieren.) Heute beziehen sich die meisten finanziellen Ansprüche auf die Grundrente, wodurch die Besitzverhältnisse – auf Kredit – »demokratisiert« werden.

5. Die meisten verzinslichen Darlehen sind räuberisch – ausgenommen kommerzielle Kredite. Die Belastung durch zunehmende Verschuldung verlangsamt materielle Investitionen und Wirtschaftswachstum.

6. Es ist in der Geschichte noch nie vorgekommen, dass der zu zahlende Zinssatz der Profitrate, der Produktivitätssteigerung oder der Zahlungsfähigkeit des Schuldners entsprochen hätte. Die frühesten Zinssätze wurden schlichtweg der mathematischen Einfachheit halber festgesetzt: 1/60 pro Monat in Mesopotamien, 1/10 jährlich in Griechenland und 1/12 in Rom. (Diese Zahlen entsprechen den Einheiten der jeweiligen metrischen Systeme.) In der Neuzeit dienten der festgelegte Zinsatz oder der Leitzins hauptsächlich dazu, die Zahlungsbilanz und somit auch den Wechselkurs zu stabilisieren. Seit 2008 werden die Leitzinsen sehr tief angesetzt, um die Vermögenswerte und Bankprofite wieder in die Höhe zu treiben.

7. Jeder Zinsatz bedingt eine bestimmte Verdopplungszeit für das verliehene Geld. Siehe die 72er-Regel (zum Beispiel fünf Jahre in Mesopotamien).

8. Die meisten der heutigen Gläubiger sind gegen einen staatlichen Schuldenerlass (und auch gegen die Umwandlung der Banken in öffentliche Versorgungsbetriebe). Sie behaupten, jede Kreditvergabe sei für beide Seiten vorteilhaft. Der Schuldner werde in die Lage versetzt, etwas zu erwerben, was er sich sonst erst sehr viel später leisten könnte: Konsumgüter, die Finanzmittel, um sein Unternehmen zu führen, oder einen Vermögenswert, der ihm genug einbringt, um dem Gläubiger die Schuld mit Zinsen zurückzahlen und trotzdem noch Gewinn zu erwirtschaften.
9. Dieses Szenario einer produktiven Kreditschöpfung ist für das Bankensystem als Ganzes keineswegs typisch. Statt die Produktionsleistung der Wirtschaft zu erhöhen, macht der Finanzsektor in seiner gegenwärtigen Form das Wirtschaftssystem »kopflastig«, weil alle Vermögenswerte und Einkünfte in die zunehmend erbliche Klasse der Gläubiger transferiert werden.
10. Das exponentielle Schuldenwachstum führt dazu, dass die Märkte schrumpfen und die Investitionen sich verlangsamen, wodurch die Fähigkeit der Wirtschaft zur Schuldentilgung sinkt, während das Verhältnis zwischen Schulden und Wirtschaftsleistung und zwischen Schulden und Einkünften immer weiter auseinanderklafft.
11. Die steigende Verschuldung führt zur Änderung der Eigentumsverteilung – wenn die staatlichen Behörden nicht eingreifen, einen Schuldenschnitt veranlassen und die Enteignungen wieder rückgängig machen. Im Altertum wurden Schuldknechte durch Verkündung eines Ablassjahres durch den König befreit und erhielten ihr Land zurück, das ihre Gläubiger ihnen abgenommen hatten.
12. Der Schuldenerlass war politisch dann am einfachsten umzusetzen, wenn Regierungen oder öffentliche Einrichtungen wie Tempel, Paläste und Stadtverwaltungen die Hauptgläubiger waren. Dadurch wurde es möglich, Schuldnern Schulden zu erlassen. Das ist ein wichtiges Argument dafür, dass hauptsächlich der Staat die Geldmenge bestimmen und als wichtigster Kreditgeber fungieren sollte.

Tabelle 1

Industrielle versus finanzielle Dynamik – und das Eine gegen die restlichen 99 Prozent

Während des relativ friedlichen Jahrhunderts zwischen 1815 und 1914 hatte es ganz den Anschein, als würde es den europäischen Staaten und Nordamerika gelingen, ihre Staatsschulden abzubezahlen. Die Schuldenlast der Wirtschaft schien sich selbst zu tragen, weil sie eng mit der industriellen Kapitalbildung verknüpft war. Die Anleihe- und Rentenmärkte finanzierten den Schienen- und Kanalbau (wobei die größten dieser Projekte meist auch am stärksten von Korruption betroffen waren), sowie den Bergbau und das Bauwesen. Was den industriellen Sektor anging, war man an der Wall Street hauptsächlich daran interessiert, Konzern- und Monopolbildungen zu organisieren. Die meisten Wirtschaftsautoren beschränkten sich darauf, über die Aussichten der neuen Technologien und steigender Produktivität zu schreiben, und schienen davon auszugehen, dass die Finanz- und Bankensektoren in die industrielle Dynamik integriert würden.

Der Umstand, dass zinstragende Forderungen exponentiell anwachsen und so den wirtschaftlichen Fortschritt untergraben können, wurde hauptsächlich von Ökonomen fernab des Mainstreams untersucht, darunter viele Sozialsten. Zwei der Bücher, die mit als Erste warnten, die finanzielle Dynamik könne zu einer Wirtschaftskrise führen, wurden vom Genossenschaftsverlag Charles H. Kerr in Chicago veröffentlicht und für die Herausgabe von Marx' *Kapital* und Gustavus Myers' *History of the Great American Fortunes* bekannt war. 1895 warnte J. W. Bennett, die weltweit agierende Klasse der Rentiers könne bald alles Vermögen auf sich vereinen, weil die Innovativkräfte der Industrie von der Mathematik des Zinseszinseffekts überholt würden – eines Prinzips, »das erklärt, wie ein Dollar in ein paar Jahren zu zwei Dollar anwachsen und sich immer weiter vermehren wird, bis er alles Vermögen der Welt auf sich vereint«.[10]

Obwohl seine Zeitgenossen kaum Notiz von Bennett nahmen, erkannte er als einer der Ersten, dass die finanzielle Wiederverwertung von Zinszahlungen in Form von neuen Kreditvergaben die treibende Kraft hinter dem Wirtschaftskreislauf ist. Die Bedeutung des industriellen Sektors mochte zwar zunehmen, doch die »Finanzsysteme basieren auf Renteneinnahmen und Zinszahlungen«, und »ein zinstragendes Vermögen wächst in einem immer rascheren Tempo«, wodurch nur noch wenige Vermögenswerte übrigbleiben, die frei von Schulden sind. Das exponentielle Schuldenwachstum macht die Geschäftsbedingungen riskanter, weil »keine Vermögenswerte verfügbar sind, die es ermöglichen, den Forderungen der Gläubiger nachzukommen und gleichzeitig auch das Unternehmen voranzubringen«.[11] Die Bankiers fordern ihre Darlehen zurück und verursachen dadurch eine Finanzkrise, »gefolgt von einer Handelsflaute, die alle zehn Jahre oder öfter eintritt, sowie von einer Finanzpanik alle zwanzig Jahre«.

Die Mathematik des Zinseszinses erklärt »die äußerst rasche Vermehrung des Reichtums in den Händen relativ weniger Personen, die zur Produktion nicht beitragen«, sowie die »bittere Armut eines großen Teils der produzierenden Bevölkerung«.[12] Dabei erhalten die nicht zur Produktion beitragenden Personen »die bei weitem höchsten Gehälter«, trotz des Umstands, dass ihr »Einkommen oft in einem umgekehrten Verhältnis zu den Diensten steht, die sie für ihre Mitmenschen erbringen«.[13] Das Ergebnis daraus, so Bennetts Schlussfolgerung, sei folgendes: »Der Finanzsektor wird schneller reich als das Land als Ganzes; und es könnte durchaus sein, dass der Anstieg des nationalen Wohlstands nicht zum Wohlstand der breiten, die Produktion bestreitenden Masse führt.«[14] All dies klingt bemerkenswert aktuell. Die gleichen zentralen Kritikpunkte wurden auch nach der Finanzkrise 2008 ins Feld geführt – als wäre die Entdeckung der räuberischen Methoden im Finanzsektor etwas vollkommen Neues.

Bennetts Zeitgenosse John Brown (nicht zu verwechseln mit dem Abolitionisten gleichen Namens) behauptete, der Zinseszins sei »das subtile Prinzip, durch das der Reichtum zum Parasit im Körper der Industrie wird – der mächtige Faktor, der von den Schwachen nimmt und den Starken gibt; der die Reichen noch reicher und die Armen noch ärmer macht, der Paläste für die Müßiggänger und armselige Verschläge für die Fleißigen erbaut«.[15] Nur die Reichen haben die Möglichkeit, größere Geldbeträge anzusparen und dann einfach abzuwarten, dass sich diese mit der Zeit durch Zinsen weiter vermehren. Kleinsparer sind gezwungen, von ihrem Ersparten zu leben und es über kurz oder lang aufzubrauchen – lange bevor das mathematische Prinzip des Zinseszinses große Wirkung entfalten kann.

Das Bemerkenswerte daran ist, dass dieses Prinzip des Zinseszinseffekts gemeinhin als ein Weg gesehen wird, die Bevölkerung einzelner Länder reicher und nicht ärmer zu machen. Als könnten sich die Arbeiter das exponentielle Wachstum finanzieller Schuldforderungen zunutze machen, indem sie ihr Geld in Investment- oder Pensionsfonds anlegen und damit die Wirtschaft weiter finanzialisieren. Dieses optimistische Szenario geht jedoch davon aus, dass durch das Schuldenwachstum das Wachstum an den Märkten, bei den Investitionen und am Arbeitsmarkt keineswegs versiegt – wie es etwa noch Ricardo im Fall der Grundbesitzer prophezeite, die mit ihrer Grundrente den industriellen Kapitalismus ersticken.

KAPITEL 5

Wie das Eine Prozent die übrigen 99 Prozent in exponentiell wachsender Verschuldung hält

»Smith und Marx glaubten beide, es sei möglich, mit einer Tätigkeit einen Ertrag oder Profit zu erwirtschaften, ohne dass man dabei in irgendeiner Weise zur Wertschöpfung beitrug. Für sie war das kein Paradoxon. (Oder zumindest bestand für Marx das Paradoxon nicht darin, dass die Banken Gewinn machten, ohne zur Wertschöpfung beizutragen, sondern dass die industriellen Kapitalisten dies zuließen.)«

Brett Christophers[1]

Von J. P. Morgan und John D. Rockefeller wird erzählt, sie hätten das Prinzip des Zinseszinses zum achten Weltwunder erklärt. Für sie war es gleichbedeutend mit einer Konzentration des Finanzvermögens in den Händen der damals entstehenden Oligarchie, die dafür sorgte, dass die Wirtschaft sich bei ihr immer tiefer verschuldete. Das war einer der Schlüsselfaktoren, die zur Polarisierung von Vermögensverteilung und politischer Macht in jenen Gesellschaften geführt haben, die keine Maßnahmen gegen diese Art von Dynamik ergreifen.

Das Problem liegt in der Art der Kreditvergabe. Das angesparte Vermögen der einen wird durch einen Kredit zur Schuld der anderen, ohne dass man diesen anderen hilft, das Geld zum Zurückzahlen ihrer Schulden zu verdienen. Für den Finanzsektor entwickelt sich dies zu einem ganz konkreten Problem, denn es stellt sich die Frage, wie sich Verluste, die durch Kreditausfälle entstehen, für die Gläubiger vermeiden lassen. Solche Kreditausfälle führen dazu, dass die Banken ihre Einleger und Anleihegläubiger erst dann bezahlen können, wenn sie die vom säumigen Schuldner hinterlegte Sicherheit gepfändet und verkauft haben. Das Problem für die Gesamtwirtschaft ist jedoch ein anderes: Sie wird von den stetig anwachsenden und zahlreicher werdenden Krediten immer tiefer in die Verschuldung gedrückt, was zu einem »Crowding-out«, einer Verdrängung der Investitionen aus dem Produktionsbereich führt. Einer von beiden wird das Nachsehen haben: Entweder bleibt der Verlust bei den Gläubigern hängen oder bei den Schuldnern.

Die Politiker stehen daher vor der Wahl, entweder die Banken und Anleihegläubiger oder die Wirtschaft zu retten. Belohnen sie ihre größten Wahlkampfspender, indem sie den Banken genug Geld aus den Taschen der Zentralbank oder der Steuerzahler zukommen lassen und damit die Verluste oder faulen Kredite ausgleichen? Oder sorgen sie für eine Restrukturierung der Schulden durch Schuldenschnitt oder Aussetzung der Zinsen und bürden die Verluste den Großkunden unter den Bankeinlegern, den Anleiheinhabern und anderen Gläubigern auf, damit zum Beispiel verschuldete Familien nicht zahlungsunfähig werden und ihr Eigenheim verlieren?

Heutzutage gilt es als politisch opportun, das Problem der Banken zu lösen und dadurch dem Finanzsektor gefällig zu sein. Als die Finanzkrise von 1907 die US-amerikanische Wirtschaft schwerer traf als die der meisten anderen Länder, gründete man 1913 die Federal Reserve, die amerikanische Notenbank, um in Krisenzeiten mit Staatskrediten eingreifen zu können. Man war damals der Ansicht, Schuldenprobleme entstünden lediglich durch eine kurzfristige Illiquidität bei eigentlich solventen Kreditnehmern, die nur vorübergehend unter Ernteausfällen oder größeren Industriekonkursen litten.

Man rechnete nicht damit, dass das exponentielle Schuldenwachstum einmal so enorme Ausmaße annehmen würde, dass es die gesamte Wirtschaft zum Erliegen brachte. Diese Sorge ist während des vergangenen Jahrhunderts fast gänzlich aus der ökonomischen Diskussion verschwunden.

Die Finanzkrise von 1929 bis 1931 hatte da schon eine andere Wirkung. Sie führte unter anderem dazu, dass der Yale-Ökonom Irving Fisher die Frage der Schuldendeflation untersuchte (was ich in Kapitel 11 noch näher ausführen werde) und dass Keynes die Regierungen aufforderte, sie sollten ihre Ausgaben erhöhen, um für genügend Marktnachfrage und somit den Erhalt der Arbeitsplätze zu sorgen. 1933 nahm man in den USA eine Reihe von Wirtschaftsreformen vor – den sogenannten »New Deal« – in deren Folge ein Einlagensicherungsfonds mit variabler Obergrenze gegründet wurde. Vor der Finanzkrise von 2008 stockte man diesen zum Beispiel auf 100 000 Dollar pro Einlagekunde auf und unmittelbar danach sogar auf 250 000 Dollar. Dieser Fonds, der den Bankkunden im Fall eines Bankrotts eine Auszahlung garantierte, sollte »Bank Runs«, also einen Sturm auf die Banken im Moment der Krise verhindern. Zu diesem Zweck mussten die Banken eine bestimmte Abgabe an diesen Federal Deposit Insurance Corporation (FDIC) genannten Einlagensicherungsfonds zahlen. Die relativ niedrigen Gebühren verdankten sich der Annahme, es würde nur sehr selten zu solchen Bankinsolvenzen kommen. Niemand rechnete damit, dass die größten Banken einmal mehr als leichtsinnig agieren und dabei vollkommen unreguliert sein würden.

Das ebenfalls 1933 verabschiedete Glass-Steagall-Gesetz sorgte dafür, dass die normalen Geschäftsbanken von den spekulationsfreudigen, einem viel höheren Risiko ausgesetzten Investmentbanken getrennt wurden. Doch dann setzte die Regierung von Bill Clinton dieses Gesetz außer Kraft. Bis dahin waren die Banken so weit reguliert worden, dass sie nur an Personen Kredite vergaben, die über solide Sicherheiten verfügten und genug Geld verdienten, um ihre Schulden zurückzuzahlen.

Auf dem Papier sieht es so aus, als würde das Auf und Ab des Wirtschaftskreislaufs den langfristigen Anstieg der Einkommen und Vermögenswerte nicht beeinträchtigen. Das US-amerikanische Amt für Wirtschaftsforschung (National Bureau of Economic Research) machte sich die Theorie der sogenannten »Automatischen Stabilisatoren« zu eigen, die Wesley Clair Mitchell in seinem 1913 erschienen Buch *Business Cycles* (dt. *Der Konjunkturzyklus*) aufgestellt hatte. Dieser Theorie zufolge führt eine Krise automatisch wieder zu einem Wirtschaftsaufschwung. Man idealisierte die Wirtschaft als einen reibungslos funktionierenden Mechanismus, der sich trotz seiner regelmäßigen Auf- und Abschwünge stetig weiter nach oben entwickelte.

Doch die Mathematik des Zinseszinseffekts hätte den staatlichen Regulatoren die Notwendigkeit bewusst machen müssen, »die Bowle vom Tisch zu nehmen, bevor die Party so richtig losging«, wie es William McChesney Martin, der langjährige Vorsitzende der Federal Reserve (1951–1970) einmal ausdrückte. Aber die Kombination aus New-Deal-Reformen und einer einschläfernden Wirtschaftstheorie (die davon ausging, dass Volkwirtschaften die steigende Schuldenlast *ad infinitum* mitzutragen vermögen) führten dazu, dass die amerikanischen Aufsichtsbehörden nachlässig wurden und die Belastung ignorierten, die durch die zunehmend riskanten Kredite der Banken und Anleihegläubiger entstand.

In den Jahren vor dem Zusammenbruch von 2008 hatte Alan Greenspan – von 1987 bis 2006 Vorsitzender der Federal Reserve – noch feierlich versprochen, eine landesweite Immobilienkrise sei ausgeschlossen, weil Fehlentwicklungen lokal begrenzt seien und keinesfalls die gesamte Wirtschaft beträfen. Zu diesem Zeitpunkt hatte jedoch der Wall-Street-freundliche Kurs der Clinton-Regierung – umgesetzt vom damaligen Finanzminister Robert Rubin (der später zum Vorstand der Citibank, dem waghalsigsten Akteur in der Krise gehörte) – bereits alle Schleusentore geöffnet und eine umfassende Zahlungsunfähigkeit ausgelöst. Zwischen 2008 und 2014 wurden in den USA, gemäß einer Statistik der Ratingagentur Moody's, fast zehn Millionen Häuser zwangsenteignet. Auch Städte und Bundesstaaten waren so hoch verschuldet, dass sie sich gezwungen sahen, ihre Infrastruktur an die Manager der Wall Street zu verkaufen, die wiederum Straßen, Wasser- und Kanalisationssysteme und andere Elemente der Grundversorgung in räuberische Monopole verwandelten.

Die US-amerikanische und die europäischen Volkswirtschaften waren fast ausnahmslos kreditgesättigt und konnten Lebensstandards und staatliche Ausgaben nicht einfach durch weitere Kreditaufnahmen aufrechterhalten. Die Zeit der Rückzahlung war gekommen – was wiederum Zwangsenteignungen und Notverkäufe nach sich zog. Das sind die erbarmungslosen Bedingungen, die der Finanzsektor in der Vergangenheit noch stets als Notplan aus dem Ärmel zog. Schulden bringen den Gläubigern nicht nur Zinsen ein, sondern auch das Eigentum ihrer verschuldeten Opfer.

Die Schuldenakkumulation von einem Finanzzyklus zum nächsten

Jeder Wirtschafts- oder Konjunkturzyklus ist im Grunde genommen ein Finanzzyklus. Die »Erholungsphase« ist relativ schuldenfrei, insofern, als der ihr vorangegangene Zusammenbruch zu einer Auslöschung der Schulden (und somit auch der Ersparnisse der Gläubiger) geführt hat und die Immobilien- und Aktienpreise wieder auf ein erschwingliches Niveau gesunken sind. In einem solchen Zustand befand sich auch die US-amerikanische

Wirtschaft direkt nach Ende des Zweiten Weltkriegs. Die Wirtschaft wuchs damals rasch und ohne größere Verschuldungen im privaten Sektor.

Die Käufer neuer Eigenheime konnten Hypotheken mit dreißigjähriger Laufzeit und regelmäßiger Tilgung aufnehmen. Die Banken überprüften, ob das Einkommen der Kreditnehmer hoch genug war, um monatlich 25 Prozent davon für die Tilgung ihrer Darlehensschuld abzuzweigen und diese damit im Verlauf ihres Arbeitslebens vollständig abzubezahlen. Nach Ablauf dieser dreißig Jahre wären sie dann in der Lage, sich ohne Schulden zur Ruhe zu setzen und ihren Kindern ein Leben in bürgerlichem Wohlstand zu bieten.

Von 1945 bis Ende der siebziger Jahre stiegen sowohl die Löhne als auch die Profite stetig an. Das Gleiche galt für die Ersparnisse. Die Banken vergaben dieses ersparte Vermögen in Form von Baukrediten oder von Krediten für den Kauf bestehender Häuser, was deren Preis langsam aber sicher in die Höhe trieb. Diese Wiederverwertung von erspartem Vermögen führte zusammen mit den neu vergebenen Hypothekendarlehen dazu, dass Hauskäufer immer höhere Kredite aufnehmen mussten, da auch die Zinsen zwischen 1945 und 1980 stetig stiegen. Das Ergebnis war ein exponentielles Wachstum der Hypothekenschulden sowie der Kredite, die für den Kauf von Autos oder anderen Gebrauchsgütern eingesetzt wurden.

Finanzieller Reichtum – also das, was die Wirtschaft den Banken und Anleiheinhabern schuldet – führt zu einer Schuldenakkumulation, die sich von einem Konjunkturzyklus zum nächsten fortsetzt. Seit Ende des Zweiten Weltkriegs hat jeder Konjunkturaufschwung auf einem jeweils höheren Schuldenniveau begonnen. Wenn man eine zyklische Akkumulation auf dem Rücken der nächsten aufbaut, ist das so, als würde man eine immer schwerer werdende Last den Berg hinaufschleppen. Je höher die Last durch den Schuldendienst wird, desto stärker verlangsamt sich das Wachstum der Märkte, weil den Schuldnern aufgrund des steigenden Anteils ihres Einkommens, den sie an Banken und Anleihegläubiger zahlen müssen, immer weniger Geld für Waren und Dienstleistungen ausgeben können.

Die Märkte schrumpfen, und immer mehr Schuldner geraten in Zahlungsverzug. Es werden keine neuen Kredite mehr vergeben, und die Gläubiger fordern ihre ausstehenden Schulden ein. Das ist das Stadium der Schuldendeflation, in das jeder Konjunkturaufschwung einmal mündet.

Mitte der siebziger Jahre waren zahlreiche Länder und Kommunen genau an diesem Punkt angelangt. Die Stadt New York stand kurz vor dem Bankrott und sah sich wie auch andere Städte außerstande, die traditionelle Basis ihrer Steuereinnahmen – die Grund- und Vermögenssteuer – anzuheben, weil dies zu Zahlungsausfällen bei den Hypothekendarlehen geführt hätte. Die US-Regierung rang sich dazu durch, den Leitzins anzuheben, um den Wechselkurs des Dollars zu stabilisieren, zum einen wegen der finanziellen Belastungen, die durch die Auslandseinsätze des Militärs entstanden, zum anderen wegen des Inflationsdrucks, den dies im Inland erzeugte.

Qualitätskredite verkommen zu tilgungsfreien Darlehen und Ponzi-Krediten

Hyman Minsky bezeichnete das erste Stadium des Finanzzyklus als diejenige Zeit, in der die Kreditnehmer noch in der Lage sind, für Tilgungs- und Zinszahlungen aufzukommen. Im zweiten Stadium werden die Kredite aber nicht mehr automatisch getilgt. Jetzt können die Schuldner nur noch die Zinszahlungen leisten, aber nicht mehr die Tilgungsraten bezahlen. Und im dritten Stadium sind sie nicht einmal mehr in der Lage, die Zinszahlungen aufzubringen.[2] Sie müssen weitere Kredite aufnehmen, um einen Zahlungsausfall zu vermeiden. Letztendlich werden auf diese Weise die Zinsen den Schulden hinzugefügt, was zu einer exponentiellen Schuldenvermehrung führt.

Mögliche Zahlungsausfälle würden die Banken dazu zwingen, den Wert ihrer vergebenen Kredite nach unten zu korrigieren. Um ein »negatives Eigenkapital« in ihrem Kreditbestand zu vermeiden, vergeben die Banken weitere Kredite. Dies versetzte zum Beispiel verschuldete Schwellenländer in die Lage, weiterhin die jährlich anfallenden Zinsen für ihre Auslandsschulden aufzubringen. Dadurch konnten sich Brasilien, Mexiko, Argentinien und andere lateinamerikanische Länder über Wasser halten – bis 1982. In diesem Jahr ließ Mexiko seine »Schuldenbombe« platzen und verkündete, es könne seine Gläubiger nicht mehr bezahlen.

Kurz vor dem Ausbruch der Finanzkrise von 2008 hatte sich die Lage auf dem US-amerikanischen Immobilienmarkt zugespitzt, und die Banken hatten angefangen, sogenannte *equity loans* an Hausbesitzer zu vergeben – also Hypothekenkredite, bei denen die erworbenen Häuser selbst als Sicherheit dienten. Die Immobilienpreise waren inzwischen so hoch gestiegen, dass viele Familien ihre Schulden nicht mehr abzahlen konnten. Damit die Kredite zumindest auf dem Papier noch Bestand hatten, entwickelten die Immobilienmakler und Banken Hypothekendarlehen, bei denen die Zinsen automatisch auf die Darlehenssumme aufgeschlagen wurden, üblicherweise auf bis zu 120 Prozent der jeweiligen Kaufsumme für die Immobilie, in der Annahme, die Preise würden weiterhin steigen. Auf diese Weise wurden Immobilienkredite zu einer Art Schneeballsystem, einer »Ponzi-Finanzierung«, wie Minsky es nannte. Diese Form der Überbeleihung, bei der die Hypothek über den Beleihungswert einer Immobilie hinausgeht, verhinderte bis 2008, dass die Blase platzte. Auch zahlreiche Kreditkartenbesitzer konnten ihr Gesamtsaldo nicht mehr ausgleichen und die monatlich anfallenden Zinsen nur noch bezahlen, indem sie weitere Kreditkartenverträge abschlossen.

Minsky nennt diese desolate dritte Phase des Finanzzyklus auch die »Ponzi-Phase«. Ihre Dynamik gleicht der eines Kettenbriefs. Den ersten Teilnehmern (oder in diesem Falle Hauskäufern) werden hohe Profite versprochen. Diese Gewinne werden aus den Erträgen finanziert, die von der wachsenden Anzahl von Teilnehmern in das System eingezahlt werden – also neuen Hauskäufern, die immer höhere Hypotheken aufnehmen müssen, um den alten Hausbesitzern ihre Immobilien abzukaufen. Die Neulinge hoffen, dass die Erträge aus ihrer Investition (ganz wie bei einem Kettenbrief) *ad infinitum* weitersprudeln. Aber das System bricht zwangsläufig irgendwann in sich zusammen – spätestens dann, wenn sich keine neuen Teilnehmer mehr finden oder die Banken damit aufhören, es mit ihren Krediten zu stützen.

Zusammen mit den Massenmedien schuf Alan Greenspan die Illusion, der Finanzsektor habe eine Methode entdeckt, wie sich das exponentielle Wachstum von Schulden selbst tragen könne, nämlich indem er die Preise von Vermögenswerten ebenfalls exponentiell in die Höhe trieb. Die Wirtschaft versuchte, durch eine Inflation der Vermögenspreise einen Weg aus der Schuldenbelastung zu finden, eine Inflation, die von der US-amerikanischen Notenbank gefördert wurde. Die immer höheren Preise der als Sicherheit eingesetzten Immobilien schienen diesen Prozess zu rechtfertigen – ohne dass man viele Gedanken auf die Frage verschwendet hätte, wie höhere Schulden durch tatsächlich verdiente Löhne oder Profite bezahlt werden könnten.

Eigenkapitalanteil bei US-amerikanischem Wohneigentum

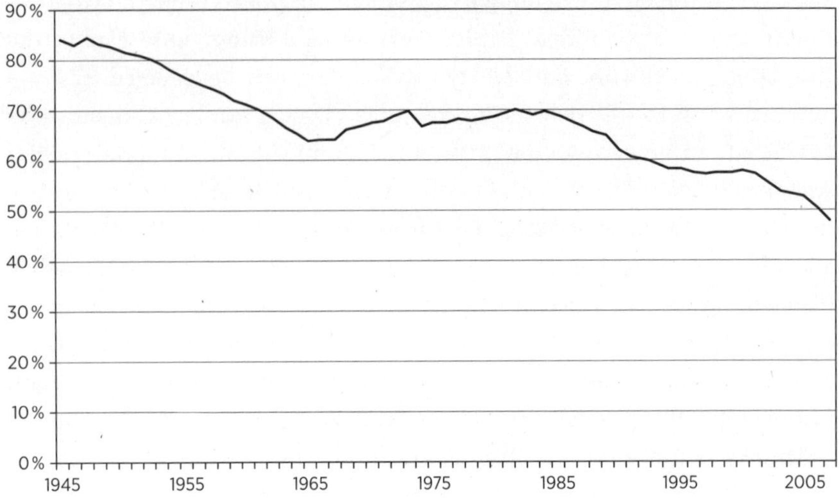

Abbildung 3

Die Banken schufen neue Kredite einfach auf ihren Computertastaturen, und die US-Notenbank förderte diese Vorgehensweise, zumal es sich hier um Kredite handelte, für die niemand tatsächlich sparen oder Geld hinterlegen musste.[3]

Der Umstand, dass der Wertgewinn bei Immobilien wesentlich niedriger besteuert wird als Löhne und Profite, übte eine große Anziehungskraft auf Spekulanten aus, die auf der Inflationswelle mitschwammen und die Lockerung der Kreditvergaberichtlinien ausnutzten. Es kam zu immer mehr windigen Kreditvergaben: Kredite mit sehr geringem Eigenkapital, zinslose Darlehen oder Kreditvergaben ohne jegliche Einkommensbescheinigungen, die man an der Wall Street ganz unverhohlen als *liar loans* – »Lügnerkredite« – bezeichnete.

Ohne eine Verwurzelung in der Realwirtschaft mussten die Immobilienpreise irgendwann unweigerlich kollabieren, und so wurde eine vierte Phase im Finanzzyklus eingeleitet: Die Zahlungsausfälle und Zwangsversteigerungen führten zur Eigentumsübertragung von den Schuldnern zu den Gläubigern. Diese Art von Vermögenswerttransfer geschah zum Beispiel auch 1982, als sich Mexiko für zahlungsunfähig erklärte. Mexiko, und auch andere souveräne Regierungen, wurden nur unter der Bedingung gerettet, dass sie sich dem Druck der US-Regierung und des Internationalen Währungsfonds (IWF) beugten und ihre staatlichen Vermögenswerte an private Investoren verkauften.

Jeder größere Schuldenanstieg führt zu einem solchen Eigentumstransfer. Das ist die logische Konsequenz des Zinseszinseffekts.

Eine von der Federal Reserve veröffentliche Tabelle – »Table B. 100« – zur Geldstrom-Statistik zeigt die Konsequenzen, die der US-amerikanische Schuldenanstieg mit sich bringt. Im Jahr 2005 war zum ersten Mal in der Geschichte weniger als die Hälfte des Marktwerts US-amerikanischer Immobilien schuldenfrei. Den Rest bildeten ausstehende Hypothekenforderungen der Banken. 2008 war der Eigenkapitalanteil bei Immobilienbesitz auf 40 Prozent gesunken, 2011 lag er sogar noch niedriger.

Was geschieht, wenn die exponentielle Schuldenakkumulation endet?

Während eines finanziellen Aufschwungs fließen dem Finanzsektor Zinszahlungen und Kapitalgewinne zu. In dem auf eine Krise folgenden Abschwung kommt es zur Enteignung privater und öffentlicher Vermögenswerte, um die noch bestehenden Schulden zu begleichen.

Ein sogenannter »Minsky-Effekt« tritt ein, wenn die Gläubiger merken, dass das Spiel aus ist, und sie die Flucht nach vorn ergreifen, indem sie die Kreditvergabe stoppen und ihre ausstehenden Kredite einfordern. Nach dem Zusammenbruch von 2008 wurde die Vergabe von Hypotheken- und Kreditkartendarlehen sowie annähernd aller übrigen Kreditformen fast völlig eingestellt – abgesehen von den durch die US-Regierung garantierten Studentendarlehen. Die Menschen konnten zur Kostendeckung nun nicht mehr auf neue Bankkredite zurückgreifen, sondern waren gezwungen, ihre bestehenden Kredite zurückzuzahlen. Man hatte ihnen den Geldhahn zugedreht.

Dieses »Sparen durch Abbezahlen von Schulden« unterbricht das exponentielle Wachstum liquider Ersparnisse und Schulden. Aber die Dominanz des Finanzsektors über die Wirtschaft wird dadurch keineswegs verringert. Solche Übergangsperioden sind meist Phasen freier Selbstbedienung, in denen die mächtigsten Rentiers ihre Macht noch vergrößern, indem sie das Eigentum der verschuldeten Parteien übernehmen. In finanziellen Notlagen wird der staatliche Schutz der Wirtschaft oftmals aufgehoben, und man ergreift stattdessen unpopuläre Maßnahmen, von denen behauptet wird, sie seien notwendig und würden die Zustände wieder »ausgleichen« und zur »Normalität« zurückführen – ein finanzsprachlicher Euphemismus für die Rücknahme der staatlichen Regulierung im Finanzsektor. »Technokraten« gelangen an die Macht und überwachen die Neuverteilung des Wohlstands – den Transfer von Vermögen aus den Händen der Schwachen in die der Starken unter dem Deckmantel der Sparpolitik.

Diese Nachwirkungen einer geplatzten Spekulationsblase sind natürlich alles andere als die »Normalität«. Sie bedeuten einfach nur, dass der Finanzsektor in einen anderen Gang geschaltet hat. Als zum Beispiel nach 2008 die Schuldendeflation schwer auf den Hauseigentümern lastete, erfanden die Banken ein neues Finanzprodukt, das sie »Umkehrhypothek« nannten. Rentner und andere Hausbesitzer schlossen einen Vertrag mit einer Bank oder Versicherungsgesellschaft, die ihnen dann eine von der zu erwartenden Lebenszeit des Besitzers abhängige monatliche Rente überwiesen. Diese Jahresrente wurde mit dem Eigenkapital des Eigenheimbesitzers verrechnet, als Vorauszahlung für die Übernahme der betroffenen Immobilie durch den Hypothekengeber, nachdem der Eigentümer und Schuldner gestorben war.

In diesem Fall wurde die Immobilie also nicht an die Kinder weitervererbt, sondern ging in den Besitz der Bank oder der Versicherungsgesellschaft über, mit der man den Vertrag abgeschlossen hatte. Es gab sogar Fälle, in denen die Ehefrau nach Ableben ihres Ehemanns einen Räumungsbefehl erhielt, weil ihr Name nicht auf der Besitzurkunde vermerkt war. Die Moral dieser Geschichte ist: In unserer heutigen finanzialisierten Wirtschaft wird nur die Gläubigermacht weitervererbt.

Finanzialisierung auf Kosten der Wirtschaft

Die Ansammlung von Schulden hätte eigentlich die Analytiker der Konjunkturzyklen alarmieren müssen. Sie hätten erkennen müssen, dass die Schulden von einem Zyklus zum nächsten immer weiter wachsen und die

Volkswirtschaften aus dem Gleichgewicht geraten, weil die Erträge an die Banker und Anleihegläubiger fließen, statt der Steigerung der Produktion zu dienen.

Dies hielt die Ökonomen jedoch nicht davon ab, Jahr für Jahr ein fortwährendes Wachstum des Volkseinkommens und des Bruttoinlandsprodukts zu prognostizieren und davon auszugehen, dass die Produktivitätszunahme auch zu Lohnsteigerungen führe, die es sparsamen Bürgern ermöglichen würden, sich in Wohlstand zur Ruhe zu setzen. Das Wunder des Zinseszinses soll dabei die Ersparnisse vermehren – als hätte der anwachsende Schuldenberg auf der anderen Seite der Bilanzaufstellung keinerlei negative Konsequenzen. Doch dieser Denkansatz enthält einen Widerspruch, der in der Logik »Trugschluss der Komposition« (ein falscher Schluss von den Einzelteilen auf das Ganze) genannt wird. Man ist lange davon ausgegangen, dass Pensionsfonds und ähnliche Sparguthaben einen finanziellen Gewinn erwirtschaften können, ohne die Wirtschaft als Ganzes zu belasten.

Bis vor Kurzem war man bei den meisten US-Pensionsfonds überzeugt, man könne einen jährlichen Ertrag von 8,5 Prozent erwirtschaften, was einer Verdopplung in weniger als 7 Jahren, einer Vervierfachung in 13 Jahren und so weiter und so fort entsprechen würde. Diese freudig-naive Annahme suggerierte, die staatlichen und regionalen Pensionsfonds sowie die betrieblichen und gewerkschaftlichen Altersvorsorgeprogramme seien in der Lage, mit nur einem Minimum an neuen Beitragsleistenden den Pensionären die Altersbezüge zu bezahlen. Doch die prognostizierten Ertragsraten lagen deutlich über dem, was das Wirtschaftswachstum zuließ. Die Verantwortlichen der Pensionsfonds glaubten, sie könnten ihre Fonds einfach dadurch wachsen lassen, indem sie den Wert ihrer finanziellen Ansprüche durch steigende Zinsen, Dividenden und Tilgungsraten erhöhten, auch wenn gleichzeitig die Wirtschaftsleistung sank.

Diese Annahme war nichts weiter als Richard Price' Theorie des »Tilgungsfonds« in einem neuen Gewand. Sie lässt es so aussehen, als könnten Ersparnisse ohne Auswirkungen auf die allgemeine Wirtschaftskraft immer weiter Zinsen anhäufen und Kapitalgewinne einfahren. Doch ein finanzielles Wachstum, das die Fähigkeit der Wirtschaft, Mehrwert zu erzeugen, übersteigt, nimmt auf lange Sicht unweigerlich einen räuberischen Charakter an. Die Finanzialisierung breitet sich immer mehr in der Wirtschaft aus, zwingt ihr Sparmaßnahmen auf und führt zu einer steigenden

Zahl von Insolvenzen, indem sie dem Kreislauf zwischen Herstellern und Konsumenten beträchtliche Ressourcen entzieht.

Wenn es den Banken in der heutigen Blasenökonomie überhaupt noch gelingt, neue Kreditnehmer zu finden, erreichen sie dies nur durch eine weitere Aufblähung der Preise für Vermögenswerte. Die höchsten Gewinne werden längst nicht mehr durch Produktivität erwirtschaftet, sondern durch Kreditaufnahme zum Erwerb von Vermögenswerten, deren Preise künstlich in die Höhe getrieben werden.

Die heutige Schuldenakkumulation saugt jegliche Profite, persönliche Einkommen und Steuereinnahmen auf – in einem Prozess, dessen mathematische Grundlagen denen der Umweltverschmutzung nicht unähnlich sind. Der Evolutionsbiologe Edward O. Wilson hat aufgezeigt, dass ein exponentielles Wachstum irgendwann unweigerlich an seine Grenzen stoßen muss. Zur Illustration dieser Erkenntnis führt er das »arithmetische Rätsel des Seerosenblatts« an. Dort heißt es: »Man setzte ein Seerosenblatt in einen Teich. An jedem folgenden Tag verdoppelt sich dieses Blatt und jeder seiner Nachkommen. Am dreißigsten Tag ist der Teich vollständig von Seerosenblättern bedeckt, die sich nun nicht weiter vermehren können.« Und dann stellt er die Frage: »An welchem Tag war der Teich halb voll und halb leer? Am neunundzwanzigsten!«, also einen Tag, bevor sich die im Teich befindlichen Seerosen zum letzten Mal verdoppeln und dessen Oberfläche gänzlich ausfüllen.[4] Dem exponentiellen Wachstum wird also unweigerlich ein Ende gesetzt, und das sehr plötzlich.

Die Finanzmanager haben kein Interesse, ein Verständnis dieser mathematischen Hintergründe in der Öffentlichkeit zu fördern (und nicht einmal im Bereich der Wirtschaftswissenschaften), aber sie sind nicht blind. Auch ihnen ist aufgefallen, dass die Weltwirtschaft jenem »letzten Tag« entgegenrast, der dem Zusammenbruch vorausgeht. Darum nehmen sie auch ihr Geld und horten es in sicheren Staatsanleihen, obwohl die US-amerikanischen T-Bonds weniger als 1 Prozent abwerfen. Schließlich kann die US-Regierung jederzeit neues Geld drucken. Was die gegenwärtige Lage so tragisch macht, ist der Umstand, dass die Regierung durchaus gewillt ist, Geld zu drucken – aber eben nur, um den Wert finanzieller Anlagegüter zu erhalten und nicht, um den Arbeitsmarkt zu beleben oder echtes Wirtschaftswachstum anzukurbeln.

Die Weltwirtschaft wird langfristig nicht in der Lage sein, die Folgen des

Zinseszinseffekts und die steigende Belastung durch die Rentiers zu verkraften. Dies ist einer der zentralen Punkte der heutigen politischen Auseinandersetzung. Es stellt sich die Frage, wessen Interessen geopfert werden müssen angesichts der Unvereinbarkeit der jeweiligen Expansionskurse von Finanz- und Realwirtschaft. Der Finanzsektor hat seine wirtschaftliche Macht zu einer politischen Macht umgewandelt, um den Drang der klassischen Ökonomen umzukehren, die es als notwendig erachtet hatten, Grundrente, Monopolrente und Finanzeinkünfte so hoch zu besteuern, dass kaum noch etwas davon übrigbleibt, und diejenigen Teile der Infrastruktur, die potentiell einer Rentenextraktion dienen könnten, in der öffentlichen Hand zu belassen. Die heutige Finanzdynamik verlagert die Steuerlast immer mehr auf die Arbeitskräfte und die Industrie und hält keinerlei Pläne für einen Schuldenerlass bereit. Währenddessen kommen die Banken und Anleihegläubiger in den Genuss von Steuervorteilen und aufwendigen Rettungspaketen.

Dies sind die politischen Dimensionen des Zinseszinseffekts. Wir sehen uns genau der Art von Pro-Rentier-Haltung gegenüber, die die Physiokraten und klassischen Vertreter des britischen Wirtschaftsliberalismus umzukehren versuchten, indem sie dem Vermächtnis des europäischen Feudalismus ein Ende bereiteten.

KAPITEL 6

Wie die Rentiers ihre Einkünfte aus den volkswirtschaftlichen Einkommensstatistiken verbannten

»Die Angestellten von Goldman Sachs gehören zu den produktivsten Menschen der Welt.«

Lloyd Blankfein, der damalige Vorstandsvorsitzende von Goldman Sachs, am 10. November 2009[1]

Bei Lloyd Blankfeins oben zitiertem Ausspruch stellt sich die Frage: Was produzieren sie eigentlich? Es handelt sich dabei wohl eher um Profite und Spekulationsgewinne, die der Bank Goldman Sachs zugutegekommen sind. Neoliberale Ökonomen wie Gary Becker (mit dem ich mich später näher beschäftigen werde) definierten die hohen Gehälter und Boni solcher Firmen als »Rückfluss in das Humankapital« oder als »Bildungsrendite«. Die volkswirtschaftliche Gesamtrechnung stellt es so dar, als trügen diese Kosten einen ihnen entsprechenden Wert zum nationalen Gesamt-»Produkt« des Finanzdienstleistungssektors bei. Das alles scheint nur einem Ziel zu dienen, nämlich die Produktivität zu erhöhen, oder wie es Mr. Blankfein einmal bei einer anderen Gelegenheit so berühmt-berüchtigt ausdrückte, »Gottes Werk zu tun«.

Zur Debatte steht, ob die heutige wachsende Ungleichheit zwischen den Reichen und der arbeitenden Bevölkerung gerechtfertigt ist oder nicht. Diese Frage wurde durch die Forschungsergebnisse von Thomas Piketty und Emmanuel Saez ins Zentrum des öffentlichen Bewusstseins gerückt. Die beiden Ökonomen zeigten, dass sich die Einkünfte zunehmend auf das reichste Eine Prozent konzentrieren.[2] Zu den Mitteln, die Piketty und Saez als Abhilfe vorschlagen, gehören vor allem eine Kapitalsteuer (insbesondere für ererbten Besitz) und die Rückkehr zu einer stark progressiven Einkommenssteuer.

Die Idee, höhere Einkommensklassen stärker zu besteuern, unabhängig davon, ob ihr Reichtum auf produktive Weise verdient wurde oder aus extraktiven Rentier-Einkünften stammt, ist jedoch insofern problematisch, als sie von den politischen Zielen ablenkt, die Adam Smith und andere klassische Ökonomen verfolgten: nämlich das Entstehen eines »unverdienten«, Leistungslosen Einkommens von vorneherein zu verhindern. Wie ich in Kapitel 3 gezeigt habe, waren sie der Auffassung, die Rentier-Einkünfte (und Kapitalgewinne) seien auf ausbeuterische und unproduktive Weise erlangt worden. Sie waren ansonsten überzeugt, es seien hauptsächlich die Grund- und Monopolrente und die sonstigen finanziellen Kosten dafür verantwortlich, dass der Reichtum der wenigen Privilegierten im Verhältnis zum Rest der Gesellschaft immer weiter wuchs.

Im 20. Jahrhundert stiegen zwar die Löhne, aber der größte Teil dieses Zuwachses floss in Form von Wohnkosten an die Grundbesitzer, Monopolisten, Bankiers und Finanziers. Diese Rentierkosten verhinderten, dass die Lohnempfänger von ihrer Gehaltssteigerung profitierten, da diese in die Taschen des Finanz-, Versicherungs- und Immobiliensektors umgeleitet wurde. Letztendlich zählt nur, wie viel noch als frei verfügbares Einkommen übrigbleibt, nachdem alle Kosten für Lebensmittel, Miet- und Hypothekenzahlungen, sonstigen Schuldendienst und andere Grundbedürfnisse beglichen wurden. Am größten ist die Ungleichheit beim Anteil am Nettobetrag des wirtschaftlichen Mehrwerts – also derjenigen Mittel, die über die Kostendeckungsgrenze hinausgehen. Will heißen: Ein Großteil der arbeitenden Bevölkerung und der Unternehmen schafft es lediglich, die Kosten zu decken, während sich die Einkünfte in den Händen der Finanz-, Versicherungs-, Monopol- und Immobiliensektoren konzentrieren. Daher ist die tatsächliche Ungleichheit noch sehr viel größer, als es die Brutto-Statistiken nahelegen.

Statt die Rentier-Einkünfte als finanzielle Belastung für Hersteller und Verbraucher zu sehen, stellen es die heutigen volkswirtschaftlichen Gesamtrechnungen so dar, als ginge es bei der Rentenextraktion um die Herstellung eines »Produkts«. Die Einkünfte der Finanz-, Versicherungs- und Immobiliensektoren werden als Produktionskosten angeführt, die einen entsprechenden Beitrag zum BIP leisten – und nicht etwa als unverdientes Einkommen. Und weder aus den NIPA – also der US-amerikanischen Variante der volkswirtschaftlichen Gesamtrechnung – noch aus der Geldstrom-Statistik der Federal Reserve geht hervor, dass die reichste Schicht der Volkswirtschaft ihr Vermögen durch Grundstückspreisgewinne und andere Kapitalgewinne anhäuft. Auf diese Weise breitet man einen Deckmantel über die Reichtümer, die sich die Rentiersektoren in die eigene Tasche wirtschaften, und macht sie nahezu unsichtbar.

John Bates Clark bestreitet, dass Rentier-Einkünfte unverdient sind

Der zentrale Mythos, der dem Pro-Rentier-Denken in der Ökonomie zugrunde liegt, ist die Behauptung, dass jedermann das Einkommen erhält, das seinem Produktionsbeitrag entspricht. Dadurch wird die Tatsache geleugnet, dass die ökonomische Rente nicht im eigentlichen Sinn verdient wird. Gleichzeitig postuliert man damit, es gäbe keine Ausbeutung und kein unverdientes, leistungsloses Einkommen und somit auch keinerlei Bedarf für die Art von Reformen, die die klassischen politischen Ökonomen propagierten.

In der Wirtschaftsgeschichte der Vereinigten Staaten war John Bates Clark (1847–1938) die Speerspitze dieser Ablehnung des klassischen Denkens. Wie fast alle amerikanischen Ökonomen des späten 19. Jahrhunderts hatte er in Deutschland studiert, wo er die Denkweise der Historischen Schule verinnerlichte. Einer der Schwerpunkte dieser Denkrichtung war die Überzeugung, dass staatliche Maßnahmen notwendig sind, um Märkte zu gestalten. Doch nach seiner Rückkehr in die Vereinigten Staaten wurde Clark zu einem scharfen Kritiker der Arbeitnehmerinteressen und des Sozialismus. Seine akademische Heimat fand er an der Columbia University, wo er von 1895 bis 1923 lehrte. Diese Universität war ein Zentrum für jene Denkrichtung, die sich als Gegenpol zur klassischen Rententheorie verstand. Zur gleichen Zeit scharte der Journalist und Ökonom Henry George eine große Gefolgschaft aus der umfangreichen irischen Bevölkerung New Yorks um sich (die durch die Plünderungen und Verwüstungen seitens der britischen Grundherren aus ihrer Heimat vertrieben worden war). 1885 wurde George fast zum Bürgermeister von New York gewählt, nachdem er die Besteuerung von

Landbesitz vorgeschlagen und sich dafür eingesetzt hatte, das Eisenbahnnetz und ähnliche natürliche Monopole im Besitz der öffentlichen Hand zu belassen. Andere Einwanderergemeinschaften hatten den Marxismus und die Forderung nach gewerkschaftlicher Organisation der Arbeiterschaft mit in die Vereinigten Staaten gebracht. Der Kampf gegen die ausbeuterischen Grundherren ging wie selbstverständlich mit einer ablehnenden Haltung gegen die Wall Street einher.

Als Clark 1899 sein bekanntestes Werk, *The Distribution of Wealth* (Die Verteilung des Wohlstands) verfasste, war er schon zu einem überzeugten Verfechter der Rentier-Interessen geworden. Seine Kernbotschaft lautete, dass jeder nur das bekommt, was er verdient und was seinem Produktionsbeitrag unmittelbar entspricht. »Ziel dieses Werks«, so schrieb er in seiner Einleitung, »ist darzulegen, dass die Verteilung der Einkünfte innerhalb der Gesellschaft von einem natürlichen Gesetz geregelt ist und dass dieses Gesetz, so es denn reibungslos umgesetzt wird, jedem an der Produktion Beteiligten genau den Anteil des Vermögens zumisst, für dessen Entstehen er selbst verantwortlich ist.«[3] Die Einkünfte der Einzelnen – die er euphemistisch als »Produktionsfaktoren« bezeichnet – sind ihm zufolge ein direktes Maß für den Wertzuwachs, den sie dem verkauften Produkt verschaffen, sei es in Form von Löhnen, Profiten, Renten oder Zinsen. »Raubritter«, Grundbesitzer und Banker werden als Teil des Produktionsprozesses begriffen, und die Preise gelten als den Produktionskosten angemessen, was auch den Teil umfasst, den die Rentiers einbehalten.

Jegliche Kritik, die Märkte könnten ungerecht agieren, prallte von dieser zirkulären Argumentation ab. Für Clark und andere Ökonomen des »freien Marktes« war dieser Markt mit den bestehenden Verhältnissen identisch. Die vorhandene Verteilung von Vermögen und Besitzrechten setzten sie als selbstverständlich voraus. Sie wurde als Teil der naturgegebenen wirtschaftlichen Bedingungen angesehen, egal wie ungerecht sie war. Nach der Logik dieser Ökonomen entsteht jegliches Einkommen aus dem Beitrag, den der Empfänger dieses Einkommens zum Produktionsprozess leistet. Daraus folgt auch, dass so etwas wie ein Schmarotzertum gar nicht existiert – und ebenso, dass es zu den bestehenden Verhältnissen *keine Alternative gibt*, da die Vermögensverteilung das Ergebnis eines Naturgesetzes ist.

Wenn man jeden Erlös abwerfenden Vermögenswert als Kapital definiert, vermischt man die Forderungen, mit denen Finanzmarkt und Rentiers den

Produktionsbereich belasten, mit den Produktionsmitteln, die tatsächlich der Herstellung dienen. Genau diesen Blickwinkel nehmen Finanziers oder Investoren ein, wenn sie Land- und Grundbesitz, Öl und Bodenschätze, Patente, Monopol-Privilegien und andere Gelegenheiten zur Rentenextraktion erwerben. Dabei ist ihnen vollkommen gleichgültig, ob die Ökonomen ihre Erträge als Profit oder als Rentier-Einkommmen klassifizieren. Und auch in der heutigen Steuergesetzgebung werden diese beiden Phänomene nicht voneinander unterschieden.

Clarks schärfster Kritiker war ein Ökonom namens Simon Patten. Er war der erste Professor für Wirtschaftswissenschaften an der ersten Wirtschaftshochschule Amerikas – der Wharton School, die der Universität von Pennsylvania angegliedert war.[4] Es gebe einen Denkfehler in Professor Clarks Logik, merkte Patten an. Clark unterscheide nicht zwischen von Menschenhand geschaffenem Kapital und Besitzrechten, bei denen keine notwendigen oder immanenten Produktionskosten entstehen.[5] Das Resultat, so Patten, sei eine begriffliche Verschmelzung derjenigen Profite, die durch Investitionen in Sachanlagen und Industriekapital entstehen, mit solchen, die sich aus Grund- und Monopolrenten ergeben. Dadurch werden bei Immobilieninvestoren oder Farmern, die mithilfe eines Hypothekendarlehens Land erwerben, die im Kaufpreis enthaltenen Finanz- und Monopolgebühren als Investitionskosten angeführt. »Der Farmer glaubt, der Wert eines Grundstücks hänge von den tatsächlichen Kosten ab«, erklärte Patten. Er habe ja schließlich gutes Geld für das Land bezahlt. »Und für den Spekulanten, der in der Stadt ein Grundstück erwirbt, gilt das Gleiche.«

Clarks individualistische Sichtweise steht in direktem Gegensatz zu den Reformen, die sowohl dic Sozialisten als auch die Vertreter der Progressiven Ära im späten 19. Jahrhundert umgesetzt haben. Und das hebt auch den klassisch-ökonomischen Denkansatz zur Entwicklung einer Volkswirtschaft von der finanzzentrierten Sichtweise der Investoren ab. Den klassischen Ökonomen kam es auf die Frage an, woraus genau sich die Produktionskosten zusammensetzen, und zwar im Sinne eines tatsächlichen, realen Werts, von dem die extraktiven Rentierkosten ausgenommen sind. Damals schien es die klare Aufgabe des Industriekapitalismus zu sein, die Volkswirtschaften von genau diesen extraktiven Kosten zu befreien.

Die Beibehaltung der Rententheorie durch soziologische und institutionelle Reformkräfte

Patten wies, wie auch vor ihm schon die klassischen Ökonomen, darauf hin, dass Grundstücke, ähnlich wie Schürfrechte, die eigentlich eine Gabe der Natur sind, sowie finanzielle Privilegien, die durch juristische Vollmachten geschaffen werden, zu ihrem Entstehen keinerlei Arbeitsaufwand erfordern. Doch für Clark war diese Form der ökonomischen Rente durchaus kein unverdienter Preiszusatz. Für ihn galt der Betrag, den Investoren ausgaben, um solche Vermögenswerte zu erwerben, als legitimer Kapitalaufwand, und er verstand ihn als zum Markt gehörige Geschäftskosten. »In den Wirtschaftsstatistiken, die Clark vorlegt«, so Patten, »wird das Prinzip der ökonomischen Rente keineswegs besonders hervorgehoben – wenngleich auch nicht gänzlich ignoriert. Landbesitz wird als eine Spielart des Kapitals begriffen, und sein Wert wird, wie bei anderen Besitztümern auch, als Resultat des darin enthaltenen Arbeitsaufwands gesehen.«[6] Aber der Preis eines solchen Landbesitzes stellt im Grunde eine Kapitalisierung der Besitzrechte dar und enthält finanzielle Kosten, die ihm keinesfalls immanent sind.

»Professor Clark ist sehr geschickt darin, den tatsächlichen Wert des Landbesitzes zu vertuschen, indem er ihn unter dem allgemeinen Konzept des Kapitals subsumiert«, heißt es bei Patten an anderer Stelle. »Doch wenn die Öffentlichkeit erst einmal mit der Lehre der materiellen Wertermittlung vertraut gemacht wurde, wird sie sehr schnell einsehen, welches Übel solche verwässerten Grundstückswerte und verfälschten Kosten für Eisenbahnbetriebe darstellen.«[7] Mit der »Lehre der materiellen Wertermittlung« meinte Patten die klassische Analyse der tatsächlichen Produktionskosten, im Gegensatz zu den Aufwendungen, die er und seine Gesinnungsgenossen als »fiktive« Kosten bezeichneten, nämlich die Grundrente, verwässerte Aktien und andere politische oder institutionelle Kosten, die für den Produktionsvorgang nicht erforderlich sind.

»Die Rente, die von den Grundbesitzern erhoben wird, ist kein Recht, das auf Wirtschaftlichkeitserwägungen gründet«, schreibt Patten. Landbesitz und Monopolrechte seien schließlich keine realen Produktionsfaktoren, sondern Zahlungsforderungen, die als Zugangsgebühren für Land, Kredit oder andere Grundbedürfnisse erhoben werden – also letztendlich deshalb, »weil für einen bestimmten benötigten Gegenstand ein Angebotsmangel herrscht«. Patten erklärt weiter, dass zwar »der Landbesitz nicht das einzige Beispiel ist, bei dem es einen unverdienten Vermögenszuwachs gibt, denn auch der Preis für Lebensmittel ist jedes Mal höher, als die Produktionskosten bei den fruchtbarsten Böden es rechtfertigen würden. Doch ist er das beste Beispiel und somit dasjenige, das am häufigsten zur Veranschaulichung eines Arguments herangezogen wird.«[8]

Das Problem, das sich den nationalen Volkswirtschaften stellt, liegt in dem Umstand, dass die Grundrente und die Rente für natürliche Ressourcen zu Lasten des Lohneinkommens und der industriellen Profite gehen. Patten formulierte das so:

> Es will mir ganz so scheinen, als besage die Lehre des Professor Clark in ihrer letzten Konsequenz, die Arbeiter hätten kein Recht auf einen Anteil an den natürlichen Ressourcen ihres Landes. ... all die Vermehrung des Wohlstands, die durch fruchtbare Felder oder ergiebige Bergwerke entsteht, würde ihnen nach und nach abgenommen, je mehr die Bevölkerung wächst, und stattdessen den begünstigteren Personen zugesprochen ... Wenn man dann behauptet, der Arbeiter erhalte unter diesen Bedingungen genau das, was er für die Gesellschaft wert ist, dann umfasst der Begriff »Gesellschaft« bei näherer Untersuchung lediglich die bevorzugteren Klassen ... Die Angehörigen derselben zahlen einem jeden Arbeiter nur den Nutzwert, den auch der geringste Arbeiter für sie hat, und streichen im Gegenzug das gesamte wirtschaftliche Produkt des Landes ein, von dem nur dieser geringe Betrag abgezogen wird.[9]

Deshalb drängten auch die damaligen Reformkräfte darauf, Landbesitz, natürliche Ressourcen sowie Monopole im Besitz der Öffentlichkeit zu belassen, um so den Anteil am Volksvermögen, der »begünstigteren Personen zugesprochen« wird, zu minimieren. Aus der heutigen, post-klassischen volkswirtschaftlichen Gesamtrechnung ist jedoch dieses Konzept des unverdienten Einkommens verschwunden, das damals noch als schädlicher Abzug vom Einkommenskreislauf der Arbeitskräfte und der Industrie oder besser deren Löhnen und Profiten gesehen wurde. Heute gelten die Summen, die an die Rentiers bezahlt werden, als tatsächliche Geschäftskosten – so als wären sie immanenter Wertbestandteil eines jeden Produkts.

Im Rahmen von Clarks Behauptung, wonach es kein unverdientes Einkommen gäbe, ist das einzige Produktivitätsmaß für eine wirtschaftliche Aktivität die Höhe des Einkommens, das sie generiert. Keine Art des Geldverdienens ist ihrem Wesen nach weniger produktiv als eine andere. Jeder erhält genau den Betrag, den er verdient. Solange man es nicht in irgendeiner Form »beeinträchtigt«, misst dieses Naturgesetz den jeweiligen Empfängern genau das Einkommen und den Wohlstand zu, die ihrem Produktionsbeitrag entsprechen.

Die Berufe, in denen man die höchsten Gehälter erzielt, finden sich heute an der Wall Street; es sind die von Bankern, Hedgefonds-Managern oder Finanzvorständen der Unternehmen. In Clarks Sichtweise verdienen diese Leute jeden Cent, den sie bekommen, und alle anderen verdienen eben nur das, was dann noch übrigbleibt. Auch der Ökonom Gary Becker, der an der Universität von Chicago lehrte, folgte dieser Logik, als er von solchen Einkünften behauptete, sie seien auf produktive Weise verdient worden. Er warnte zudem davor, dass eine Steuerprogression den Unternehmungsgeist dieser Personen und somit auch ihre Produktivität hemmen würde: »Eine stark progressive Besteuerung führt meist dazu, dass Investitionen in das Humankapital gehemmt werden, weil sie das Nettoeinkommen reduziert und somit auch die Belohnung für eine hochqualifizierte und hochbezahlte Tätigkeit.«[10]

Rentier-Einkommen, ererbter Reichtum und die Summen, die Grund- und Monopolbesitzer auf Kosten der Wirtschaft verdienen, werden dabei als Einkünfte verstanden, die aufgrund von »Humankapital« entstehen. Dieser Begriff ist das neoliberale Lieblingswort für alles, was nicht als tatsächlicher Arbeitsaufwand oder reale Kosten gelten kann. Derartige Einkünfte ersetzen, was frühere Ökonomen als unverdientes Einkommen bezeichneten. Es wird ganz so dargestellt, als verdienten das Eine Prozent und die Immobilien-, Versicherungs- und Finanzsektoren ihr Geld nicht aufgrund der Besitztümer, die sie bereits angehäuft haben (entweder durch Erbschaft oder Aneignung in einem Maß, das weit über das hinausgeht, was sich durch individuelle Arbeitskraft oder Unternehmergeist erklären lässt), sondern aufgrund ihrer eigenen Talente. Finanz- und Rentierkapital, Landbesitz und Monopolrechte werden sämtlich unter dem Begriff »Kapital« vereint.

Um eine Volkswirtschaft und deren Aufspaltung in verdientes und unverdientes Einkommen angemessen darzustellen, muss man zwischen Zinsen und ökonomischer Rente auf der einen und Löhnen und Profit auf der anderen Seite unterscheiden. Nur so lässt sich der Geldstrom nachverfolgen, der aus dem Herstellungs- und Konsumkreislauf in die Immobilien-, Versicherungs-, Finanz- und in andere Rentiersektoren fließt. Diese Diskussion wurde vor Kurzem in Hinblick auf das Bankwesen wiederbelebt.

Die Abschöpfung von Kapital aus dem Kreislauf von Produktion und Konsum

Seit Quesnays *Tableau Économique* gründete jede volkswirtschaftliche Gesamtrechnung auf dem Konzept eines Kreislaufs oder auf der Erkenntnis, dass die Einnahmen des einen die Ausgaben des anderen sind. Seit John Maynard Keynes wurde jede Diskussion um den Kreislauf aus Herstellung und Konsum in einen Zusammenhang mit dem »Say'schen Theorem« gestellt, das nach dem recht oberflächlichen französischen Ökonom Jean-Baptiste Say benannt wurde. Sein »Marktgesetz« fehlt in keinem konventionellen Lehrbuch und wird für gewöhnlich mit den Worten »Jedes Angebot schafft sich seine Nachfrage selbst« zusammengefasst. Die Arbeiter geben ihr Gehalt für Güter aus, die sie selbst produziert haben, während die Arbeitgeber in der Industrie ihre Profite in Kapitalgüter investieren, um ihre Fabriken zu vergrößern und mehr Arbeitskräfte einzustellen, damit diese noch mehr Güter erwerben.

Aber für den Kauf einer Immobilie, Aktie oder Anleihe muss man keine Arbeitskräfte einstellen und auch keine Produktionsmittel finanzieren. Weder das Say'sche Theorem noch die volkswirtschaftlichen Gesamtrechnungen unterscheiden zwischen Produktionskosten und Kosten für Vermögenswerte oder zwischen produktiver und unproduktiver Arbeit oder verdientem und unverdientem Einkommen. Darum setzen sich die heutigen volkswirtschaftlichen Gesamtrechnungen auch gar nicht damit auseinander, wie die finanzielle Belastung durch den Finanzsektor und die mit ihm verbündete Rentier-Klasse unmittelbar zu einer Sparpolitik führt. Das Say'sche Theorem nennt lediglich eine Vorbedingung, damit eine Volkswirtschaft funktionieren kann, kümmert sich aber nicht um Konjunkturzyklen oder um die Frage, inwiefern die Schuldendeflation und die damit verbundenen Zahlungen an die Rentier-Klasse das Einkommen schmälern. In Wirklichkeit sieht es nämlich so aus, dass der Schuldendienst und die Rentenzahlungen steigen und den Märkten Einkünfte entziehen, was letztendlich dazu führt, dass sich die Marktteilnehmer die von ihnen selbst produzierten Güter nicht mehr leisten können.

Die meisten Professoren der Wirtschaftswissenschaften erörtern das Say'sche Theorem nur im Hinblick auf die Frage, warum man Vollbeschäftigung nicht dauerhaft erhalten kann. Keynes hegte, wie schon ausgeführt, die Sorge, dass die Menschen bei steigendem Wohlstand einen größeren Anteil ihres Einkommens sparen würden, statt es für Konsumausgaben zu verwenden. Eine solche Belastung für den Wirtschaftskreislauf würde zu einer Depression führen, es sei denn, die Regierung steuert dem entgegen, indem sie Gelder in die Wirtschaft pumpt und für staatliche Projekte Arbeitskräfte einstellt.

Für Keynes war Sparen gleichbedeutend mit Horten. Man entzog so dem Geldstrom aus Produktion und Konsum Ressourcen. Doch in Wirklichkeit verleihen die Sparer ihr Geld an Kreditnehmer weiter, während die Banken immer neue, sogenannte »endogene Kredite« schaffen, die mit Verzinsung verbunden sind. Wenn dann die Zeit zur Rückzahlung gekommen ist und die Konsumenten ihre Kreditkartenschulden und die Wohneigentümer ihre Hypotheken bezahlen müssen, ohne neue Kredite aufnehmen zu können – dient »Sparen« lediglich dem Schuldenabbau. Die Negation einer Negation führt zu einem positiven Ergebnis – in diesem Fall wird die Negation von Schulden – verstanden als deren Auflösung – als »Sparen« definiert. Dadurch wird ein Prozess in Gang gesetzt, der zunehmend die Finanzerträge von der Realwirtschaft abschöpft.

Eine auf den Preis reduzierte Geldtheorie

Die Geldtheorie des gegenwärtigen Mainstreams hat sich ebenfalls verengt, indem sie die Transaktionen von Vermögenswerten und Zahlungen aus den FVI-Sektoren einfach ausklammert. Man geht davon aus, dass die gesamte Geldmenge *(M)* nur für Transaktionen von Waren und Dienstleistungen *(T)* ausgegeben wird und man sie nicht für den Kauf von Immobilien, Aktien und Anleihen verwendet oder als Kredite weiterverlieht, die zur Verschuldung des Wirtschaftssystems führen. So bringt man beispielsweise den Studenten der Wirtschaftswissenschaften die tautologischen

Formel $MV = PT$ bei (Geldmenge $M \times$ Umlaufgeschwindigkeit $V =$ Preisniveau $P \times$ reales Transaktionsvolumen T.) Aber der bei weitem größte Teil der Geldmenge M wird für Immobilien, Aktien, Anleihen und Bankdarlehen ausgegeben. Jeden einzelnen Tag werden für solche Vermögenswert-Transaktionen Beträge in der Höhe eines ganzen Jahres-BIP durch die Börsenplätze des New York Clearing House und der Chicago Mercantile Exchange geschleust. Wenn man davon ausgeht, dass Veränderungen in der Geldmenge lediglich die Waren- und Rohstoffpreise und die Löhne betreffen, lässt man den Umstand außer acht, dass T sich lediglich auf Transaktionen bezieht, die mit der aktuellen Wirtschaftsleistung zu tun haben und nicht mit Vermögenswerten. Wenn diese Formel dann in der Praxis nicht funktioniert, werden alle Irrtümer und Versäumnisse einfach unter V (für *velocity*, die Umlaufgeschwindigkeit – was auch immer das heißen mag) subsumiert. Dabei handelt es sich um einen Restwert, der sich aus all den Elementen zusammensetzt, die in M, P und T nicht berücksichtigt sind.

Es gibt immer jemanden, der aus der Unterstützung einer schlechten Theorie einen wirtschaftlichen Vorteil zieht. Zahlreiche fehlgeleitete Volkswirtschaften lassen sich auf politische Entscheidungen zurückführen, die von schlechten Theoretikern befürwortet wurden. Wenn man das Einkommen und die Ausgaben der Rentiers aus der Gesamtrechnung ausklammert, versetzt dies arbeitnehmerfeindliche Ökonomen in die Lage, finanzielle Austerität – also Sparmaßnahmen – und einen ausgeglichenen Staatshaushalt zu fordern. Die engstirnige $MV = PT$-Tautologie ermöglicht es den Ökonomen, die Löhne für den inflationären Druck verantwortlich zu machen – und nicht die erhöhten Lebenshaltungskosten, die mithilfe von Kredithebeln, erhöhten Immobilienpreisen und Kosten aus Finanz- und Versicherungssektoren entstehen oder auch durch eine steigende Unternehmensverschuldung, die wiederum die Preise für Waren und Dienstleistungen in die Höhe treibt.

In Wirklichkeit fallen und steigen die Vermögenspreise in ganz anderem Maße als die Waren- und Rohstoffpreise und die Löhne. Und das liegt genau daran, dass die Federal Reserve und auch die Zentralbanken anderer Länder der Wirtschaft über die Wall Street, die City of London und andere Finanzzentren »Geldspritzen« zuführen, indem sie Staatsanleihen kaufen und verkaufen oder die Reserven der Geschäftsbanken aufstocken. Nach der

Finanzkrise von 2008 geschah dies zum Beispiel mittels mehrfach durchgeführter Maßnahmen der quantitativen Lockerung.

Jede Finanzspritze wirkt sich direkt auf die Vermögenspreise aus, weil sie letztlich die Zinssätze verändert, die diese abwerfen. Wenn die Zentralbanken Staatsanleihen kaufen, steigt dadurch deren Preis. Durch diesen höheren Preis sinkt der Zinsertrag der Staatsanleihen (oder der sonstigen Wertpapiere, die die Zentralbanken erwerben), was wiederum die Vermögenspreise im Allgemeinen beeinflusst. Mithilfe des Zinssatzes lässt sich der Ertragsfluss einer Anleihe, eines Mietobjekts oder einer Aktie mit Dividendenausschüttung »diskontieren« oder »abzinsen«. Bei einem Zinssatz von 5 Prozent würde der renditebringende Vermögenswert bei einem Kurs-Gewinn-Verhältnis von 20 liegen, bei 4 Prozent wäre es ein Verhältnis von 25, und so weiter.

Volkswirtschaftliche Gesamtrechnungen ignorieren Rentenextraktion und andere finanzielle Belastungen

Die NIPA, die US-amerikanische Variante der volkswirtschaftlichen Gesamtrechnung, wurden zum ersten Mal in den dreißiger Jahren des vergangenen Jahrhunderts und während des Zweiten Weltkriegs erstellt. Man wollte so den Inflationsdruck in Schach halten, indem man die Löhne und den Profit mit der Wirtschaftsleistung verglich. Eine Analyse der Rentierdynamik und der Belastung, die diese für moderne Volkswirtschaften darstellte, war dabei nicht vorgesehen. Da sie die Kosten, die durch den FVI- und die sonstigen Rentiersektoren entstehen, nicht berücksichtigen, stecken die NIPA in einem Dilemma. Statt die ökonomische Rente als Belastung einzuschätzen, zählt sie diese zu den Erträgen, die zum BIP beitragen. Es wird so dargestellt, als würden die Rentiers ihre Einkünfte verdienen, indem sie ein »Produkt« herstellen, dessen Wert den Rentenbeträgen entspricht, die sie einfordern. Wenn die Grundbesitzer eine höhere Miete verlangen, steigen entsprechend auch die Immobilienpreise. Wenn Goldman Sachs und andere Banken ihren Kunden höhere Entgelte für die Finanzdienstleistungen berechnen oder durch Arbitragegeschäfte mit Anleihen auf Kosten ihrer Kunden einen Gewinn einstreichen, wird das in der Gesamtrechnung als im Wert gestiegenes Finanz-»Produkt« verbucht. Dies alles beruht auf der Annahme, dass die Leute nur für das Einkünfte erhalten, was sie auch selbst produzieren.

Aber diese Annahme entspringt einem Tunnelblick. Und entstanden ist sie mit dem ideologischen Sieg, den die Grundbesitzer und Finanziers im späten 19. Jahrhundert über die klassischen Ökonomen mit ihrer Forderung, die ökonomische Rente zu besteuern, errangen. Wenn man die Renten für Grundbesitz, natürliche Ressourcen und Monopolrechte ausklammert, kann man den Grad dessen, was ich als »Rentendeflation« bezeichne, nicht mehr bestimmen. Die Rentendeflation ist das Gegenstück zur Schuldendeflation – der Abzweigung von Einkünften für den Schuldendienst.

Ebenso wenig gibt es eine Maßeinheit, mit der man die Höhe der kriminellen Einkünfte messen kann, die etwa durch Schmuggel oder Bilanzmanipulationen zum Zweck der Steuerhinterziehung anfallen. Es gibt keine Ausgaben, die als Mehraufwand gerechnet werden, nicht einmal die Kosten, die durch Umweltverschmutzung oder Verbrechensverhütung entstehen, geschweige denn die Belastungen durch Rettungspakete für Banken. In den volkswirtschaftlichen Statistiken werden solche »externen Effekte« abgetan, weil man sie für unbedeutend hält. Doch trotz des steigenden Kostenanteils, den die Rentenextraktion verursacht, und der Kosten zur Behebung von Umweltschäden und Schuldenkrisen sowie den damit verbundenen Rettungsmaßnahmen hält man das BIP nach wie vor für einen akkuraten Messwert wirtschaftlichen Wohlergehens. Man verwechselt dadurch das gesunde Wachstum mit einem Tumor, der im Staatswesen wuchert. Zusammengenommen verhindern diese Versäumnisse eine systematische Analyse, die die politischen Verantwortlichen und die Wähler vor den Entwicklungen gewarnt hätte, die zu der Finanzkrise von 2008 geführt haben.

Die Interpretation der ökonomischen Renten als »Erträge«

Das Wort »rent« (das im Englischen sowohl »Rente« als auch »Miete« bedeutet) taucht in den NIPA nur ein einziges Mal auf (nämlich in der zwölften Zeile von Tabelle 2.1). Es meint hier aber weder das, was die meisten Menschen unter »rent« verstehen (nämlich »Miete«), noch das klassische Konzept der ökonomischen Rente. Tatsächlich geht es hier nicht einmal um eine finanzielle Transaktion, sondern um die Mietkosten, die ein Wohneigentümer theoretisch zahlen müsste, wenn er nicht selbst der Besitzer seines Hauses wäre. In dieser Einschätzung geht es also nicht um eine tatsächlich ausgetauschte Geldsumme. Die NIPA enthalten diese kalkulatorischen »Nicht-Zahlungen«, weil der Genuss, im Besitz eines Eigenheims zu sein, als Teil des Wirtschaftsproduktes gilt. Dieser Teil liegt bei weniger als 2 Prozent und wird zusehends kleiner.

Rente ist hier also keineswegs gleichbedeutend mit dem klassischen Begriff der ökonomischen Rente. Die Rentengewinne von gewerblichen Investoren und den Besitzern natürlicher Ressourcen werden als »Erträge« bezeichnet, die Profiten und Löhnen gleichgestellt sind. Das lenkt die Aufmerksamkeit davon ab, dass hier ohne jeden Arbeitsaufwand, ohne jede Produktionskosten ein Vermögen verdient wird. Es wäre zudem eine komplizierte Neuorganisation der Statistiken nötig, um aufzudecken, wie hoch der tatsächliche Geldfluss ist, der an die Immobilienspekulanten geht, wenn man in Betracht zieht, wie viele Zinszahlungen und übermäßige Wertabschreibungen außerdem im Spiel sind.

Der britische Wirtschaftsjournalist Fred Harrison hat aufgezeigt, wie Ökonomen die immer höher werdende Grundrente mit den sehr viel bescheideneren Beträgen vermischt haben, die man für die eingesparten Mietkosten der Hausbesitzer kalkuliert hat. Diese erfolgreiche Strategie der euphemistischen Verwechslung hat sogar ihren Weg in die heutigen Lehrbücher gefunden – als wäre damit die gesamte Grundrente einer Volkswirtschaft gemeint. In dem berühmtesten Lehrbuch, das es heute im angelsächsischen Raum gibt – dem von Paul Samuelson und William D. Nordhaus verfassten Band *Economics* (dt. *Volkswirtschaftslehre*) – heißt es, das »Renteneinkommen einzelner Personen« mache weniger als 2 Prozent des BIP aus und sei während der vergangenen fünfzig Jahre stetig gesunken.[11] Auch in einem Lehrbuch jüngeren Datums von Paul Krugman und Robin Wells steht, die »Rente« mache lediglich 1 Prozent des Nationaleinkommens der Vereinigten Staaten aus.[12]

Ein solcher Anteil wäre natürlich viel zu unbedeutend gewesen, als dass die klassischen politischen Ökonomen sich ein ganzes Jahrhundert mit seiner Analyse beschäftigt, geschweige denn die Forderung aufgestellt hätten, ihn als Steuerbasis zu verwenden. Das Konzept der Grundrente scheint in einer Orwell'schen Erinnerungslücke verschwunden zu sein. Es wird der

Die Zusammensetzung des Geldflusses im Immobiliensektor

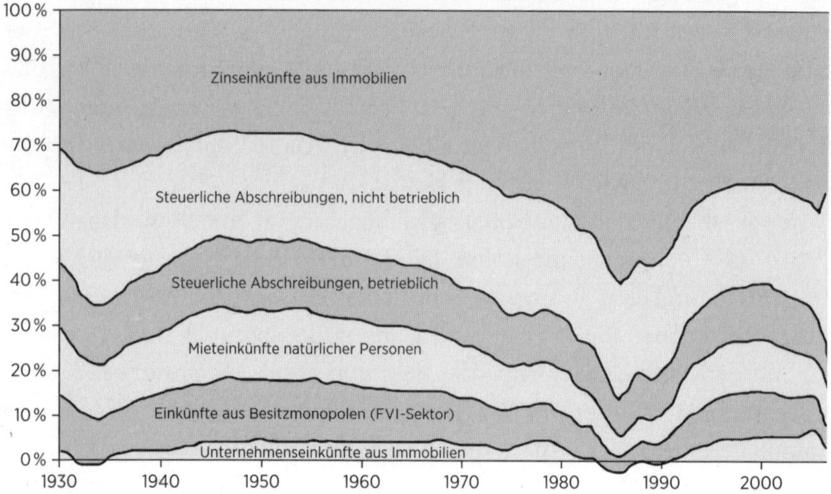

Abbildung 4

Eindruck erweckt, als würden die gewerblichen Immobilieninvestoren und Landbesitzer überhaupt keine Grundrente erhalten.

Dieser terminologische Taschenspielertrick half mit, die Aufmerksamkeit von den zweifelhaften Kreditvergaben US-amerikanischer Banken abzulenken, die zu der 2008 geplatzten Immobilienblase führten. Und er trivialisiert die internationale Handelstheorie, indem er die Tatsache leugnet, dass die Kapitalisierung der Grundrente für Hypothekendarlehen die Wohnkosten und andere schuldengehebelte Preise in die Höhe treibt.

Was aus den NIPA jedoch in der Tat hervorgeht, ist der Umstand, dass der Großteil des Renteneinkommens aus Immobilien in Form von Zinszahlungen an die Banken geht (siehe Tabelle 6.1).[13] In den Augen der für die NIPA zuständigen Rechnungsprüfer sind die Immobilien- und Bankensektoren so untrennbar miteinander verwoben, dass man sie in der Statistik für viele Jahre nicht gesondert anführen konnte. Die Aktivitäten der Hypotheken- und Immobilienmakler werden einfach unter dem FVI-Sektor subsumiert.

Die NIPA zeigen auch, wie die steuerliche Fiktion der übermäßigen Abschreibungen – durch die ein Gebäude mehr als einmal, um nicht zu sagen immer und immer wieder von der Steuer abgesetzt und eine Wertminderung geltend gemacht wird – andere steuerpflichtige Einkünfte aus dem gewerblichen Immobiliensektor ausgleicht und es diesem wie auch der Ölindustrie und den Bergbaugesellschaften ermöglicht, jahrzehntelang keine Ertragssteuer zu zahlen. Eine Armee von Steuerberatern, unterstützt von politischen Lobbyisten, kreiert Steuerschlupflöcher, um den Anschein zu erwecken, Grundbesitzer und Ölkonzerne würden Geld *verlieren* statt einnehmen: ein weiterer Euphemismus für die Verzerrung der wirtschaftlichen Realität. Gemäß den Angaben der NIPA decken die Einkünfte des Immobiliensektors nicht die Verluste, die den Grundbesitzern aufgrund von Zinszahlungen und der Wertminderung ihrer Besitztümer entstehen.

Abschreibung und Investitionsrentabilität

Bei Industriekapital, das abnutzt oder veraltet (und daher aufgrund verbesserter Technologien zu einem größeren Kostenfaktor wird – wie etwa Computer, die technologisch schnell überholt sind, obwohl sie eigentlich noch einwandfrei funktionieren), ist die Abschreibung ein Teil der Kapitalrückzahlung und zählt streng genommen nicht zum Mehrwert.

Aber das trifft auf den Immobiliensektor nicht zu. Gebäude nutzen sich weder ab, noch sind sie technologisch irgendwann überholt. Im Gegenteil: Ältere Gebäude sind oft sehr viel besser konstruiert oder wurden im Zuge der laufenden Instandhaltungsarbeiten renoviert. Die dabei entstehenden Kosten beanspruchen im Normalfall etwa 10 Prozent der Mieteinkünfte (oder des Mietwerts einer Immobilie). Deshalb ist die Abschreibung aufgrund von Wertminderung im Immobiliensektor eine weitestgehend fiktive Kategorie, die dazu dient, die Einnahmen dieses Sektors von der Steuer zu befreien. Ein und dasselbe Gebäude kann immer wieder abgeschrieben werden – zu einem steigenden Preis – und zwar jedes Mal, wenn es an einen gewerblichen Investor verkauft wird. (Private Eigentümer können solche Steuervergünstigungen dagegen nicht geltend machen.) Trotz der Vortäuschung durch die Unternehmensbuchhalter, dass die Immobilien an Wert verlieren, sorgt der steigende Wert des Grundstücks (zusammen mit sinkenden Zinssätzen) dafür, dass der Gesamtwert der Immobilie in Wahrheit zunimmt. Die Realität erzählt eine ganz andere Geschichte als die scheinbar empirischen Statistiken.

Kein Wunder also, dass das reichste Eine Prozent das Wohlstandsgefälle zum Rest der Wirtschaft noch verstärkt hat. Es verteidigt diese fiktive Statistik, als beruhe sie auf empirischer Wissenschaft und sei daher objektiv, nur weil darin Zahlen mit Dezimalstellen vorkommen.

Die klassische Wirtschaftslehre kannte solche Vortäuschungen falscher Tatsachen und Steuerbegünstigungen für Rentiers nicht. Damals sah man noch sehr viel klarer, was tatsächlich vor sich geht: Die Grundbesitzer, Öl- und Erdgaskonzerne, die Bergbaufirmen, Monopolgesellschaften und Banken berechnen ökonomische Renten für den Zugang zu ihrem Land, ihren natürlichen Ressourcen und ihren Krediten, die für jede Produktion unerlässlich sind. Diese Zahlungen schwächen den Wirtschaftskreislauf aus Produktion und Konsum, lassen die Märkte schrumpfen und verursachen einen Anstieg der Arbeitslosigkeit. Rentiers geben ihr Einkommen nicht nur für die Einstellung von Arbeitskräften und den Kauf der von ihnen hergestellten Produkte aus (wie Malthus es beschrieb und Keynes es lobend erwähnte), sondern sie erwerben damit weiter finanzielle Vermögenswerte sowie Immobilien. Banken benutzen ihre Einkünfte zur Vergabe weiterer Kredite. Dadurch werden wieder neue Schulden geschaffen und gleichzeitig die Vermögenspreise aufgebläht, was dann die Käufer neuer Eigenheime zwingt, für ihre Besitzrechte immer höhere Darlehen aufzunehmen.

Abbildung 5 gibt den Preisanstieg im Immobiliensektor wieder. An diesen steigenden Preisen zeigt sich der Wertzuwachs der einzelnen Grundstücke, der sich aufgrund der Kredite und der dadurch angesetzten Schuldenhebel vervielfacht. Auf diese Weise wiederum wird der Wert einer Immobilie in Hypothekendarlehen mit immer weiter sinkenden Zinssätzen »kapitalisiert«. Dieser Preisanstieg ist deutlich größer als der Anstieg der Mieteinnahmen, er wird aber deutlich niedriger besteuert als Löhne und Industrieprofite. Doch in der Geldstromanalyse der Federal Reserve gibt es keine Statistik für den Preisanstieg im Immobiliensektor oder bei Aktien und Anleihen, und auch die spekulativen Gewinne der Arbitrageure und anderer Hasardeure bleiben unberücksichtigt. (In Kapitel 11 werde ich mich näher mit dem Phänomen der schuldenfinanzierten Vermögenspreisinflation auseinandersetzen.) Ohne eine Messung solcher Preisanstiege ist es jedoch unmöglich, den »Gesamtertrag« zu berechnen, der sich aus den laufenden Erträgen und dem Vermögenspreisanstieg zusammensetzt.

Jährlicher Anstieg der Grundstückspreise im Verhältnis zum Wachstum des Volkseinkommens

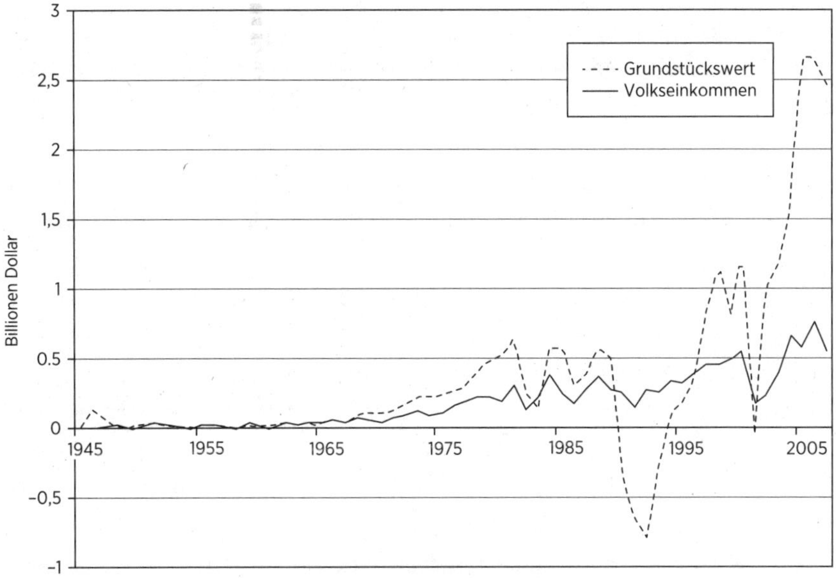

Abbildung 5

Wie man sehen kann, übertrifft der Anstieg der Grundstückswerte das Wachstum des Volkseinkommens bei weitem.

Kurz gesagt, die NIPA – und auch die volkswirtschaftlichen Gesamtrechnungen anderer Länder – sind letztendlich kein zutreffendes Modell dafür, wie die Wirtschaft funktioniert und wie es in der heutigen Welt zur Anhäufung von Vermögen kommt. Vielmehr breiten sie einen Deckmantel über die Rentenextraktion und lassen sie unsichtbar werden. Die eigennützigen Kräfte innerhalb der Wirtschaft haben den Kampf gewonnen und die Schaffung nützlicher statistischer Kategorien verhindert. Dabei hegen sie ganz offensichtlich die Hoffnung, eine Besteuerung oder Regulierung ihrer ausbeuterischen Tätigkeiten würde umso unwahrscheinlicher, je weniger sichtbar oder quantifiziert sie sind.

Stellt der Finanzsektor ein »Produkt« her oder subtrahiert er nur vom BIP?

Die wichtigsten Rentier-Sektoren der heutigen Zeit sind das Bankwesen und die Hochfinanz. Die meisten Bankkredite dienen nicht der Produktion von Gütern oder Dienstleistungen sondern dem Transfer von Besitzrechten für Immobilien, Aktien (darunter auch der Aktienbestand ganzer Unternehmen) und Anleihen. In der wirtschaftswissenschaftlichen Diskussion zum Volkseinkommen hat man deshalb vorgeschlagen, die Einnahmen solcher Institutionen als *Transferzahlungen* zu bezeichnen und nicht als Zahlungen für eine Wirtschaftsleistung oder ein Produkt. Der australische Ökonom Bryan Haig hat dieses Phänomen das »Bankenproblem« genannt: »Würde man die Finanzdienstleistungen wie jeden anderen Herstellungssektor behandeln«, schreibt er, »dann müsste man den Anteil, den der gesamte Bankensektor an der nationalen Wirtschaftsleistung hat, als unwesentlich, um nicht zu sagen negativ wiedergeben und somit letztendlich als unproduktiv bezeichnen.«[14]

Mit der Frage, in welcher Form man die Finanzdienstleistungen am besten in der volkswirtschaftlichen Gesamtrechnung darstellen könnte, setzt sich auch Brett Christophers auseinander. Er schreibt: »Welche ›Dienste‹, wenn man überhaupt von Diensten reden kann, werden hier von den Banken eigentlich geleistet? Schließlich geht es um Situationen, in denen zwar Zahlungen geleistet werden, aber letztendlich keine Produktion stattgefunden hat.« In der volkswirtschaftlichen Gesamtrechnung Großbritanniens aus dem Jahr 2006 heißt es sogar, solche Zahlungen »repräsentieren keinerlei Zuwachs zur gegenwärtigen Wirtschaftsaktivität«.[15]

Im Gegensatz dazu besagt die an John Bates Clark erinnernde neoklassische Sichtweise, dass jeder, der eine Gebühr bezahlt, dafür auch ein Produkt erhält. Wenn man den Zahlungsverkehr der Banken als Subtrahend oder einfach als Transferkosten für eine Vermögensverschiebung betrachtet, die zur Gesamtproduktion nichts beiträgt, dann entspricht dies nicht dem Denken des derzeitigen Mainstreams. Das Konzept unproduktiver Arbeit oder unverdienten Einkommens, das im Zentrum der klassischen Ökonomie stand, ist heute vollkommen verschwunden. Christophers erklärt dies folgendermaßen:

> … Für die Ökonomen, die von der Mitte bis zum Ende des 20. Jahrhunderts die volkswirtschaftliche Gesamtrechnung erstellten, war die Auffassung, eine so florierende Industrie wie das Bankwesen mit ihrer offensichtlichen Nützlichkeit solle der nationalen Wirtschaftsleistung Mittel entziehen oder ihr nur einen geringen Wert hinzufügen, vollkommen absurd. Für sie war eine neutrale oder sogar negative Leistung vollkommen inakzeptabel, denn sie ergab aus neoklassischer Sicht einfach keinen Sinn.

Das »Bankenproblem« erörtern zu wollen stellt daher für die post-klassische ökonomische Lehre eine Bedrohung dar. Wie erwähnt gibt es in den NIPA keine Kategorie für die Art von Einkommen, die erzielt wird, ohne dass man dadurch eine entsprechende Summe zum volkswirtschaftlichen »Gesamtprodukt« beigetragen hätte. Die Finanz- und Rentiersektoren erscheinen als Teil des wirtschaftlichen Wachstumsprozesses und nicht als eine ihm äußerliche parasitäre Beeinträchtigung.

Das erklärt auch, warum die NIPA die Kapitalgewinne aus den steigenden Grundstücks- und Immobilienpreisen, sowie Aktien und Anleihen ausklammern. Sie haben ganz denselben Effekt wie Erträge – sie erhöhen das Reinvermögen ihrer Besitzer und waren während der vergangenen fünfzig Jahre und insbesondere seit 1980 wesentlich für die Anhäufung von großen Vermögen verantwortlich. Aber sie lassen sich nicht mit der simplen »Ertrag = Produkt«-Rechnung vereinbaren, die zur Rechtfertigung des Rentier-Einkommens dient (um es vor einer Besteuerung zu bewahren, wie die klassischen Ökonomen sie gefordert hatten). Durch den Trick, die Vermögenspreisinflation statistisch unsichtbar zu machen, befreit man sich von dem öffentlichen Druck, den Immobiliensektor und andere finanzielle Profite genau so hoch zu besteuern wie die normalen Einkommen – eine Vorgehensweise, die ursprünglich im US-amerikanischen Steuergesetz vorgesehen war.

Die heutigen volkswirtschaftlichen Gesamtrechnungen ignorieren also die finanzielle Belastung, die durch das Rentier-Einkommen entsteht und die von den klassischen Ökonomen noch in den Mittelpunkt ihrer Reformbemühungen gestellt wurde. Die Makroökonomie keynesianischer Prägung geht dem wirtschaftlichen Kreislauf zwischen den einzelnen Sektoren nach, ohne den immanenten Wert der einzelnen Elemente zu analysieren oder sich mit den Anliegen der klassischen Ökonomen auseinanderzusetzen, wie etwa mit der Frage nach der »investierten Arbeit« oder nach dem genauen Weg, auf dem ein Einkommen erzielt wird. Stattdessen präsentiert man ein statistisches Bild, das scheinbar auf empirischen Daten beruht und das vortäuscht, der FVI-Sektor würde eine produktive Rolle spielen und zum Wachstum und Wohlstand der Volkswirtschaften beitragen.

Die Sache hat jedoch einen Haken: Wenn tatsächlich alles Einkommen im Rahmen eines Produktionsprozesses erzielt und für Waren und Dienstleistungen ausgegeben wird, wie es Clark und seine Anhänger behaupteten, dann dürfte es Einkommen, die abgezweigt werden, ohne zum Wirtschaftswachstum beizutragen, überhaupt nicht geben. Aber was ist dann mit Einkommen, das für Vermögenswerte, Darlehen oder Zinszahlungen ausgegeben wird?

Die Frage ist, woraus sich »wirtschaftliches Wachstum« eigentlich genau zusammensetzt – und zwar in Wirklichkeit und nicht gemäß den Messsystemen, mit denen man heute hantiert. Ein immer größerer Anteil der wirtschaftlichen Aktivitäten hat nichts mehr mit Produktion zu tun (also mit Investitionen und Wirtschaftsleistung) und auch nicht mit Konsum, sondern mit dem Kauf und Verkauf von bereits vorhandenen Besitztümern, vor allem Immobilien (dem anteilsmäßig größten Vermögenswert), natürliche Ressourcen, Aktien und Anleihen. In ihrem 2015 erschienenen Buch *GDP: A Brief but Affectionate History* (Das BIP: Eine kurze, aber liebevolle Geschichte) merkt Diane Coyle an, wie unzutreffend diese Maßeinheit für den Finanzsektor ist. Angesichts des »negativen Outputs eines imaginären Wirtschaftssegments« würden die Ergebnisse des BIP »die Bedeutung von Finanzdienstleistungen für das Wirtschaftsprodukt eines Landes stark übertreiben. Absurderweise wies der britische Bankensektor im letzten Quartal von 2008 das schnellste Wachstum seiner Geschichte auf und zog dem Volumen nach fast mit dem Herstellungssektor gleich – und das just in dem Moment, als die Kapitalmärkte fast vollkommen erstarrt waren.«[16]

Wenn man die Schaffung von größtenteils fiktiven, unbezahlbar hohen Finanzforderungen an die Wirtschaft so behandelt, als trügen sie zur Wirtschaftsleistung und zum Wohlstand bei, lässt man dabei die enormen staatlichen Rettungsmaßnahmen außer Acht, die zum Erhalt des Bankensektors nötig sind. Diese externen Kosten sind eine Form der wirtschaftlichen

Umweltverschmutzung durch Schulden. »Sobald jemand im Brustton der Überzeugung davon spricht, welchen Beitrag die Finanzdienstleistungen zum Volkseinkommen leisten«, schreibt der Kolumnist der *Financial Times* John Kay, »dann kann man sicher sein, dass er keine Ahnung davon hat, was für ein rein esoterisches Konzept solche ›indirekt gemessenen Finanzdienstleistungen‹ sind (fragen Sie lieber nicht, was das bedeuten soll). Nur eine Handvoll Personen in den tiefsten, geheimsten Kammern der staatlichen Statistikbehörde können damit etwas anfangen. Dieses Problem lässt starke Zweifel an der Gültigkeit der gemeldeten Wachstumsraten aufkommen, sowohl vor als auch nach der Finanzkrise.«[17] In ähnlicher Weise weist auch Yves Smith auf die Folgen periodisch auftretender Krisen hin:

> Andrew Haldane von der Bank of England demonstrierte anhand einer simplen Überschlagsrechnung, dass es den Banken vollkommen unmöglich sei, auch nur ansatzweise für den ungeheuren Schaden aufzukommen, den sie der Wirtschaftsleistung zugefügt haben ...
>
> Der BIP-Bericht über den wirtschaftlichen Beitrag des Finanzsektors in Form von »Dienstleistungen« berücksichtigt nicht im Geringsten das Risiko, das von diesem Sektor ausgeht. Vor der Finanzkrise von 2008 wurden die zunehmend risikofreudigen Aktivitäten und die immer größer werdenden Schuldenhebel der Banken zum »Wachstum« des BIP hinzugerechnet. Seitdem haben einige Untersuchungen bewiesen, dass der Beitrag des Finanzsektors zum BIP um 25–40 Prozent niedriger läge, wenn man das Risiko in der Statistik berücksichtigen würde ... Daher muss man zu dem Schluss kommen, dass es sich beim Beitrag des Finanzsektors zum BIP größtenteils um eine Illusion handelt.[18]

Das daraus resultierende System aus nur scheinbar empirischen Statistiken führt zu einer großen Verwirrung darüber, wie die wirtschaftlichen Verhältnisse tatsächlich sind. Wie Alan Greenspan ausführte, entgeht einem, wenn man nur die BIP-Statistiken betrachtet, vollkommen, dass überhaupt eine Spekulationsblase existiert:

> Es stellt sich also die Frage: Wenn man eine Blase nicht verhindern kann, was kann man dann überhaupt dagegen tun? Glücklicherweise führen die meisten Blasen nicht zu einer nachhaltigen Vergiftung der Wirtschaft. Als

der Dotcom-Boom in sich zusammenbrach, fand sich nicht mal eine Spur davon in den BIP-Statistiken von 2001 und 2002. Als wäre überhaupt nichts passiert. Die Finanzkrise von 1987, die wirklich absolut verheerend war, findet sich ebenso wenig in den BIP-Zahlen. Sie ist dort einfach nicht vorhanden. Ja, es gab riesige Kapitalverluste, aber im Endeffekt betrafen sie nur diejenigen, die vorher Kapitalgewinne zu verzeichnen hatten.[19]

Aus einer realistischen volkswirtschaftlichen Gesamtrechnung sollte hervorgehen, dass das Eine Prozent, statt seinen Reichtum in die Produktion zu investieren und so den Lebensstandard anzuheben, seine Ersparnisse als verzinsliche Kredite vergibt, um auf diese Weise von den Lohnempfängern, Immobilieneignern, der Industrie und der Regierung Einkünfte abzuschöpfen. Dadurch verursachen sie eine Schrumpfung der Wirtschaft, statt zu ihrem Wachstum beizutragen.

Die meisten finanziellen Transaktionen finden zwischen Finanzinstituten statt, größtenteils in Form von computergesteuerten Wetten, bei denen Risiken der Kursentwicklung von Zinssätzen, Devisen, Aktien und Anleihen kalkuliert werden. Der Gewinn der einen Seite bedeutet den Verlust der anderen Seite, und das gesamte System ist auf die Rettungsmaßnahmen der Regierungen angewiesen. Aber statt einfach nur Geld zu drucken, um alle Gläubiger auszubezahlen, bestehen die Manager der Zentralbanken darauf, dass die Beschäftigten und die Industrie für die Verluste des Finanzsektors aufkommen, indem die Steuern angehoben werden, die dann auf der Realwirtschaft lasten. Das alles geschieht unter dem Vorwand, der Finanzsektor mache die Wirtschaft reicher, nicht ärmer und die Sparpolitik – also die Verarmung der übrigen 99 Prozent – sei das einzige »Heilmittel«. Aber dieses Mittel »heilt« vor allem den Umstand, dass das Eine Prozent noch nicht über den *gesamten* Reichtum verfügt.

Das Leitprinzip hinter den meisten offiziellen Statistikmodellen von heute scheint folgendes zu sein: Wenn man den Wählern den unverdienten Reichtum der Rentiers nicht explizit als finanzielle Belastung vor Augen führt und es auch kein Maß dafür gibt, wie viel die Rentier-Sektoren vom Wirtschaftsertrag abschöpfen, dann werden diese Wähler weniger dazu neigen, eine Regulierung oder Besteuerung solcher Einnahmen zu fordern. Das Konzept eines parasitären Verhältnisses, bei dem der Gewinn der einen Seite den Verlust der anderen bedeutet, wird auf zynische Weise aus den

Die Entwicklung des australischen BIP seit 1911

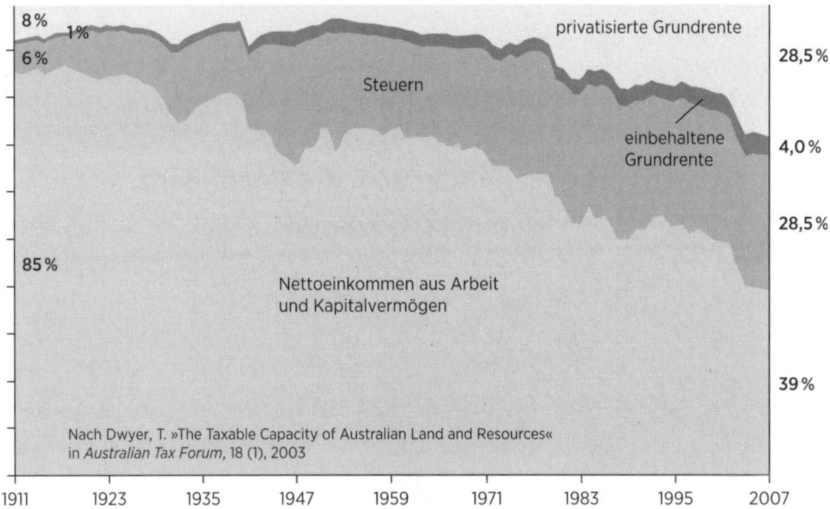

Abbildung 6

staatlichen Statistiken ausgeklammert. Die Betäubung der Öffentlichkeit und das Vertuschen des so Offensichtlichen haben es den eigennützigen Kräften innerhalb der Wirtschaft ermöglicht, die Kontrolle über das statistische System zu erlangen, das die Wahrnehmung der Gesellschaft prägt und eigentlich dazu dienen sollte, Wirtschaftsplanung, Steuerpolitik und Ressourcenzuweisung zu regulieren.

KAPITEL 7

Der vergebliche Versuch, die Hochfinanz zu industrialisieren

»Der Aktionärsaktivismus hat dazu geführt, dass die meisten Unternehmen ihre Ausgaben für Forschung und Entwicklung, Kapitalinvestitionen und, was am schwersten wiegt, für Beschäftigung gekürzt haben. Die Unternehmen sehen sich gezwungen, Angestellte zu entlassen, um die geforderten Quartalsergebnisse zu erzielen. Das ist eine Katastrophe für dieses Land.«

Martin Lipton[1]

Jede Volkswirtschaft ist geplant – auf welche Weise auch immer. In den feudalen Volkswirtschaften bestimmten die Erben der Kriegsherren, die das Land erobert hatten, diesen Plan. Sie lebten von ihren ökonomischen Renten und erlegten der Wirtschaft Steuern auf, die für ihre nächsten kriegerischen Eroberungen bezahlen sollte. Im Zuge der industriellen Revolution begannen die Kaufleute und Industriellen, gegen die Interessen des Landadels und dessen militärische Abenteuerlust anzukämpfen. Diese hatten dazu geführt, dass die Nationen unter einer Last von öffentlichen Schulden und überhöhten Steuern litten.

Im gesamten Verlauf der Menschheitsgeschichte haben die wohlhabendsten Familien Führungskräfte in die wirtschaftlichen und politischen Institutionen eingeschleust. Dort sorgten sie dafür, dass ihre Interessen vertreten wurden, wobei sie zumeist die Banken zu ihren Machtzentren erkoren. So stellten zum Beispiel die Medicis mit Leo X. (1513–1521), Klemens VII. (1523–1534), Pius IV. (1559–1565) und Leo XI. im Jahr 1605 eine ganze Reihe von Päpsten. Auch im übrigen Europa der Feudalzeit herrschte die Aristokratie über die Volkswirtschaften und gestaltete sie nach ihrem Gusto.

Und selbst heute noch kommen trotz der industriellen Revolution weltweit nur wenige Manager auch tatsächlich aus der Industrie. Die meisten Entscheidungsträger unserer Volkswirtschaften wurden an den Wirtschaftshochschulen ausgebildet, und zwar so, dass sie die Unternehmen nur noch als Mittel zum Zweck ansehen – als Vehikel zur Produktion von finanziellen Gewinnen (was ich in den Kapiteln 8 und 9 noch näher ausführen werde).

Die Politik, die Staaten heute weltweit betreiben, ist von Finanzlobbyisten geplant und dient den Interessen der Finanzbranche. Die Beamten der amerikanischen Zentralbank und des Finanzamts sind sozusagen nur von der Wall Street ausgeliehen, hauptsächlich von Goldman Sachs und der Citigroup. Die Liste der Vorstandsvorsitzenden von Goldman Sachs, die in die Politik gegangen sind, ist lang, wobei besonders die Finanzminister Robert Rubin (im Amt von 1995–1999, bei Goldman von 1966–1992) und Hank Paulson (im Amt von 2006–2009, bei Goldman von 1974–2006) hervorzuheben sind.

Während seiner Amtszeit als Finanzminister verließ sich Paulson auf die Unterstützung von Stabschef Mark Patterson (von 2003–2008 Goldman-Lobbyist), von Neel Kashkari (Goldmans Vizepräsident von 2002–2006), von Staatssekretär Robert K. Steel (stellvertretender Vorsitzender bei Goldman, wo er von 1976–2004 tätig war) und von den Beratern Kendrick Wilson (von 1998–2008 bei Goldman) und Edward C. Forst (früherer globaler Leiter der Investitionsmanagement-Abteilung von Goldman).[2] Goldman Sachs hielt sich auch Paulsons Amtsnachfolger Tim Geithner warm, einen Protegé von Robert Rubin, indem man ihn mit den üblichen lukrativen Vortragshonoraren lockte.[3]

Auch Stephen Friedman, der von 2008 bis 2009 die Federal Reserve Bank of New York leitete, war zuvor bei Goldman Sachs im Vorstand gewesen, wo er seit 1966 gearbeitet hatte. Im Jahr 2009 übernahm William Dudley (von 1986 bis 2007 bei Goldman tätig) Friedmans Amt an der Spitze der New York Federal Reserve. Gerald Corrigan, der von 1985 bis 1993 deren Präsident gewesen war, machte es umgekehrt und stieg sozusagen »vom Himmel herab«, um bei Goldman Sachs anzufangen, genau wie der ehemalige Finanzminister Henry Fowler. Weitere frühere Mitarbeiter von Goldman Sachs in Führungspositionen sind der ehemalige Stabschef des Weißen Hauses, Joshua B. Bolten und der frühere Weltbankpräsident Robert B. Zoellick.

Auch in Europa hat Goldman Sachs seine Finger im Spiel: Mario Draghi, von 2002 bis 2005 stellvertretender Vorsitzender von Goldman Sachs, hatte von 2006 bis 2011 zunächst den Präsidentenposten der italienischen Nationalbank inne, bevor er dann 2011 Präsident der Europäischen Zentralbank (EZB) wurde. Der ehemalige italienische Ministerpräsident Romano Prodi war von 1990 bis 1993 bei Goldman Sachs und diente der Bank auch weiterhin als Berater, wenn er nicht gerade ein politisches Amt bekleidete. Der frühere italienische Premier- und Finanzminister Mario Monti ist als internationaler Berater für Goldman Sachs tätig. Mark Carney, der von 2008 bis 2013 Präsident der Bank von Canada war und 2013 auf denselben Posten bei der Bank of England wechselte, arbeitete von 1995 bis 2008 bei Goldman. Antonio Borges, 2010 Leiter der Europaabteilung beim Internationalen Währungsfonds und danach hauptverantwortlich für das portugiesische Privatisierungsprogramm, arbeitete von 2000 bis 2008 als stellvertretender internationaler Vorsitzender bei Goldman Sachs. Carlos Moedas, der ehemalige Staatssekretär des portugiesischen Premiers Passos Coelhos, war bei Goldman Sachs für Fusionen und Übernahmen zuständig. Die Liste ließe sich bis in alle Ewigkeit fortführen.

Robert Rubin ist das wichtigste Verbindungsglied. Er verließ das Kabinett von Bill Clinton, um 1999 Präsident der Citigroup zu werden, und erhielt während seiner Amtszeit in den folgenden zehn Jahren über 120 Millionen Dollar an Ausgleichszahlungen. Dabei stand ihm von 2006 bis 2008 der seit Februar 2013 amtierende US-amerikanische Finanzminister Jack Lew zur Seite (und von 2002 bis 2005 Stanley Fischer, den Präsident Obama 2014 als stellvertretenden Vorsitzenden der Federal Reserve nominierte). Dieses Gespann grub das Loch, in dem die Citigroup schließlich versank. Aber sein politischer Einfluss führte dazu, dass die US-Regierung »45 Milliarden Dollar in das Eigenkapital der Citigroup pumpte und 300 Milliarden Dollar an Vermögensschutzgarantien bereitstellte, während die Federal Reserve noch einmal über 2 Billionen Dollar an staatlichen Darlehen zuschoss, um das sinkende Wrack zu retten.«[4]

Die Art und Weise, wie diese Manager der US-amerikanischen Politik das Reinvermögen der Citigroup auslöschten, veranlasste die ehemalige Vorsitzende des US-amerikanischen Einlagensicherungsfonds FDIC, Sheila Bair, zu der Aussage, die Citigroup sei früher einmal eine Geschäftsbank gewesen, doch wurde sie mittlerweile »von einer Kultur des Investmentbankings gekidnappt, der es nur noch um Profite durch hochriskante Wetten geht«. Sie nannte sie die am schlechtesten geführte Bank der Vereinigten Staaten, weil man »sich von all den Tricks zur Erzeugung kurzfristiger Profite hatte blenden lassen: unzureichend besicherte Kredite, hochriskante Wertpapierinvestitionen und eine sehr kurzfristig angelegte instabile Liquidität«. Bair fügte hinzu, die Bank sei unter der Leitung Robert Rubins und seinem von ihm persönlich eingesetzten Nachfolger Vikram Pandit zerstört worden. Pandit sei, so schrieb sie, »nicht mal dann imstande, einen Kredit auszustellen, wenn sein Leben davon abhinge. Aber Rubin wollte unbedingt Pandit als seinen Nachfolger und keinen anderen.«[5]

Der Journalist Matt Taibbi hat das Gebaren von Goldman Sachs in einem Artikel auf sehr eindringliche Weise beschrieben. Er bezeichnete darin das Unternehmen als »riesigen Vampirtintenfisch, der seine Tentakel um das Antlitz der Menschheit geschlungen hat und sein blutiges Maul erbarmungslos in alles hineinrammt, was nach Geld riecht«.[6] Das Verhalten von Goldman Sachs, der Citigroup und anderen Großbanken ist extraktiv, und sie wurden für ihre betrügerischen Machenschaften, denen ihre Geschäftspartner und Kunden zum Opfer fielen, mit zahllosen Geldstrafen belegt. Ganz ähnlich wie die berüchtigten »Sieben Banker« von Russland, die unter Boris Jelzins Insider-Privatisierungsmaßnahmen der 1990er Jahre die Kontrolle über Bodenschätze, Landbesitz und Infrastrukturmonopole erlangten, so plündern auch die Manager von Goldman Sachs mit ihren Gebühren, Zinsforderungen und Finanz- und Rohstoffspekulationen die Wirtschaft. Ihre Vorstellung vom freien Markt umfasst vor allem die Nichtumsetzung der Regulationen und Kontrollen, denen Investmentbanker eigentlich unterliegen sollten. Sie sehen die neuen Technologien und die Privatisierung des Gemeinguts hauptsächlich als Gelegenheiten, Kreditprüfungsgebühren und Managementvergütungen einzufordern und dabei noch enorme Aktienkursgewinne einzustreichen. Zu diesem Zweck fordern die Finanzlobbyisten, zusammen mit den Politikern, deren Wahlkampf sie finanzieren, ein Vetorecht bei der Ernennung von Regulierern, Zentralbankern und Beamten des Finanzministeriums.

Aber es hätte durchaus nicht so kommen müssen. Während sich die Rententheorie im 19. Jahrhundert noch hauptsächlich auf die Steuerpolitik oder die Verstaatlichung der Einnahmen von Grundherren und Monopolen beschränkte, entstand in Frankreich und Deutschland parallel dazu eine etwas anders geartete Finanzreformbewegung. In diesen Ländern gab es nicht so viel Kapital wie in England, weshalb sie sich die räuberischen Praktiken der britischen Handelsbanken nicht leisten konnten. Diese Bewegung, deren wichtigster Wortführer der französische Reformer Henri de Saint-Simon war, setzte sich für die Industrialisierung ein und erdachte eine Strategie, mit deren Hilfe das Finanzsystem sich in den Dienst der Industrie stellen ließ. Zusammen mit den frühen Sozialisten und den deutschen Großbanken, die in der Bismarckzeit florierten, entwickelte Saint-Simon ein produktiveres Bankensystem, das den britischen Vorsprung in diesem Sektor wieder wettmachen sollte, indem es industrielle Investitionen mit staatlich geförderten Investitionen und Wirtschaftsplanungen koordinierte.

Aber während des letzten Jahrhunderts hat sich gezeigt, dass Finanzsysteme sich nicht automatisch in eine Richtung entwickeln, in der sich das technologische Potenzial einer Gesellschaft voll entfalten kann. Statt Ersparnisse, Kredite und industriellen Profit in neue Sachanlagen, Industriekapitalinvestitionen, die Schaffung von Arbeitsplätzen oder Forschung und Entwicklung einfließen zu lassen, ziehen die heutigen Bankmanager diese Gelder von der Finanzierung produktiver Unternehmungen ab und suchen sich stattdessen ihre wichtigsten Kreditmärkte in Gelegenheiten zur Rentenextraktion – auf Kosten des Wirtschaftswachstums.

Wie der Schuldendienst die Kosten und die Preise erhöht

Es ist bemerkenswert, um wie viel klarer die Denker des 18. und 19. Jahrhunderts im Vergleich zu heutigen Ökonomen die Folgen des Schuldendienstes für die Kosten- und Preisentwicklung erkannt haben. 800 Jahre währten die kriegerische Auseinandersetzungen zwischen Frankreich und Großbritannien, beide Länder waren hoch verschuldet. Das britische Parlament gab immer neue Staatsanleihen aus, um jeden erneuten Konflikt zu finanzieren, und erhob immer neue Verbrauchssteuern auf Konsumgüter des Grundbedarfs. Die Lebenshaltungskosten und die Lohnkosten stiegen signifikant. Und diese Aufwendungen wurden durch die hohen Preise, die von den Monopolgesellschaften erhoben wurden, noch weiter in die Höhe getrieben. Derartige Gesellschaften waren überhaupt erst dadurch entstanden, dass man die staatlichen Monopolrechte an Investoren verkauft hatte, um auf diese Weise die staatlichen Schuldverschreibungen zu tilgen. Diese Steuer- und Monopolproblematik entstand also als Nebenprodukt des staatlichen Schuldenproblems.

Im Jahr 1744 stellte Matthew Decker, der als Kaufmann und Leiter der britischen Ostindiengesellschaft tätig war, die These auf, der Rückgang der industriellen Wettbewerbsfähigkeit Großbritanniens sei auf die Steuern zurückzuführen, die auf Lebensmittel und andere lebensnotwendige Güter erhoben wurden, damit der Staat die Zinszahlungen für seine Schulden leisten konnte. Ganz ähnlich wie die Zinsforderungen der heutigen Privatsektoren trieben diese Steuern den Mindestlohn, den die Arbeitgeber bezahlen mussten, in die Höhe und somit auch die Preise, die sie im Gegensatz zu anderen, weniger hoch verschuldeten Volkswirtschaften verlangen mussten. Im Vorwort seines *Essay on the Causes of the Decline of the Foreign Trade* (dt. *Ein Essay über die Ursachen für den Niedergang des Außenhandels*) schrieb Decker, der Umstand, dass man den britischen Waren einen ungeheuer großen, nicht realen Wert zugemessen habe, behindere ihren Verkauf im Ausland. Schulden und Steuern drohten die Preise der britischen Exportwaren derart in die Höhe zu treiben, dass sie aus den internationalen Märkten verdrängt wurden.[7]

Finanzierte man Kriege nicht mit kurzfristig mobilisierten Mitteln, sondern durch Staatsverschuldung, nannte man das Vorgehen »holländische Finanzierung«. Adam Smith erklärte dazu: »So besitzt Holland, ebenso mehrere andere Länder, einen beachtlichen Anteil unserer Staatsanleihen.«[8] Tatsächlich besaßen sie mehr als die Hälfte der Wertpapiere, die die wichtigsten Gesellschaften der britischen Krone emittiert hatten, darunter auch die Ostindiengesellschaft und die Bank von England. Die Zinszahlungen und Dividendenausschüttungen, die Großbritannien an diese ausländischen Investoren leisten musste, beanspruchten einen erheblichen Teil des Handelsüberschusses. »Fremde besitzen einen großen Anteil an unserem Nationalfonds«, erläuterte auch David Hume, »machen damit die Öffentlichkeit gewissermaßen zinspflichtig und könnten im Laufe der Zeit den Weggang unserer Menschen und Gewerbe veranlassen.«[9]

Schon 1757 prangerte der englische Handelsexperte Malachy Postlethwayt die Überweisung von Zinsen, Dividenden und Kapital an holländische Investoren an. Er schätzte, der Siebenjährige Krieg (1757–1763) habe Großbritannien 82 Millionen Pfund gekostet. In dem Jahr, als der Konflikt ausbrach, erschien sein Pamphlet *Great-Britain's True System*, in dem er erklärte, die Ausfuhr von Edelmetall entziehe der Volkswirtschaft die Mittel, die für die Einstellung von Arbeitskräften dringend benötigt würden. Dadurch bliebe dem Land nur noch ein rudimentärer Binnenmarkt für die Herstellung eigener Produkte. Selbst wenn man alle Schulden im eigenen Land behielte, so warnte er, sei ein solches Vorgehen »nicht weniger verderblich«.[10] Die Steuern, die man erhob, um die Staatsschulden zu bedienen, führten zu einer Anhebung der Preise für lebensnotwendige Güter und daher auch zu höheren Lohn- und Lebenshaltungskosten – um »mindestens 31 Prozent der jährlichen Ausgaben des gesamten englischen Volkes«.[11]

Was Großbritannien militärisch hinzugewann, verlor es auf geschäftlicher Ebene wieder, als Ergebnis der kriegerischen Ambitionen seines Königshauses. »Je mehr sich die Nation verschuldet, desto mehr Geld wird in Staatspapieren gebunden und desto weniger steht für den Handel zur Verfügung.«[12] Volkswirtschaften würden sehr viel machtvoller, so meinte er, wenn sie ihre Einkünfte produktiv im eigenen Land investierten, statt sich zu verschulden, um ihre militärischen Abenteuer zu finanzieren. »Bevor es zu einer derartigen Verschuldung kam, war ein jeder der Besitzer seiner eigenen Hinzugewinne«, erklärte Postlethwayt. Indem man die Bevölkerung besteuerte, um Zinszahlungen an ausländische Gläubiger zu leisten, entzog man der Wirtschaft Mittel, die sie sonst für private Investitionen hätte nutzen können. »Falls man die gegenwärtige Staatsverschuldung, statt sie noch zu vermehren, abbezahlen würde, würden die Gewinne der Hersteller, Kaufleute und Händler alle ihnen selbst gehören.« Dadurch würde sich ihr Profit verdoppeln. Vermiede Großbritannien weitere kriegerische Auseinandersetzungen, könnte es »die Preise unserer Nachbarn unterbieten … könnte neue Künste und Herstellungsmethoden einführen und die bereits bestehenden zu größerer Perfektion bringen.«[13]

Die Sache werde dadurch noch schlimmer, fügte Postlethwayt hinzu, dass die Anleihegläubiger ihre Erträge auf unproduktive Weise ausgäben, indem sie Monopole schaffen und Spekulationsblasen kreieren würden.

In einem Appell, der sich genauso gut auch auf die amerikanische Immobilienblase von 2001 bis 2008 hätte beziehen können, beschreibt er, wie die finanziellen Manöver seiner Zeit zur Schaffung von Monopolen führten und die Investoren um ihre Ersparnisse brachten: »Die Finanzen und der Börsenhandel haben allzu oft … ungesunde Verquickungen und Betrug in alle möglichen Arten des Handelsverkehrs gebracht. Es hat den ehrlichen Handel in eine Ansammlung spekulativer Blasen verwandelt, hat unsere Händler zu Betrügern und die Industrien zu Schwindlern gemacht. Und es wird denen Applaus gespendet, die eigentlich an den Pranger gehören.« Es klingt ganz so, als würde Postlethwayt sich warnend an unsere heutigen Volkswirtschaften wenden, wenn er sagt: »So lange es scheint, als ließe sich durch Spekulation an der Börse mehr verdienen als durch die Abbezahlung unserer Schulden, werden alle Künste dafür aufgewendet, neue Schulden hinzuzufügen, statt unsere alten zu begleichen.«[14]

Mit ihrem Protest gegen den Verkauf der staatlichen Monopolrechte nahmen Decker und Postlethwayt (und später auch von Smith) die heutigen Mahnungen vorweg. Sie warnten vor Preiserhöhungen durch Monopolgebühren, vor Zinszahlungen und anderen finanziellen Belastungen und der dadurch erzwungenen Emigration von Arbeitskräften ins Ausland. Der bedeutende politische Ökonom James Steuart, Autor der Schrift *An Inquiry into the Principles of Political Economy*, schrieb 1767 die alarmierenden Worte: »Wenn wir davon ausgehen, dass die Regierungen Jahr für Jahr die Summe ihrer Schulden durch unbefristete jährliche Zahlungen vermehren und dementsprechend von jedem Teil der staatlichen Einkünfte einen Betrag für diesen Zweck abzweigen, wird die Folge davon sein, dass schließlich das gesamte Einkommen des Staates in die Hände der Gläubiger gegeben wird ...«[15]

Tatsächlich rechnete der amerikanische Historiker Leland Jenks aus, dass die britische Regierung im Jahr 1783 – das als typisch für jene Zeit gelten kann – etwa drei Viertel der Steuereinnahmen an die Anleihegläubiger bezahlte: »Neun Millionen Pfund ..., während der gesamte Jahresumsatz des britischen Außenhandels nicht mehr als 35 Millionen Pfund betrug.«[16]

Im Jahr 1798 entschied der damalige Premierminister William Pitt angesichts der Folgen der Amerikanischen und Französischen Revolutionen, die Ausgaben nicht steuerlich umzulegen, sondern neue Kredite aufzunehmen. Dadurch standen so hohe Zinsforderungen an, dass sich die britische Nation, wie Jenks weiter schrieb, »an eine neue Gesellschaftsklasse verpfändete – die Rentiers, die Fondsbesitzer –, für eine jährliche Summe von dreißig Millionen Pfund. Das war das Dreifache der gesamten Staatseinnahmen vor Ausbruch der Revolutionskriege. Der größte Teil dieser Summe wurde für Zölle, Verbrauchssteuern und Stempelgebühren aufgewendet. Auf diese Weise entstand ein Motor, der das gesellschaftliche Vermögen von einer breiten Verbraucheröffentlichkeit auf eine sehr viel kleinere Gruppe von Personen übertrug, die sich im Besitz von Consols befanden.« »Consols« waren britische Staatsanleihen ohne feste Laufzeit, die so lange Zinsen einbrachten, wie sie nicht getilgt wurden.

Adam Smith brachte die geopolitischen Auswirkungen auf den Punkt: Die ständigen Kriege höhlten die Macht Großbritanniens aus, statt sie zu erweitern. Die wachsenden Schulden und erhöhten Steuern, mit denen man die Zinszahlungen finanzierte, drohten die Produktionskosten und damit auch die Exportpreise in die Höhe zu treiben. Das wiederum beeinträchtigte die Handelsbilanz; immer mehr Goldreserven flossen ins Ausland ab.

Wenn die heutige Handelstheorie kaum etwas dazu zu sagen hat, welche Auswirkungen Staatsverschuldung und finanzielle Belastung durch Rentiers auf die Preise im In- und Ausland haben, ist dies hauptsächlich der Lobbyarbeit David Ricardos geschuldet, der sich für die Interessen der Finanziers einsetzte: Er behauptete, der Verschuldungsgrad und die Zinszahlungen an ausländische Gläubiger spielten keine Rolle – als würden sich solche Zahlungen ganz von selbst regulieren. Seine Schriften und Aussagen im Parlament legten den Grundstein für zwei Jahrhunderte der Engstirnigkeit, bis hin zu Milton Friedman und der Chicagoer Schule. Sie verdrängten die differenziertere Analyse derjenigen, die sich kritisch mit dem Bankensektor auseinandergesetzt hatten.

Saint-Simon und die französischen Industriereformen

Obwohl die industrielle Revolution in Großbritannien ihren Anfang nahm, verfügten französische und deutsche Denker über die umfassendsten theoretischen Anschauungen zum Bankwesen und Kreditsystem und zu deren Rolle bei der Finanzierung der Industrie. Dabei hatten die Franzosen gute Gründe, sich mit einer Bankenreform auseinanderzusetzen. Ihr Finanzsystem hatte sich seit den vorrevolutionären Tagen des Ancien Régime kaum verändert. Um mit den technologischen Entwicklungen in Großbritannien und anderen Nationen Schritt halten zu können, war die Schaffung eines auf die Industrie ausgerichteten Kreditsystems notwendig. Graf Claude-Henry de Saint-Simon (1760–1825) lieferte zusammen mit seinen Anhängern das philosophische Rüstzeug dazu.

Ähnlich wie viele andere liberale Aristokraten griff auch Saint-Simon die ererbten Privilegien seiner eigenen Klasse an, die er als unnütze, von Rentier-Interessen geprägte Bürde für die Gesellschaft ansah. Im Alter von sechzig Jahren veröffentlichte er 1819 eine Satire mit dem Titel *Parabole politique*, in der er die in Frankreich herrschende Aristokratie als eine Klasse entlarvte, die von ihrem ererbten Reichtum lebte und ökonomische Renten und Zinsen einnahm, ohne eine produktive Leistung zu erbringen. Zwar hatte die Französische Revolution den erblich feudalen Adel gestürzt – doch das war nur auf der politischen, nicht aber der ökonomischen Ebene geschehen.

In dieser Hinsicht kann man Saint-Simon durchaus als Marktreformer bezeichnen. Seine Auffassungen waren jedoch wesentlich radikaler als die der heutigen Vertreter des freien Marktes, sah er doch ererbten Reichtum als eine Unvollkommenheit eben jenes Marktes an. Seine Anhänger stellten die ökonomische Rente, Zinszahlungen und Dividenden aus Grundbesitz, Anleihen und Aktien als verdammenswerte postfeudale Unkosten dar. Sie seien tributartige Forderungen an die gesellschaftlichen Einkünfte und die Wirtschaftsleistung, ein Vermächtnis der totgeglaubten Vergangenheit.

Die wichtigste Reform, die Saint-Simon in die Wege leitete, war die Ablösung der Schuldenfinanzierung durch Eigenkapitalbeteiligungen. Wenn die Einkünfte aus den Darlehen investiert werden, um damit einen Profit zu erwirtschaften, so argumentierte er, kann der Schuldner die Zinsen aus den Unternehmensgewinnen bezahlen, und zwar in Form von Dividenden. Solche Eigenkapitaldividenden – also Gewinnausschüttungen, die sich aus den Besitzanteilen an dem betroffenen Unternehmen ergeben – können bei Ertragsrückgängen gekürzt werden. Aber Bankkredite und Anleihezinsen sind unabhängig von den Vermögensentwicklungen des Schuldners zu bezahlen. Das Versäumnis einer Schuldzahlung kann zu Zahlungsausfällen und der Beschlagnahmung von Vermögenswerten führen, wenn die Gläubiger ihre Forderungen geltend machen. Es sei viel logischer, setzte Saint-Simon den Bankern auseinander, Eigentumsanteile ihrer Kunden zu erwerben, als ihnen direkte Kredite zu gewähren.

Saint-Simons Anhänger hofften, eine Meritokratie aus Wirtschaftsingenieuren zu schaffen, indem sie die Rolle der Regierung veränderten, die nun die müßiggängerische Rentier-Klasse der Aristokraten nicht länger unterstützen sollte. Sie gingen davon aus, dass talentierte Entrepreneure ihre

Fähigkeiten am ehesten in der Industrie zeigen konnten, und versuchten, einen neuen Typus des Industriekapitalisten zu schaffen (den *travailleur*). Im Gegensatz zu den Betrügern, Abenteurern und Piraten, wie sie noch zu Zeiten von John Law ein Jahrhundert zuvor an der Tagesordnung waren, würden die Banken nun direkt in die Industrie investieren und dies nicht nur, um spekulative oder merkantile Profite zu erzielen.

Unter den Kapitalisten preiste man die Banker als die zukünftigen Organisatoren und Förderer der Industrie. Gemäß dem 1831 erschienenen Werk *Religion Saint-Simonienne, Économie politique et Politique* »erfüllen die Banken in ihren Transaktionen mit den *travailleurs* die Rolle der Kapitalisten. Diesen leihen sie ihr Geld« und versetzen damit »fleißige Menschen« in die Lage, ihre geschäftlichen Unternehmungen zu finanzieren.[17]

Als die frühen Reformen im Industrie- und Bankensektor an Fahrt aufnahmen, erhielten die Saint-Simonisten aus allen möglichen Richtungen Zulauf, angefangen bei den Sozialisten bis hin zu den Investmentbankern. Im zweiten Kaiserreich unter Napoleon III. gewannen sie dann auch die Unterstützung der Regierung. Mit ihren Reformen gingen sie sogar noch weiter als die britischen und amerikanischen Befürworter einer Besteuerung von Landbesitz, zu denen zum Beispiel Adam Smith und John Stuart Mill gehörten.

Die Saint-Simonisten setzten hingegen auf eine Reform des gesamten Finanzsektors. In ihren Reihen fanden sich solche Persönlichkeiten wie der Mitbegründer der Soziologie, Auguste Comte, der Ökonom Michel Chevalier, der Sozialist Pierre Leroux, der Ingenieur Ferdinand de Lesseps (dessen Pläne für den Suez- und den Panamakanal durch Ideen von Saint-Simon inspiriert worden waren) und die Brüder Émile und Isaac Péreire, die den von Saint-Simon formulierten Idealvorstellungen zum Bankwesen durch Gründung eines eigenen Instituts konkrete Gestalt verliehen.

Émile Péreire (1800–1875) setzte auch noch andere Ideale Saint-Simons in die Tat um. In den dreißiger Jahren des 19. Jahrhunderts baute er die erste Eisenbahnstrecke Frankreichs (von Paris nach St. Germain) und später noch weitere Strecken. 1852 gründete er dann zusammen mit seinem jüngeren Bruder Isaac (1806–1880) die Société Générale du Crédit Mobilier als erste französische Aktienbank.[18] Ihr Leitprinzip dabei war die Bereitstellung günstiger langfristiger Kredite, die es den Industriellen ermöglichten, ihre Produktionskapazitäten auszuweiten.

Statt ihre Kredite direkt an die Kunden zu vergeben, investierte die Crédit Mobilier in Aktien und Anleihen, die von den kreditwilligen Unternehmen ausgegeben wurden. Man erwartete dabei, dass die Erträge höher sein würden als die Zinssätze, die man den Einlegern zahlte. »Diese Institution war im Endeffekt eine gewaltige Holdinggesellschaft, die sich in der Finanzierung und dem Management industrieller Betriebe engagierte«, schrieb der amerikanische Ökonom George W. Edwards. »Die Wertpapiere der von der Bank kontrollierten Unternehmen fungierten als Vermögenswerte, mit denen die Crédit Mobilier die Emission ihrer eigenen, öffentlich verkauften Beteiligungspapiere unterlegte. Einige Jahre lang war die Bank äußerst erfolgreich und leistete einen erheblichen Beitrag zur Förderung des Eisenbahnbaus und der Gründung öffentlicher Versorgungsbetriebe.«[19]

Doch genau diese freizügige Versorgung mit langfristig angelegtem Beteiligungskapital sowie mit Anleihefinanzierungen wurde der Bank schließlich zum Verhängnis. Jeder Konjunkturzyklus mündet irgendwann unweigerlich in einen Abschwung. Als 1866 die Gewinne zurückgingen und die Aktienkurse ins Bodenlose fielen, geriet die Crédit Mobilier als Bank wie auch als Aktionär in Schwierigkeiten. Es gelang dem Institut nicht, seine Investitionen in Bargeld umzuwandeln, mit dem es die Einleger hätte ausbezahlen können, und ebenso wenig waren seine Gläubiger bereit, einen Schuldenerlass oder eine Verlängerung der Zahlungsfrist zu gewähren. Zudem wurde die Lage noch durch die kapitalistische Vetternwirtschaft verschärft, die die Crédit Mobilier mit der Regierung Napoleon III. verband. 1867 wurde die Bank durch Insiderspekulationen in den Bankrott getrieben und 1871 liquidiert.

Das 19. Jahrhundert wimmelte vor Finanzskandalen, die die großen internationalen Investitionsprojekte umgaben, allen voran den Bau des Suez- und des Panamakanals (die beide zu den ersten saint-simonistischen Vorhaben zählten), aber auch fast überall dort, wo Regierungen ihre Finger mit im Spiel hatten. Am berüchtigtsten war dabei der amerikanische Finanzskandal um die Zuweisungen von Eisenbahngrundstücken an »Raubritter«, die zudem noch ihre eigenen Aktien und Anleihen »verwässerten«. (Das erreichten sie, indem sie einfach immer mehr Aktien druckten und sie an die Direktoren der Eisenbahngesellschaften, an sonstige Insider und als Bestechung an Politiker vergaben.) Diese Vorgänge waren mitverantwortlich für den schlechten Ruf, den die Hochfinanz seither umgab. Während die

Anhäufungen von Finanzkapital immer größer und dessen Verbindungen zu den Regierungen immer enger wurden, wuchs auch die Anfälligkeit des Bankensystems für solche dubiosen Transaktionen.

Der Einfluss Saint-Simons auf Marx und andere Sozialisten

Das Ideal, das Bankwesen einzuspannen, um die Industrie zu finanzieren, breitete sich bald über Frankreich hinaus auf andere Länder aus. Saint-Simons Ideen beeinflussten sowohl John Stuart Mill, Karl Marx und die christlichen Sozialisten als auch zahlreiche Vertreter der Industrie. Der gemeinsame Nenner dieses breiten politischen Spektrums bestand in der Erkenntnis, dass die Industrie ein effizientes Kreditsystem benötigte.

Friedrich Engels schrieb, dass Marx »nur mit Bewunderung vom Genie und enzyklopädischen Kopf Saint-Simons« gesprochen habe.[20] Andererseits äußerte sich Marx aber auch sarkastisch über dessen weltverbesserliche »Bank- und Kreditillusionen« und vertrat die Auffassung, die Anhänger Saint-Simons, wie etwa Charles Fourier und Auguste Comte, seien einer utopischen Hoffnung aufgesessen, wenn sie glaubten, die Interessen des Kapitals und der Arbeiterschaft vereinbaren zu können. Marx teilte mit Saint-Simon immerhin einen gewissen Optimismus, indem er wie dieser annahm, das Banken- und Kreditsystem würde sich in einer Weise entwickeln, die »nicht mehr und nicht weniger als die Unterordnung des zinstragenden Kapitals unter die Bedingungen und Bedürfnisse der kapitalistischen Produktionsweise« bedeuten würde.[21]

Marx behauptete, jeder Interessenkonflikt zwischen finanziellem und industriellem Kapital würde zugunsten des Letzteren entschieden. »Diese gewaltsame Bekämpfung des Wuchers, diese Forderung der Unterordnung des zinstragenden unter das industrielle Kapital« sei eine Grundbedingung für »die kapitalistische Produktion im modernen Bankwesen ... das einerseits das Wucherkapital seines Monopols beraubt, indem es alle totliegenden Geldreserven konzentriert und auf den Geldmarkt wirft, andrerseits das Monopol der edlen Metalle selbst durch Schöpfung des Kreditgelds beschränkt.«[22]

Marx beschreibt den Wucher als eine uralte Menschheitspraxis, die vollkommen unabhängig von der jeweiligen Produktionsweise ist und die aufgrund der von ihr generierten Zinseszinsen immer weiterwächst, und zwar auf eine Weise, die im historischen Zusammenhang durchaus als parasitär zu bezeichnen ist. Es ist ein Phänomen, das der Arbeit »nicht als industrielles Kapital gegenübertritt, dies Wucherkapital verelendet diese Produktionsweise, lähmt die Produktivkräfte, statt sie zu entwickeln ...«[23] Als Folge des Wuchers wird der Besitz von Vermögenswerten auf die Wucherer übertragen. Dadurch wird den Arbeitern das Leben erschwert und der industrielle Kapitalismus gebremst, und es wird verhindert, dass sich die gesellschaftliche Produktivität der Arbeit entwickeln kann. »Der Wucher zentralisiert Geldvermögen ... Er ändert die Produktionsweise nicht, sondern saugt sich an sie als Parasit fest und macht sie miserabel. Er saugt sie aus, entnervt sie und zwingt die Reproduktion, unter immer erbärmlicheren Bedingungen vorzugehen.«[24]

Doch Marx räumte ein, dass wegen »individueller Not« weiterhin Bedarf nach den Krediten besteht, die die Wucherer gewähren, und zwar an »Personen und Klassen ... wo nicht im Sinn der kapitalistischen Produktionsweise geborgt wird«.[25] Doch die große finanztechnische Errungenschaft des industriellen Kapitalismus sah er in der Schaffung besserer Spargelegenheiten, als sie im vorindustriellen Bankwesen mit seinem Wucher auf Kosten der Konsumenten und der Vergabe von Kriegskrediten üblich waren. Wenn man ein industrielles Bankensystem schuf, das Niedrigzinskredite für produktive Investitionen bereitstellte, wäre das Wucherkapital nicht mehr in der Lage, die Entfaltung des technologischen Potentials in der Gesellschaft zu blockieren.

Marx ging davon aus, dass ein zunehmend kapitalintensiver Herstellungsprozess mehr Kredite erforderte. Die Frage war nur, wo diese herkommen sollten. Weil Marx von der Antriebskraft der technologischen Entwicklungen überzeugt war, erklärte er, es sei die Bestimmung des Industriekapitalismus, das Finanzwesen zu modernisieren und die Wucherpraktiken im Kreditwesen in ein produktives industrielles Bankwesen zu überführen. Die Finanzinstitute, so glaubte er, würden für die Gesellschaft zum Instrument der Zukunftsplanung werden. Die Banken würden ihre Zinseinnahmen in neue Kredite reinvestieren, die zur Expansion der Produktionsmittel dienen würden, so dass man die Zinszahlungen dafür aus den erzielten Profiten leisten konnte.

Doch wie sich herausstellen sollte, war Marx zu optimistisch gewesen.

Aber auch keiner seiner Zeitgenossen war pessimistisch genug, um vorauszuahnen, wie sich das Bankwesen in unserer heutigen Zeit gebärden würde, wie es der Wirtschaft das notwendige Kapital entziehen und den Produktionskosten sogar noch eine zusätzliche finanzielle Belastung hinzufügen würde. Die industriellen Kapitalisten würden das Finanzsystem nach ihren eigenen Bedürfnissen formen. Nur die produktivsten Bankensysteme würden den Konkurrenzkampf überleben und der Wirtschaft dienen, was wiederum – zu gegebener Zeit – zu einer Sozialisierung der Finanzen führen würde, so die Annahme von Marx. Und tatsächlich schien eben dies in Deutschland zu geschehen, als die von Bismarck in die Wege geleiteten sozialen Reformen ihre finanzielle Entsprechung in der Gründung der Reichsbank und anderen industriellen Großbanken fanden, die sich in die »Trinität« aus Bankwesen, Schwerindustrie und Regierung einfügten.

Die Entstehung des industriellen Bankwesens in Deutschland

Die deutsche Historische Schule der Nationalökonomie (1850–1950) hegte die optimistischsten Erwartungen an das Finanzwesen. Sie glaubte nämlich, der Finanzsektor würde den industriellen Wohlstand fördern. Ihr Begründer Wilhelm Roscher wies darauf hin, dass mit fortschreitender Zivilisation die Zinssätze immer weiter gesunken seien – zumindest seit dem Mittelalter.[26]

Das uralte problematische System der Wucherer wurde durch ein gesellschaftlich wesentlich nützlicheres Kreditsystem ersetzt: Die Kreditgesetze bekamen eine viel menschlichere Ausrichtung, die Schuldgefängnisse wurden in ganz Europa abgeschafft, und man erließ sehr viel nachsichtigere Insolvenzgesetze, die es den betroffenen Personen ermöglichten, noch einmal ganz von vorn anzufangen.

Da ihr die nötigen Mittel fehlten, um in größerem Umfang zu expandieren, war die deutsche Industrie darauf angewiesen, dass ihr der Bankensektor ein breites Spektrum an Langzeitinvestitionen und kurzfristigen Finanzierungsmodellen zur Verfügung stellte. Die Banken erkannten, dass die Fähigkeit der Unternehmen, Zinsen zu zahlen, eingeschränkt war, wenn diese ihre Profite in den Ausbau der Produktivität reinvestieren wollten. Daher erklärten sie sich bereit, einen Teil des ihnen zustehenden

Geldes in Form von ertragreichen Eigenkapitalanteilen sie – also Aktien anstatt von Kreditzinsen – zu akzeptieren. Dieses saint-simonistische Ideal wurde damals vor allem auch deshalb in die Tat umgesetzt, weil es schlichtweg die praktischste und lukrativste Vorgehensweise war.

In Deutschland stellten damals die Bankbesitzer die wichtigste Kapitalquelle dar, anders als in Großbritannien, wo die Einleger diese Rolle innehatten. (Das lag daran, dass in Deutschland erst ganz allmählich eine bürgerliche Mittelschicht entstand, die eigene Sparvermögen aufbaute.) Da sie sich also in ihren finanziellen Transaktionen sehr viel mehr auf Eigenkapitalbesitz stützten, waren die deutschen Banken eher gegen die spekulativen Exzesse gefeit, wie sie zu dieser Zeit im amerikanischen Finanzwesen üblich waren. Kredite und Anleiheemissionen beschränkten sich auf den »tatsächlichen Geldwert der Besitztümer, die das finanzierte Unternehmen vorzuweisen hatte«.[27]

Die US-amerikanischen Finanziers standen am entgegengesetzten Ende des Schulden-Eigenkapital-Verhältnisses und ergingen sich in der Verwässerung von Aktien und der Überfinanzierung von Unternehmen durch Anleihemissionen, die weit über die Bedürfnisse der Unternehmen oder deren Zahlungsmöglichkeiten hinausgingen. Die Differenz steckten sich die Leiter der jeweiligen Unternehmen in die eigene Tasche – eine Praxis, die dazu führte, dass sich viele ehrliche Unternehmen von der Wall Street fernhielten. Der Betrug schien untrennbar mit dem System verbunden. Was dieses »Vergoldete Zeitalter«[28] Amerikas außerdem auszeichnete, war das Geschick, mit dem die Insider Gesetze zur Finanzprüfung verhinderten und dadurch alle Versuche, solche Prüfungsmechanismen in die Praxis umzusetzen, unwirksam machten.

In Amerika baute der Aktienmarkt nicht auf der Industrie, sondern auf dem Eisenbahnsektor auf (den die europäischen Länder noch in der öffentlichen Hand belassen hatten). Dieser Markt diente hauptsächlich der Schaffung großer Konzerne und Monopole. Und die zweifelhaften Helden dieses Marktes waren Insider, die ein Vermögen damit verdienten, die Kurse zu drücken oder zu manipulieren, politische Lobbyarbeit für Landschenkungen zu leisten und für sich selbst (und befreundete Politiker und Gesetzgeber) Anleihen auszugeben. Wie sich herausgestellt hat, war es genau diese Art von Finanzsystem, die aus dem Überlebenskampf als Sieger hervorging.

Die Debatte während des Ersten Weltkriegs um die Vorteile des deutschen Bankwesens gegenüber dem englisch-holländischen System

Als 1914 der Erste Weltkrieg ausbrach, schien sich in den raschen Siegen, die Deutschland über Frankreich und Belgien errang, die Überlegenheit und Effizienz des deutschen Finanzsystems widerzuspiegeln. Der deutsche Theologe und Politiker Friedrich Naumann und der englische Ökonom Herbert Foxwell waren davon überzeugt, dass dieser Krieg letztendlich ein Kampf darum war, welches Finanzsystem in Europa herrschen würde und ob man sich eher für eine Wirtschaft des Laissez-Faire oder eine mehr staatssozialistisch ausgerichtete Wirtschaftsform entscheiden würde. Im Jahr 1915, kurz nach Beginn der Kampfhandlungen, fasste Naumann die kontinentale Bankenphilosophie in seinem Buch *Mitteleuropa* zusammen. Foxwell bezog sich mehrfach auf dieses Werk, unter anderem in zwei sehr einflussreichen Essays: »The Nature of the Industrial Struggle« und »The Financing of Industry and Trade«.[29] Foxwell führte dabei vor allem Naumanns Behauptung an, dass »der alte individualistische Kapitalismus, den er den englischen Typus nennt, einer neuen, unpersönlicheren Ausprägung weicht, die eher in Form von Gruppen organisiert ist: dem disziplinierten, wissenschaftlichen Kapitalismus, den Naumann als die deutsche Form bezeichnet«.

In Deutschland hatte man erkannt, dass die Industrietechnologie, die notwendig war, um den britischen Vorsprung einzuholen, eine langfristige Finanzierung und die Unterstützung der Regierung erforderte. Innerhalb der daraus entstehenden Verschmelzung von Industrie, Bankwesen und Regierung war es nach Foxwells Ansicht der Finanzsektor, der »zweifellos die Haupttriebkraft für den Erfolg der deutschen Unternehmen« war.[30] Indem sie durch Beteiligungspapiere am Eigenkapital der Unternehmen über einen Teil von deren Gewinnen verfügten statt nur über eine direkte Schuld, nahmen die Banken eine Führungsrolle bei einem Großteil der Planungen ein, die der deutschen Wirtschaftsentwicklung zugrunde lagen. Die Mitarbeiter der Banken machten die industriepolitischen Entscheidungen zu einer Wissenschaft und waren im Rahmen der neuen industriellen Weltanschauung aktiv an der Herausbildung einer politischen Agenda zur Umgestaltung der Kreditmärkte beteiligt. Der amerikanische Ökonom Thorstein Veblen vertrat schon bald darauf in seinem 1921 erschienenen Buch *The Engineers and the Price System* eine ganze ähnliche Theorie wie Foxwell.

Aufgrund ihrer politischen Kontakte konnten die deutschen Bankiers auch Einfluss auf die internationale Diplomatie nehmen, wodurch das »gemischte Bankensystem ... eines der wichtigsten Instrumente zur Expansion des deutschen Außenhandels und der politischen Macht des Landes wurde«.[31] Die deutschen Bankbeamten nahmen an solchen Verhandlungen teil und vergaben Kredite an ausländische Regierungen – unter der Bedingung, dass dort deutsche Firmen als Hauptzulieferer bei wichtigen staatlichen Investitionen dienten. Es hatte ganz den Anschein, als würde sich die Wirtschaftsgeschichte in einer Richtung entwickeln, in der eine Art Symbiose aus staatlicher Planung und groß angelegter Finanzierung der Schwerindustrie an der Tagesordnung war.

Die britischen Handelsbanken waren wegen der kurzen Laufzeit und der Liquiditätseigenschaften ihrer Kredite für eine solche Aufgabe nicht besonders gut geeignet. Sie hatten sich bei ihren Finanzierungen eher auf den Handel verlegt als auf die langfristige Industrieentwicklung und zogen es vor, ihre Kredite gegen schon bestehende Sicherheiten zu vergeben, die im Fall eines Zahlungsausfalls liquidiert werden konnten. Dazu zählten beispielsweise das Geschäftsinventar, ausstehende Rechnungen für Transportgüter, die bereits an Kunden verkauft aber noch nicht bezahlt worden waren, oder Immobilien. Foxwell warnte daher davor, dass die Produktionsstätten britischer Hersteller von Stahl, Autos und Betriebsanlagen sowie anderer Bereiche der Schwerindustrie veralten könnten, und zwar hauptsächlich deshalb, weil die britischen Banker die Notwendigkeit nicht erkannten, langfristige Kredite zu vergeben und ihre Eigenkapitalinvestitionen zu erhöhen.

Ein Großteil dessen, was die britischen Banken einnahmen, wurde in Form von Dividenden ausbezahlt, statt es in Beteiligungspapiere derjenigen Unternehmen zu investieren, zu deren Expansion ihre Kredite eigentlich beitragen sollten. Darüber hinaus verlangten sie von ihren Industriekunden bei einer Kreditvergabe, dass diese einen maximalen Anteil ihrer Einkünfte als Rückzahlung leisteten. Dieser sehr kurzfristige Zeithorizont zwang die Kreditnehmer dazu, jederzeit liquide zu bleiben, und ließ ihnen keinerlei Spielraum für langfristige Strategien. Im Gegensatz dazu zahlten die deutschen Banken nur halb so hohe Dividenden wie die britischen Institute (und erwarteten das Gleiche auch von ihren Kunden). Sie zogen es stattdessen vor, einen Teil ihrer Einnahmen als Kapitalreserve einzubehalten und damit ihr Eigenkapital aufzustocken. Auf diese Weise traten zwei verschiedene Formen des Bankwesens miteinander in Konkurrenz: die extraktive britisch-holländisch-amerikanische Variante, deren Kreditvergabe auf existierenden Sicherheiten wie Immobilien und Auftragsbeständen basierte, und die deutsche Variante mit produktiven, langfristig angelegten Krediten zur Finanzierung einer handfesten Kapitalbildung und Infrastruktur.

Obwohl die industrielle Revolution in Großbritannien ihren Anfang genommen hatte, wurde zu Beginn nur ein winziger Bruchteil der dortigen Produktion über Bankkredite finanziert. Die meisten Innovationskräfte sahen sich gezwungen, auf privatem Wege Geld aufzunehmen. Die britischen Börsenmakler waren ebenso wenig in der Lage, die industriellen Entwicklungen zu finanzieren, wie die Banken, denn ihr Bezugsrahmen war ähnlich kurzfristig angelegt. Die Börsen wurden vom Eisenbahnsektor, dem Kanalbau und großen Versorgungsbetrieben der öffentlichen Infrastruktur dominiert. Hatte ein Banker oder Börsenmakler bei einem Geschäft erst einmal seine Provision verdient, wandte er sich unmittelbar dem nächsten Geschäft zu, ohne viele Gedanken daran zu verschwenden, was denjenigen Investoren widerfuhr, die seine Wertpapiere in der Vergangenheit gekauft hatten. »Sobald es ihm gelungen ist, sein Papier zu einem Höchstpreis an der Börse zu platzieren, und sein Emissionskonsortium den Bestand gewinnbringend abgestoßen hat, erklärt er sein Geschäft für abgeschlossen«, beschwerte sich Foxwell. »Für ihn ist es, wie auch schon die *Times* formulierte, wesentlich wichtiger, dass die Begebung seiner Papiere erfolgreich verläuft, als dass es sich dabei um ein solides Unterfangen handelt.«[32]

Zusammenfassend lässt sich sagen, dass die britischen und amerikanischen Banken lediglich daran interessiert waren, ihren eigenen kurzfristigen Vorteil zu maximieren – und nicht daran, eine bessere und produktivere Wirtschaft zu schaffen, indem sie für die Zukunft planten. Die meisten Banken arbeiteten vorzugsweise mit Kreditnehmern zusammen, die in großem Umfang in Immobilien, Eisenbahnen und Versorgungsunternehmen investierten und deren Einnahmestrom sich einfach vorhersagen ließ. Ein herstellendes Unternehmen erhielt erst dann eine nennenswerte Unterstützung durch Banken- oder Börsenkredite, wenn es schon über ein relativ großes Geschäftsvolumen verfügte.

Veblen analysiert die finanzielle Verzerrung des Industriekapitalismus

Thorstein Veblen beschrieb den Aufstieg der Hochfinanz seiner Zeit und untersuchte deren Machenschaften, wie etwa die Aktienverwässerung und Schneeballsysteme, die damals unter den Börsenmaklern des »Vergoldeten Zeitalters« gang und gäbe waren. Sein 1904 erschienenes Buch *Theory of Business Enterprise* (Theorie wirtschaftlicher Unternehmungen) hob besonders den Unterschied zwischen der Produktionsleistung und den rein finanziellen Profiten hervor, die sich aus überhöhten Aktienkursen ergaben – also aus Wertpapieren, die zu Preisen weit über ihrem Anschaffungswert verkauft wurden. (Man bezeichnet dies auch als »Bilanzwert« oder, im heutigen Börsenjargon, als »Tobins Quotient«.) Veblen vertrat die Ansicht, diese finanziellen Profite oder Vermögenserträge seien das einzige Ziel der Wall-Street-Händler. Dabei ging es ihnen bei diesem »wirtschaftlichen Spiel«, wie Veblen es nannte, nicht um Kapitalinvestitionen in Produktionsanlagen, die Profite durch die Beschäftigung von Arbeitskräften erzielten, sondern um spekulative Kapitalgewinne aufgrund von Vermögenspreisen. Die von ihnen benutzte Mischung aus Werbung und geheimen Absprachen ähnelte der Vorgehensweise von Grundstücksspekulanten, die mit ihren Machenschaften die Marktpreise künstlich aufblähten.

Veblen setzte sich besonders eingehend damit auseinander, wie ein solcher »Raubtierkapitalismus« der Wirtschaft das dringend benötigte technologische Potenzial entzog. Er beschrieb die Art und Weise, wie die Industrie immer mehr »finanzialisiert« wurde und man die finanziellen Gewinne der Produktionsleistung überordnete. In der Zwischenzeit verbündeten sich die Finanz-, Versicherungs- und Immobilien- (FVI-)Sektoren, um die Immobilienspekulation immer weiter anzuheizen. Die Vermögenspreise wurden durch Bankkredite aufgebläht, die man hauptsächlich zum Kauf von Aktien und Immobilien und nicht zur Erhöhung der Produktion vergab. Diese »finanzgetriebenen« Praktiken führten zu einer erheblichen Schuldenbelastung, die wiederum Unternehmensbankrotte und Liquidationen nach sich ziehen konnten.

Doch sobald es um die Frage ging, ob der Industriekapitalismus in der Lage war, den gesellschaftlichen Wohlstand anzuheben, teilte Veblen den Optimismus von Marx. Die Bedingung war nur, dass man auch soziale Reformen durchführte, die dem räuberischen Verhalten der Banken, Immobilienspekulanten und Monopolisten Einhalt geboten. Veblen erkannte, dass technologische Innovationen zwar einerseits die Produktionskosten senkten, aber andererseits auch zur Schaffung von Monopolen beitrugen. Die aus der wachsenden Produktion erzielten Gewinne wurden von »Raubrittern« abgeschöpft, die nichts Besseres zu tun hatten, als mit ihrem Reichtum mächtige Konzerne zu schaffen, mit deren Hilfe sie überhöhte Preise diktieren und sich eine enorme ökonomische Rente aneignen konnten.

Veblens Thesen zur Finanzdynamik – seine Beschreibung der Methoden von Finanzmanagern, die ihre Profite nicht zu produktiven Investitionen, sondern zur Ausbezahlung von Dividenden und zum Rückkauf eigener Aktien benutzten (um deren Börsenkurs in die Höhe zu treiben), haben sich heute größtenteils bestätigt. Die heutigen Hedgefonds sind berüchtigt für ihr »Asset Stripping« – die Zerschlagung unternehmerischer Vermögenswerte – und für die nicht mehr tragbare Schuldenlast, die sie ihnen aufbürden. Auf ihrem Weg, den die Ökonomen George Akerlof und Paul Romer als »Plünderung« bezeichneten, hinterlassen sie nichts als bankrotte, leere Hüllen.[33] Kreditvergabe und Verschuldung ähneln immer mehr dem Wucher und verlieren zunehmend an Produktivität. Das Ergebnis sind Sparprogramme statt einer Förderung von Wirtschaftswachstum und materieller Kapitalbildung, durch die der Lebensstandard steigen würde.

Wird der Finanzpessimismus über den industriellen Optimismus triumphieren?

Nach dem Ende des Ersten Weltkriegs richtete sich das Bankwesen fast überall auf der Welt nach dem angelsächsisch-holländischen Modell. Deutschland hatte nicht nur den Krieg verloren, sondern musste auch zusehen, wie die Nachkriegsregierungen in ganz Europa seine Philosophie des industriellen Bankwesens verwarfen und die Warnungen vor einem räuberischen Verhalten des Finanzsektors in den Wind schlugen. Statt dass die Regierungen ihre Industrieplanung koordinierten, übernahm der Finanzsektor die politische Gestaltung, sowohl im unternehmerischen als auch im allgemeingesellschaftlichen Bereich. Die Banker und Finanzmanager sorgten dafür, dass die Volkswirtschaften ihnen gegenüber in der Schuld standen, ohne aber gleichzeitig die Bildung neuer Produktionsmittel zu gewährleisten, die eine Abbezahlung der ausufernden Schulden ermöglicht hätten. Die Industrie wurde finanzialisiert, und ihre Planung wird nun an der Wall Street, in der City of London sowie an den Börsen von Paris und Frankfurt vorgenommen – und nicht, wie es die Sozialisten erhofft hatten, von der öffentlichen Hand, oder, wie es Veblen vorhergesagt hatte, von den Wirtschaftsingenieuren. Die Anleihe- und Aktienmärkte wurden zu Schauplätzen der exponentiellen Verschuldung und Fremdfinanzierung, dieser für das postindustrielle Zeitalter so typischen Methoden der Besitzaneignung. Und die wichtigsten Finanzinnovationen waren die junk bonds (Ramschanleihen) der achtziger Jahre und die Schrotthypotheken und Finanzderivate der Nullerjahre.

Das Ziel einer finanzialisierten Volkswirtschaft besteht darin, Geld für eine sehr schmale Gesellschaftsschicht zu verdienen, indem Industrie, Arbeitsmarkt und Regierung in den Würgegriff des Kreditsystems genommen werden. Das ist eine Umkehrung der politischen Richtung, die die klassischen politischen Ökonomen eingeschlagen hatten. Sie hatten versucht, die Gesellschaft vom Erbe der Feudalzeit zu befreien und den gesellschaftlichen Umgang mit der Schaffung und Verteilung von Vermögen zu reformieren. Die »ursprüngliche Akkumulation« kriegerischer Beschlagnahmung, wie sie in der Feudalzeit üblich war, wird heute durch eine Finanzdynamik ersetzt, die Reichtum durch Schuldenhebel und Privatisierungen konzentrieren soll und Industrie, Immobiliensektor und Infrastruktur unter einer Schuldenlast begräbt.

TEIL II

Die Wall Street als zentrale Planungsabteilung

KAPITEL 8

Die Börse als Schauplatz rücksichtsloser Finanzmachenschaften

»Man sagt, dass ein Amerikaner selten ›als Einkommensquelle‹ investiert, wie das viele Engländer noch tun; und er wird nicht leicht eine Investition kaufen, es sei denn in der Hoffnung auf eine Wertzunahme des Kapitals ... das heißt, dass er ein Spekulant im obigen Sinne ist. Spekulanten mögen unschädlich sein als Seifenblasen auf einem steten Strom der Unternehmungslust. Aber die Lage wird ernsthaft, wenn die Unternehmungslust die Seifenblase auf einem Strudel der Spekulation wird. Wenn die Kapitalentwicklung eines Landes das Nebenerzeugnis der Tätigkeiten eines Spielsaales wird, wird die Arbeit voraussichtlich schlecht getan werden.«

John Maynard Keynes[1]

Die Wall Street stellt ihre Aktivitäten in einem möglichst positiven Licht dar. Sie tut so, als könnte sie die immensen Gehälter, die dort bezahlt werden, durch die Behauptung rechtfertigen, sie seien produktiv verdient worden und gingen nicht zu Lasten der Wirtschaft. Dieses idealisierte Bild soll auch den Steuervergünstigungen und den – vor allem in letzter Zeit erfolgten – staatlichen Rettungsmaßnahmen den Anschein der Rationalität verleihen. Und auch in den wirtschaftswissenschaftlichen Modellen spiegelt sich diese Sichtweise wider – dort werden die Aktien- und Anleihemärkte als Orte dargestellt, an denen man sich Mittel für neue Industrieinvestitionen, Innovationen und Beschäftigungsverhältnisse verschaffen kann und dabei gleichzeitig den allgemeinen Wohlstand hebt.

Doch hat der Finanzsektor kaum jemals in der Geschichte eine produktive Rolle gespielt und die Kapitalbildung für Industriebetriebe, Sachanlagen, Forschung und Entwicklung gefördert. Seit jeher haben sich die Werkstätten und Fabriken, die Agrarbetriebe und andere Kapitalgüter traditionell selbst finanziert. Bis zur beginnenden industriellen Revolution waren die Produktionsmittel voll und ganz im Privatbesitz.[2] Die Vorstellung, man könne produktive Kredite zur Finanzierung neuer Investitionen in Produktionsmittel vergeben, war den Leuten bis zur Mitte des 19. Jahrhunderts vollkommen fremd. Und selbst danach wurde hauptsächlich in den Eisenbahnsektor und den Kanalbau, nicht aber in die Industrie investiert. Man traf Kreditvereinbarungen, um die zeitliche Lücke zwischen Produktion und Verkauf oder zwischen Aussaat und Ernte zu überbrücken, vor allem aber für den Handelsverkehr, der über größere Entfernungen hinweg verlief. In die Herstellung investierte man jedoch nicht.

Diese Strategie hat auch heute noch Bestand. Die meisten US-amerikanischen und europäischen Unternehmen bestreiten ihre Kapitalinvestitionen aus ihren aktuellen Einnahmen und nicht, indem sie Kredite bei Anleihegläubigern oder Banken aufnehmen. Apple ist ein perfektes Beispiel dafür. Das Computerunternehmen ging 1980 an die Börse, mit Aktien im Wert von 100 Millionen Dollar. Es war der größte US-amerikanische Börsengang seit jenem der Ford Motor Company im Jahr 1956, ein Vierteljahrhundert zuvor. Bei dem Verkauf der Apple-Aktien wurde ein neuer Rekord aufgestellt. Er schuf von jetzt auf gleich 300 neue Millionäre aus den eigenen Reihen, darunter auch vierzig Angestellte und einige frühe Investoren. Man belohnte sie für drei Jahre intensiver Arbeit, mit der man den Börsengang vorbereitet hatte.[3]

Das 1977 gegründete Unternehmen brauchte damals neue Geldmittel, um in größere Produktionsanlagen zu investieren und auch, um Unternehmen mit ergänzenden Patenten aufzukaufen, die es zur Expansion benötigte. Doch Apple erhielt nur einen Teil der Gewinne aus dieser Aktienemission. Die beteiligten Emissionsbanken, allen voran Morgan Stanley und Hambrecht & Quist, hatten den Aktienkurs ursprünglich auf nur 14 Dollar pro Aktie festgelegt, aber es waren schon frühzeitig so viele Angebote eingegangen, dass der Preis bei Handelsbeginn bereits bei 22 Dollar lag. Weil die Emissionsbanken den Preis zu niedrig angesetzt hatten, waren die Aktien überzeichnet, und ihr Kurs stieg um 32 Prozent auf 29 Dollar pro Aktie, wodurch das Unternehmen am Ende des Handelstags einen Marktwert von 1,8 Milliarden Dollar erzielte.

Durch einen derartigen Sprung am ersten Handelstag sind die Aktien eines Unternehmens viel mehr wert, als die Emissionsbanken in Aussicht gestellt haben. Und aufgrund einer solchen Marktunterschätzung erzielen dann die Frühzeichner – die sogenannten Vorzugskunden, die sich für gewöhnlich aus institutionellen Anlegern und einigen wenigen prominenten Einzelakteuren zusammensetzen – einen riesigen Profit.

Man gibt ihnen die Gelegenheit, Aktien zu einem günstigen Preis zu kaufen und sie in den ersten paar Stunden der hektischen Handelsaktivität zu einem höheren Preis wieder abzustoßen. Auf diesem Wege sichern sich die Emissionsbanken eine treue Gefolgschaft von Investoren. Je größer der unmittelbare Geldregen ist, den sie ihren Kunden verschaffen können, desto größer wird der Kundenstamm für künftige Börsengänge. Dieser Anlegerkreis ist äußerst treu, während die meisten Neuemissionen seitens der Unternehmen nur einmalige Erfolge darstellen. Aus diesem Grund setzen die Emissionsbanken den Aktienkurs für Börsengänge bewusst niedrig an, damit die Finanzspekulanten mehr daran verdienen als die emittierenden Unternehmen selbst, die doch den eigentlichen Mehrwert schaffen.

Die Emissionsbanken stehen daher auch in einem Interessenkonflikt mit den Unternehmen, deren Aktien sie in Umlauf bringen. Zusätzlich zu der Zeichnungsgebühr, die sie bei einer Neuemission erheben (und die für Börsenneulinge bis zu 7 Prozent betragen kann), verdienen sie auch beim Aktienverkauf selbst. Und je radikaler sie bei einer Kursfestsetzung den Wert eines Unternehmens untertreiben, desto höher sind die Gewinne, die sie und ihre Vorzugskunden einstreichen, wenn sie die Aktien an einen späteren Käufer zu dem realistischeren, sich am Ende des ersten Handelstages oder der ersten Handelswoche herauskristallisierenden Marktpreis veräußern.[4] »Erfolgreich« ist ein Börsengang immer dann, wenn sich der Aktienkurs vom morgendlichen Handelsbeginn bis zum abendlichen Handelsschluss verdoppelt hat. Die Führungskräfte der Unternehmen sowie Risikokapitalgeber und andere Langzeitaktionäre können förmlich mitansehen, wie der Wert ihrer Aktien in die Höhe klettert, während das Unternehmen selbst nur den Eröffnungspreis erhält. Dabei kann es durchaus passieren, dass die Emissionsbanken und ihre Kunden genauso viel an dem von ihnen eingefädelten Verkauf verdienen wie das betroffene Unternehmen und seine Gründer in all den Jahren ihrer Bemühungen für dessen Aufbau insgesamt.

Im Fall von Apple war jedoch der Profit, der durch den Verkauf von Computern entstand, hoch genug, so dass das Unternehmen es hinnehmen konnte, als Gegenleistung für den Handel an der Wall Street von seinen Emissionsbanken ausgebeutet zu werden. Ein solches Vorgehen ist typisch für die Finanzwelt. Die Apple-Aktien blieben auch danach ungeheuer profitabel – aber dieser Erfolg ist nur ein weiteres Beispiel dafür, wie die Interessen des Finanzsektors während der letzten dreißig oder vierzig Jahre mit denen der Industrie kollidieren.

Die Plage der aktivistischen Aktionäre – den »Finanzheuschrecken« – am Beispiel von Apple

Wann immer ein Unternehmen Aktien in Umlauf bringt, treten die Finanzmanager und »aktivistischen Aktionäre« in Erscheinung und bemühen sich, es in einen Goldesel zu verwandeln. Statt die Profite zu reinvestieren und so ein Unternehmenswachstum durch langfristig angelegte Geldanlagen sowie durch Forschung und Entwicklung zu ermöglichen, werden die Unternehmen dazu gedrängt, ihren Ertrag als Dividenden auszuschütten und für Aktienrückkäufe zu verwenden, um den Börsenkurs in die Höhe zu treiben. Auf diesem Wege sollen den Spekulanten Handelsgewinne ermöglicht werden. Um dieses Ziel zu erreichen, haben besagte aktivistische Aktionäre sogar versucht, Apple und andere kapitalstarke Unternehmen dazu zu bringen, nicht benötigte Kredite aufzunehmen, um das so gewonnene Geld für Aktienrückkäufe auszugeben.

Es geht hier um einen Konflikt, der bereits vor einem Jahrhundert bestand – den Konflikt zwischen Industrie- und Finanzkapitalismus. Der ehemalige Vorstandsvorsitzende von Apple, John Sculley, gab Ende der achtziger und Anfang der neunziger Jahre 1,8 Milliarden Dollar für Aktienrückkäufe aus, um den eigenen Börsenkurs zu stützen. »Dieses Geld hätte die Firma gut gebrauchen können, als sie wenig später eine gefährliche Flaute durchlief und Ramschanleihen emittieren sowie Wandelvorzugsaktien im Wert von 150 Millionen Dollar an Microsoft vergeben musste, um zu überleben.«[5]

Zahlreiche andere Unternehmen brachten sich in eine ähnliche Schieflage, indem sie ihre eigenen Aktien zu hohen Preisen zurückkauften, nur um wenig später mitansehen zu müssen, wie deren Kurs abstürzte. Im Endeffekt verloren sie ihre Erträge und die Gelegenheit zu neuen Kapitalinvestitionen oder einer Unternehmensexpansion, nur weil sie ihren Aktionären einen vorübergehenden Gewinn bescheren wollten. Das ist genau die Strategie, die aktivistische Aktionäre solchen Firmen wie Apple aufdrängen: Sie sollen ihre Erträge für Aktienrückkäufe einsetzen und sich zu diesem Zweck womöglich sogar verschulden, statt das Geld in Sachanlagen zu investieren.

Warum sollte eine so kapitalstarke Firma wie Apple Schulden aufnehmen? Man müsste meinen, es habe kaum jemals ein Unternehmen gegeben, dass weniger darauf angewiesen war, Geldmittel für Forschung und Entwicklung, die Einstellung zusätzlicher Arbeitskräfte oder den Kauf neuer Ausrüstung und Fertigungsanlagen durch Kredite aufzubringen. Seit August 2013 verfügt Apple über etwa 137 Milliarden Dollar. 2012 wurde es zum wertvollsten Unternehmen der US-amerikanischen Wirtschaft gekürt (mit einem Marktwert von 626 Milliarden Dollar und einem Jahresumsatz von 156 Milliarden Dollar). Dennoch ist es heute eines der Hauptangriffsziele solcher kurzfristig angelegten Finanzmachenschaften.

Die immer weiter steigenden Erträge dieser Firma führten dazu, dass sich seit spätestens 2013 die Spekulanten um sie scharten wie Hyänen um das rohe Fleisch. Der aktivistische Aktionär Carl Icahn – der seit den achtziger Jahren des letzten Jahrhunderts eine führende Rolle unter den »Corporate Raiders« (den Unternehmensplünderern oder ›Finanzheuschrecken‹) spielt – kaufte erst Apple-Aktien im Wert von über 1,5 Milliarden Dollar und stiftete dann eine Gruppe von Investoren dazu an, von Apple eine gewaltige Fremdkapitalaufnahme zu fordern. Mit einem solchen Kredit, so sagte er voraus, würde das Unternehmen seinen Aktienkurs über die 2012 erreichte Marke von 525 Dollar pro Aktie heben. Es sollte also eine enorme Summe an Schulden aufgenommen werden, um einen rein finanziellen Gewinn zu ermöglichen.

Sein erstes großes Vermögen verdiente Icahn, als er 1985 die US-amerikanische Fluggesellschaft TWA übernahm. Die Kredite, die zu ihrem Kauf aufgenommen hatte, zahlte er zurück, indem er das Unternehmen zerschlug und nur noch eine leere Hülle zurückließ. Bis 2013 hatte er diese raubüberfallartige Finanzstrategie vervollkommnet und ein gewaltiges Hedgefonds-Vermögen angesammelt, mit dem er weitere Unternehmen attackiert und immer noch mehr Geld verdient.

Spekulanten wie Icahn suchen sich kapitalstarke Unternehmen aus, weil sie ihnen als die lukrativste Möglichkeit für einen schnellen Gewinn.

Sie benutzen dabei die im Unternehmen vorhanden Gelder, um dessen Börsenkurs durch Aktienrückkäufe in die Höhe zu treiben. Eine solche Vorgehensweise hat eine rein finanzielle Motivation. Sie ist keine Unternehmensinvestition und führt auch nicht zu einem Produktionsvorteil, wie er für die Entwicklung der Macintosh-Computer, iPhones, iMacs, iPods und von iTunes notwendig war. Es ist keine neue Informationstechnologie oder Verkaufsstrategie im Spiel, vielmehr handelt es sich um eine rein finanztechnische Maßnahme: Zinsgünstige Darlehen bei einem Zinssatz von 3 Prozent werden für den Rückkauf von Unternehmensaktien und die darauf folgende Kurserhöhung genutzt. »Es ist doch vollkommen naheliegend, Aktien eines Unternehmens zu erwerben, das einen Kredit aufnehmen kann«, erklärte Icahn.[6] Je niedriger der Zinssatz, desto höher ist der Schuldenbetrag oder auch die Neuverschuldung, die das Unternehmen durch seinen Ertragsfluss schultern kann – und die Erträge von Apple waren enorm.

Für das Management von Apple gab es überhaupt keine Notwendigkeit, mehr Dividenden auszuschütten, um die Basis für künftige Aktienausgaben zu verbessern. Produktion und Forschung konnte die Firma aus den eigenen Einnahmen finanzieren, und die Kapitalreserven waren groß genug, um jede nötige Übernahme einer anderen Firma zu bezahlen.[7] Wollte man das Wachstum erhalten, musste man die Kapitalreserven und einen Teil der Erträge dazu verwenden, Firmen aufzukaufen, die über ergänzende Technologiepatente oder Vermarktungsstrategien verfügten, aber auch für den Ausbau der eigenen Produktionskapazitäten und die langfristig angelegte Forschung und Entwicklung. Genau diese Strategie verfolgt jedes Wachstumsunternehmen. Weder der zukünftige Umsatz noch die Profite werden gefördert, wenn man die Erträge in Form von Dividenden ausschüttet oder zum Aktienrückkauf verwendet. Das Einzige, was man damit erreicht, ist, dass es weniger ausstehende Aktien gibt, wodurch sich die Einnahmen pro Aktie (und somit auch die zu erwartenden Dividenden) erhöhen.

Genau das würde, so versprach Icahn, einen Kursanstieg der Apple-Aktien bewirken, so dass »wir sogar ohne ein Ertragswachstum eine Marktkapitalisierung von 625 Milliarden Dollar erreichen können«.[8] Tatsächlich stieg der Kurs der Apple-Aktien um 5 Prozent, und das nur aufgrund der Meldung, dass sich Icahn in das Unternehmen eingekauft hatte. Das war das Signal an die Wall Street, dass man sich von nun an um die Apple-Aktien reißen würde.

Im September 2013 erhöhte Icahn seine Beteiligung an Apple um eine halbe Milliarde Dollar auf über 2 Milliarden Dollar – etwa 0,5 Prozent der Firmenanteile – und forderte, das Unternehmen solle 150 Milliarden Dollar in einen Aktienrückkauf investieren. Die Gefolgschaft, auf die Icahn unter den Apple-Aktionären und Spekulanten zählen konnte, war relativ groß. Nach einem Gespräch mit dem Vorstandsvorsitzenden der Firma, Tim Cook, bei dem Icahn ihm den eben genannten Vorschlag unterbreitet hatte, reichte deshalb auch ein von Icahn ausgesandter Tweet, um den Kurs der Apple-Aktie um 2,2 Prozent auf 487,12 Dollar anzuheben. Und das führte wiederum dazu, dass Icahn allein an einem einzigen Tag einen Gewinn von 40 Millionen Dollar verbuchen konnte.[9]

Das Unternehmen hatte zu diesem Zeitpunkt bereits versprochen, 100 Milliarden Dollar in Dividenden auszuschütten und den größten Aktienrückkauf zu tätigen, den jemals ein Unternehmen angekündigt hatte – über einen Betrag von 60 Milliarden Dollar innerhalb der nächsten drei Jahre. »Das mag zwar wie ein großer Rückkauf klingen«, sagte Icahn in der Folge, »aber er ist trotzdem längst nicht groß genug, wenn man bedenkt, dass Apple im Augenblick in seiner Bilanz ein Plus von 147 Milliarden Dollar ausweist.«[10]

Im Februar 2014 gab Icahn seine Bemühungen schließlich auf, behauptete aber, den Kampf gewonnen zu haben, weil Apple sein Kontingent an Aktienrückkäufen immerhin erhöht hatte. »Das war sehr nah dran an den von uns geforderten Rückkaufzielen«: 40 Milliarden Dollar während der vorangegangenen zwölf Monate (ein Rekord für US-amerikanische Unternehmen) und dann noch einmal 14 Milliarden Dollar in den zwei Wochen, die dem damaligen Quartalsbericht vorausgingen.[11] Zwar verlangsamten sich die Einnahmen des Unternehmens und der Aktienkurs fiel wieder, aber nicht so tief, wie es ohne den Rückkauf um 40 Milliarden Dollar geschehen wäre. Es gab allerdings noch ein Nachspiel: Am 29. April 2014 nahm Apple, trotz der Summe von 150 Milliarden Dollar an flüssigen Mitteln, über die das Unternehmen verfügte, einen Kredit über 12 Milliarden Dollar auf und benutzte die gesamte Summe für einen Aktienrückkauf (nachdem es bereits im April des Vorjahres 17 Milliarden Dollar am Rentenmarkt aufgenommen hatte).

Dennoch fiel der Aktienkurs am nächsten Tag um 1,76 Dollar auf 592 Dollar, wobei sich die Marktkapitalisierung auf 512 Milliarden Dollar belief. Die

Moral der Geschichte ist, dass Aktienkurse eben steigen und fallen, während materielle Vermögenswerte und Schulden erhalten bleiben. Doch in der Finanzwelt dreht sich alles nur um den kurzfristigen Gewinn und eben nicht um langfristige Planung. Icahn und seine Kumpane – in der Finanzpresse auch schon mal als »die Invasion der Barbaren« bezeichnet – rafften ihre Gewinne zusammen und machten sich aus dem Staub.

Finanzielle versus industrielle Planung

Aktienrückkäufe verändern den Charakter des Industriekapitalismus. Zwar treibt man mit solchen Rückkäufen die Aktienkurse eines Unternehmens in die Höhe, aber man entzieht ihm auch die Mittel zur Expansion. So gab zum Beispiel IBM während der neunziger Jahre üblicherweise bis zu zehn Milliarden Dollar seiner Einnahmen für Aktienrückkäufe aus. In dieser Zeit nahm das Unternehmen sogar Kredite auf – was im Endeffekt bedeutete, dass es sich verschuldete, um seinen Aktienkurs zu stützen und nicht etwa seine Forschung und Entwicklung auszubauen. Diese Unternehmenspolitik führte dazu, dass man Forschung und Entwicklung für die Software auslagerte, wodurch wiederum Bill Gates und Microsoft ein Vermögen verdienten. Dieses Vermögen wäre mit großer Wahrscheinlichkeit in die Kassen von IBM geflossen, wenn das Unternehmen seine Einnahmen für unternehmensinterne Investitionen genutzt hätte, statt sie für den Rückkauf von Aktien aufzuwenden, die IBM schon vor langer Zeit ausgegeben hatte.

Auch während der Jahre zwischen 2000 und 2014 setzte IBM diese Unternehmenspolitik fort.

> Man gab 108 Milliarden Dollar für die eigenen Aktien aus … und zusätzlich zahlte man noch einmal 30 Milliarden Dollar in Dividenden. Um diesen Rückkaufrausch zu finanzieren, verschuldete sich IBM erheblich. Während das Unternehmen 138 Milliarden Dollar für seine eigenen Aktien und für Dividendenausschüttungen aufbot, wendete es nur 59 Milliarden Dollar für Investitionen in das eigene Unternehmen auf und nur 32 Milliarden Dollar für Firmenübernahmen … Das alles bedeutet, dass IBM mit großer Wahrscheinlichkeit sein Geld am falschen Ort ausgegeben hat, nämlich für die Aktionäre, statt für den Ausbau des eigenen Betriebs.

So sagte zum Beispiel David A. Stockman, der unter Ronald Reagan das Office of Management and Budget (die Staatshaushaltsbehörde) leitete: »Die Finanzen von IBM machen nur allzu offensichtlich, dass es bei seiner Politik der Aktienmanipulation keineswegs um Wertschöpfung durch Investitionen geht ... IBM ist eine Rückkaufmaschine, die sich mit Steroiden aufgeputscht und riesige Börsengewinne eingefahren hat, indem es seine Aktienrenditen einer hingebungsvollen Behandlung unterzog und sie ausgiebig manipulierte.«[12]

Im Grunde genommen signalisierte IBM mit diesen Aktienrückkäufen, dass es nicht länger ein Wachstumsunternehmen war und dass ihm keine Strategie für die eigene Produktentwicklung einfiel, die rentabler gewesen wäre, als den vorhandenen Ertragsfluss zur Verringerung des Aktienbestands einzusetzen. Das Ganze endete damit, dass IBM seine PC- und Laptop-Sparte an die chinesische Firma Lenovo verkaufte und sich von da an auf seinen angestammten Markt für Großrechner konzentrierte.

So ein Vorgehen ist keine Langzeitstrategie, aber es führt dazu, dass sich die Finanzspekulanten in der Zeit, in der ein solches Unternehmen seine Aktien vernichtet, eine goldene Nase verdienen. Der Trick bei einer solchen rein finanztechnischen Vermögensbildung beruht auf simpler Mathematik: Man nennt es Zinsarbitrage. Dabei leiht man sich zu einem niedrigen Zinssatz Geld (etwa die 3 Prozent, zu denen Apple laut der Behauptung Icahns einen Kredit hätte aufnehmen können), kauft Aktien zurück, um dadurch die Eigenkapitalrendite der übrigen Aktien zu erhöhen (zum Beispiel auf 10 Prozent), und zahlt dann die Differenz an die Aktionäre aus. Auf diese Weise ersetzt man Eigenkapital durch Schulden.

Deshalb ist auch der durchschnittliche Verschuldungsgrad – also das Verhältnis zwischen Eigenkapital und aufgenommenen Krediten – bei amerikanischen Firmen stark angestiegen. Das ist symptomatisch für den allgemein steigenden Verschuldungsgrad der US-amerikanischen Volkswirtschaft, was sich sowohl in dem Verhältnis von Schulden und Einkommen als auch in jenem von Staatsverschuldung und BIP, also in der Staatsschuldenquote zeigt. Für 2004 meldete die Ratingagentur Standard and Poor's, dass die 500 Unternehmen, die auf der sogenannten »S&P-500-Liste« aufgeführt sind, 197 Milliarden Dollar für Aktienrückkäufe ausgaben. Das Volumen dieser Rückkäufe erhöhte sich bis zum Jahr 2006 auf über 100 Milliarden

Dollar pro Quartal, wobei »268 der Unternehmen auf der S&P-500-Liste im ersten Quartal Aktien zurückkauften und fast 110 von ihnen den ausgegebenen, verwässerten Aktienbestand im Verhältnis zum Vorjahr um mindestens 4 Prozent reduzierten … Exxon Mobil, Microsoft und Time Warner tätigten im ersten Quartal die umfangreichsten Aktienrückkäufe und gaben zusammen 14,37 Milliarden Dollar aus.« In dem hier zitierten Artikel aus dem *Wall Street Journal* heißt es weiter:

> Ein Unternehmen, das in so aggressiver Weise seine eigenen Aktien zurückkauft, vermittelt den Investoren häufig ein falsches Bild seines Ertragswachstums. Wenn ein Unternehmen seinen Aktienbestand reduziert, meldet es einen höheren Ertrag pro Aktie, selbst wenn seine Gesamterträge nicht im Geringsten gestiegen sind. Es heißt einfach nur, dass die Profite auf weniger Aktien verteilt werden. Der Nettoertrag von Exxon Mobil stieg im ersten Quartal lediglich um 6,9 Prozent, aber nach dem Aktienrückkauf erhöhte sich die Aktienrendite laut der von S&P ausgegebenen Statistik um 12,3 Prozent.[13]

Die Schaffung finanziellen Reichtums mittels Schuldenhebeln statt durch Investitionen in Sachanlagen

In einem kürzlich erschienenen Artikel der *Harvard Business Review* rechnete der Autor aus, dass in dem Jahrzehnt zwischen 2003 und 2012 449 von den in der S&P-500-Liste aufgeführten Unternehmen »54 Prozent ihrer Erträge – eine Gesamtsumme von 2,4 Billionen Dollar – für den Rückkauf ihrer eigenen Aktien aufgewendet haben«, also einen Betrag, der die 37 Prozent an ausgeschütteten Dividenden sogar übersteigt.[14] Dadurch blieben nur noch 9 Prozent der Erträge für neue Kapitalinvestitionen übrig. Ein Kolumnist der *Financial Times*, der die statistischen Erkenntnisse des eben genannten Artikels zusammenfasste, bemerkte dazu: »Sieben der für die zehn größten Aktienrückkäufe verantwortlichen Unternehmen gaben mehr für Rückkäufe und Dividendenausschüttungen aus, als ihr gesamtes Nettoeinkommen zwischen 2003 und 2012 betragen hatte. Bei Hewlett-Packard, wo man 74 Milliarden Dollar aufgewendet hatte, belief sich dieser Betrag auf fast das Doppelte der Profite … Andere Unternehmen, wie etwa Microsoft

(125 Prozent), Cisco (121 Prozent) und Intel (109) waren sogar noch maßloser.«[15]

Bei einer solchen Unternehmenspolitik wird das Finanzvermögen durch eine Erhöhung des Aktienkurses vergrößert aber nicht, indem man die Produktion ausweitet. Die Aktienrenditen stiegen nicht, weil die betroffenen Unternehmen tatsächlich mehr verdienten, sondern weil sich der Bestand an Aktien verringert hatte, unter denen man den Verdienst verteilen musste. Viele dieser Unternehmen verkleinerten sich sogar und lagerten Beschäftigung und Produktion aus.

Die unmittelbaren Nutznießer dieser Vorgehensweise waren die Führungskräfte der Unternehmen, die ihre Bezugsrechte geltend machten. Diese Art von Profit machte im Jahr 2012 42 Prozent der Vorstandsvergütung bei den 500 höchstbezahlten Führungskräften aus (wobei weitere 41 Prozent in Form von Aktienzusagen ausbezahlt wurden). Dabei verdienten sie durchschnittlich 30,3 Millionen Dollar pro Person; über 80 Prozent dieser Summe bestanden aus Bezugsrechten und Boni. Und die Boni wiederum waren ihnen für die Steigerung der Aktienkurse zugesprochen worden. Im Endeffekt kauften die Unternehmen also ihre eigenen Aktien zurück, um eben diese Führungskräfte zu belohnen und deren Marktwert zu stützen. Und da die Vorstandsvergütung doch gerade auf dem Aktienkurs beruht, ist es überhaupt kein Wunder, dass sich die Vorstandsetagen der Unternehmen auf diese unkomplizierte Methode der Selbstbereicherung verlegten. Viele Führungskräfte trieben die Aktienkurse dadurch in die Höhe, dass sie Kredite für ihren Aktienrückkauf aufnahmen und dann für die gestiegenen Kurse höhere Leistungszulagen einstrichen.

»Die aufgenommenen Kredite müssen mit zukünftigen Einnahmen zurückgezahlt werden«, erklärte Paul Craig Roberts. »Das ist nicht die Art von Kapitalismus, in dem die Wirtschaft durch Investitionen angekurbelt wird.«[16] Aber warum sollten sich Investoren in ein Unternehmen einkaufen, dass nicht in seinen eigenen Betrieb investiert?

Die Erklärung liegt darin, dass die industrielle durch eine finanztechnische Planung ersetzt wurde. Die Aktien derjenigen Unternehmen, deren Manager die Firmeneinkünfte für Aktienrückkäufe benutzen, haben sich besser entwickelt als die der altmodischen industriell ausgerichteten Unternehmen, die ihre Einnahmen in materielle Vermögensbildung und die Einstellung neuer Arbeitskräfte investieren, um die Verkaufszahlen zu steigern.

Anders als die »Corporate Raiders« der achtziger Jahre – die berüchtigte »Invasion der Barbaren«, die ihre Firmenübernahmen mit dem Geld anderer Leute finanzierten – plündern die »Finanzheuschrecken« der heutigen Zeit den Ertragsfluss ihrer eigenen Unternehmen. Dabei werden sie von den selbsternannten aktivistischen Aktionären unterstützt. Das Ergebnis sind finanzielle Kurzzeitstrategien seitens der Manager, die das Geld einstreichen und sich dann aus dem Staub machen. Die Unternehmenspolitik ist extraktiv und nicht produktiv, da den gesellschaftlichen Produktionsmitteln und dem Lebensstandard der Menschen auf diesem Wege nichts hinzugefügt wird.

Aufgrund der 2008 von der Federal Reserve in die Wege geleiteten Maßnahmen der quantitativen Lockerung (mit der man höhere Bankrücklagen zum kreditfinanzierten Kauf von Vermögenswerten schuf) wurde es immer profitabler, zu niedrigen Zinsen Bankkredite aufzunehmen, dafür Aktien zu kaufen, die dann höhere Dividenden abwerfen, und die Differenz schließlich in die eigene Tasche zu stecken. Diese Zins/Dividenden-Arbitrage treibt die Aktienkurse in die Höhe, indem immer mehr Bankkredite für die Schaffung von Kapitalgewinnen verwendet werden, um die Summen zu decken, die für Dividenden und Bankzinsen gezahlt werden. Seit dem Tiefstand, den der S&P-500-Index im März 2009 nach dem Finanzcrash erreichte, haben sich die Kurse dieses Aktienindex fast verdreifacht – während die durchschnittlichen Löhne und andere Wirtschaftsindikatoren im Zuge der wirtschaftlichen Verschuldung stagnierten, die durch die Finanzkrise entstand.

Unterdessen verschulden sich der Unternehmenssektor und der Aktienmarkt immer mehr – ein ähnliches Szenario wie dasjenige, das so verheerende Folgen für den Immobiliensektor hatte. Doch ist das durchaus keine neue Entwicklung. Schon 1910 beschrieb Rudolf Hilferding in seinem Buch *Das Finanzkapital* die extraktiven Vorgehensweisen der Hochfinanz: »(Das) Eigentum, das einst tatsächliche, unumschränkte Verfügung über die Produktionsmittel und damit die Leitung der Produktion bedeutete, ist jetzt in einen bloßen Ertragstitel umgewandelt.«[17] Eine solche Finanzialisierung führt dazu, dass die Gelder, die den Unternehmen zur Verfügung stehen, von internen Investitionen und Beschäftigungsausgaben abgezogen werden. Zu der daraus resultierender Schuldendeflation (mit der ich mich in Kapitel 11 noch näher auseinandersetzen werde) sagte die Präsidentin der Federal Reserve, Janet Yellen: »Der Umstand, dass sich der Arbeitsmarkt sogar fünf Jahre nach dem Ende der Rezession noch nicht erholt hat, zeigt klar, wie groß der angerichtete Schaden ist.«[18] Die Erholung des Arbeitsmarktes ist nicht Teil der finanztechnischen Planung. Die meisten Unternehmensstrategen sehen niedrige Löhne als Vorteil und keineswegs als Schaden.

Doch der Großteil der Wirtschaftswissenschaftler vertritt die Überzeugung, höhere Dividendenausschüttungen hätten keine schädlichen Auswirkungen. Das Modigliani-Miller-Theorem (benannt nach den Nobelpreisträgern für Wirtschaftswissenschaften Franco Modigliani und Merton Miller) führt unter anderem den mathematischen »Beweis« (wie das bei Ökonomen üblich ist), Dividenden seien irrelevant, weil die Gewinnausschüttungsquote keine Rolle bei der Aktienbewertung spiele. Investoren seien nämlich, so wird postuliert, klug genug, den Anstieg des Buchwerts, der sich aus den Kapital-Reinvestitionen ergibt, genauso wenig zu beachten wie die Dividendenausschüttung. Das Prinzip, Dividendenerträge hätten keinen Einfluss auf den Aktienkurs, gehört an den wirtschaftswissenschaftlichen Fakultäten zur Standardlehre.

Wenn die Wirtschaftswissenschaftler mit ihrer These recht haben, dass die Hochfinanz allwissend und ein weiser Zuteiler von Ressourcen ist, warum gibt es dann überhaupt so etwas wie »Finanzheuschrecken«? Das Modigliani-Miller-Theorem zeichnet ein Investorenbild, das die finanztechnischen Manöver zur kurzfristigen Anhebung der Aktienkurse, mit denen die überfallartig agierenden Spekulanten und Manager belohnt werden, ignoriert. Denn deren Boni sind schließlich von den Aktienkursen abhängig. Die Investoren mögen zwar klug sein, aber wollen sie auch die Aufgabe der langfristigen Planung übernehmen, so wie es sich die Ökonomen an den Universitäten wünschen? Oder wollen sie einfach nur die von ihnen übernommenen Vermögenswerte verflüssigen, das Geld nehmen und sich aus dem Staub machen?

Die Liquidität eines Unternehmens wird durch einen höheren Aktienkurs nicht verbessert, es sei denn, man plant eine Neuausgabe von Aktienkapital zu höheren Preisen. Aber das passiert nicht. Darüber hinaus führt ein steigendes Kurs-Gewinn-Verhältnis zu niedrigeren Dividendenerträgen für Neukäufer. Der Schwerpunkt der Investitionen wurde von einer Finanzierung der Unternehmensexpansion und von höheren Profiten auf reine Kapitalgewinne verlegt.

Doch die Steigerung der Vermögenspreise führt nicht zu einer Erhöhung des materiellen Reichtums. Sie sind durch immer höhere Schuldenhebel finanziert. Und weil Zinszahlungen von der Steuer absetzbar sind, hat die Umwandlung von Profiten in Zinszahlungen zur Folge, dass weniger Steuern in die Staatskasse fließen und sich so das Haushaltsdefizit erhöht. Zu Beginn der achtziger Jahre, als die Körperschaftssteuer bei 50 Prozent lag, konnten Unternehmen einen doppelt so großen Anteil ihrer Erträge in Form von Kreditzinsen an Gläubiger ausbezahlen als in Gestalt von Dividenden an ihre Aktionäre. Diese steuerliche Absetzbarkeit von Zinszahlungen führte dazu, dass Aktionäre durch Anleiheinhaber ersetzt wurden – und zwar insbesondere durch Inhaber von Ramschanleihen. Auch hier gilt: Eigenkapital wird durch Schulden ersetzt.

Die steuerliche Bevorzugung von Krediten gegenüber börsenorientierten Finanzierungen ist einer der Hauptkatalysatoren für die zahlreichen fremdfinanzierten Übernahmen (LBO – für »Leveraged Buyout«) und Aktienrückkäufe. Die neue Generation der »Corporate Raiders« und »Finanzingenieure« zahlen sich selbst Zinsen aus und erzielen Kapitalgewinne durch Profite, die man früher mit den staatlichen und lokalen Steuerbehörden teilen musste. Das Haushaltsdefizit wird immer größer, und das US-amerikanische Schatzamt muss immer mehr T-Bonds begeben (während es gleichzeitig versucht, die Steuern über den Arbeitsmarkt und die Konsumenten einzunehmen). Erneut schließt sich die Schuldenfalle, von der, wie wir bereits wissen, vor allem das Eine Prozent profitert, das aber nicht mehr investiert.

Vor einem Jahrhundert glaubte niemand, das Finanzsystem könne sich einmal in eine solche Richtung entwickeln. Die industrielle Revolution hatte eine langanhaltende Debatte darüber in Gang gesetzt, wie man das Bank- und Finanzwesen am besten zu einer Finanzierung von Kapitalanlagen bewegen könnte. Was war besser, fragte man sich damals: Schulden oder Aktienemissionen? Eine Verschuldung erfolgt durch zinstragende Kredite oder Anleihen. Die Zinszahlungen werden im Voraus festgelegt, vollkommen unabhängig davon, wie viel ein Unternehmen jeweils verdient. Die Alternative ist die Übertragung von Eigenkapital durch verkäufliche Anteile. Aktien werfen für gewöhnlich höhere Renditen ab, weil die Dividenden gekürzt werden können, wenn sich die Geschäfte verschlechtern. Deshalb sind Beteiligungspapiere am Eigenkapital auch die sicherere Option für Unternehmen.

Die Zinszahlungen für Schulden müssen in einem zuvor vereinbarten Zeitraum geleistet werden, ohne Rücksicht auf das Einkommen des Schuldners. Falls man eine Zahlung versäumt, haben die Gläubiger das Recht, die für die Schuld als Sicherheit hinterlegten Vermögenswerte zu pfänden. Um sich davor zu schützen, behalten die Schuldner als Sicherheitspolster eine bestimmte Menge an liquiden Mitteln zurück, mit denen sie das Risiko rückläufiger Einnahmen abdecken können. Die Zins- und Tilgungszahlungen bedeuten, dass eine geringere Summe für Ausgaben zur Verfügung steht. Der Vorteil bei einer Unternehmensfinanzierung durch Aktienemissionen besteht darin, dass schuldenfreie Unternehmen ihre Erträge nach Belieben ausgeben können, ohne erst einen Teil davon für die Bank oder andere Gläubiger abzweigen zu müssen. Darüber hinaus sind Beteiligungspapiere – also Aktien – so lange gültig, wie das Unternehmen existiert oder bis es sie zurückkauft. Bankkredite werden hingegen nur für relativ kurze Zeiträume oder in Form von Kreditrahmen ausgegeben, auf die die Schuldner, ähnlich wie bei einer Kreditkarte, bei Bedarf zurückgreifen können.

Wenn es um die Finanzierung neuer Unternehmen geht, sind Banken im Allgemeinen sehr zögerlich. Sie ziehen es vor, Kredite gegen Sicherheiten zu vergeben, die sie sich durch eine Zwangsvollstreckung direkt aneignen können, falls die Schuldner die fälligen Zahlungsraten nicht leisten. Im Altertum wurden die Schuldner, die nicht mehr zahlen konnte, von ihren Gläubigern in eine Schuldknechtschaft (*bondage*) gezwungen. Das ist auch die ursprüngliche, wörtliche Bedeutung des englischen Worts für Anleihe (*bond*): eine Fessel, die den Schuldner gefangen hält. Da es heute keine Schuldgefängnisse mehr gibt, haben sich die Gläubiger darauf verlegt, das Eigentum und die künftigen Einnahmen der Schuldner zu beschlagnahmen. Hausbesitzer verpfänden als Sicherheit für ihre Hypothekenschuld ihre Immobilien, Unternehmen verpfänden ihre Vermögenswerte, und die Kunden von Kredithaien verpfänden ihre Kniescheiben.

Das Problem ist, dass man, statt Kapital zur Finanzierung neuer Investitionen und zur Vermeidung von Verschuldung aufzunehmen, die Börse zu einem Vehikel für fremdfinanzierte Übernahmen gemacht hat, bei denen Eigenkapital durch Schulden ersetzt wird. Seit man 1977 mit der Emission hochverzinslicher Ramschanleihen begann, hat sich eine Klasse von »Finanzheuschrecken« und »Buyout Kings« wie Carl Icahn herausgebildet, deren Markt zum lukrativsten Teil der Wall Street geworden ist. Solche Investoren bauen sich ihre Finanzimperien auf, indem sie sich von Banken und institutionellen Anlegern Geld leihen, um die Bestände der vorhandenen Aktionäre aufzukaufen.

Bei solchen Übernahmefinanzierungen werden Höchstzinssätze gezahlt, weil das Risiko relativ hoch ist, dass die ins Visier genommenen Unternehmen Konkurs anmelden oder zumindest im Vorfeld ihr Kapital abziehen und ihr Wachstum verlangsamen, indem sie den Verschuldungsgrad erhöhen. Solche fremdfinanzierten Übernahmen werden als Maßnahmen zur »Schaffung von Wohlstand« begrüßt, als würden sie die Wirtschaft bereichern und ihr nicht, wie es in Wirklichkeit geschieht, Mittel für Investitionen und Beschäftigung entziehen.

In Kapitel 9 werde ich erklären, in welcher Weise sich die Börse entwickelt hat und wie das heutige Finanzsystem parasitär geworden und von dem Weg abgewichen ist, den man vor einem Jahrhundert eingeschlagen hatte. Denn heutzutage konzentriert sich das System auf Rentenextraktion und »Wohlstandsschaffung« anhand von kurzfristigen Kapitalgewinnen, statt die Produktivität und Lebensfähigkeit der Wirtschaft zu erhöhen.

KAPITEL 9

Von den Anfängen des Aktienmarkts zur Ausgabe von Ramschpapieren

»Ein Forschungsprojekt an der Stanford University erbrachte das Ergebnis, dass der Druck in Unternehmen, ein bestimmtes Quartalsergebnis erzielen zu müssen, womöglich eine Kürzung der Mittel für Forschung und Entwicklung zur Folge hat und das US-amerikanische Wirtschaftswachstum um 0,1 Prozent pro Jahr verringert. Andere Forschungen haben ergeben, dass Unternehmen, die sich in Privathand befinden und genügend Freiheiten für eine langfristige Planung haben, fast 2,5 Mal so viel investieren wie ihre Konkurrenten in derselben Branche, die als Aktiengesellschaften agieren. Diese anhaltend niedrige Investitionsrate unter den 350 größten börsennotierten Unternehmen Amerikas führt möglicherweise zu einer zusätzlichen Wachstumsreduktion um 0,2 Prozent pro Jahr.

Ein Großteil des Problems liegt in der Art und Weise, wie die große Mehrheit der Anlagebesitzer diejenigen Leute bezahlt, die für das Management ihres Geldes verantwortlich sind. Durchschnittlich 74 Prozent der Vergütungen werden bar ausbezahlt und sind an die Bedingung geknüpft, dass ein ganz bestimmter jährlicher Bezugswert für die Aktienentwicklung noch übertroffen wird. Das führt dazu, dass man sich geradezu obsessiv mit dem jeweils nächsten Quartalsgewinn beschäftigt und nicht mit der Entwicklung der nächsten zehn Jahre.«

Financial Times, 1. April 2015[1]

Die Ursprünge von modernem Bankwesen und Aktienmarkt

Der Gedanke, dass das Bankwesen und die Finanziers die Mittel für neue, direkte Investitionen in die Produktion bereitstellen sollten, war ein Ideal der industriellen Revolution. Damals dachten die Ökonomen darüber nach, wie man für das Bankwesen eine bessere Aufgabe schaffen und bessere Methoden finden könnte, um die Ersparnisse der Menschen zu mobilisieren.

In Kapitel 7 habe ich auseinandergesetzt, wie die Hoffnung, man könne das Bankwesen industrialisieren, in Deutschland ihren Anfang nahm und wie diese Hoffnung dann nach dem Ende des Ersten Weltkriegs langsam verging. Einen solchen Gedanken hatte es während der ersten 4000 Jahre der Finanzgeschichte noch nicht gegeben. Und auch heute scheint er wieder außer Reichweite zu sein. Man könnte also sagen, die Wall Street und die City of London haben gar keinen Irrweg eingeschlagen, sondern führen schlicht und einfach eine jahrtausendealte Tradition fort.

Die Ursprünge des Bankwesens, der finanziellen Partnerschaften und der Beteiligungspapiere – also Aktien – an einem Unternehmen finden sich im Nahen Osten, in den Tempeln und Palästen des Altertums, zu Beginn der Bronzezeit (3200–1200 v. Chr.). Seit man gegen 3000 v. Chr. in Mesopotamien den zinstragenden Kredit einführte, beschränkte sich dieser auf die Finanzierung von Handel und Ackerbau. Es finden sich nirgends Spuren einer Kreditvergabe mit dem Ziel, die Güterproduktion in Werkstätten zu finanzieren, und auch nur selten Kreditvergaben für den Kauf von Ackerland. Kredite zur Finanzierung wirtschaftlicher Unternehmungen tauchten zunächst im Zusammenhang mit Fernhandelsreisen auf, die entweder auf dem Seeweg oder über Land mit Handelskarawanen stattfanden. Man verkaufte dabei Rohstoffe oder die in Tempeln hergestellte Handwerkskunst.

In der klassischen Antike fertigten vermögende Privatpersonen Produkte aus Keramik, Metall, Textilien und anderen Materialien zum Verkauf an. Es gab nur sehr wenige geschäftliche Kredite, abgesehen von den Handelspartnerschaften, bei denen die Fremdfinanzierung als eine Art Seeversicherung fungierte. Die vermögenden Personen benutzten ihre Profite aus Handel und Geldverleih, um sich Land zu kaufen, das während der gesamten Antike ausschlaggebend für die Festlegung des sozialen Status war. (Das, was die heutigen Historiker als »Banken« bezeichnen, waren für gewöhnlich Familien oder staatliche Kreditgeber, die hauptsächlich ihr eigenes Geld und nicht irgendwelche Einlagen benutzten.) Immobilien und andere Vermögenswerte kaufte man mit Bargeld.

Auch in der Neuzeit waren es nur selten Banken, die Investitionen für die industrielle Produktion finanzierten. Bis zum 19. Jahrhundert wurden die meisten geschäftlichen Kredite im Rahmen eines Warenverkaufs (zumeist im Exportwesen) vergeben, und zwar nachdem diese Waren bereits produziert waren. Es handelte sich also nicht um Kredite zur Gründung von Werkstätten oder Fabriken. Der Hauptabsatzmarkt der Banken war somit der Außenhandel. Das erklärt auch, warum der Wortführer der britischen Banker, David Ricardo, eine internationale Spezialisierung der Arbeitskräfte forderte, statt einer nationalen Selbstversorgung bei Lebensmitteln und anderen Gütern der Grundversorgung.[2]

Das europäische Bankwesen in seiner modernen Form geht auf die Kreuzfahrer zurück und entwickelte sich rasch durch die Zufuhr ungeheurer Mengen an Gold und Silber, die man bei der Plünderung Konstantinopels 1204 erbeutet hatte. (Der Doge von Venedig, der die Eroberung finanziert hatte, verlangte als Gegenleistung ein Viertel der Kriegsbeute – allerdings als Kapitalinvestition und nicht als Schuldforderung.) Ähnlich wie in der Antike übernahmen auch hier religiöse Organisationen eine Führungsrolle. Sie schufen ein weitverzweigtes Netz aus vertraglich geregelten Bankgeschäften. Die größten kirchlichen Ordensgemeinschaften, die sich im Bankwesen betätigten, waren der Templer- und der Malteserorden. Die verschuldeten Herrscher von Frankreich und England eigneten sich 1307 die Reichtümer der Tempelritter an. Als Vorwand diente König Philipp IV. von Frankreich die Anschuldigung, der Orden habe sich der Ketzerei und Sodomie (in diesem Falle der »Unzucht« eines Mannes mit einem anderen) schuldig gemacht. Diese Anklagepunkte benutzte man im Mittelalter gerne als Metapher für gesellschaftsschädigende Kreditvergabe-Praktiken und angeblich asoziales Verhalten.[3]

Die Praktiken der Tempelritter wurden in der Folge von privaten Bankiers nachgeahmt, die meist dem päpstlichen Stuhl nahestanden. Das Berechnen von Zinsen legitimierte man damit, dass sowohl die Kreditgeber als auch die wichtigsten Kreditnehmer an der Spitze der Gesellschaftspyramide standen. Die Bankiers liehen den Herrschern Geld, damit diese ihren »Peterspfennig« (ursprünglich ein Obulus von einem Pfennig, den jeder Haushalt eines Königreichs bezahlen musste) und andere Tributzahlung an den Papst leisten konnten – Gelder, die immer häufiger für kriegerische Auseinandersetzung aufgewendet wurden. Aber Kriege sind für gewöhnlich kein lohnendes Geschäft, und wenn Geld, wie es Cicero ausdrückte, der Nerv des Krieges ist, dann bedeutet das zumeist, dass man zur Finanzierung solcher Auseinandersetzungen Kredite aufnehmen muss. Die Hoffnung, man könne von einem Krieg nur profitieren, führte schnell dazu, dass man sich immer mehr verschuldete.

Die christlichen Sanktionen gegen die Zinsnahme waren jedoch so stark, dass sich die Banken darauf verlegten, einen sogenanntes Agio (Aufgeld) zu erheben, angeblich als Gebühr für die Umwandlung von Währungen und für die Zahlungsüberweisung. Bis zum 19. Jahrhundert konzentrierte sich das Bankwesen hauptsächlich auf internationale Geschäfte. Dabei wiesen die italienischen Bankiers des 14. Jahrhunderts den Weg, indem sie den Handel zwischen verschiedenen Währungsgebieten organisierten. So exportierte beispielsweise Großbritannien, um den päpstlichen Tributforderungen nachkommen zu können, Wolle nach Flandern, wo diese zu Textilien verarbeitet und dann größtenteils nach Italien weiterverkauft wurde.

Die meisten Kredite, die im Verlauf der Geschichte an Regierungen vergeben wurden, waren mit kriegerischen Auseinandersetzungen verbunden. Als die Habsburger und andere Herrscher ihre Schulden nicht mehr bezahlen konnten, drängten die Banken darauf, diese Forderungen durch die Übertragung von Bergwerken und anderen natürlichen Ressourcen im Besitz der öffentlichen Hand zu begleichen. Darüber hinaus schufen die Herrscher Handelsmonopole, die sie anschließend privatisierten, wie zum Beispiel die ost- und westindischen Kompanien in Holland, Großbritannien und Frankreich sowie ähnliche Handelsprivilegien, die sich auf bestimmte Regionen bezogen. Solche königlichen Gesellschaften zahlten Dividenden, die sie durch eine monopolistische Rentenextraktion und nicht mithilfe von Profiten aus der Industrieproduktion gewonnen hatten.

Von königlichen Kriegsschulden bis zur Entstehung der Börse

Die Aktienmärkte in ihrer modernen Form wurden hauptsächlich gegründet, um gegen Bezahlung mit Staatsanleihen Anteile an den königlichen Monopolen zu verkaufen. Großbritannien schuf so im Jahr 1600 die East

India Company – die Ostindische Kompanie – und 1694 die Bank of England (mit ihrem Monopol auf den Druck von Banknoten) sowie ähnliche Handelsprivilegien für verschiedene Regionen oder andere Monopolrechte, die man zumeist an Anleihegläubiger verkaufen konnte.

Um die Einkünfte zu maximieren, die sie aus solchen Monopolen erzielten, förderten die Regierungen den Aufbau von Börsenplätzen als Mittel der Spekulation. »Der Wahn der Massen«, wie der schottische Journalist Charles Mackay es nannte, musste schon immer von staatlichen Beamten und Meinungsmachern angefacht werden. Damit sie möglichst hohe Einnahmen von den Anleihegläubigern erzielten, förderten die britischen und französischen Regierungen die Bildung von Spekulationsblasen. Auf diese Weise wollten sie sich von dem Zwang befreien, ihre Zinszahlungen durch Steuereintreibungen zu begleichen. Der Mississippi-Schwindel und die Südsee-Blase, die sich im zweiten Jahrzehnt des 18. Jahrhunderts ereigneten, unterschieden sich insofern von früheren Verkäufen königlicher Monopole an der Börse, als die verkauften Anteile auch nicht im Entferntesten das wert waren, was man der ahnungslosen Öffentlichkeit dafür abknöpfte. Dennoch festigten diese Erfahrungen den Ruf der Börse als ein beliebtes Investitionsvehikel. Ihre Anziehungskraft lag – wie bei allen Finanzblasen – schon immer in der Hoffnung begründet, einen schnellen und leichten Gewinn einzufahren, bei dem zumeist auch eine Fremdfinanzierung im Spiel war.

Ausgefeilt wurde diese Taktik von dem schottischen Ökonomen John Law, der Anfang des 18. Jahrhunderts vom französischen Regenten Philipp von Orléans zum Generalkontrolleur der Finanzen ernannt wurde. Um Frankreich von seinen Staatsschulden zu befreien, schuf er die Mississippi-Kompanie. Diese Gesellschaft führte die Sklavenarbeit auf den Plantagen in den später (nach König Ludwig XIV.) Louisiana genannten Gebieten ein. Großbritannien ahmte das Projekt nach. Auch dort hoffte man, die eigenen Kriegsschulden bezahlen zu können, indem man die *Asiento de Negros* privatisierte – das monopolistische Vorrecht auf den Sklavenhandel, das man mithilfe der britischen Flotte von den Spaniern erobert hatte. Dieser Vertrag bildete den einzigen Vermögenswert der neugegründeten South Sea Company (Südseekompanie). Benannt hatte man diese Gesellschaft nach dem Südatlantik, über den die Sklaventransporte von Afrika in die neue Welt verliefen. Zusammen versprachen diese beiden vom Staat begründeten Finanzblasen einen enormen Reichtum, der sich aus dem wichtigsten Wachstumssektor der damaligen Zeit speiste: dem afrikanischen Sklavenhandel.

Im 18. Jahrhundert waren diese Unternehmungen das, was in den 1990ern die Dotcom-Blase war. Und die Nutznießer waren die französischen und britischen Regierungen. Gemeinsam mit den eingeweihten Spekulanten nahmen sie an etwas teil, das man heutzutage als einen »Pump-and-Dump-Angriff« bezeichnen würde – einen Aktienschwindel, bei dem die Kurse künstlich durch gezielt lancierte Fehlinformationen in die Höhe getrieben werden.

Die französischen und britischen Regierungen nahmen für die Aktienanteile dieser Kompanien ihre eigenen Staatsanleihen in Zahlung, und zwar zu deren vollständigem Nennwert. Diese Vorgehensweise war für die Anleiheinhaber sehr vorteilhaft, denn sie konnten die Anleihen zu einem deutlich niedrigeren Preis erwerben. Grund dafür war der allgemein verbreitete Zweifel daran, dass die Regierungen diese Anleihen jemals wieder würden auslösen können. Während immer mehr Käufer ihre Anleihen benutzten, um Anteile der Mississippi- und Südsee-Kompanien zu kaufen, stiegen die Preise der Staatsanleihen in die Höhe.

Dabei wurde fast nichts von dem Geld, dass die Kompanien im Zuge dieser Transaktionen aufnahmen, in reale Geschäfte oder zum Erzielen von Profiten investiert. In Wahrheit verkaufte man nichts weiter als eine Hoffnung. Man verkaufte Anteile an Gewinnen, die nur als reine Möglichkeit bestanden. Investoren mussten, um Aktien zu zeichnen, lediglich 10 Prozent des Kaufpreises bezahlen. Wenn dann die zweite Rate fällig wurde, konnte es geschehen, dass der Aktienkurs um mindestens den bezahlten Betrag gestiegen war, wodurch sich der ursprüngliche Zahlungsbetrag verdoppelte. Ein auf diese Weise angesetzter Schuldenhebel – wenn man auf Kredit bezahlt und dann auch nur einen geringen Teil als Anzahlung leistet – führt zu großen Schwankungen der Vermögenspreise und somit zu erheblichen Gewinnen oder Verlusten.[4]

Genau diese Strategie verfolgte Margaret Thatcher bei der Privatisierung der British Telecom und dem anschließenden Verkauf anderer staatlicher Vermögenswerte. Den ersten Käufern wurde so bei einer nur geringfügigen Anzahlung ein schneller Spekulationsgewinn ermöglicht.

Durch diesen Aktienverkauf versuchte die Regierung, ihre Staatsanleihen auszulösen und so einem Zahlungsausfall zu entgehen. Die Anleihegläubiger bewegte man dazu, ihre Anleihen für Aktienanteile an den neugeschaffenen Unternehmen einzutauschen. Sobald der Tausch vollzogen war, ließ man die Aktienkurse abstürzen. Und dann vergoss die Regierung Krokodilstränen über den »Wahn der Massen«, den sie selbst ja erst ins Leben gerufen hatte! Dieser »Wahn« war sorgfältig geplant worden. Insider vermieden Verluste, indem sie früh genug verkauften.

Wie man am Aktienmarkt durch Finanzhebel und Rentenextraktion Gewinne macht

Die Privatisierung von Monopolen, Kanalbauprojekten oder staatlichen Eisenbahnnetzen war von jeher mit Betrug und Insidergeschäften verbunden und endete unweigerlich damit, dass die Nachzügler unter den Käufern in eine längst dem Untergang geweihte Investition einstiegen. Doch trotz der Kursmanipulationen und der darauf folgenden Zusammenbrüche ließ sich die allgemeine Fantasie immer wieder von der Vorstellung beflügeln, man könne Kapitalgewinne erzielen, wenn man nur einen Bruchteil des Kaufpreises anzahlt. Die Versuchung war groß, endlich auch einmal die riesigen Profite einzustreichen, die ansonsten nur den Insidern vorbehalten waren. Außerdem schien es so, als würden durch die Aktienpreisblase Gewinne erzielt, die auf einer produktiven Schaffung neuer Kapitalinvestitionen beruhten. Doch seit Gründung der Börsen wurden die Aktienkurse sehr viel häufiger durch finanztechnische Maßnahmen und nicht etwa durch neue Kapitalinvestitionen in die Höhe getrieben.

Die Ironie bei der Sache ist, dass die Aktiengesellschaften ursprünglich geschaffen worden waren, um kurzfristige Partnerschaften bei Seehandelsunternehmungen und ähnlichen Geschäften zu ersetzen. Um zu vermeiden, dass am Ende der Reise oder beim Ableben eines Partners die Gewinne aufgeteilt werden mussten, schuf man mit den Aktiengesellschaften eine dauerhafte Institution, die in übertragbare Anteile aufgeteilt werden konnte.

Doch am Aktienmarkt geht es trotz allem hauptsächlich um kurzfristige Gewinne. Das gilt besonders für die Banken, die zur Finanzierung der industriellen Revolution nur geringfügig beigetragen haben. Der Wirtschaftshistoriker George W. Edwards stellte fest, dass die britischen »Investmentbanken nur sehr wenig mit der Finanzierung von Aktiengesellschaften oder industriellen Unternehmungen zu tun hatten. Und nicht nur das: Die führenden Investmenthäuser verurteilten die zahlreichen Aktienemissionen, die 1824 und 1825 getätigt wurden, sogar aufs Schärfste«, denn sie hegten die Hoffnung, den industriellen Sektor anhand von Bankkrediten kontrollieren zu können. »Lange Zeit weigerten sich die Investmenthäuser sogar, sich an der Finanzierung des britischen Eisenbahnbaus zu beteiligen.«[5]

Die Banken und andere Kreditgeber liehen der Industrie nur dann Geld, wenn die Eigentümer Warenbestellungen oder fällige Wechsel aus bereits erfolgten Verkäufen vorweisen konnten. Hauptsächlich finanzierten die Banken den Transport von Gütern. Mit derartigen Finanzierungen wollte man die zeitliche Lücke zwischen Produktion, Auslieferung und Zahlungseingang seitens des Kunden überbrücken, der zumeist erst nach neunzig Tagen fällig war. Dabei wurden sowohl Wechselgebühren für die Fremdwährungen als auch Zinsforderungen erhoben, und der Zeitrahmen dieser Verträge war sehr kurzfristig angelegt.

Jeder, der eine Immobilie oder andere leicht verkäufliche Vermögenswerte als Sicherheit vorweisen konnte, erhielt ein Hypothekendarlehen. Im Fall eines Zahlungsausfalls wurden diese Vermögenswerte von der Bank gepfändet. Aber den führenden Unternehmern der Industriellen Revolution gewährten die Banken nur dann Kredit, wenn sie die Produktion durch Investitionen aus eigener Tasche bereits in die Wege geleitet hatten. Weder bei James Watts Weiterentwicklung der Dampfmaschine im späten 18. Jahrhundert noch bei Henry Fords Automobilherstellung bewiesen die Banken auch nur den geringsten geschäftlichen Weitblick.

Der eigentliche Höhenflug der Aktienmärkte begann im 19. Jahrhundert, mit dem Bau von Eisenbahnnetzen, Kanälen und anderen grundlegenden Infrastruktureinrichtungen sowie im Zusammenhang mit Monopolen und Konzernbildungen. Bei solchen Unternehmungen wimmelte es nur so vor Fällen von Finanzbetrug, insbesondere bei den Bauprojekten des Panama- und Suez-Kanals.

An der amerikanischen Börse wurden in der Anfangszeit hauptsächlich Eisenbahnaktien gehandelt, durch die enorme Geldsummen von Konten aus Großbritannien und anderen europäischen Ländern in die Vereinigten Staaten flossen. Und die Betreiber der Wall Street wirtschafteten sich einen nicht unerheblichen Teil dieser Gelder in die eigenen Taschen. So gehörte zum Beispiel die »Aktienverwässerung« zu den beliebtesten Praktiken.

In den zwanziger Jahren des 20. Jahrhunderts begann man die Banken weithin zu kritisieren für ihr Versäumnis, die Industrie nicht finanziell zu unterstützen, und für ihre Bevorzugung internationaler gegenüber inländischen Kunden.[6]

Abgesehen von den Spekulationen im Infrastrukturbereich diente der Aktienmarkt damals hauptsächlich jenen, die sich Besitzrechte für natürliche Monopole und andere Rentenextraktionsprivilegien erkaufen und den Markt durch die Schaffung großer Konzerne wie etwa U.S. Steel und Standard Oil manipulieren wollten. Banken, Pensionsfonds und andere Finanzinstitutionen gingen immer mehr dazu über, Kredite für Aktien- und Anleihespekulationen zu vergeben, wozu auch die heutigen fremdfinanzierten Übernahmen, Fusionen und Unternehmenszerschlagungen gehören.

Aus der Handelsfinanzierung wurde das Investmentbanking, das sich auf Immobilien, Öl und andere natürlich Ressourcen konzentrierte und Spekulationen mit Aktien, Auslandsanleihen und Devisen finanzierte. Bei diesen hochriskanten Aktivitäten wurden die Einlagen der Konsumenten und Unternehmen den Interessen der Finanzzocker geopfert, was unmittelbar zu dem Zusammenbruch von 1929 und der anschließenden Weltwirtschaftskrise führte. Das ökonomische Trümmerfeld, das diese Krise hinterließ, machte offensichtlich, dass man das US-amerikanische Finanzsystem vor solchen spekulativen Tätigkeiten schützen musste.

1933 verabschiedete der Kongress das Glass-Steagall-Gesetz, bei dem die Finanzspekulationen von den privaten und unternehmerischen Bankgeschäften getrennt wurden. Zu weiteren »New-Deal«-Reformen gehörten die Schaffung der Börsenaufsichtsbehörde (Securities and Exchange Commission SEC), des Einlagensicherungsfonds (Federal Deposit Insurance Corporation, FDIC) und der Wechsel zu einer Hypothekenlaufzeit von dreißig Jahren statt den sehr kurzfristig angelegten drei Jahren, die bis dahin üblich gewesen waren.[7] Mithilfe dieser Reformen wurde das Bankwesen von den vierziger bis zu den siebziger Jahren stabilisiert.

Die Überschwemmung der amerikanischen Industrie mit Ramschanleihen: Wie Eigenkapital durch hochverzinsliche Schulden ersetzt wurde

In den achtziger Jahren kehrte sich die Rolle des Aktienmarktes um. Statt, wie ursprünglich, durch Aktienemissionen Gelder für die Industrie aufzunehmen und damit neue Kapitalinvestitionen zu finanzieren, wurde die Börse nun zum Schauplatz eines *Einziehens* von Aktien, indem man sie durch Anleihen ersetzte. Corporate Raiders und die Gründer ehrgeiziger Wirtschaftsimperien nahmen bei Banken, institutionellen Anlegern, Hedgefonds und Anleiheinvestoren Geld auf, um Aktienbestände aufzukaufen. Während der seither vergangenen drei Jahrzehnte wurden mehr alte Aktien zurückgekauft als neue in Umlauf gebracht. Die Börse, die früher hauptsächlich als Alternative zur Schuldenaufnahme fungierte, wurde zu einem Ort, an dem ein Aktienaufkauf durch Kreditaufnahmen stattfindet. Solche Aufkäufe sind fremdfinanziert und dienen dazu, Aktien durch Anleihen und Bankkredite zu ersetzen. Dabei geht es einzig und allein darum, höhere Einnahmen auf rein finanziellem Wege zu erzielen.

Wenn man die Änderungen betrachtet, die sich seit den achtziger Jahren auf dem Finanzmarkt vollzogen haben, findet man die scherzhafte Bemerkung vom ehemaligen Vorsitzenden der Federal Reserve, Paul Volcker, bestätigt, der meinte, der Geldautomat sei das einzig Positive, was die vorangegangene Finanzgeneration zu Wege gebracht habe. Von den während der achtziger Jahre äußerst beliebten feindlichen Übernahmen durch Ramschanleihen (die erste dieser Art wurde 1983 von der Investmentbank Drexel Burnham Lambert finanziert) bis hin zur Dotcom-Blase der neunziger Jahre sowie den aktivistischen Aktionären und der Ausbreitung von Hedgefonds im ersten Jahrzehnt dieses Jahrtausends hat die Hochfinanz durchweg die Verschuldung auf Kosten des Eigenkapitals propagiert und diese dazu benutzt, kurzfristige finanzielle Profite einzufahren, statt neue Kapitalinvestitionen zu finanzieren.

Trotz der Bemühungen der Reformer während des 20. Jahrhunderts, die gehofft hatten, der Aktienmarkt würde zur industriellen Kapitalbildung beitragen, entwickelte sich dieser zu einem Werkzeug der Unternehmensverschuldung, das langfristige Investitionen behindert. Anders als die an Aktionäre gezahlten Dividenden können kreditbedingte Zinsforderungen nicht einfach reduziert werden, wenn Umsatz und Einnahmen sinken. Unternehmen, die Eigenkapital durch Schulden ersetzen, verlieren ihre wirtschaftliche Flexibilität und werden finanziell an die kurze Leine gelegt. Der Austausch von Aktien gegen Anleihen und andere Schulden macht die Geschäfte eines Unternehmens krisenanfälliger und riskanter. Die Mittel, die für Kapitalinvestitionen zur Verfügung stehen, werden erheblich geschmälert. Bei einem wirtschaftlichen Niedergang geht dann die Kontrolle über das Unternehmen in die Hand der Gläubiger über.

Der Terminus »Junk-Bonds« wurde als Bezeichnung für hochverzinsliche Anleihen geprägt, die man an die Corporate Raiders und die Übernahmespezialisten ausgab. Diese wiederum leiteten mit einer solchen Fremdfinanzierung den Ausverkauf von Firmen ein. (In einer etwas weniger negativen Sicht konnten sie auch zur Finanzierung kleinerer Unternehmen dienen, die noch keine Leistungsbilanz vorzuweisen hatten oder zu riskant aufgestellt waren, um für einen normalen Bankkredit infrage zu kommen.) Die erste feindliche Übernahme eines Unternehmens, die von Michael Milken bei der Investmentbank Drexel Burnham Lambert eingefädelt wurde, erforderte eine komplizierte Umwandlung der Rechtsform. Deshalb wurde die von Drexel Burnham angewandte Taktik hauptsächlich von der betreuenden Anwaltskanzlei Skadden Arps entwickelt.[8] In dieser Firma hatte man das Vorgehen bei feindlichen Übernahmen bis in die technischen Details hinein perfektioniert, während die alteingesessenen, »feineren« Anwaltskanzleien solche Praktiken bis dahin gemieden hatten. Die neue juristische Mentalität, die dabei zum Tragen kam, wird in dem Nachruf in der *New York Times* anlässlich des Todes des erfolgreichsten Sozius der Firma, Joe Flom, geschildert:

> Damals wurde er von den Anwaltskanzleien Manhattans, bei denen er sich bewarb, wegen seiner jüdischen Herkunft abgelehnt ... Mr. Flom wurde zusammen mit Skadden zum Spezialisten für die »Alles-oder-Nichts«-Strategie, bei der man ganze Unternehmen aufs Spiel setzte. Die alteingesessenen Traditionskanzleien hatten derartige Methoden bis dahin weit von sich gewiesen ... Für die aggressive Vorgehensweise der Firma schuf man sogar ein eigenes Verb: Man nannte es »skaddenisieren« (*skaddenize*). ... »Wir müssen diesen Bastarden zeigen, dass man nicht dazu geboren sein muss«, ermahnte Mr. Flom seine Kollegen.[9]

Das Ergebnis solcher Fusionen, die, von »einer abtrünnigen Anwaltskanzlei betreut, den Glücksrittern der Nation dienten, waren«, so fasste es einer der Biographen der Kanzlei zusammen, »um sich greifende finanzielle Zwangslagen, Geschäftsaufgaben und Unternehmensbankrotte«.[10] Die Kosten für die Verlagerung des Ertragsstroms auf die Corporate Raiders, die Unternehmensplünderer, wurden aus den »Angestellten der attackierten Firma (durch Entlassungen oder Lohnkürzungen) herausgepresst, aus den Pensionären (mittels sogenannter ›Umkehrungen‹ oder Konfiszierungen von Pensionsfonds), aus den Anleiheinhabern (durch den Werteverfall ihrer Anleihen), aus den Regierungen (durch den Verlust von Steuereinnahmen) und aus den übrigen Interessenvertretern, denen gegenüber die Führungskräfte der Firmen Verantwortung trugen«.[11]

Von 1981 an verdoppelte sich das Volumen von durch Junk-Bonds oder Ramschanleihen fremdfinanzierten Übernahmen beinahe jedes Jahr. Die Entwicklung begann bei einer Summe von 1,2 Milliarden Dollar im Jahr 1981 und stabilisierte sich 1986 bei 31 Milliarden Dollar.[12] Die »Finanzheuschrecken« machten sich selbst zu Milliardären und rechtfertigten ihren Reichtum mit der Behauptung, daran zeige sich nur, um wie viel effizienter sie die Unternehmen führten, indem sie das Äußerste aus ihnen herausholten. In ähnlicher Manier behaupteten auch die aktivistischen Aktionäre, der Druck, den sie auf die Führungsetagen ausübten, damit diese die Aktienkurse in die Höhe trieben, würde den Reichtum der Unternehmen steigern, weil dadurch untätige und ineffiziente Manager aus ihren Reihen herausgesiebt würden. In Wahrheit nehmen die Corporate Raiders aber gar nicht solche Unternehmen ins Visier, die schlecht abschneiden und hinter den Erwartungen zurückbleiben, sondern eben gerade kapitalstarke Firmen – wie zum Beispiel Apple –, bei denen es greifbare Kapitalreserven oder Immobilienbestände gibt, die zu plündern sich lohnt.

Als ähnlich attraktiv gelten Profite, die für neue Kapitalinvestitionen oder Rücklagen für die Risikoabwehr genutzt werden. Ein solcher Kapitalstrom ist den Heuschrecken ein willkommenes finanzielles Futter. Er wird zu Geierfonds umgewandelt oder fällt einer immer breiteren Front von institutionellen Investoren zum Opfer, die auf der Suche nach immer höheren und immer schneller verdienten Einnahmen sind. Und die schnellste Methode dazu ist die Zerschlagung der industriellen Produktion und das Zehren von kurzfristigen finanziellen Gewinnen.

»Pump-and-Dump«-Angriffe

Die Finanzwelt mag sich zwar vor Beginn der Moderne kaum an Investitionen in die Industrie beteiligt haben; jedenfalls mischte sie sich nicht in die Belange der Industrie ein. Doch in 1980er Jahren änderte sich das radikal. Die aggressiven Junk-Bond-Finanzierungen und die kreditfinanzierten Übernahmen verwandelten den Industriesektor langsam aber sicher in ein Trümmerfeld. Immer mehr Investitionen wurden der Industrie entzogen – und zwar nicht, um sie effizienter zu machen, sondern lediglich, um Gewinnaufteilungen und Dividendenausschüttungen zu erhöhen und die Aktienkurse kurzfristig attraktiver zu machen. Zahlreiche Personen verdienten riesige Vermögen – einfach nur, indem sie Unternehmen »auspumpten« und dann »wegwarfen« – »Pump and Dump«.

Carl Icahn war der König solcher Pump-and-Dump-Angriffe. In den Jahren 2005 bis 2006 trieb er den Raubtierkapitalismus mit seinem Kampf um die Zerstückelung von Time Warner zu ganz neuen Höhen. Das Unternehmen erholte sich damals immer noch von dem Schock, der als der bis dahin »größte Fehler in der Geschichte des Unternehmertums« galt: die desaströse Fusion mit AOL. Time Warner wurde zum Ziel der finanztechnischen Manöver Icahns und anderer aktivistischer Aktionäre, die auf der Suche nach raschen Arbitrage-Profiten waren. Dazu trieben sie den Aktienkurs eines Unternehmens so lange in die Höhe, bis auch die letzten unternehmensfremden Eindringlinge ihre Profite eingestrichen und sich aus dem Staub gemacht hatten.

Im November 2005 kaufte Icahn über 3 Prozent des Aktienbestands von Time Warner auf. Andere Hedgefonds, die über ähnlich große Aktienanteile verfügten, schlossen sich ihm an und lösten den bis dahin größten Stimmrechtskampf der US-amerikanischen Unternehmensgeschichte aus. Dabei schuf Icahns Investmentbank Lazard gleichzeitig auch noch einen Präzedenzfall. Der Kundenstamm der Bank bestand traditionell aus großen, hochkarätigen Firmen, sogenannten Blue-Chip-Unternehmen. Doch dann brach Lazard die »Absprache unter Gentlemen« – die unter den wohlbetuchteren Herrschaften als eine Art Geschäftsgewissen fungierte – und beriet stattdessen die räuberischen Angreifer. Einer der Führungskräfte von Lazard, Bruce Wasserstein, verfasste einen 343 Seiten langen Bericht, in dem er Time Warner dazu drängte, das Volumen der jährlichen Aktienrückkäufe von 5 Milliarden auf 20 Milliarden Dollar zu vervierfachen, um den Aktienkurs in die Höhe zu treiben. Darüber hinaus forderte man das Unternehmen auf, sich in vier Teile aufzuspalten und diese dann zu verkaufen, damit den Aktionären schnellverdiente Dividenden ausgeschüttet werden konnten.

Ungefähr zur gleichen Zeit kaufte der Pershing-Square-Capital-Hedgefonds des Investors Bill Ackman Optionen auf 4,9 Prozent der Aktien von McDonald's. Der Vornado Realty Trust erwarb weitere 1,2 Prozent und auch T2 Partners kaufte einige Optionen. Weitere Fonds gesellten sich hinzu, und mit vereinten Kräften entfesselten sie einen Stimmrechtskampf um die Kontrolle über McDonald's. McDonald's war bereits das zweite Fast-Food-Unternehmen, das von Ackman angegriffen wurde. Zuvor hatte er schon 9,3 Prozent des Aktienbestandes von Wendy's erworben – genug, um das Unternehmen zu zwingen, die Hortons-Kaffeehauskette zu verkaufen und den Erlös als Sonderausschüttung unter den Aktionären zu verteilen.

Ackmans Plan für McDonald's sah ähnlich aus, war aber noch um einiges kühner. Er forderte, das Unternehmen solle Zweidrittel der Restaurants, die es besaß, für 3,3 Milliarden Dollar verkaufen, sich weitere 9 bis 15 Milliarden Dollar beschaffen, indem es seine Immobilien bis zum Anschlag mit Hypotheken belastete, und den Erlös dann für den Rückkauf seiner Aktien einsetzen. Die bisher gänzlich im Besitz des Unternehmens befindlichen Restaurants sollten in eine separate Immobiliengesellschaft überführt werden (McOpCo), die dann die jeweiligen Standorte wieder an die Konzessionsinhaber von McDonald's verpachtete. Ackman prognostizierte, durch den so geschaffenen Ertragsfluss würde das neugegründete Unternehmen 20 Prozent seiner Aktien für weitere 1,3 Milliarden Dollar verkaufen können. Dadurch wiederum könnte McDonald's die Dividendenausschüttung an seine Aktionäre verdreifachen, von bisher 67 Cents auf 2 Dollar pro Aktie.[13]

Eine solche Zerstückelung würde, so lautete die Prognose, den Aktienkurs von McDonald's um etwa 10 Prozent (also etwa 2 bis 4 Dollar pro Aktie) erhöhen, den Marktwert aber durch die Veräußerung von Vermögenswerten senken. Damit Ackmans Plan funktionierte, war es nötig, dass die Käufer von McDonald's-Aktien nur an den Dividendenausschüttungen, nicht aber an den langfristigen Geschäftsaussichten interessiert waren. Die Führungskräfte des Unternehmens wiesen darauf hin, auf diese Weise würde man alle Vermögenswerte veräußern und sich außerdem hoch verschulden. Der damalige Finanzchef von McDonald's, Matthew Paull, bezeichnete Ackmans Plan als »rein finanztechnische Maßnahme«[14] und warnte davor, potentielle Franchisenehmer ließen sich möglicherweise abschrecken, weil nun das Risiko bestand, dass die geplante Immobilien-Tochtergesellschaft die Miete erhöhen und dadurch einen Teil des Restaurantprofits abschöpfen würde.

Aber wie es in dem eben zitierten Artikel des *Wall Street Journal* weiterhin heißt: »In der Welt der Hedgefonds ist der Begriff ›rein finanztechnisch‹ keinesfalls abwertend gemeint.« In einem anderen Artikel desselben Blattes wird darauf hingewiesen, dass »Firmen es manchmal bereuen, sich für einen Aktienrückkauf entschieden zu haben. Gegen Ende der neunziger Jahre verfügten sowohl General Motorsals auch Ford über große Mengen an liquiden Mitteln, die in den Augen der Investoren ›untätige Vermögenswerte‹ waren und somit Gefahr liefen, von den Unternehmen unklug ausgegeben zu werden ... Die Unternehmen reagierten mit umfangreichen Rückkaufaktionen, wobei sie sehr viel höhere Preise für ihre Aktien bezahlten, als es ihrem heutigen Wert entspricht. Das Geld, das sie damals ausgaben, könnten sie nun gut gebrauchen, um ihre derzeitigen finanziellen Engpässe zu bewältigen.«[15]

Ackmans Strategie hätte McDonald's finanziell deutlich krisenanfälliger gemacht und das Unternehmen auf denselben katastrophalen Weg geführt, den General Motors eingeschlagen hatte. Die Firma konnte 2008 nur noch aufgrund einer staatlichen Rettungsmaßnahme überleben.

Und dabei war es ja durchaus nicht so, als hätte McDonald's der Rettung bedurft. Das Unternehmen hatte seine Dividenden seit 2002 bereits um 185 Prozent erhöht und in einer Zeit seinen Aktienkurs verdreifacht, als die durchschnittlichen Aktienkurse an der Börse eine Baisse durchliefen. Keiner der Vorschläge aus den Reihen der Hedgefonds zielte auf eine Veränderung im Restaurant-Management ab oder brachte irgendwelche neuen Ansätze für Produktion und Verkauf ins Spiel. Das Ziel war einzig und allein, einen Schuldenhebel zur Profiterhöhung anzusetzen – es sollten Darlehen auf Immobilien aufgenommen und die Erlöse an die Aktionäre ausbezahlt werden. Das würde eine plötzliche Kurssteigerung bewirken, die zwar nur von kurzer Dauer wäre, aber lange genug anhielte, damit die Hedgefonds-Manager ihre Aktien abstoßen und dabei einen riesigen Gewinn erzielen konnten. Und zurück bliebe ein hochverschuldetes Unternehmen.

Als sich schließlich im Februar 2006 die Aufregung einigermaßen gelegt hatte, stellte sich heraus, dass Icahn und Ackman mit ihren Übernahmeplänen gescheitert waren. Sowohl Time Warner als auch McDonald's blieben in einem Stück erhalten. Icahn war es nicht gelungen, die Mehrzahl der Aktionäre zu überzeugen, dass er die Börsenentwicklung von Time Warner erheblich verbessern konnte. Der Kurs saß weiterhin bei etwa 18 Dollar fest – weit entfernt von den 26 Dollar, die Icahns Maßnahmen gerechtfertigt hätten. Auch Lazard wurde zum Verlierer, denn die Firma hatte eine Gebühr von 5 Millionen Dollar ausgehandelt, für jeden Dollar, um den der Kurs der Time-Warner-Aktien steigen würde.[16] Dennoch blieb der Angriff nicht ohne Folgen: Er zwang Time Warner zu einem Aktienrückkauf in Höhe von jährlich 20 Milliarden Dollar und zu einer Kürzung der Betriebsausgaben um eine Milliarde Dollar. Daraufhin setzte die Ratingagentur Fitch das Unternehmen um eine Stufe von BBB+ auf BBB zurück.

Ackman hatte bei McDonald's etwas mehr Glück. Sein Hedgefonds hatte die Aktien mithilfe fremdfinanzierter Optionen zu sehr niedrigen Zinssätzen gekauft und räumte ordentlich ab, als ihr Kurs im Januar 2006 abrupt nach oben schoss. Zusammengenommen zeigen diese beiden Episoden jedoch, wie wenig diese Art von Nach-mir-die-Sintflut-Finanzgebaren mit der Bildung von Industriekapital zu tun hat.

Im Jahr 2006 waren Hedgefonds schon für nahezu die Hälfte des Handelsvolumens an den Börsen von New York und London verantwortlich. Heute ist ihr Anteil sogar noch wesentlich höher. Obwohl sie nur einen Bruchteil des vorhandenen Eigenkapitals kontrollieren, hat ihr aggressives Vorgehen dazu geführt, dass sich ihnen Pensionsfonds und andere Investorengruppen bei den Bemühungen angeschlossen haben, die gewerbliche Wirtschaft unter die Herrschaft der Finanzmanager zu zwingen. »Selbst die besten Management-Teams sind im heutigen gesetzesfreien Umfeld der Unternehmenswelt nicht mehr vor einem Angriff gefeit«, fasst der bereits zitierte Artikel von Alan Murray die neuen Vorgehensweisen des Finanzsektors zusammen.[17]

Googles Strategie, sich den Finanzialisierungsbestrebungen der Börse zu entziehen

Das Internetunternehmen Google versuchte, bei seinem Börsengang die Praktiken der Emissionsbanken zu umgehen, die dazu führten, dass Firmen wie Apple nur einen Bruchteil dessen einnahmen, was sich schon wenige Stunden nach Handelsbeginn als der letztendliche Wert ihrer Aktien herausstellte. Zu diesem Zweck hatten die Gründer von Google 1999 zunächst eine 10-prozentige Partnerschaft an zwei Risikokapitalgesellschaften – Sequoia Capital und Kleiner Perkins Caufield & Byers – für jeweils 12,5 Millionen Dollar verkauft. Als Google dann 2004 an die Börse ging, erhöhte sich der Wert dieser Anteile schlagartig auf fast 40 Milliarden Dollar – was den beiden Gesellschaften einen 1600-fachen Kapitalertrag auf ihre fünfjährige Investition bescherte.

Diese Bewertung verdankte sich zum größten Teil der Strategie, die das Unternehmen bei der Kursfestsetzung für seinen Börsengang verfolgte: Man wählte den Preis, von dem man annahm, er würde am Ende des ersten Handelstages feststehen, und nicht den Insider-Eröffnungspreis. Einen weiteren der offenkundigsten Fallstricke vermied Google, indem es die Provision der Emissionsbanken für ihre Investoren auf 3 Prozent beschränkte. Das war weniger als die Hälfte der 7 Prozent, die für Unternehmen aus der Informationstechnologiebranche üblich geworden waren.

Begründet wird diese hohe Gebühr mit dem Argument, es sei in der schnelllebigen Welt von heute außerordentlich schwer, Umsatz und Gewinn einer noch nicht am Markt bewährten neuen Technologie vorherzusagen. Doch in Wirklichkeit sind die meisten Analysten und Broker für solche Technologiewerte nichts anderes als Verkäufer, die oft genug nur äußerst grobe und unrealistische Prognosen vorweisen können. Das hat sich spätestens beim Platzen der Dotcom-Blase im Jahr 2000 gezeigt.

Um also die übliche raffgierige Unterbewertung ihrer Aktien zu vermeiden, heuerte Google die Investmentbanken Morgan Stanley und Credit Suisse First Boston an, damit sie eine sogenannte »holländische Auktion« abhielten. Bei einer solchen Auktion sind die Preise rückläufig – man beginnt mit einem hohen Preis und senkt diesen dann allmählich, bis das Niveau erreicht ist, bei dem schließlich alle Anteile verkauft werden. Diese Methode gibt allen potenziellen Käufern die Möglichkeit, die Aktien in genau dem Moment zu kaufen, in dem sie auf den Markt kommen, statt, wie sonst üblich, den Spekulanten die ersten, niedrig bewerteten Aktien anzubieten, damit sie sich eine goldene Nase verdienen, indem sie späteren Käufern einen wesentlich höheren Preis berechnen.

In einem offenen Brief, in dem sie eine Art Gebrauchsanweisung für ihren Börsengang mitlieferten, erklärten die Firmengründer Larry Page und Sergey Brin die Gründe für ihre Vorgehensweise, bei der sie nicht, wie sonst auf dem Finanzmarkt üblich, die Kontrolle an die Wall-Street-Finanziers abgaben. Sie wollten den Spekulanten keine Gelegenheit geben, »die Unabhängigkeit und zielgerichtete Objektivität zu gefährden, die in der Vergangenheit für die Erfolge von Google kennzeichnend waren und die wir für unverzichtbar für die Zukunft des Unternehmens halten«. Google begrenzte das Stimmrecht sämtlicher seiner an der Börse gehandelten Aktien auf ein Zehntel des Gewichts, das die im Besitz der Firmengründer verbleibenden Aktien besaßen. Doch vor allem erklärten sie: »Wenn sich Gelegenheiten ergeben, durch die wir uns veranlasst sehen, kurzfristige Erfolge zu opfern, um den Interessen unserer Aktionäre langfristig zu dienen, werden wir diese Gelegenheiten ergreifen … Wir werden nicht vor Projekten mit hohem Risiko und hoher Belohnung zurückscheuen, nur um einem kurzfristig angelegten Ertragsdruck genüge zu tun.«[18]

Die Wall Street war entsetzt. »Hoffen wir, dass hier kein Präzedenzfall geschaffen wird«, bemerkte ein Banker.[19] Ein Hedgefonds-Manager sagte der *New York Times*, er sei der Ansicht, »die Aktionäre sollten Google bestrafen, weil das Unternehmen den Investoren nicht die gleichen Rechte einräumt wie seinen Gründern. Wenn eine Firma an die Börse geht, müssen ihre Besitzer sich im Klaren sein und akzeptieren, dass sie den Aktionären gegenüber verantwortlich sind und nicht mehr die alleinige Kontrolle haben.«[20]

Aber genau einen solchen Kontrollverlust wollten die Google-Gründer vermeiden. Es war ihre Absicht, das Unternehmen von den Finanztechniken freizuhalten, die einzig dem Profit der Wall Street dienen und nicht den Betrieben, die wirkliche Waren und Dienstleistungen produzieren und verkaufen. Man wollte den erwirtschafteten Gewinn zur Unternehmensexpansion benutzen, statt dem reichsten Einen Prozent, dem die Hedgefonds und meisten Bankanleihen gehören, einen schnellen, ausbeuterischen Gewinn zu verschaffen.

Doch Google hatte mit seiner Entscheidung tatsächlich einen neuen Trend eingeleitet. Ein Jahrzehnt später erklärte Michael Dell seine Vorgehensweise bei der Reprivatisierung seines Unternehmens mit den Worten: »Meinen Partnern im Silver Lake Management und mir ist es vor einem Jahr gelungen, Dell erfolgreich von der Börse zu nehmen. Es war das größte Privatisierungsverfahren in der US-amerikanischen Unternehmensgeschichte.« Das Problem habe darin bestanden, dass die »Aktionäre zunehmend kurzfristige Ergebnisse forderten, um die Dividendenausschüttung zu erhöhen. Häufig blieben dabei Innovationen und Investitionen auf der Strecke. Die Interessen der Aktionäre und Kunden hatten sich voneinander abgekoppelt ... Als Privatunternehmen hat Dell nun die nötige Freiheit, eine langfristig angelegte Planung zu verfolgen. Es gibt keine Kürzungen mehr für Forschung und Entwicklung und auch keine kurzfristigen Finanzspritzen, um den Quartalserwartungen gerecht zu werden. Und wir müssen nicht mehr zusehen, wie eine kleine Gruppe lautstarker Investoren die öffentliche Wahrnehmung unserer Unternehmensstrategie bestimmt.«[21]

Die große Divergenz, die man erst erklären – und dann rückgängig machen muss

Feindliche Übernahmen, Management-Buyouts (bei denen das Management die Mehrheit der Anteile kauft) und Aktienrückkäufe werden im Normalfall durch Kredite finanziert. Der Gedanke dahinter ist ganz einfach: Leih dir zu günstigen Zinsen Geld und kaufe damit Unternehmen, die einen höheren Ertrag abwerfen, als du Zinsen zahlen musst. Oder anders gesagt: Wenn der Zinssatz niedriger ist als der Gewinn oder die Dividende, dann lohnt es sich für die »Finanzheuschrecken«, den Kauf solcher Unternehmen mit Krediten zu finanzieren. Und auch für die Unternehmen selbst lohnt es sich, günstige Kredite für den Aktienrückkauf aufzunehmen, um üppige Dividendenausschüttungen zu sparen. Zumindest theoretisch.

Die logische Konsequenz dieses Prozesses wäre, dass die Unternehmen (oder Spekulanten) alle Immobilien und herstellenden Betriebe, alle Bergwerke und Versorgungsunternehmen in der Welt aufkaufen, deren Ertrag die gegenwärtigen Kreditzinsen übersteigt. Und diese Zinssätze sind immer weiter gesunken. Seit 2008 sind sie so niedrig, dass sie als Kostenfaktor kaum noch ins Gewicht fallen.

Wenn man bedenkt, wie leicht Banken heutzutage auf rein elektronischem Weg Kredit schöpfen können, stellt sich die Frage, warum sie nicht einfach genug davon schöpfen, um jede einzelne Aktie auf der Welt aufzukaufen – und wenn man schon mal dabei ist, auch gleich alle Wohn- und Geschäftsimmobilien. Den Betrag, um den ihre Einnahmen aus dem Immobilienbesitz (durchschnittlich etwa 6 Prozent) oder den Dividendenausschüttungen der Aktien (3 bis 7 Prozent) ihre Zinszahlungen übersteigen, könnten sie dann in die eigene Tasche stecken.

Am Ende würde man jegliches Eigenkapital durch Schulden ersetzt haben, die mit den Erträgen aus dem Immobilien- und Herstellungssektor unterlegt sind. Fremdfinanzierte Übernahmen würden die Aktienkurse und Immobilienpreise in die Höhe treiben und enorme Kapitalgewinne erzeugen – bis zu dem Punkt, an dem die Unternehmen und anderen Besitztümer schließlich so teuer wären, dass die Zinsforderungen sämtliche Gewinne und Mieteinnahmen aufzehren würden.

Die aus diesem Austausch von Eigenkapital gegen Schulden entstehende Arbitrage würde die Unternehmensplünderer und deren Banken reich machen. Aber es bliebe kein Geld mehr übrig für Neuinvestitionen, Forschung und Entwicklung sowie andere Ausgaben – also für solche Aufwendungen, die sich nicht sofort rentieren. Man würde weniger Arbeitskräfte einstellen, die Verbraucherausgaben würden sinken und infolgedessen die Märkte schrumpfen, wodurch sich wiederum die Profite verringern würden. Und das hätte letztendlich einen Zahlungsausfall bei den noch ausstehenden Schulden zur Folge.

Genau diese Art von Finanzdynamik, die zu einer immer weiter anwachsenden Spekulationsblase führt, bestimmte bis 2008 die Weltwirtschaft. Und jetzt wird dieser Trend wieder aufgenommen. Überall auf der Welt verschulden sich die Volkswirtschaften aufs Neue. Firmenübernahmen und Aktienrückkäufe nehmen von Tag zu Tag zu. Bei der Junk-Bond-Finanzierung ist die Blase, die sich bildet, nicht mehr zu übersehen.

Die Frage ist: Können Volkswirtschaften allein durch Ansetzen von Schuldenhebeln florieren? Die Hauptkritiker dieser Entwicklung kommen bis jetzt vor allem von der Wall Street und nicht etwa aus der politischen Linken oder von den Wirtschaftsfakultäten, in deren Lehrplan die Analyse der Schuldendynamik nur wenig Raum einnimmt. Und die Massenmedien behandeln die Börsenplätze, als wären sie das am meisten beachtete Sportereignis der

Welt. In den Fernsehnachrichten und Zeitungen gelten Schulden und drohende Zahlungsausfälle als wenig attraktive, deprimierende Storys, an denen das Publikum schnell das Interesse verliert. Viel lieber schaut man auf die Erfolgsgeschichten der Finanzprominenz.

Ein Großteil der Kapitalinvestitionen, die in den USA und anderen Volkswirtschaften getätigt werden, wird aus den Gewinnrücklagen der Unternehmen bezahlt oder ist von vornherein selbstfinanziert. Bankkredite oder Anleihegläubiger spielen dabei nur eine sehr geringe Rolle. In diesem Verhältnis zwischen Kapitalinvestitionen und Unternehmensgewinnen spiegelt sich der Umstand wider, dass man hauptsächlich dann Profite erzielt, wenn man auch mehr investiert. Das wurde in dem langen, 35 Jahre währenden Wirtschaftsaufschwung, der auf das Ende des Zweiten Weltkriegs folgte, bewiesen. »Profite und Nettoinvestitionen waren in den USA bis Ende der achtziger Jahre eng miteinander korreliert. Sie betrugen beide etwa 9 Prozent des Bruttoinlandsprodukts«, heißt es in einem Bericht der *Financial Times*.[22] Doch dann »begann dieses Verhältnis auseinanderzubrechen«. Für das Jahr 2012 bestätigten die National Income and Product Accounts (NIPA), dass der Bruttogewinn auf ein Rekordhoch von 12 Prozent gestiegen war, »während die Nettoinvestitionen kaum 4 Prozent der Wirtschaftsleistung betragen«.

Adam Smith hat schon vor langer Zeit angemerkt, dass die Gewinne oft in den Ländern am höchsten sind, die sich auf direktem Weg in den Ruin befinden. Eine Nation hat viele Möglichkeiten, wirtschaftlichen Selbstmord zu begehen. Und der in der Geschichte am häufigsten eingeschlagene Weg ist die Verschuldung der eigenen Volkswirtschaft. Schulden dehnen sich unweigerlich immer weiter aus und erreichen irgendwann einen Punkt, an dem große Teile der Wirtschaft nicht mehr dafür aufkommen können. An diesem Punkt werden dann Sparmaßnahmen verhängt, während sich beim Vermögensbesitz die Schere zwischen dem Einen Prozent und den restlichen 99 Prozent immer weiter öffnet.

Es ist nicht das erste Mal in der Geschichte der Menschheit, dass so etwas passiert. Aber es ist das erste Mal, dass eine solche Verschuldung bewusst und vorsätzlich geschieht und dass man ihr Beifall spendet, so als würden die meisten Schuldner durch eine Kreditaufnahme reicher werden und nicht in eine Schuldknechtschaft hineingezwungen.

Es wird kaum überraschen, dass es sich bei jenen, die es wagen, die Verhältnisse zu kritisieren, um Anwälte handelt, die Firmen gegen fremdfinanzierte Übernahmen (oder »LBOs« – Leveraged Buyouts) verteidigen. Bei einer Juristenkonferenz im Jahr 2014 an der Tulane-Universität in New Orleans nahm der Anwalt Martin Lipton vor allem die aktivistischen Aktionäre Carl Icahn und Bill Ackman von Pershing Square ins Visier. »Sie versuchen, einen unmittelbaren Profit für sich selbst herauszuschlagen«, sagte Lipton. »Zugegeben, der unmittelbare Profit kommt allen Aktionären eines Unternehmens zugute, aber das gilt nicht für die Aktionäre aller Unternehmen. Ein solcher Aktivismus hat einen enormen Einfluss auf die Strategien, die Unternehmen verfolgen, um Angriffe von Leuten wie Carl Icahn oder Bill Ackman zu vermeiden. ... Wenn sich Unternehmen Geld leihen, um ihre eigenen Aktien zurückzukaufen, dann ist da etwas fürchterlich faul an der Sache.«[23]

Historisch einmalig an dieser Entwicklung ist, dass diese Praktiken – die Verschuldung von Unternehmen, um Anleihegläubiger zu bezahlen oder einfach nur um Aktien zurückzukaufen – von den Ökonomen an den Universitäten auch noch unterstützt werden; aber mehr dazu im folgenden Kapitel. Diese Vernichtung von Wirtschaftskapital – das sogenannte »Asset Stripping« – geschieht in den Unternehmen selbst, veranlasst durch die eigenen Führungskräfte. Sie verfolgen Strategien, die an den führenden Wirtschaftsschulen Amerikas unterrichtet werden.

KAPITEL 10

Finanz kontra Industrie: Die zwei Seiten der Bilanzaufstellung

»Im letzten Jahr haben die Unternehmen des ›Russell 3000‹, eines weitgefassten US-amerikanischen Aktienindex, Rückkäufe eigener Aktien im Wert von 567,6 Milliarden Dollar getätigt. Das entsprach einem Anstieg von 21 Prozent gegenüber 2012 ... Seit Anfang 2005 stieg damit die Gesamtsumme der Aktienrückkäufe auf 4,21 Billionen Dollar – oder anders gesagt, auf fast ein Fünftel des Gesamtwerts sämtlicher Aktien, die heute auf dem US-Markt gehandelt werden.«

Jason Zweig[1]

Wirtschaftshochschulen unterstützen Finanzialisierung und steigende Verschuldung

Im Jahr 1976 hielt man es noch für eine ziemlich drastische Vorgehensweise, die Vergütung der Führungskräfte und deren Boni vom Aktienkurs des Unternehmens abhängig zu machen. Das war das Jahr, in dem Michael Jensen von der Harvard Business School und William Meckling von der Universität von Rochester diese Vorgehensweise in einer wissenschaftlichen Arbeit mit dem Titel »Theory of the Firm: Managerial Behavior, Agency Costs and Ownership« für lobenswert erklärten. Zusammen mit einem Artikel von Jenson und Kevin J. Murphy, der 1990 unter der Überschrift »CEO Incentives: It's Not How Much You Pay, But How« in der *Harvard Business Review* erschien, postulierte diese sogenannte Agency-Theorie, dass Unternehmen ihre Manager dazu anhalten sollten, sich als »Vertreter« (*agents*) ihrer Aktionäre anzusehen.

Jensen und seine Kollegen hatten ein ganz spezifisches Problem im Sinn, als sie den Unternehmen rieten, sich auf die Erhöhung des Kapitalgewinns zu konzentrieren. Sie fanden es nämlich bedenklich, dass es vielen Managern nur darum zu gehen schien, sich ihre eigenen Wirtschaftsimperien aufzubauen, indem sie ihre Unternehmen – und ihre Egos – durch Fusionen und Übernahmen immer weiter aufblähten. Jensen argumentierte, mit einer Expansion, die keinerlei Gewinnzuwachs erzeugte und allein geeignet war, den Ruhm des Vorstandsvorsitzenden zu mehren, sei den Aktionären nicht gedient. Er vertrat die Hoffnung, man würde, wenn man den Aktienkurs als Leistungskriterium wählte, diese Fusionsmanie bremsen können.

Tatsächlich ist es möglich, Aktienkurse ohne Blick auf langfristige Produktionsleistung oder steigende Unternehmensgewinne zu erhöhen. Wie ausgeführt können die Kurse kurzfristig durch Aktienrückkäufe oder Dividendenausschüttungen angehoben werden. Jensen räumte später ein, Vorstandsvorsitzende, die als Belohnung Aktienoptionen erhielten, schadeten den Unternehmen letztlich, weil sie deren Liquidität verringerten und dadurch weniger für Investitionen in langfristige Projekte übrigblieb.

Der damalige Präsident Ronald Reagan ließ 1985 einen Wirtschaftsbericht – den *Economic Report of the President* – veröffentlichen, in dem er eine Kombination aus Steuervergünstigungen und Deregulierungen für fremdfinanzierte Übernahmen billigte. Diejenigen Maßnahmen, mit den höchsten Gewinnen, so lautete die Begründung, würden auch immer die vorhandenen Ressourcen am effizientesten verwenden: »Der Wettbewerb um die Unternehmenskontrolle ist Teil eines umfangreichen Fusions- und Akquisitionsprozesses, der eine wichtige Rolle bei der Anpassung der Wirtschaft an neue Marktverhältnisse spielt«, ließen seine Wirtschaftsberater in dem Bericht verlauten. »Es gibt keinen wirtschaftlichen Grund für Regulierungen, die diesen … Prozess weiterhin einschränken würden.«[2]

Zahlreiche prominente Führungspersönlichkeiten aus der Wirtschaft haben davor gewarnt, dass Unternehmensplünderer den industriellen Sektor mit Ramschanleihen und anderen Verschuldungsinstrumenten überfluten und sich zudem gegen eine Bezahlung der Unternehmensführung in Aktienoptionen ausgesprochen.

So trat zum Beispiel Henry Kaufman aus dem Vorstand von Salomon Brothers (und später auch aus der Firma selbst) aus, weil er die von dieser

Firma eingeführte Praxis, Eigenkapital durch Schulden zu ersetzen, nicht guthieß. Auch Felix Rohatyn von Lazard Frères warnte vor dem Risiko, das entsteht, wenn man die Bilanz mit zu hohen Zinszahlungen belastet. Und des Anwalt Martin Lipton, der die »Poison Pill« als Schutz gegen drohende feindliche Übernahmen erfunden hatte, schrieb 1986 im Zuge seines Kampfes gegen die finanzielle Ausplünderung von Unternehmen in einem offenen Brief an Senator William Proxmire, den Vorsitzenden des Bankenausschusses:

> Durch diese Übernahmen werden die Unternehmensgewinne in die Hände derjenigen gelenkt, die davon profitieren, dass sie die Mittel für Forschung und Entwicklung kürzen und das Geld stattdessen zur Kreditaufnahme einsetzen, um weitere Vermögenswerte zu erwerben. Man könnte diese Situation mit einem Bauern vergleichen, der auf seinen Feldern niemals mit einer Fruchtfolge arbeitet, sein Land nicht regelmäßig brachliegen lässt, es niemals düngt und es auch nicht mit geeigneter Bepflanzung vor dem Wind schützt. In den ersten Jahren wird er noch einen maximalen Ertrag aus dem Land herausholen. Das ist eine sehr profitable kurzfristige Nutzung.
>
> Aber dann wird sich das Land unweigerlich in einen Staubkessel verwandeln und zu einem wirtschaftlichen Desaster werden ... Tag für Tag maximieren die Übernahme-Experten ihre Einnahmen, auf Kosten der künftigen Generationen, die nicht mehr von der Forschung und Entwicklung und den Kapitalinvestitionen profitieren können, weil die Unternehmen diese auf Druck der Übernahmespezialisten aufgeben mussten.[3]

Dennoch benutzte die Wall Street 1993 die oben erwähnte »Agency-Theorie«, um den Kongress dazu zu bringen, Steuervergünstigungen für Unternehmen zu verabschieden, damit diese ihre Manager in Aktienoptionen bezahlen konnten. Der Industriekapitalismus ist genau das geworden, was Hyman Minsky als Geldmanagerkapitalismus bezeichnet hat. Das langfristige Wachstum wird kurzfristigen Gewinnen an der Börse geopfert, und die Unternehmen werden vor die Wand gefahren.

Der britische Finanzanalytiker Andrew Smithers hat eine solche »Börsenmaklerwirtschaft« in seinem Buch *The Road to Recovery* heftig kritisiert. In einem Interview in der *Financial Times* erklärt er seinem Gesprächspartner Martin Wolf, inwiefern diese »Bonus-Kultur« die Postindustrialisierung in Großbritannien und den Vereinigten Staaten vorantreibt. Smithers sagte in dem Gespräch: »Wenn es diese Boni gibt, dann versuchen ihre Nutznießer die Eigenkapital- oder Aktienrendite zu erhöhen. Und wie macht man das? Indem man die Gewinnspanne noch weiter nach oben drückt, als man das normalerweise tun würde, und indem man kaum mehr investiert ... Und dadurch wird der Konflikt zwischen kurzfristigen Interessen des Managements und den langfristigen Interessen des Unternehmens nur noch weiter verschärft.«[4]

Unternehmen und Wirtschaft werden ausgeblutet

Es sind nicht nur die Unternehmen, die unter diesen Finanzmanövern leiden, sondern auch die Wirtschaft als Ganzes. Yves Smith hat darauf hingewiesen, dass Finanzmanager üblicherweise wesentliche Kostenpositionen einfach wegkürzen, etwa »die Bezahlung der Zulieferer, das Erfüllen von Garantiebedingungen, das Befolgen gesetzlicher Auflagen zum Umwelt-, Produkt- und Arbeitnehmerschutz, den Schuldendienst (an Anleihegläubiger, Banken und Besitzer von Mietobjekten), die Bezahlung von Steuern und, bei börsennotierten Unternehmen, das Erfüllen der Bedingungen, die ihnen das staatliche Wertpapierrecht auferlegt.«[5]

Diese widersinnigen Entwicklungen kann man in fast jedem Sektor beobachten. So entschied man sich zum Beispiel bei General Motors trotz der Warnung, eine Fehlkonstruktion der Zündschlüssel könne zu einer plötzlichen Motorabschaltung und diese wiederum zu tödlichen Unfällen führen, dagegen, ein paar Cent mehr pro Schlüssel auszugeben.

Ebenso wenig waren die US-amerikanischen Einzelhändler und Kreditkartengesellschaften gewillt, einen Vierteldollar mehr pro Karte auszugeben, um einen Verschlüsselungsschutz einzubauen, wie er in Europa üblich ist. Und das wiederum erleichterte den enormen computergestützten Diebstahl, dem die Firma Target während des Weihnachtsgeschäfts 2013 zum Opfer fiel. Seitdem meiden die Kunden Target-Geschäfte, aus Angst vor Identitätsdiebstahl.

Wenn finanzielle Eindringlinge ein Unternehmen kaufen und es fürs erste scheinbar profitabler machen, indem sie seine Bilanz ausbluten (in der Hoffnung, einen Käufer zu finden, der glaubt, es sei alles effizienter geworden, während in Wirklichkeit alles nur geplündert wurde), ähnelt das einem Vermieter, der an der Instandhaltung und den Reparaturen spart, die Rechnungen nur sehr spät oder gar nicht bezahlt, Wachmänner entlässt oder andere derartige Feinheiten ignoriert und es dadurch zulässt, dass ein Objekt schließlich verfällt. Das Ergebnis ist eine verschuldete Immobilie, bei der man weder die Miete erhöhen noch die Hypothekenzinsen begleichen kann.

Betrachten wir die Industrie als Teil des wirtschaftlichen und gesellschaftlichen Umfelds, kommen wir zu folgendem Ergebnis: Die heutige Generation von Corporate Raiders und aktivistischen Aktionären schlachten die Unternehmen aus, verursachen eine Schuldenüberlastung, richten im industriellen Sektor einen Kahlschlag an und lösen eine wirtschaftliche Dürre aus. Eine derart kurzfristig angelegte Strategie ähnelt einer hochverschuldeten Familie, die sich nur noch von Junk-Food ernähren kann, um noch über die Runden zu kommen, was langfristig jedoch zu erhöhten medizinischen Behandlungskosten und einer kürzeren Lebensdauer führt. Wenn man alles immer nur ganz kurzzeitig plant, werden Volkswirtschaften dadurch keinesfalls kostengünstiger und produktiver. Es geht hier einzig und allein darum, größere Profite vorzuweisen, damit die Manager und aktivistischen Aktionäre ihre Aktienoptionen zu einem höheren Preis ausüben können.

Michael Jensen, der eine Art akademischer Katalysator für die Bezahlung von Managern mit Aktienoptionen wurde, drückte 2005 in einem Interview Zweifel an seiner ursprünglichen Meinung aus:

> Sie suchen nach Gesetzeslücken in der Buchhaltung, und wenn das nicht funktioniert, dann schrecken sogar die nicht vor Betrug zurück, die eigentlich von Grund auf ehrlich sind. Wenn sie selbst eine Menge Aktien oder Optionen halten, dann ist das ungefähr so, als würde man Öl ins Feuer gießen. Sie fälschen die Abrechnung und hoffen, dass sie die Aktien verkaufen oder die Optionen ausüben können, bevor ihnen alles um die Ohren fliegt.[6]

Mittlerweile hatte jedoch die Strategie, ein Unternehmen nach dem anderen zu attackieren und jedes unter einer Schuldenlast zu begraben, den Beifall der Wall Street gefunden, und das spiegelte sich auch in den Massenmedien wider. In einem Artikel der *Financial Times* aus dem Jahr 2006 hieß es: »Da die institutionellen Investoren nun unter dem Druck stehen, kurzfristige Gewinne vorzuweisen, sind die finanztechnischen Haudegen – die man einst als ›Aasgeier‹ und ›Spekulanten‹ beschimpfte – zu den Vorkämpfern einer besseren Unternehmensführung geworden.«[7]

Das Credo des kurzfristigen Handelns breitet sich beständig aus, während immer neue Manager auf den Plan treten. Bei ihren Bemühungen, sich ihre Boni zu verdienen, kürzen sie die Ausgaben noch weiter, verringern das Unternehmensinventar und lassen immer mehr Zeit verstreichen, bevor sie die Zulieferer bezahlen. Man besetzt die Stellen nicht mehr, die durch Pensionierung frei werden, sondern lässt die verbleibenden Arbeitskräfte härter arbeiten. Man pfuscht bei den Beiträgen für den Pensionsfonds und kürzt den Arbeitgeberanteil an der Gesundheitsfürsorge. Projekte mit langer Vorlaufzeit, die von den Abteilungen für Forschung und Entwicklung geleitet werden, sind die ersten, die dem Rotstift zum Opfer fallen. Weil man nur noch auf die Summe unterm Strich schaut, wird aus dem Unternehmensmanagement ein Wettlauf in den Abgrund. Wie viel an langzeitlichem Wachstum geopfert wird, indem man die Unternehmen durch Aktienrückkäufe, Fremdfinanzierung und höhere Dividendenausschüttungen auf eine Steigerung der Aktienkurse trimmt, wird dabei nicht erkannt oder nicht zugegeben.

Der Geldmanagerkapitalismus ersetzt den Industriekapitalismus

Der schnellste Weg, um die Gewinne zu erhöhen, ist genau die Maßnahme, die Professor Jensen erwähnte: das »Fälschen der Abrechnung«. Profit ist das, wovon der Finanzchef eines Unternehmens seiner Buchhaltung sagt, es sei Profit. Auf diese Weise hält man die Zielvorgabe ein, die von den Brokerfirmen und Geldmanagern gesetzt wurden. Selbst für gut geführte Unternehmen ist es schwer, dieser alles beherrschenden Macht des kurzfristigen Erfolgs – dem, was Hyman Minsky Geldmanagerkapitalismus nannte – zu widerstehen. Statt das Wachstum wertzuschätzen, wie es noch die traditionellen langfristigen Anleger taten, sind die Unternehmen nun gezwungen, sich gegen die Angriffe der Corporate Raiders und aktivistischen Aktionäre zu verteidigen. Kapitalstarke, kaum verschuldete Unternehmen verordnen sich selbst eine »Giftpille« (Poison Pill), nehmen Kredite auf, um ihre eigenen Aktien oder die anderer Unternehmen zu kaufen, damit es weniger Kapitalbestände gibt, die möglichen Unternehmensplünderern als Sicherheiten für Kredite und Übernahmen dienen könnten. Martin Lipton, der schon erwähnte Erfinder oder Verfeinerer der Giftpille, mit der sich Unternehmen gegen fremdfinanzierte Übernahmen schützen können, erklärte in einem Zeitungsartikel, warum es gefährlich ist, aktivistischen Aktionären zu viel Macht zuzugestehen:

> Die übermäßige Macht der Aktionäre ist genau das, was zu der Fixierung auf kurzfristige Ziele und zur gegenwärtigen Finanzkrise geführt hat. Während der letzten zwanzig Jahre ist die Macht der Aktionäre immer weiter angewachsen, während die Aktienmärkte zunehmend institutionalisiert wurden. Die tatsächlichen Investoren sind zumeist professionelle Geldmanager, denen es nur um kurzfristige Erfolge geht. Es waren genau diese Aktionäre, die die Unternehmen dazu gebracht haben, Renditen zu erzielen, die sich in dieser Höhe unmöglich aufrechterhalten lassen. Und sie haben außerdem dafür gesorgt, dass die Renditen an die Managervergütung gebunden sind. Der Druck, unrealistische Gewinne einzufahren, führte zu einer immer höheren Risikobereitschaft.[8]

Trotz der Kritik, die bereits vor Jahren an solchen Entwicklungen geübt wurde, haben sich die Unternehmensplünderer genügend politische Macht verschafft, um Regulierungen und Steuerstrafen für ihre Fremdfinanzierungen abzublocken. Erst im März 2013, dreißig Jahre nachdem dieser Trend seinen Anfang nahm, gaben die Federal Reserve und das Office of the Comptroller of the Currency (OCC, eine Behörde des Finanzministeriums, die unter anderem das Kreditwesen beaufsichtigt) Richtlinien für fremdfinanzierte Übernahmen bekannt. Darin wurden die Banken angehalten, »keine Übernahmen zu finanzieren, durch die sich das betroffene Unternehmen mit dem mehr als Sechsfachen seines Ebitda (Gewinn vor Zinsen, Steuern und Abschreibungen) verschuldet.« Ihre Empfehlung erwies sich als wirkungslos. »Bis jetzt fanden im Jahr 2014 30 Prozent der neu eingeleiteten fremdfinanzierten Übernahmen in den USA auf einem Schuldenniveau von mehr als dem Sechsfachen des Ebitda statt ... der letzte Höchststand lag im Jahr 2007, als dieser Anteil 52 Prozent erreichte.«[9]

Sogar der öffentliche Sektor hat sich einem Finanzmanagement verschrieben, bei dem es darum geht, aus dem System das Äußerste an Geldmitteln herauszupressen. Die Regierungen reduzieren ihr Haushaltsdefizit, indem sie die Ausgaben für Instandhaltung und Reparatur von Brücken, Straßen und anderen Bereichen der Infrastruktur kürzen und Immobilien und Vermögenswerte im Gemeinbesitz verkaufen. Dadurch wird der Wirtschaft immer weniger Kauf- und Arbeitskraft zugeführt, die zu einer Konjunkturerholung beitragen könnten. In den USA ersetzt man im akademischen Bereich ordentliche Professoren durch Teilzeitlehrkräfte und behandelt alle Fachbereiche wie Profitcenter. Man streicht diejenigen Kurse und Forschungsprogramme, die keinen finanziellen Gewinn versprechen.

Diese Finanzialisierungsstrategie birgt jedoch einen inneren Widerspruch. So werden zum Beispiel dadurch, dass man Kapitalgewinne durch eine höhere Verschuldung zu niedrigeren Zinsen zu erzielen versucht, die gegenwärtigen Renditen der US-amerikanischen Pensionsfonds gesenkt. Das wiederum führt dazu, dass die Unternehmen, Bundesstaaten und Kommunen einen größeren Teil ihrer Einkünfte zur Seite legen müssen, wollen sie nicht riskieren, später die von ihnen zugesagten Ruhegelder nicht mehr zahlen zu können. Die Pensionsfonds haben sich bemüht, solche Engpässe zu vermeiden, indem sie sich an riskanten Spekulationen beteiligten, die von den Investmentbanken der Wall Street organisiert wurden. Viele Fonds versuchen geradezu verzweifelt, die 8,5 Prozent Jahresrendite zu erreichen, die man für nötig hält, um die Pensionszahlungen zu gewährleisten, ohne die Beträge anzuheben, die Unternehmen und öffentliche Einrichtungen beiseitelegen müssen. Als die Zinssätze und Erträge unter dieses Niveau fielen, versuchten zahlreiche Finanzmanager, dadurch höhere Renditen zu erzielen, dass sie sich an den fremdfinanzierten Übernahmen der Corporate Raiders beteiligten. Aber indem sie diese Art von Finanzialisierung unterstützten, trugen die Pensionsfonds zu einer Dynamik bei, die den wirtschaftlichen Markt für Waren, Dienstleistungen, Umsatz, Profite und Beschäftigungen unterhöhlte.

Die Instrumente der Finanzwelt würden schon, so hoffte man, genügend Kapitalgewinne generieren, um die Pensionen zu bezahlen, die man den Ruheständlern versprochen hatte, ohne dass man dafür die industrielle

Grundlage ausweiten musste. Man träumte davon, allein von den Finanzen zu leben – und auf solche grundlegenden Bedürfnisse wie das tägliche Brot ganz verzichten zu können. Der Finanzsektor versprach, eine postindustrielle Wirtschaft aus der Taufe zu heben, in der die Bankkunden ihr Geld mithilfe von Krediten verdienen konnten, die auf den Computertastaturen geschaffen worden waren – ohne dass es einer Bildung von Industriekapital oder irgendwelcher Beschäftigungsverhältnisse bedurfte.

Die Kommunen haben unmittelbar darunter zu leiden, wenn Unternehmensplünderer und andere Finanzmanager ihre kurzfristigen Profite dadurch einfahren, dass sie die Belegschaften der Firmen reduzieren. Jobs gehen verloren, und Arbeitnehmer, die zuvor noch Steuern gezahlt hatten, leben nun vom Arbeitslosengeld. Und wenn man die Erträge in Form von steuerlich absetzbaren Zinsen an Anleihegläubiger bezahlt statt als Dividenden nach Abzug der Steuer, dann vergrößert dies die Haushaltsdefizite und verstärkt den politischen Druck, die Steuern für Arbeitnehmer und Konsumenten zu erhöhen.

Doch es ginge auch anders. Wie wir in Kapitel 7 gesehen haben, war das Bankwesen in den Jahren vor Beginn des Ersten Weltkriegs auf dem besten Weg, ein Teil der öffentlichen Versorgung zu werden. Hätte man diese Entwicklung fortgesetzt, würde es nun vielleicht in einem Großteil der Welt Kreditkarten, Einlagengeschäfte und Darlehen zum Selbstkostenpreis oder zu vergünstigten Bedingungen geben statt zu den heutigen Gebühren und Strafzahlungen.

Die Unternehmenskredite würden eher eine industrielle als eine finanzielle Strategie unterstützen, und das öffentliche Bankwesen wäre sehr viel weniger bereit, seine Darlehen für die Art von Unternehmenszerschlagung und Vermögenspreisinflation zu vergeben, wie sie für das heutige Finanzsystem charakteristisch sind.

Vor einem Jahrhundert glaubten die meisten Zukunftsdenker, eine öffentliche Regulierung sei notwendig, um das räuberische Finanzsystem und die Rentiers in Schach zu halten. Aber Banker und Finanziers haben es geschafft, eine Wirtschaftsphilosophie der Deregulierung durchzusetzen und die Kontrolle über die Regierungen zu erlangen. Ihre Macht verwenden sie dazu, die Hochfinanz zu subventionieren und den Gläubigern bei ihren Bemühungen, das Wachstum der Realwirtschaft mit einer Schuldendeflation zu ersticken, freie Bahn zu verschaffen.

Die Vertreter der heutigen Finanzinteressen prangern die staatliche Regulierung und Besteuerung der Rentier-Einnahmen als »sozialistisch« an. Doch die Theoretiker der klassischen Ökonomie empfanden diesen Begriff durchaus nicht als Beschimpfung. John Stuart Mill zum Beispiel wurde als »ricardianischer Sozialist« bezeichnet. Die klassischen Ökonomen strebten Reformen an, die sie selbst als »sozial« bezeichneten – daher auch das Wort »Sozialist«. Die meisten Reformer haben sich selbst als Sozialisten der einen oder anderen Ausprägung bezeichnet – von den christlichen über die marxistischen Sozialisten bis hin zu den Reformern quer durch alle politischen Lager. Die Frage war nur, zu welcher Art von Sozialismus sich der Kapitalismus des freien Markts entwickeln würde.

Während der Reformära vor Beginn des Ersten Weltkriegs war man der Ansicht, die natürliche Entwicklung des Industriekapitalismus würde dazu führen, dass Sparvermögen, Reichtum, Kredit und neue Geldschöpfung auf produktive Weise eingesetzt würden. Ähnlich wie andere natürliche Monopole oder besondere Privilegien sollte das Finanzwesen der öffentlichen Versorgung dienen und entweder in der öffentlichen Hand verbleiben oder zumindest durch eine vom Staat geführte Alternative ergänzt werden. Stattdessen wurde die Expansion des räuberischen Kreditwesens während des vergangenen Jahrhunderts noch durch Steuernachlässe bei Zinsforderungen, Grundrenten, Finanzspekulationen, Fremdfinanzierungen und Vermögenspreisgewinnen verstärkt.

Es geht darum, was die Wirtschaft mit dem Überschuss aus der Produktionstätigkeit anfängt – also mit den Mitteln, die über das Erreichen der Kostenschwelle hinausgehen.

Wie die Zentralbank Spekulationsblasen stützt

Manager zahlen sich selbst enorme Summen aus – angeblich, weil sie die Aktienkurse ihrer Unternehmen steigern. Doch diese überbordenden Gehälter spiegeln allenfalls die Geldschöpfungswelle der Federal Reserve wider statt Maßnahmen seitens der Unternehmen. Der Finanzsektor lässt sich einfach von der Geldflut tragen, die durch die Programme zur quantitativen Lockerung und die zahlreichen Steuervergünstigungen geschaffen wurde. Und die hat er vor allem dem Umstand zu verdanken, dass er die Kontrolle über das Finanzministerium, die Federal Reserve und eben jene Regulierungsbehörden übernommen hat, die eigentlich für eine produktivere Kreditvergabe sorgen sollten.

Der Trick beim Geldverdienen »durch Geld« liegt darin, bei der Kreditvergabe Zinsen zu verlangen. Heutzutage haben die meisten Familien hart damit zu kämpfen, jeden Monat die laufenden Kosten abzudecken, während sie ihre Hypothekendarlehen, Studiendarlehen und Autokredite abbezahlen (weil sie oft genug ein Auto brauchen, um überhaupt zur Arbeit zu kommen). Weitere Kreditkartenschulden zu vermeiden bedeutet da schon einen Sieg bei der Bewältigung der wirtschaftlichen Anforderungen.

Die etwas besser situierten Kreditnehmer hoffen dagegen, Spekulationsgewinne aus ihren Immobilieninvestitionen einzuheimsen, und die wohlhabendste Wirtschaftsschicht setzt ihre Hedgefonds ein, um Unternehmen auszuplündern oder – wie es in letzter Zeit immer wieder passiert – um Immobilien zu Schleuderpreisen zu erwerben. Dabei hofft man allgemein, man könne die sich aufblähende Vermögenspreisblase für auf Kredit gekaufte Immobilien, Aktien oder Anleihen im Zuge dieser Transaktionen ausnutzen. Finanzblasen sind eine an der Wall Street besonders beliebte Spielart der Inflation – im Gegensatz zur Inflation bei Lohnkosten und Rohstoffpreisen. Durch eine Spekulationsblase werden die Preise der finanziellen Vermögenswerte und Besitztümer im Verhältnis zu der von Menschenhand geleisteten Arbeit angehoben. Und auch die Macht der vererbten Vermögen wird gestärkt, im Gegensatz zu denen, die nichts erben.

Die Vermögenspreisinflation ist einer der wichtigsten Faktoren, um die gegenwärtige Polarisierung von Reichtum und Einkommen zu erklären. Dennoch spenden die meisten Nachrichtensendungen den täglichen Kursanstiegen an der Börse Beifall – als wäre der Reichtum des Einen Prozents, dem der überwiegende Teil der Aktien und anderen finanziellen Vermögenswerte gehört, ein Beweis dafür, wie gut es der Wirtschaft geht.

Blasenökonomie versus klassischem industriellem Wirtschaftswachstum

Der Aktienmarkt, dessen Preise durch Bankkredite künstlich aufgebläht werden, ist durchaus nicht der größte Teil der Wirtschaft. Die meisten Vermögenswerte stecken im Immobilienmarkt, weshalb dieser Sektor auch am höchsten mit Krediten belastet ist. Eine von der Federal Reserve herausgegebene Statistik zeigt, dass bereits in den Jahren 2007–2008 ungefähr 80 Prozent der neuaufgenommenen Bankkredite Hypotheken waren. Die meisten von ihnen dienten dazu, bereits vorhandene Immobilien zu erwerben, genau wie es auch bei den meisten Transaktionen an der Börse um Aktien geht, die schon vor einiger Zeit emittiert wurden.

Das hat eine doppelte Auswirkung: Die Vermögenswertpreise werden aufgebläht, angefangen bei Immobilien bis hin zu ganzen Konzernen, und die Banken nehmen immer mehr Zinsen ein, was wiederum zu einem Kostenaufschlag für die Konsumenten führt. Dadurch werden Volkswirtschaften, die von Spekulationsblasen beherrscht sind, so kostspielig für die Gesellschaft. Die Wohnungspreise steigen ins Unermessliche, und die Hypothekenschuldner müssen immer größere Summen für ihren Schuldendienst aufwenden. Unternehmen verschaffen sich Kredite, um andere Unternehmen zu kaufen, und treiben durch die Kosten dieser Eigentumsübertragung die Unternehmensverschuldung immer weiter in die Höhe.

In den USA wird sogar die Bildung finanzialisiert, weil die Studenten, damit sie sich die teuren Studiengebühren leisten können, nach ihrem Studienabschluss einen immer größeren Teil ihres Einkommens für die Abbezahlung ihrer Studentendarlehen abzweigen müssen.

Dadurch entstehen erhebliche Belastungen für die Produktivkraft der Wirtschaft. Doch die meisten Leute glauben, diese Anleihen, Bankkredite, Aktien und Forderungen der Gläubiger würden zum wirtschaftlichen Wohlstand zählen und nicht etwa auf die andere Seite der Bilanz. Dieses auf den Kopf gestellte Orwell'sche »Doppeldenk« ist eine Voraussetzung für die lobende Berichterstattung der Medien über die von Spekulationsblasen beherrschte Wirtschaft. Und die Berichterstattung wiederum führt dazu, dass sich die zersetzende Wirkung des Doppeldenks weiter verstärkt.

Die prägende Entwicklung während der letzten fünfzig Jahre, die sich durch alle Felder zieht – vom unternehmerischen Bereich über den Immobiliensektor bis hin zu den Privathaushalten –, ist der stetige Anstieg der Verschuldung, sowohl im Verhältnis zum Eigenkapital als auch zum Einkommen.

Die finanzielle Abkopplung der Industriewirtschaft

Normalerweise ist ein Großteil der Kapitalinvestitionen in den USA und den meisten anderen Volkswirtschaften selbstfinanziert. Das heißt, sie werden aus zurückbehaltenen Unternehmenseinnahmen bezahlt und nicht durch eine Kreditaufnahme bei Banken oder Anleihegläubigern. Wie bereits an anderer Stelle ausgeführt, waren Profite und Investitionen während des 35 Jahre andauernden Wirtschaftsaufschwungs, der auf den Zweiten Weltkrieg folgte, eng miteinander verbunden. Doch in der Reagan-Thatcher-Ära wurde diese Verbindung gesprengt. Die Bruttogewinne stiegen, während die Investitionen drastisch zurückgingen.

Der Grund für diese Abkopplung ist die Finanzialisierung der Volkswirtschaft. Heutzutage erzielen das Bankwesen und der Finanzsektor gut 40 Prozent aller Profite. Im Herstellungssektor jedoch werden grundlegende Ausgaben gekürzt, Investitionen in Sachanlagen zurückgefahren und langfristig beschäftigte, qualifizierte Arbeitskräfte durch weniger gut bezahlte neue Mitarbeiter ersetzt. Und das, was von den Unternehmensgewinnen übrigbleibt, wird immer öfter für Aktienrückkäufe und höhere Dividendenausschüttungen verwendet.

Diese Praktiken haben das Finanzmanagement von der Investition in neue Produktionsmittel abgekoppelt. In der Illusion, Volkswirtschaften könnten hauptsächlich anhand der Sollseite der nationalen Bilanz reich werden, spiegelt sich nur wider, wie sehr es den Gläubigerinteressen gelungen ist, das wirtschaftliche »Gehirn« zu infiltrieren. Der Finanzkapitalismus gründet auf exponentiell wachsenden Schulden. Der Industriekapitalismus dagegen baut auf steigenden Kapitalinvestitionen in Sachanlagen, Beschäftigungsverhältnisse und Absatzmärkte auf. Wenn das private und geschäftliche Einkommen von der Produktion und dem Konsum abgezogen und dem Schuldendienst und/oder der Steigerung der Vermögenspreise zugeführt werden, wird ein Wachstum der Realwirtschaft verhindert.

In Kapitel 11 werde ich mich damit auseinandersetzen, wie innerhalb dieser Spekulationsblase aus einer Vermögenspreisinflation eine Schuldendeflation hervorgeht.

KAPITEL 11

Die Blasenökonomie: von der Vermögenspreisinflation zur Schuldendeflation

»[Die] neue Finanzaristokratie, eine neue Sorte Parasiten in Gestalt von Projektmachern, Gründern und bloß nominellen Direktoren … verlangt, dass *andre* für [sie] sparen sollen.«

Karl Marx[1]

Im September 2008 herrschte in den Vereinigten Staaten nicht gerade Hochkonjunktur. Die Wirtschaft war überschuldet, die Immobilienpreise befanden sich auf einem Höchststand. Gleichzeitig fielen die Zinsen, und die Reallöhne stagnierten schon seit drei Jahrzehnten. Das Gleiche galt für die Verbraucherpreise. Nicht einmal die Wohnungsmieten waren gestiegen: Die Immobilienspekulanten suchten verzweifelt nach Mietern, um die laufenden Kosten für ihre Gebäude abzudecken, die sie in der Hoffnung auf einen gewinnbringenden Weiterverkauf erworben hatten.

Da sich Löhne, Zinsen und Verbraucherpreise nicht überhitzten, sprachen die Ökonomen begeistert von einer »Goldlöckchen-Wirtschaft« – einem volkswirtschaftlichen Zustand, der weder als zu »heiß« noch zu »kalt«, sondern als genau richtig gilt. Das mochte auf die Banker durchaus zutreffen, denn ihre Kreditvergaben florierten, und ihre Boni ebenso. Die Mainstream-Ökonomen nannten die Zeit zwischen 1990 und 2007 die Phase der »Great Moderation«, der »Großen Mäßigung«. Letztendlich geht dieser Begriff jedoch – nicht ganz überraschend – auf einen Banker, nämlich David Shulman von der Investmentbank Salomon Brothers zurück.

In Wahrheit aber war es die Zeit der »Großen Verschuldung«, die zur »Großen Polarisierung« führte, und die wiederum ebnete den Weg für die

Phase der »Großen Austerität«: dem Programm des unerbittlichen Sparens bei allen Ausgaben.

Als dann die Blase platzte, machte die Wall Street den »Wahn der Massen« dafür verantwortlich. Dieser Trick, einfach dem Opfer die Schuld zu geben, ließ es so aussehen, als wären die Schuldner zu unmäßig und gierig gewesen und als sei es nur gerecht, dass die »wahnsinnige Masse« jetzt den Preis für ihre leichtsinnige Verschuldung bezahlen musste und nicht etwa die Gläubiger. Denn in der Folge wurden gerade die leichtsinnigsten, risikofreudigsten Banken mit staatlichen Rettungsmaßnahmen vor dem Untergang bewahrt, ganz so, als wären nicht in Wahrheit sie selbst, zusammen mit der Federal Reserve, die wahnsinnigen und unmäßigen Akteure in dieser Geschichte gewesen.

Erst die Deregulierungen des Finanzsektors hatten diese Unmäßigkeit ermöglicht. Im Jahr 2004 warnte das FBI vor der größten Welle von Finanzbetrug seit dem Savings-and-Loan-Skandal der achtziger Jahre. Das Justizministerium drückte einfach beide Augen zu.

Ebenso unmäßig wie der Betrug war das Ausmaß der Polarisierung. Seit den zwanziger Jahren des letzten Jahrhunderts war die Schere zwischen dem Einen Prozent und den restlichen 99 Prozent nicht mehr so groß gewesen. Das Einzige, was an dieser Zeit »mäßig« erscheinen mochte, war der Umstand, dass die breite Bevölkerung keine Lohnerhöhung und auch keinen steigenden Anteil an Gesamteinkommen und Wohlstand erhielt. Die »Große Mäßigung« war der Euphemismus der Wall Street für die immer weiter wachsende Schuldenpyramide und eine zunehmende Polarisierung zwischen Gläubigern und Schuldnern.

Die Immobilienpreise waren so hoch gestiegen, dass man gezwungen war, seinen Konsum und Lebensstandard drastisch einzuschränken, wenn man eine Hypothek aufnehmen wollte – es sei denn, man häufte hohe Kreditkarten- oder andere Schulden an. Zahlreiche Hausbesitzer belegten ihre Immobilien mit weiteren Hypotheken – sogenannten »zweitrangigen« oder »Zweithypotheken« –, und benutzten damit ihre Häuser wie einen Bankautomaten, von dem man einfach Geld abhebt. Wegen der Zinszahlungen für diese steigenden Schulden blieb immer weniger für den Konsum übrig. Die Lage der Normalbürger verschlechterte sich zusehends, während ihre Schuldenlast immer drückender wurde.

Seit 1945 hatte jede Konjunkturerholung auf einem höheren Schuldenniveau begonnen als die vorangegangene und fiel auch jedes Mal ein bisschen schwächer aus. Diese immer weiter steigende Verschuldung erklärt auch, warum die Bankenrettung, die auf die Finanzkrise von 2008 folgte, keine echte »Erholung« mit sich brachte. Für Banken und andere Gläubiger heißt eine solche Erholung immer auch, dass die ausgegebenen Kredite in den Geschäftsbüchern verbleiben und sich die Immobilienpreise durch Vergabe weiterer Kredite wieder aufblähen. Die »Lösung« der Banker besteht also in einer Welle neuer Kredite, um die Immobilien-, Aktien- und Anleihepreise immer weiter zu erhöhen.

Das eigentliche Problem sind aber die Schulden. Was die Wirtschaft heutzutage belastet, ist der Umstand, dass alle Schulden beibehalten wurden und bei jedem Konjunkturaufschwung als Finanzbremse fungieren. Und die »Lösung« der Banken für dieses Problem ist Austerität: Der Großteil der Wirtschaft ist bestrebt, Schulden abzuzahlen und nicht, sie nur auf ein bezahlbares Niveau zu senken, bei dem man ohne Sparmaßnahmen auskommt. Austerität ist die neue Definition der Wall Street – und auch der Eurozone – für »Mäßigung«.

Gläubiger und Schuldner haben naturgemäß eine diametral entgegensetzte Weltsicht. Die Arbeitnehmer (oder Konsumenten) und die Industrie sehen sich gezwungen, einen steigenden Anteil ihres Einkommens in Form von ökonomischer Rente und Zinsen an den Finanz- und Immobiliensektor zu bezahlen, um deren Eigentum, Ersparnisse und Kredite nutzen zu können. Dadurch bleiben nicht genügend Lohneinkünfte und Profite übrig, um die Marktnachfrage nach Konsumgütern aufrechtzuerhalten und Investitionen in neue Produktionsmittel (Kapitalgüter) zu tätigen. Die Hauptgründe für wirtschaftliche Sparmaßnahmen und Polarisierung sind die *Rentendeflation* (also die Zahlungen, die an Rentiers und Monopolisten geleistet werden müssen) und die *Schuldendeflation* (Zahlungen an Banken, Anleihegläubiger und andere Kreditgeber).

Für die Banken bedeutet »Mäßigung« ganz schlicht und ergreifend, einen Zahlungsausfall zu vermeiden. Dieser Ernstfall ließ sich seit den neunziger Jahren bis zum Jahr 2007 aufschieben, aber nur, weil sich die Konsumenten immer tiefer verschuldeten, um die ihnen auferlegten Zinszahlungen und Rentiergebühren bezahlen zu können. Die Banken schufen genügend neue Kredite, um diese immer weiter anwachsenden privaten Haushaltsdefizite aufzufangen.

Das geschah hauptsächlich durch die Vergabe von Erst- und Zweithypotheken an einen immer größeren Teil der Bevölkerung, wobei man sich nur wenig oder gar nicht darum scherte, ob die Hypothekennehmer ihre Schulden auch abbezahlen konnten. Zusammen mit den ebenfalls immer weiter steigenden Kreditkartenschulden ermöglichten es diese Bankkredite den Konsumenten, den Lebensstandard aufrechtzuerhalten, den sie durch ihre Löhne nicht mehr zu bezahlen vermochten. Die Leute hofften, aus der Sache irgendwie als Gewinner hervorzugehen, solange die Vergabe von Bankkrediten weiterhin dafür sorgte, dass die Preise für Immobilien, Aktien und Anleihen stiegen.

Dieser Kreislauf aus Kreditvergaben und sich immer weiter aufblähenden Vermögenspreisen wurde erst in dem Moment unterbrochen, als Produktion und Konsum nicht mehr für die anfallenden Zinsen aufkommen konnten. Die Spekulanten hörten auf zu kaufen, und die Banken stellten die Kreditvergabe ein. Die Immobilienpreise fielen unter den Wert der auf den Immobilien lastenden Hypothekenverbindlichkeiten: Das nennt man negatives Eigenkapital.

Irgendjemand musste den Schaden tragen und die Lücke zwischen den Forderungen der Gläubiger und der Zahlungsfähigkeit der Schuldner schließen. In den Augen der Federal Reserve und des US-amerikanischen Finanzministeriums mussten nicht etwa die Arbeitnehmer und die Industrie, sondern die Bilanzen der Banken gerettet werden – also der Sektor, der die Wirtschaft gerade *belastete*. Dennoch kamen US-Notenbank und das Finanzministerium für die Verluste ihrer Anhängerschaft auf – genauer gesagt, für die Verluste des Einen Prozents.

Im Zuge dieser Entwicklungen machte die Wall Street eine ideologische Kehrtwende und segnete nun plötzlich genau das ab, was sie vorher so lange kritisiert hatte: eine steigende Staatsverschuldung und Defizitfinanzierungen. Die Geldschöpfung seitens der Zentralbank billigte sie nicht etwa, weil ihr die Gesamtwirtschaft am Herzen lag, sondern aus rein eigennützigen Motiven. Staatliche Defizite sind nach dieser Sichtweise immer dann »gut«, wenn sie der Rettung von Banken und Anleihegläubigern dienen. Und sie sind nur dann »schlecht«, wenn sie für den Arbeitsmarkt und die Realwirtschaft ausgegeben werden.

Die Kreditschöpfung der Federal Reserve (die quantitative Lockerung) ist gut, wenn sie dazu beiträgt, die Vermögenspreise zugunsten des Einen Prozents aufzublähen und die Bilanzen der Banken zu verbessern. Aber staatliche Geldschöpfung wird dann als »unverantwortlich« bezeichnet, wenn sie zur Erholung des Arbeitsmarktes und der Lohnentwicklung beiträgt und den 99 Prozent dabei hilft, ihre Kosten zu decken und ihren bisherigen Anteil am Volkseinkommen und Wohlstand zurückzugewinnen.

Steigende Vermögenspreise für Immobilien, Aktien und Anleihen sind »gut«, weil sie die Macht des Einen Prozents über den Rest der Wirtschaft erweitern. Steigende Löhne und Rohstoffpreise sind schlecht, weil sie drohen, ebenjene Macht zu unterhöhlen.

Die meisten Leute erkannten die dringende Notwendigkeit, die bestehenden Hypothekenschulden, Studiendarlehen und anderen privaten Schulden auf ein bezahlbares Niveau zu senken. Zumindest die fiktiv hohen Preise, mit denen die Banken stark hypothekenbelastete Immobilien völlig unverantwortlich bewertet hatten, mussten wieder an die fallenden Preise des Immobilienmarktes angeglichen werden.

Doch das Eine Prozent hatte 2008 ganz anderes im Sinn. Seine Lösung der Krise bestand darin, die Volkswirtschaften durch eine Schuldendeflation noch weiter verarmen zu lassen, und zwar so lange, bis eine neue Schulden- und Kreditschöpfungswelle entstand und alles wieder zu »normalen« Verhältnissen zurückkehrte. Dadurch wiederum wäre die Wirtschaft gezwungen, die Schuldenlast abzutragen, die sich seit 1980 angehäuft hatte.

Nach 2008 versiegte jegliche neue Kreditvergabe. Konsumenten mussten nach und nach ihre Kreditkartenschulden abbezahlen. Hausbesitzer sahen sich gezwungen, ihre Hypotheken zu begleichen, statt ihr Eigentum, wie bisher, als Geldautomat zu behandeln und aus dem vollkommen überhöhten Wert zu schöpfen, der ihm durch die Vermögenspreisinflation zugeschrieben worden war. Diese Zurückzahlung in das Reinvermögen wurde zur neuen Definition des »Sparens«. Das Nettovermögen wird nicht durch den *Zugewinn* von Vermögenswerten und tatsächlichem Reichtum vermehrt, sondern durch das *Abzahlen* bestehender Schulden. Aus buchhalterischer Sicht handelt es sich dabei um die Negation einer Negation. (Hegelianer und Marxisten werden die philosophische Umkehrung, die hier stattfindet, zu schätzen wissen.) Doch die Liquidität, die durch diese »Ersparnisse« neu geschaffen wird, kommt nicht den Schuldnern zugute, sondern den Gläubigern, die die Tilgungszahlungen empfangen.

Natürlich kamen viele Schuldner nicht um eine Zwangsvollstreckung herum. Sie konnten die Raten nicht mehr begleichen und mussten den Offenbarungseid leisten.

Die westlichen Volkswirtschaften traten in ein Stadium der Schuldendeflation ein, wie man es bis dahin nur in Ländern der Dritten Welt gekannt hatte, die den (De-)Stabilisierungsprogrammen des IWF unterworfen waren.

Um den Mechanismus zu verstehen, durch den eine Vermögenspreisinflation unweigerlich zur Schuldendeflation führt, muss man sich vor Augen führen, dass es in Wahrheit zwei parallele Wirtschaftsformen gibt, die Real- und die Finanzwirtschaft, die wir in ihren verschiedenen Facetten bereits beschrieben haben.

Die Vermögenspreisinflation

Die mit Abstand am schnellsten wachsende Vermögenskategorie sind die Gewinnzuwächse bei Immobilien, Aktien und Anleihen – und nicht die Profite, die bei der Produktion von Waren und Dienstleistungen entstehen. Bis 2008 übertrafen diese Gewinne den Einkommensanstieg bei weitem und machten sie zur hauptsächlichen Quelle der neuen »Wohlstandsschöpfung«. Darüber hinaus werden sie zu sehr viel geringeren Sätzen besteuert als Löhne oder Industrieprofite, und mehr als Dreiviertel dieser Gewinne fließen auf die Konten des Einen Prozents.

Aber den Nutznießern dieser Entwicklung ist dieser Umstand offenbar so peinlich, dass sie den Reichtum, den sie mit Immobilien und finanziellen Vermögenswerten angehäuft haben, vor den Augen der Allgemeinheit verstecken und sich eifrigst darum bemühen, Schätzungen seines Umfangs aus den offiziellen Statistiken herauszuhalten. Wie in Kapitel 5 erläutert, tauchen diese Gewinne nirgendwo in den nationalen Statistiken auf – weder in den NIPA noch in dem »Flow-of-funds«-Report der Federal Reserve zur volkswirtschaftlichen Bilanz. Doch auf gesamtwirtschaftlicher Ebene übertreffen die Kapitalgewinne (oder seit 2008 die Verluste) alle anderen Veränderungen im Volkseinkommen oder BIP. Das, worauf es Investoren in der heutigen finanzialisierten Wirtschaft hauptsächlich abgesehen haben, nämlich die Gesamterträge, die sich aus den laufenden Einkünften (aus Zinsen, Dividenden und Renten) plus den Kapitalgewinnen ergeben, wurde vor dem kritischen Blick der Öffentlichkeit geschützt.

Das jährliche Wachstum der Grundstückswerte übersteigt den Zuwachs im Volkseinkommen bei weitem

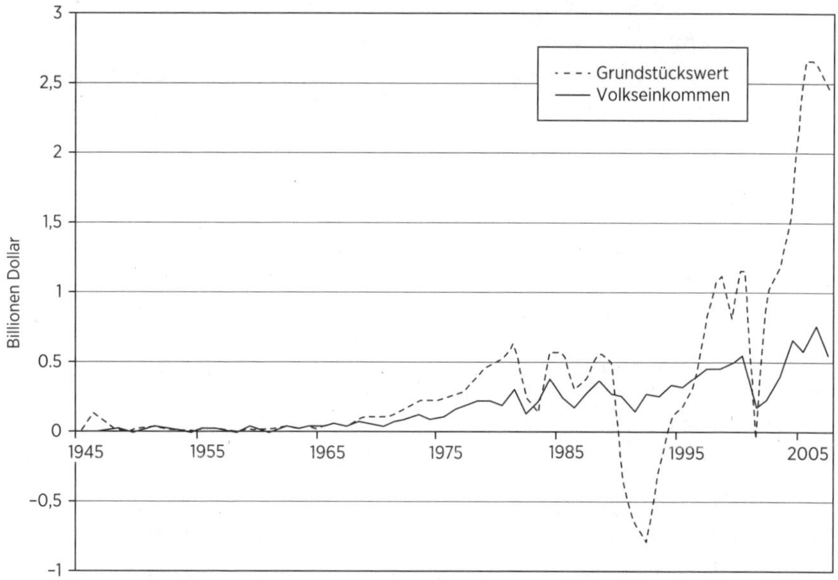

Abbildung 7

Eigentlich ziehe ich den Begriff »Vermögenspreisgewinne« dem Terminus »Kapitalgewinne« vor. Letzterer kann leicht zu Verwirrung führen, da Steuerberater und somit auch die Steuererklärung darunter ausschließlich »Veräußerungsgewinne« verstehen.[2] Auf Gewinne, die bei Erbschaften entstehen oder aus Immobiliengeschäften stammen und sofort in Neukäufe investiert werden, werden dagegen keinerlei Steuern erhoben.

Weil 80 Prozent der Vermögenspreisgewinne im Immobiliensektor entstehen und die übrigen 20 Prozent im Aktien- und Anleihenbereich, stehen Immobilien auch im Fokus dieser Spekulationsblasendynamik.[3] Die sich daraus ergebenden Preisgewinne sind keine Kapitalgewinne im eigentlichen Sinn. Denn Landbesitz und andere Renten einbringende Vermögenswerte sind kein »Kapital«, zumindest nicht im klassischen Verständnis dieses Begriffs. Denn dieser bezieht sich auf von Menschenhand geschaffene Produktionsmittel, in deren Wert sich die tatsächlichen Produktionskosten widerspiegeln. Landbesitz hat nur den Wert, den ihm der Marktpreis zuweist, und der basiert auf dem Betrag, den die Banken als Unterlegung für eine Hypothek anerkennen. Etwa 80 Prozent der neuen Bankkredite sind Hypotheken, weshalb auch der Anstieg bei der Kreditschöpfung hauptsächlich in den Immobilienpreisen zu bemerken ist.

Im Gegensatz zu Industrieprofiten ergeben sich Kapitalgewinne größtenteils aus der Vermögenspreisinflation – oder vielmehr aus der Welle günstigerer Bankenkredite, die zum Ansetzen von Schuldenhebeln dienen. Seit 1980 verfallen die Zinssätze immer mehr, wodurch eine wahre Flut von neugeschaffenen Krediten entstanden ist. Sie hat es den Kreditnehmern ermöglicht, die jeweiligen Vermögenswerte und den damit verbundenen Einkommensstrom mithilfe sehr niedrig verzinslicher Kredite zu erwerben. Der Wert für das Preis-Einkommen-Verhältnis steigt, wenn die Zinsen fallen (wie in der Tabelle unten beschrieben). Solche Gewinne unterscheiden sich daher grundsätzlich von den Profiten, die durch Arbeitskraft und unternehmerische Tätigkeiten entstehen. Sie sind genau das, was manche Ökonomen im 19. Jahrhundert als »unverdienten Zuwachs« bezeichneten. Und das gilt besonders für die Fälle, bei denen man von den steigenden Grundstückswerten profitiert.

Die zehn Dynamiken, die dazu geführt haben, dass sich die Wirtschaft auf Vermögenspreisgewinne konzentriert

1. Steigende Grundstückswerte aufgrund von gestiegenem Wohlstand, Infrastrukturausgaben und Bevölkerungswachstum
2. Exponentieller Anstieg der Kreditvergabe
3. Fallende Zinssätze erhöhen den »Kapitalisierungsfaktor«
4. Pensionsfonds investieren in Aktien und Immobilien
5. Steuerbegünstigungen für Kapitalgewinne und ererbtes Vermögen
6. Niedrigere Tilgungsraten bei Krediten und Hypotheken bis hin zu »tilgungsfreien Darlehen«
7. Geringe Eigenkapitalbeteiligung
8. Niedrige Zinsraten als Einstiegsanreiz und explodierende Kosten nach Ablauf von drei Jahren
9. Entstehung eines Sekundärmarkts für nicht ins Bankwesen integrierte Hypothekenmakler
10. Unverhohlener Betrug (»Lügnerkredite« und andere Arten von finanziellem Giftmüll)

Tabelle 2

Die zehn Dynamiken, in deren Folge sich die Wirtschaft auf Vermögenspreisgewinne konzentriert hat

Eine Kombination aus Bevölkerungswachstum, Verstädterung, Wohlstand (mit Häusern als wichtigstem Statussymbol) sowie staatlichen Ausgaben für Transportwesen und andere Infrastrukturelemente führte zusammen mit der wachsenden politischen Macht der Immobilieneigner, die damit Steuersenkungen durchsetzten, zu einem Anstieg der Grundstückspreise und ihres Mietwerts. Auf der Grundlage dieser langfristigen Tendenzen sind die Zinssätze und Vermögenspreise im Verlauf der Finanzzyklen immer wieder gestiegen und gefallen. Die Blasenökonomie hat die Vermögenspreise durch rein finanzielle Faktoren in die Höhe getrieben, hauptsächlich durch die kontinuierliche Senkung des Leitzinses, der sich 1980 noch auf einem Höchststand von 20 Prozent befand. Einen Anteil hatte aber auch die Lockerung der Kreditbedingungen, wodurch die Banken immer höhere Beträge auf verpfändete Sicherheiten wie Einkommen und Immobilien verliehen (was in den sogenannten »Lügnerkrediten« kulminierte).

Steigende Grundstückswerte durch gestiegenen Wohlstand, Infrastrukturausgaben und Bevölkerungswachstum

In Kapitel 3 habe ich ausgeführt, wie die klassischen Ökonomen den Preisanstieg bei Landbesitz, Bodenschätzen und anderen natürlichen Ressourcen erklärten – und zwar nur mit Faktoren, die den Besitzern keine zusätzlichen Ausgaben für Beschäftigung und Unternehmensinvestitionen abverlangten. Staatliche Investitionen in Straßenbau und übriges Transportwesen, in Schulen, Parkanlagen, Wasserversorgung und andere Infrastrukturelemente sind kostenlos oder werden zumindest von der gesamten Bevölkerung durch Steuern finanziert. Das führt dazu, dass sowohl die Steuerzahler als auch diejenigen, die Mieten oder ökonomische Renten bezahlen, den Wohlstand der Grundbesitzer mehren. Dadurch können diese mehr, und neue Hauskäufer müssen höhere Kredite aufnehmen, um die im Wert gestiegenen Grundstücke zu erwerben. Im Endeffekt geht die ökonomische Rente, die ein Objekt abwirft, in Form von Zinszahlungen an die Bank, was wiederum dazu führt, dass Grundbesitzer und Steuerzahler dem Finanzsektor einen höheren Einkommensstrom und größeren Wohlstand verschaffen.

Exponentieller Anstieg der Kreditvergabe

Kapitalgewinne lassen sich am besten durch das Ansetzen eines Schuldenhebels steigern – indem man so wenig eigenes Geld wie möglich investiert. Während die so angehäuften Reichtümer immer weiter anwachsen, konkurrieren die Banken miteinander um neue Geschäftsmöglichkeiten, und das vor allem dadurch, dass sie ihre Kreditkonditionen lockern. Die Immobilienpreise steigen, und der ganze Prozess verselbstständigt sich. Spekulanten und Hausbesitzer übereignen den Banken ihre Mieteinnahmen, in der Hoffnung, dabei selbst einen Kapitalgewinn zu erzielen. Das logische Ende wird dann erreicht, wenn die Finanzierungskosten die Mieteinnahmen und alle anderen Profite aufzehren. Genau diese Bereitschaft der Kreditnehmer, ihre Mieteinnahmen oder sonstigen Profite an die Gläubiger zu bezahlen, ist die treibende Kraft hinter jeder Vermögenspreisblase.

Fallende Zinssätze erhöhen den Kapitalisierungsfaktor

Der Kapitalisierungsfaktor ist umgekehrt proportional zum Zinssatz. Bei einem Zinssatz von 5 Prozent trägt eine Nettojahresmiete von einer Million Dollar eine tilgungsfreie Hypothek über 20 Millionen Dollar. Bei einem Zinssatz von 4 Prozent ist sogar eine Hypothek von 25 Millionen Dollar abgedeckt. Mit sinkenden Zinssätzen wächst die Höhe der Hypothek, die mit den Mieteinnahmen unterlegt werden kann. Als der Leitzins in den USA nach seinem Höchststand von 20 Prozent im Jahr 1980 immer weiter sank, stieg demzufolge die Bereitschaft der Banken, den angehenden Immobilienkäufern immer höhere Kredite zu gewähren.

Pensionsfonds investieren in Aktien und Immobilien

Seit den fünfziger Jahren des letzten Jahrhunderts wurden die meisten Ersparnisse an der Börse investiert. Man begrüßte solche Aktienspekulationen und nannte sie »Pensionsfonds-Kapitalismus« (und manchmal auch »Pensionsfonds-Sozialismus«). Während der achtziger Jahre diversifizierten die amerikanischen Pensionsfonds ihre Anlageportfolios und bezogen nun Ramschanleihen mit ein und – nachdem 2000 die Dot-Com-Blase platzte – auch Wertpapierpakete auf Hypothekenbasis. Diese Wertpapiere waren von allen Anlagemöglichkeiten die ertragsstärksten. Wegen ihnen begannen die Pensionskassen, in den Immobiliensektor zu investieren, und schufen für die Banken, die diese Hypotheken ausgegeben hatten, einen willkommenen Absatzmarkt.

Steuerbegünstigungen für Kapitalgewinne und ererbtes Vermögen

Als man 1913 in den USA die Einkommenssteuer einführte, wurden Kapitalgewinne wie ganz normales Einkommen besteuert. Dahinter stand der Gedanke, dass Kurs- oder Preisgewinne, die sich aus Aktien, Anleihen oder Immobilien ergeben, das Nettovermögen ihres Besitzers in ganz der gleichen Weise mehren wie Ersparnisse aus Lohn- oder Profiteinnahmen. Aber schon 1921 gelang es den Finanz- und Immobilien-Lobbyisten, eine Senkung der Kapitalgewinnsteuer auf 12 Prozent zu veranlassen, zumindest für solche Vermögenswerte, die mindestens zwei Jahre im Besitz des jeweiligen Steuerzahlers verblieben. 1934 wurde die Kapitalgewinnsteuer noch einmal gesenkt, und 1954, während der Regierungszeit von Dwight D. Eisenhower, beschränkte man sie auf generell 25 Prozent. Auf diesem Niveau blieb sie dann bis 1967. Unter den Präsidenten Ronald Reagan und George Bush wurde sie noch weiter gesenkt, insbesondere für den Immobiliensektor. Hausbesitzer konnten nun so tun, als würden ihre Gebäude in nur sieben Jahren an Wert verlieren und somit eine fiktive Kostenbelastung geltend machen, die sie von ihrem Mieteinkommen absetzten. Dadurch wurde sowohl der gewerbliche als auch der als reine Investition dienende Immobilienbesitz nahezu steuerfrei.

Solche Immobilien- oder Liegenschaftsgewinne, die man zum Erwerb von weiteren Immobilien nutzt, sind in den USA steuerfrei. Und es gibt viele europäische Länder, die sämtliche Kapitalgewinne von der Steuer ausnehmen. Britische Hausbesitzer können die Steuer beispielsweise dadurch umgehen, dass sie ihren Besitz über ein Konto auf der Isle of Man oder einer anderen Steuerenklave laufen lassen. Eine solche bevorzugte Behandlung machte das Entstehen riesiger Immobilienimperien möglich, die weitgehend von der Einkommens- und Kapitalgewinnsteuer befreit sind. Wenn deren Besitzer sterben, erlischt jeder Anspruch auf Steuernachzahlung und die Erben können mit dem Ausbau des Imperiums fortfahren. Kein Wunder also, dass in den USA das Eine Prozent über den Löwenanteil des US-amerikanischen Reichtums verfügt.

Niedrigere Tilgungsraten bei Krediten und Hypotheken bis hin zu »tilgungsfreien Darlehen«

Bis 1980 betrug die Standardlaufzeit für eine Hypothek 30 Jahre. Wenn man also von der Restschuld eines Darlehens ein Dreißigstel pro Jahr abbezahlt, entspricht das einer jährlichen Tilgungsrate von 3,3 Prozent. Indem man die Schuldner von der Pflicht »befreit«, diesen Prozentsatz zu bezahlen, lässt sich der Beleihungswert der Immobilie erhöhen. Bei einem Zinssatz von 5 Prozent wird der mögliche Umfang einer tilgungsfreien Hypothek um Zweidrittel (also 3,3 geteilt durch 5) angehoben; bei 6 Prozent erhöht sich dieser Darlehensumfang um 55 Prozent.

Als 2008 die Immobilienblase ihren Höhepunkt erreichte, fanden tilgungsfreie Darlehen eine immer weitere Verbreitung. Banken ziehen es vor, wenn Darlehen nicht zurückgezahlt, sondern einfach nur erneuert werden und weiterhin Jahr für Jahr Zinsen abwerfen. Die Hausbesitzer, die alle verfügbaren Einkünfte allein für die Zinsen aufgewendet hatten, konnten die Hypothek selbst nicht abbezahlen und befanden sich somit in einer endlosen Schuldenmühle.

Geringe Eigenkapitalbeteiligung

Mit den neuen Kreditvergabepraktiken wurde auch das im Finanzwesen gebräuchliche Vokabular erweitert. In den Jahren, die der Krise von 2008 vorangingen, kamen die vollfinanzierten sogenannten »Subprime«-Hypotheken hinzu. Man vergab sogar Kredite über mehr als 100 Prozent – bis zu 110 Prozent –, die es den Kreditnehmern erlaubten, auch die Maklerkosten, Vertragsabschlussgebühren und Bankgebühren zu bezahlen und darüber hinaus vielleicht sogar noch ihr Eigenheim zu streichen und zu möblieren. Wer könnte schon bei so verlockenden Schnäppchenangeboten Nein sagen? Das Ergebnis eines derartigen Darlehens ohne jeglichen Eigenkapitalanteil war eine immer weiter steigende Verschuldung.

Niedige Zinsraten als Einstiegsanreiz und explodierende Kosten nach Ablauf von drei Jahren

Die amerikanischen Banken vergaben Hypotheken, deren anfängliche Zinssätze so niedrig waren, dass auch Kreditnehmer mit geringem Einkommen unterzeichnen konnten. Doch schon nach wenigen Jahren explodierten die Zinssätze dieser Darlehen und wurden hochriskant.

Alan Greenspan spielte die Gefahr solcher Hypotheken herunter, indem er darauf hinwies, dass viele Amerikaner schon nach drei Jahren wieder umziehen, so dass die Schuldner solchen Situationen entgehen konnten, indem sie ihr Haus an den sprichwörtlichen »Greater Fool« – den noch größeren Idioten – verkauften. Das funktionierte so lange, bis 2008 auch die »Idioten« aufhörten, Häuser zu kaufen – oder die Banken ihnen zumindest keine Kredite mehr gaben. Das Spiel war ausgespielt.

Entstehung eines Sekundärmarkts für nicht ins Bankwesen integrierte Hypothekenmakler

Die Hypotheken wurden normalerweise von den Sparkassen und Geschäftsbanken gehalten, die sie auch ursprünglich vergeben hatten. Da die Einkünfte, die ihnen diese Hypotheken einbrachten, höher waren als die Zinszahlungen, die sie an die Einleger leisten mussten, achtete man zunächst noch sorgfältig darauf, Immobilien, die an Wert verlieren könnten, nicht übermäßig zu belasten, denn das hätte wiederum zur Folge haben können, dass der Gesamtwert der Banken-Aktiva die Summe unterschritt, die man den Einlegern und Anleiheinhaber schuldete. Doch durch die Gründung der Hypothekenbanken Fannie Mae und Freddie Mac wurde ein staatlich gesicherter Markt für verbriefte Hypotheken geschaffen, die an institutionelle Investoren verkauft werden sollten – also an Pensionsfonds, Versicherungsgesellschaften und sogar deutsche Landesbanken. Man wollte dadurch erreichen, dass Hypotheken »liquide« wurden und man sie an die verschiedensten Institutionen veräußern konnte. Mehr »Liquidität« bedeutete, dass man einen größeren Ertragsstrom aus Ersparnissen für neue Hypothekenvergaben verwenden konnte, was die Immobilienpreise weiter erhöhte. Die Pensionsfonds hatten mit ihren Investitionen seit den fünfziger Jahren schon für steigende Aktienkurse gesorgt. Ende der achtziger Jahre wiederholten sie diese Vorgehensweise mit den Hypothekengeschäften.

Unverhohlener Betrug: »Lügnerkredite« und andere Arten von finanziellem Giftmüll

Wenn eine Bank Geld verdient, indem sie die Hypothekendarlehen verkauft, die sie selbst vergeben hat, verliert sie jegliches Interesse, Zahlungsausfälle zu vermeiden. Das erinnert an einen windigen Straßenhändler, der die billigsten Produkte zu den höchstmöglichen Preisen verkauft, um seine Profite so schnell wie möglich zu maximieren. Manche Geschäfte erwerben gefälschte, minderwertige Produkte und versuchen dann, sie als echt zu verkaufen, von patentgeschützten Medikamenten bis hin zu Lebensmittelfarben, die sich schließlich als giftig erweisen. Dieser Art von Betrug lässt sich nur durch staatliche Regulierungen und Qualitätskontrollen begegnen.

Ein Haus oder Bürogebäude oder auch Aktien und Anleihen sind immer so viel wert wie der Betrag, mit dem die Bank sie beleihen würde. Traditionell war die Obergrenze durch die Summe bestimmt, die der jeweilige Vermögenswert zur Begleichung des Schuldendienstes abwarf. Hätte man diese Regel auch während der Spekulationsblase, die sich aufblähte und 2008 schließlich platzte, befolgt, hätte es kaum Insolvenzfälle gegeben.

Auch Rettungsmaßnahmen wären nicht notwendig gewesen, abgesehen vielleicht von den kurzfristigen Notkrediten, die bei jeder Rezession an der Tagesordnung sind. Aber die auf sogenannten »Lügnerkrediten« beruhenden Hypotheken wurden bewusst gefälscht, indem man ein vollkommen fiktives Einkommen angab. Darüber hinaus beschäftigten die Banken Immobiliengutachter, die den einer Hypothek unterliegenden Grundbesitz bewusst stark überbewerteten. Die Preise für Hypotheken und somit auch für Wohneigentum orientierten sich nicht länger daran, ob man sie sich leisten konnte, oder an den Mieteinkünfte, die sie abwarfen.

Wie Finanzblasen die Kostendeckungsschwelle der Arbeitnehmer anheben

Die Renten- und Zinszahlungen erhöhen die Lebenshaltungskosten und entziehen dem Kreislauf aus Produktion und Konsum Ressourcen. Als erhebliche finanzielle Belastungen heben sie also nicht nur die Kostendeckungsschwelle für die Bürger an, sondern sorgen auch dafür, dass die Ausgaben an den Märkten sinken.

Der Grund für die hohen Lohnkosten in Amerika sind die enormen laufenden Kosten, die die Arbeitnehmer jeden Monat für Schulden, Wohnung, Steuern und Krankenversicherungsgebühren aufbringen müssen.

Vor 1980 galt die Faustregel, dass die Banken eine Hypothek nur dann bewilligen sollten, wenn die Wohnkosten nicht mehr als 25 Prozent vom Einkommen des Kreditnehmers betrugen. Aber die neuen Richtlinien, die von Fannie Mae und der Federal Housing Administration (einer amerikanischen Behörde, die Gelder für den Bau und Erwerb von Häusern zur Verfügung stellt) herausgegeben wurden, erlaubten eine Hypothekenvergabe sogar dann, wenn durch die Zahlungen bis zu 43 Prozent des Haushaltseinkommens gebunden wurden.

Was das Steuerrecht angeht, so werden in den USA heute 7,5 Prozent des Arbeitnehmereinkommens für Sozial- und Krankenversicherung einbehalten. Die Steuern von Bund, Ländern und Kommunen betragen weitere 15 Prozent.[4] Zusätzliche 10 Prozent des Lohneinkommens geben amerikanische Haushalte durchschnittlich für nicht hypothekarische Schuldendienste aus.[5] Zusammen beanspruchen diese Zahlungen an den

FVI-Sektor (und die Verlagerung der Steuern dieser Sektoren auf die Konsumenten) etwa zwei Drittel des Einkommens einer amerikanischen Arbeiterfamilie. Für sonstige laufende Ausgaben bleibt also nur noch ein Drittel übrig:

Miet- oder Wohnkosten (inkl. Grundsteuer):	35 bis 40 Prozent
Andere Schuldendienste (Kreditkartenschulden, Studiendarlehen usw.):	10 Prozent
Steuerliche Abzüge von den Lohnkosten (Sozialversicherung und Medicare):	7,5 Prozent
Andere Steuern und Gebühren (Einkommens- und Mehrwertsteuer, Krankenversicherung):	10 bis 15 Prozent
GESAMT:	etwa 67 Prozent

Tabelle 3

Eine Volkswirtschaft mit derart hohen Kosten für Schuldendienst, Immobilien und Steuern kann unmöglich mit schwächer finanzialisierten Volkswirtschaften konkurrieren, in denen die Wohnkosten weniger stark mit Verschuldung verbunden sind, wo Familien nicht mit so hohen sonstigen Schuldenlasten zu kämpfen haben und die Steuerlast nicht derart umfassend vom FVI-Sektor auf die Arbeitnehmer und die Industrie übertragen wurde.

Schuldendeflation

Aufgrund dieser Entwicklung werden immer härtere Sparmaßnahmen verhängt, während die Vermögenspreisinflation in eine Schuldendeflation übergeht.

Phase 1: Verbrauchernachfrage = Löhne plus neue Kreditaufnahme (also eine Erhöhung der Schuldenbelastung).

Die Notwendigkeit, die vor 2008 angehäuften Schulden zurückzuzahlen, führt zur zweiten Phase des Kreditzyklus, zur Schuldendeflation.

Phase 2: Nachfrage = Löhne *minus* Schuldendienst.

Die Vermögenspreisinflation wird dann zur Schuldendeflation, wenn die Tilgungs- und Zinszahlungen (ganz zu schweigen von den Säumnisgebühren) dem Kreislauf aus Produktion und Konsum erhebliche Mittel entziehen. Dadurch verlangsamt sich das Wachstum und die Wirtschaft schrumpft, während der Umfang der Kredite und Schulden exponentiell zunimmt.[6]

Der Begriff »Schuldendeflation« wurde erstmals 1933 von Irving Fisher verwendet. Er wollte damit erklären, wie die Insolvenzen, die sich häufen, wenn die Schulden nicht mehr bezahlt werden können, dazu führen, dass die Banken ihre Kreditvergaben einstellen und die Kaufkraft schwindet, was wiederum die Wirtschaft hindert, Investitionen zu tätigen und neue Arbeitskräfte einzustellen.[7]

Ben Bernanke, der von 2006 bis 2014 die Federal Reserve leitete, hatte diese Problematik nicht verstanden. Seiner Ansicht nach wird durch den Schuldendienst ganz einfach nur die Kaufkraft vom Schuldner auf den Gläubiger übertragen, ohne dass sich dadurch die allgemeinen laufenden Ausgaben verändern. Doch das setzt voraus, dass die Gläubiger das Geld, das sie aus dem Schuldendienst erhalten, in gleicher Höhe für Konsumausgaben aufwenden, wie es die verschuldeten Konsumenten und Arbeitnehmer getan hätten.

Vor den 1980er Jahren hätte kein Ökonom damit gerechnet, dass die Haushaltsdefizite der Regierungen die Form von Transferzahlungen an die Banken annehmen würden, entweder als Rettungsmaßnahmen oder als sehr günstige Kredite der Zentralbanken. Doch seit 2008 gilt, dass die steigende Staatsverschuldung und die Kreditvergabe der Zentralbank keineswegs dazu dienen, Beschäftigung oder Verbrauchernachfrage anzukurbeln. Vielmehr nutzt man sie dazu, die Zahlungsfähigkeit der Wall Street statt die der Konsumenten zu gewährleisten. Der Geldregen, den Fed-Präsident Bernanke als Helikoptergeld aus seinem Hubschrauber niedergehen ließ, kam allein der Wall Street zugute – damit die Banken der schon damals hochverschuldeten Wirtschaft noch mehr Kredite gewähren konnten. Was die Zentralbank unter »Konjunkturerholung« verstand, war nichts weiter als die Finanzierung der nächsten Spekulationsblase samt Preiserhöhungen für die existierenden Vermögenswerte wie Immobilien, Aktien oder Anleihen. Die gewerbliche Wirtschaft belebte das natürlich nicht; es belastete sie vielmehr mit noch mehr Schulden.

Bernankes Behauptung, ein steigender Schuldenstand würde keinen negativen Einfluss auf die Marktnachfrage haben, erinnert an Malthus' Argument, die Grundherren würden ihre Einnahmen wieder in die Wirtschaft zurückfließen lassen. Bernanke versuchte, den Finanzsektor von der Verantwortung für die verhängten Sparmaßnahmen freizusprechen und behauptete daher, die Schuldendeflation sei nichts anderes als eine »Umverteilung von einer Gruppe (den Schuldnern) auf eine andere Gruppe (den Gläubigern). Da es in der marginalen Konsumquote keine unverhältnismäßig großen Unterschiede zwischen den beiden Gruppen gab, sollte eine reine Umverteilung, so wurde unterstellt, keine größeren makroökonomischen Auswirkungen haben.«[8]

Wenn also, mit anderen Worten, die Gläubiger (oder Immobilienmogule) den gleichen Anteil ihres Einkommens und ihrer Kapitalgewinne für Konsum- und Investitionsgüter ausgeben würden, wie es der durchschnittliche Arbeitnehmer tat, dann gäbe es weder eine Schuldendeflation noch einen allgemeinen Konsumausfall. Die Kaufkraft würde sich einfach nur von den Schuldnern auf die Gläubiger und anderen Vertreter des Rentiersektors übertragen.

Aber genau da liegt der Knackpunkt: Zwischen dem Einen Prozent oder den Rentiers auf der einen Seite und den restlichen 99 Prozent oder den Konsumenten und Produzenten auf der anderen Seite gibt es tatsächlich erhebliche Unterschiede in der »Konsumquote«. Wie schon Keynes in seiner *Allgemeinen Theorie* erklärte, geben reichere Leute einen *geringeren* Anteil ihres Einkommens für den Konsum aus. Und wenn die heutigen Wall-Street-Finanziers tatsächlich einmal etwas von ihren Millionengehältern und Bonuszahlungen ausgeben, dann gönnen sie sich zumeist teure Kunstobjekte, Luxusapartments aus dem schon vorhandenen Baubestand, Jachten oder Designerkleidung. Ein Großteil dieser Konsumgüter wird aus dem Ausland importiert, wie man schon zu Malthus' Zeiten anmerkte. Aber was dabei am schwersten wiegt, ist der Umstand, dass die Superreichen den größten Teil ihrer Gewinne in Form von Krediten weiterverleihen und dadurch den Rest der Wirtschaft in ihre Schuld bringen.

Irving Fisher, der die 1933 von Präsident Roosevelt im Rahmen des »New Deal« getroffenen finanzpolitischen Entscheidungen befürwortete, war der festen Überzeugung, eine Ausweitung der Geld- und Kreditschöpfung würde die Wirtschaft aus der Depression herausführen. »Wenn inflationäre Kräfte … der Überschuldung entgegenwirken (sei es nun durch Zufall oder absichtlich), wird der daraus resultierende ›Zyklus‹ wesentlich milder und sehr viel regelmäßiger ausfallen.«[9] Er sah voraus, dass es auch den Arbeitsmarkt, die Lohnentwicklung und die Rohstoffpreise neu beleben würde, wenn man eine Schuldendeflation durch eine lockere Geldpolitik verhinderte.

Ganz anders Präsident Obama und die Republikaner: Sie bemühten sich, das staatliche Haushaltsdefizit zu *verringern*, statt mehr Geld in die Wirtschaft zu pumpen. Und für Bernanke beschränkte sich das Thema Geldmengeninflation nach 2008 darauf, die Kreditvergabe an Banken durch die Federal Reserve zu erleichtern. Seine Hoffnung war, sie würden ihre Kredite an den Immobiliensektor und die Aktien- und Anleihenmärkte vergeben und so dazu beitragen, die Preise wieder aufzublähen. Die Realwirtschaft jedoch blieb den Auswirkungen der Schuldendeflation schutzlos überlassen.

Sparen heißt nun Abbezahlen von Schulden

In den Jahren vor der Krise von 2008 fiel die US-amerikanische Sparquote auf Null. Diese viel diskutierte Zahl schien zu suggerieren, dass niemand mehr sparte – als hätte die gesamte Volkswirtschaft sich mit einem Mal entschlossen, das Geld mit beiden Händen auszugeben und den Moment zu genießen, statt für die Zukunft vorzusorgen.

Tatsächlich aber wurde insgesamt genauso viel gespart wie eh und je. Die Bruttosparquote blieb hoch und betrug etwa 18 Prozent des Volkseinkommens. Doch der Anstieg der Schuldenquote hielt damit Schritt. Der Großteil der Ersparnisse wurde in Form von Krediten verliehen und so in die Schulden anderer verwandelt, statt in die Bildung von Sachkapital investiert zu werden. Hauskäufer, Industrieunternehmen, Konsumenten und sogar die Landes- und Bundesregierungen hatten sich so tief verschuldet, dass ihre Kredite die Ersparnisse vollkommen aufbrauchten, wodurch sich eine Nettosparquote von 0 Prozent ergab. Tatsächlich war die *Inlands*-Sparquote der USA mit minus 2 Prozent sogar negativ. Die Gesamtquote wurde dadurch aus dem Minus herausgehoben, dass ausländische Zentralbanken (hauptsächlich in China, Japan und Deutschland) die Exportüberschüsse ihrer Volkswirtschaften in US-amerikanische Staatsanleihen investierten. Dieser Zustrom ausländischer Ersparnisse wird zur US-amerikanischen Sparquote hinzugezählt.

Als die Banken 2008 ihre Kreditvergabe einstellten, stieg die Sparquote bis zum Mai 2009 auf 7 Prozent des BIP. Die *New York Times* begrüßte diese Entwicklung und erwähnte lobend, dass »viele Leute ihr Geld nun auf die hohe Kante legen, statt es einfach auszugeben«.[10] Und das *Wall Street Journal* berichtete, die Empfänger einer einmaligen staatlichen Sozialversicherungsleistung, die durch einen Fehler der Verwaltung notwendig geworden war, hätten »offenbar nicht vor, das Geld sofort auszugeben«.[11]

Aber diese Form des Sparens ist nicht das, was man allgemein unter dem Begriff versteht. Die Leute waren nicht etwa vorsichtiger geworden und ließen nun mehr Geld auf der Bank, damit es ihnen in schweren Zeiten zur Verfügung stand. Sparen wurde vielmehr zum Schuldendienst. Es handelte sich hier nicht um flüssige Geldmittel, die ehemaligen Schuldnern frei zur Verfügung standen. Die Leute stellten vielmehr fest, dass sie ihre liquiden Sparguthaben reduzieren mussten. Sie verwendeten ihr Einkommen, um die Schulden zurückzubezahlen, die sie zuvor angesammelt hatten.

Die »Ersparnisse«, um die es hier ging, waren ein buchhalterischer Posten in der volkswirtschaftlichen Gesamtrechnung. Es handelte sich dabei um die Negation einer Negation und somit um einen positiven Wert. Bankguthaben waren sie allein in der Hinsicht, dass sie *von* den Schuldnern an ihre jeweiligen Banken und Kreditkartengesellschaften *zurückgezahlt* wurden.

Die Schuldendeflation hat gezeigt, wie verheerend es ist, sein eigenes Haus als eine Art Sparschwein zu benutzen. Sich zu verschulden ist etwas vollkommen anderes, als von einem Sparkonto Geld abzuheben. Die Banken benutzen gerne euphemistische Begriffe, um das Aufnehmen von Hypothekendarlehen (das verstärkte Beleihen aufgrund steigender Immobilienpreise) schönzureden, indem sie es als Auszahlung von Eigenkapital darstellen – als würde sich dadurch nicht ein fatales Schuldenvermächtnis ergeben, das den zukünftigen Konsum beschränkt, weil ein immer größerer Teil des Einkommens an die Gläubiger gezahlt werden muss.

Je stärker in der Zeit nach 2008 die »Sparquote« anstieg, desto weniger Geld hatten die »Sparer« für ihre Ausgaben zur Verfügung. Die Schuldner gaben weniger für Lebensmittel aus und brauchten ihre letzten Ersparnisse auf. Diese verdrehte Form des Sparens führte zur Schuldendeflation.

Die wirtschaftliche Belastung durch den Rentiersektor

Die heutige Schuldendeflation, die nach dem Platzen der Spekulationsblase entstand, ist kein zyklischer Wirtschaftsabschwung, der sich durch »automatische Stabilisatoren« schließlich wieder normalisieren wird. Wenn man nichts gegen den aktuellen Schuldentrend unternimmt, wird sich die Wirtschaft noch weiter zwischen dem Finanzsektor und der restlichen Realwirtschaft polarisieren. Um den Wohlstand wiederherzustellen, muss die Funktionsweise der Wirtschaft geändert werden – und zwar hauptsächlich, indem man einen Teil der bestehenden Schulden erlässt.

Piketty und Saez haben das enorme Ausmaß dokumentiert, in dem das Eine Prozent der Bevölkerung das vorhandene Vermögen auf sich vereint. Ihm gehören die meisten Anleihen und Aktien bei den Banken und anderen Firmen, und den Überschuss daraus erhalten sie in Form von Dividenden, Profiten, Zinszahlungen, Mieten und Kapitalgewinnen. Für ein realistisches Bild davon, wie die Wirtschaft funktioniert, müsste man die reichen Haushalte statistisch von den Arbeitnehmern trennen, die von ihrer eigenen Arbeit leben statt nur von Dividenden, Mieten und Kapitalgewinnen.

Es ist für die Märkte unmöglich, angesichts des heutigen Ausmaßes der Schuldendeflation und der Regression des Steuersystems noch Vollbeschäftigung und dauerhaftes Wirtschaftswachstum zu gewährleisten. Der wirtschaftliche Weltuntergang, von dem Ricardo befürchtet hatte, er würde aufgrund der Steuerbegünstigungen für den Rentiersektor und die Grundbesitzer über den Industriekapitalismus hereinbrechen, wird nun vom Finanzsektor herbeigeführt. Die heutigen Hypothekenbanker profitieren von den Grundbesitzern, deren Mieteinnahmen sie in Form von Zinszahlungen einstreichen – zusätzlich zum Geldfluss aus der Industrie und einem erheblichen Teil des Arbeitnehmereinkommens.

Der Industriekapitalismus war insofern revolutionär, als er sich von der Last des Rentiersektors und den noch aus der Feudalzeit herrührenden Privilegien der Grundbesitzer, Bankherren und Monopolisten zu befreien suchte. Aber die klassischen Reformen hatten keinen Erfolg. Stattdessen ist es nunmehr dem Finanzsektor gelungen, die Regierungspolitik in seine Gewalt zu bringen und den Industriekapitalismus dem Finanzkapitalismus sowie den mit ihm verbündeten Rentiers unterzuordnen. Das politische Problem besteht darin, dass Banker und Anleihegläubiger ihre Gewinne und Privilegien nicht verlieren wollen, selbst wenn sie die Volkswirtschaften dadurch in die Austerität zwingen. Denn nur so können sie die Schulden eintreiben, deren Entstehen sie selbst zu verantworten haben. In den folgenden Kapiteln werde ich erläutern, wie diese Umkehrung der wirtschaftlichen Demokratie und des allgemeinen Wohlstands in den Vereinigten Staaten wie auch in Europa gelang.

KAPITEL 12

Die Banker haben es kommen sehen, aber die Ökonomen schauten weg

»Die meisten theoretischen Neuerungen des makroökonomischen Mainstreams, die es seit 1970 gegeben hat … stellten sich als selbstbezüglich heraus oder bestenfalls als in sich gekehrte Ablenkungsmanöver. Die Forschung war zumeist von einer inneren Logik angetrieben, von dem bereits investierten gedanklichen Aufwand und den ästhetischen Problemen längst begonnener Forschungsprojekte. Es fehlte der echte Drang zu verstehen, wie die Wirtschaft wirklich funktioniert – zumal in Krisenzeiten und während finanzieller Instabilität. Kein Wunder also, dass der Berufsstand der Ökonomen vollkommen unvorbereitet war, als die Krise dann ausbrach.«

Willem Buiter[1]

Als Königin Elisabeth II. am 4. November 2008 die London School of Economics besuchte, kurz nachdem die finanzielle Kernschmelze von der Wall Street auf die City of London und von dort auf die Börsen in Paris, Frankfurt und Tokio übergesprungen war, stellte sie die berühmt gewordene Frage: »Hat das niemand kommen sehen?«

Es folgte eine Welle selbstgerechter Beteuerungen von der Wall Street und der City of London, dass niemand diesen Zusammenbruch hätte vorhersehen können. Eine nur zur Schau getragene Empörung. Die Banker und Hedgefonds-Manager hatten sehr wohl gewusst, was auf sie zukam, und in weiser Voraussicht eine politische Strategie entwickelt, um die Regierungen zu veranlassen, sie im Ernstfall mit staatlichen Rettungspaketen vor dem Ruin zu bewahren. Doch damit die Verluste von den Steuerzahlern getragen wurden, musste es den Anschein haben, als wäre der Zusammenbruch aus heiterem Himmel erfolgt und beruhe auf höherer Gewalt statt auf schlechter Politik und offensichtlichem Betrug.

Die *Financial Times* nannte einige Ökonomen (unter anderem mich), die die Dynamik des Zusammenbruchs erfasst und abgebildet hatten.[2] Doch an der Wall Street gab man sich ganz ahnungslos und behauptete, es sei ungerecht, irgendjemanden der Fahrlässigkeit, geschweige denn des Betrugs zu beschuldigen. Der Zusammenbruch, so wurde beteuert, gehöre ganz einfach zur natürlichen Funktionsweise der Wirtschaft dazu.

Wenn man noch Zweifel gehabt haben sollte, wie viele Leute die Finanzkrise von 2008 kommen sahen, braucht man sich nur den Jargon anzuschauen, den die Wall Street und die Finanzpresse benutzten, um die auf den »Lügnerkrediten« basierenden Ramschhypotheken zu umschreiben. Die Lügner waren die Hypothekenmakler, Gutachter und Banker, die Spezialisten für Hypothekenpapiere und die Ratingagenturen. Es wurden Kredite an sogenannte NINJA-Kreditnehmer vergeben (No Income, No Job, No Assets – Kein Einkommen, kein Job, keine Vermögenswerte), die mit sehr niedrigen Zinsen geködert wurden. Nachdem sie den Köder geschluckt hatten, explodierte der Zinssatz schlagartig.

Die Finanzmärkte galten als »fragil« – ein pseudotechnischer Begriff für das Schneeballsystem, das sich aufgebaut hatte. Gestützt von den fiktiven Einschätzungen korrupter Gutachter bündelten die Banker an der Wall Street die Hypotheken zu sogenannten Collateralized Debt Obligations (CDOs – verbriefte Kreditanleihen) und bezahlten die Ratingagenturen dafür, dass sie den Papieren das Etikett »AAA« (Triple A) verliehen. Dadurch wurde diesem finanziellen Giftmüll derselbe Sicherheitsgrad wie den völlig risikofreien T-Bonds attestiert. Als man die Agenturen gerichtlich belangen wollte, behaupteten sie, diese Ratings seien lediglich »Meinungen« gewesen und keine juristisch belangbare Analyse.

Zwei sehr eifrig geförderte und weithin populär gemachte Fiktionen erhielten die Spekulationsblase aufrecht. Die Hauskäufer mussten glauben, der Umstand, dass sie immer tiefer in die Schuldknechtschaft rutschten, würde sie letztlich reich machen und nicht etwa in eine finanzielle Sackgasse bugsieren. Und die leichtgläubigen Investoren mussten überzeugt sein, dass die Triple-A-Ratings tatsächlich risikofreie Investitionen waren und nicht ein Haufen Lügen.

Es gab jedoch auch kritische Experten wie zum Beispiel Brooksley Borne, die Leiterin der Commodity Futures Trading Commission, die schon 1999 vor der drohenden Gefahr warnte. Ihre Behörde hatte die Aufgabe, die Spekulationsgeschäfte bei Optionen und Terminkontrakten zu überwachen, jenen Finanzprodukten, die hauptsächlich für den Zusammenbruch verantwortlich waren.

Aber Robert Rubin, von 1995 bis 1999 Finanzminister der Clinton-Regierung, wie auch sein Nachfolger Larry Summers, der dieses Amt von 1999 bis 2001 innehatte, unterstützten Greenspans Behauptung, es seien keinerlei Regulierungen notwendig. »Wir müssen natürlich bei allem, was unser System beeinträchtigen kann, sehr wachsam bleiben«, wiegelte Rubin ab. »Aber mir ist auf diesem Gebiet keinerlei Gefahr bekannt, die zum jetzigen Zeitpunkt ein systemisches Risiko für unsere Wirtschaft darstellen könnte.«[3]

In ihrem eifrigen Bemühen, die Wall Street zu deregulieren, traten diese drei Beamten dafür ein, das Glass-Steagall-Gesetz außer Kraft zu setzen, das bis dahin verhindert hatte, dass das Bankengeschäft mit Kundeneinlagen mit dem Investmentbanking vermischt wurde. Aber eben dieses Investmentbanking hatte die Wall Street in ein immer leichtsinniger und verwegener agierendes Kasino verwandelt. Von den drei genannten Beamten hat sich keiner jemals dafür entschuldigt, die nachfolgende Katastrophe durch das eigene Handeln begünstigt zu haben – und das hauptsächlich deshalb, weil sie selbst von den Folgen profitierten. Nachdem Rubin das Kabinett Bill Clintons verlassen hatte, wurde er Vorstandsvorsitzender der Citibank. Unter seiner Leitung rutschte die Bank in die Insolvenz ab und verstrickte sich in einen verheerenden Finanzskandal (für den sie später mit einem Bußgeld von mehreren Milliarden Dollar belegt wurde).

Summers wurde Präsident der Harvard-Universität, wo er eine Milliarde Dollar durch Spekulationen mit Derivaten in den Sand setzte, nur um dann zum wirtschaftspolitischen Chefberater von Präsident Obama berufen zu werden. Diese Position ermöglichte es ihm, den Kreis um Rubin in die wichtigsten Ämter zu schleusen. Er setzte durch, dass Tim Geithner zum Finanzminister ernannt wurde und Jack Lew zu dessen Nachfolger. Außerdem wurde Sylvia Matthews Burwell zur Leiterin des Office of Management and Budget (der für den Staatshaushalt verantwortlichen Behörde) berufen, zusammen mit einigen anderen, den Banken wohlgesonnenen Ökonomen, die eng mit dem neoliberalen Thinktank The Hamilton Project verbunden waren. Diese Organisation, ein großer Verfechter der Austerität, stellte

Obama auch noch weitere Ökonomen zur Verfügung, etwa Gene Sperling und Jason Furman, die das White House Economic Council – den nationalen Wirtschaftsrat des Weißen Hauses – leiteten.[4]

Der Kongress und das Weiße Haus belohnten ihre wichtigsten Wahlkampfspender, indem sie die Fürsprecher und Verteidiger der Wall Street in die Schlüsselpositionen der Regulationsbehörden beriefen. Whistleblower, die sich bei der Börsenaufsichtsbehörde oder anderen Behörden beschwerten, wurden schikaniert, lächerlich gemacht und zum Rücktritt von ihren Ämtern gezwungen. Die wenigen Fälle, bei denen die Börsenaufsichtsbehörde eine strafrechtliche Verfolgung empfahl, wurden vom Justizministerium unter den Teppich gekehrt. Man schuf einen weiteren neuen Begriff: »regulatorische Vereinnahmung« (*regulatory capture*). Damit umschrieb man eine Vorgehensweise, bei der die Aufsichtsbehörden mit Vertretern jener Banken besetzt wurden, die sie eigentlich beaufsichtigen sollten. Ziel dieser »Vereinnahmung« war es, jeglichen regulatorischen Schutz gegen die Spekulationsblase außer Kraft zu setzen.

In der City of London kam es zu einer ganz ähnlichen Entwicklung. Gordon Brown war für seine »leichte Hand«, sein lockeres Aufsichtsregime berühmt. Deshalb verlegten Banken und Versicherungsgesellschaften der Wall Street ihre spekulativsten und riskantesten Geschäfte nach London. Die isländischen »Wikinger-Banken« verspielten eine Summe, die dem gesamten BIP des Landes entsprach. Die Finanzpolizei zog sich aus den Finanzzentren der Welt zurück und verkündete, endlich sei der deregulierte freie Markt Wirklichkeit geworden. Und mit ihm, so stellte sich heraus, das umfassendste System aus Betrug und übermäßiger Kreditvergabe, das es seit einem ganzen Jahrhundert gegeben hatte.

Das Londoner Büro des Versicherungskonzerns American International Group (AIG), die AIG Financial Products, berechnete ungewöhnlich niedrige Gebühren für die Versicherung derivativer Finanzwetten auf vollkommen fiktiv bewertete Hypothekenverbriefungen. Die eingenommenen Gelder zahlten sich die Manager einfach selbst aus, anstatt mit ihnen Rücklagen zu bilden, um die versicherten Risiken abzudecken.

Angelo Mozilo, der damals den größten amerikanischen Hypothekenanbieter, die Countrywide Financial Corporation, leitete, sah die Krise kommen und verfasste ein Memorandum, in dem er seine Mitarbeiter vor dem landesweiten Anstieg an Betrugsfällen warnte – aber ganz so, als hätte sein eigenes Unternehmen nicht im Zentrum dieser Entwicklung gestanden. Er besaß genügend Weitsicht, um seine eigenen Unternehmensaktien im Wert von 406 Millionen Dollar zu verkaufen und dafür zu sorgen, dass man sein Gehalt von über 100 Millionen Dollar inklusive Boni nicht beschlagnahmte, als er 2009 vor Gericht gestellt wurde.

Quer durch den gesamten Bankensektor schnappten sich diejenigen, die für die buschfeuerartig um sich greifenden Insolvenzen verantwortlich waren, ihr Geld und machten sich aus dem Staub. Zurück blieben nur Ruinen ausgehöhlter Unternehmen. Die waghalsigste und verantwortungsloseste Bank von allen war die Citigroup, zu der Robert Rubin nach seiner Amtszeit als Finanzminister Clintons gewechselt war. Unter Rubins Leitung knüpfte die Citigroup ein derart kompliziertes Netz aus Spekulationen, dass es den Beamten der Federal Deposit Insurance Corporation, die die Bank in staatlichen Besitz zu überführen gedachten, unmöglich war, sich in diesem Labyrinth zurechtzufinden und zu bestimmen, wer wem was schuldete und wie die komplexen Derivate zu bewerten seien, die für die größten Verluste der Citigroup verantwortlich waren.

Niemand konnte im Voraus wissen, wann genau die immer weiter anwachsende Spekulationswelle ihren Höhepunkt erreichen und in sich zusammenbrechen würde. Eine solche Schlussphase wird oftmals von Veruntreuungen oder Insolvenzfällen eingeleitet, durch die der Markt zum Erliegen kommt. »Wenn man uns sozusagen die Musik abstellt – wenn wir also über keine Liquidität mehr verfügen –, dann wird die Sache kompliziert«, erläuterte Charles Prince, Rubins Nachfolger bei der Citigroup, in einem Interview, das er 2007, ein Jahr vor dem Ausbruch der Krise, der *Financial Times* gab. »Aber solange die Musik noch weiterspielt, muss man eben aufstehen und das Tanzbein schwingen. Und wir tanzen immer noch.«[5] Weil ihre Gehälter und Boni alle drei Monate nach Leistung bestimmt werden, sind die Geldmanager selten bereit, sich aus einem Trend auszuklinken, bevor er sich totgelaufen hat. Die Erkenntnis, dass ein Markt überbewertet ist, reicht dazu nicht aus. Man muss den Trend so lange mitmachen, wie es noch den sprichwörtlichen »Greater Fool« – den größeren Idioten – gibt, der in die Sache einsteigt.

Zur Beruhigung der Öffentlichkeit plapperte Prince die Behauptung der Wall Street nach, das Finanzsystem verfüge über eingebaute Stabilisatoren. »Die Liquiditätsreserven sind heute sehr viel größer als früher. Deshalb muss nun auch die zerstörerische Kraft sehr viel größer sein, um irgendeinen Schaden anzurichten«, versicherte er den Investoren. Aber er wusste nur zu genau, dass das Spiel irgendwann aus sein würde. »An einem gewissen Punkt jedoch«, gestand er ein, »wird ein solches zerstörerisches Element so schwerwiegend sein, dass es statt zu einer Auffüllung der Liquiditätsreserven zum genauen Gegenteil kommt.« An der gesamten Wall Street brachten sich die Geldmanager in die günstigste Position, um so schnell wie möglich die Flucht ergreifen zu können, wenn es zum Zusammenbruch kam.

Um sich für diesen Ernstfall die Unterstützung der Regierung zu sichern, leistete die Wall Street erfolgreiche Lobbyarbeit und postierte ihre Manager so, dass sie die Kontrolle über die Federal Reserve, das Finanzministerium, die wichtigsten Komitees im Kongress und die Europäische Zentralbank erlangte, die dann 2008 auch pflichtschuldigst das Geld der Steuerzahler nahmen und die Kreditgeber vor dem Untergang bewahrten.

Die einflussreichsten Banken, Börsenmakler und Geldmanager hatten keinerlei Interesse, die Öffentlichkeit darüber aufzuklären, dass der Weg zum Reichtum, den sie angepriesen hatten, in Wahrheit nur die eigenen Taschen füllte. Daher stärkten sie auch den wirtschaftswissenschaftlichen Theoretikern den Rücken, die den Leuten versicherten, jede Krise (oder vielmehr jeder »sich selbst korrigierende zyklische Wirtschaftsabschwung«) münde wieder in eine Konjunkturerholung, die die Hauseigentümer und andere Schuldner in ein neues Wohlstandshoch führen werde – vorausgesetzt, die 99 Prozent verloren nicht ihr »Vertrauen« ins System (ein Euphemismus für naive Leichtgläubigkeit) und erlaubten es den Insidern der Wall Street, das sinkende Schiff als Erste zu verlassen.

Wie die neoliberale Pseudo-Ökonomik der Krise von 2008 den Weg bereitete

Warum gelang es den Demokratien nicht, die Politiker davon zu überzeugen, dass man den Finanzsektor in seine Schranken weisen und ihn dem industriellen Wohlstand unterordnen musste, statt ihm zu erlauben, dessen Gewinne abzuschöpfen? Was ist nur mit dem einen Jahrhundert klassischer Ökonomie geschehen, in dem politische Maßnahmen entwickelt wurden, um ein solches Schicksal abzuwenden?

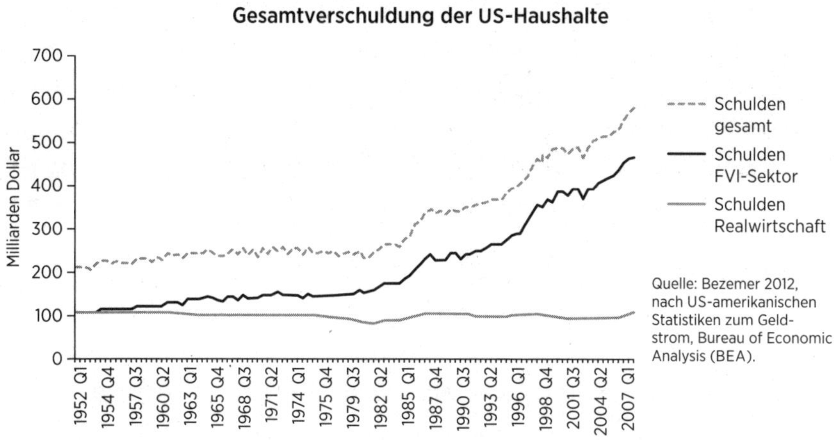

Abbildung 8

Den *trahison des économistes* – den »Verrat der Ökonomen«, wie Jean Luc Gréau es formulierte – könnte man nach Nikolaus von Kues auch als »belehrte Unwissenheit« oder nach Veblen als »antrainierte Unfähigkeit« oder »Betriebsblindheit« begreifen. Zwar war man immerhin darum bemüht, die dringendsten Probleme zu bewältigen. Doch indem man das Ganze noch mit möglichst komplexen mathematischen Formeln schmückte, als handelte es sich hier um eine objektive Naturwissenschaft, wurde die Mainstream-Ökonomie zu einem Instrument der Finanzlobbyisten, mit dem Ziel, die Macht des Staates zu untergraben und Regulierungen und Besteuerungen des Rentiersektors zu unterbinden. Solche weitreichend geförderten Modelle postulieren eine Ideologie des »Durchsickereffekts« und rationalisieren den Status quo, als wäre er das Ergebnis unumstößlicher ökonomischer Naturgesetze. Die Ideologen des »freien Markts« stellen dann auch noch die Logik auf den Kopf und »beweisen«, dass die Volkswirtschaften nun kostengünstiger und effizienter funktionieren würden, weil ja die Löhne abgebaut, die Vermögenssteuern gesenkt, die öffentlichen Ausgaben eingeschränkt und die Infrastrukturmonopole privatisiert worden seien.

Wenn man das wirklich glaubt, überlässt man das Finanzmanagement den »Technokraten«, die im Grunde genommen nur die Lobbyisten des Bankensektors sind. Dann mischt man noch ein paar Wissenschaftler darunter, Mitglieder finanziell geschmierter »Denkfabriken«, die sich als »nützliche Idioten« erweisen.

Ganz ähnlich, wie die Ölindustrie eine Pseudowissenschaft (*junk science*) – finanziert, die beweisen soll, dass der Kohlendioxidausstoß nichts mit der Klimaerwärmung zu tun hat, fördert die Wall Street die neoliberale Pseudo-Ökonomik (*junk economics*) – eine wirtschaftswissenschaftliche Ausrichtung, die einfach leugnet, dass eine Überschuldung die Wirtschaft in chronische Austerität und Arbeitslosigkeit stürzt. Solche »Wissenschaftler« kommen dann zu dem Schluss, Regulierungen seien ebenso unnötig wie Wiedergutmachungszahlungen, um den angerichteten Schaden auszugleichen.

Fragen, die eine zweckdienliche Wirtschaftstheorie beantworten muss

Nun, da die Finanzkrise von 2008 schon einige Jahre hinter uns liegt, müsste die dringendste Aufgabe der Wirtschaftstheorie eigentlich darin bestehen zu erklären, warum sich der Arbeitsmarkt und das Konsumverhalten noch immer nicht erholt haben. Die Federal Reserve hat den Banken 4 Billionen Dollar und die Europäische Zentralbank noch einmal 1 Billion Euro in Form von quantitativer Lockerung zur Verfügung gestellt, um dem Finanzsektor unter die Arme zu greifen, einem Bereich, der ohnehin schon an der Spitze der wirtschaftlichen Pyramide steht. Doch dabei ging es keineswegs darum, bestehende Schulden zu erlassen oder die Realwirtschaft mit öffentlichen Ausgaben anzukurbeln. Dieser enorme Geldschöpfungsakt hätte es den Schuldnern womöglich erlaubt, sich von ihren Schulden zu befreien. Dann hätten sie wieder Geld ausgeben und so den Kreislauf aus Produktion und Konsum neu beleben können. Stattdessen haben die Regierungen die Wirtschaft auf ihren Schulden sitzen lassen und mit ihren Geldschöpfungen allein die Finanzinstitutionen bedacht.

Bei diesen Vorgängen – dem Umgang der Regierungen mit ihren Haushaltsdefiziten und dem Schaffen von Zentralbankkrediten, um den Banken und Anleihegläubigern, nicht aber dem Arbeitsmarkt und der Industrie zu helfen – wird eine geradezu Orwell'sche Rhetorik bemüht. Man nennt das »Systemerhalt«.

Die Zentralbanken vermeiden es geflissentlich, die Summe zu beziffern, bis zu der es der Wirtschaft noch möglich ist, einen Großteil der Einnahmen aus Löhnen, Profiten und Steuern für den Schuldendienst aufzuwenden, ohne daran zu zerbrechen oder insolvent zu gehen. Die gegenwärtige Krise wird als Anomalie abgetan, die aufgrund zuvor postulierter Annahmen eigentlich gar nicht hätte passieren dürfen. Dieser blinde Fleck ist einer der Hauptgründe, warum die Volkswirtschaften immer tiefer in die Schuldendeflation geraten.

Die radikalen Umkehrungen, die seit 1980 bei Zinssätzen, Vermögenspreisen und Löhnen stattgefunden haben

Die radikalen Veränderungen in der finanziellen und steuerrechtlichen Dynamik, die zu der Finanzkrise von 2008 geführt haben, wurden in den achtziger Jahren von der britischen Premierministerin Margaret Thatcher und dem amerikanischen Präsidenten Ronald Reagan in die Wege geleitet. Der wichtigste Trend, den sie damit umkehren wollten, war die Entwicklung der Zinssätze. Sie waren von 1945 bis 1980 35 Jahre lang gestiegen und hatten am Ende mit 20 Prozent für Unternehmenskredite ein untragbares Maß erreicht.

Paul Volcker, der von 1979 bis 1987 der Federal Reserve vorstand, reduzierte die umlaufende Geldmenge, mit dem Ziel, die Inflationsrate zu senken. Dadurch wurden die Kredite teurer, und der Boom an den Finanz- und Immobilienmärkten wurde gestoppt. Die Preise für bereits ausgegebene Anleihen fielen, weil da diese nun niedrigere Zinsen abwarfen, und auch die Aktienkurse und Immobilienpreise gaben nach. Die Zinssätze sanken nach 1980 kontinuierlich.

Auch der Trend in der Lohnentwicklung wurde umgekehrt. Seit dem Vietnamkrieg und der Politik der »Guns and Butter« (Gewehre und Butter), die der damalige Präsident Lyndon B. Johnson in den sechziger Jahren vertrat, waren die Löhne stärker gestiegen als die Preise. Aber seit Ende der siebziger Jahre bewegten sie sich kaum noch. Auch die Verbraucherpreise stabilisierten sich während der vergangenen dreißig Jahre. Gestiegen sind dagegen die Vermögenspreise, und dieser Anstieg wurde von einer wahren Flut an Bankkrediten angetrieben, die für die größte Hausse am Rentenmarkt in der Geschichte sorgte. Auf den Aktien-, Anleihe- und Immobilienmärkten wurde mehr Geld verdient als durch die Einstellung von Arbeitskräften für die Güterproduktion.

Strukturelle Veränderungen in Weltwirtschaft und Politik seit 1980	
Vor 1980	**Nach 1980**
1. Zinssätze, die die Preise von Anleihen, Aktien und Immobilien bestimmen	
Stetiger Anstieg bis auf 20 Prozent lässt die Preise für Anleihen und andere Vermögenswerte sinken.	Fallende Zinssätze führen zu einer Hausse am Rentenmarkt, die sich auf die Börse und den Immobiliensektor ausdehnt.
2. Entwicklung des Lohnniveaus	
Stetiger Anstieg der Reallöhne und des Lebensstandards, in den USA insbesondere während der »Guns-and-Butter«-Politik.	Stagnation der Reallöhne, bei gleichzeitigem Anstieg der Ausgaben für Schuldendienst, Wohnkosten und Sozialversicherungsabgaben.
3. Politische Philosophie	
Sozialdemokratische Politik: Die Rolle des Staates wird ausgeweitet, öffentliche Ausgaben im »keynesianischen« Sinne sollen eine antizyklische Stabilisierung bewirken.	Neoliberale Deregulierung und Privatisierung, Rückbau von Sozialausgaben und Investitionen in die öffentliche Infrastruktur.
4. Steuerphilosophie	
Progressive Einkommenssteuer und Besteuerung der Immobilien- und Finanzvermögen.	Verlagerung der Steuerlast von den hohen Einkommensklassen und dem FVI-Sektor auf die Arbeitnehmer (höhere Lohnsteuern und Sozialversicherungsabgaben) und die Konsumenten (höhere Mehrwert- und Umsatzsteuern).
5. Vermögens- und Einkommensverteilung	
Entwicklung hin zu einer gerechten Verteilung der Vermögenswerte und des Einkommens.	Wachsende Polarisierung der Gesellschaft durch immer stärkere Konzentration von Reichtum und Einkommen auf das Eine Prozent.

6. Bankenregulierung

Trennung von Privatkundengeschäft und spekulativem Investmentbanking, in den USA durch das Glass-Steagall-Gesetz geregelt.

Das Außerkraftsetzen des Glass-Steagall-Gesetzes 1999 ermöglicht der Wall Street die Schaffung von Holdinggesellschaften, um Handelsbanken, Sparkassen und Privatkundenbanken zu übernehmen. Von Chile bis hin zu den postsowjetischen Staaten kontrollieren nun Tochterunternehmen der Banken Konzernableger in Form von *grupos* und Mischkonzernen.

7. Strafrechtliche Verfolgung

Ahndung von Finanzbetrug und -kriminalität, in den USA besonders nach dem Savings-and-Loan-Skandal.

Entkriminalisierung von Finanzbetrug und Bilanzfälschung, in den USA insbesondere unter Justizminister Eric Holder.

8. Altersvorsorge (am Beispiel der USA)

Lohnabzug zugunsten von leistungsorientierten Pensionsplänen, um ein gesichertes Ruhegeld zu garantieren, hauptsächlich durch Investitionen in den Aktienmarkt (»Pensionsfonds-Kapitalismus«).

Beschränkung des Altersruhegelds auf beitragsorientierte Pensionspläne oder deren Auslöschung durch Insolvenz. Die Geldmanager der Pensionsfonds investieren in LBOs und sonstige Finanzspekulationen.

9. Finanzbuchhaltung und die Qualität von Statistiken

Eine starke staatliche Regulierung gewährleistet akkurate Finanz- und Wirtschaftsstatistiken. Die Wirtschaftsprüfungsgesellschaft Arthur Andersen wird wegen Verstrickung in den Enron-Skandal geschlossen.

Buchhaltungsverfahren mit modellnaher Bewertung (»Mark to Model«) und Einsatz außerbilanzieller Tochtergesellschaften (»Enron-Stil«) dienen der Steuerhinterziehung und machen die Unternehmensstatistiken zunehmend unrealistisch.

10. Gesetzgebung zum Schuldner/Gläubiger-Verhältnis	
Zunehmend humanitäre Behandlung der Schuldner durch relativ mildes Insolvenzrecht und Schuldenerlass.	Privatinsolvenzen werden erschwert, da die Schuldenlast für Haushalte, Unternehmen und Regierungen stetig steigt. Verschuldete Staaten werden gezwungen, die Vermögenswerte der öffentlichen Hand zu privatisieren und an Rentiers zu veräußern.
11. Internationales Handels- und Finanzwesen	
Die Handelsbilanz spiegelt im Normalfall einen Wettbewerb wider, der auf relativen Preisen und Lebenshaltungskosten basiert.	Die Kosten für Beschäftigung und Gewerbetätigkeit spiegeln zunehmend Zinsforderungen, Grundrenten, Monopolrenten und andere Rentierdynamiken wider, nicht aber die unmittelbaren Produktionskosten.

Tabelle 4

Die Deregulierung führt zum explosionsartigen Anstieg von Betrugsfällen

Während seiner Amtszeit als Präsident der Federal Reserve von 1987 bis 2006 wehrte Alan Greenspan alle Versuche anderer Vorstandsmitglieder ab, die kriminellen Praktiken des Finanzsektors zu zügeln. Zudem ernannte er Befürworter der Deregulierung zu Leitern der unterbesetzten Aufsichtsbehörden. Im Jahr 2004 warnte das FBI vor einer drastischen Zunahme der Fälle von Finanzbetrug.[6] Aber weil er nicht zwischen freiem Markt und unverhohlenem Betrug unterschied, öffnete Greenspan dem Geschäft mit Ramschhypotheken Tür und Tor.

Statt die Volkswirtschaften vor einer Gefahr zu bewahren, schützte das untauglich gemachte Regulierungssystem die Banker vor der Strafverfolgung. Bußgelder wurden von den Firmen (und damit auch deren Aktionären) oder ihren Versicherungsgesellschaften bezahlt, ohne dass irgendjemand strafrechtliche Verantwortung übernahm.

Nachdem die Bank of America die Firma Countrywide Financial übernommen hatte, zahlten ihre Versicherungsgesellschaften 20 Millionen Dollar an Bußgeldern für die »Lügnerkredite«, mit denen Angelo Mozilo das Finanzsystem überschwemmt hatte. Die Citigroup, JP Morgan Chase, Goldman Sachs und andere Banken zahlten nur ein paar Milliarden Dollar an Geldstrafen, um für die Betrügereien über Hunderte Milliarden von Dollar aufzukommen, die ihre Manager zu verantworten hatten.

Eric Holder, der später unter Barack Obama Justizminister wurde, sandte schon zur Regierungszeit Bill Clintons relativ nachsichtige Signale aus, als er 2001 in seiner Funktion als stellvertretender Generalstaatsanwalt eine Begnadigung für Marc Rich erwirkte, obwohl sich dieser des Betrugs, des Diebstahls und der Steuerhinterziehung von mehreren Milliarden Dollar schuldig gemacht hatte. Dabei roch es verdächtig so, als wäre dies eine Gegenleistung für die großzügigen Spenden, die Richs Exfrau der Clinton-Library hatte zukommen lassen. Ehemalige Beamte und Insider treten heute an die Öffentlichkeit und beklagen, auf was für eine schiefe Bahn das Regulierungssystem geraten ist, wenn es sich weigert, das Verhalten strafrechtlich zu verfolgen, das zu der Finanzkrise von 2008 geführt hat.[7]

Aber das Justizministerium krümmt nach wie vor keinen Finger, um bestimmte Personen zur Verantwortung zu ziehen oder sie zu zwingen, das Geld, das sie sich angeeignet haben, wieder herauszugeben. Der Wall Street ist es nicht nur gelungen, die Ökonomen davon abzuhalten, sich mit Schulden und Finanzbetrug zu beschäftigen. Ihr größter Erfolg bei den Bemühungen, das Regulierungssystem unter ihre Kontrolle zu bringen, ist folgender: Sie haben es erreicht, dass die Aufsichtsbehörden, die Bankwesen und Börse eigentlich überwachen sollten, mit lauter Nicht-Regulierern bevölkert sind.

Die Pseudomathematik, die der neoliberalen Pseudo-Ökonomik zugrunde liegt

1997 erhielten Myron Scholes und Robert Merton den »Nobelpreis« für Wirtschaftswissenschaften der Schwedischen Reichsbank. Damit ehrte man die Verbesserung der mathematischen Formeln, die die beiden, basierend auf dem Aufsatz von Scholes und Fischer Black aus dem Jahr 1973, für die Preiskalkulation von Optionen geliefert hatten.[8] Doch eine weit größere

Belohnung wurde ihnen zuteil, als man sie einlud, ihre mathematischen Formeln in die Praxis umzusetzen und den Hedgefonds Long-Term Capital Management (LTCM) zu leiten. Nur neun Monate nach der erwähnten Nobelpreisverleihung verlor LTCM 4,6 Milliarden Dollar und meldete Konkurs an. Im September 1998 ging im Rahmen der von dem Zusammenbruch auslösten Krise innerhalb von nur zwei Tagen eine Milliarde Dollar verloren, und die Börse stürzte um 508 Punkte ab.

Eigentlich hätte dieser Fonds »Short-Term Debt-Leveraged Management« – kurzfristig angelegtes fremdfinanziertes Management – heißen sollen, denn die darin angewandten mathematischen Risikomodelle beruhten auf der Annahme, jede Kursveränderung würde sich nur in Form von minimalen Schnörkeln bemerkbar machen.

In seinem Buch *The Black Swan* (dt. *Der Schwarze Schwan: Die Macht höchst unwahrscheinlicher Ereignisse*) beschreibt Nicholas Taleb die Strategie von LTCM mit den Worten, sie ähnele dem Versuch, vor einer heranrollenden Dampfwalze noch schnell die Pfennige vom Boden aufzusammeln. Es handelte sich um relativ kleine Profite, bei einem – so dachte man zumindest – relativ geringen Risiko größerer Verluste. Solche Zusammenbrüche sind unvermeidlich, sobald faule Kreditvergaben im Spiel sind. Aber man glaubte, diese Unvermeidlichkeit lauere erst am äußersten Ende der Wahrscheinlichkeitsverteilung.

Fast alle großen Firmen an der Wall Street wurden aufgefordert, sich an der Rettungsmaßnahme für LTCM zu beteiligen. So sollte verhindert werden, dass ein folgenschwerer Riss das finanzielle Netz aus computergesteuerten Wetten zerstörte, in das der Hedgefonds die wichtigsten Investmentbanken der Wall Street verwickelt hatte. Lehman Brothers lehnte ab, wofür die Bank 2008 dann auch prompt die Quittung erhielt. Damals drehten sich die größten Wetten um die Frage, ob und wann der Ramschhypothekenmarkt kollabieren würde. Lehman verpasste es, rechtzeitig aus der Sache auszusteigen.

Wall-Street-Insider sahen die Krise kommen – und versuchten davon zu profitieren

In dem Jahr vor Ausbruch der Krise im September 2008 gab es unzählige Warnsignale.

> Am 9. August 2007 veränderte sich die Welt. Das war der Tag, als die französische Bank BNP Paribas bekannt gab, die Investoren dürften von nun an keine Gelder mehr aus den Subprime-Fonds des Unternehmens abziehen. Die Bank konnte den Preis der Papiere einfach nicht mehr kalkulieren, weil niemand sie mehr kaufen wollte.
>
> Das war ein Fehler, doch alles, was danach folgte, sollte sich als noch viel fataler erweisen: Die »Falken« waren zu der Überzeugung gelangt, die Krise dauere nun schon so lange an, dass sie aufgehört habe, überhaupt noch eine zu sein. Die Banken hatten schließlich mehr als genug Zeit gehabt, ihre riskanten Forderungen, die sie noch bei den angeschlagenen Firmen hatten, abzustoßen. Man glaubte nicht, dass ein Insolvenzfall – wie zum Beispiel der von Lehman – eine Kaskade weiterer Firmenbankrotte nach sich ziehen würde. Oder, wie es der Präsident der Federal Reserve von St. Louis, James Bullard, formulierte, dass »das Niveau des systemischen Risikos drastisch gesunken ist und womöglich sogar gegen Null geht«.[9]

Die Regulierer drückten nicht nur beide Augen zu, sobald es um fahrlässige Kreditvergabe und Betrug ging, sie versuchten darüber hinaus sogar, warnende Stimmen, die die niedrigen Kurse und die Rentabilität der spekulativen Wertpapiere gefährden konnten, zu unterdrücken. Die Zocker der Wall Street standen unter dem expliziten Schutz des Rubin-Gefolgsmanns Tim Geithner, der wiederum mit dem Wall-Street-Milliardär und Austeritäts-Befürworter Pete Peterson an einem Strang zog. Peterson hatte den jungen Geithner auch als Präsident der New York Federal Reserve vorgeschlagen. In seinen Memoiren mit dem Titel *Stress Test* schrieb Geithner: »Im Grunde genommen habe ich den Aufsichtsrat der New York Fed zu seinen historischen Wurzeln zurückgeführt und ihn wieder zu dem gemacht, was er früher einmal war: eine Elite, zusammengesetzt aus dem lokalen Finanzestablishment.«[10] In einem klassischen Fall von »regulatorischer Vereinnahmung«

baute Geithner den Aufsichtsrat der New Yorker Fed vollkommen um und besetzte ihn mit einem wahren Verbrecherkartell von Wall-Street-Zockern. Dazu gehörten der Vorstandsvorsitzende von Lehman Brothers, Dick Fuld, der Vorstandsvorsitzende von JP Morgan Chase, Jamie Dimon, der frühere Leiter von Goldman Sachs, Steve Friedman, der dort zu diesem Zeitpunkt immer noch im Aufsichtsrat saß, sowie der Vorstandsvorsitzende von General Electric, Jeff Immelt.

Sein Amt ermöglichte es Geithner, Rubins Citigroup und deren Anleihegläubiger vor der Verstaatlichung zu bewahren, indem er für die Bank ein umfangreiches Rettungspaket schnürte. Dies tat er unter dem Vorwand, ansonsten würde die gesamte Wirtschaft in einem verheerenden Chaos versinken. Als er 2009 Finanzminister wurde, versicherte er dem damaligen Fragesteller im Kongress, Ron Paul aus Texas, er habe immer schon *gegen* eine Regulierung angekämpft:

> Ich bin nie ein Anhänger von Regulierungen gewesen, mit allen Vor- und Nachteilen, die das mit sich bringt. Und ich glaube, Sie haben durchaus recht, wenn Sie sagen, man solle sehr skeptisch sein bei der Frage, ob Regulierungen alle diese Probleme lösen können. Teile des Systems werden von Regulierungen geradezu erdrückt ... Das Problem lag nicht in fehlenden Regulierungen. Es lag vielmehr darin, dass sich trotz bestehender Regulierungen ungeheure Risiken aufbauten.[11]

Doch Geithner war sehr viel mehr als ein bloßer Befürworter der Deregulierung. Er verteidigte die Spekulationsblase und stellte sich schützend vor jene New Yorker Banker, die hauptsächlich für die Entstehung dieser Blase verantwortlich waren. Als am 18. März 2008 die Investmentbank Bear Stearns kollabierte, versicherte er dem Federal Open Market Committee (Offenmarktausschuss), es gebe für die Investmentbanken keinerlei Veranlassung, höhere Eigenkapitalreserven aufzubauen: »Es wäre zu diesem Zeitpunkt sehr schwierig zu beurteilen, ob das Finanzsystem als Ganzes oder das Bankwesen als Ganzes unterkapitalisiert sind.« Die eigentliche Gefahr lag für Geithner nicht in den Ramschhypotheken, den Derivatespekulationen oder der wachsenden Schuldenlast, sondern bei den Wirtschaftsexperten, die den Investoren dazu rieten, aus dem Markt auszusteigen. »Es gibt in unserer momentanen Lage nichts Gefährlicheres, als wenn sachkundige Leute in der breiten Öffentlichkeit unsere Glaubwürdigkeit und die grundsätzliche innere Stärke des Finanzsystems in Zweifel ziehen.«[12]

Geithner wird in fast allen noch folgenden Kapiteln dieses Buches eine wichtige Rolle spielen, da er unermüdlich gegen jede politische Entscheidung angekämpft hat, die der Macht der wichtigsten New Yorker Banken abträglich gewesen wäre oder sie gar beschnitten hätte. So stellte er sich insbesondere schützend vor die geradezu kriminellen Aktivitäten von Citigroup und Goldman Sachs (bei ihren Zahlungsansprüchen an AIG). Man hat ihn den Albert Speer der Obama-Regierung genannt, einen Apparatschik, der von Rubin und Summers ins Amt geschleust wurde, um dort als Bollwerk gegen Kritiker und Regulierungsbeamte zu dienen.

Sowohl in Las Vegas als auch an der Wall Street gilt, dass die wirtschaftlichen Funktionsweisen eines Kasinos sich grundsätzlich von der Logik des Industriekapitalismus unterscheiden. Der Kasinokapitalismus ist ein Nullsummenspiel, in dem Vermögen durch waghalsige Wetten gewonnen werden. Der Reichtum wird nur von den Verlierern einer Wette auf die Gewinner umverteilt und nicht neu geschaffen. Das »Produkt« ist ein Paket aus toxischen Hypothekenverbriefungen. Und das Timing innerhalb solcher Märkte wird von den unvorhersehbaren Stimmungsschwankungen auf dem Börsenparkett in New York und Chicago bestimmt. Der Zeithorizont, in dem sich alles abspielt, ist derselbe wie bei Bankräubern – und bei Räuberbanken. Den Akteuren geht es einzig und allein darum, sich in Sicherheit zu bringen, bevor der Höhepunkt erreicht ist, denn sie wissen nur zu gut, wie außerordentlich schnell und drastisch solche Zusammenbrüche erfolgen können.

Eine jede derartige Krise wird durch einen oder mehrere Brüche in der Zahlungskette ausgelöst. Und der Betrug, die Veruntreuungen und die leichtsinnige Zockerei, die zu solchen Brüchen führen, entfalten ihre zerstörerische Wirkung genauso plötzlich wie ein geplatztes Aneurysma, und zwar genau in dem Moment, wenn die schuldenüberlastete Finanzdecke am dünnsten geworden ist.

Der größte Schuldenhebel wird immer dann an das System angesetzt, wenn hinter der ganzen Schuldenlast gar keine realen Vermögenswerte mehr vorhanden sind – so wie bei einem Schneeballsystem im Stil Charles Ponzis aus den 1920er Jahren oder Bernie Madoffs. Genau so eine Situation war auch für die Finanzkrise von 2008 verantwortlich. Aber die Federal

Reserve machte sich viel mehr Sorgen um die steigenden Löhne als um die höheren Preise für Immobilien und Wertpapiere. Die Vermögenspreisinflation begrüßte sie mit offenen Armen – doch steigende Löhne jagten ihr Angst ein.

Die Krise war unvermeidbares Resultat der Mathematik des Zinseszinses und der fiktiven Preiskalkulationen. Von Januar bis März 2008 fielen die Kurse der Banken und Brokerfirmen um etwa 40 Prozent. Doch solange immer noch weitergetanzt wurde und sich das Ganze wie bei Ravels *Boléro* einem rasenden Finale entgegensteigerte, wollte niemand untätig am Rand der Tanzfläche sitzen und es zulassen, dass rivalisierende Geldmanager höhere Profite einfuhren. Man wollte so viel Geld wie möglich abgreifen und sich dann aus dem Staub zu machen – das war das Ziel. Oder wie es ein Händler mir gegenüber einmal ausgedrückt hat: »Es reicht vollkommen, wenn du einmal im Leben ein Vermögen verdienst.« Die meisten Akteure waren der festen Überzeugung, dieser glückliche Moment sei nun für sie gekommen, und das fachte den gierigen Tumult, der 2008 seinen Höhepunkt erreichte, weiter an. Nach Ausbruch der Krise stürzten die Immobilienpreise um etwa 30 Prozent ab.

Am 17. März 2008 meldete Bear Stearns Konkurs an. Man vereinbarte einen vorläufigen Verkauf an JP Morgan Chase für 2 Dollar pro Aktie, aber die Federal Reserve hatte ein solches Mitgefühl mit den Bear-Stearns-Aktionären, dass sie mit 29 Milliarden Dollar in die Bresche sprang, um den »Giftmüll« aus dem Verkehr zu ziehen. Dadurch bekamen die Aktionäre das Fünffache des mit Morgan Chase vereinbarten Betrags. Als aber Lehman Brothers ein halbes Jahr später am 15. September kollabierte, teilte der damalige Finanzminister Henry Paulson der Presse mit, man könne die Investmentbank unmöglich retten. Lehman Brothers war auf den Ramschhypotheken sitzen geblieben, die man an die Pensionsfonds und an deutsche Landesbanken zu verkaufen hoffte. Es wäre wahrlich ein Hohn gewesen, wenn man das Vertrauen der Aktionäre in das leichtsinnige Vorgehen der Firma auch noch belohnt hätte.

Bear Stearns und Lehman Brothers waren keine Banken, bei denen normale Bürger Giro- und Sparkonten unterhalten. Ihre Handelsgeschäfte fanden ausschließlich mit anderen Finanzinstitutionen und dem Einen Prozent statt. Bis 1999 hatte das anlässlich der Weltwirtschaftskrise verabschiedete Glass-Steagall-Gesetz dafür gesorgt, dass die Privatkundenbanken von der waghalsig agierenden Hochfinanz getrennt wurden, um die Risiken für die Einleger zu minimieren. Aber Bill Clintons Demontage dieser finanziellen Brandmauer ermöglichte es der Citigroup, der Bank of America und anderen Geschäftsbanken, sich in Holdinggesellschaften umzuwandeln, zu denen auch Investmentbanken, Versicherungs- und Hypothekengesellschaften sowie Börsen- und Immobilienmakler gehörten.

Man gab sich bei dieser Deregulierung der vordergründigen Hoffnung hin, das Finanzsystem würde effizienter werden, wenn man den Banken zu tun erlaubte, was sie wollten. In Wirklichkeit wurden aber so die Spekulationsgeschäfte und betrügerischen Aktivitäten der Hochfinanz mit dem Privatkundengeschäft vermischt. Dadurch übertrug man das Risiko auch auf solche Banken, die bis 1999 relativ risikofrei gewesen waren.

Und die Verluste wurden hauptsächlich von den Finanzhäusern der Wall Street gemacht, denen man das Etikett »too big to fail« verliehen hatte – jenen Milliardenzockern, die über zu mächtige politische Kontakte verfügten, um von den Regulierungsbeamten zur Ordnung gerufen zu werden. Sogar die Banken, die sich der leichtsinnigsten und betrügerischsten Transkationen schuldig gemacht hatten, wurden in Schutz genommen oder mit staatlichen Geldern gerettet. Die Citibank, AIG und andere Institute, die so schwere Verluste erlitten, dass sie ohne Unterstützung zahlungsunfähig geworden wären, erhielten umfassende Subventionen. Man sorgte dafür, dass die Wettgewinner und Spekulanten ausbezahlt wurden, und bewahrte das Wall-Street-Kasino vor dem Untergang – alles auf Kosten der Steuerzahler.

Der damalige Justizminister Eric Holder und sein Stellvertreter Lanny Breuer weigerten sich, die Immobilienabteilungen der Banken und die Hypothekenmakler wegen der von ihnen vorgenommenen Dokumentenfälschungen anzuklagen. Das Etikett »Lügnerkredite« wurde lediglich den geringverdienenden Schuldnern angehängt, die ihre Unterschrift unter die Anträge gesetzt hatten. Erstellt und ausgefüllt hatten diese Anträge jedoch Firmen wie Countrywide Financial und andere Institutionen, die für den finanziellen Giftmüll verantwortlich waren.

Die zehn Millionen Hausbesitzer, deren Schulden den tatsächlichen Marktwert ihrer Häuser bei weitem überstiegen (»negatives Eigenkapital«) behandelte man nicht so nachsichtig wie die Banken. Sie wurden vielmehr Opfer einer Welle von Zwangsversteigerungen, die aufgrund sogenannter »robo-signed documents« stattfanden – Dokumente, die ein Bankangestellter roboterhaft unterzeichnet hatte, ohne auch nur eine einzige Angabe darin zu überprüfen. Bisher war eine solche Vorgehensweise in den USA verboten gewesen, aber man ließ es zu, weil die Praxis so verbreitet war, dass ein Verbot das gesamte System zum Einsturz gebracht hätte.

Doch genau das hätte passieren *sollen* – man hätte das »System« zum Zusammenbruch bringen müssen. Die Finanzzocker an der Wall Street waren nicht die »Wirtschaft«. Sie waren nur »Bankster« – Banker-Gangster, die lediglich so taten, als deckten sich ihre Interessen mit denen der Gesamtwirtschaft. Man schien zu glauben, Schulden aufrechtzuerhalten bedeute auch, realen Wohlstand und Beschäftigung zu sichern, doch in Wahrheit zerstörten die Bankster sie.

Es wurden alle Register gezogen, um der Bevölkerung die Überzeugung einzuhämmern, die Rettung der Superreichen von der Wall Street sei notwendig, damit die Banken ihre alltäglichen Aufgaben, die sie für die übrigen 99 Prozent übernahmen, auch weiterhin erfüllen konnten, etwa die Verarbeitung von Schecks und Überweisungen. In Wahrheit liefen die versicherten Einleger in keinem Moment Gefahr, ihr Geld zu verlieren, und es drohte auch kein Versiegen der Geldautomaten. Die Rettungsmaßnahmen wurden geschickt so konstruiert, dass die großen Kreditvergabefirmen davon profitierten und nicht die Realwirtschaft. Wenn man alle Banken mit faulen Krediten und Bilanzen der Insolvenz überlassen hätte, hätten die nicht versicherten Einleger, Anleiheinhaber und Aktionäre die entstandenen Verluste tragen müssen.

Die eigennützigen Beteuerungen, man habe die Krise unmöglich vorhersehen können, führten zusammen mit dem Vorschützen einer Notsituation und dem Einsatz aufwendiger Verschleierungstaktiken dazu, dass die Öffentlichkeit gegenüber der Wall Street relativ positiv gestimmt blieb. Faule Kredite und »Lügnerkredite« wurden einfach in voller Höhe beibehalten, statt sie auf ihren tatsächlichen Marktwert zu reduzieren. Das rettete zwar die Banken und Anleihegläubiger, doch es löste von den Vereinigten Staaten bis nach Europa eine heftige Schuldendeflation aus und führte überall zur Verhängung einer Sparpolitik.

Die Behauptung, es sei notwendig, die Schulden aufrechtzuerhalten, damit sich die Konjunktur erhole, ist eine ungeheure Doppelzüngigkeit. Die Banken und ihre Kunden wurden auf Kosten der Wirtschaft gerettet. Die Mittelschicht wird von der Schuldenlast erdrückt, und die Märkte schrumpfen. Der Grund dafür liegt in den Sparmaßnahmen, die nach 2008 verhängt wurden und immer noch wirksam sind.

Neoliberale Ökonomen behaupten, nicht die Schulden seien das Problem, weshalb man sie ignorieren könne, denn (wie man zu sagen pflegt) »wir schulden sie uns selbst«. Nach dieser sophistischen Logik hebt sich alles gegenseitig auf und ergibt am Ende einen Betrag von Null, weil ja die Schulden der einen Person der Vermögenswert einer anderen sind. Diese vereinfachende und irreführende Sichtweise lässt die Dimension des Wer-schuldet-Wem-Was vollkommen außer Acht: Den Großteil der Nettoschulden müssen die 99 Prozent an das Eine Prozent bezahlen (das ist das »Selbst«, das die Wall Street in ihrem Spruch tatsächlich meint).

Dreißig Jahre neoliberaler Pseudo-Ökonomik *(junk economics)* haben den Weg geebnet, um uns Massenarbeitslosigkeit, Emigration und den Ausverkauf von staatlichem Eigentum zwecks Privatisierung aufzuzwingen. Dabei gab man vor, das öffentliche Haushaltsdefizit sei auf die Inflation zurückzuführen. Aber die Inflation ist während der vergangenen Jahrzehnte meist im Rahmen geblieben. In Wahrheit stellen sich die Kritiker von Staatsausgaben nur gegen solche Aufwendungen, die in Sozialversicherung, Gesundheitswesen sowie andere Sozialprogramme fließen und unter anderem durch progressive Besteuerung bezahlt werden – und für die müssen nun einmal die höheren Einkommensklassen aufkommen. Welche Scheinheiligkeit dahinter steht, wird nur zu offensichtlich, wenn die Wall Street die Vermehrung öffentlicher Schulden lobt – nämlich immer nur dann, wenn die Regierung Geld schöpft, um damit Banken zu retten.

Dieses asymmetrische Muster neugeschaffener Schulden zerstört unsere Industriewirtschaft und lässt die Kluft, die sich bei der Vermögens- und Einkommensverteilung auftut, immer größer werden. Darüber hinaus werden die Wirtschaftswissenschaften korrumpiert, indem man jegliches Bewusstsein dafür unterdrückt, dass die gegenwärtigen finanzpolitischen und steuerrechtlichen Sparmaßnahmen auf einer Täuschung beruhen. Die Schmarotzer aus der Finanzbranche und anderen Rentiersektoren sind eben nicht Teil der »Wirtswirtschaft«, sondern aggressive, räuberische Eindringlinge, und die heute verordnete Austerität ist weder ein naturbedingter, inhärenter Bestandteil der Wirtschaft noch eine unvermeidliche Notwendigkeit. Sie ist vielmehr das Resultat einer Finanzpolitik, die fast vollständig die Macht über alle anderen politischen Entscheidungen des Staates übernommen hat.

Im restlichen Teil dieses Buches werde ich daher beschreiben, wie es dem Finanzsystem seit 2008 gelingen konnte, sich weltweit die Herrschaft über die Regierungspolitik anzueignen, sich von staatlicher Kontrolle zu befreien und sich von industriellen Investitionen abzukoppeln – außer dann, wenn es um die Finanzierung von Unternehmenszerschlagungen geht.

KAPITEL 13

Der Coup von 2008: Wie die Banken gerettet wurden, aber nicht die Wirtschaft

»Manchmal habe ich den Eindruck, die Leute aus dem Finanzsektor wollen gar nicht, dass man die Sachverhalte, mit denen sie zu tun haben, versteht. Das leuchtet durchaus ein: Wenn die ganz normalen Wähler verwirrt sind oder die Problematik von vornherein nicht begreifen, werden sie wahrscheinlich gar nicht erst versuchen, politischen Einfluss zu nehmen, um diese Probleme zu beheben. Das dient dann allein denjenigen, die dieses Schmierentheater veranstalten. Denn das Letzte, was diese Leute wollen, ist ein sinnvoller staatlicher Schutz vor den Risiken, die sie eingehen.«

Sheila Bair[1]

Während der Bankenkrise von 2008 mobilisierte der Finanzsektor seine gesamte Streitmacht, um die Weltöffentlichkeit zu überzeugen, die Rettung insolventer Banken stelle den wirtschaftlichen Wohlstand wieder her. Dahinter stand jedoch noch ein anderes Ziel: Man wollte erreichen, dass das progressive Steuersystem und die Finanzmarktregulierungen wieder abgeschafft wurden, die seit dem New Deal der dreißiger Jahre für die US-amerikanische Wirtschaft maßgeblich waren. Dieses raffinierte politische Täuschungsmanöver hat dazu geführt, dass das Eine Prozent die wirtschaftliche Erholung seit 2008 monopolisiert, seinen eigenen Reichtum vermehrt und den Einkommensvorsprung vor dem Rest der Bevölkerung noch weiter ausgebaut hat.

Aber dieses Wohlstandsgefälle beruht nicht auf einem unumstößlichen ökonomischen Naturgesetz. Es ist vielmehr das Ergebnis eines raffinierten Systems aus Subventionen, Steuerbegünstigungen und Rettungspaketen, das die Finanzlobbyisten und die Bankenelite errichtet und dem entgegengesetzt haben, was die meisten Menschen als gerecht empfinden würden. Und die Krise von 2008 bot ihnen eine günstige Gelegenheit, sich riesige Summen an Geld und staatlichen Subventionen anzueignen, indem sie behaupteten, die Alternative sei ein verheerendes Chaos.

Aber natürlich *gab* es eine Alternative. Sie hätte darin bestanden, die Banken, Anleihegläubiger und andere Mitglieder des Einen Prozents zu zwingen, ihre Verluste als faule Kredite aus der Bilanz zu löschen. Aber der Kongress sorgte dafür, dass die uneinbringlichen Schulden in der Bilanz verblieben, und beugte sich der falschen Drohung, ansonsten würden die Geldautomaten versiegen und sogar Verluste für die versicherten Bankeneinlagen entstehen.

Die Federal Reserve, die verschleiern wollte, dass sie eine Art finanzielle Kriegsführung betrieb, versuchte, die Konjunktur wieder anzukurbeln, indem sie eine neue Spekulationsblase hervorbrachte. Mit spielender Leichtigkeit schuf sie Billionen von Dollar durch quantitative Lockerung und stellte den Banken dadurch nahezu kostenlose Kredite zur Verfügung. Gleichzeitig verkündete die Regierung Barack Obamas, es sei notwendig, die Sozialversicherungskosten zu senken, um auch in Zukunft einen ausgeglichenen Haushalt zu gewährleisten. Neu geschaffenes Geld sollte nur für Wertpapiere und nicht für Sachinvestitionen ausgegeben werden.

Während also die Schuldenlast die Konsumausgaben und die Investitionen in den industriellen Sektor durch Zins-, Tilgungs- und Gebührenzahlungen erheblich reduzierte, griffen die Banken hart durch und beschlagnahmten die Vermögenswerte der in Zahlungsverzug geratenen Schuldner. Diese Vorgehensweise löste eine Steuerkrise aus, die die Wall Street zu der lautstarken Forderung veranlasste, man möge die Krise lösen, indem man die öffentliche Infrastruktur und das Sozialversicherungssystem privatisierte und die Sozialausgaben und Pensionsgelder drastisch kürzte.

Welchen Weg auch immer die Volkswirtschaften an diesem Punkt einschlagen – sie können unmöglich zu den Verhältnissen von vor 2008 zurückkehren. Die Vergangenheit lässt sich nicht wiederherstellen – dafür sorgt die unbezahlbar gewordene Schuldenlast. Man muss also neue Lösungen finden, und dabei gibt es zwei Alternativen: Entweder entschließt man sich zu einem Schuldenschnitt – dann sind die Banken und Anleihegläubiger die Verlierer – oder die Wirtschaft muss eine jahrzehntelange

Austerität in Kauf nehmen, während unterdessen Schuldendeflation und Privatisierungsmaßnahmen jedes Wirtschaftswachstum ersticken und soziale Mobilität verhindern. Denn in diesem Fall wird das Eine Prozent seinen Reichtum weitervererben, während die restlichen 99 Prozent in eine Schuldknechtschaft hineingeboren werden.

Die politische Mission des Finanzsektors besteht in der Entmachtung demokratisch gewählter Regierungen. Stattdessen will man die öffentlichen Planungen in die Hände von Technokraten legen, die wiederum von den Banken ernannt werden. Während der ersten sechs Jahre, in denen die Maßnahme der quantitativen Lockerung griff, diente das auf diesem Wege von der Federal Reserve geschaffene Geld einzig und allein zur Rettung der Wall-Street-Banken. Von der Förderung eines materiellen Wirtschaftswachstums war nie die Rede, ebenso wenig wie davon, die Schulden der Privathaushalte zu reduzieren und die Ramschhypotheken, die den Zusammenbruch erst ausgelöst hatten, aus den Bilanzen zu löschen.

Grob zusammengefasst sieht die Strategie der Bankster folgendermaßen aus: Sie nutzen die wirtschaftliche Krisensituation, um sich die Vermögenswerte der öffentlichen Hand anzueignen, und mit ihnen die Macht über die Steuerpolitik und die staatlichen Geldschöpfungsmaßnahmen. Statt den Reichtum des Rentiersektors zu besteuern und die so gewonnenen Einnahmen für den Wiederaufbau der öffentlichen Infrastruktur zu verwenden, werden die Bundes- und Kommunalregierungen gezwungen, Teile des öffentlichen Straßennetzes zu veräußern, damit ihre neuen Besitzer sie zu Mautstraßen umwandeln können. Und in ganz ähnlicher Weise wurde auch das Gesundheitssystem zu Gelegenheiten der Rentenextraktion umgeformt.

Inwiefern die Überwindung der Krise von 2008 sich radikal von früheren Lösungswegen unterschied

Ein Jahrhundert lang folgten Bankenkrisen einem wohlbekannten Muster. Schulden und Investitionen, die nicht mehr bezahlt werden konnten, wurden gelöscht. Geldeinlagen bei den Banken, die faule Kredite vergeben hatten, reduzierte man im Zuge der Konkursverwaltung auf ihren jeweiligen Restwert, und Notverkäufe räumten auf mit den durch Fremdfinanzierungen aufgeblähten Preisen.

Andrew Mellon, Finanzminister während der Präsidentschaft Herbert Hoovers, fasste diesen Prozess bei einem Gespräch mit dem Präsidenten im November 1929 folgendermaßen zusammen:

> Liquidieren Sie den Arbeitsmarkt, liquidieren Sie die Aktien, liquidieren Sie die Farmen und auch die Immobilien. Das wird das System von aller Fäulnis reinigen. Hohe Lebenshaltungskosten und überhöhte Lebensstandards werden wieder auf ein Normalmaß sinken. Die Leute werden härter arbeiten und ein moralbewussteres Leben führen. Die Wertvorstellungen werden angeglichen und unternehmenslustige Leute werden die weniger kompetenten Leute ablösen.[2]

Bis zum Jahr 2008 hätte sich fast niemand vorstellen können, dass sich eben jene »weniger kompetenten Leute« in den größten Banken der Wall Street finden würden, der Citigroup zum Beispiel oder der Bank of America. Aber die Finanzlobbyisten behaupteten steif und fest, es sei absolut notwendig, diese Institutionen bevorzugt zu behandeln, wenn man eine Konjunkturbelebung wolle.

Bis 2008 gab es bei allen Finanzkrisen einen Lichtblick: Die Schuldenlast wurde gelöscht, und die Volkswirtschaften konnten sich wieder erholen. Schuldenerlasse aufgrund von Insolvenzen führten normalerweise dazu, dass die Immobilienpreise auf ein bezahlbares Niveau sanken. Aber das Ziel der Federal Reserve war (und ist es immer noch), die wirtschaftliche Macht des Einen Prozents zu erhalten und die Bankbilanzen dadurch neu zu beleben, dass man einen Preisverfall auf den Immobilien-, Aktien- und Anleihemärkten *verhindert*. Statt, wie vor 2008, die uneinbringlichen Schulden auszulöschen, wurden sie weiter aufrechterhalten. Zusammen mit den Kürzungen der Staatsausgaben führt das zu einem drastischen Rückgang des Binnenmarkts, und statt der Preise von Immobilien und anderen Vermögenswerten fallen die Löhne. Man rettete die Banken und nicht die Wirtschaft.

Das Ganze begann in den USA mit der Einführung des »Troubled Asset Relief Program« zum Aufkauf von Problemaktiva. Doch auch in der restlichen Welt forderten die Banken die Regierungen auf, die größten nicht versicherten Anleger und Anleihegläubiger vor Verlusten zu bewahren und zudem den Managern zusammengebrochener Banken die Boni und Gewinnauszahlungen zu belassen, die sie sich selbst zugeteilt hatten.

So folgte zum Beispiel die irische Regierung dem Rat der Europäischen Union und schnürte auf Kosten der Steuerzahler Rettungspakete für die nicht versicherten Gläubiger der Anglo Irish Bank. Auch in Griechenland rettete die europäische »Troika«[3] – bestehend aus Vertretern von IWF, Europäischer Kommission und Europäischer Zentralbank – die Anleihegläubiger, indem man ausreichend Hilfsgelder zur Verfügung stellte, um die Kredite, die die Gläubiger der griechischen Regierung gewährt hatten, in voller Höhe zu bezahlen. Bei diesen Krediten war jedoch nicht im Geringsten berücksichtigt worden, ob Griechenland sie überhaupt zurückzahlen könne, ohne die Wirtschaft in die schlimmste Depression seit den dreißiger Jahren zu stürzen. Die Anleiheinhaber und Anleger griffen sich ihr Geld und verschwanden von der Bildfläche. Sie ließen einen Berg an Auslandsschulden zurück, die nur bezahlt werden können, indem man der Bevölkerung eine enorme Steuerlast aufbürdet – so hoch, wie man es bis dahin nur aus kriegsbedingten Notzeiten gekannt hatte.

Die Finanzkrise von 1929–1931 hatte zu staatlichen Regulierungen und Bankenkontrollen geführt. 1933 schuf man in den USA den Einlagensicherungsfonds FDIC (Federal Deposit Insurance Corporation) und setzte, neben einigen anderen Reformen, das Glass-Steagall-Gesetz in Kraft, das die Privatkundenbanken vom spekulativen Investmentbanking der Wall Street trennte. Aber von 1987 bis 2006 machte es sich der damalige Vorsitzende der US-Notenbank zur Aufgabe, die im Rahmen des New Deal umgesetzten Reformen eine nach der anderen wieder abzuschaffen. Dadurch wurden die regulatorischen Überwachungsmechanismen, die unter anderem dafür sorgen sollten, dass sich Bankkredite an der Zahlungsfähigkeit der Kreditnehmer orientierte, unwirksam gemacht.

Ein kurzlebiger Versuch, neue Regulierungen einzuführen – das sogenannte »Dodd-Frank-Gesetz« – fiel der Lobbyarbeit der Banken zum Opfer, die sich die Kontrolle über die politischen Entscheidungen erkauft hatten. Zu diesem Zweck unterstützten sie Politiker, die ihre Vereinnahmung der Aufsichtsbehörden förderten und dafür sorgten, dass Finanzbetrug fast völlig entkriminalisiert wurde.[4]

Die finanziellen Verbrechen wurden nicht geahndet und die größten Banken verschont – unter dem Vorwand, sie würden insolvent gehen, würde man geltendes Recht anwenden.

Der aufschlussreichste Aspekt an den 2008 erfolgten Rettungsmaßnahmen war, dass die Zentralbanken sich nicht an die über hundert Jahre alte »Bagehot-Regel« hielten. Denn die Notkredite, die sie an die Geschäftsbanken vergaben, widersprachen der von dem amerikanischen Ökonomen Walter Bagehot aufgestellten Regel, dass Zentralbanken in Krisenzeiten ihre Kredite »durch werthaltige Papiere absichern und mit Strafzinsen belegen« sollten.

Bankenfreundliche Ökonomen bezeichneten diese Lockerung der Kreditbedingungen in Notzeiten als Rückkehr zur Normalität. Aber es war durchaus nicht normal, diejenigen, die gegen das Gesetz verstoßen hatten, ungeschoren davonkommen zu lassen, während man noch in den achtziger Jahren zahlreiche der für den Savings-and-Loan-Skandal verantwortlichen Bankvorstände vor Gericht gestellt und zu Haftstrafen verurteilt hatte. Doch das war nicht die einzige Tradition, mit der man brach: Die Zentralbanken stellten den Banken so viel staatliche Gelder zur Verfügung, dass sie wieder Kredite vergeben konnten, verpflichten sie aber nicht, ihren Aktionären und den großen, nicht versicherten Anlegern und Anleiheinhabern zumindest einen Teil der Verluste aufzubürden. Der Finanzwelt war nichts weniger als ein Staatsstreich gelungen.

Walter Bagehot war von 1860 bis 1877 Herausgeber der Wochenzeitung *The Economist*. Sein einflussreiches Werk *Lombard Street: A Description of the Money Market* von 1873 gehörte auch noch in den sechziger Jahren, als ich meine Doktorarbeit schrieb, zur Pflichtlektüre. In dem Buch legte Bagehot die strengen Bedingungen dar, zu denen die Zentralbanken in Krisenzeiten für Liquidität sorgen sollten. Damals machten faule Kredite nur einen verschwindend geringen Teil des Bankwesens aus. Das Hauptproblem bestand vielmehr darin, dass sich nervöse Einleger durch die allgemein herrschende Krise dazu verleiten ließen, ihre Gelder auch von solchen Banken abzuziehen, die eigentlich noch grundsolide waren. Die Zentralbankkredite sollten nach Bagehot an solche Banken gehen, die unter dem Problem litten, dass ihre Schuldner ihre Darlehen noch bedienen konnten, sie selbst aber nicht in der Lage waren, diesen Einkommensstrom in Bargeld umzuwandeln, um damit die nervösen Einleger auszubezahlen. Die Regierungen waren natürlich bemüht, eine Wirtschaftskrise zu vermeiden, die entsteht, wenn Banken sich gezwungen sehen, ihre Darlehen zurückzufordern und dadurch ihre Kunden in den Bankrott zu treiben.

Doch Zentralbanken sind eigentlich nicht dazu da, *insolvente* Institute zu retten, die faule Kredite an zahlungsunfähige Schuldner vergeben haben. Die Unterstützung, die eine Zentralbank einer anderen Bank gewährt, müsste eigentlich unter derart strikten Auflagen geschehen, dass diese Bank in einer Notsituation nicht auch noch die Gelegenheit bekommt, spekulative und räuberische Profite einzufahren. 2008 war es jedoch so weit gekommen, dass fast das gesamte Reinvermögen einiger Banken aus faulen Krediten bestand. Viele dieser Kredite waren betrügerisch, weshalb die Banken später auch Milliarden von Dollar an zivilrechtlichen Strafgeldern zahlen mussten. Das Levy Institute beschreibt diese Vorgänge folgendermaßen:

> Die Maßnahmen, welche die Regierung gegenüber einer angeschlagenen, insolventen Bank ergreift, sollten eigentlich vollkommen andere sein als bei einer Liquiditätskrise: Die Regierung sollte eingreifen, die Institution beschlagnahmen, das Management feuern und dann das Unternehmen abwickeln ... Normalerweise erleiden die Aktionäre dabei hohe Verluste, ebenso die nicht versicherten Gläubiger – zu denen üblicherweise auch andere Finanzinstitutionen gehören ... Doch statt die Institutionen abzuwickeln, die höchstwahrscheinlich insolvent waren, versuchte die Federal Reserve zusammen mit dem Finanzministerium, sie zu retten – indem sie Problemaktiva aufkaufte, die Banken rekapitalisierte und ihnen langfristige Kredite gewährte.[5]

Nachdem die Banken die Kontrolle über die Federal Reserve und das Finanzministerium erlangt hatten, stellten sie die Bagehot-Regel auf den Kopf. Die äußerst günstigen Bedingungen, zu denen Henry Paulson Kredite vergab, waren – wie auch die danach von der Federal Reserve ausgereichten Kredite – eine radikale Abkehr von der Bagehot-Regel. Es wurden keinerlei Strafgebühren für Insolvenzen erhoben. Zentralbank, Kongress und Finanzministerium vergaben sowohl an die Investmenthäuser der Wall Street als auch an normale Geschäftsbanken Darlehen zu Schleuderpreisen. Die Konditionen waren so günstig, dass die Bankenbranche im Zuge der Krise zum profitabelsten Wirtschaftssektor überhaupt wurde.

Darüber hinaus vergab die Federal Reserve Kredite, die mit dem vollen Nennwert der Ramschhypotheken, Derivate und Credit Default Swaps (Kreditausfallversicherungen) unterlegt waren, oder akzeptierte solche Papiere als Unterlegung für regresslose Kredite, und zwar zu einem Wert, der weit über ihrem Marktpreis lag. Die Regierung fing das Risiko auf, nicht die Banken, Anleihegläubiger und Finanzspekulanten. Die quantitative Lockerung wurde so gesteuert, dass die Banken mit dem Geld gewinnbringend spekulieren und genug verdienen konnten, um die Verluste, die sie durch Ramschhypotheken und riskante Fehlspekulationen eingefahren hatten, wieder wettzumachen. Im Grunde genommen war das nichts anderes als die größte Überlassung von Reichtümern an privilegierte Nutznießer, die Amerika seit dem Landbetrug von Yazoo im Jahr 1795 gesehen hatte.

Sheila Bair, die damalige Vorsitzende des Einlagensicherungsfonds FDIC, wies immer wieder darauf hin, dass die beiden fahrlässigsten insolventen Kreditgeber, die Citibank und die Bank of America, über genügend Kapitalrücklagen und solide Kredite verfügten, um die bei der FDIC versicherten Einlagen abzudecken, selbst wenn die Regierung die Versicherungsgrenze von 100 000 Dollar auf 250 000 Dollar anhob. Aber die Wall Street verfolgte eine ganz andere Strategie. Sie machte den Einlegern Angst und ließ sie in dem Glauben, sie würden es sein, die die Verluste tragen müssen, wenn die Banken und Spekulanten der Wall Street nicht sofort in voller Höhe ausbezahlt wurden, und zwar ohne Einbußen bei der Darlehenssumme, die sogenannten »Sicherheitsabschläge« oder »Haircuts«. Noch 2014, sechs Jahre nach dem Crash, behauptete der frühere Finanzminister Tim Geithner, seine Insider-Geschenke hätten den Bankkunden die Erfahrung erspart, vor leeren Geldautomaten stehen zu müssen.[6]

Die Kombination von Rettungspaketen für Kreditgeber und gleichzeitiger Aufrechterhaltung der Schulden war von einer marktorientierten Lösung meilenweit entfernt. Daran zeigt sich, dass die Banken den freien Markt hassen, sobald sie auf der Verliererseite stehen. Sie fordern, die Wirtschaft müsse sie retten – die Banken und nicht die Schuldner. Deshalb glauben die Banken auch, die Kontrolle über die Regierungen erlangen zu müssen. Dann können sie die politischen Entscheidungen so gestalten, dass ihnen immer ein Rettungsnetz zur Verfügung steht, egal wie groß ihre Verfehlungen auch sind. Dadurch werden ihre Verluste zuverlässig übernommen, und ihren Interessen ist stets gedient. Darüber hinaus sind Banker besonders geschickt darin, sich drohenden Gefängnisstrafen zu entziehen. Zudem bestehen sie darauf, dass die Bußgelder für jegliche kriminelle Machenschaft von den Bankinstituten übernommen werden – also letztlich von den Aktionären – und nicht von den dafür verantwortlichen Managern.

Die Federal Reserve und das Finanzministerium vergaben ihre Kredite unter dem Vorwand, die Banken müssten ihr erschöpftes Eigenkapital wieder aufstocken, um die Konjunktur beleben zu können. Nur so seien sie in der Lage, noch mehr verzinsliche Darlehen an die ohnehin schon hochverschuldete Wirtschaft zu vergeben. Der Effekt war, dass die Immobilienpreise und die Aktienkurse wieder stiegen – als wäre das die eigentliche Bedeutung von »Wohlstand«. Ende 2010 hatte der Finanzsektor seine Verluste tatsächlich wieder wettgemacht und konnte »etwa 30 Prozent der gesamten Betriebsgewinne« für sich verbuchen, trotz des Umstands, dass er »für weniger als 10 Prozent der gesamtwirtschaftlichen Wertschöpfung« verantwortlich war.[7] Mitte 2013 war der Anteil, den das Bankensystem an den US-amerikanischen Betriebsgewinnen hatte, bereits »auf 42 Prozent gestiegen ..., und die Federal Reserve rechnet damit, dass er weiter steigen wird«.[8]

Doch wie ich in Kapitel 5 ausgeführt habe, hat eine solche Politik zur Folge, dass die Schulden weiterhin exponentiell wachsen, bis sie schließlich die gesamte Wirtschaft verschlingen. Aufgrund von noch mehr Zins- und Tilgungszahlungen für noch mehr aufgenommene Kredite bleibt immer weniger zur Steigerung der Produktionsleistung übrig. Was die hoch verschuldete Wirtschaft tatsächlich brauchte, war ein Schuldenerlass – *auf Kosten* der Banker und anderen Gläubiger. Das war die große Gelegenheit, die die politischen Entscheidungsträger (unter den wachsamen Augen der Banken) 2008 verstreichen ließen. Die Banken erholten sich, und zwar auf Kosten der nicht finanzialisierten Wirtswirtschaft, die durch die Sparmaßnahmen ausblutete.

Die Rettung der Anleihegläubiger auf Kosten der Kreditnehmer

Mit der Verteilung von Rettungspaketen oder Bailouts wurde am 7. September 2008 begonnen, als die Bundesbehörde Federal Housing Finance Agency Hypothekenobligationen im Wert von über 5,3 Billionen Dollar von den Unternehmen Fannie Mae und Freddie Mac übernahm.[9] Ursprünglich waren diese beiden Hypothekenbanken als staatliche Institutionen gegründet worden – Fannie Mae im Jahr 1938 und Freddie Mac 1970. Fannie Mae wurde 1968 privatisiert, erschien den Leuten aber weiterhin als halbstaatliches Unternehmen, weshalb die meisten Investoren davon ausgingen, dass ihre dortigen Kredite durch eine staatliche Garantie vor Zahlungsausfällen geschützt waren. Das ermöglichte es Fannie Mae und Freddie Mac, Darlehen zu ähnlich niedrigen Zinssätzen aufzunehmen, wie sie für das Finanzministerium galten, und gleichzeitig Hypotheken aufzukaufen, die sehr viel höhere Zinsen abwarfen.

Indem sie diese Hypotheken kauften, versicherten und zu Wertpapierpaketen bündelten, sorgten die beiden Hypothekenbanken dafür, dass Pensionsfonds, Versicherungsgesellschaften und andere institutionelle Investoren damit handeln konnten und dabei sehr viel höhere Zinssätze erzielten, als man sie für T-Bonds erhielt. Man riet sogar ausländischen Zentralbanken, Fannie-Mae-Anleihen als Dollar-Reserven zu halten.

Dabei gingen diese Investoren davon aus, dass Fannie Mae und Freddie Mac weiterhin eine gründliche Kreditüberwachung betrieben. Aber aufgrund des Eifers ihrer Manager, diesen Geschäftsbereich auszuweiten – und ihren Marktanteil zu halten, während die Firmen Countrywide Financial und Washington Mutual bereits dem Abgrund entgegensteuerten – kauften Fannie und Freddie immer mehr betrügerische Hypothekendarlehen.

Es hatte sich herausgestellt, dass Gewinne sehr viel leichter zu erzielen waren, wenn man seiner Sorgfaltspflicht nicht nachkam, sondern einfach ohne viele Fragen zu stellen Hypotheken kaufte. Betrug ist für gewöhnlich ziemlich profitabel – zumindest auf kurze Sicht. Die Aktienkurse von Fannie Mae und Freddie Mac stiegen ins Unermessliche, und ihre Manager zahlten sich selbst entsprechend hohe Gehälter und Boni aus. Sogar diejenigen Investoren, die diesen Institutionen mit Misstrauen begegneten, gingen davon aus, dass die Regierung schon für die Verluste aus den fahrlässigen Kreditvergaben aufkommen würde, wenn es hart auf hart kam. Und tatsächlich wurde der Regierung die Rechnung präsentiert – für Darlehen, die sich letztendlich als Ramschhypotheken erwiesen, obwohl sie längst nicht so »ramschig« waren wie der finanzielle Giftmüll, den Investmentbanken wie Bear Stearns und Lehman Brothers in Umlauf gebracht hatten.

Der Hypothekenmarkt brach dann letztendlich doch in sich zusammen, nämlich als Lehman Brothers am 15. September 2008 Konkurs anmeldete. Um die Anleiheinhaber von Fannie Mae und Freddie Mac davor zu bewahren, dass sie selber die Verluste tragen mussten, die durch die Zahlungsausfälle verursacht wurden und das Überleben der beiden Unternehmen bedrohten, investierte das Finanzministerium jeweils bis zu 100 Milliarden

Dollar. Im Besonderen ging es dabei um Verluste aus den auf Lügnerkrediten basierenden Ramschhypotheken, die man von Countrywide und anderen Betrügerfirmen erworben hatte. Im Gegenzug erhielt das Finanzministerium Bezugsrechte (also Optionen) für 79,9 Prozent des Aktienbestandes von jedem der beiden Unternehmen.[10]

Die Vorstandsvorsitzenden und Aufsichtsratsmitglieder beider Hypothekenbanken wurden entlassen, aber es kam zu keinen Rückforderungen der überzogenen Gehälter, Boni und Aktienoptionen, mit denen die Manager sich selbst belohnt hatten. Auch wollte die Regierung den Zorn der Aktionäre nicht riskieren, mit dem sie bei der Überführung beider Unternehmen in staatlichen Besitz hätte rechnen müssen. Statt sie zu übernehmen, verteilte man Geschenke, um den Anleiheinhabern Verluste zu ersparen. Das wurde dann mit den Worten beschönigt, man wolle die Wirtschaft vor dem »Sozialismus« retten.

Aber diese Maßnahmen waren nur eine Generalprobe für das 750 Milliarden Dollar schwere TARP-Rettungspaket, das der amerikanische Kongress wenig später beschloss. Das TAR-Programm (Troubled Asset Relief Program)[11] bedeutete den endgültigen Sieg der Wall Street über den Kongress. »Es ging einzig und allein um die Anleiheinhaber«, fasste Sheila Bair die Entwicklungen zusammen, nachdem die Wogen sich ein wenig geglättet hatten.

> Das Finanzministerium wollte den Anleiheinhabern keine Verluste zumuten, im Gegensatz zu uns. Wir sagten ihnen immer wieder: »Es gibt keine Versicherung für Anleiheinhaber!« Für den kleinen Otto Normalverbraucher, der sein Guthaben auf der Bank hat, berechnen wir den Banken eine Versicherungsgebühr, die dann an den Kunden weitergegeben wird. Aber für Anleihegläubiger gibt es das nicht. Die müssen mögliche Verluste selber tragen.[12]

Aber es wurden die Finanziers und Investmentbanker gerettet und nicht die Hausbesitzer, die anderen Schuldner oder die Pensionsfonds.

Wie man den Kongress durch Panikmache dazu brachte, das TAR-Programm ohne Auflagen und Bedingungen durchzuwinken

Am 20. September 2008 legte der damalige Finanzminister Henry Paulson dem Kongress ein knappes, nur drei Seiten umfassendes Konzept für das Troubled Asset Relief Program (TARP) vor. Die Republikaner stimmten dagegen, weil sie das Programm als einen Versuch ansahen, die Macht des Staates auszuweiten. Paulsons ursprünglicher Entwurf ließ keinen Raum für eine Überwachung des Programms durch den Kongress, und in Abschnitt 8 des Papiers wird sogar gefordert, das Geld müsse vergeben werden, ohne dass gewählte Amtsträger oder Gerichte dazu Fragen stellen durften. »Die Entscheidungen, die der Finanzminister gemäß den Bestimmungen dieses Gesetzes trifft, unterliegen keiner Überprüfung und bleiben im Ermessen des Ministeriums. Ebenso wenig dürfen sie von einem Gerichtshof oder einer Verwaltungsbehörde überprüft werden.« Der Ökonom Willem Buiter fasste Paulsons Forderung folgendermaßen zusammen: »Ich will 750 Milliarden Dollar. Ich will sie jetzt sofort. Ich werde diese Gelder für einen guten Zweck verwenden, aber ich kann Ihnen nicht sagen, wofür genau. Stellen Sie mir keine Fragen. Und verklagen können Sie mich auch nicht.«[13]

Paulson verlangte für das Finanzministerium die uneingeschränkte Vollmacht, jederzeit hypothekenbesicherte Wertpapiere (MBS) bis zu einer Höhe von 700 Milliarden Dollar kaufen oder verkaufen zu können. Diese Summe, so vermutete Paulson, entsprach ungefähr dem Anteil der Schulden, den die Hauseigentümer nicht an die Banken würden zurückzahlen können – also der Summe, die nicht durch den Marktpreis ihrer als Sicherheit hinterlegten Immobilien abgedeckt war. Das Finanzministerium wollte das Geld nutzen, um MBS zu erwerben – zu Bedingungen, die das Ministerium selbst diktierte, und nicht nur von Geschäftsbanken, sondern auch von Investmentbanken, Hedgefonds und anderen Beteiligungsgesellschaften, »ohne Rücksicht auf bestehende gesetzliche Bestimmungen zu Verträgen der öffentlichen Hand«.

Der Markt für diese Wertpapiere war im Begriff zu kollabieren. Die Zinssätze von zinsvariablen Hypotheken standen kurz davor zu explodieren. Man musste entweder den Satz für das dritte Laufjahr oder Strafzinsen entrichten, die weit über den ursprünglich vereinbarten Zinssätzen lagen, mit denen die Banken interessierte Hauskäufer geködert hatten. Statt in Ruhe zuzusehen, wie der Marktpreis ihrer Immobilie den Hypothekenwert überstieg, mussten diese Schuldner nun auf das erhoffte, auf der Vermögenspreisinflation beruhende Konjunkturgeschenk verzichten (das, was Alan Greenspan euphemistisch als »Wohlstandsschöpfung« bezeichnet hatte). Ihr negatives Eigenkapital rutschte noch weiter ins Minus und führte zu Hypothekenausfall und Zahlungsverzug, was wiederum die Profite der Banken gefährdete und für einige der größten Institutionen auch die Insolvenz bedeutete. Diese Firmen waren die größte Sorge des Finanzministeriums und nicht etwa die Hausbesitzer oder Investoren, die ihr Geld in den von der Wall Street zu Wertpapierpaketen gebündelten Ramschhypotheken angelegt hatten.

Paulson setzte den Kongress unter Druck, die Verabschiedung des Programms nicht durch weitere Auflagen zu verzögern. Am 21. September sagte er in einem Interview der sonntäglichen ABC-Fernsehsendung *This Week*: »Wir sind darauf angewiesen, dass dieses Programm schnell und sauber über die Bühne geht.« Man hätte kaum ein besseres Beispiel für das finden können, was Naomi Klein in ihrem Buch *Shock Doctrine: The Rise of Disaster Capitalism* (dt. *Die Schock-Strategie: Der Aufstieg des Katastrophen-Kapitalismus*) kritisierte. Die Krise gab den Magnaten der Hochfinanz eine willkommene Gelegenheit, dem Kongress die Initiative zu entreißen. Am 19. Dezember 2008 machte Präsident George W. Bush seine Exekutivgewalt geltend und verkündete, die TARP-Gelder könnten für jegliche Maßnahmen ausgegeben werden, die das Finanzministerium zur Entschärfung der Finanzkrise als notwendig erachtete.

Tatsächlich wurde kein einziger Cent der genehmigten 700 Milliarden Dollar für den Kauf von hypothekenbesicherten Wertpapieren verwendet. Das Ganze war ein klassisches Täuschungsmanöver. In Wirklichkeit wurde das Geld nämlich den Wall-Street-Banken und Investmenthäusern zugeschustert, die zuvor noch schnell die nötigen juristischen Schritte unternommen hatten, um sich als »Geschäftsbanken« ausgeben zu können. Dadurch waren sie berechtigt, die Unterstützung der FDIC sowie andere Geschenke der Regierung in Anspruch zu nehmen, die vorgeblich dem Schutz des Privatkundengeschäfts und eben nicht den Interessen des Einen Prozents hatten dienen sollen.

Letztendlich waren nur diejenigen Banken auf Rettung angewiesen, die faule Hypothekendarlehen vergeben hatten. Aber um den Namen der Citigroup nicht nennen zu müssen, die sich der mit Abstand schlimmsten Vergehen schuldig gemacht hatte, forderte das Finanzministerium, dass die zehn größten Wall-Street-Institute jeweils 25 Milliarden Dollar erhalten sollten. Darüber hinaus wurde das Geld zu Vorzugskonditionen verliehen, und zwar ohne dass der Kongress oder irgendeine andere staatliche Instanz darüber mitbestimmen durften, was diese Unternehmen mit dem Geld anfingen.

Paulson warnte den Kongress, dieser würde mit seiner Forderung, das Geld auch zur Entlastung der von Zwangsvollstreckungen bedrohten Hausbesitzer einzusetzen, die Wirtschaft nicht retten, sondern ihr Wachstum nur verlangsamen. »Die größte Hilfe, die wir dem amerikanischen Volk jetzt zukommen lassen können, ist die Stabilisierung des Finanzsektors.« Doch eigentlich meinte er damit nur seinen eigenen Unterstützerkreis an der Wall Street, dem er jeglichen Verlust ersparen wollte. Dessen Mitglieder wären ansonsten gezwungen gewesen, ihre Hypotheken und anderen Kredite trotz rapide fallender Immobilienpreise zu verkaufen. Es drohten an die vier Millionen Fälle von Zwangsversteigerungen, was die Ratingagentur Moody's dazu veranlasste, für die kommenden Jahre einen Verfall der Immobilienpreise um 40 Prozent vorherzusagen. Zahlreiche Familien würden sich dann einem negativen Eigenkapital gegenüber sehen, was bedeutete, dass sie viel mehr Schulden hatten, als ihre Häuser wert waren – und damit auch viel mehr, als man ihnen ursprünglich überhaupt hätte leihen dürfen.

Um die Banken vor den brutalen Marktkräften zu bewahren, die den Hausbesitzern das Wasser bis zum Hals stehen ließen, kaufte die Federal Reserve verbriefte Hypothekenpakete zu überhöhten Preisen auf. Statt den Hauseigentümern unter die Arme zu greifen, ersparte man mit diesen »cash for trash«- (Geld-für-Müll)-Aktionen ausschließlich den Banken finanzielle Verluste. Für Hypothekendarlehen hingegen gab es keine nennenswerte Hilfe. Die Versprechen, die der gerade erst ins Präsidentenamt gewählte Barak Obama und andere Demokraten damals machten, erwiesen sich als reine Lippenbekenntnisse.

In der Präsidentschaftsdebatte zwischen Obama und McCain weicht man dem Thema der TARP-Rettungspakete aus

In einer letzten Aufholjagd um die Stimmen links von den Demokraten weigerten sich die Republikaner im Kongress, für das TAR-Programm zu stimmen. Doch der republikanische Präsidentschaftskandidat John McCain bemühte sich verzweifelt, das Ruder noch einmal herumzureißen. Am Morgen des 26. September, dem Tag seiner ersten Präsidentschaftsdebatte mit Senator Barack Obama, flog er nach Washington und gab bekannt, er werde seinen Wahlkampf unterbrechen und seine gesamte Energie darauf verwenden, den Kongress zu einer Zustimmung zu Paulsons Plan zu bewegen. Doch Senator McCain brach seine großspurig verkündete Mission schon sehr bald wieder ab und flog nach Oxford, Mississippi, um an der für diesen Abend angesetzten Debatte teilzunehmen.

So erstaunlich das klingen mag: Die Moderatoren der Fernsehdebatte stellten den Kandidaten keine einzige Frage zu der geplanten Rettungsaktion, die an diesem Tag die Nachrichten beherrscht hatte. (Daran zeigt sich aber auch, wie sehr die Massenmedien bei ihrem Auftrag, die Öffentlichkeit zu informieren, versagt haben – zweifellos, weil sie ihr Publikum nicht gegen sich aufbringen wollten.) Um das Vakuum zu füllen, das der Sender in seiner Selbstzensur geschaffen hatte, gab das Finanzministerium am darauffolgenden Samstagabend ein Informationsblatt heraus, in dem es versprach: »Wenn wir die Problemaktiva (›Troubled Assets‹) aus dem Verkehr ziehen, kann unser Finanzsystem wieder an Kraft gewinnen und ein erneutes Wirtschaftswachstum finanzieren.« Aber mit »Wachstum« meinte man nichts anderes als eine Welle neugeschaffener Schulden. Und die Hedgefonds-Trader und Bankster wurden ganz neutral als das »Finanzsystem« bezeichnet, während die beschönigende Wendung »Problemaktiva aus dem Verkehr ziehen« den Umstand verschleiern sollte, dass man hier Ramschhypotheken zu weit überhöhten Preisen kaufte. (Am Ende wurde diese Aufgabe jedoch von der Federal Reserve und eben nicht vom TAR-Programm übernommen.)

Senator McCain hielt am darauffolgenden Sonntag eine Fernsehansprache, in der er erklärte, es handele sich hier nicht um einen »Bailout«, sondern um eine »Rettungsmaßnahme«, an die keinerlei Bedingungen geknüpft seien. In der Folge musste er zusehen, wie seine Umfragewerte in den Keller stürzten, denn nun hatte er sich wieder von seinem neuen Label des

»Querdenkers« verabschiedet und als das offenbart, was er tatsächlich war, nämlich ein altbekanntes Mitglied der sogenannten »Keating Five«. Dabei handelte es sich um fünf Senatoren, die von der Federal Reserve gefordert hatten, sich nicht in Charles Keatings Diebstahl während des kalifornischen Savings-and-Loan-Skandals einzumischen. Die Außerkraftsetzung der ordnungsgemäßen Regulierungen, denen die in den Skandal verwickelten Sparkassen eigentlich unterlagen, hatte den amerikanischen Staat 3 Milliarden Dollar gekostet, was damals, im Jahr 1989, eine enorme Summe war. Oder wie es die in einer Beraterfirma der Wall Street tätige Yves Smith ausdrückte:

> Rettungspakete sind dafür verantwortlich, dass das moralische Risiko (*moral hazard*) steigt, denn durch solche Maßnahmen werden riskante und fahrlässige Kreditvergabepraktiken sogar noch belohnt. Ohnehin sind Bailouts häufig das Ergebnis einer kapitalistischen Vetternwirtschaft, die sich aus der Macht der Finanzlobbyisten speist … Wir haben es also im vorliegenden Fall ganz schlicht und ergreifend mit einer Kombination aus kapitalistischer Vetternwirtschaft und Kleptokratie zu tun – ob das nun mit Absicht geschah oder nicht, ist dabei gar nicht von Bedeutung.[14]

Doch als bei einer Umfrage des Nachrichtensenders MSNBC 62 Prozent der Amerikaner gegen das Gesetz waren, schlugen die Republikaner plötzlich eine populistische Note an und stimmten (abgesehen von McCain) am 29. September mit selbstgefälliger Entrüstung gegen Paulsons unbefristete Geldgeschenke. »Dieses Gesetz stellt uns vor die Wahl, entweder unsere Kinder in den Bankrott zu treiben oder den Ruin einiger weniger dieser großen Finanzinstitute an der Wall Street in Kauf zu nehmen, die schlechte Entscheidungen getroffen haben«, sagte der texanische Kongressabgeordnete John Culberson.[15] Paul O'Neill, der erste Finanzminister unter George W. Bushs Regierung, der noch nie dafür bekannt gewesen war, ein Blatt vor den Mund zu nehmen, prangerte die geplante Rettung als »Wahnsinn« an. Er fügte hinzu: »Die Konsequenzen sind verheerend, aufgrund der Art und Weise, wie hier die öffentliche Hand in die Privatwirtschaft eingreift.«[16] Und der unter Ronald Reagan als stellvertretender Finanzminister tätige Paul Craig Roberts beschwerte sich: »Bei diesem Rettungsplan werden die Problemaktiva einfach aus den Büchern der Banken in die Bücher des Finanzministeriums verschoben.«[17]

Passend zu ihrer Rhetorik des freien Unternehmertums und der Selbstverantwortung stellten sie sich gegen jegliche »Geschenke vom Staat« – also von Seiten jener Beamten, die die Wall Street nur an die Regierung ausgeliehen hatte – und bezeichneten eine solche Vorgehensweise als Sozialismus. Doch dann brachen Lobbyisten scharenweise über das Kapitol herein und übten erheblichen Druck auf die Republikaner aus, sie mögen sich bei einer neuerlichen Abstimmung zusammen mit den Demokraten für das Gesetz aussprechen. Es gab Berichte, wonach einige Mehrheitsführer »die Kleinunternehmer- und Bankenlobby dazu gebracht hatten, die zwölf republikanischen Stimmen, die sie brauchten, einfach zu kaufen«[18] oder sie zumindest davon zu überzeugen, dass man bei dem TARP-Bailout nicht wirklich von Sozialismus reden könne. Im Grunde genommen handelte es sich hier nämlich wieder einmal um das typische Geschäftsmodell der heutigen Finanzwelt: Die Gewinne werden privatisiert und die Verluste sozialisiert.

Wenn man die Regierung dazu bringt, die Wall Street vor Verlusten zu bewahren, die durch faule Kredite und verlorene Glückswetten entstanden sind, dann ist dies das Gegenteil von Sozialismus. Es ist eine Oligarchie – nämlich die Kontrolle der Reichen über die Regierung. Diese Reichen hatten schließlich die größten Summen für den Wahlkampf gespendet, und die Botschaft war beim Kongress durchaus angekommen. Eine zu große staatliche Einmischung anzuprangern war nur dann angebracht, wenn es um öffentliche Maßnahmen zur Stützung des Arbeitsmarkts ging, nicht aber bei Subventionen für die Wall Street.

Trotz der Verfassungsregel, dass Gesetze zur Finanzpolitik vom Repräsentantenhaus verabschiedet werden müssen (das ja das Rettungspaket abgelehnt hatte), griff der Senat die Gesetzesvorlage auf und nahm sie am 1. Oktober mit 74 zu 25 Stimmen an. Der republikanische Senator von Alabama, Jeff Sessions, hob besonders die wenigen Steuervergünstigungen für Normalverdiener hervor, um die Aufmerksamkeit von den Milliardengeschenken an Großbanken und Brokerfirmen abzulenken, die sich durch ihre Umbenennung zu »Geschäftsbanken« für die Hilfsgelder der Zentralbank qualifiziert hatten. »Dieses Gesetz wurde mit zahlreichen populären Maßnahmen ausgeschmückt, um ihm mehr Durchschlagskraft zu verleihen«, schrieb Carl Hulse in einem Artikel in der *New York Times*. »Statt zuzugeben, dass sie sich zu einem Bailout über 700 Milliarden Dollar bereiterklärt hatten, konnten die Gesetzgeber nun behaupten, sie hätten für eine Vorlage gestimmt, die den Einlegerschutz bei den kleinen Privatkundenbanken erhöhte, eine Einkommenssteuerentlastung für mittelständische Steuerzahler brachte und Schulen in ländlichen Regionen förderte, in denen der Staat noch über sehr viel Grundbesitz verfügt.«[19]

Zwei Tage später rief Finanzminister Paulson die Vorsitzende des FDIC, Sheila Bair, an und bestellte sie zu einem gemeinsamen Treffen mit dem Vorsitzenden der Federal Reserve, Ben Bernanke, in sein Büro. Außerdem war auch Tim Geithner von der New York Federal Reserve über Telefon zugeschaltet. Bair erinnerte sich mit Entrüstung daran, wie Paulson sie damals aufforderte, »vor die Öffentlichkeit zu treten und bekanntzugeben, dass die FDIC für die Verbindlichkeiten des Bankensystems garantieren werde ... Sie verlangten von mir, dass ich mich da hinstellte und in aller Öffentlichkeit behauptete, die FDIC würde jedem eine Garantie für alles Mögliche und Unmögliche innerhalb des 13 Billionen Dollar schweren Bankensystems ausstellen.«[20] Diese Verbindlichkeiten hätten nicht nur alle Verluste der Geschäftsbanken, sondern auch die der Investmentbanken wie Goldman Sachs und deren Tochtergesellschaften abgedeckt, die sich gerade alle noch schnell zu Geschäftsbanken umdeklarierten, um die Kredite der Federal Reserve und die Geschenke des TAR-Programms in Anspruch nehmen zu können.

Das Finanzministerium behauptete, es sei zur Rettung der privaten Sparvermögen der Bevölkerung notwendig, auch die großen, nicht versicherten Einleger zu retten, zusammen mit den Hypothekenmaklern, Versicherungsgesellschaften und Investmentbanken. Darin lag eine implizite Drohung. Man stellte es so dar, als würde die Wirtschaft in sich zusammenbrechen, wenn der Gesetzgeber nicht rasch handelte und die Wall Street rettete. Bair weigerte sich, eine solche Politik mitzutragen. »Abgesehen von dem Risiko, das ein solches Versprechen bedeutet hätte, wäre es auch ein wunderbares Geschenk für die Anleiheinhaber gewesen, weil ein Großteil der Schuldverschreibungen gerade ziemlich günstig zu haben war.«[21]

Bairs Hauptgegner war Tim »Ich war nie ein Anhänger von Regulierungen« Geithner, der damals der New Yorker Federal Reserve vorstand. Aber Geithner hatte nicht nur etwas gegen Regulierungen, sondern wollte auch verhindern, dass die »Kreditgeber und insbesondere die Anleihegläubiger der großen angeschlagenen Finanzinstitute Verluste erleiden«. Bair hielt dem entgegen: »Wir von der FDIC haben kein Versicherungsprogramm für die großen Anleiheinvestoren. Das sind erfahrene und gut situierte Leute, die für sich selbst sorgen können. Die Regierung hat keinen Grund, sie zu schützen.«[22]

Aber das Blatt hatte sich gewendet. Noch am selben Tag ließen die Republikaner im Repräsentantenhaus all ihre Rhetorik zu freien Märkten fahren und gaben den Demokraten genug Stimmen, um die Wall Street zu retten. Dadurch wuchs die Schuldenlast der öffentlichen Hand enorm, worüber man dann später Krokodilstränen vergoss. Unmittelbar darauf unterschrieb Präsident George W. Bush die Gesetzesvorlage zum TAR-Programm mit dem Titel Emergency Economic Stabilization Act.

Um die ausstehenden Hypothekenforderungen der Wall Street zu retten, war es notwendig, neue Staatsschulden zu schaffen. Das wiederum war einen Vorwand für Obama, sich den Forderungen der Wall Street zu beugen und eine »Stabilisierung der Wirtschaft« herbeizuführen, indem er den Haushalt an anderen Stellen kürzte, insbesondere bei der Sozialversicherung. Durch diesen Druck, den Haushalt auszugleichen, bewirkte das TARP, zusammen mit den anderen Subventionen, die man der Wall Street seit 2008 hatte zukommen lassen, eine Verschärfung der Austerität – und damit das genaue Gegenteil von dem, was das angeblich stabilisierende Gesetz bezwecken sollte. Die Folge war eine zunehmende Instabilität der verschuldeten Wirtschaft. Es schien, als müssten nicht die Schuldner gerettet werden, sondern nur die Gläubiger.

Die Demokraten im Kongress, die auf Verabschiedung des TAR-Programms drängten, versäumten es, auch für den Einbau von Sicherheitsmaßnahmen zu sorgen, um das öffentliche Interesse zu schützen. Kein einziger Politiker forderte Paulson auf, seine Vorstellung von »Stabilität« zu definieren oder zu erklären, inwiefern die Verluste von Citigroup, AIG und anderen Wall-Street-Firmen den nicht zum Finanzsektor gehörenden Teil der Wirtschaft bedrohten. Die unbequemsten Fragen hierzu stellte das Kongressmitglied für Ohio Dennis Kucinich:

> Warum gibt es keine Anhörungen zu dem Plan, den man uns gerade vorgelegt hat? ... Warum haben wir nicht geprüft, ob es zu diesem Plan, 700 Milliarden Dollar an die Wall Street zu verteilen, eine Alternative gibt? Warum fordern wir die Wall Street nicht auf, ihren Scherbenhaufen selbst aufzuräumen? Warum verabschieden wir keine neuen Gesetze, die jener Art von Spekulationen Einhalt gebieten, die diese Krise überhaupt erst

ausgelöst haben? Warum schaffen wir kein neues Regulierungssystem, bei dem die Investoren effektiv geschützt werden? Was sind 700 Milliarden Dollar in toxischen Aktiva überhaupt wert?

Warum helfen wir den Hausbesitzern nicht bei der Bewältigung ihrer Schuldenlast? Warum helfen wir den amerikanischen Familien nicht, die nun vor dem Bankrott stehen? Warum mindern wir nicht die Schuldenlast für den kleinen Mann statt die der Wall Street? ... Ist das hier der Kongress der Vereinigten Staaten oder der Aufsichtsrat von Goldman Sachs?[23]

Auch Neil Barofsky, der für TARP zuständige Generalinspektor, äußerte eine ähnlich heftige Kritik am Finanzministerium. Er bemängelte, dass man dort nicht einmal ansatzweise eine Unterstützung für Schuldner vorsah, die zum Opfer der Wall Street geworden waren, während der Kongress genau das doch angeblich bezweckt hatte:

Das Gesetz, das dem TAR-Programm zugrunde lag, der Emergency Economic Stabilization Act, hatte sehr viel weiter gefasste Ziele, zu denen auch der Schutz der Immobilienwerte und des Hauseigentums gehörte ... Man hatte dem Kongress mitgeteilt, man werde TARP dazu verwenden, Hypotheken im Wert von bis zu 700 Milliarden Dollar aufzukaufen, und um die dazu notwendigen Stimmen zu erhalten, versprach das Finanzministerium, es werde diese Hypotheken umwandeln und so den notleidenden Hausbesitzern unter die Arme greifen. Und tatsächlich verpflichtete das Gesetz das Ministerium explizit dazu, genau dies auch zu tun.

Aber das geschah so gut wie überhaupt nicht. Die vage Formulierung des Gesetzestextes ermöglichte dem Finanzministerium, das Gewicht beim TAR-Programm fast von Beginn an von dem Kauf von Hypotheken hin auf den Finanzsektor zu verlagern. Es wurden Hunderte Milliarden von Dollar in die größten Finanzinstitute des Landes gepumpt. Diese Verlagerung wurde mit dem Versprechen verknüpft, man werde dadurch den Kreditvergabefluss wiederherstellen.

Doch das Finanzministerium stellte den Banken das Geld zur Verfügung, ohne irgendwelche effektiven politischen Maßnahmen damit zu verbinden oder auf die Kreditvergabe Einfluss zu nehmen. Es gab keinerlei Bedingungen: Keine Verpflichtung, ja, nicht einmal eine Empfehlung, die Kredite für Hauskäufer auszuweiten, und auch – entgegen unserem ausdrücklichen Rat – nicht einmal eine Aufforderung an die Banken, sie mögen der Regierung die tatsächliche Verwendung der TARP-Gelder melden.[24]

Yves Smith hat darauf hingewiesen, dass die Wall Street, kaum dass der Kongress das TARP-Gesetz verabschiedet hatte, einfach von der Vorgabe, wie das Geld auszugeben sei, abwich. »Die Beteuerungen, es gehe angeblich vor allem um toxische Hypothekenverbriefungen und nicht, wie in Wahrheit, um eine Eigenkapitalzufuhr, sollten vermutlich die Kongressmitglieder ablenken und verhindern, dass die Öffentlichkeit fragte: ›Hey, wenn wir hier für Eigenkapitalzufuhr bezahlen, welche Kontrolle haben wir dann darüber und wo liegt für uns der Vorteil?‹ Dadurch wollte man auch so unbequeme Fragen vermeiden wie: ›Warum schaffen wir keine Obergrenze für Wall-Street-Gehälter? Warum werden diese Spitzenmanager nicht gefeuert? Warum ernennen wir nicht ganz neue Aufsichtsräte?‹ und andere Dinge, die bei Instituten üblich sind, die kurz vor dem Bankrott stehen oder bereits Bankrott gegangen sind.«[25]

Die größten Verlierer – die Citigroup und AIG – bekamen vom Finanzministerium genügend Rettungsgelder, um die Gegenparteien ihrer finanziellen Glückswetten auszubezahlen. Dadurch wurden die Banken sehr rasch zum profitabelsten Wirtschaftssektor. Die Regierung bestand darauf, dass die Anleihegläubiger und die großen, nicht versicherten Einleger keine Verluste erlitten und dass weder die FDIC noch der Kongress die angeschlagenen Banken verstaatlichen und sie als öffentliche Versorgungsbetriebe führen sollten, deren Dienstleistungen in Konkurrenz mit dem privaten Bankensystem stehen würden.

Wie man China davon abhielt, AIG zu retten

Sechs Jahre nach Ausbruch der Krise von 2008 wurde schließlich der Prozess eröffnet, den der größte Aktionär von AIG, Starr International (ein Unternehmen, das hauptsächlich dem Spitzenmanager Maurice »Hank« Greenberg gehörte), gegen den Versicherungskonzern angestrengt hatte. Die Aussagen der vorgeladenen Zeugen aus dem Finanzministerium und anderen Institutionen brachten zahlreiche zuvor nicht bekannte Umstände ans Licht. Es wurden Alternativen bekannt, die man damals gehabt hätte, aber auch schicksalshafte Entscheidungen, die bis dahin vor der Öffentlichkeit und dem Kongress geheim gehalten worden waren. Gretchen Morgenson von der *New York Times* kam zu dem Schluss, dass »diese Gerichtsverhandlung hauptsächlich darum so bedeutsam ist, weil sie eine Fülle neuer Erkenntnisse enthüllt. Das gilt vor allem für das Vorgehen der Regierung während des Bailouts. Es handelt sich dabei um Details, die man eigentlich um jeden Preis geheim halten wollte«.[26]

Die bemerkenswertesten Enthüllungen während des Prozesses betrafen die chinesische Regierung. Diese hatte eifrig versucht, sich bei AIG einzukaufen, und das zu Bedingungen, die schon das erste Rettungspaket des amerikanischen Finanzministeriums in Höhe von 85 Milliarden Dollar (das später auf 182 Milliarden Dollar aufgestockt wurde) unnötig gemacht hätten. Doch eine solche Rettung von AIG hätte den Gegenparteien des Versicherungsunternehmens wie zum Beispiel Goldman Sachs nichts genutzt. Genau das war, wie sich herausstellte, das eigentliche Problem.

Asiatische Staatsfonds hatten schon seit einer Weile nach einer Alternative für US-Schatzwechsel – die T-Bonds – gesucht, in die sie ihre Devisenbestände investieren konnten. Dabei ging es nicht nur um höhere Renditen. Diese Investitionen waren vielmehr Teil der nationalen Strategie zur Wirtschaftsentwicklung. Der größte dieser weltweiten Fonds war die China Investment Corporation (CIC). Diese hatte starke Verluste erlitten, als sie sich 2007 in den Börsengang der Blackstone Group eingekauft hatte. Doch AIG war schließlich in China gegründet worden und bot dem Land daher die Möglichkeit, seine Immobilien-, Finanz- und Versicherungssektoren zu dekolonisieren.

Das Wall-Street-Blatt *Institutional Investor* beschreibt, wie sich die Vertreter der CIC am 16. September 2008 an das Finanzministerium wandten und den Vorschlag unterbreiteten, sich mit einer ebenso hohen Summe wie das Ministerium selbst, also die ursprünglichen 85 Milliarden Dollar, bei AIG einzukaufen. Bei einer Handelskonferenz im kalifornischen Yorba Linda baten sie Taiya Smith, Paulsons stellvertretende Stabschefin und geschäftsführende Staatssekretärin, sie möge den Finanzminister dazu bewegen, den chinesischen Vizepremier Wang Quishan anzurufen. In dem Ergebnisbericht der Gerichtsverhandlung wird Smith mit den Worten zitiert: »Sämtliche chinesische Regierungsbeamte wollten plötzlich über AIG sprechen.«

Tatsächlich, so fügte Smith hinzu, waren »die Chinesen sogar bereit, noch etwas mehr als den Gesamtbetrag zu investieren, den man für AIG damals benötigte.«[27]

Der Staatssekretär für Innere Angelegenheiten David McCormick beriet sich mit Paulson über das Interesse der Chinesen und teilte Smith dann mit, das Finanzministerium sei derzeit nicht daran interessiert, die Chinesen mit an Bord zu holen. Paulson, so hieß es in dem Bericht, »rief die CIC nicht zurück, obwohl die chinesische Regierung darum gebeten hatte. Ein Kollege aus dem Ministerium wurde aufgefordert, dem chinesischen Fonds in freundlichen Worten mitzuteilen, man möge sich aus der Sache heraushalten.«

Vom *Institutional Investor* zu diesem Beweismaterial befragt, äußerte sich ein Geldmanager folgendermaßen: »Das war der Inbegriff von kapitalistischer Vetternwirtschaft. Was da passiert ist, war ungeheuerlich. Und weder die Öffentlichkeit noch der Kongress begreifen, wie ungeheuerlich es wirklich war.«

Die geopolitische Dimension hatte sich als übermächtig herausgestellt. James Cox, Professor der Rechtswissenschaft an der Duke University, sagte dazu: »Es hätte bedeutet, dass ein kommunistisches, totalitär regiertes Land zum Retter des amerikanischen Finanzsystem geworden wäre. Die Ironie, die sich daraus ergeben hätte, dass China die Wall Street rettet, wäre für die Beteiligten nicht zu verkraften gewesen.« Im Endeffekt, so folgerte Cox, lief es darauf hinaus, dass »man hier in ziemlich düsterer oder zynischer Manier die Großbanken vor der ›gelben Gefahr‹ schützen wollte.« Also wurde AIG auf einem Weg gerettet, der zum einen für Goldman Sachs profitabel war und es zum anderen den USA ermöglichte, die Kontrolle über ihren eigenen Versicherungs- und Finanzsektor zu behalten und zugleich weiterhin darauf bestehen zu können, auch die entsprechenden Sektoren in den anderen Ländern zu kontrollieren.

Die große Offenbarung der Gerichtsverhandlung von 2014 war die Erkenntnis, dass es dem Finanzministerium und der Federal Reserve New York ganz offenbar viel wichtiger war, die Firmen der Wall Street zu schützen als das Staatsvermögen oder die Gesamtwirtschaft.

Alles drehte sich um die Rettung der Gegenparteien, wie ich in Kapitel 16 zeigen werde. Jeder private Käufer hätte die dreisten Zahlungsforderungen von Goldman Sachs zurückgewiesen, mit der Begründung, die hypothekenbesicherten Wertpapiere, für die man hier bürgen sollte, beruhten auf Betrug. Paulsons Ministerium opferte AIG den Interessen von Goldman Sachs, als eine Art Beigabe zur TARP-Rettung.

KAPITEL 14

Die staatlichen Geschenke werden immer mehr von Politik und Korruption beherrscht

»Es ist so eine Sache mit Erkenntnissen, die man im Nachhinein gewinnt. Viele Dinge, die einem zum damaligen Zeitpunkt als klug erschienen, stellten sich am Ende als unklug heraus.«

Tim Geithner bei seiner Zeugenaussage während des AIG-Prozesses gegen die US-amerikanische Regierung im Jahr 2004[1]

Geithners obige Aussage lässt es so klingen, als wäre alles, was damals geschah, nur ein Versehen gewesen, ganz ähnlich wie die chronischen Fehlkalkulationen des IWF und der Europäischen Zentralbank. Dort glaubt man nach wie vor, Sparmaßnahmen zu verhängen, würde eine Konjunkturerholung bewirken und den Wohlstand steigern, und man müsse nur den Anleihegläubigern genug zahlen, die Sozialleistungen und Pensionsgelder hinreichend kürzen und die Löhne tief genug senken, um das »Vertrauen wiederherzustellen«. Jahrzehnt für Jahrzehnt werden dieselben Fehler gemacht. Doch die Geschenke an die Wall Street nach der Krise von 2008 – bei denen die hochverschuldeten Hauseigentümer leer ausgingen – waren kein Unfall. Sie waren eine ganz bewusste politische Entscheidung. Später, als sich herausstellte, dass die breite Bevölkerung schwere finanzielle Verluste erlitten hatte, während die Banken für das Eine Prozent riesige Gewinne einfuhren, vergossen die Politiker ein paar Krokodilstränen. Doch es war genau dieser den Finanzinsidern und dem Einen Prozent aus den Rettungsaktionen erwachsende Vorteil, der die Rettung aus Sicht der Wall Street zu einer so erfolgreichen politischen Machtübernahme werden ließ.

»Wir haben es nicht für die Banken getan«, behauptete Geithner, »sondern um das amerikanische Volk vor möglichen Bankenzusammenbrüchen zu schützen. Ich gebe zu, das widerspricht zunächst der Intuition.«[2] Das kann man wohl sagen! Es war die Aufgabe der FDIC, die Einleger vor einem Bankenzusammenbruch zu schützen, und Geithner entwickelte eine geradezu diabolische Energie, um diese Institution genau daran zu hindern, indem er die Macht über die größten und fahrlässigsten der unter seinem Schutz stehenden Banken übernahm. Diese Begründung, man habe »das Volk« nur retten können, indem man die Banken rettete – jenes Märchen vom Durchsickereffekt, demzufolge die Rettung der 99 Prozent eine noch größere Bereicherung des Einen Prozents erfordere – wurde zum Generalvorwand für unbeschränkte Geldgeschenke und Zugeständnisse an die Wall-Street-Kumpane im Finanzministerium und in der Federal Reserve. Das Ganze erinnert an frühere Zeiten, als sich Anleihegläubiger gerne einmal hinter den »Witwen und Waisen« versteckten, deren Treuhandfonds angeblich von der Inflation verschlungen wurden – wie es hieß aufgrund der steigenden Löhne jenes Teils der Bevölkerung, der sich seinen Lebensunterhalt durch eigene Arbeit erst verdienen musste.

Der designierte Präsident Obama weigert sich, den verschuldeten Hausbesitzern beizustehen

Barney Frank, der damalige demokratische Vorsitzende des House Financial Services Committee (Ausschuss für Finanzdienstleistungen des Repräsentantenhauses), forderte, die Banken sollten einen Teil der ihnen zugesprochenen Hilfsgelder darauf verwenden, die Hypothekenschulden auf ein bezahlbares Niveau herabzusenken. Auf diese Weise hätten auch die Hausbesitzer von den Rettungspaketen profitieren können, und es wäre ihnen ein Zahlungsausfall bei ihren Hypotheken erspart geblieben. »Paulson weigerte sich zunächst. Er wollte einfach nur die Gelder verteilen«, berichtete Frank. »Und nachdem er den ersten großen Batzen losgeworden war und im Begriff stand, eine zweite Summe anzufordern, sagte er zu mir, okay, ich sage Ihnen mal was, ich bitte um die nächste Zahlung, und dann kann ich einen Teil davon für die Hypothekenschulden verwenden, aber ich tue das nur, wenn Obama das auch wirklich fordert.« Doch der designierte Präsident lehnte den Vorschlag ab.

> Es war mittlerweile Dezember [2008], also baten wir Obamas Leute, ihm den Vorschlag zu unterbreiten, aber sie weigerten sich. In der kritischen Phase des TAR-Programms gab es ein politisches Machtvakuum. Und als wir ihn einmal drängten, sagte Obama: »Nun, es kann keine zwei Präsidenten gleichzeitig geben.«[3]

Das war seine Art, Nein zu sagen. Das Problem war weniger ein Machtvakuum als die Verwendung eines Rezepts, das schon die Regierungen Clinton und George W. Bush benutzt hatten. Auch Obama machte sich die Politik der Geldgeschenke an die Banken sehr schnell zu eigen, indem er Larry Summers zu seinem nationalen Wirtschaftsberater ernannte und Geithner auf den Posten des Finanzministers berief, den dieser von Paulson übernahm. Damit waren Summers und Geithner optimal positioniert, um alle Versuche abzuwehren, die innerhalb der Demokratische Partei zu einer Entmachtung des dominierenden »Rubinomics«-Flügels – der Anhänger Robert Rubins – hätten führen können. Rubin war schließlich einer der wichtigsten frühen Förderer Obamas gewesen.

Dessen Weigerung, einen Schuldenerlass zu fordern oder die Auszahlung der TARP-Gelder an andere Bedingungen zu knüpfen, führte dazu, dass dieser Bailout letztendlich den Demokraten »gehörte«. Sie unterstützten ihn, ohne dies an irgendwelche Auflagen zu binden. Die Regierung nutzte nicht einmal ihre Position als Mehrheitseigentümer bei der Citigroup und anderen »Too-big-to-fail«- oder »systemrelevanten« Banken aus, um die für die Verluste verantwortlichen Manager zu feuern. Es wurden kaum zivil- oder strafrechtliche Verfahren gegen die Übeltäter in den »angeschlagenen« Instituten angestrengt.

Im Gegensatz zur britischen Regierung, die die Spitzenmanager bei der Royal Bank of Scotland, der Northern Rock und Bradford and Bingley zum Rücktritt gezwungen hatte, forderten in den USA weder das Finanzministerium noch der Kongress ein Mitspracherecht bei der Unternehmensführung dieser skrupellosen, um nicht zu sagen kriminellen Banken. Eine Weile wurde im Kongress diskutiert, ob man nicht die hohen Gehälter und Boni der für die Katastrophe verantwortlichen Personen kürzen sollte. Doch das verpuffte bald ohne greifbares Ergebnis. Und die Bußgelder, die die Regulierungsbehörden schließlich den betroffenen Banken auferlegten, wurden von Versicherungspolicen abgedeckt. Letztendlich hatten also die Aktionäre die Verluste zu tragen und nicht die für die Verstöße verantwortlichen Manager.

Die US-Regierung unternahm keinerlei Versuche, die 700 Milliarden Dollar an TARP-Krediten oder die Rettung der Citigroup an die Bedingung zu knüpfen, die geretteten Institute mögen ihre Kreditvergabepraktiken ändern. Es wurde zu keinem Zeitpunkt gefordert, dass die Banken ihre Dividendenausschüttungen an die Aktionäre, die Zinszahlungen an ihre Anleihegläubiger oder auch die Zahlungen an die Gegenparteien verlorener Wetten reduzierten. Der demokratischen Regierung ging es einzig und allein darum, die Banken zu retten. Man ließ ihnen Unsummen von Dollars in Form von Zentralbankkrediten und bedingungslosen Subventionsgeldern zukommen. Die Einzigen, die ihre Schulden in voller Höhe und ohne jede Unterstützung begleichen mussten, waren die Hauseigentümer. Sie mussten sogar für die Lügnerkredite aufkommen, die nach allgemeiner Ansicht auf offenem Betrug beruhten.

Eine Änderung der TARP-Bedingungen erleichtert der Wall Street den Zugang zu den Geldern

Am 14. Oktober 2014, kaum zwei Wochen nach Beginn der TARP-Zahlungen, nutzte Paulson den Handlungsspielraum, den man ihm als Finanzminister eingeräumt hatte, nämlich die »weitgefasste Befugnis, jedes andere Finanzinstrument zu erwerben«, das er für notwendig erachtete, »um die finanzielle Marktstabilität zu fördern«.[4] Statt hypothekenbesicherte Wertpapiere zu kaufen – die »Problemaktiva« oder »Troubled Assets«, um die es bei dem Programm ursprünglich ging –, war das Finanzministerium dabei behilflich, die Banken zu rekapitalisieren. Es kaufte von jedem der zehn größten Bankhäuser erstrangige Vorzugsaktien ohne Stimmrecht sowie Optionsscheine im Wert von 25 Milliarden Dollar. Das Etikett »Vorzugsaktie« kann auf den flüchtigen Leser irreführend wirken. Der Umstand, dass man die Banken rettete, indem man Vorzugsaktien kaufte – statt die fahrlässigsten Kreditvergabeinstitute direkt zu übernehmen –, brachte das Finanzministerium und die Federal Reserve in Konflikt mit der FDIC, für die es dadurch sehr viel schwieriger wurde, die Einleger zu schützen. Eine Übernahme durch die FDIC hätte den Wert der von der Regierung erworbenen Vorzugsaktion ebenso ausgelöscht wie den Bestand aller anderen »normalen« Aktionäre. Zwar werden die Dividenden bei Vorzugsaktien vor denen der normalen Aktien ausgeschüttet, aber im Fall einer Insolvenz haben sie keinerlei juristischen Vorrang vor den Anleihegläubigern – nicht einmal vor den Gläubigern, die in die hochspekulativen Collateralized Debt Obligations (CDOs oder verbrieften Kreditanleihen) investiert haben. Um die Anlageposition der Regierung bei ihren Vorzugsaktien zu schützen, verlegte sich Paulson auf den Trick, sie als Teil der Hilfszahlungen einzustufen, und machte es dadurch der FDIC unmöglich, ihre Arbeit zu tun.

Da die im Rahmen des TAR-Programms erworbenen Aktien ohne Stimmrecht waren, konnte das Finanzministerium unmöglich Einfluss auf die Unternehmensführung der Banken nehmen, die mit den Geldern bedacht worden waren. Ebenso wenig benutzte es seine Position als Hauptgläubiger, um einen Platz im Aufsichtsrat der Banken einzufordern oder überhaupt ein Mitspracherecht darüber zu erhalten, wie diese mit den TARP-Geldern, Kundeneinlagen und Kreditvergaben umgingen.

Und als wäre das noch nicht genug, wurde den Banken im Rahmen des modifizierten TARP Capital Purchase Program zur Kapitalaufstockung auch noch ein Vorzugszinssatz von nur 5 Prozent berechnet. Wie bereits erwähnt, sollte die Regierung keine Kredite an insolvente Institutionen vergeben, und wenn doch, dann nicht zu so günstigen Konditionen, dass die Banken das Geld während einer wirtschaftlichen Notlage noch für Spekulationen verwenden konnten. Aber genau das ist passiert. Nach einer Schätzung der Haushaltsprüfungsbehörde des Kongresses gingen die Kosten für die mit den ersten 247 Milliarden Dollar erworbenen Wertpapiere so weit über deren tatsächlichen Marktwert hinaus, dass das Ganze letztendlich einer Bankensubvention in Höhe von 26 Prozent (also 64 Milliarden Dollar) gleichkam.[5] Sie wurden für ihre fahrlässigen, um nicht zu sagen betrügerischen Kreditvergabepraktiken nicht etwa zur Verantwortung gezogen, sondern sogar noch beschenkt.

Das Ganze war das Gegenteil von Strafe – es war eine Belohnung. Die Banken wurden durch ihre unverantwortlichen, lockeren Kreditvergabepraktiken, ihre Lügnerkredite und die Schaffung aller möglichen anderen Arten von »Finanz- oder Kreditmüll« noch reicher als je zuvor. Im Gegensatz zum Staat erhielt zum Beispiel der Investor Warren Buffet für sein Darlehen an Goldman Sachs eine 10-prozentige Dividende plus Aktienoptionen.

Hier war eindeutig eine Doppelmoral am Werk. Chris Dodd, der Vorsitzende des Bankenausschusses im Senat, warf dem Finanzministerium vor, seine Mittel »ad hoc und willkürlich« einzusetzen, indem es »Anteile an Banken erwarb, während es den Plan der Regierung, gefährdete hypothekenbesicherte Wertpapiere aufzukaufen – also das ursprüngliche Kernstück des Programms –, einfach aufgab.« Er schloss sich Barney Franks Vorwurf an, das Ministerium folge nicht der »klaren Zielsetzung des Kongresses« für das TARP-Gesetz, und drohte, der Kongress könne sich auch weigern, die restlichen 350 Milliarden Dollar aus der geplanten Summe von 700 Milliarden Dollar zu bewilligen, »wenn sich das Finanzministerium nicht dazu bereiterklärt, zumindest einige der Gelder zur Verhinderung von Zwangsenteignungen zu verwenden.«[6]

Diese Drohung blieb jedoch wirkungslos und wurde anscheinend hauptsächlich zu dem Zweck ausgesprochen, die Wut der Wähler gegen das Rettungspaket zu besänftigen. Nachdem Obama erst einmal sein Amt angetreten hatte, waren von den Demokraten im Kongress keine solchen Töne mehr zu hören – und ebenso wenig von den Regierungsbehörden, die mit dem Finanzsektor befasst waren. Diese waren nunmehr mit Beamten bestückt worden, die für die Wall Street und gegen Regulierung eingestellt waren.

250 Milliarden Dollar an TARP-Geldern für eine einzige betrügerische Bank: die Citigroup

Selbst die am schlechtesten geführten Banken verfügten über genug solide Vermögenswerte, um die Summen, die sie ihren versicherten Einlegern schuldeten, auszuzahlen. Die Frage war also nicht, ob man die ganz normalen Kontoinhaber und Kunden retten konnte, sondern ob die öffentlichen Mittel dafür eingesetzt werden sollten, die Spekulanten, Glücksspieler und Zocker zu bezahlen – also die Tochtergesellschaften und Investmenthäuser, die nicht als Geschäftsbanken galten und Teil des eng verschmolzenen Wall-Street-Konglomerats aus Holdinggesellschaften und Brokerfirmen waren.

Das negative Eigenkapital der betroffenen Finanzhäuser bedrohte hauptsächlich die Anleihegläubiger, aber auch das komplizierte Netz aus Wetten, die zwischen den einzelnen Häusern abgeschlossen worden waren – Wetten, bei denen es darum ging, in welche Richtung sich die Zinssätze, Währungskurse und die zu Wertpapierpaketen gebündelten Bankkredite entwickeln würden.

In dem Interview, das sie anlässlich ihres Rücktritts als Leiterin der FDIC im Juli 2011 gab, sagte Sheila Bair: »Man hätte Bear Stearns in Konkurs schicken sollen«, weil das Unternehmen keine Privatkundenbank war. Darum verfügte es auch nicht über ein Sicherheitsnetz beim FDIC oder der Federal Reserve. Es handelte sich lediglich um eine »zweitrangige Investmentbank«. Solche Institutionen »gehen höhere Risiken ein und sollten deshalb außerhalb des Sicherheitsnetzes agieren. Und wenn sie zu viele Fehler machen, dann müssen sie auch einen Konkurs in Kauf nehmen.«[7]

Die Rettung hätte nicht zum Geschenk an die reichsten Spekulanten werden müssen, erklärte Bair. Der FDIC war es bereits gelungen, solche Firmen wie IndyMac, Washington Mutual und andere hochspekulativ agierende Unternehmen im Ramschhypotheken-Geschäft abzuwickeln. Das war schließlich genau ihre Aufgabe. Aber man erlaubte Bair nicht, es mit den »großen Jungs« aufzunehmen. In dem Bericht zu dem Interview, das er mit Bair führte, merkte Joe Nocera an: »Die FDIC hatte ziemlich viel Erfahrung, unter anderem deshalb, weil sie IndyMac neun Monate lang unter Zwangsverwaltung führte, bis sich schließlich ein Käufer fand. Diese Zeit nutzte die FDIC, um zusammen mit den IndyMac-Kreditnehmern Hypotheken zu sanieren. Dabei entwickelte sie eine Vorgehensweise, die nach Ansicht der Behörde auch landesweit funktionieren konnte.«

Im Prinzip hätte man die hochspekulativen, risikofreudigen Tochtergesellschaften der Bankenholdings vom Privatkundengeschäft abspalten können – ganz so, wie man 1933 im Rahmen des Glass-Steagall-Gesetzes verfahren war. Die Dachgesellschaften hätten ganz normale Insolvenzverfahren durchlaufen und die üblichen, mühsamen Maßnahmen auf sich nehmen müssen, die ein solches Verfahren mit sich bringt. Wie Joe Nocera in dem Interview-Artikel weiter schrieb, nutzte Bair die Gelegenheit, ihre Meinung kundzutun, als

> der Präsident seinem Ärger wegen der AIG-Boni Luft machte. »Das würde bei unserer Vorgehensweise nicht passieren«, sagte sie zum Präsidenten. »Wir haben einen Lösungsprozess, den wir schon seit Jahrzehnten anwenden, und wenn wir eine Bank unter Konkursverwaltung stellen,

gibt uns dies das Recht, alle bestehenden Verträge für null und nichtig zu erklären. Wir können die Leute feuern, wir können ihnen ihre Boni nehmen und daher stellt sich uns ein solches Problem auch gar nicht.«

Aber Bair konnte sich mit ihren Argumenten nicht gegen Larry Summers und Tim Geithner durchsetzen. Dabei war ausschlaggebend, dass eine der betroffenen Banken deutlich mehr Geld benötigte als alle anderen: die Citigroup, deren Fürsprecher in der Demokratische Partei und unter den von ihr ernannten Beamten im Finanzministerium die Oberhand hatten.

Am 12. Dezember 2014 gab Senatorin Elizabeth Warren eine Zusammenfassung davon, wie die umfassende Vereinnahmung des Finanzministeriums und anderer zentraler Finanz- und Regulierungsbehörden durch die Citigroup hatte zustande kommen können. »Angefangen bei dem ehemaligen Vorstandsvorsitzenden der Citigroup Robert Rubin hatten drei der letzten vier Finanzminister unter demokratischen Präsidenten [Rubin, Larry Summers und Jack Lew] enge Verbindungen zur Citigroup. Dem vierten [Tim Geithner] wurde die Position des Vorstandsvorsitzenden bei der Citigroup angeboten, doch er lehnte ab.«[8] Präsident Obama berief noch weitere Personen aus den Reihen der Citigroup in wichtige finanzpolitische Ämter: So wurde Stanley Fischer zum stellvertretenden Vorsitzenden der Federal Reserve ernannt, Nathan Sheets zum Handelsbeauftragten des Finanzministeriums und Marisa Lago zu seiner Stellvertreterin (die in ihrer Funktion als »global head of compliance« von 2003 bis 2008 die Einhaltung gesetzlicher Vorschriften beaufsichtigte und damit maßgeblich für den Zusammenbruch der Citigroup mitverantwortlich war). Man sollte meinen, diese engen Verbindungen zu einer Institution, die William Black mit dem Wort »kriminogen« bezeichnet hat, hätte den Karrieren dieser Personen geschadet. Stattdessen dienten sie ihnen ganz offensichtlich als Qualifikation für die höchsten Ämter, die sie dann, kaum dass sie sie angetreten hatten, dazu nutzten, die Dodd-Frank-Regulierungen außer Kraft zu setzen und die Unterstützung und Subventionierung der Citigroup fortzuführen – ganz ähnlich wie das Finanzministerium unter republikanischer Führung Goldman Sachs unterstützt hatte.

Rubins Protegé Tim Geithner pflegte stets enge Verbindungen zur Citigroup. Deren ehemaliger Vorstandsvorsitzender und Gründer Sanford Weill bot Geithner die Leitung der Bank an, nachdem Charles Prince im November

2007 zurückgetreten war. »Statt den strengen Cop zu spielen und die Citigroup zu überwachen, wurde Geithner zum besten Freund der Bank und hielt 29 Frühstückseinladungen, Lunches, Abendessen und andere Treffen mit den Führungskräften der Citigroup« ab, berichten Pam und Russ Martens.[9] Es mehrten sich die Gerüchte, Geithner stünde kurz davor, seinen Job bei der New York Federal Reserve mit einem Gehalt von nur 400 000 Dollar im Jahr gegen etwas Besseres einzutauschen. Doch dann wurde er aufgefordert, im Kabinett des designierten Präsidenten Obama den Posten des Finanzministers zu übernehmen. Auf diese Weise konnte er seinen Einfluss geltend machen und die Citigroup zusammen mit anderen Wall-Street-Banken in der sich ausweitenden Krise unter seinen Schutz nehmen. Bair beschrieb, wie Rubins Schützling Geithner pflichtschuldigst Lobbyarbeit leistete, um die Bank zu verteidigen, und sich dabei »jenen altbekannten Spruch zunutze machte: Wenn wir die Citigroup jetzt nicht unterstützen, könnte sie das gesamte System destabilisieren.«[10] Welchen Druck Geithner und Paulson auf Bair ausübten, beschreibt diese folgendermaßen:

> Sie zitierten mich immer zu sich, nachdem sie längst eine Entscheidung über die als notwendig erachteten Maßnahmen getroffen hatten. Dann sagten sie zu mir, ohne irgendwelche weiteren Informationen: »Sie müssen jetzt Folgendes unternehmen, oder das System bricht in sich zusammen.« Ich habe diese Worte so oft gehört, dass ich es schon gar nicht mehr zählen kann. »Die Citigroup ist systemrelevant, also müssen Sie das jetzt tun.« Keine Analyse, keine ernsthafte Diskussion, gar nichts. Es war äußerst frustrierend.[11]

Die Bank war schon seit langer Zeit für ihre eher freizügige Ausdeutung der Vorschriften, oder besser deren Missachtung berüchtigt, was insbesondere für ihren Zusammenschluss mit Travelers Insurance im Jahr 1998 galt. Erst ein Jahr zuvor hatte Travelers die Brokerfirma Salomon Brothers gekauft. Durch diesen Zusammenschluss wurde ein Konglomerat geschaffen, das nach dem Glass-Steagall-Gesetz, das eine Trennung von Privatkundengeschäft und Investmentbanking vorschrieb, illegal war. Diese Akquisition machte es also für die Citibank dringend erforderlich, die Aufhebung des Glass-Steagall-Gesetzes zu betreiben.

Durch den Zusammenschluss mit Travelers wuchs der Druck auf die Regierung, das 1933 von Franklin D. Roosevelt unterschriebene Gesetz, gegen das die Citigroup so unverfroren verstoßen hatte, außer Kraft zu setzen. Die Lobbyisten des »freien Marktes« drängten die Clinton-Regierung, es ganz abzuschaffen. An vorderster Front bei diesem Kampf um eine Deregulierung standen Rubin und Summers vom Finanzministerium, und Alan Greenspan von der Federal Reserve jubelte ihnen vom Spielfeldrand aus zu. Im November 1999 brachten der texanische Senator Phil Gramm, das Kongressmitglied von Iowa Jim Leach und der für Virginia im Kongress sitzende Tom Bliley – alle von der republikanischen Partei – eine Gesetzesvorlage zum Financial Modernization Act (Finanzmodernisierungsgesetz) ein.

Dabei handelte es sich wieder mal um einen ungeheuren Euphemismus, der die faktische Außerkraftsetzung des New Deal als »Modernisierung« feierte. Nach der Finanzkrise von 1929 bis 1931 hatte die Modernisierung des Finanzsektors noch in der Trennung von Privatkundengeschäft und Wall-Street-Spekulationen bestanden. Nachdem die Trennung aufgehoben war, dauerte es kein Jahrzehnt, bis sich durch die Deregulierung der Hypothekendarlehen und der gewerblichen Kreditvergabe zwischen den Banken ein unentwirrbares Netz aus Derivate-Spekulationen im Kasinostil gesponnen hatte.

Das deregulierte, von den höchsten Regierungsstellen begeistert geförderte Umfeld, das durch die Aufhebung aller durch den New Deal geschaffenen Kontrollmechanismen entstand, war der eigentliche Auslöser für die Finanzkrise von 2008. Robert Rubin stellte sich an die Spitze der Wall-Street-Lobby, die für die Bankenderegulierung eintrat, und verwandelte das Finanzsystem in einen Selbstbedienungsladen. Im Grunde genommen war es eine Wiederholung der gigantischen Betrügereien, die dem Savings-and-Loan-Skandal der achtziger Jahre zugrunde lagen.

Nachdem er seinen Posten im Finanzministerium dazu benutzt hatte, den Zusammenschluss von Citigroup mit Travelers zu legalisieren, wurde Rubin nun selbst bei der Citigroup tätig, um die neugeschaffene deregulierte Freiheit auszukosten. Er verschaffte der Demokratischen Partei mithilfe dieser Bank ähnliche Vorteile, wie sie Charles Keating im Rahmen des Lincoln-Savings-and-Loan-Skandals für die Republikaner herausgeschlagen hatte. Doch während man Keating ins Gefängnis gesteckt hatte, schenkte man Rubins Citigroup-Gefolgschaft die Macht über die Regierung, die Kontrolle über die Federal Reserve und einen Schutz vor strafrechtlicher Verfolgung.

Das verheerende Chaos, das diese Personen angerichtet hatten, um sich selbst riesige finanzielle Vorteile zu verschaffen, blieb ungeahndet.

Im Rahmen seiner Tätigkeit als Vorstandsvorsitzender der Citigroup wurde Rubin mit jenem enormen Gehaltsanstieg bedacht, den die Japaner als »Abstieg vom Himmel« bezeichnen. Damit sind Beamten im Staatsdienst gemeint, die sich nach Dienstende im privaten Sektor eine goldene Nase verdienen. In Rubins Fall waren das über zehn Millionen Dollar jährlich. Er benutzte die Einlagen und Kreditmittel des Bankenkonglomerats und schloss damit Wetten auf hypothekenbesicherte Wertpapiere (Mortgage-backed Securities oder MBS) und verbriefte Kreditanleihen (Collateralized Debt Obligations oder CDOs) ab. Dabei erlitt er heftige Verluste, was ihn aber nicht davon abhielt, den Wetteinsatz der Citigroup weiter zu erhöhen. Ganz offensichtlich hoffte er, seine Verluste wieder wettmachen zu können, indem er an anderer Stelle auf Kosten einer weiteren Gegenpartei ein Vermögen verdiente.

Die Spielkasinopraktiken der Bank zogen ihr Privatkundengeschäft mit sich in den Abgrund. Die Lage verschlimmerte sich, als Rubin 2007 Vikram Pandit zum Nachfolger von Prince auf dem Posten des Vorstandsvorsitzenden der Citigroup berief. Pandit war zuvor Hedgefonds-Manager bei Morgan Stanley gewesen. »Die Wahl Pandits« so schrieb Bair, »bestätigte, dass die Citigroup nicht mehr als normale Geschäftsbank gelten konnte. Die Unternehmenskultur des Investmentbankings hatte das Ruder übernommen. Nun wurden Profite erzielt, indem man riskante Wetten mit hohen Einsätzen auf die Marktentwicklung abschloss, statt sich auf das traditionelle Bankgeschäft zu konzentrieren, bei dem es noch darum ging, Kredite zu vergeben, die sich nach der Zahlungsfähigkeit der Leute richteten.«

Im Jahr 2008 verschlimmerte sich die Lage der Citigroup, und Bair forderte, man möge »zumindest in Betracht ziehen, die Citibank als versicherten nationalen Privatkundenableger der Citigroup in die Obhut der FDIC zu geben und somit einer Art Konkursverwaltung zu unterstellen. Dadurch hätten wir eine Struktur schaffen können, in der die »gute Bank« von der »schlechten«, der »Bad Bank« getrennt wurde. Alle Problemaktiva würden bei der Bad Bank verbleiben, deren Aktionäre und nicht versicherte Gläubiger dann die Verluste würden tragen müssen.«

Die FDIC erklärte sich bereit, für die neu vergebenen Kredite der Citigroup zu garantieren, sofern sie zum Ankurbeln der Wirtschaft dienten.

Doch die Prüfer der FDIC entdeckten, dass die »Citigroup das Programm dazu benutzte, Dividenden an Inhaber von Vorzugsaktien auszuschütten und die Deals ihrer Wertpapierhändler zu stützen. Gleichzeitig ließ man es durch einen Buchführungstrick so aussehen, als würden Geldmittel aus Krediten des TLGP [eines befristeten Programms zu Liquiditätssicherung] in Wirklichkeit zur Kapitalaufnahme des versicherten Unternehmenszweigs dienen.«[12]

Paulson und Geithner sorgten sich jedoch, dass die bevorzugte Behandlung der Citigroup zu einem Vertrauensverlust gegenüber der Wall Street führen könnte. Sie erklärten die Bank für »systemrelevant« – was bedeutete, dass das Unternehmen bei anderen Instituten so hohe Schulden in Form von Swapgeschäften und hochriskanten Wetten hatte, dass diese Gegenparteien bei einer Insolvenz der Citigroup schwere Verluste erleiden würden. Sie warnten, es könne sich eine Panik ausbreiten, wenn Einleger und Korrespondenzbanken feststellten, wie schlecht es um das Institut bestellt war. Das verheerende Management hatte eine große leere Hülle zurückgelassen, die in vielerlei Hinsicht dem finanziellen Kartenhaus glich, zu dem AIG geworden war.

Um einen Notkredit an die Citigroup über 25 Milliarden Dollar zu vertuschen, rief Paulson die neun führenden Wall-Street-Unternehmen zusammen und informierte sie, dass jedes von ihnen einen 25-Milliarden-Dollar-Kredit des Finanzministeriums entgegennehmen musste, »ob es nun wollte oder nicht«, und zwar als Teil des Capital Purchase Program zur Kapitalaufstockung, das am 14. Oktober bekanntgegeben worden war. Dadurch wollte man den Anschein erwecken, als sei die Unterstützung der Citigroup Teil der »Systemrettung« – womit aber eigentlich die Rettung von Greenspans, Rubins und Summers' deregulatorischer Philosophie gemeint war.[13]

Die Citigroup erhielt Hunderte Milliarden von Dollars an Rettungsgeldern. Die Umwandlung des 25-Milliarden-Dollar-Kredits aus dem Finanzministerium in Vorzugsaktien ermöglichte es, dieviel zu hohe Verschuldung abzubauen. Darüber hinaus stellte das Finanzministerium der Bank einen Kreditrahmen über 45 Milliarden Dollar zur Verfügung und gewährte ihr eine 300 Milliarden Dollar schwere Garantie für ihre »Problemaktiva«, bei denen es sich hauptsächlich um Ramschhypotheken handelte, deren Marktpreis um 60 bis 80 Prozent gefallen war. Zwar retteten diese Maßnahmen die Bank und ihre Anleihegläubiger, aber der Aktienkurs der Citigroup fiel bis zum März 2009 unter einen Dollar, während zugleich ihr Eigenkapitalwert um mehr als 90 Prozent auf 20 Milliarden Dollar abstürzte – gegenüber den 244 Milliarden Dollar, die die Bank im Jahr 2006 noch wert gewesen war.

Das waren genau 5 Milliarden Dollar weniger als der vom Finanzministerium gewährte TARP-Kredit. Die Regierung hatte demnach der fahrlässigsten und ehemals größten Bank Amerikas eine Kreditsumme gewährt, die ihren gesamten Marktwert überstieg. Das ist ein Beweis dafür, wie erfolgreich die Bank mit ihrer Vereinnahmung der Regulierungsinstanzen war. Dies führte dazu, dass sie nie von der Regierung unter Zwangsverwaltung gestellt und kein einziger Versuch unternommen wurde, das Unternehmen im Sinne des Gemeinwohls zu führen oder wenigstens sein Management auszutauschen, geschweige denn den Gegenparteien und Anleiheinhabern für ihre Unterstützung der verheerenden »Rubinomics«-Politik der Bank einen »Haircut« zu verordnen.

Paulsons TAR-Programm und die Entscheidung des Finanzministeriums, den Aktiva der Citigroup einen fiktiv hohen Wert zuzumessen, retteten die Aktionäre der Bank vor dem Untergang. Und nicht nur das – die Maßnahmen ließen außerdem den Kurs der Citigroup-Aktie von ursprünglich unter einem Dollar Anfang März bis über 4 Dollar pro Aktie steigen. (Im Mai 2011 kam es zu einem umgekehrten Aktiensplit – also einer Aktienzusammenlegung – im Verhältnis von 1:10, so dass die 49 Dollar, die die Aktie von 2014 bis 2015 wert waren, einem vormaligen Kurs von 4,90 Dollar entsprach.) Auch die ebenfalls in Schwierigkeiten geratene Bank of America konnte einen gewaltigen Kursgewinn verzeichnen, nachdem man ihre Übernahme durch die FDIC verhindert hatte (die ihre eigentliche Rettung bedeutet hätte).

Die Federal Reserve stellt sich demonstrativ hinter die Rettungsmaßnahmen des Finanzministeriums

Der damalige Leiter der Federal Reserve, Ben Bernanke, wehrte jeden Versuch des Kongresses ab, zu erfahren, welche Ramschhypotheken und welchen anderen finanziellen Giftmüll die Zentralbank für ihre Swapgeschäfte erhielt. Er behauptete, die Politiker hätten kein Recht zu erfahren, welchen

Risiken die Mittel der öffentlichen Hand ausgesetzt wurden. Das Nachrichtenunternehmen Bloomberg beantragte im Rahmen des Freedom of Information Act die Offenlegung der Daten. Fast drei Jahre später, im Juli 2011, ließ der amerikanische Bundesrechnungshof Senator Bernie Sanders einen Bericht zukommen, in dem die von der Federal Reserve vergebenen Kredite und Swapgeschäfte in Höhe von 16 Billionen Dollar im Detail aufgeführt waren.[14] Er enthüllte, wie die Vertreter der führenden Wall-Street-Banken, die im Aufsichtsrat der New York Federal Reserve saßen, ihren eigenen Firmen ein Jahrhundertvermögen zukommen ließen, um ihnen über die Runden zu helfen. Wie man schon weithin vermutet hatte, gehörten die Citigroup, die Bank of America und der Versicherungskonzern AIG zu den Finanzinstituten, die für einen Großteil der toxischen Hypothekenverbriefungen und illiquiden Ramschanleihen im Wert von zwei Billionen Dollar verantwortlich waren, durch deren Übernahme die Federal Reserve einen Verlust auf dem offenen Markt zu verhindern suchte. Dort war die Nachfrage nach solchen Wertpapierpaketen schlagartig versiegt, nachdem die damit verbundenen allgemeinen Schwindeleien bis hin zu Betrugsdelikten bekannt geworden waren.

Die Banker nahmen sich, was sie kriegen konnten. Sie verwendeten die Gelder aus Regierungskrediten, um damit die Anleihegläubiger, Großanleger und anderen Gegenspieler ihrer Glückswetten in voller Höhe auszuzahlen. Und sie fuhren sogar fort, Dividenden an ihre Aktionäre auszuschütten. »Die Wall Street fing beinahe sofort wieder an, großzügige Boni zu verteilen«, bemerkte Sheila Bair. Die den Banken freundlich gesonnenen Journalisten und Lobbyisten schufen den Mythos, die Wirtschaft sei für ein reibungsloses Funktionieren auf die Zahlungsfähigkeit ihrer Investmentbanken angewiesen.

Aber es gab auch zahlreiche kritisch eingestellte ehemalige Regierungsbeamten wie Bair oder Neil Barofsky, den früheren Generalinspektor des TAR-Programms, sowie den Leiter der Staatshaushaltsbehörde unter Ronald Reagan David Stockman. Sie alle widersprachen ganz entschieden der Behauptung, es bedürfe einer staatlichen Garantie für leichtfertige Bankkredite, um die versicherten Einleger zu schützen. Das Privatkundengeschäft war durch die geplatzten Wetten der Banken nie bedroht gewesen. Aber ein solcher Mythos war nötig gewesen, damit Paulson, Geithner, Bernanke und andere Banklobbyisten den Kongress davon überzeugen konnten, Bair zu überstimmen und die Steuerzahler zur Kasse zu bitten. Die genannten Personen wollten eine Verstaatlichung der Banken unbedingt verhindern. Aber nicht nur das: Sie wollten die Banker darüber hinaus vor einer strafrechtlichen Verfolgung wegen ihrer betrügerischen Praktiken bewahren und eine Beschneidung der ungeheuren Gehälter und Boni unterbinden, die sich diese Leute selbst gewährt hatten. Es fand nicht einmal der leiseste Versuch statt, das System, das die Finanzkrise verursacht hatte, zu verändern.

Hätte man die traditionellen Bankenreformen aufrechterhalten, dann hätte die FDIC die Citigroup abgewickelt, und die Regierung hätte den Derivatemarkt reguliert. Hätte das Rechtssystem funktioniert, dann wären die Spitzenmanager der wichtigsten Investmentbanken und der betrügerischen Brokerfirmen von der Wall Street, die die Lügnerkredite gefördert und verkauft hatten, im Gefängnis gelandet. Stattdessen bezahlten die Banken zivilrechtliche Strafen – die oft auch noch von ihren Versicherungen abgedeckt wurden –, ohne dass die Führungskräfte strafrechtlich belangt wurden. Statt das »System zu retten«, ergriff die Finanzoligarchie die Gelegenheit, der Wirtschaftsdemokratie ein Ende zu setzen. Sie rettete ihre eigene Zukunft anstatt der bestehenden Verhältnisse.

Dabei wurde nicht nur die Citigroup vor dem Untergang bewahrt, sondern auch die riesige Pyramide aus fremdfinanzierten Wertpapierwetten. Um sich ihre exorbitanten Gehälter und Jahresboni wieder auszahlen zu können, mussten die Banken jedoch erst einmal ihre TARP-Kredite zurückzahlen. Zu diesem Zweck nahmen sie bei der Federal Reserve Kredite auf, die mit weniger hohen Auflagen behaftet waren als die TARP-Gelder. Über die 700 Milliarden Dollar an TARP-Zahlungen hinaus verteilte die Federal Reserve im Zuge ihrer »Cash-for-Trash«-Aktionen Kredite in Höhe von 2 Billionen Dollar, die 2014 im Rahmen des Programms zur quantitativen Lockerung noch einmal auf 4 Billionen Dollar aufgestockt wurden.

Rettungsmaßnahmen als Ersatz für Finanzmarktreformen

Die Regierung hätte Geld schöpfen können, um das negative Eigenkapital der vielen notleidenden Hauseigentümer zu verringern – so wie sie es für die Banken getan hatte. Sie hätte die faulen Hypotheken zu Marktpreisen erwerben und die Schulden auf ein realistischeres Niveau herabsenken können – ein Niveau, das dem durchschnittlichen Mietwert entsprochen hätte. Stattdessen ließen die Federal Reserve, das Finanzministerium und der Kongress diese Schuldenlast bestehen. Sie machten jede Hoffnung auf einen gesellschaftlichen Aufstieg (der seit den achtziger Jahren ohnehin nur noch sehr begrenzt möglich war) zunichte. Der Reichtum verschob sich immer mehr zur Spitze der Pyramide, während sich die Gesamtwirtschaft nach der Krise von 2008 mühsam dahinschleppte.

Unter dem Vorwand, die Normalität wieder herstellen zu wollen, war der neuen Finanzoligarchie ein politischer Coup gelungen. Er stellte sicher, dass die Schulden weiter zu bedienen waren, die im Wesentlichen gegenüber Banken, Anleihegläubigern und dem dahinterstehenden Einen Prozent bestanden. Dabei erkannten die wenigsten, dass sich hier Kongress, Finanzministerium und Federal Reserve zusammengetan hatten, um den Bankern, Anleiheinhabern und Spekulanten ein enormes Vermögen zuzuschieben.

Die deutlichste geschichtliche Parallele hierzu findet sich in der Verpflichtung, die Alexander Hamilton, der erste Finanzminister der Vereinigten Staaten, einging, um die sogenannten »Continentals« abzubezahlen. Dabei handelte es sich um Papiergeld, mit dem die amerikanischen Kolonien bei ihrem Kampf um Unabhängigkeit ihre Milizen und Heereslieferanten bezahlt hatten. Obwohl diese Währung ihren Wert fast vollständig verloren hatte, war sie von Spekulanten – den Geierfonds der damaligen Zeit – aufgekauft worden.[15] Hamilton bezahlte den vollen Wert dieser Papiere – angeblich, um die finanzpolitische Zuverlässigkeit der neuen US-Regierung unter Beweis zu stellen. Die Spekulanten benutzten ihre Gewinne hauptsächlich für den Erwerb von Land, wobei zumeist auch Betrug im Spiel war. Damals wurden viele der ersten großen Vermögen der Vereinigten Staaten geschaffen – und zwar mit einem einzigen Federstrich.

2008 wiederholte sich dieser Vorgang. Und den lautesten Applaus spendete ein Kreis von Ökonomen, der dem Finanzsektor wohlgesonnen war und sich selbst den Namen The Hamilton Project gegeben hatte. Zu diesem Kreis gehörten lauter führende Persönlichkeiten aus der Regierung Barack Obamas, darunter Tim Geithner, Lawrence Summers und Robert Rubin.

Die Bereicherung einer finanziellen Klasse, in der Betrug und korrupte Insidergeschäfte gang und gäbe waren, löste schon zur Geburtsstunde der Vereinigten Staaten ein tiefes Misstrauen gegenüber den Bankern und Spekulanten aus. An dieser Feindseligkeit lag es auch, dass der damalige

Präsident Andrew Jackson 1829 die Bank of the United States schloss und es fast ein ganzes Jahrhundert dauerte, bis man sich der Gründung einer funktionierenden Zentralbank nicht mehr entgegenstellte. Doch als durch die Rettungspakete von 2008 faule Kredite in der nationalen Gesamtbilanz landeten, nahm die Öffentlichkeit diese Geldgeschenke an die Wall Street hin – widerstrebend zwar, aber in dem irrigen Glauben, es gebe keine wirkliche Alternative.

Für Finanzministerium, Federal Reserve und einen Großteil des Kongresses sind Wirtschaft und Wall Street ein und dasselbe. Aus den Reihen des Finanzsektors werden die finanzpolitischen Regierungsbeamten rekrutiert, und von hier stammt auch der Löwenanteil der Wahlkampfgelder, den die Politiker erhalten. Da fällt es leicht zu glauben, dass man die Wirtschaft retten kann, wenn man den Banken besondere Steuervergünstigungen und Privilegien gewährt, mit denen sie sich ihren Weg aus den Schulden »verdienen« können. Doch in Wahrheit geschahen diese Bailouts auf Kosten des Handels, der Konsumenten und der Industrie.

Sie beruhten auf der Illusion, die Probleme des Finanzsystems seien lediglich auf eine zeitweilige Illiquidität zurückzuführen, während es doch in Wahrheit eine echte Insolvenz war, die eine Neustrukturierung dringend erforderlich machte. Da man aber nur von einem Illiquiditätsproblem ausging, glaubte man, durch Vergabe neuer Geldmittel an die Banken, deren Anleiheinhaber und die nicht versicherten Einleger dafür zu sorgen, dass das Bankensystem seine Kreditvergabe wiederaufnehmen und so die Immobilienpreise und damit auch die Wirtschaft neu beleben konnte. Aber die Chancen, dass es tatsächlich dazu kam, gingen gegen Null, weil das Erbe aus faulen Krediten dazu führte, dass die Banken kaum die Möglichkeit oder nur den Wunsch hatten, neue Kredite zu vergeben.

Es war also nur ein Vorwand, um nicht zu sagen, ein Täuschungsmanöver, auf dem die Regierung in Washington das TAR-Programm und die darauffolgenden Bailouts von Federal Reserve und Finanzministerium gründete. Die Banken nahmen die Kreditvergabe eben *nicht* wieder auf, um die Immobilienpreise zu beleben, denn der Markt war schon absolut kreditgesättigt. Darüber hinaus versiegte auch die Darlehensvergabe an die kleinen und mittelständischen Unternehmen, die während des vergangenen Jahrzehnts für einen Großteil des Beschäftigungswachstums gesorgt hatten. Und auf dem Verbrauchermarkt senkten die Banken das Kreditkartenlimit und reduzierten nach 2008 auch ihre übrigen Kreditvergaben im Konsumenten- und Unternehmensbereich.

Die Weigerung der Politik, das Problem der Insolvenz anzuerkennen – und auch das der Schuldendeflation, die Konkursgefahr und Arbeitslosigkeit verschärfte – war einer der Hauptgründe, warum die Banken nach 2008 die geschilderten enormen Subventionen erhielten. Die Zahlungsforderungen der Anleihegläubiger und Großanleger wurden dadurch im Grunde genommen der Gesamtwirtschaft auferlegt. An dieser Entwicklung zeigte sich, dass die irrige Wirtschaftslehre, die überall verbreitet wurde, tatsächlich einen konkreten Zweck hatte und selbstsüchtigen Interessen diente. In seiner Besprechung der zum Teil frei erfundenen Memoiren von Tim Geithner, *Stress Test*, wies Paul Krugman darauf hin, dass »die Regierung unter Obama zu keinem Zeitpunkt versucht hat, in der Frage des Steuerrechts oder eines möglichen Schuldenerlasses ihren Handlungsspielraum auszuloten. Und diese Vorsicht ist wohl vor allem auf Geithners Einfluss zurückzuführen … Geithner war der Überzeugung, dass es reichen würde, das öffentliche Vertrauen durch die Rettung der Banken wiederherzustellen. Er glaubte, wenn die Stabilität des Finanzsektors erst einmal wieder gewährleistet sei, würde der Rest der Wirtschaft schon ganz von allein gesunden. Aber darin irrte er sich gründlich.«[16]

Krugman führt folgende Gründe dafür an, warum Geithner falsch lag: »Anders als bei einer Finanzpanik lässt sich eine Bilanzrezession nicht einfach durch wiederhergestelltes Vertrauen beheben: Egal wie viel Vertrauen die Schuldner auch haben – sie können eben einfach nicht mehr Geld ausgeben, wenn ihre Gläubiger sie zwingen, sich einzuschränken. Doch Geithner erwähnt nirgends die fast ebenso klassische Analyse der ›Schuldendeflation‹, die der amerikanische Ökonom Irving Fisher erstellte.« Das Einzige, was Geithner unternahm, war, den Banken genau das zu geben, was sie wollten. Dabei benutzte er das Wort »Vertrauen« als eine Art Beschwörungsformel – als hätte schon allein die Erwähnung dieses Begriffs eine ungeheure Wirkung.

Dass man den Schuldenberg, der sich vor 2008 aufgetürmt hatte, in keiner Weise abzutragen versuchte, erstickte jede Konjunkturerholung im Keim. Doch damit nicht genug: Die Schuldendeflation nach 2008 wurde durch Obamas Haushaltsdeflation noch verschärft. Die Regierung versuchte, für die Bailouts aufzukommen, indem sie die Sozialausgaben, die Kosten für das Gesundheitswesen und ähnliche Ausgaben kürzte, wozu auch die Verteilung staatlicher Einkünfte auf Länder und Kommunen gehörte.

Und als ob dies noch immer nicht genug wäre, verlegten sich die Wall-Street-Lobbyisten nun auf die Strategie, einfach die Opfer für alles verantwortlich zu machen: »Blame the victim« – schuld ist das Opfer. Es war ganz so, als hätten die armen Hispano- und Afroamerikaner – also jene Schuldner, die am ehesten auf ihren Lügnerkrediten zu explodierenden Zinssätzen sitzenblieben – die Wall-Street-Zocker über den Tisch gezogen, statt umgekehrt. Man beschuldigte die Kreditnehmer des Leichtsinns und nicht die Kreditgeber. Die einzige Ausnahme davon bildeten die Hypothekenbanken Fannie Mae und Freddy Mac, die versucht hatten, auch jenen ein Eigenheim anzudrehen, die es sich ganz offensichtlich gar nicht leisten konnten.

Die Rettungsprogramme bereicherten eine Finanzschicht, die sich immer mehr zu einer neuen Aristokratie entwickelt. Ihre Mitglieder schotten ihre eigenen Gewinne ab, indem sie deren Besteuerung verhindern, und treiben so die US-amerikanische und globale Wirtschaft immer tiefer in eine chronische Austerität. Und diese Vorgehensweise lässt sich nur durchsetzen, wenn man die Menschen über die wahren Hintergründe täuscht. Die öffentliche Meinung stellte sich 2008 gegen die Zwangsenteignung von zehn Millionen amerikanischen Hauseigentümern. Schließlich hatten sie die Krise nicht verursacht – das waren die Banken gewesen. Kein Politiker wäre wiedergewählt worden, hätte er ganz unverfroren in aller Öffentlichkeit Geldgeschenke an die Banken gutgeheißen und sich dann im selben Atemzug für eine »Flexibilisierung des Arbeitsmarktes« eingesetzt (also für die Brechung der Gewerkschaftsmacht, für Lohnkürzungen und die Senkung der Pensionsbezüge). Dazu war es notwendig, die gesellschaftlich gefestigte Demokratie mit ihren gut informierten Wählern zu untergraben. Die finanzielle Elite machte sich die Krise von 2008 zunutze und verkehrte die sozialdemokratische Philosophie, von der sich Steuer- und Finanzpolitik seit 1945 hatten leiten lassen, in ihr Gegenteil.

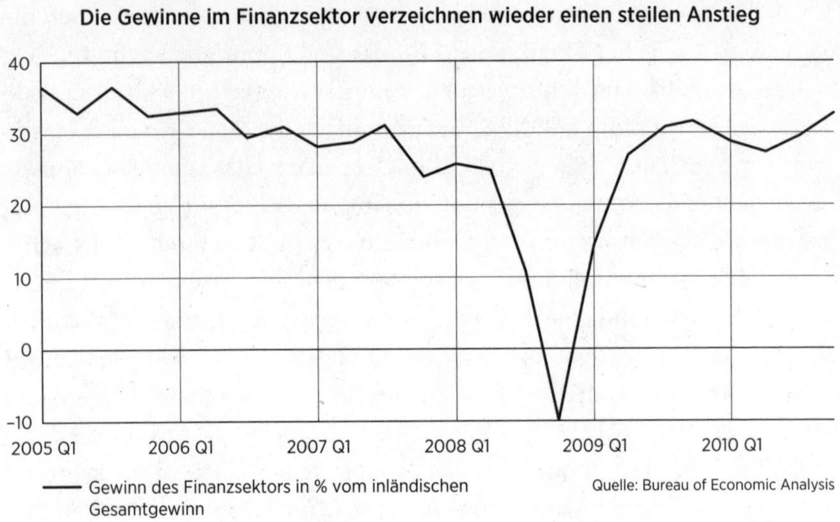
Die Gewinne im Finanzsektor verzeichnen wieder einen steilen Anstieg
40
30
20
10
0
-10
2005 Q1
2006 Q1
2007 Q1
2008 Q1
2009 Q1
2010 Q1
Gewinn des Finanzsektors in % vom inländischen Gesamtgewinn
Quelle: Bureau of Economic Analysis

Abbildung 9

KAPITEL 15

Die Scheinversicherung der Wall Street gegen den Crash

»Es ist für das Verständnis dessen, was während der Bankenrettung geschah, von zentraler Bedeutung, [Geithners] gigantisches Täuschungsmanöver zu durchschauen. ... Geithner wurde eingestellt, um im Namen von Banken zu lügen, zu stehlen und zu schwindeln, und das hat er getan. Die Ära Geithner wird zunehmend als eine Zeit der arglistigen Täuschung und der Lügen und nicht nur der theoretischen Kontroversen angesehen.«

Matt Stoller[1]

Der Übergang von der Regierung George W. Bush zur Regierung Obama wurde von einer Affäre überschattet, die einen gravierenden Interessenkonflikt zwischen dem US-Finanzministerium und Goldman Sachs offenbarte. Oberflächlich betrachtet, ging es bei dem Skandal um die Verstaatlichung der American International Group (AIG), deren Londoner Niederlassung Ramschhypothekenpakete von Goldman Sachs und vielen europäischen Käufern versichert hatte. Doch die Sach- und Unfallversicherungssparte von AIG war nicht in Gefahr, und AIG hatte auch keine Ramschhypotheken ausgegeben oder verbrieft und gebündelt. Das Problem bestand darin, dass die Finanzproduktsparte von AIG (AIGFP) in London die Papiere gegen eine sehr niedrige Prämie versicherte.

Dieser Handel mit sogenannten Credit Default Swaps (Kreditausfallversicherungen) und verwandten Derivaten leistete der trügerischen Hoffnung Vorschub, der Berg fauler Hypothekenpapiere lasse sich problemlos stemmen, ohne dass Kreditgeber oder Investoren einen Verlust erleiden müssten, nämlich einfach dadurch, dass man gegenläufige Options- und Versicherungsverträge abschloss. Um ihre Funktion zu erfüllen, hätten die Versicherungsprämien so hoch sein müssen, dass man damit ausreichende

Rücklagen hätte bilden können, um die Verluste in Höhe mehrerer Billionen Dollar, die durch die übermäßige Kreditvergabe entstanden waren, auszugleichen. Stattdessen sagten Risikomodelle und Ratingagenturen übereinstimmend: »Von Ramschhypotheken gehen keine Risiken aus.« Die Wall Street versicherte, es gebe keine Spekulationsblase, und AIG gab vor, Versicherungsschutz gegen das Platzen der Blase zu bieten.

Diese Farce wurde durch das Eingreifen der US-Regierung enthüllt. Aber als der Kongress nicht über die Summe von maximal 700 Milliarden Dollar hinausgehen wollte, die er anfänglich für das Troubled Assets Relief Program bereitgestellt hatte, zerlegten die US-Notenbank und das Finanzministerium den Versicherer AIG als Opferlamm, um andere Finanzgiganten vor Verlusten zu schützen – und um die Illusion aufrechtzuerhalten, die Preise für Finanzanlagen seien gerechtfertigt und die Schulden könnten letztlich zurückgezahlt werden.

Nicht AIG wurde gerettet, sondern die Illusion, das deregulierte Finanzsystem der Wall Street könne den gesamtwirtschaftlichen Wohlstand steigern. Die Leitmaxime von Tim Geithner bei seiner Ernennung zum Finanzminister lautete, die überhöhten Gewinne und Boni des Finanzsektors (und damit des Einen Prozents der Superreichen) seien eine notwendige Voraussetzung für die umfassende konjunkturelle Erholung. Tatsache war, dass die 4 Billionen Dollar, die die Federal Reserve im Rahmen ihrer Politik der quantitativen Lockerung ausgab, die Schuldenlast dadurch tragfähig machte, dass sie die Vermögenspreise erneut aufblähte. In Verbindung mit der Schuldendeflation für den Rest der Volkswirtschaft hat diese Vermögenspreisinflation die Brutto- und Nettovermögensverteilung seit 2008 polarisiert – während sie die Schuldendeflation für die 99 Prozent fortführte.

Dass es sich dabei um eine gezielte politische Maßnahme handelte, belegen die Täuschungsmanöver und die Geheimhaltung, die das Finanzministerium und die Federal Reserve betrieben, um ihre von Interessenkonflikten geprägten Insidergeschäfte zu verschleiern, während die Regierung Obama mit Buchführungstricks den Eindruck erweckte, die »Steuerzahler« würden gewinnen. Fiktion wurde auf Fiktion gehäuft, damit nur ja niemand erkannte, dass die von Finanzinteressen manipulierte Volkswirtschaft gänzlich dysfunktional geworden war.

Keiner der Akteure einschließlich der Behörden, die an dieser Episode mitwirkten, hat eine gute Figur gemacht. Im Jahr 2005 hatte der New Yorker

Generalstaatsanwalt Eliot Spitzer den Vorstand von AIG gezwungen, seinen Vorsitzenden, Maurice Greenberg, abzuberufen, weil dieser Tochtergesellschaften in Steueroasen gegründet und verschachtelte Rückversicherungstransaktionen zu verantworten hatte.

Anschließend reichte die US-Börsenaufsichtsbehörde zivilrechtliche Klagen ein. Aber die korrupten Praktiken während Greenbergs Amtszeit gingen weit über Steuerumgehung und falsch ausgewiesene Gewinne hinaus. Die Londoner Niederlassung von AIG stieg groß ins Geschäft mit Finanzderivaten und Credit Default Swaps ein und versicherte Lügnerkredite, denen Wall-Street-Firmen fiktiv hohe Werte zuschrieben und Ratingagenturen risikolose AAA-Bonitätsbewertungen gaben.

AIG und ihre Vertragspartner vertrauten vielen Akteuren allzu blauäugig: den Banken und Emissionsbanken der Wall Street, den Ratingagenturen, die Ramschanleihen mit AAA bewerteten, der US-Notenbank und anderen Behörden sowie der britischen Finanzdienstleistungsaufsicht (FSA), als diese beteuerten, die Lauterkeit im Geschäftsverkehr gewährleisten zu wollen – sowie dem neoliberalen Larry Summers und dem *capo di tutti i capi* aller Investmentbanken, Robert Rubin, die versicherten, die Finanzmärkte würden sich schon selbst regulieren und bedürften daher keiner staatlichen »Eingriffe«, die lediglich »die Kosten der Geschäftstätigkeit in die Höhe treiben würden«. Dieses fehlgeleitete Vertrauen sollte den Steuerzahler schließlich mehrere Billionen Dollar kosten. Die sogenannten wissenschaftlichen Modelle, die angeblich erklären, wie Volkswirtschaften im heutigen globalen Finanzkapitalismus tatsächlich funktionieren, scheinen der Dynamik dieses raffinierten Schwindels keinerlei Beachtung zu schenken.

Die Wall Street finanzierte die Ramschhypotheken-Blase vor allem dadurch, dass sie faule Kreditpakete an europäische Banken verkaufte, deren Vermögensverwalter (ebenso wie ihre Pendants in den USA) unter dem Druck standen, die Finanzanlagen mit den höchsten kurzfristigen Renditen ausfindig zu machen. Die europäischen Banken kauften US-Hypothekenpapiere und deckten deren Ausfallrisiken mit Credit Default Swaps (CDSs) ab. AIG London verkaufte drei Viertel seiner CDSs an europäische Vertragspartner. »Die Handelspartner von AIG waren hier keine unschuldigen Opfer«, rügte Senator Christopher J. Dodd (ein Demokrat aus dem Versicherungssektor von Connecticut), der die Anhörungen über das Rettungspaket im Kongress leitete. »Sie waren erfahrene Investoren, die immense, unverantwortliche Risiken eingingen«, und dabei so taten, als würden sie sich durch Ausfallversicherungen von AIG selbst schützen. Aber sie trauten sich nicht, die Frage zu stellen, ob das Unternehmen genügend Rücklagen hatte, um den finanziellen Giftmüll, den es versicherte, auch sicher zu entsorgen.[2]

Aufsichtsbehörden von Großbritannien bis zu den USA sahen einfach weg. Das geschieht häufig, wenn Banken schnell viel Geld verdienen und diejenigen, die sie kontrollieren sollen, auf ihre Seite ziehen, indem sie mit Wahlkampfspenden Einfluss auf die Politik nehmen, oder wenn Banken die »Drehtür« benutzen, um eigene Manager an Behörden »auszuleihen«, damit diese dort die Interessen ihrer Institute und ihrer Klasse verteidigen.

Als der Crash dann kam, wäre es herkömmliche Politik gewesen, zahlungsunfähige Schuldner pleitegehen und die Gerichte entscheiden zu lassen, wer wem wie viel schuldete. AIG wäre wohl in Konkurs gegangen, und die Zahlungen aus den Ausfallversicherungen des Unternehmens wären herabgesetzt worden, entsprechend seiner Fähigkeit, den betrogenen Pensionsfonds, deutschen Landesbanken und anderen Investoren den Schaden zu ersetzen, der ihnen durch den Ausfall der an der Wall Street gekauften Ramschhypotheken entstanden war. Oder vielleicht hätte AIG den Sturm auch einfach ausgesessen und abgewartet, bis sich die Preise ihrer Derivate erholt hätten (was dann später auch geschah), während sie an ihren Barreserven festgehalten hätte, indem sie Goldman der Falschdarstellung bezichtigte.

Statt dieses Szenario sich entfalten zu lassen, beeilte sich das Finanzministerium, »den Anschein zu wahren«, indem es die Realität dem Zerrbild einer irreführenden, sogenannten »modellnahen« – also auf Modellannahmen und nicht tatsächlichen Bewertungen basierenden – Bilanzierung à la Enron unterordnete. Einer Bilanzierung also, wie sie sich die Wall Street zu eigen gemacht hatte. Das Finanzministerium griff ein, um sämtliche Parteien zu befriedigen, so als wären deren finanzielle Forderungen berechtigt und unstrittig. Dem lag die Annahme zugrunde, dass die Wiederherstellung der Spekulationsblase zu einer Konjunkturerhohlung führen würde, da die dadurch ermöglichte zusätzliche Kreditaufnahme es erlauben würde, den wachsenden Schuldenberg zu bedienen.

Die Hintergründe sickerten nur langsam durch, und die schmutzigsten Details förderte der Prozess zutage, den Greenberg und seine Firma, Starr International, im Jahr 2014 gegen die US-Regierung anstrengten. Unter Eid erklärten der ehemalige Finanzminister Paulson und etliche Führungskräfte der Federal Reserve, weshalb sie es für notwendig erachtet hatten, jenseits dessen, was die Politik an Finanzmitteln bereitstellen wollte, eine weitere, bedeutende Quelle von Rettungsgeldern aufzutun. Die im Rahmen des TAR-Programms bewilligten Gelder reichten nicht aus, und mehr zu verlangen, hätte eine politische Revolte ausgelöst. Also musste AIG ausgeweidet werden, um die anderen Wall-Street-Firmen zu retten. Die US-Regierung übernahm den Konzern und verabreichte ihm schnell eine Finanzspritze über 85 Milliarden Dollar (die später auf 182 Milliarden Dollar aufgestockt wurden). Aber die eigentlichen Nutznießer waren, wie im vorigen Kapitel ausgeführt, Goldman Sachs und andere große Investmentbanken.

Natürlich war AIG keinesfalls unschuldig. Die Aussicht darauf, dass sich mehr und mehr Schuldner in exponentieller Weise immer höher verschuldeten, schuf einen riesigen Markt für Ausfallversicherungen. Die Londoner Niederlassung von AIG gewann dadurch neue Kunden, dass sie niedrige Gebühren für die Versicherung vieler der schlimmsten Lügnerkredite berechnete, die auf US-amerikanische und europäische Märkte geworfen wurden. AIG machte nicht einmal den Versuch, ausreichend Rücklagen zu bilden, um die übernommenen Risiken abzusichern. Aber bis zum Zusammenbruch erlaubten diese zu niedrig angesetzten Versicherungsgebühren den Managern von AIG London, sich selbst enorme Gehälter und Boni auszuzahlen, so als würden sie ihr Geld mit realistischen Risikobewertungen verdienen.

London als globales Zentrum hochriskanter Bankgeschäfte und Scheinversicherungen

AIG hatte bereits 1987 begonnen, über seine Londoner Niederlassung Credit Default Swaps zu verkaufen. Die dem britischen Finanzminister Gordon Brown unterstehende Finanzaufsichtsbehörde setzte mit ihrer »Samthandschuh-Strategie« die Deregulierungsspirale im globalen Banken- und Versicherungssektor in Gang. Dies veranlasste viele US-amerikanische und ausländische Banken dazu, ihren Sitz nach London zu verlegen. Ihnen folgten prompt isländische und russische Kleptokraten. Im Jahr 2000 machte die Finanzproduktsparte von AIG Credit Default Swaps zu ihrem Hauptgeschäft; im Jahr 2003 stieg sie in den Handel mit zweitklassigen (»subprime«) Hypothekenpapieren ein, und im Jahr 2004 bot sie ihren ersten sektorenübergreifenden CDS an. »Während viele Kontrahenten die Kontrakte kauften, um Kreditrisiken abzusichern oder zu minimieren, hat AIG im Grunde die Gegenposition eingenommen und ist eine einseitige, langfristige Wette auf den US-Hypothekenmarkt eingegangen«, stellte der Untersuchungsausschuss des Kongresses in seinem Bericht *The AIG Rescue* aus dem Jahr 2010 fest. Der Präsident der US-Notenbank, Ben Bernanke, bezeichnete die Londoner Tochtergesellschaft als einen letztendlich unterkapitalisierten »Hedgefonds, der mit einer großen und stabilen Versicherungsgesellschaft verbunden war«.[3]

In den Vereinigten Staaten kontrollierten die lokalen Versicherungsaufsichtsbehörden die sichere Anlage von Rücklagen recht sorgfältig. Aber AIG kaufte eine kleine Sparkasse, die es dem Versicherer erlaubte, sich die verantwortungslos agierende US-Sparkassenaufsichtsbehörde (Office of Thrift supervision, OTS) als nationale Regulierungsbehörde auszusuchen. Der Untersuchungsausschuss des Kongresses stellt in seinem Abschlussbericht fest, dass die OTS (die von Zynikern wegen ihrer Deregulierungspolitik in der Bausparkassenkrise der 1980er-Jahre den Spitznamen Office of Theft Supervision – Behörde für Diebstahlaufsicht – erhielt) nicht einmal annähernd über die notwendigen Ressourcen verfügte, um die breit gefächerten Aktivitäten von AIG zu überwachen. Sie zeigte wenig Interesse an den komplexen Wetten von AIG auf Preise für Ramschhypotheken.[4]

Der Untersuchungsausschuss des Kongresses führte den Zusammenbruch von AIG auf die Weigerung Geithners und seiner Kollegen zurück, das Netz der ungezügelten Vermehrung fauler Kredite zu regulieren: »Jeder, der an der Rettung von AIG beteiligt war, dachte entweder wie ein Banker oder wie ein Bankenaufseher«, sprich: Bankenderegulierer beziehungsweise aktiver Beschützer des Finanzsektors. »Es ist nicht sehr verwunderlich, dass die amerikanische Öffentlichkeit weiterhin überzeugt ist, die Wall Street habe die Rettung geplant, um anderen Wall-Street-Firmen zu helfen, während der Schutz des öffentlichen Vertrauens nachrangig gewesen sei.«[5]

Viele Aufsichtsbehörden hätten CDOs und CDSs regulieren können, und zwar mit der Begründung, sie würden sich auf die Solvenz von Banken, Versicherungsgesellschaften und ihren Vertragspartnern auswirken. Aber Credit Default Swaps sind von einzelstaatlichen Glücksspielgesetzen ausgenommen, gelten also nicht als Glücksspiel. Und auch die US-Börsenaufsichtsbehörde reguliert sie nicht, weil sie nicht als Wertpapiere angesehen werden. Schließlich gelten sie auch nicht als normale Versicherungsverträge. Folglich gab es keine Aufsichtsbehörde, die sich um sie kümmerte, weshalb sie auch keiner Kontrolle unterlag. Und in jedem Fall sorgen Wall-Street-Lobbyisten dafür, dass der Kongress nur Amtsträger bestätigt, die selbst aus den Sektoren stammen, die sie regulieren sollen. Dabei agieren sie als Lobbyisten für ihren Sektor und sogar für ihre eigenen Unternehmen.

Die ersten Ausfallkontrakte von AIG enthielten Klauseln, die die US-Konzerngesellschaften schützten. Aber im März 2005 verlor das Unternehmen sein Triple-A-Rating. Dies bedeutete, dass die Kontrahenten vertraglich mehr Sicherheiten verlangen konnten, wenn sich der Wert der von der Londoner Niederlassung ausgegebenen CDOs verringerte. Der Leiter der Sparte, Joseph Cassano, steigerte den Umsatz (was für ihn selbst höchst lukrativ war), indem er Kunden die Möglichkeit gab, AIG insgesamt in Regress zu nehmen. Tatsächlich verwettete er die Firma!

Dies spielte sich just zu der Zeit ab, als das FBI vor einer beispiellosen Betrugswelle mit Hypotheken warnte. Als AIG sah, dass die Standards bei der Risikoprüfung von Hypothekenversicherungen immer mehr aufweichten, versicherte der Konzern keine neuen Kontrakte über zweitklassige branchenübergreifende CDOs mehr. Aber viele der älteren Verträge ließen die Fortschreibung von Portfolios zu, wenn alte Kredite ausliefen, und die Kunden tauschten einfach Ramschhypotheken aus.

Gerade weil »jeder« wusste, dass auf dem Hypothekenmarkt Betrügereien an der Tagesordnung waren, scheffelte AIG so viel Geld. Auch die Gewinne von Fannie Mae und Freddie Mac schossen in die Höhe, und so wurden aus finanziellen Wunschfantasien hohe Gehälter und Boni. In diesem leicht verdienten Geld spiegelte sich die Tatsache wider, dass die Zeit der Zahlungseinstellung noch nicht gekommen war.

Während europäische Finanzinstitute Hypothekenpakete kauften, um sich geringfügig höhere Zinsen zu sichern, wollte Goldman mit *Verlusten* statt Gewinnen Geld verdienen! Der Hedgefondsexperte John Paulson wurde zum Milliardär, indem er Goldman Sachs dazu brachte, ihm zu helfen, einen Fonds für ganz besonders fiktive Hypotheken aufzulegen und eine Kreditausfallversicherung abzuschließen, die darauf wettete, dass die Hypotheken notleidend würden. Goldman verkaufte diesen Giftmüll an seine Kunden und schloss mit AIG London Wetten über Milliarden von Dollar ab, dass es zu einer »Finanzkatastrophe« kommen werde. Als der Hypothekenmarkt dann 2008 aus den Fugen geriet, bildete dieses »Trottel«-Portfolio die Grundlage für Goldmans fast im wöchentlichen Rhythmus aufgestockte Zahlungsforderung an AIG.

Die Rolle der Versicherungswirtschaft im FVI-Sektor

Finanz-, Versicherungs- und Immobilienwirtschaft (FVI) haben die gesamte Geschichte hindurch in einer symbiotischen Beziehung zueinander gestanden. Wie in den Kasinos von Las Vegas geht es auch bei Versicherungen darum, Wahrscheinlichkeitskurven, angefangen von Lebenserwartungen bis hin zu Unfällen und anderen Schadensereignissen, für Arbitragegeschäfte zu nutzen. Lloyds of London wurde im Jahr 1688 in einem Kaffeehaus am Hafen gegründet, in erster Linie, um Schifffahrtsrisiken zu versichern. Die Lebens- und Schadensversicherung entstanden später, im 18. Jahrhundert, basierend auf Wahrscheinlichkeitsberechnungen der Lebenserwartung und der Häufigkeit von Sachschäden.

Die Banken zwingen Hypothekenkreditnehmer und andere Schuldner heutzutage, Lebens- und Sachversicherungen als Sicherheit für ihre Darlehensschulden zu verpfänden. Versicherungsgesellschaften investieren ihre Rücklagen und die von ihnen verwalteten Gelder im Finanzsektor und in Immobilien. Um eine größere Synergie zwischen den Zweigen dieses FVI-Sektors zu erzeugen – ein Euphemismus für Gelegenheiten zu Insidergeschäften –, fusionierte Citicorp im Jahr 1998 mit Travelers Insurance. Dies war der Auslöser für eine Kampagne, mit der Citicorp die Aufhebung des im Glass-Steagall-Act verankerten Verbots einer solchen vertikalen Integration erreichen wollte.

Das besagte Gesetz wurde im Jahr 1999 aufgehoben; am 21. Dezember 2000 folgte der Commodity Futures Modernization Act, der die Spekulation mit Finanzderivaten deregulierte. Diese »Modernisierung«, die eine der letzten Maßnahmen der Regierung Clinton war, machte aus der Hochfinanz ein spekulatives Tätigkeitsfeld. Larry Summers, Tim Geithner und Alan Greenspan erachteten Geheimhaltung – das Gegenteil von Regulierung – als notwendig für das ungehinderte Wirken »freier Märkte«. Aber ohne einen regulierten freien Markt wissen wir nicht, was Derivate wert sind oder wie groß das Risiko ist, das sie womöglich für Bankenkonglomerate darstellen, die mit ihnen spekulieren.

Dies zeigte sich im September 2008, als Vermögensverwalter die Flucht antraten und die Finanzmärkte eingefroren wurden, als die weitverbreiteten Betrügereien aufflogen, die zu dem Ungleichgewicht zwischen den Verbindlichkeiten der Hypothekenschuldner, den Summen, die Versicherungsgesellschaften Banken und Spekulanten garantierten, und der Zahlungsfähigkeit der Wirtschaft geführt hatten. Niemand konnte wissen, ob Banken Tagesgeldeinlagen zurückzahlen würden. Dies war das unvermeidliche Resultat der Entscheidung der Aufseher, nicht zu regulieren, und von nicht sorgfältig beaufsichtigten Märkten, die sich frei erfundener Modelle bedienten.

Versicherungsgesellschaften hatten nach dem Vorbild der Märkte, die sie für Unfall- und Sachversicherungen entwickelt hatten, einen ebensolchen Markt für die Risikoarbitrage geschaffen. Aber innerhalb eines Jahrzehnts hatte die Flut von Collateralized Debt Obligations (CDOs) und Credit Default Swaps (CDSs) die Investmentbanken der Wall Street sowie AIG in einem Netz von Black-Scholes-Wahrscheinlichkeitskurven gefangen. Dadurch, dass die Finanzproduktsparte des Londoner AIG-Ablegers (AIGFP) diesen finanziellen Giftmüll versicherte, schuf sie keine Produkte im klassischen Sinn, also keine Waren, die von Arbeitskräften hergestellt wurden. Hier waren findige Köpfe am Werk, die Joseph Schumpeters »schöpferische Zerstörung« mit einer Abwärtsspirale verbanden. Was dabei zerstört wurde, war die Idee staatlicher Regulierung selbst sowie das Rechtsstaatsprinzip, wie man es früher einmal verstanden hat. Wie ganz allgemein die Hochfinanz wurde auch der Versicherungssektor zu einem Anhängsel der kasinokapitalistischen Spekulation. Er berechnete nunmehr Standardabweichungen für Änderungen der Zinssätze und Aktienkurse sowie von anderen finanziellen Variablen. Gerade AIGFP machte umfassend Gebrauch von der computergestützten Modellierung und Spekulation, die wenig mit industriellen und anderen Anlageinvestitionen zu tun hatten, dafür aber mit dem rasant anwachsenden Schuldenberg, der sehr schnell in die Insolvenz führte.

Die Finanzprodukt-Abteilung der Londoner AIG-Niederlassung verlangte unrealistisch niedrige Gebühren für ihre Versicherungen gegen Zahlungsausfälle bei Ramschhypotheken. Die niedrigen Preise lockten immer mehr Kunden an, deren Prämien wiederum höhere Boni für die Manager bedeuteten. AIG verbuchte diesen Einnahmestrom aus CDOs als »Erträge«, ohne die Dutzenden Milliarden Dollar an Auszahlungen zu berücksichtigen, die bald anfallen sollten. Die Investmentbanken, die Ramschhypotheken ausgaben oder bündelten, behaupteten, keinerlei Risiko einzugehen, weil sie Ausfallversicherungen kauften. Dieser Optionshandel erlaubte allen Akteuren, kurzfristige Gewinne einzufahren, bis der finanzielle Bolero jäh zum Stillstand kam.

Kein Versicherungsschutz gegen einen Zusammenbruch des Systems

Um den potentiellen Zahlungsverpflichtungen aus all diesen Wetten nachzukommen, hätte AIG Rücklagen im Wert von mehreren Hundert Milliarden Dollar bilden müssen – genug, um die Folgen des Crashs aufzufangen. Das Ausmaß der Zahlungsausfälle übertraf jedoch bei weitem die Rücklagen, die die Londoner AIG-Tochter gebildet hatte. Weder die Vertragspartner der AIG noch die Ratingagenturen wagten nachzufragen, wie viel AIG zur Deckung seiner Ausfallversicherungspolicen beiseitegelegt hatte. Richter Jed Rakoff nannte dies »gezieltes Nichtwissenwollen« und verglich es mit »strafbarer Fahrlässigkeit«.[6] Auch wenn es kein Betrug im strafrechtlichen Sinn gewesen sein mag, so war es doch eine grob fahrlässige, kurzsichtige Praktik, die ganz offensichtlich alle Beteiligten in die Lage versetzen sollte, im Fall eines Zusammenbruchs jegliche Mitverantwortung glaubhaft zu bestreiten.

Optimistische Illusion ist die Dienerin unverantwortlicher Gier. Uneingestandene potentielle Verluste bedeuten höhere Boni für Manager, bis der ganze Laden schließlich in die Luft fliegt. Der ehemalige Bankenaufseher Bill Black zitierte Jamie Diamond von JP Morgan, um die Strategie zu erklären, die AIGFP-Manager anwandten, damit der Umsatz so weit stieg, dass sie sich selbst hohe Gehälter und Boni bezahlen konnten: »Einnahmen minderer Qualität lassen sich gerade im Finanzdienstleistungsbereich leicht generieren. Kredite mit mangelhafter Risikoprüfung sind die Erträge von heute und die Verluste von morgen.«[7]

AIG war deshalb »systemrelevant«, weil sie durch ihre Londoner Tochtergesellschaft eng mit den Wetten der Wall Street auf Ramschhypotheken verbunden war. Die US-Notenbank und das Finanzministerium behaupteten, es drohe eine schwere Wirtschaftskrise, wenn AIG nicht mit einer

Finanzspritze gerettet werde, die es erlaube, Goldman Sachs und andere Banken für die finanziellen Massenvernichtungswaffen, die sie der Londoner Konzerntochter untergejubelt hatten, in voller Höhe auszuzahlen. Paulson sagte sogar, die Arbeitslosigkeit hätte auf 25 Prozent steigen können, wenn AIG nicht gerettet worden wäre. Die Alternative »war Konkurs«, behauptete er, was »zum Zusammenbruch unseres Finanzsystems geführt und verheerende wirtschaftliche Schäden angerichtet hätte«.[8]

Das Wall-Street-Kasino (»das Finanzsystem«) profitiert von der Illusion, Zahlungsausfälle könnten irgendwie durch privatwirtschaftliche Versicherungen abgedeckt werden. Es ist, als könnte jeder Optionen kaufen, um das systemische Risiko auszuschalten, das durch überhöhte Kreditvergabe entsteht. Diese Illusion half der Wall Street, ihre Augen vor dem drohenden Erdbeben zu verschließen, das viel mehr kostete, als jemals aus den Rücklagen irgendeiner Versicherungsgesellschaft bezahlt werden konnte. Die Wall Street, die City of London und andere Finanzzentren haben einfach so getan, als könnten sie gegen Risiken versichern, die sich nicht versichern lassen.

Tatsächlich ist es grundsätzlich unmöglich, sich gegen die Gesamtverschuldung einer Volkswirtschaft zu versichern, weil die Schulden letztendlich nicht zurückgezahlt werden können. Es ist Ausdruck eines magischen Denkens, wenn man glaubt, man könne grenzenlos Kredite vergeben, während die Verschuldung exponentiell wächst. Die Magie des Zinseszinses führt unweigerlich zur Schuldendeflation. Die Verpflichtung des Versicherers, »Geschädigte so zu stellen wie vor dem Schadensereignis«, sprengt alle Grenzen und übersteigt bei weitem die Fähigkeit von Default Swaps und anderen Finanzinstrumenten der Risikoabsicherung, die Verluste zu decken, die durch Deregulierung und Finanzbetrug entstehen. Jeder Plan, sich gegen die Zahlungsunfähigkeit von Schuldnern zu versichern, führt zwangsläufig zu Unterversicherung, wenn keine Aufsichtsbehörden vorhanden sind, die Betrug verhindern.

Wenn Versicherungsgesellschaften, die als »Buchmacher« agieren, keine ausreichenden Rücklagen gebildet haben, können die Verpflichtungen aus diesen Glückswetten nur dann in voller Höhe bezahlt werden, wenn der Staat die Lücke schließt. Dies geschah im Jahr 2008. Das Finanzministerium und die US-Notenbank haben die Zeche mit der Begründung übernommen, dies sei der notwendige Preis für die »Wiederherstellung der Stabilität«. Mit »Stabilität« meinten sie die Aufrechterhaltung der Fiktion, dass ein Großteil der Wirtschaft nicht insolvent sei. Was »wiederhergestellt« wurde, war die weitgehend verleugnende Haltung gegenüber den tieferen Ursachen der »Finanzproduktkrise«: die mathematischen Modelle »effizienter Märkte« und die Regressionsanalyse nach Black-Scholes, die angeblich Ramschhypotheken zu bloßen Nominalkosten risikofrei machen konnten. Letztlich bedurfte es Milliarden von Dollar, um die »Fiktion« der bankrotten Deregulierungsideologie »zu retten«.

Der Crash war das, was Charles Perrow einen »normalen Unfall« nennt, in dem Sinne, dass er im Aufbau des Finanzsystems selbst angelegt ist.[9] Das Rettungspaket hat die Ursache des unvermeidlichen »Unfalls« nicht beseitigt, da es die Deregulierung des Bank- und Glücksspielwesens nicht rückgängig machte. Kein Banker wurde strafrechtlich verfolgt, und die Bedingungen des Rettungspakets haben den steilen Anstieg der Gehälter und Boni im Finanzsektor nicht unterbunden. Die US-Regierung hat alle Wetten in voller Höhe ausbezahlt, als der Buchmacher – der Versicherer – pleiteging. Da man auf die solventen Unternehmensbereiche von AIG, die verwertet werden konnten, zugriff, um die Gewinner des Finanzkasinos zu bezahlen, gab es keinen Schuldenschnitt.

Die Wall Street wurde gerettet, nicht »der kleine Mann«

Alles geschah unter den Notfallsirenen einer unmittelbar drohenden Krise. Jeder Trickbetrüger weiß, dass man dem »Betrugsopfer« nicht die Zeit lassen sollte, alles gründlich zu durchdenken. Schnelligkeit ist geboten, wenn es darum geht, jemanden unter hohem Druck zum Kauf zu überreden. Im September 2008 wollten die Vertragspartner von AIG, angeführt von Goldman Sachs, unverzüglich Geld sehen. Und sie wollten unbedingt einen Forderungsverzicht (*haircut*) vermeiden. Unter diesen Umständen verfügte nur der Staat über die nötigen Zahlungsmittel.

Politiker boxten das Rettungspaket ohne echte Diskussion durch, indem sie Alarm schlugen und warnten, die Wirtschaft werde zusammenbrechen, wenn die Regierung ihr nicht unverzüglich zu Hilfe komme. Das Ironische an der AIG-Affäre ist der Umstand, dass der Druck auch von dem Versicherungskonzern selbst kam. Jeder, der schon einmal versucht hat, einen Versicherungsanspruch durchzusetzen, weiß, dass die Taktik der Versicherer darin besteht, Anspruchsteller so lange wie möglich hinzuhalten, um den geschuldeten Betrag nicht in voller Höhe bezahlen zu müssen.

Senator Charles Schummer, der demokratische Vorsitzende des Gemeinsamen Wirtschaftsausschusses und ein treuer Wall-Street-Lobbyist, hat maßlos übertrieben, als er warnte: »Falls AIG zusammenbricht, wird dies dem kleinen Mann viel mehr schaden als der Wall Street.«[10] AIG war schließlich einer der größten Anbieter von Sach- und anderen Versicherungen. Aber das Standardversicherungsgeschäft von AIG brauchte keine Finanzhilfe. Da es von den einzelstaatlichen Regulierern sorgfältig beaufsichtigt wurde, drohte ihm zu keinem Zeitpunkt die Insolvenz. Denn die Geschäfte seiner lokalen Sach- und Lebensversicherungsagenturen waren hinreichend mit Kapital unterlegt. Anders als in der PR-Mär behauptet, die in der Öffentlichkeit verbreitet wurde, ging es bei Zahlungen des Finanzministeriums an die AIG-Kontrahenten an der Wall Street im Rahmen des ersten Rettungspakets keineswegs darum, den »kleinen Mann« – die Inhaber von Lebens- und Sachversicherungspolicen – zu retten.

Ein Leitartikel im *Wall Street Journal* entlarvte die Legende: »Das Finanzministerium und die New Yorker Fed scheinen unbedingt beweisen zu wollen, sie würden deshalb weiterhin Geld in AIG pumpen, weil sie den einfachen Bürger, nicht die Wall Street, retten wollen. Aber ... einzelstaatliche Gesetze verlangen, dass bei den streng regulierten Versicherungstöchtern von AIG jene Vermögenswerte, die zur Absicherung der Ansprüche von Versicherungsnehmern notwendig sind, ausgesondert werden, und falls diese Töchter insolvent würden, stellen einzelstaatliche Garantiefonds sicher, dass die Versicherungsansprüche erfüllt werden.«[11] Der Leiter der Versicherungsaufsichtsbehörde des Staates New York, Eric Dinallo, teilte diese Auffassung: »Wenn AIG bankrottgegangen wäre, hätten einzelstaatliche Aufsichtsbehörden die einzelnen Versicherungsunternehmen unter Zwangsverwaltung gestellt. Die Rücklagen dieser Versicherungsgesellschaften wären reserviert worden, um die Ansprüche von Versicherungsnehmern abzugelten, und dadurch wären sie vor dem Zugriff der Gläubiger von AIG geschützt worden.« Die US-amerikanischen Verbraucher- und einfachen Geschäftspolicen von AIG wurden von einzelstaatlichen Versicherungsaufsehern in vollem Umfang abgesichert, so wie die »Standardgeschäfte« von Citibank und anderen US-Banken durch den Einlagensicherungsfonds (FDIC) geschützt sind. Selbstverständlich waren »die Versicherungsunternehmen von AIG

[so] eng untereinander und mit der Muttergesellschaft verflochten, [dass] Versicherungsnehmer bezahlt worden wären, aber womöglich mit erheblicher Verzögerung«.[12] Aber wann erfolgen Auszahlungen von Versicherungen *nicht* verspätet?

Die vermeintliche Gefahr, lokalen AIG-Filialen würde, ähnlich wie Geldautomaten, das Bargeld ausgehen, war ein Mythos, der heraufbeschworen wurde, um den Anschein zu erwecken, das Rettungspaket solle eigentlich die einfachen Versicherungsnehmer schützen und finde nur nebenbei auch die äußerst finanzkräftigen Vertragspartner von AIG an der Wall Street ab, die erfolgreich gegen AIG London gewettet hatten. Diese Glücksspiel- und Zockerverträge hatten nichts mit Lebens-, Sach- oder Unfallversicherungen zu tun. Sie waren rechtlich dem normalen Geschäft von AIG mit Privat- und Geschäftskundenversicherungen untergeordnet.

Ratingagenturen begannen im Jahr 2007, CDOs herabzustufen, was AIG London dazu veranlasste, auf seinen Bestand an Credit Default Swaps eine Abschreibung in Höhe von 11,5 Milliarden Dollar vorzunehmen. Aufgrund weiterer Herabstufungen im Frühjahr und Sommer 2008 konnte Goldman zusätzliche Zahlungen verlangen, wobei man die eigenen Modelle (sprich Würfel) benutzte, um die Ramschhypotheken, die man hatte versichern lassen, zu bewerten. Der Untersuchungsausschuss des Kongresses stellte fest: »Es kam zu einem ›Kampf der Modelle‹ zwischen AIG und seinen Vertragspartnern, die zu langwierigen Diskussionen über Bewertungen und entsprechende Verpflichtungen zur Sicherheitsleistung führten.« Zwei Reporter der *New York Times* fassten den Konflikt folgendermaßen zusammen: »Je tiefer die Preise hypothekenbesicherter Wertpapiere fielen, desto höher waren die Gewinne von Goldman. In der Auseinandersetzung mit AIG behauptete Goldman stets, die strittigen Wertpapiere seien weniger wert, als von AIG geschätzt – und würden in vielen Fällen auch unter den Preisen liegen, die andere Händler den Wertpapieren zuschrieben. ... Die Bank lehnte beispielsweise die Bewertung der Wertpapiere durch Dritte ab, wie es ihre Verträge mit AIG verlangten. Und Goldman stützte einige Zahlungsforderungen auf schlechter bewertete Anleihen, die durch die Versicherung von AIG nicht einmal abgedeckt wurden.«[13]

Die unvermittelte Zahlungsforderung von Goldman löste den Zusammenbruch von AIG aus. Goldman bestand darauf, dass AIG die Verluste deckte, die die Hypotheken laut Goldmans eigenen Modellen erleiden würden. Wenn das Finanzministerium AIG nicht übernommen und den Konzern nicht gezwungen hätte, die Ansprüche Goldmans in vollem Umfang zu erfüllen, hätte Goldman nicht den großen Reibach gemacht. Ohne ein Rettungspaket für AIG hätten die Auszahlungen auf die Ramschhypotheken-Wetten pauschal gekürzt werden müssen. Einige der größten Banken der Welt hätten ihre Wettgewinne nicht einsammeln können. Die Lösung des Finanzministeriums, alle diese Banken vor Verlusten (ihrer Boni sowie des Eigenkapitals ihrer Firma) zu bewahren, sollte Goldman Sachs auf einen Schlag 13 Milliarden Dollar für ihre Kreditausfallversicherungsverträge einbringen, und der Société Générale sowie der Deutschen Bank jeweils weitere 12 Milliarden Dollar.

Ihre Ansprüche wurden nicht näher geprüft, keine von ihnen eingereichte Rechnung wurde gekürzt. Da ist es nicht weiter verwunderlich, dass der größte Aktionär von AIG, Maurice Greenberg, Klage einreichte und 25 Milliarden Dollar Schadensersatz forderte, mit der Begründung, das Finanzministerium habe AIG geplündert, um Goldman und andere Firmen vor deren eigener Insolvenz zu schützen. Die Anwälte von AIG hätten einwenden können, Goldman habe die Bewertung zu eigenen Gunsten künstlich aufgebauscht. Versicherungsunternehmen bestreiten regelmäßig geltend gemachte Ansprüche.

Aber Paulson und Geithner waren der Meinung, Goldman und andere Großbanken bräuchten unverzüglich frisches Geld, da ihnen schon in wenigen Tagen die Zahlungsunfähigkeit drohe. Und so bescherte das Finanzministerium am 16. September (einen Tag nach der Lehman-Pleite) begünstigten Wall-Street-Instituten einen unerwarteten Gewinn, indem es AIG übernahm und sämtliche von deren Vertragspartnern geltend gemachten Ansprüche unbesehen und in voller Höhe erfüllte – mit der Folge, dass aus den anfänglichen 85 Milliarden Dollar alsbald 182 Milliarden Dollar wurden. Dank dieser Intervention wurden die Vortäuschungen der Wall Street wahr: Sechzehn Investmentbanken erhielten die volle Summe dessen, was sie angeblich mit ihren Wetten auf Credit Default Swaps gegen die Londoner Niederlassung von AIG gewonnen hatten. Darauf werden wir in Kapitel 16 ausführlicher eingehen.

KAPITEL 16

AIG wird gerettet, um Goldman durchzufüttern

»Es ist, als hätte die New Yorker Fed AIG als Strohmann benutzt, um Großbanken in aller Welt aus der Patsche zu helfen.«

Senator Charles Grassley, der die Ergebnisse des Congressional Oversight Panel zusammenfasst, 23. Juli 2010[1]

Die wahren Gründe dafür, dass der Staat bei AIG einstieg, wurden in dem Gerichtsverfahren, das Maurice Greenberg, der Besitzer des größten AIG-Aktionärs Starr International anstrengte, aus den Zeugen herausgeholt. Als der sechswöchige Prozess im September 2014 begann, räumte der ehemalige Finanzminister Hank Paulson ein, dass der Kongress angesichts der Wut der Bevölkerung auf die Investmentbanken an der Wall Street keine Lust gehabt habe, die TARP-Mittel von 700 Milliarden aufzustocken. Also musste man das Geld, das benötigte wurde, um die Verluste der Investmentbanken zu decken, anderswo auftreiben.

Gleich nach der Citigroup hatte offenbar Goldman die höchsten Verluste erlitten. Doch es gelang der Investmentbank, alle Regierungsebenen für sich einzuspannen. Der ehemalige Goldman-Chef Hank Paulson im Finanzministerium erklärte, er habe sich weitgehend herausgehalten, aber Stephen Friedman, ein weiterer früherer CEO von Goldman, war mittlerweile Vorsitzender der New Yorker Fed.[2] Paulsons direktester Eingriff bestand darin, Edward Liddy aus dem Goldman-Vorstand zum Vorstandschef von AIG zu ernennen. Liddy »saß seit 2003 bei Goldman Sachs im Vorstand und leitete seit 2007 den Bilanzprüfungsausschuss. Er besaß zum Zeitpunkt der Rettungsaktion ein großes Aktienpaket von Goldman«, womit er sich in einem Interessenkonflikt befand, der die Möglichkeiten von AIG, sich Goldmans Forderungen zu widersetzen, erheblich einschränkte. Liddy wurde von Goldman-Managern gedrängt, den Posten anzunehmen, und »am 18. September zum CEO von AIG ernannt. Aber er blieb noch bis zum 23. September als Direktor im Goldman-Vorstand und sagte aus, er sei noch am 21. September telefonisch einer Vorstandssitzung zugeschaltet gewesen. [...] Am Abend desselben Tages leitete Liddy eine Sitzung des AIG-Vorstands, in der er die Direktoren des Versicherungskonzerns drängte, der kostspieligen staatlichen Rettungsaktion zuzustimmen.«[3]

Kostspielig war die Intervention natürlich nur für AIG, denn für Goldman erwies sich die staatliche Rettungsaktion als wahre Goldgrube. Goldman sagte im Grunde: »Wir brauchen das Geld dringend«, und bat Geithner und die New Yorker Fed, AIG dazu zu bringen, nicht nur Goldman auszuzahlen, sondern auch die Forderungen von Merrill Lynch, Bank of America, Citigroup und anderen zu befriedigen. Der demokratische Abgeordnete Stephen F. Lynch hielt Finanzminister Geithner in einer Kongressanhörung am 26. Januar 2010 entgegen: »Ich glaube, unsere Regierungsvertreter haben über ihren Einsatz für Goldman Sachs ihre Verantwortung gegenüber dem amerikanischen Volk vergessen.«[4]

Ein Journalist sah nur zwei mögliche Erklärungen für das »übermäßige Entgegenkommen« gegenüber Goldman und den anderen Banken:

> Die erste Möglichkeit ist: Sie sind in so großer finanzieller Bedrängnis, dass sie ebenfalls ins Trudeln geraten würden, wenn sie auf die Milliarden verzichteten, die sie von AIG erwarten. Das würde bedeuten, es war eine Bankenrettung durch die Hintertür – obwohl viele der Banken so wie Goldman behaupteten, sie bräuchten keine Hilfe. Die andere Möglichkeit ist, dass Geithner einfach das Gefühl hatte, Goldman und Konsorten hätten einen legitimeren Anspruch auf die Milliarden als die Steuerzahler, die die Rechnung bezahlen mussten.[5]

Warum AIG anders behandelt wurde als Goldman, Citigroup und andere

Anders als beim TARP und den Sonderkrediten, die der Citigroup, Fannie Mae, Freddie Mac und Merrill Lynch zu sehr günstigen Zinsen gewährt wurden, stellte die Regierung AIG einen hohen Zins in Rechnung. Thomas

C. Baxter Jr., der Rechtsberater der New Yorker Fed, verglich den Zinssatz von 14 Prozent (und von 8,5 Prozent auf die Kreditlinie, die AIG nicht in Anspruch nahm), mit den Forderungen eines »Kredithais«.[6]

Aber die hohen Zinsen für den Kredit, den AIG beanspruchen musste, um Goldman und andere Gläubiger auszuzahlen, waren nicht das einzige Problem. AIG hätte gute Gründe gehabt, viel weniger zu zahlen, als Goldman verlangte, ja die Zahlung überhaupt zu verweigern, denn der Versicherer konnte darauf verweisen, dass Goldman den Wert der Ramschhypotheken, die die Bank bei AIG versichert hatte, falsch angegeben – und anschließend gegen diese Papiere gewettet hatte. Andere Versicherungsgesellschaften verhandelten seit Monaten mit ihren Vertragspartnern über Abschläge auf die CDOs. »Anfang des Jahres 2008 war klar, dass den Versicherungen das Geld ausging, weshalb MBIA, Ambac und andere taten, was Unternehmen in Geldnot normalerweise tun: Sie einigten sich mit den Anleiheinhabern auf Abschläge vom Nennwert zwischen 10 und 60 Prozent.«[7] Aber bei AIG kam es anders: Die ehemaligen Goldman-Manager, die jetzt AIG leiteten, ließen nicht zu, dass das Unternehmen Preisnachlässe auf die Derivate durchsetzte, die Goldman und andere Banken ihm untergeschoben hatten.

Anstatt AIG zu erlauben, mit den Wall-Street-Banken über Abschläge bei ihren überbewerteten Wertpapieren zu verhandeln, schob die Federal Reserve dem sogar einen Riegel vor, indem sie 79,9 Prozent der AIG-Anteile übernahm. AIG war das einzige Finanzinstitut, das der Staat tatsächlich unter seine Kontrolle brachte. Die Beteiligung an Citigroup war nicht mit Stimmrechten verbunden, weshalb sich die Fed nicht in die Geschäftspolitik des Unternehmens »einmischen« konnte. Aber die Übernahme von AIG fand unter Bedingungen statt, die es dem Versicherer *verboten*, Zweifel an irgendwelchen Zahlungen zu äußern, die Forderungen Goldmans und anderer Vertragspartner anzufechten oder Konkurs anzumelden.

Zum Zeitpunkt seiner Übernahme war AIG noch liquide und kam seinen Zahlungsverpflichtungen nach. Mit Blick auf die Tatsache, dass die meisten Ramschhypotheken immer noch mehr Geld einbrachen, als die Pessimisten geglaubt hatten, fragte Gretchen Morgenson von der *New York Times*: »Warum nur sind diese Unternehmen bereit, die Ansprüche eines Versicherungsnehmers in voller Höhe abzugelten, obwohl noch gar kein Feuer ausgebrochen ist?«[8] Morgenson sah sich genau an, warum bei AIG ein anderer Maßstab angelegt wurde, und gelangte später zu dem Schluss, die Regierung habe in der Liquiditätskrise des Versicherungsunternehmens eine Chance gesehen: »AIG ließ sich in ein riesiges, mit Steuergeldern finanziertes Sparschwein verwandeln, aus dem die Regierung Milliarden holen konnte, um sie in die notleidenden Banken zu pumpen. Erinnern wir uns daran, dass die Steuerzahler im Herbst 2008 mit wachsender Empörung auf die Bankenrettungen reagierten.«[9] Die Alternative waren Abschreibungen und langwierige Gerichtsverfahren. »Ein Konkursrichter konnte die Übertragung von Sicherheiten oder Geld von AIG auf Goldman als ›anfechtbare Bevorzugung‹ betrachten und für ungültig erklären, wenn sie innerhalb von 90 Tagen nach Stellen des Konkursantrags stattfand.«[10]

Das Letzte, was die Wall-Street-Firmen wollten, war ein Konkurs von AIG. Von einer finanziellen Leiche würden sie nur einen Bruchteil ihres Geldes zurückerhalten. Aber die Banken wollten alles zurück, und zwar ohne die bei einem Konkurs unvermeidliche Verzögerung. Kapitel 11 des amerikanischen Insolvenzgesetzes enthält eine »Cramdown«-Bestimmung, die es Gerichten erlaubt, trotz fehlender Zustimmung eines Teils der Gläubiger einen Insolvenzplan durchzusetzen. Damit soll verhindert werden, dass einzelne widerspenstige Gläubiger eine Einigung blockieren. Das bedeutet, dass die Drohung mit einer Insolvenz die Verhandlungsposition des Schuldners erheblich verbessert. »Jurastudenten lernen im Grundkurs für Vertragsrecht, dass es zahlreiche Ausnahmen von der ›Unantastbarkeit des Vertrags‹ gibt«, erläuterte der Rechtsberater eines Rentenfonds. »Jeden Tag werden Verträge für ungültig erklärt – viele unserer Gerichte befassen sich mit Streitigkeiten über die Durchsetzbarkeit einzelner Bestimmungen in Handelsverträgen.« Aber statt mit einer Insolvenz zu drohen, als die Regierung zugunsten von Goldman und anderen AIG-Kontrahenten eingriff, »täuschten Tim Geithner, [Obamas Wirtschaftsberater] Austan Goolsbee und Larry Summers gegenüber den Medien nur halbherzig Verärgerung vor«, weil sie AIG retten mussten und verpflichtet waren, die Banken unter dem Vorwand der Unantastbarkeit der Verträge zu verteidigen.[11]

Die Drohung, die Zahlung durch mühsame Gerichtsprozesse jahrelang zu verzögern, hätte AIG die Hälfte der 182 Milliarden Dollar ersparen können, auf denen der Konzern schließlich sitzenblieb. Die Aussicht auf eine solche Verzögerung hätte die Vertragspartner gezwungen, sich rasch mit einer geringeren Zahlung abzufinden, wie es in solchen Fällen üblich ist. Aber das Gegenteil geschah, wie der für die Aufarbeitung der AIG-Rettung zuständige Untersuchungsausschuss des Kongresses feststellte: »Die Regierung entschied sich, ihre Verhandlungsposition in der Auseinandersetzung mit den Vertragspartnern von AIG nicht zu nutzen. [...] Als die Regierung einmal klargestellt hatte, sie sei zu einer umfassenden Rettung von AIG entschlossen [...], gab sie die wirkungsvollen Druckmittel gegenüber den Tausenden Gläubigern von AIG aus der Hand.« Der Kongressausschuss gelangte zu folgendem Schluss:

> Sogar nachdem die Federal Reserve und das Finanzministerium entschieden hatten, dass es keine andere Wahl als eine Rettung mit öffentlichen Geldern gab, hätte die Regierung immer noch andere Möglichkeiten gehabt, als die Ansprüche jedes einzelnen Gläubigers und Vertragspartners in voller Höhe zu befriedigen. Regelungen, bei denen verschiedene Gläubiger unterschiedlich hohe Verluste akzeptieren, sind in Insolvenzverfahren oder anderen Verhandlungen mit angeschlagenen Unternehmen üblich, aber in diesem Fall gelang es der Regierung nicht, ihre starke Verhandlungsposition zu nutzen, um solche Zugeständnisse zu erreichen.

Hätte man AIG erlaubt, in seinem eigenen Interesse zu handeln, so wäre das Kartenhaus aus den fiktiven Bewertungen des Finanzkapitals eingestürzt, und der Betrug mit den Ramschhypotheken wäre ans Licht gekommen. Daher musste AIG daran gehindert werden, sich selbst zu verteidigen und einen Präzedenzfall für die Abschreibung von minderwertigen Derivaten zu schaffen, die ihm von den Finanzgiganten der Wall Street untergeschoben worden waren. Im Prozess warf Greenbergs Anwalt Boies einem Zeitungsartikel zufolge die Frage auf,

> ob einigen »insolventen« Banken großzügigere Kreditbedingungen eingeräumt wurden als AIG. (Die Kläger behaupten, dass AIG zu jener Zeit zahlungsfähig war, aber in einer Liquiditätskrise steckte; die Regierung ist anderer Meinung.) Gestützt auf ein unveröffentlichtes Buchinterview Geithners sprach Boies das Thema Citigroup und Bank of America an, zwei Banken, die in der Krise Rettungsgelder erhielten. »Citi und B. of A. waren zweifellos insolvent«, hatte Geithner in diesem Interview gesagt.

Anschließend begann eine längere Diskussion zwischen den beiden Männern über die Definition von »insolvent«.[12]

In der normalen Geschäftstätigkeit hätten die Konkursvorschriften die Vertragspartner dazu bewegt, ihre Forderungen gegenüber AIG abzuschreiben. Stattdessen machte die »Rettung« von AIG die riskanten Wetten der Wall Street auf Derivate zu staatlich garantierten Schuldverschreibungen. Es war, als verdiente das extrem riskante Geschäft mit Versicherungsderivaten dieselbe Rückendeckung wie die vom Einlagensicherungsfonds FDIC garantierten Spareinlagen und Girokonten.

Um der Öffentlichkeit Angst zu machen, erzählte man ihr, die Alternative sei das »Chaos«. Auf Systemebene bedeutete dies einfach, dass einige Spieler die Erträge aus einem abgekarteten Spiel nicht eintreiben konnten. Geithner erklärte Präsident Obama, es drohe das »Chaos«, wenn man von Goldman und anderen Banken verlange, auf einen Teil des Reibachs zu verzichten, und den Spekulanten an der Wall Street ihre erwarteten Boni und Gehälter kürze!

Die Wall Street nutzt hinter den Kulissen ihre Beziehungen, um Fed und Finanzministerium zu übervorteilen

Federal Reserve und Finanzministerium sträubten sich monatelang, dem Druck des Kongresses und der Wirtschaftspresse nachzugeben und die Empfänger der Rettungsgelder zu benennen. Begründet wurde dies mit Geheimhaltungsvereinbarungen. »Der Untersuchungsausschuss [des Kongresses] stellt fest, dass Goldman sich geweigert hat, die Identität seiner Kontrahenten offenzulegen oder irgendwelche Dokumente zu diesen Beziehungen [oder] zu seinen eigenen Absicherungsgeschäften bei AIG zur Verfügung zu stellen.« Die Tatsache, dass sich Goldman und die Fed derart bemühten, diese Informationen geheim zu halten, deutet darauf hin, dass sie ganz genau wussten, dass die Behauptung falsch war, Goldman habe seine Risiken aus Geschäften mit AIG vollkommen abgesichert und wäre daher von einem Zusammenbruch von AIG nicht betroffen gewesen.[13]

Aber das Nachrichtenunternehmen Bloomberg förderte die Details der Abmachung schließlich zutage, indem es einen Offenlegungsantrag nach dem Freedom of Information Act stellte. Die Dokumente zeigten, dass »die Banken, die Swaps von AIG kauften, überwiegend dieselben Firmen sind, die ursprünglich CDOs begaben. […] Einige Banken besaßen auch Hypothekenbanken, und sie sollten erklären, ob sie Insiderwissen über die Qualität der in den forderungsbesicherten Wertpapieren gebündelten Kredite besaßen.«[14] Ein Beobachter beschrieb es so: »Das ist so, als würde man ein Haus bauen, eine Bombe darin verstecken, es an einen ahnungslosen Käufer verkaufen und dann eine Lebensversicherung über 20 Milliarden Dollar auf ihn abschließen, da man weiß, dass der arme Mann sterben wird!«[15]

Um rasch zu den eigenen Bedingungen an sein Geld zu kommen, wandte sich Goldman an Tim Geithner, den Vorsitzenden der New Yorker Federal Reserve. Geithner, den Sheila Bair als »Chefbankenretter« bezeichnet hatte, machte Morgan Stanley zum Rechtsberater der New Yorker Fed und beauftragte die Firma, eine Lösung zu finden, die »die Normalität wiederherstellen«, also Goldman vor Verlusten bewahren würde, so wie der TARP-Bailout die Citigroup gerettet hatte.

Die Intervention der Fed im Streit zwischen AIG und Goldman stand in deutlichem Gegensatz zu der harten Haltung, die sie 1998 gegenüber den Wall-Street-Banken an den Tag gelegt hatte, um den Hedgefonds Long-Term Capital Management zu retten. Dies war das Prinzip des »gemeinsamen Opfers«, das J. P. Morgan nach dem Crash im Jahr 1907 organisiert hatte. Aber wie der Untersuchungsausschuss des Kongresses feststellte, hatte ein Jahrzehnt politischer Manöver die Wall Street seit 1998 in die Lage versetzt, den Regulierungsbehörden, der Federal Reserve und dem Finanzministerium ihren Willen aufzuzwingen und die Regierung zu bewegen, die Rechnung zu übernehmen, als im Jahr 2008 die Spekulationsblase platzte. »Indem sie eine umfassende Rettungsaktion starteten, ohne die Verluste zwischen AIG und ihren Gläubigern aufzuteilen«, urteilte der Kongressausschuss, »änderten die Federal Reserve von New York und das Finanzministerium die Spielregeln, die auf dem amerikanischen Finanzmarkt galten«, und zwar in Hinsicht darauf, wie die größten Banken der Welt, die Regierungen und die Volkswirtschaften allgemein mit ihrer Verschuldung umgehen sollen:

> […] Indem sie AIG und die AIG-Vertragspartner rettete, signalisierte die US-Regierung, dass der gesamte Derivatemarkt – den der Kongress mit dem Commodities Futures Modernization Act ausdrücklich und vollkom-

men dereguliert hatte – von demselben staatlichen Sicherheitsnetz profitieren würde, das eigentlich für umfassend regulierte Finanzprodukte bestimmt ist. In der Praxis verzerrte die Regierung die Marktkräfte, indem sie extrem riskante Wetten auf Derivate zu vollkommen sicheren Transaktionen machte, für die der amerikanische Steuerzahler bürgte.

Doch der Kongressausschuss erklärte: »Bis zum Nachmittag des 16. September 2008 hätte die Regierung zumindest die Möglichkeit andeuten können, sie würde AIG fallen lassen, um so die Gegenparteien zu Zugeständnissen zu bewegen. Da die Regierung genau das gerade mit Lehman gemacht hatte, wäre die Drohung glaubwürdig gewesen.« Stattdessen intervenierte Geithner auf der Grundlage einer kaum bekannten Bestimmung im Federal Reserve Act, der der Notenbank erlaubte, »erforderlichenfalls innerhalb der in diesem Gesetz festgehaltenen Grenzen verfassungsmäßige Befugnisse zu nutzen, um die Tätigkeit der Banken aufrechtzuerhalten«. Als die Risikoaufschläge auf die AIG-CDSs im November stiegen, richtete die New Yorker Fed eine Reihe von Sonderfonds ein (die nach einer Straße in der Nähe ihres Sitzes auf den Namen Maiden Lane getauft wurden), um die hypothekenbesicherten Wertpapiere von den AIG-Vertragspartnern »zu 100 Prozent ihres Nennwerts aufzukaufen, womit die CDS-Verträge praktisch aufgelöst wurden. Das war um ein Vielfaches mehr, als diese Wertpapiere zu jener Zeit auf dem Markt eingebracht hätten, wenn man sie überhaupt hätte verkaufen können.«[16]

Auf diese Weise zahlte die Fed die Glücksspieler und Zocker aus und schloss eine zukünftige Haftung von AIG aus. Bald darauf erholten sich die Kurse der Wertpapiere, so dass AIG seinen Vertragspartnern nicht annähernd so viel hätte bezahlen müssen, wie die Fed es letztendlich getan hat!

Geithners Täuschungsmanöver

Geithner behauptete, er habe als Leiter der New Yorker Fed keine andere Wahl gehabt, als die Gläubiger von AIG vollständig auszuzahlen, da eine der Banken ein französisches Institut gewesen sei. Daher habe er den amerikanischen Banken ihre Gewinne mit den Giftmüllpapieren, die sie bei AIG versichert hatten, *zur Gänze* auszahlen müssen. Seine Ausrede: Das französische Gesetz erlaube Banken keine Abschreibungen! Er behauptete sogar, eine französische Bank würde sich »strafbar« machen, wenn sie tue, was Banken in aller Welt seit Jahrzehnten tun: »Haircuts« auf ihre Forderungen zu akzeptieren. Genau darum ging es bei den Brady-Abschreibungen auf lateinamerikanische Staatsanleihen in den 1980er-Jahren. Genau solche Schuldenerlasse hat Donald Trump schon oft von seinen Banken verlangt, und genau das ist es, was notleidende Unternehmen normalerweise auch tun.

Der wirkliche Grund für Geithners französische Farce wurde offenbar, als sich herausstellt, dass ein beträchtlicher Teil der 11 Milliarden Dollar, die an die Société Générale flossen, später im Rahmen einer Vereinbarung an Goldman weitertransferiert wurde. Die beiden Banken hatten diese Vereinbarung geschlossen, als Goldman die von John Paulson ausgewählten Ramschpapiere gebündelt hatte. Indem also die Fed die Société Générale auszahlte, zahlte sie in Wahrheit Goldman aus.

Die Presse berichtete ausführlich über die unnachgiebige Haltung der Franzosen, die nicht zu einer Abschreibung eines Teils ihrer Forderungen bereit waren – bis TARP-Chef Neil Barofsky seinen Bericht herausgab, der verdeutlichte, wie unverfroren die Behauptung war, das amerikanische Gesetz verbiete eine unterschiedliche Behandlung von Gläubigern. Geithner beteuerte, wenn die Federal Reserve die französische Société Générale in voller Höhe auszahlen müsse, gelte gleiches auch für sämtliche Forderungen von Goldman Sachs und den übrigen amerikanischen Finanzkasinos. Er tat so, als hätte seine Federal Reserve Bank von New York keine andere Wahl, als jeder Bank 100 Prozent ihrer Forderungen auszuzahlen, da ihre eigenen Regeln die Diskriminierung einzelner Institute verboten.

Das Dementi der Franzosen zeigte rasch, dass dies eine Lüge war. Barofsky warf Geithner vor, der Öffentlichkeit weisgemacht zu haben, die französische Regierung habe jegliches Zugeständnis von Seiten ihrer Banken »entschieden« abgelehnt. Er versuchte herauszufinden, ob diese Behauptung zutraf. In Barofskys Bericht heißt es:

> Ich arrangierte für einen Samstagnachmittag ein Telefongespräch mit der zuständigen französischen Aufseherin. […] Sie betonte, sie habe keineswegs »die Tür für Verhandlungen zugeschlagen«, sondern sei durchaus zu solchen Gesprächen bereit gewesen, solange sie auf hoher Ebene statt-

> fanden und alle Beteiligten mit einbezogen. Aber sie erklärte uns, die Verantwortlichen der Fed hätten diese Möglichkeit nie ernsthaft angestrebt, und merkte an, es habe sie überrascht, dass die Fed nie zurückgerufen habe. Als ich sie nach der Behauptung der Fed fragte, das französische Gesetz verbiete jede Zustimmung zu Abschlägen, erklärte sie, die französische Regierung hätte auf die Anwendung dieser Bestimmung verzichten können. […] »Aber ohne Verhandlungen gab es keinen Verzicht.«[17]

Es sickerte durch, dass sich die schweizerische UBS rasch zu einem Haircut von 2 Prozent bereit erklärt hatte, was einem Betrag von 280 Millionen Dollar entsprochen hätte. Geithner vergaß dieses Angebot zu erwähnen. Er riet der UBS vermutlich, stillzuhalten, während er darauf beharrte, dass die Forderungen aller Banken in voller Höhe zu befriedigen seien. Sein Untergebener Thomas Baxter, der Rechtsberater der New Yorker Fed, bestätigte,

> dass Fed-Mitarbeiter mit Geithner über das Angebot von UBS gesprochen hatten. Aber Geithner hatte sie nicht angewiesen, die Verhandlungen fortzusetzen, sondern angeordnet, den Banken den vollen Preis für die Anleihen zu erstatten. Wir waren verblüfft. Anstatt die Verhandlungsbereitschaft von UBS aufzugreifen und als Druckmittel gegenüber den anderen Banken einzusetzen, hatte er einfach auf diese Möglichkeit verzichtet.[18]

Barofsky beschreibt die Blockadepolitik und erklärt, Geithner (der mittlerweile Finanzminister geworden war) habe sich für die Interessen Goldmans und anderer Banken eingesetzt und jede Aussicht auf Erleichterungen für den Steuerzahler zunichtegemacht, »indem er entschied, dass keine einzelnen Zugeständnisse akzeptiert werden würden, sofern nicht sämtliche Banken einwilligten, Abschläge in exakt derselben Höhe hinzunehmen«.[19] Geithner wurde praktisch zum Mittäter, indem er so rasch aufgab, als Goldman und andere Bankster nach dem Mond griffen. »Ich habe mich immer gefragt, warum keiner der Vertragspartner von AIG einen Haircut hinnehmen musste«, erklärte Sheila Bair nach dem Ende ihrer Amtszeit an der Spitze des Einlagensicherungsfonds. »Es gibt keinen Grund, warum die Gegenparteien bei diesen SWAP-Geschäften nicht auf 10 Prozent hätten verzichten können. Sie hätten zumindest etwas leiden müssen. Aber sie ließen sich nicht einmal auf Gespräche darüber ein. Die Boni an der Wall Street wurden praktisch nicht gekürzt.«[20]

Das Theater um die Boni lenkt von der Frage ab, was aus den Rettungsmilliarden geworden ist

Wie sehr das Bankwesen und die Hochfinanz zu einer Art »Oligarchen-Kleptokratie« verkommen sind, zeigt sich an Geithners Klage, man beschwöre »das Ende des Kapitalismus« herauf, wenn man die Boni und Gehälter der Bankiers, die den Crash verursacht hatten, nicht beibehalte. In seinen 2015 erschienenen Memoiren (*Believer: My Forty Years in Politics*) beschreibt Obamas Wahlkampfberater David Axelrod seine Empörung darüber, dass Geithner und Summers »still und leise« Lobbying gegen eine Änderung des Stimulusprogramms betrieben hatten, die darauf abzielte, die Bonuszahlungen in Firmen, die Rettungsgelder erhielten, einzuschränken. Diese Bonuszahlungen hatten der Regierung Obama politisch sehr geschadet, aber die Finanzmanager erklärten, Versuche, das Geld rückwirkend zurückzufordern, hätten gegen geltende Verträge verstoßen. »Das wäre das Ende des Kapitalismus, wie wir ihn kennen, gewesen«, sagte Geithner zu Axelrod.[21]

Der Rechtsprofessor Bill Black erklärt, wie mit diesem einseitigen Argument des »Vertragsbruchs« der Wall Street Vorrang vor der Wirtschaft und deren langfristiger Überlebensfähigkeit gegeben wurde. »Indem man Banken, die Rettungsgelder erhalten haben, untersagt, in Zukunft Boni zu zahlen, holt man keine Bonuszahlungen zurück. Dies würde beinhalten, Boni zurückzufordern, die die Bank aufgrund falscher Finanzausweise mit viel zu hoch angesetzten Gewinnen unrechtmäßig ausgezahlt hat. Keine der von mir beschriebenen Eingriffe hätte ›gegen bestehende Verträge verstoßen‹.«[22]

Schon vor Axelrods Enthüllung war der Streit über die Boni der Manager, die AIG in den Ruin getrieben hatten, eskaliert. Am 17. März 2009, ein halbes Jahr nach der Rettung, gab AIG bekannt, in ihrer Londoner Niederlassung würden 400 Mitarbeiter 165 Millionen Dollar an »Personalbindungszuschlägen« erhalten, wie man die Boni bei AIG euphemistisch nannte. Die gesamten Bonuszahlungen in den folgenden zwei Jahren wurden auf 450 Millionen Dollar für die Finanzsparte und 1,2 Milliarden Dollar für das gesamte Unternehmen geschätzt.

Obwohl die 165 Millionen nur 0,1 Prozent des Rettungspakets in Höhe von 182 Milliarden Dollar ausmachten, waren sie geeignet, die Aufmerksamkeit von den sehr viel größeren Geschenken an die Wall-Street-Banken abzulenken. Präsident Obama, der als Senator für die Rettung von AIG gestimmt hatte, versuchte jetzt, sich öffentlich davon zu distanzieren: »Ich habe Minister Geithner gebeten, die Verhandlungsposition der Regierung zu nutzen und sämtliche rechtlichen Schritte zu ergreifen, um diese Bonuszahlungen zu verhindern und die amerikanischen Steuerzahler zu entschädigen.« Larry Summers schloss sich dem Präsidenten an: »In den vergangenen 18 Monaten sind schlimme Dinge geschehen, aber das, was bei AIG passiert ist, war besonders empörend.«[23] Das *Wall Street Journal* kommentierte diese Krokodilstränen so:

> Die Politiker in Washington wollen über die Boni sprechen, weil so die Wut der Öffentlichkeit auf einzelne Personen anstatt auf die politische Klasse gelenkt wird. [...] Seit dem 16. September hat AIG 120 Milliarden Dollar an Bargeld, Sicherheiten und anderen Zahlungen an Banken, Kommunen und andere Derivate-Kontrahenten in aller Welt überwiesen. [...] Das ist kein Kapitalismus, denn im Kapitalismus trägt derjenige, der Risiken eingeht, die Konsequenzen schlechter Entscheidungen.[24]

Nur die Banken, die »too big to fail« waren, wurden vor der Überschuldung gerettet, die der übrigen Wirtschaft zu schaffen machte. Die Vertragspartner von AIG wurden vor Verlusten bewahrt, aber die Eigenheimbesitzer gingen Pleite, und Städte und Staaten mussten mit wegbrechenden Steuereinnahmen fertig werden. Beschäftigte verloren ihre Jobs, normale Investoren verloren ihr Geld, und der »Steuerzahler« blieb auf der Verpflichtung sitzen, die Wall-Street-Riesen zu bezahlen.

Der Präsident trieb die Heuchelei auf die Spitze, als er Finanzminister Geithner anwies, eine Buchführungsfarce zu inszenieren, um den Eindruck zu erwecken, der Fiskus verdiene bei diesem Geschäft sogar Geld. Diese Scheinrechnung lenkte von der Tatsache ab, dass der Maiden-Lane-Fonds der Federal Reserve 100 Prozent des Nennwerts für CDOs bezahlt hatte, die auf dem Markt die Hälfte ihres Werts verloren hatten. Bei seiner öffentlichkeitswirksamen Kalkulation ließ Geithner diese überhöhten Kaufpreise, die Steuergeschenke, Subventionen und ungewöhnlich niedrigen Zinssätze, die die Finanzanalysten normalerweise zur Bewertung von Gewinnen und Verlusten heranziehen, einfach außer Betracht.

Die zahlreichen Geschenke brachen mit einer hundertjährigen Tradition im Umgang mit Krisen und bewegten den Untersuchungsausschuss des Kongresses (Congressional Oversight Panel) zu folgendem Schluss: »Das Vorgehen der Regierung bei der Rettung von AIG wirkt sich weiterhin schädlich auf den Markt aus.« Die Kongressmitglieder untersuchten, wie der »Finanzmarkt« – die Wall Street – die staatlichen Aufsichtsbehörden manipuliert, die Kontrolle des Kongresses außer Kraft gesetzt und die Gerichte neutralisiert hatte, um dafür zu sorgen, dass keiner der an der Finanzkrise beteiligten Bankmanager ins Gefängnis kommen oder entlassen wurde oder sein Gehalt und seine Boni zurückzahlen musste.

Timothy Geithner werden wir in den folgenden Kapiteln noch öfter begegnen. Er reiste durch Europa und die Vereinigten Staaten, um dafür zu sorgen, dass die Leute an der Wall Street, deren Interessen er vertrat, auf Kosten der Gesamtwirtschaft ihr Geld bekamen. In einer Rezension von Geithners Memoiren *Stress Test* (2014), in denen dieser sein Verhalten schönzureden versucht und sich als »Feuerwehrmann« beschreibt, der »immer neue Brände löschen musste«, stellte der *Financial-Times*-Kolumnist John Kay fest, dass an dieser Analogie vieles nicht stimmte. Nach Ansicht von Kay versuchte Geithner die Brände nicht mit Wasser zu löschen, »sondern mit einem ausufernden Kreditstrom – und eben dieser leichte Kredit hatte den Flächenbrand überhaupt erst ausgelöst. Vielleicht wäre es besser, den Zugang zu Streichhölzern und Benzin zu erschweren und Feuerschneisen anzulegen. Vielleicht sollte sich nicht nur die Feuerwehr, sondern auch die Polizei mit diesen Bränden beschäftigen. Vielleicht wären Handschellen genauso hilfreich wie Löschschläuche.«[25]

Die Aufsichtsbehörden versuchten die Öffentlichkeit von der naheliegenden Frage abzulenken, warum die verantwortungslosen Banken, deren gesamtes Eigenkapital geringer war als das TARP-Budget von 25 Milliarden Dollar, nicht einfach verstaatlicht wurden. Die Citigroup und die Bank of America wären ohne Geldgeschenke vom Staat insolvent gewesen (und Goldman und andere Investmentbanken standen nicht weit von der Zahlungsunfähigkeit entfernt). Hätte der Staat diese Institute übernommen und sie als öffentliche Banken weitergeführt, hätte er die Manager, die für die faulen (und oft betrügerischen) Kredite verantwortlich waren, auf die

Straße setzen und sich das Geld zurückholen können, das sich diese Leute an Gehältern und Boni eingesteckt hatten, unter der falschen Behauptung, ihre Banken würden Gewinn einfahren. Schließlich hatten diese Manager kein produktives Management, sondern das Gegenteil davon betrieben: Sie hatten ein räuberisches Verhalten an den Tag gelegt und das Finanzsystem mit »toxischem Kreditmüll« verseucht.

Aber die Regierung versäumte es, die Banken zu verstaatlichen, und so bekamen deren Manager, Aktionäre und Anleiheinhaber Geld geschenkt. Warum ging die Regierung nur gegen AIG vor? Auch das tat sie nicht, um zu verhindern, dass sich die Londoner Finanzmanager der Firma ihre Boni gönnten, sondern um die Manager von Goldman und anderen Wall-Street-Firmen zu subventionieren, damit sie das Verhalten fortsetzen konnten, das die Krise verursacht hatte. Die *New York Times* beschrieb in einem Leitartikel, wie mit zweierlei Maß gemessen worden war: Während im Greenberg-Prozess Korruption und Insidergeschäfte ans Licht gekommen waren, übernahm der Staat AIG, um Bankiers zu bezahlen, die bessere Verbindungen als Greenberg hatten:

> Greenberg stützte seine Schadensersatzforderung zum Teil auf die Tatsache, dass die Regierung AIG härtere Bedingungen auferlegte als den geretteten Banken. Beispielsweise übernahm die Regierung eine Mehrheitsbeteiligung an AIG, wobei sie die Aktionäre weitgehend enteignete. Im Gegensatz dazu tastete sie bei den geretteten Banken die Aktionäre nicht an, nicht einmal bei eigentlich insolventen Instituten wie der Bank of America und der Citigroup. Aber diese Ungleichbehandlung ist nicht deshalb ungerecht, weil AIG zu hart angefasst wurde, sondern weil die Banken weitgehend ungeschoren davonkamen. Hätte die Regierung die Kontrolle über die Bank of America übernommen, hätten die Steuerzahler direkt von ihrer Erholung profitiert. Stattdessen flossen die späteren Gewinne an Aktionäre, die ohne die Bankenrettung ruiniert gewesen wären.
>
> Die Regierung entschied auch darüber, wie die Rettungsgelder für AIG verwendet wurden. Die Bankenrettungspakete hingegen waren praktisch an keinerlei Bedingungen geknüpft. Das schadete der Allgemeinheit, denn die Regierung hatte keine Möglichkeit, die Banken zu zwingen, dass sie mehr Kredite vergaben und den Eigenheimbesitzern halfen, obwohl

> die Verantwortlichen behauptet hatten, die Bankenrettung werde genau dafür sorgen.
>
> Die Regierung muss sich zweifellos vorwerfen lassen, das Geld für die Rettung von AIG nicht richtig ausgegeben zu haben: Sie ließ das Geld den Banken zukommen, um Kontrakte auszuzahlen, die die Institute mit AIG geschlossen hatten, anstatt die Institute zu zwingen, einen Teil der Verluste zu tragen. Aber das eigentliche Opfer der übermäßig großzügigen Behandlung der Banken ist einmal mehr das amerikanische Volk.[26]

Es wurden Vermögen mit Wetten auf die Zahlungs*unfähigkeit* der Schuldner verdient – und damit, dass die Gewinne eingetrieben werden konnten, weil die Regierung bevorzugten Insidern das Geld dafür gab. Dieses Geld hätte man genauso gut verwenden können, um Eigenheimbesitzer vor der Zwangsvollstreckung zu bewahren. Aber es ging an die Banken, während sie weiterhin aus Hypotheken zwangsvollstreckten, bei denen von Anfang an klar war, dass sie ausfallen würden. Die Wirtschaft hat sich nicht erholt – wenn man einmal von der Wirtschaft des Einen Prozents absieht.

In den folgenden Kapiteln werden wir uns ansehen, wie die Dynamik der faulen Kredite von den Vereinigten Staaten auf die Eurozone übergriff.

KAPITEL 17

Die Wall Street übernimmt das Ruder und verhindert Schuldenerleichterungen

»Der Präsident [Obama] wählte sein Team aus, und da nur begrenzt Zeit und Geld verfügbar waren, entschied sich das Team des Präsidenten für die Wall Street.«

Elizabeth Warren[1]

Wähler in modernen Demokratien unterstützen im Allgemeinen Politiker, die ihnen das Bild einer gerechten und wohlhabenden Gesellschaft in den schönsten Farben malen. Je klarer ein Kandidat die in der Bevölkerung weit verbreiteten Wünsche nach sozialem Aufstieg, niedrigeren Lebenshaltungskosten und Eindämmung von Betrug und Habgier ausspricht, desto höher sind seine Chancen, gewählt zu werden. Wie lautet doch das Bonmot, das George Burns, Groucho Marx und anderen zugeschrieben wird: »Das Geheimnis des Lebens ist Ehrlichkeit und redliches Geschäftsgebaren. Wenn du das vortäuschen kannst, hast du ausgesorgt.«

Bei den US-Präsidentschaftswahlen im Jahr 2008 wollten die Wähler einen Wandel – weg von den milliardenschweren Geschenken an die Wall Street und den militärischen Abenteuern von Cheney und George W. Bush. Barack Obama stellte sich selbst als der Kandidat von »Hoffnung und Wandel« dar. In einer Atmosphäre, die von der Wut weiter Teile der Öffentlichkeit auf die Rettungspakete geprägt war, versprachen er und andere Demokraten, sich dafür einzusetzen, dass überschuldeten Eigenheimbesitzern ein Teil ihrer Hypothekenschulden erlassen, die Gehälter und Boni von Bankern begrenzt und die Aufsichtsbehörden, die die Regierungen Reagan, George Bush und Clinton zurückgestutzt hatten, mit neuen Befugnissen ausgestattet würden. Der Kongress hatte nichts davon in sein TARP-Gesetz hineingeschrieben und Behörden auch nicht gedrängt, den Banken Vorgaben hinsichtlich der Verwendung der an sie verteilten Geldgeschenke zu machen. Man hoffte, dies würde sich mit einem starken Mandat des Wählers ändern, das den Demokraten nicht nur das Präsidentenamt, sondern auch die Kontrolle über Repräsentantenhaus und Senat verschaffen würde. Die Tür für weitreichende politische Reformen schien offen zu stehen.

Aber Obama hat die Tür schnell wieder zugeschlagen. Obwohl er mit einem populistischen Wahlprogramm angetreten war, oblag es ihm, die linke Wählerschaft der Demokratischen Partei, die sich aus städtischen Arbeitern, rassischen und ethnischen Minderheiten, Umweltschützern und Kriegsgegnern zusammensetzte, seinen Wahlkampffinanziers auszuliefern. Während der letzten fünfzig Jahre bestand die Strategie der Demokratischen Partei darin, ein Menü von Versprechungen in zwei Spalten zu kreieren. In Spalte A stehen die Hoffnungen und Veränderungen, die sich die Wähler wünschen. Dies ist das Wahlprogramm, mit dem Demokraten für Ämter kandidieren. In Spalte B steht das, was die wichtigsten Geldgeber der Partei und deren Lobbyisten wollen. Obama hat die Wahl gewonnen, weil er sich zum Sprachrohr der Hoffnungen der 99 Prozent machte, faktisch aber tat er nach seiner Wahl das, was die Hintermänner seines Wahlkampfs aus dem Einen Prozent wollten. Seine Rhetorik war populistisch, seine Politik oligarchisch und darauf gerichtet, Veränderungen zu verhindern.

Obama verstand es, seine Kehrtwende mit Charme und einem Lächeln zu überspielen: So ernannte er etwa den ehemaligen Investmentbanker Rahm Emanuel zu seinem Stabschef, um den linken Flügel seiner Partei in die Schranken zu weisen, und berief Clintons alte Garde der »Rubinomics« auf Schlüsselpositionen. Angeführt wurde sie von Larry Summers als oberstem Wirtschaftsberater und Geithner im Finanzministerium, der von dort die Bankenregulierung und die Schuldenerleichterungen blockierte. Statt dem Wunsch der Öffentlichkeit nachzukommen, die Wall Street einer staatlichen Aufsicht zu unterstellen, die diesen Namen verdient, wurde die oberste Leitungsebene der Verwaltungsbehörden weitgehend mit Managern von Goldman Sachs und Citigroup besetzt, wobei all diejenigen außen vor blieben, die bereits unter der Regierung George W. Bush für eine echte Regulierung eingetreten waren, etwa Sheila Bair oder Neil Barofsky.

Die Wirtschaftspolitik nach 2008 wurde maßgeblich von den Wahlkampfspendern bestimmt, zu denen auch das von der Wall Street finanzierte Democratic Leadership Council unter Führung Clintons gehörte. Die von Summers und Jack Lew, einem weiteren Kollegen Rubins, betriebene Wirtschaftspolitik sorgte für Kontinuität zwischen den Regierungen Clinton und Obama. Im Justizministerium blockierten wie gesehen Eric Holder und Lanny Breuer die Strafverfolgung von Bankern und kürzten Ermittlern beim FBI und bei der Börsenaufsicht, die Fällen von Finanz- und Unternehmensbetrug nachgingen, kurzerhand die Mittel.

Obamas Ernennung eines von der Wall Street abgesegneten Kabinetts zeigte seine Absicht, die Reformen zu blockieren, die die meisten Wähler unterstützten und erwarteten, angefangen bei einem Schuldenerlass. Was die Wähler nach dem Jahr 2008 bekamen, war ein finanzialisierter »tiefer Staat«, der noch mehr Reichtum in den Händen der Wall Street konzentrierte; die Nichteinlösung von Obamas luftigem Versprechen, den Mindestlohn anzuheben; und der Entschluss, das Haushaltsdefizit des Bundes auf Kosten der staatlichen Rentenversicherung und anderer New-Deal-Programme zu verringern, statt die öffentlichen Ausgaben zu erhöhen, um die Erholung anzukurbeln.

Die Ernennung von Geithner als Finanzminister soll einen Schuldenerlass vereiteln

Obama überließ die Wirtschaftspolitik dem Finanzministerium, und er wies Minister Geithner die Rolle als »Anwalt der Banken« zu, die Rubin unter Bill Clinton wahrgenommen hatte. Geithner hatte der Wall Street bereits als Vorsitzender der New Yorker Federal Reserve treue Dienste geleistet, deren »Hauptaufgabe« laut ihrer Website darin besteht, »Finanzinstitute im Zweiten Distrikt [dessen Zentrum New York City ist]« zu überwachen und zu regulieren. Geithner versicherte den Kongressabgeordneten, die ihn im Rahmen des Bestätigungsverfahrens im März 2009 befragten, er habe die ihm übertragene Aufgabe nicht erfüllt: »Zunächst einmal bin ich nie ein Aufseher gewesen … Ich bin kein Aufseher.«[2]

Was war dann seine Aufgabe? Sheila Bair und Neil Barofsky haben beschrieben, was er getan hat, um öffentliche Regulierungen zu umgehen, zuerst bei der New Yorker Fed und dann als Finanzminister. Auch hat er schamlos gelogen, um die Citigroup zu verteidigen. Der Chairman der Citigroup, Robert Rubin, hatte Geithners Bewerbung als Präsident der New Yorker Fed unterstützt und ihn gegen Ende der Amtszeit von George W. Bush für die Position des CEO bei Citigroup aufgebaut. Aber Gerüchten zufolge wurde Geithner gebeten, seinen »Abstieg vom Himmel« in die hochbezahlte Welt der Wall Street hinauszuschieben, um Finanzminister zu werden und die Banken (insbesondere die Citigroup) vor dem befürchteten Druck des Kongresses zu schützen, den Bankensektor im öffentlichen Interesse stärker zu regulieren.

Geithner machte sich umgehend ans Werk und erarbeitete ein Konzept, das sogar noch bankenfreundlicher war als das seines Vorgängers Paulson. Unter Geithners Leitung wurden die Rettungsgelder ohne Auflagen bereitgestellt, statt sie einer strengeren Verwendungsaufsicht zu unterwerfen. Kein Topmanager wurde entlassen, nicht einmal Gehälter und Boni wurden gekürzt, und fragwürdige Hypothekenpraktiken wurden nicht unterbunden.

Was für eine bemerkenswerte Meisterleistung diese Unterminierung regulatorischer Aufräumarbeiten war, zeigt sich darin, dass der Generalinspektor des TAR-Programms, Neil Barofsky, bis April 2009 »zwanzig Ermittlungsverfahren wegen Betrugs im Rahmen des 700 Milliarden Dollar schweren Programms eröffnete« – eines Programms wohlgemerkt, das es den darin aufgenommenen Finanzinstituten erlaubte, ihre Ramschhypotheken nicht nur bei der Fed und beim Finanzministerium abzuladen, sondern für diesen Müll auch noch staatliche Hilfsgelder zu kassieren (»cash for trash«). In einem frühen Bericht wurde »die Regierung heftig kritisiert, weil sie von den Finanzinstituten keine Rechenschaft darüber verlangte«, wie die Gelder verwendet wurden.

> Der Bericht des Generalinspektors, in dem kritisiert wird, dass der Plan mit »erheblichen Betrugsrisiken« verbunden sei, wies zugleich darauf hin, dass die Risiken dieses neuen Plans in Höhe von einer Billion Dollar praktisch allein vom Steuerzahler getragen würden. Die sogenannten Privatinvestoren könnten sich das Geld, das sie sich von der Fed geliehen haben, als »rückgriffsfreie Darlehen« beschaffen. Dies bedeutet, dass besagte Privatinvestoren die Kredite nicht an die Fed zurückzahlen müssen, wenn sich die gekauften toxischen Wertpapiere als zu toxisch erweisen und der Plan scheitern würde. … [D]ie Regierung kauft die fragwürdigsten Hypothekenpakete der Banken.[3]

Die Tatsache, dass Geithner das TAR-Programm unterminierte, zeigte, dass die Wall Street ungeachtet der Proteste aus Kongress und Öffentlichkeit noch immer ungeschoren mit ihrem Diebstahl davonkam. Geithner, der sich weigerte, Reformen umzusetzen, wurde mutiger, als er sah, dass Präsident Obama, Stabschef Emanuel und Führer der Demokraten im Kongress sein Vorgehen unterstützten. Der frühere IWF-Ökonom Simon Johnson wies darauf hin, dass Banken, die sich in Schieflage befinden, »staatliche Unterstützung nur gegen die Zusicherung erhalten, ›aufzuräumen‹, entweder dadurch, dass sie Veränderungen im Management vornehmen, oder indem sie ihre notleidenden Aktiva entsorgen. (Dies war die von Frau Bair bevorzugte Strategie während ihrer Zeit als Leiterin des US-Einlagensicherungsfonds ... Die Behauptung, Herr Geithners Vorgehensweise sei alternativlos gewesen, ist einfach nicht stichhaltig.)«[4]

Obamas falsches Versprechen, notleidende Hypotheken abzuschreiben

Nirgends zeigte sich die bedingungslose Unterstützung Geithners für die Banken deutlicher als in seinem Bestreben, Präsident Obamas Versprechen, er werde die Schuldenlast überschuldeter Eigenheimbesitzer im Rahmen des Home Affordable Mortgage Program (HAMP) senken, zu torpedieren. Als im Jahr 2009 50 Milliarden Dollar an TARP-Mitteln bereitgestellt wurden, um Eigenheimbesitzern durch das HAMP zu helfen, verkündete Obama laut Barofsky seine Absicht, »bis zu 4 Millionen sich abrackernden Familien durch nachhaltige Modifizierung ihrer Hypotheken zu ermöglichen, dass sie in ihren Häusern bleiben konnten. Weitere Hunderte von Milliarden wären verfügbar gewesen und hätten vom Weißen Haus und vom Finanzministerium verwendet werden können, um die Hypothekenschulden massiv zu verringern.«[5] Tatsächlich berichtet Barofsky in seinem Buch *Bailout*, »die in das Programm eingebauten Interessenkonflikte würden dieses selbst unwirksam machen, solange nicht verbindlich vorgeschrieben würde, die Darlehenssumme herabzusetzen.«

Geithner tat so, als könnten »die Verluste, die Banken womöglich aus ihren Erst- und Zweithypotheken erleiden würden, diese in die Insolvenz treiben, so dass eine weitere Runde von TARP-Rettungspaketen notwendig werden würde«. Stattdessen forderte er, Kreditgebern ihre Verluste aus Lügnerkrediten zu ersetzen. Unterstützt von Geithner verbündeten sich die Banken gegen überschuldete Eigenheimbesitzer. »Die Botschaft war klar«, so Barofskys Schlussfolgerung: »Auf gar keinen Fall würde das Finanzministerium auf einer Herabsetzung der (ausstehenden) Darlehenssumme bestehen, selbst wenn die Analyse des Finanzministeriums darauf hindeutete, dass dies im besten Interesse des Eigentümers, Investors oder Hypothekenversicherers wäre.« Präsident Obama erlaubte Geithner und dem Finanzministerium, HAMP zu blockieren. Damit machte er die Hoffnungen auf eine Erholung am Immobilienmarkt zunichte, weil er »es den sich weitgehend im Besitz der Banken befindlichen Hypothekenverwaltern (und Fannie und Freddie) überließ, zu entscheiden, ob eine solche Schuldenerleichterung vorgenommen würde oder nicht«.[6] Ohne eine Hypothekenabschreibung in größerem Stil litt die Wirtschaft weiter unter einem hohen Schuldenstand.

Im HAMP-Programm selbst war ein Interessenkonflikt zwischen Banken und Eigenheimbesitzern angelegt. Zusätzlich zu ihren erstrangigen Hypothekendarlehen hatten viele Immobilienbesitzer noch zweitrangige Hypothekendarlehen (*equity loans*) aufgenommen – deren Gläubiger im Falle der Zahlungsunfähigkeit an zweiter Stelle bedient würden. Oftmals hatte dieselbe Bank beide Hypothekendarlehen gewährt. Weil die erstrangigen Hypothekendarlehen zuerst zurückgezahlt werden, erleiden »nachrangige« Gläubiger Verluste, wenn ein Schuldner zahlungsunfähig wird – und aus diesem Grund muss man für zweitrangige Hypothekendarlehen fast immer höhere Zinsen zahlen.

Banken nutzten staatliche Subventionen dazu, erstrangige Hypothekendarlehen abzuschreiben (da der Staat ihnen die Verluste ersetzte), während Eigenheimbesitzer ihre nachrangigen Hypothekendarlehen weiterhin in voller Höhe bedienen mussten. Die Banken konnten folglich ihre Forderungen aus Lügnerkrediten, deren Zahlungsausfälle der Staat nicht ersetzte, weiterhin eintreiben, und zwar dank der Tatsache, dass »der anfängliche Plan die Banken nicht dazu verpflichtete, durch zweitrangige Grundpfandrechte besicherte Darlehen abzuschreiben, die sie Kreditnehmern, deren ursprüngliche Darlehen modifiziert wurden, gewährt hatten«.[7]

Um die öffentliche Unterstützung für Schuldenerleichterungen zugunsten überschuldeter Eigenheimbesitzer zu schwächen, starteten die Banken und Geithner eine Propagandakampagne, um Schuldner gegeneinander auszuspielen. Ihre Teile-und-Herrsche-Strategie zielte darauf ab, Besitzer einer Immobilie, deren Marktwert geringer war als die Summe der darauf lastenden Hypothekenverpflichtungen – die aber immer noch genügend Einkommen hatten, um ihre Hypothekenschulden zu bedienen –, als Trittbrettfahrer hinzustellen. Es hätte sich für diese Personen gelohnt, einfach ihre Hypothekenzahlungen einzustellen und ein ähnliches Haus zu einem günstigeren Preis zu kaufen und die Banken auf ihren notleidenden Hypothekendarlehen sitzen zu lassen. Aber Bankenlobbyisten und das Finanzministerium versuchten, Immobilienbesitzer dazu anzustacheln, ihre Zahlungsverpflichtungen weiterhin zu erfüllen, selbst wenn die Hypothekenschulden den Marktwert der Immobilie übertrafen. Die Banken warnten vor dem »moralischen Risiko« (den Anreizen zu leichtfertigem Verhalten) »unverantwortlicher« Hypothekenschuldner, die zum Nulltarif von einem Schuldenschnitt profitieren würden, und sie hetzten »verantwortungsvolle Kreditnehmer« gegen Schuldner auf, denen über den Marktwert der Immobilie hinausgehende Schuldenerleichterungen für Hypotheken angeboten wurden.[8]

Bair warf Geithner vor, das Argument des »moralischen Risikos« in einer einseitigen Weise zu verwenden, um diese Doppelbödigkeit zu untermauern. »Während er einerseits sagte, er wolle nicht das Verhalten derjenigen belohnen, die sich wissentlich bis über beide Ohren verschuldeten, monierte er denselben Sachverhalt bei den Megabanken nicht.« Letztlich gehe es darum, »ob unser Finanzsystem auf einem Paradigma staatlicher Haftungsgarantie oder einem Paradigma verantwortlichen Handelns basieren sollte«.[9]

Geithners Widerstand gegen Schuldenerleichterungen zeigt, dass es dem Finanzministerium nicht um eine tragfähige, finanziell ausgewogene Lösung ging, sondern darum, einseitig die Finanzinteressen der Wall Street zu fördern und die Wirtschaft in der Schuldenfalle sitzen zu lassen. Die Lage verschlimmerte sich ganz erheblich, als die Banken erkannten, dass das Geithner-Obama-Programm ihnen erlaubte, durch Zwangsvollstreckungen (und Erhöhung von Gebühren und Vertragsstrafen) sehr viel mehr Geld zu verdienen als durch die Abschreibung von Schulden.

Was erfahrene Immobilieninvestoren bei Überschuldung tun

Der Rückgang der Immobilienpreise stellte Eigenheimbesitzer mit hohen Hypothekenverbindlichkeiten vor die Wahl. Die »ökonomische« Option bestand darin, ihre Immobilie einfach aufzugeben. Dies wird wegen des Geräuschs, das entsteht, wenn man den Hausschlüssel in ein Kuvert steckt und an die Bank schickt oder dort abgibt, »Jingle Mail« (klingelnde Post) genannt: Man gibt also die Sicherheit, die man der Bank für den Kredit verpfändet hat, zurück. Eigentümer, die ihre überschuldete Immobilie verlassen, verlieren das gesamte Geld, das sie in ihr Haus gesteckt haben, aber sie befreien sich zumindest von der Verpflichtung, viel mehr zu zahlen, als es wert ist. Es lohnt, mit einer geringeren Kreditsumme neu anzufangen – oder einfach zu mieten.

Die Ethik, unrentabel gewordene Immobilienprojekte einfach aufzugeben, wird in zynischerer Weise von den Vermögenden praktiziert. Wall-Street-Investoren nennen dies »strategische Zahlungsunfähigkeit«. Weniger vermögende Eigenheimbesitzer hingegen werden von Hypothekenbanken dazu gedrängt, ihre Schulden aus der »unökonomischen« Perspektive einer persönlichen Verantwortungsethik zu betrachten, also die moralische Pflicht anzuerkennen, dass Schulden zurückzuzahlen sind.

Während die Mortgage Banking Association (die Vereinigung von Hypothekenbanken) Hausbesitzer durch raffinierte »moralische« Appelle dazu bewegen wollte, in ihren Immobilien zu bleiben und den Banken weiterhin Kredite zurückzuzahlen, die höher waren als der zusehends fallende Marktwert des Hauses, zog sie selbst aus ihrer eigenen Zentrale aus, als deren Marktwert unter die darauf lastenden Schulden sank. Sie hatte das zehnstöckige Glasgebäude in Washington, D.C., im Jahr 2007 mit einem Hypothekenkredit über 75 Millionen Dollar gekauft. »Wie Millionen amerikanischer Haushalte«, schrieb das *Wall Street Journal*, »saß [der Verband] auf einer Immobilie, deren Marktwert weit unter den Betrag gefallen war, den sie ihren Gläubigern schuldete.«[10]

Hier zeigt sich eine Heuchelei, die geradezu erheiternd ist. Der Branchenverband, der eine Anzahlung in Höhe von nur 5 Prozent des Kaufpreises leistete, beschloss, seine Hypothekenverbindlichkeiten aus strategischen Gründen nicht mehr zu bedienen, als die Immobilie in einem rückläufigen Markt einen Wertverlust von 34 Millionen Dollar (45 Prozent) verzeichnete.

Der Branchenverband mietete Büroräume fünf Straßen weiter und ließ verlauten, dass »es ›ökonomisch unklug‹ wäre, weiterhin ein Gebäude abzubezahlen, dessen Kauf mit einem variabel verzinslichen Darlehen finanziert wurde«. Es wurde schließlich für nur 41,3 Millionen Dollar verkauft. Der Geschäftsführer des Branchenverbands, John Courson, wollte nicht sagen, wie viel Geld er dadurch einsparte, dass er die Immobilie aufgab, aber er mahnte Eigenheimbesitzer eindringlich, »ihre Darlehen selbst dann weiter zurückzuzahlen, wenn dies nicht länger in ihrem wirtschaftlichen Interesse zu liegen scheint«. Schließlich, so argumentierte er, würden sich »Zahlungseinstellungen negativ auf Stadtviertel auswirken, da sie zu einem Wertverfall von Immobilien führen«. »Was für eine Botschaft senden sie dadurch an ihre Angehörigen, ihre Kinder und Freunde?«, fragte er.[11]

Ganz offensichtlich unterliegt die »juristische Person«, die einem Unternehmen zugeschrieben wird, nicht den gleichen ethischen Maßstäben wie Hausbesitzer, die gedrängt werden, überschuldete Immobilien nicht einfach aufzugeben, sondern auf ihre »ökonomische« Wahlfreiheit zu verzichten. Schuldner sollten gefälligst das tun, was ihnen die Banken sagten, und nicht das, was die Banken selbst taten.

Die verpasste Chance: Schuldenerleichterungen für überschuldete Hausbesitzer

Bair schilderte, wie Geithner die US-Einlagensicherungsbehörde daran hinderte, Banken in Schieflage zu übernehmen, und sie unter dem Schutz des Finanzministeriums hielt, indem er das Horrorgemälde an die Wand malte, eine öffentliche Übernahme werde die Wirtschaft zusammenbrechen lassen und eine Depression verursachen. Dadurch geriet gänzlich aus dem Blick, dass durch eine Verstaatlichung eben jene Probleme behoben werden könnten, die die Konjunktur auf Talfahrt geschickt hatten: die chronisch hohe Verschuldung der Wirtschaft, die Auslagerung des finanziellen Giftmülls in die Bilanzen des Staates und die drastischen Einsparungen bei der gesetzlichen Rentenversicherung, im Gesundheitswesen und bei anderen Sozialprogrammen. Statt die Rettungspolitik zu beenden, holte Geithner hohe Verwaltungsbeamte der Fed, die die Deregulierungsphilosophie von Notenbankchef Greenspan teilten, in sein Ministerium. Ihr auf eine Deregulierung abzielender »Reformentwurf« gab ihm die Macht, alle *echten* Reformvorhaben zu blockieren.[12]

Geithner seinerseits kritisierte seine ewige Widersacherin, Senatorin Elizabeth Warren, weil sie angeblich das Wesen von »Fairness« nicht verstand, und er behauptete, »das zentrale Paradoxon von Finanzkrisen« bestehe darin, »dass das, was sich gerecht und fair anfühlt, das Gegenteil von dem ist, was man für ein gerechtes und faires Ergebnis braucht«.[13]

Er meinte, das, was nach Ansicht der Wall Street fair ist, sei das Gegenteil von dem, was die Wirtschaft benötige, um sich zu erholen. Seines Erachtens »benötigte« seine Wall-Street-Klientel freie Hand bei ausbeuterischen Kreditpraktiken und bei der Rentenextraktion – der »Wertschöpfung« nach Rentier-Art. Warren »stellte die richtigen Fragen«, sagte er, »aber sie verstand sich besser darauf, unsere Entscheidungen – und unsere Integrität und Kompetenz – anzugreifen, als darauf, realistische Alternativen aufzuzeigen«. Geithners Aufgabe als Finanzminister war es, dafür zu sorgen, dass *es keine Alternative gibt*. Präsident Obama unterstützte ihn und griff im Jahr 2015 Warren in einer ähnlich herablassenden Weise an, als sie den im Transpazifischen Partnerschaftsvertrag vorgesehenen Abbau staatlicher Regulierung und steuerrechtlicher Vorschriften kritisierte.

Geithners Behauptung in seinen apologetischen Memoiren *Stress Test*, er habe in dem Bestreben, das Schuldenproblem zu lösen, keineswegs nur den Interessen der Großbanken gedient, löste eine Welle des Widerspruchs von Offiziellen aus, die mit ihm zu tun hatten. Glenn Hubbard, der ehemalige Vorsitzende des wirtschaftswissenschaftlichen Beirats des Präsidenten in der Regierung von George W. Bush zum Beispiel, hatte gemeinsam mit dem an der Columbia University lehrenden Wohnungsbauexperten Christopher Mayer Ende 2008 einen Plan für die neu ins Amt kommende Regierung Obama vorgelegt. Sie schlugen vor, »Millionen von Amerikanern die Möglichkeit zu geben, ihre Hypothekendarlehen in Kredite mit niedrigeren Zinsen umzuschulden«, indem die »staatlich kontrollierten Hypothekenbanken Fannie Mae und Freddie Mac angewiesen werden, die Hypothekendarlehen in ihren Büchern in niedriger verzinsliche Kredite umzuschulden.« Auf diese Weise sollte verhindert werden, dass Fannie und Freddie sie als notleidende Kredite abschreiben müssen, während die Hypothekenzinsen auf ein erschwingliches Marktniveau herabgesetzt wurden. So hätten die Immobilienbesitzer einen größeren Teil ihres Einkommens für den Konsum ausgeben können, was der Wirtschaft insgesamt zugutegekommen wäre. Nachdem Geithners Buch erschienen war, sagte Hubbard den Nachrichtenmedien, Geithner sei 2008 gegen den Plan gewesen und erneut 2011, als ein weiterer Anlauf unternommen wurde, ihn auf die Tagesordnung zu setzen. »Tim Geithner hat sich aktiv und fortwährend gegen eine Umschuldung von Hypothekendarlehen gewandt.«[14] Das *Wall Street Journal* zitierte seinen Kollegen, Professor Christopher Mayer, der gesagt hatte: »Man hatte nicht den Eindruck, Geithner und die Regierung hätten sich jemals intensiv darum bemüht, etwas gegen die Zwangsversteigerungen zu tun« – tatsächlich hat er es nie auch nur versucht.

In die gleiche Richtung zielte der Vorschlag von Senator Dick Durbin, aus Illinois im Jahr 2009, »das Konkursgesetz so zu ändern, dass überschuldete Immobilienbesitzer ihre Hypothekendarlehen während des Insolvenzverfahrens umschulden dürfen«. Laut Joe Nocera von der *New York Times* wollte Durbin die einstimmige, bankenfreundliche Entscheidung des Obersten Gerichtshofs der USA aus dem Jahr 1993 revidieren, die es Hausbesitzern verbot, die Insolvenz als ein Mittel zur Abschreibung ihrer Hypotheken zu benutzen. Das Problem war jedoch, dass der Kongress die Hypothekenkreditgeber gegenüber den Schuldnern fast immer »bevorzugt behandelte«. Er tat dies im Jahr 1978, unter dem Vorwand, dass mehr Sicherheit für die Banken (das heißt, weniger Sicherheit für die Kreditnehmer) »den Kapitalzufluss in den Markt für Immobilienkredite fördern« würde.[15]

Als die Insolvenzreform vom Repräsentantenhaus verabschiedet wurde und Durbin im April 2009 vorschlug, das Insolvenzgesetz zu ändern, um Abschreibungen auf Hypothekendarlehen zu erlauben, »zog die Finanzdienstleistungsindustrie alle Register. Sie behauptete, ein Rechtsanspruch auf Insolvenz für einen Immobilienbesitzer werde die Kosten von Hypothekenkrediten in die Höhe treiben, die Unantastbarkeit von Verträgen untergraben und (natürlich!) Anreize zu Fehlverhalten (*moral hazard*) geben«.[16] Und Obama unterstützte die Banken. Vor den Präsidentschaftswahlen hatte er gesagt, er werde sich für eine Änderung der Insolvenzgesetze stark machen, »damit Familien leichter in ihren Häusern bleiben können«. Aber er besann sich anders, als Geithner entsprechende Gesetzesänderungen entschieden ablehnte, mit der (in *Stress Test*) wiederholten Behauptung, sie würden nichts bringen.

In ihrem Buch *House of Debt* plädierten die Finanzprofessoren Amir Sufi und Atif Mian von der Universität Chicago dann erneut dafür, Immobilienbesitzern die Möglichkeit der Schuldenabschreibung zu geben – entweder durch eine Insolvenz oder durch Umschuldung. Gegen Geithner behaupten sie:

> Es wäre zu weniger Zwangsvollstreckungen gekommen, wenn man Konkursgerichten die Möglichkeit gegeben hätte, Hypothekenverbindlichkeiten herabzusetzen, und man einen ambitionierten Plan zur Umschuldung von Hypotheken vorgelegt hätte. So hätte Geithner zum Beispiel auf gesetzliche Maßnahmen dringen können, die Konkursgerichten die Möglichkeit geben, in einem Privatinsolvenzverfahren Hypothekenschulden ohne Gläubigerzustimmung herabzusetzen (*mortgage cram down*). Er hätte auch einen ehrgeizigen Plan vorlegen können, der es überschuldeten, aber zahlungsfähigen Immobilienbesitzern erlaubt hätte, in niedriger verzinsliche Darlehen umzuschulden.[17]

Geithner wendete ein, dass solche Abschreibungen »ein sowieso schon an den Grenzen arbeitendes Konkursgerichtssystem noch stärker belastet hätte«. Aber tatsächlich hätte »die Drohung mit einer Herabsetzung der Schulden ohne Gläubigerzustimmung mehr außergerichtliche Umschuldungen von Hypotheken ausgelöst«. Joe Nocera zitiert eine E-Mail von Bair, in der diese darauf hinweist, dass die Hypothekeninhaber zweifellos zu einer Umschuldung der Verbindlichkeiten auf ein tragfähiges Niveau bereit sein werden, wenn man Immobilienbesitzern die Möglichkeit gibt, einen Insolvenzantrag zu stellen. Und Sufi kritisiert die »zwanghafte Konzentration der Regierung Obama auf die Rettung von Banken, [die] verhinderte, dass den Immobilienbesitzern geholfen wurde. ... Obamas Berater entschieden sich schon frühzeitig dafür, kein politisches Kapital aufzuwenden, um Banken zum Erlass von Hypothekenschulden zu zwingen.« Das Tragische daran ist allerdings, dass »die Rettung der Banken nicht die Wirtschaft retten wird, wenn die Haushalte in einem Schuldenmeer ertrinken«.

Unter Geithner wird das Home Affordable Mortgage Programm (HAMP) zu einem Fiasko

Neil Barofsky, der betont, der Kongress habe HAMP als einen zentralen Bestandteil der TARP-Bankenrettungspakete betrachtet, schildert, wie Geithner das Programm hintertrieb, indem er die Reform mit demagogischen Tricks ausbremste und gar nicht erst die Absicht hatte, die öffentlich gegebenen Versprechen in die Tat umzusetzen. Geithner wollte nur die Banken, nicht die Gesamtwirtschaft retten. »Ende 2009 zeichnete sich ab, dass ... sich das Finanzministerium weigerte, die Banken dafür zur Rechenschaft zu ziehen, dass sie gegen bestimmte Auflagen, die ihnen das Programm bezüglich der Behandlung von Eigenheimbesitzern machte, verstießen. ... Weniger als 8 Prozent der Mittel, die ursprünglich im TAR-Programm für den Schutz vor Zwangsvollstreckungen bereitgestellt worden waren, wurden tatsächlich für diesen Zweck abgerufen.« Das Finanzministerium hatte »nicht die Absicht, die effektive Umsetzung des Programms sicherzustellen«, und Geithner weigerte sich, »Hypothekenverwalter, die sich nicht an die Programmvorgaben – und übrigens auch nicht an Gesetzesvorschriften – hielten, mit einer Strafe zu belegen«.[18]

Barofsky, der »den Zynismus, mit dem das HAM-Programm umgesetzt wurde«, anprangert, schildert, wie Geithner ihm sagte, es sei zu keinem Zeitpunkt geplant gewesen, die Banken von Zwangsvollstreckungen abzuhalten. Man habe lediglich verhindern wollen, dass alle Eigenheime, deren Marktwert unter die auf ihnen lastenden Schulden gesunken war, gleichzeitig auf den Markt geworfen würden. Um einen Verfall der Immobilienpreise zu verhindern – der den Buchwert der von den Banken in ihrem Bestand gehaltenen Hypothekenforderungen drastisch verringert hätte –, sollte der HAMP-Plan den Prozess nur *verzögern*, indem er Hausbesitzern die falsche Hoffnung gab, ihre Hypothekenschulden würden herabgesetzt. Die am häufigsten zitierte Passage aus dem Buch *Bailout* beschreibt, wie »es aus Geithner herausplatzte: ›Wir schätzen, dass sie im Lauf der Zeit zehn Millionen Zwangsvollstreckungen bewältigen können‹, womit er die Banken meinte. ›Dieses Programm wird helfen, die Landebahn für sie mit Schaum zu überziehen‹, indem es verhindert, dass das Finanzsystem zu einem bestimmten Zeitpunkt von einer Flut von Zwangsvollstreckungen überspült wird«.[19]

Wenn es gelänge, das Tempo der Zwangsvollstreckungen zu drosseln, würde dies ein Kollabieren des Markts verhindern. Es würde den größten Banken und denjenigen, die in schlimmsten finanziellen Nöten waren, die Gelegenheit geben, Verzugsgebühren und Vertragsstrafen bei Hypothekendarlehen deutlich anzuheben. Mit diesen Gebühren wurde, auf Kosten des Schuldners, der endgültige Verkaufspreis belastet, während sie gleichzeitig das Tempo von Notverkäufen und damit den Preisrückgang bei jenen Immobilien, mit denen die Hypothekendarlehen der Banken besichert waren, verlangsamten.

Barofsky stellte fest, dass die Regierung Obama keinen Versuch unternahm, ihr »lächerliches Versprechen«, Hypothekenschulden herabzusetzen, einzulösen. Vielmehr ließ sie die Schulden unangetastet, während die Zwangsvollstreckungen in dem Tempo weitergingen, das die Banken gewählt hatten. Barofsky reagierte sehr scharf auf Geithners Angriffe in *Stress Test*. Er nannte ihn den »Typ, der durch seine Tätigkeit bei der Fed einer der Architekten der Finanzkrise war. Dadurch, dass er das Rettungspaket verpfuschte, brachte er unsägliches Leid über Millionen von Menschen. Wenn du von so jemandem angegangen wirst, ist das fast ein Ehrenabzeichen.«[20]

Hinter Geithner stand natürlich Obama selbst, der schon bald sein Wahlkampfversprechen brach, die Rettungspakete für die Banken auf überschuldete Immobilienbesitzer auszuweiten, die ihre Hypothekenverbindlichkeiten nicht mehr bedienen konnten, als die Immobilienpreise in den Keller gingen. Dass ihm die Wall Street mehr am Herzen lag als Eigenheimbesitzer in Zahlungsschwierigkeiten, zeigte sich an der Entscheidung der Federal Reserve, Finanzinstitute, die stark wertgeminderte hypothekenbesicherte Wertpapiere (MBS) hielten, zu retten, indem sie den Banken solche Wertpapiere im Volumen von 2 Billionen Dollar abkaufte. Dieses Geld hätte dazu verwendet werden können, Immobilienbesitzer zu retten und mit ihnen die Stadtviertel, die durch die Zwangsversteigerungen der Banken verwüstet wurden, während Steuereinnahmen wegbrachen und leerstehende Häuser verfielen.

Obamas geschmeidiger Wählerbetrug

Eines der ersten Bücher, die einen tieferen Einblick in die Regierung Obama gewährten, Ron Suskinds *Confidence Men*, berichtete, dass der neue Präsident am 27. März, nur zwei Monate nach seinem Amtsantritt am 20. Januar 2009, die Topmanager der dreizehn führenden Wall-Street-Institute ins Weiße Haus einlud.

Nachdem er ihren Argumenten gelauscht hatte, mit denen sie begründeten, warum sie weiterhin Boni zahlen müssten (vorgeblich um die besten Fachkräfte für die Verwaltung ihrer Gelder zu bekommen), sagte ihnen Obama: »Seien Sie vorsichtig, wie Sie diese Äußerungen machen, meine Herren. Die Öffentlichkeit nimmt Ihnen das nicht ab.« Er erklärte, nur er könne ihnen die notwendige politische Abschirmung verschaffen, um den öffentlichen Reformdruck aufzufangen, ganz zu schweigen von der Strafverfolgung wegen Finanzbetrugs. »Meine Regierung ist das Einzige, was Sie von den Mistgabeln trennt.«[21]

Ein führender Banker, der an dem Treffen teilnahm, erklärte Suskind: »Nach der Unterredung waren alle erleichtert. Der Präsident hatte uns in einem Moment echter Verwundbarkeit empfangen. Er hätte in diesem Augenblick praktisch alles von uns verlangen können, und wir hätten es geschluckt. Aber das tat er nicht – er wollte uns vor allem helfen, den Mob zu beschwichtigen.« Suskind fasste das Ergebnis zusammen, das die Politik der neu ins Amt kommenden Regierung maßgeblich beeinflussen sollte: »Obama hatte sie eingeschüchtert, so dass sie jetzt praktisch zu allem bereit waren, was er von ihnen forderte. ... Eine Stunde später waren sie bestens gelaunt, denn sie wussten, sie konnten im alten Trott weitermachen.«

Obama verkaufte seine Politik zugunsten der Wall Street sehr geschickt in seinem Interview mit Steve Kroft in der CBS-Sendung *60 Minutes*, das am 13. Dezember 2009 ausgestrahlt wurde. Nachdem er ein paar Krokodilstränen vergossen hatte, weil sich die Banker sich offensichtlich nicht zutiefst über ihr Verhalten und ihre völlig überhöhte Vergütung schämten, versuchte er Sympathien zu gewinnen, indem er deutlich machte, er wisse sehr genau, weshalb die Wähler »wütend auf die Banken sind. Na klar. Diese Typen kassieren zehn oder zwanzig Millionen Dollar als Boni, nachdem Amerika das, wirtschaftlich gesehen, schlechteste Jahr seit Jahrzehnten durchgemacht hat – und diese Typen haben das Problem verursacht. Dabei haben wir 10 Prozent Arbeitslosigkeit.« Und er fuhr fort, wobei er den Eindruck erweckte, er sehe diese Sache genauso wie die meisten Wähler:

> Ich habe nicht für dieses Amt kandidiert, um einem Haufen Wall-Street-Bonzen zu helfen. Nichts war für mich dieses Jahr frustrierender, als ein Finanzsystem unter großen Kosten für die Steuerzahler (aus einer Krise) retten zu müssen, die durch das völlig unverantwortliche Handeln der Wall Street ausgelöst und zum Teil verursacht wurde.[22]

Aber Barofsky schreibt: »Statt entsprechend dem gigantischen Versagen der Banker beim Risikomanagement zusammengestrichen zu werden, brachen die Personalausgaben bei den 25 führenden Wall-Street-Firmen im Jahr 2010 mit insgesamt 135 Milliarden Dollar sämtliche Rekorde.«[23]

Die Regierung Obama hat also genau das getan: Sie hat den »Wall-Street-Bonzen« geholfen. Diejenigen, die er im März ins Weiße Haus einlud, waren seine größten Wahlkampfspender, und sein Herz schien für sie zu schlagen.[24] Sein Interview zeigt, dass er genau wusste, was er tat, als Geithner und andere Regierungsbeamte »systemrelevante« Wall-Street-Institute retteten:

> Es gibt dort eine Kultur, die davon überzeugt ist, dass sie ... immer gute Entscheidungen trifft, und wenn sie das nicht tut, dann ist jemand anders daran schuld. Das muss sich ändern. Und das lässt sich offensichtlich nur dadurch ändern – denn bislang habe ich noch nicht viel Reue ihrerseits gesehen –, dass man einen rechtlichen Ordnungsrahmen vorgibt, der sie davon abhält, uns noch einmal in ein solches Schlamassel zu bringen.

Am 13. März 2014 stellte der Generalinspektor des US-Justizministeriums laut einem Zeitschriftenartikel fest, dass

> das Justizministerium nicht durchgehend sicherstellte, dass Hypothekenbetrug eine den eigenen öffentlichen Verlautbarungen entsprechende Priorität erhielt. So hat zum Beispiel die Abteilung Kriminalpolizeiliche Ermittlungen des Federal Bureau of Investigation (FBI) Hypothekenbetrug als die niedrigste kriminelle Bedrohung in seiner untersten Kategorie von Straftaten eingestuft. Außerdem haben wir festgestellt, dass Hypothekenbetrug für die lokalen Dienststellen des FBI, die wir besuch-

ten, nur eine niedrige Priorität besitzt oder nicht [einmal] als Priorität aufgelistet ist.« Zudem erklärte der Generalinspektor: »Viele Staatsanwälte berichteten uns von Untererfassung und falscher Klassifizierung von Hypothekenbetrugsfällen.«[25]

Während Geithner das Regulierungssystem von Schuldenerleichterungen abhielt, hinderte Justizminister Eric Holder das Justizministerium daran, die Täter für ihre Exzesse zur Rechenschaft zu ziehen. Ihr Mantra lautete, die Wirtschaft brauche Banker, damit die Kreditvergabe wieder reibungslos funktioniere, so dass sich Kreditnehmer noch höher verschulden konnten – als würde dies wirklich mehr Arbeitsplätze schaffen und die Wirtschaft wieder in Schwung bringen.

In seinem *60-Minutes*-Interview drückte es Präsident Obama folgendermaßen aus:

> ... jetzt, wo das System stabil ist, halte ich es für sehr wichtig, dass wir ein System einführen, mit dem verhindert wird, dass wir in Abhängigkeit von Leuten geraten, die schlechte Entscheidungen treffen und davon profitieren. Und was mich gerade jetzt am meisten frustriert, ist die Tatsache, dass dieselben Banken, die von der Hilfe der Steuerzahler profitierten, gemeinsam mit ihren Lobbyisten an der Wall Street oder im Kongress mit allen Mitteln gegen eine Reform der Finanzmarktaufsicht kämpfen.

Aber die Wirtschaft ist noch immer nicht stabil, und zwar hauptsächlich deshalb, weil Präsident Obama Deregulierer ernannte, gerade um »[das Finanzsystem] in Abhängigkeit von Personen zu bringen, die schlechte Entscheidungen treffen und davon profitieren«. Wie einst Margaret Thatcher in Großbritannien behauptete er, man habe keine andere Wahl, als den Banken alles zu geben, was sie verlangten.

Obama konnte nach rechts rücken, weil die Wall Street lauthals beklagte, er schade ihr, statt ihr zu helfen. Ron Suskind erklärte Jon Stewart in *Comedy Central*, warum Präsident Obama Tim Geithner als Finanzminister behielt, obwohl dieser sich weigerte, einen Plan für die Übernahme der Citigroup auszuarbeiten, wie ihm aufgetragen worden war:

John Stewart: Wir hören immer wieder, dass die Bonzen von der Wall Street Obama hassen. Und ich frage mich, wieso? Ihnen ist es in den letzten zweieinhalb Jahren genauso gut gegangen wie allen anderen in diesem Land, vermutlich sogar besser. Worüber beschweren sie sich eigentlich?

(Applaus)

Ron Suskind: Das ist interessant. Ich habe mir die gleiche Frage gestellt. Ich habe mit einem hohen Tier von der Wall Street gesprochen und ihn gefragt: »Was ist eigentlich euer Problem mit Obama? Ich meine, ihr werft ihm ständig vor, er mache eine wirtschaftsfeindliche Politik. Dabei hätte er, Hand aufs Herz, kaum mehr tun können. Er hat für euch die Staatsschatulle geöffnet. Er hat eure Haut gerettet. ... Und der Typ sagt: »Nein, nein. Natürlich macht er keine wirtschaftsfeindliche Politik. Aber wenn wir sagen, dass er wirtschaftsfeindlich ist, tut er am Ende *mehr* für uns. Also werden wir das auch weiterhin sagen.«[26]

Der Weg in die Schuldknechtschaft

Das »Produkt« der Banken sind Schulden. Sie verbreiten die Legende, die Vergabe von Krediten zu »leichteren« Konditionen (höhere Kredite gegen Verpfändung von Einkommen und Grundeigentum) werde den Markt für selbstgenutzte Immobilien vergrößern. Es besteht kein Zweifel daran, dass Lügnerkredite, vorsätzlich irreführende Wertgutachten für Immobilien und Zugangsbeschränkungen für Schuldner zu Insolvenzverfahren mehr Privatpersonen ermöglichen, sich die für den Kauf eines Hauses notwendigen Kredite zu beschaffen. Aber soweit der gesamtwirtschaftliche Effekt dieser »lockereren« Kreditkonditionen darin besteht, die Immobilienpreise in die Höhe zu treiben, sind Hauskäufer gezwungen, sich noch höher zu verschulden, um eine Immobilie zu erwerben. Die Banken erhalten schließlich den Löwenanteil vom Mietwert der Immobilie, der als Zins ausgezahlt wird.

Ein Hypothekenkredit wird dann ausbeuterisch, wenn er nicht mit Sicherheiten versehen ist, die gewährleisten, dass der Kredit die Zahlungsfähigkeit des Hauskäufers nicht überfordert. (Der alte Richtwert lag bei maximal 25 Prozent vom Einkommen des Kreditnehmers.) »Leichte« Bankkredite verwandeln die Sicherheit von Immobilieneigentum in einen schuldengetriebenen Sparzwang und damit in chronische finanzielle Unsicherheit. Dies ist die Situation, in der sich die US-Wirtschaft heute befindet.

Eine ähnlich ungezügelte Zunahme von Immobilienschulden hat die Volkswirtschaften der Eurozone in eine Schuldendeflation und eine Sparpolitik gezwungen. Auf beiden Kontinenten werden die Kosten unverantwortlicher Kreditvergabe nicht von den Kreditgebern, sondern den Kreditnehmern (und, hinter diesen, den »Steuerzahlern«) beglichen. Wenn man die Sicherheitsventile der Insolvenz und der Schuldenabschreibung einschränkt, gibt es keine Möglichkeit mehr, Bankkredite mit der Zahlungsfähigkeit der Kreditnehmer in Einklang zu bringen. Was auf den ersten Blick als ein Kredit erscheint, der Menschen den Kauf eines Hauses ermöglicht, wird so zu einem lebenslangen Anspruch auf einen immer größeren Teil ihres Einkommens.

Das Geschäftsmodell der Banken sieht folgendermaßen aus: Sie schöpfen die Erträge steigender Löhne und Gehälter als Schuldendienst ab, um zu verhindern, dass dieses Einkommen dazu genutzt wird, den eigenen Lebensstandard zu verbessern. Ohne den Notbehelf der »klingelnden Post« werden die Banken Kredite in einer Höhe vergeben, die weit über dem Wert der verpfändeten Sicherheit liegt. Dabei haben sie es auf das Gesamteinkommen des Schuldners abgesehen (und dem der Bürgen, etwa im Fall der meisten Studiendarlehen), und wenn das nicht klappt, wollen sie ihre Verluste von den »Steuerzahlern« ersetzt bekommen. Diese Haftung der öffentlichen Hand für faule Bankkredite ist das, was Irland und andere Länder der Eurozone wirtschaftlich zugrunde richtete.

Die restlichen Kapitel dieses Buches beschreiben die oligarchische Strategie der Banken bei dem, was zu einem Klassenkampf gegen die Arbeiterschaft und die Wirtschaft insgesamt geworden ist. Dabei üben sie als ausländische Gläubiger Druck auf Regierungen aus, damit diese Staatsbetriebe privatisieren und die steuerfreie Abschöpfung von Ressourcenrenten ermöglichen.

KAPITEL 18

Von der Demokratie zur Oligarchie

»Wenn wir die Wirtschaftspolitik nicht durch Wahlen ändern können, dann haben Wahlen keine Bedeutung, und es ist nutzlos zu wählen.«

Georgos Katrougalos, ehemals stellvertretender Minister für Verwaltungsreform und Arbeitsminister in der Syriza-Regierung in Griechenland[1]

Wir leben in einer Übergangszeit, die jener ähnelt, welche Aristoteles um das Jahr 330 v. Chr. erlebte, als er sein Werk *Politik* schrieb. Während sich der Athener Stadtstaat zum Imperium aufschwang, nahm die Ungleichheit zu. Aristoteles beschreibt, wie reiche Familien innerhalb demokratischer Gemeinwesen oftmals eine Finanzoligarchie bilden. Im fünften Buch der *Politik* untersucht er, wie diese Oligarchien einen wachsenden Teil der Bevölkerung durch Verschuldung in Abhängigkeit von sich bringen und erbliche Vermögen aufbauen, die als Fundament für Adelsdynastien dienen.

Im Lauf der Zeit wächst die Rivalität zwischen diesen aristokratischen Familien, und eine Gruppe beschließt, die anderen Eliten der alten Ordnung zu stürzen, indem sie »die Masse auf ihre Seite bringt«. Im siebten vorchristlichen Jahrhundert erlangten in Korinth und anderen wohlhabenden griechischen Städten populistische Tyrannen die Macht, indem sie die Schulden der Bürger strichen, das Land neu verteilten und die alten Herrschaftseliten ins Exil trieben. Im Athen des 6. Jahrhunderts führten Reformer die Demokratie auf friedlichere Weise ein. Im Jahr 594 schaffte Solon die Schuldknechtschaft ab, und 508 stabilisierte Kleisthenes die Demokratie. Aber es entstand erneut eine Oligarchie, gefolgt von Aristokratie und Demokratie – und derselbe Prozess wiederholte sich in dem von Aristoteles beschriebenen politischen Dreieck wieder und wieder.

Die Zerstörung der Demokratie durch das Eine Prozent der Gläubiger und Grundbesitzer ist also kein neues Phänomen. Die maßgeblichen römischen Historiker erklärten die Zerstörung der republikanischen Freiheit mit der wachsenden Macht der Gläubiger über die Demokratie. Im Jahr 133 v. Chr. setzten die Führer des Senats Gewalt ein, um die Gracchischen Reformen zu verhindern. Damit lösten sie einen hundertjährigen gesellschaftlichen Kampf aus, der zu Schuldendeflation und schließlich in die Knechtschaft führte.

Von der griechischen und römischen Antike bis in die Gegenwart ist der Kampf der Gläubiger gegen die Schuldner die treibende Kraft beim Übergang von der Demokratie zur Oligarchie. Von den Vereinigten Staaten bis nach Europa übernehmen die Gläubiger Regierungsbehörden, um die öffentliche Politik und das Steuersystem zu kontrollieren, die Rechte der Schuldner auszuhöhlen, sich öffentliches Eigentum anzueignen und eine moderne Form der Schuldknechtschaft einzuführen.

In einer Demokratie kann man eine derart umfassende Kontrolle nur erlangen, indem man sich die Zustimmung der Wähler sichert. Also wird ein demagogisches Täuschungsmanöver inszeniert, um den Staat als kostspielig und von Natur aus korrupt darzustellen – so als wäre die Planung des Finanzsektors effizienter und weniger korrupt und als wäre der Staat nicht die einzige Instanz, die die Rentiers im FVI-Sektor unter Kontrolle halten kann. Man greift auf die Trickle-down-Ökonomie von Ayn Rand und Friedrich Hayek zurück, um den Wählern weiszumachen, eine gemischte Wirtschaft, in der sich öffentlicher und privater Sektor gegenseitig kontrollieren, führe in die Knechtschaft. So wird der Weg zur neofeudalen Finanzialisierung von Infrastrukturen, Hauseigentum, Bildung, Gesundheitswesen und Altersvorsorge geebnet.

Die Kontrolle über die Staatsmacht geht subtil von den demokratischen Institutionen in die Hände der Oligarchen über. Der Staat bleibt so lange in den Händen des Finanzkapitals, bis gegen die Macht der Oligarchen über die Haushalts- und Geldpolitik und ihre rhetorische Verschleierung der wirtschaftlichen Abläufe vorgegangen wird. Beispielsweise versucht das Eine Prozent der Reichsten, sich der Besteuerung zu entziehen, indem es an alle »Steuerzahler« appelliert, Steuerkürzungen zu verlangen – ganz so, als gäbe es keinen Unterschied zwischen verdientem und nicht verdientem Einkommen, zwischen produktiven und räuberischen Wegen zum Wohlstand, zwischen den Gewinnen der 99 Prozent und denen des Einen Prozents. Bankiers und Eliten verunglimpfen die Regulierung und den Vollzug der geltenden Gesetze als Eingriffe in die persönlichen Freiheitsrechte und die »unternehmerische Freiheit« und stellen finanzielle »Reformen« als Deregulierung dar, obwohl sie das Gegenteil von dem sind, was vor einem Jahrhundert in der Reformära geschah.

Die Finanzstrategen der Länder, in denen politische Maßnahmen demokratisch bestätigt werden müssen, stehen vor einer Herausforderung. Sie müssen die Wähler dazu bewegen, Regierungen an die Macht zu bringen, die nach Art der Oligarchien und Militärdiktaturen in der Dritten Welt Kürzungen der Staatsausgaben, Steuersenkungen und ein schuldnerfeindliches Konkursrecht durchsetzen werden.

Die Finanztaktiker beginnen damit, dass sie den Bereich der demokratischen Entscheidungsfindung einschränken. Die Kontrolle über die Exekutive wird den Zentralbanken und den mit Bankapparatschiks besetzten Finanzministerien übertragen. Der Vorwand für diese Vereinnahmung der Regulierungsbehörden lautet, die »Unabhängigkeit« der Zentralbank von parteipolitischen Interessen sei eine »Säule der Demokratie« – als wäre es demokratisch, die Finanzpolitik von der Kontrolle durch die gewählten Volksvertreter unabhängig zu machen! Die Bankiers schicken neoliberale Professoren vor, die den Bürgern predigen, nur Experten aus den Reihen der führenden Finanzinstitute besäßen die erforderliche Sachkenntnis, um über die Geldpolitik entscheiden zu können. Diese Ideologie leugnet, dass es im öffentlichen Dienst so etwas wie Fachleute gibt, die das potenziell räuberische Verhalten der Hochfinanz kontrollieren sollen. Der Weg in die Regulierungsbehörden soll stattdessen nur durch die Drehtür zwischen den großen Finanzinstituten und der Politik führen.

Das Bündnis zwischen Finanzkapital, Immobiliensektor und Monopolen

Der Finanzsektor hat die Demokratie nicht immer bekämpft. In Kapitel 4 habe ich beschrieben, wie die britischen Bankiers im 19. Jahrhundert demokratische Reformen unterstützten und ein Bündnis mit der Industrie schlossen, um das Wahlrecht auf die Gesamtbevölkerung auszuweiten und auf diese Weise die Interessen des Landadels zurückzudrängen. Die Besteuerung und Kontrolle der Rentiers war ein zentrales Ziel der europäischen Revolutionen von 1848. Um die Regierung aus dem Würgegriff der überlebenden postfeudalen Grundbesitzer zu befreien, wurden protektionistische Agrarzölle wie die britischen Korngesetze eingeführt, die der Autarkie Vorrang vor dem Außenhandel gaben.

Das liberale Finanzindustrieprogramm befreite die Märkte von den Fesseln des Feudalismus, damit die Nation vom wachsenden industriellen Wohlstand, vom Außenhandel und von den Investitionen in Eisenbahnen und Kanäle profitieren konnte. Bis zum Ausbruch des Ersten Weltkriegs im Jahr 1914 versuchten die Reformer in den führenden Industrieländern, die Wettbewerbsfähigkeit der Wirtschaft zu erhöhen, indem sie die Preise den tatsächlichen Produktionskosten anpassten und die ökonomischen Renten von abwesenden Grundherren und Monopolisten verringerten.

Der heutige Finanzsektor hat dieses politische Programm gemeinsam mit dem Einen Prozent, das hinter ihm steht, auf den Kopf gestellt. Er hat ein Bündnis mit dem Immobiliensektor, den Rohstoffproduzenten und den Monopolen geschlossen. Öffentliche Investitionen in Infrastrukturen, die die Kosten der Wirtschaftstätigkeit senken würden, bleiben aus. Stattdessen manipuliert der FVI-Sektor die Regierungen, damit sie Privatisierungen und Renteneinkommen fördern. Der »freie Markt« ist nicht mehr gleichbedeutend mit Freiheit *von* den Raubzügen der Rentiers, die eine neue Einfriedungsbewegung begonnen haben, um ökonomische Renten abzuschöpfen. Stattdessen hat diese Klasse jetzt freie Hand auf dem Markt, um ein Wirtschaftssystem zu errichten, in dem die Wenigen die Vielen abkassieren. Die Befürworter dieser Art des »freien Markts« behaupten, dies sei kein Klassenkampf, sondern »das Ende der Geschichte«, als gäbe es keine Alternative.

Der erste Vorstoß zielt auf die Regierung. Erobert werden die Zentralbanken und Finanzministerien. Die Strategie besteht darin, ein gläubigerfreundliches Konkursrecht durchzusetzen, Pfändungen zu erleichtern, die Vorschriften für die Banktätigkeit zu lockern und Grundbesitz rechtlich und steuerlich zu bevorzugen. Zu diesem Zweck bedient sich das Finanzkapital mittlerweile vorwiegend supranationaler Finanzinstitute. Wie banal das wirtschaftliche Böse ist, zeigt sich daran, dass die Führungspositionen in Währungsfonds und Weltbank mit Geithner-Klonen besetzt werden. Gemeinsam mit EZB und Europäischer Kommission versuchen diese Einrichtungen,

Sparprogramme und Privatisierungsausverkäufe durchzusetzen, während sie den Volkswirtschaften In- und Auslandsschulden aufladen, die sich in das wichtigste Kontrollinstrument der Gegenwart verwandelt haben. Dabei wird behauptet, all das mache die Länder reicher und hebe ihren Lebensstandard.

Populistische Politik im Dienst der Wall Street

Der Übergang zur Oligarchie findet unter dem politischen Deckmantel der »gelenkten Demokratie« statt. Überall auf der Welt ist die traditionelle Linke mittlerweile derart neoliberal (man könnte auch sagen, thatcheristisch), dass sie ihre Ursprünge im 19. Jahrhundert längst vergessen und sich die postmoderne Fixierung auf gesellschaftliche und kulturelle Fragen zu eigen gemacht hat. Die Wirtschaftspolitik wird scheinbar objektiven Technokraten vom rechten Flügel überlassen. Tony Blairs »New Labour«, die französischen Sozialisten unter François Hollande und die griechische Pasok von Giorgos Papandreou schlugen keine wirtschaftlichen oder finanziellen Alternativen zu Privatisierung, Sparprogrammen und Verlagerung der Steuerlast vom FVI-Sektor auf die Arbeitseinkommen vor. Sie alle mussten bei den Wahlen zum Europaparlament im Juni 2014 herbe Verluste hinnehmen, als mit Ausnahme von Syriza in Griechenland und Podemos in Spanien nur rechte Populisten über Wirtschaftsfragen sprachen.

In den USA verfolgt Präsident Obama seit 2008 eine ähnliche politische Strategie, die darin besteht, sich auf ethnische und kulturelle Fragen zu konzentrieren. Obama verliert kein Wort über seine eigentliche wirtschaftspolitische Agenda, die darin besteht, die Wall Street vor Schuldenerleichterungen zu schützen und den Finanzsektor zu deregulieren (indem er die konzernfreundliche Transpazifische Partnerschaft und das damit verbundene Dienstleistungsabkommen TiSA unterstützt). Obama legte auch den Grundstein für einen ausgeglichenen Staatshaushalt, indem ein neoliberales Reformprogramm den Abbau der staatlichen Rentenversicherung und von Medicare vorantrieb und den Weg für deren Privatisierung ebnete.

Die Thatcher-Pinochet-Rhetorik vom »Arbeiterkapitalismus« und »Arbeitereigentum an den Produktionsmitteln« (durch von der Wall Street verwalteten Aktienbesitz) wurde verbreitet, um die Arbeitnehmer dazu zu bewegen, »Verantwortung« für ihren Ruhestand zu übernehmen, indem sie ihre Ersparnisse für das Alter in die Hände von Fondsmanagern legten. Dieses Ziel verfolgte George W. Bush, aber der Plan schlug fehl, als die Börse im Jahr 2004 abstürzte. Einem republikanischen Präsidenten wäre es kaum gelungen, die Privatisierung der Sozialversicherung gegen einen demokratisch beherrschten Kongress durchzusetzen. Nur ein demokratischer Präsident konnte diesen Widerstand brechen, so wie in Großbritannien nur die Labour Party die linke Opposition zum Schweigen bringen und bei der Privatisierung Thatcher übertreffen konnte, indem sie die Eisenbahn und andere Teile des Verkehrssektors privatisierte und den vom Finanzkapital dominierten Public-Private Partnerships überließ.

Welche Politik Obamas Förderer der Öffentlichkeit verkaufen wollten, zeigt sich daran, wie er im Jahr 2009 die Federal Commission on Fiscal Responsibility and Reform zusammenstellte. Die Leitung der Kommission übertrug er dem Clinton-Mann Erskine Bowles und dem ehemaligen republikanischen Senator Alan Simpson. Die beiden verstanden unter verantwortungsbewusster Haushaltspolitik ein ausgeglichenes Budget (wobei die Steuern für die Reichen nicht erhöht werden durften) und unter »Reformen« einen Abbau der staatlichen Rentenversicherung. So sollte endlich der Traum der Wall Street verwirklicht werden, die Rentenversicherungsbeiträge auf privatisierte Konten umzulenken, damit das Geld in die weitere Finanzialisierung der Wirtschaft investiert werden konnte. Der anfängliche Mittelzufluss würde eine neue Spekulationsblase an der Börse möglich machen.

Als sich die Bowles-Simpson-Kommission für eine »Reform« der Rentenversicherung aussprach, um den Bundeshaushalt auszugleichen, konnte sie nicht einmal die plumpe Ausrede der europäischen Politiker ins Feld führen: Der Vertrag zur Gründung der Euro-Währungszone beschränkt das zulässige Haushaltsdefizit auf 3 Prozent des Bruttoinlandsprodukts (mehr dazu im nächsten Kapitel). So können die Regierungen den Euro-Vertrag dafür verantwortlich machen, dass seit 2009 keine keynesianische Expansion mehr möglich war, ganz so als wäre die Austerität keine Taktik im Klassenkampf, sondern eine naturgegebene Tatsache.

Die Annahme, Staatsausgaben könnten unmöglich die Form von Kapitalinvestitionen annehmen und Haushaltsdefizite seien einfach eine Belastung für die Wirtschaft, widerspricht der Richtung, in die sich die Zivilisation über Jahrtausende hinweg entwickelte. In den Büchern werden die öffentlichen

Investitionen nicht als Vermögenswerte ausgewiesen, was das Defizit aufgrund der »laufenden Ausgaben« verringern würde. Es ist, als hätte nur der Privatsektor eine Bilanz, in der Vermögenswerte und produktive Ausgaben ausgewiesen sind. Die Ironie daran ist, dass Buchhaltung und Gewinn-und-Verlustrechnungen vor 5000 Jahren in den Tempeln und Palästen Mesopotamiens entwickelt wurden.

Die EZB und der IWF geben den Staaten nur Kredit, damit diese ihn an die Banken weiterleiten. Diese widerum vergeben Kredite, um die Immobilien- und Vermögenspreise in die Höhe zu treiben und sich so vor Verlusten durch die Überschuldung die die Wirtschaft lähmt, zu retten. Austerität und Privatisierung sind Teile des Modells und werden gelobt, weil sie »die Produktionskosten senken«, »die Arbeit rationalisieren« und »die Wettbewerbsfähigkeit erhöhen«.

Um diesen ökonomischen Unsinn durchsetzen zu können, braucht man ideologische Schützenhilfe. Die öffentliche Ablehnung wird vermieden, indem man so tut, als wären die Lobbyisten »Spezialisten«, deren wirtschaftlicher Klassenkampf nichts mit den Niederungen der Politik zu tun hätte. Der amerikanische Präsident und die europäischen Regierungschefs überlassen die Gestaltung der Politik mittlerweile Apparatschiks, die von wichtigen Wahlkampffinanciers nominiert werden. Die nominellen Regierungschefs nutzen ihr Amt als Kanzel, von der aus sie im Dienst der Finanzeliten die neoliberale Ideologie predigen. Um gegen die Arbeiter gerichtete Maßnahmen als »Reformen« zu verkaufen (bei denen es sich natürlich um Gegenreformen handelt), greifen sie gerne auf die Taktik zurück, die Haushaltsdefizite damit zu erklären, dass die Bevölkerung altert und eine immer teurere medizinische Versorgung benötigt. Sie schieben die Probleme auf Sozialprogramme für einkommensschwache Familien, anstatt die Steuererleichterungen für das Finanzkapital anzuprangern. Mit diesen Ausreden begründen sie Sparprogramme, die zu fallenden Steuereinnahmen und noch höheren Budgetdefiziten führen. Die Schuld wird den Opfern des Finanzkapitals zugeschoben.

Die Polarisierung der Schuldenlast wird ebenfalls als demographisches Problem dargestellt: Man will uns weismachen, der Gläubiger sei nicht das Eine Prozent, das sein Vermögen erbt, ohne Arbeitseinkommen zurücklegen zu müssen, sondern die sparsame ältere Generation, die brav Geld für den Ruhestand zurückgelegt hat. So scheint die Polarisierung des Wohlstands, die in Wahrheit das Ergebnis einer parteilichen oligarchischen Politik ist, auf »objektiven«, natürlichen Gesetzmäßigkeiten zu beruhen.

Während die Steuereinnahmen in Reaktion auf den steigenden Schuldendienst sinken und die Steuerbelastung den Arbeitnehmern aufgehalst wird (zudem wird die Bevölkerung mit höheren Preisen für privatisierte Dienstleistungen geschröpft, die früher vom öffentlichen Sektor erbracht wurden), verweisen die Finanzlobbyisten auf die Haushaltsdefizite, um einen Ausverkauf der öffentlichen Infrastrukturen zu fordern. Der Einfluss der Gläubiger auf die Staatsdefizite (insbesondere auf die Schulden in Fremdwährungen) wird genutzt, um öffentliche in gebührenpflichtige Autobahnen zu verwandeln. Auch andere öffentliche Investitionen werden finanzialisiert, um Mautgebühren kassieren zu können. Diese Privatisierungen erhöhen die Lebenshaltungskosten und die Kosten der Unternehmenstätigkeit, und sie verteuern das wirtschaftliche Leben, während es zugleich verarmt. So fällt die Demokratie in eine neofeudale Oligarchie zurück.

Für den Finanzsektor ist insbesondere die Privatisierung der Geldschöpfung wichtig. Das für Wachstum benötigte Geld soll nicht mehr aus den Staatsausgaben kommen, sondern die Wirtschaft soll vom Bankkredit abhängig werden. Diesen Traum machte die Regierung Clinton wahr, die Ende der 1990er-Jahre einen Haushaltsüberschuss erzielte, indem sie mehr Steuern aus der Wirtschaft herausholte, als sie Geld in sie investierte. Die Geldmenge wuchs ausschließlich dadurch, dass der Schuldenstand der Wirtschaft zunahm, nicht durch staatliche Geldschöpfung.

Quantitative Lockerung fördert die Vermögenspreisinflation

Nach den 1930er-Jahren galten Haushaltsdefizite ein halbes Jahrhundert lang als Möglichkeit, die Wirtschaft in Schwächephasen anzukurbeln. Mit der Geldschöpfung zur Finanzierung von Defiziten konnte der Staat Produktion und Beschäftigung steigern. Und als die Vollbeschäftigung erreicht war, stiegen Konsumgüterpreise und Arbeitseinkommen im Gleichschritt mit dem Wachstum der Geldmenge.

Diese Tendenz, mit Staatsausgaben den Preisauftrieb zu fördern, ermutigte die Besitzer von Staatsanleihen und arbeiterfeindliche Interessengruppen, eine Verknappung der Geldmenge und Zinserhöhungen zu fordern, um den Lohnanstieg zu bremsen. Mittlerweile haben die Finanzinteressen eine Kehrtwende vollzogen. Die Geldschöpfung durch die Zentralbanken scheint ihnen jetzt lobenswert, solange damit keine »keynesianischen« Ausgaben für öffentliche Projekte finanziert werden, die Arbeitsplätze schaffen oder auf andere Art den Kauf von Gütern und Dienstleistungen ankurbeln.

Diese Geldschöpfung wurde in den USA nicht dem Haushaltsdefizit des Bundes zugerechnet, weil sie wie ein *Quid pro quo* behandelt wurde – so als würde die Federal Reserve lediglich im Tausch für langfristige solide Vermögenswerte kurzfristige Liquidität bereitstellen. Sie fand keine passende Antwort auf die Liquiditätskrise, als sie gutes staatliches Geld für den Ankauf von durch die Banken vergebenen (überteuerten) Ramschhypotheken ausgab.[2] Aber dieser Taschenspielertrick konnte das Problem der Überschuldung lediglich vertuschen. Man kann die Schuldenlast nicht verringern, indem man den Banken Liquidität zur Verfügung stellt – damit lässt sich lediglich ein Sturm auf die Bankautomaten und die Banken durch die Sparer verhindern. Wenn man die Banken subventioniert, aber einen Schuldenerlass verweigert, saugt die Überschuldung weiterhin so viel Einkommen aus der Wirtschaft, dass weitere Glieder in der Zahlungskette brechen werden. Die einzige Lösung für die »Vertrauenskrise«, die langfristig tragfähig ist, besteht in einem Schuldenerlass, denn nur so kann sich eine Volkswirtschaft wirklich erholen. Entscheidend ist in solchen Situationen, dass Schulden, die nicht bezahlt werden können, auch nicht bezahlt werden. Die Regierung Geithner-Obama tat so, als könnte die Wirtschaft die Schulden tragen und zurückzahlen, wenn man nur den Banken genug Geld gab, um noch mehr Kredit in die verschuldete Wirtschaft zu pumpen. Genau das war das Ziel der quantitativen Lockerung (*quantative easing*).

Die neuen, »leichten Kredite«, die mit Billigung der Wall Street zur Verfügung gestellt wurde, flossen nicht in die Wirtschaft, um öffentliche Dienstleistungen oder Investitionen in öffentliche Infrastrukturen zu finanzieren. Das Geld wurde auch nicht den Eigenheimbesitzern gegeben oder zum Schuldenabbau verwendet. Stattdessen gewährte die Federal Reserve den Wall-Street-Banken durch die quantitative Lockerung fast zinslose Kredite und behauptete, die Banken würden das Geld weitergeben, um die Wirtschaft anzukurbeln. Angeblich waren zinspflichtige Bankkredite effizienter als von Bürokraten verwaltete öffentliche Investitionen – so als wären sämtliche Staatsausgaben einfach rausgeworfenes Geld.

Diese vorgeschobene Begründung hat sich als vollkommen falsch erwiesen. In Wahrheit sollte sie einfach davon ablenken, wohin die Bankkredite tatsächlich fließen und wofür sie ausgegeben werden. Die erste Legende der Finanzkapitalisten lautet, die Wirtschaft könne sich von den Schulden befreien, indem sie sich einfach *noch mehr Geld* von den Banken leihe – vermutlich durch Gewinne aus steigenden Vermögenspreisen, die durch die Kredite aufgebläht werden. Also werden wir erneut für Profitstrategie des Finanzkapitals instrumentalisiert, die auf Spekulationsblasen beruht.

Die Wahrheit ist, dass die Banken die Rettungsgelder, die ihnen seit 2008 zugeflossen sind, und ihre Reserven bei der Fed nicht verliehen haben, um »Amerika wieder in Arbeit zu bringen«, indem sie Kredite in Investitionen oder in den Konsum von Gütern und Dienstleistungen pumpten. Die Wall Street hat das Hubschraubergeld, das die Fed über ihr ausgeschüttet hat, hauptsächlich für Devisenspekulationen und Zinsarbitrage verwendet. Und natürlich haben die Banken Wetten auf Derivate, Übernahmen und andere Geschäfte mit Wertpapieren und sonstigen Finanzanlagen finanziert. Aber sie haben die Kreditlinien für Hauskäufer, Kreditkartenkunden und kleine und mittelständische Unternehmen gekürzt. Hypothekenkredite wurden nicht ausgeweitet, sondern fällig gestellt, die Kreditkartenrahmen wurden gesenkt und kleine und mittelständische Unternehmen erhielten keinen zusätzlichen Kredit mehr. Die einzige Kreditkategorie, die gewachsen ist, sind die Studiendarlehen.

Anders als in den Wirtschaftsmodellen des vergangenen Jahrhunderts, in denen davon ausgegangen wurde, dass die Investitionen auf die Zinsen reagieren, dient die heutige quantitative Lockerung nicht dazu, neue Sachinvestitionen in Gebäude, Grundstücke, Maschinen und dergleichen rentabel zu machen. Mittlerweile besteht ihr vorrangiger Zweck darin, die Preise der Wertpapiere, auf denen die Banken sitzen und die sie beleihen, wieder aufzublähen. Zweitens macht die quantitative Lockerung kreditfinanzierte Firmenübernahmen sowie Aktienrückkäufe profitabler. Eine solche Finanzierung auf Pump ist die Antithese von Anlageinvestitionen und Arbeitsplatzschaffung. Mit der quantitativen Lockerung versucht die Fed, Vermögen in Form von Gläubigerforderungen zu erhalten, denn dies sind in erster Linie Forderungen des Einen Prozents gegenüber den 99 Prozent. Auf diese Art werden Investitionen in Sachanlagen *weniger* einträglich als die Spekulation. Neue Arbeitsplätze werden so nicht geschaffen.

Niedrige Zinsen sind tatsächlich geeignet, die Banken zu subventionieren, aber deren Kreditvergabe und Spekulation sind von greifbaren Investitionen in die »Realwirtschaft« von Produktion und Konsum abgekoppelt. Noch schlimmer ist, dass die risikolosen niedrigen Zinsen die Rentenfonds zu gewagten Wetten verleiten. Denn diese Fonds müssen unbedingt Erträge erzielen, um die Renten zahlen zu können, ohne höhere Beiträge von den Arbeitgebern zu verlangen. Also spielen sie im Kasino an der Wall Street, und das Kasino gewinnt immer gegen seine »Gegenparteien« und Gäste.

In verschuldeten Volkswirtschaften, die unter Sparprogrammen und der steuerlichen Bevorzugung von Finanzkapital und ökonomischen Renten gegenüber Arbeitseinkommen und industrieller Produktion leiden, sind niedrige Zinsen nicht geeignet, die realen Investitionen anzukurbeln. Die Folge ist das, was Keynes als Liquiditätsfalle bezeichnete: Niedrige Zinsen können keine neuen Anlageinvestitionen und kein Beschäftigungswachstum anregen. In dieser Zwangslage befindet sich die amerikanische Wirtschaft heute, und Europa steckt noch tiefer in der Schuldendeflation.

Die Banken sträuben sich dagegen, das Problem der Schuldendeflation mit einem Schuldenerlass zu lösen, der Einkommen für den Kauf von Gütern und Dienstleistungen »freisetzen« würde. Stattdessen fordern sie, Löhne, Gehälter und Renten zu kürzen, um noch mehr Einkommen aus der Bevölkerung herauszupressen. Mit diesem Geld sollen dann die exponentiell steigenden Schulden zurückgezahlt werden.

Wo ist eine überzeugende Linke in Sicht, und wie sollte ihr Programm aussehen?

Im Herbst 2008 revoltierten die US-amerikanischen Wähler gegen ein Rettungspaket für die Banken, mit dem die Verluste, die durch unverantwortliche Kreditvergabe, Deregulierung des Finanzsektors und unverhohlenen Betrug entstanden waren, dem Staat und damit den »Steuerzahlern« aufgehalst wurden. Aber sie konnten weder die Demokraten noch die Republikaner davon abhalten, die Wall Street zu unterstützen und einen Schuldenerlass zu hintertreiben. Auch die irische Regierung gab den Forderungen der Partnerländer in der Eurozone nach und bürdete die Verluste unverantwortlicher Banken den Steuerzahlern auf, womit sie die Wirtschaft in die Knie und viele Bürger zur Auswanderung zwang. Spanien, Portugal und Griechenland wurden »demokratisch« von der Hochfinanz erobert und verschuldeten sich bei IWF und EZB, um die Inhaber ihrer Staatsanleihen auszahlen zu können.

Bei den Wahlen im Mai 2014 reagierten die Wähler endlich und straften die herrschende Koalition von Rechten und vorgeblich linken Parteien ab: Rechtsnationale und linkspopulistische Parteien veränderten das Machtgefüge in den Parlamenten.

Paul Craig Roberts stellte fest, dass die tonangebenden Medien in den Vereinigten Staaten und Europa neue Parteien wie Nigel Farages Independent Party (1993) in Großbritannien und Jean-Marie Le Pens Front National (1972) in Frankreich aggressiv dämonisierten: »Das Establishment hat sich bereits an die Arbeit gemacht und erklärt, dass diese Wahlerfolge und derjenige von Brat [von der Virginia Tea Party] mit ihrer Ablehnung der Einwanderung zusammenhängen.« Aber »Farage und Le Pen haben eigentlich nicht die Immigranten im Visier«, sondern die Abtretung hoheitlicher Machtbefugnisse an eine EU-Bürokratie, die im Dienst der Bankiers und Anleiheinhaber steht.[3] Die Nationalisten waren fast die Einzigen, die Widerstand leisteten, da die Linke immer noch so demoralisiert war, dass es ihr fast peinlich war, zum Widerstand gegen die Übernahme Europas durch das Finanzkapital aufzurufen. Anders als die sozialdemokratischen und Arbeiterparteien vor einem Jahrhundert setzt sich die Linke heute kaum noch für öffentliche Investitionen, für die Besteuerung der Rentiers oder auch nur für eine Rückkehr zu einer progressiven Besteuerung von Einkommen und Reichtum ein. Nur rechte Parteien sind in das politische Vakuum vorgestoßen und protestieren gegen die Bevorzugung der Gläubiger.

In den USA kamen am ehesten die Geschehnisse bei der Vorwahl in Virginia im Juni 2014 den Reaktionen in Europa nahe. David Brat, ein bis dahin unbekannter Kandidat der Tea Party, der kaum finanzielle Unterstützung genoss, besiegte den republikanischen Kongressführer Eric Cantor mit einer gegen die Wall Street gerichteten Botschaft: »Sämtliche Investmentbanker in New York und Washington – diese Leute sollten alle im Gefängnis sitzen. Aber statt im Gefängnis landeten sie in Erics Rolodex.«[4] Brat beschuldigte den republikanisch beherrschten Kongress und den Großteil der Demokraten, »in der Tasche der Wall-Street-Gauner und der Washingtoner Insider«

zu stecken, und erklärte, »die Leute, die für die Finanzkrise verantwortlich sind«, nähmen herausragende Positionen in der Regierung Obama und in der Führung der Republikaner ein.[5]

Der gemeinsame Nenner der amerikanischen Tea Party und der nationalistischen Anti-Euro-Parteien in Europa ist die Wut auf Regierungen, die im Dienst der Bankiers Sparpakete schnüren und die klassische progressive Besteuerung rückgängig machen. Aber die nihilistische Reaktion der Tea Party auf die Regierung als solche ist keine Lösung. Vielmehr müssen Ordnungs- und Steuerpolitik (und das Rechtssystem) so ausgerichtet werden, dass sie Wirtschaftswachstum und Wohlstand fördern. Das Finanzkapital hat still und leise einen fingierten oligarchischen Populismus gegen Steuern und Ordnungspolitik aufgebaut. Aber wie die nationalistischen Parteien Europas ist die Tea Party in der Lage, einen taktischen »Linksschwenk« zu vollziehen um die traditionellen Arbeiterparteien auszustechen. Ihren Erfolg verdanken diese rechten Parteien der Unfähigkeit der traditionellen Linken, eine ausreichend radikale Alternative vorzuschlagen.

Schuldendeflation, Sparzwang und die Krise der Demokratie

Sowohl Europa als auch die Vereinigten Staaten müssen jetzt Schulden zurückzahlen, die in den Jahren der großen Spekulation bis 2008 angehäuft wurden. Die Rückzahlung von Hypotheken, Studiendarlehen, Kreditkartenschulden, Unternehmensschulden, kommunalen und Bundesschulden überträgt Einkommen – und zunehmend auch Eigentum – auf Banken und Anleiheinhaber. Diese Schuldendeflation lähmt das Wirtschaftswachstum, indem sie die Ausgaben für Güter und Dienstleistungen und damit Investitionen und Beschäftigung verringert.

»Als der japanische Privatsektor Anfang der 1990er-Jahre mit dem Schuldenabbau begann«, schreibt Wolfgang Münchau in seiner Kolumne in der *Financial Times*, »nahm der Staat neue Schulden auf, um den Schock zu mildern.« Aber der Fiskalpakt der Eurozone erzwingt zusätzlich zur Schuldendeflation auch eine Haushaltsdeflation. Das wird die politische Gegenreaktion verstärken: »Auch wenn der Schuldenabbau wirtschaftlich funktionieren könnte – was nicht klar ist –, wird er möglicherweise politisch nicht funktionieren.«[6] Die Wähler werden sich dagegen auflehnen, Schuldendeflation und Sparmaßnahmen hinnehmen zu müssen, während das Eine Prozent die Gewinne monopolisiert.

Die Frage ist: Welche Form wird der politische Widerstand gegen den Griff des Finanzkapitals nach der Macht annehmen? Wird sich der Volkszorn in einem ziellosen regierungsfeindlichen Protest äußern, der vom Finanzkapital manipuliert ist? Oder wird sich die klassische progressive Reformbewegung wieder durchsetzen?

Der Aufstieg der Finanzoligarchie

Die Lobbyisten der Wall-Street-Firmen haben eine Transpazifische Partnerschaft und ein europäisches Gegenstück derselben entworfen – Abkommen, deren Bestimmungen die Regierung Obama sogar vor dem Kongress geheim gehalten hat. Bekannt ist jedoch, dass diese Abkommen die Staaten daran hindern werden, ihren Finanz- und Unternehmenssektor zu regulieren, um den Umweltschutz zu gewährleisten und die Beseitigung von Umweltschäden zu erzwingen. Die Politik wird der demokratischen Aufsicht entzogen, indem die Kontrollbefugnisse der Regierung einer »technokratischen« Bürokratie übertragen werden, die aus dem Finanzsektor und anderen Betätigungsfeldern der Rentiers rekrutiert und von einem Heer von Geithner-Lobbyisten geführt werden wird. Und diese werden der Öffentlichkeit erzählen, es gäbe keinen anderen Weg, als den gewählten Regierungen die Steuer- und Geldpolitik zu entziehen und sie dem IWF, der EZB, der Wall Street und der Londoner City zu übertragen. Die neoliberalen Politiker beteuern, sie könnten das Leid der verschuldeten und arbeitslosen Wähler nachvollziehen, müssten jedoch den Rat befolgen, die Haushalte zu kürzen und die Banken zu retten, damit diese weitere Kredite vergeben können.

Der steigende Schuldendienst und die angesichts sinkender Löhne und Gehälter durch die Kreditblase aufgeblähten Immobilienpreise wurden so lange ignoriert, bis die Occupy-Bewegung erklärte, warum die Wirtschaft zum Stillstand gekommen ist: Die Nachfrage nach Konsumgütern sinkt, da die Einkommen für den Schuldendienst benötigt werden. Es sollte niemanden überraschen, dass eine Volkswirtschaft, die zu 70 Prozent von den Konsumausgaben abhängt, zum Stillstand kommt, wenn Gläubiger, Monopolisten und Immobilienbesitzer Tribut von verschuldeten Kreditnehmern,

Rentnern, Studenten und Benutzern der öffentlichen Infrastrukturen verlangen. In der Praxis zahlen diese Gruppen Reparationen dafür, dass sie einen Krieg mit dem Finanzkapital und einen neuen Klassenkrieg verloren haben, ohne überhaupt zu wissen, dass diese Kriege geführt wurden.

Damit sind wir wieder bei dem biologischen Sachverhalt, dass Parasiten ein Enzym produzieren, das den Wirt sediert, damit er nicht begreift, dass sich ein Schmarotzer in seinem Körper eingenistet hat. In den finanzialisierten Volkswirtschaften der Gegenwart spielt die »Milchmädchen-« oder »Pseudo-Ökonomik« *(junk economics)* diese Rolle. Die Massenmedien lenken die Öffentlichkeit von der Frage ab, wie es möglich ist, dass die Federal Reserve durch die quantitative Lockerung mehr als 4 Billionen Dollar in den Wirtschaftskreislauf gepumpt hat, ohne die Preis- und Lohninflation anzukurbeln. Mit welcher moralischen Begründung wurden die nicht versicherten Großeinleger, Anleihebesitzer und spielsüchtigen »Gegenparteien« der Banken gerettet, während die übrige Gesellschaft unter der Schuldendeflation leidet? Warum hat die Fed diesen Kredit nicht in die Wirtschaft gepumpt, um die Schulden zu *begleichen*? Warum blieben die Schulden bestehen, was zu einer Versteigerungswelle führte, die ganze Stadtviertel zerstörte, während die größten Banken gerettet wurden, damit sie weiter maßlose Boni und Dividenden ausschütten konnten?

Mittlerweile misstraut ein großer Teil des Wahlvolks den beiden großen amerikanischen Parteien, die ihre Wähler an die Wahlkampffinanciers verkauft und eine Politik für das Eine Prozent betrieben haben. Angesichts der weltweit nachgeahmten Occupy-Wall-Street-Bewegung, die der Öffentlichkeit bewusst machte, wie das Finanzkapital Regierung und Wirtschaft korrumpiert hat, verwundert es, dass keine Fraktion der Demokraten und keine andere Gruppe von Möchtegern-Linken versucht hat, die Bevölkerung gegen die Politik im Dienst der Banken zu mobilisieren. Eine wirklich sozialistische Politik könnte der politischen Klasse einen schweren Schlag versetzen, wie Syriza es in Griechenland getan hat (dazu mehr in Kapitel 24).

Die Tea Party (und die in der anarchistischen Tradition verwurzelten Libertären) begreifen nicht, dass nur ein Staat, der stark genug ist, um die Wall Street zu besteuern und zu regulieren, die Macht des Finanzkapitals und der modernen Rentiers in Schach halten kann. Angriffe auf den »übermächtigen Staat«, die nicht zwischen der Oligarchie und dem gemischten Wirtschaftssystem der (früher als Sozialismus bezeichneten) Progressiven

Ära unterscheiden, schaden den Bemühungen, den Reichtum zu regulieren und zu besteuern und werden letzten Endes im Interesse des Einen Prozents manipuliert.

Warum ist in den Vereinigten Staaten keine dritte Partei wie Syriza entstanden? Warum schrecken Gewerkschaften, ethnische Minderheiten und Steuerzahler davor zurück, eine Alternative zur Demokratischen Partei, die vom Wall-Street-Flügel gesteuert wird, zu gründen? Warum gibt es keine Interessengruppe, die sich ebenso nachdrücklich für Finanzreformen einsetzt, wie es andere Gruppen für Umweltschutz, Gleichbehandlung oder Homosexuellenrechte tun?

In den Vereinigten Staaten und Europa unterstützen die traditionellen Parteien weiterhin Privatisierung, Finanzialisierung und Rent Seeking. Die Abkehr von den Errungenschaften der Progressiven Ära hat die Finanzoligarchie in die Lage versetzt, die demokratische Politik, die Gerichte, das Steuersystem und sogar das Gesetz auszuhöhlen. Trotzdem hat keine Partei die berechtigte Empörung mobilisiert, die Occupy Wall Street freigesetzt hat, indem die Bewegung ausdrückte, was die meisten Menschen denken: Die Alternative zur Monopolisierung des Wohlstands durch das Eine Prozent sind Schuldenerlasse und Finanzreformen, mit dem Ziel, ein öffentliches Bankwesen aufzubauen.

TEIL III

Die selbstauferlegte Sparpolitik als Griff nach den Gemeingütern

KAPITEL 19

Die selbstauferlegte Sparpolitik Europas

»Wenn es zu einem zweiten Zusammenbruch kommt, dann wird dieser aller Voraussicht nach nicht die Folge einer neuen Panik wegen der plötzlichen Entdeckung toxischer Wertpapiere sein. Vielmehr wird er das Resultat einer politischen Revolte gegen die Ausgabenkürzungen, den öffentlichen Sparkurs und den sozialen Kahlschlag sein, zu denen die Krise führte. Diese Revolte wird vermutlich nicht von den Vereinigten Staaten ausgehen. Aber sie könnte in Spanien, Portugal, Irland, Italien – oder Griechenland – ihren Anfang nehmen. Vor allem in Griechenland. Und sie käme keine Minute zu früh.«

James K. Galbraith[1]

Eine strenge Haushaltsdisziplin gehörte zu den im Jahr 1993 vereinbarten Maastricht-Kriterien der Eurozone[2]: Staaten, die dem Euro beitreten wollten, mussten unter anderem ihr Haushaltsdefizit auf 3 Prozent des Bruttoinlandsprodukts (BIP) und den öffentlichen Gesamtschuldenstand auf 60 Prozent des BIP begrenzen. Dies verbietet den 19 Staaten der Eurozone, ihre Beschäftigungssituation durch öffentliche Ausgabenprogramme zu verbessern.

Noch deflatorischer wirken die monetären Vorgaben des Euro. Anders als die US-Notenbank darf die Europäische Zentralbank laut ihrer Satzung Staatsausgaben nicht »monetarisieren« – also durch Ankauf von Staatsanleihen mit geschöpftem Geld finanzieren. Artikel 123 des Vertrags von Lissabon (der seit Dezember 2009 in Kraft ist) verbietet der EZB die direkte Kreditvergabe an Staaten. Die EZB erwirbt Schuldtitel lediglich von Banken und anderen Inhabern, aber nicht direkt von öffentlichen Körperschaften.

Die Tatsache, dass die Euro-Staaten keine Möglichkeit zur eigenständigen Geldschöpfung mehr haben, hat der Eurozone eine viele höhere Arbeitslosigkeit und eine gravierendere Schuldendeflation eingebracht, als es in den Vereinigten Staaten der Fall war. Da der »Hartwährungsstandard« jedoch als eine Art Sachzwang angesehen wird, haben die großen »sozialistischen« Parteien Europas – von Tony Blairs »New Labour« in England bis zu George Papandreous Pasok in Griechenland –, sich selbst neoliberalisiert, statt diese Vorschrift zu kritisieren, weil sie den Kontinent ans Kreuz privatisierter Bankkredite schlägt. Damit gehören sie heute zu den Vorkämpfern einer Hartwährungs- und Privatisierungspolitik. Die Kürzung öffentlicher Ausgaben und die Privatisierung der Infrastruktur ist die Alternative des Neoliberalismus zur klassischen Sozialdemokratie.

Die Privatisierung der Geldschöpfung und grundlegender Infrastruktureinrichtungen ist eine revolutionäre Umkehr der traditionellen Rolle des Staates. Geldschöpfung galt lange Zeit als eine öffentliche Aufgabe, ja sogar als ein Wesensmerkmal des Nationalstaats. Jahrtausendelang war die Geldschöpfung ein Vorrecht von Palästen, Tempeln und anderen öffentlichen Institutionen. Aber Banklobbyisten und staatsfeindliche Ideologen haben die Eurozone so gestaltet, dass ihre Mitgliedsstaaten keine Zentralbanken mehr haben, die das tun könnten, wofür die Bank of England und die US-amerikanische Federal Reserve geschaffen wurden: die staatliche Defizitfinanzierung zu monetarisieren. Die Aufgabe, den steigenden Geld- und Kreditbedarf der Wirtschaft zu decken, bleibt Banken und Anleihekäufern überlassen.

Die Privatisierung der Kredit- und Schuldenschöpfung führt zur Schuldendeflation, während sie gleichzeitig Finanzierungskosten zu den Lebenshaltungs- und Geschäftskosten hinzufügt. In Verbindung mit einer fiskalischen Deflation (der Begrenzung der Höhe von Staatsdefiziten und der regressiven Verschiebung der Steuerlast von den Vermögenden auf die Konsumenten) dämpft dies die Wirtschaftsleistung. Diese Zwangsjacke wird euphemistisch »Stabilitäts- und Wachstumspakt« genannt, eine Orwell'sche Bezeichnung für ein Zwangsregime der Instabilität und Stagnation. Er ist Teil des Europäischen Fiskalpakts, der am 1. Januar 2013 in Kraft trat.

Der Pakt zentralisiert die Befugnis zur Überwachung der nationalen Haushalte bei der Europäischen Kommission – der Exekutive der Europäischen Union. Er enthält keine Vorschrift zum Abschreiben von Hypotheken oder anderen persönlichen oder Firmenschulden. Zahlungen an Anleiheinhaber (nicht aber Pensionsverpflichtungen gegenüber Arbeitskräften) werden auch dann durchgesetzt, wenn dies Volkswirtschaften in eine Depression stürzt und eine Pleitewelle auslöst. Nicht versicherte Einleger, Anleiheinhaber und Vertragspartner müssen in voller Höhe zuzüglich Zinsen abgefunden werden, selbst bei Banken, die grob fahrlässig gehandelt haben (bis russische und andere Einleger von zyprischen Banken im Jahr 2013 ausgewählt und gezwungen wurden, sich an den Verlusten dieser Banken in sogenannten *bail-ins* zu beteiligen).

Wie das US-Finanzministerium und die Fed werden auch die EU und die EZB vom Bankensektor kontrolliert, dessen Kampf gegen staatliche Einflussnahme auf die Wirtschaft sich vor allem gegen die Arbeiterschaft richtet. Die europäische »Troika« – aus EZB, Europäischer Kommission und Internationalem Währungsfonds (IWF) – ist der Ansicht, dass eine zweistellige Arbeitslosenrate, zunehmende Emigration und Notverkäufe von öffentlichem Eigentum ein Preis sind, den zu zahlen sich lohnt, um die Fähigkeit von Staaten zu zerstören, Geld zu schöpfen, Vermögen zu besteuern und Kapital in die öffentliche Infrastruktur zu investieren. Diese neoliberalen Zwangsbedingungen sind die Alternative des Neoliberalismus zur klassischen Sozialdemokratie, und sie werden als Meilensteine auf dem Weg der Zivilisation ans »Ende der Geschichte« gepriesen.

In dem Bestreben, die Macht der Gewerkschaften (insbesondere im öffentlichen Sektor) zu brechen und die Lohnniveaus zu senken, behaupten Vertreter der Finanzinteressen, Volkswirtschaften könnten ihre Schuldenlast durch »innere Abwertung« verringern: durch drastische Lohnkürzungen und das Zusammenstreichen öffentlicher Ausgaben, vorgeblich, um Volkswirtschaften »wettbewerbsfähiger« zu machen und ihren Export anzukurbeln. Steigende Arbeitslosigkeit und Auswanderung sollen Arbeitskräfte dorthin umverteilen, »wo sie gebraucht werden«, das heißt gebraucht, um zu verhindern, dass die Löhne in schneller wachsenden Volkswirtschaften steigen.

Was schließlich exportiert wird, sind Fachkräfte, die sich am leichtesten in Arbeit vermitteln lassen. Auch Kapital flieht. Zwei der am meisten gebeutelten Opfer, Lettland und Irland, werden auf diesem Weg zur Schuldenknechtschaft wie Erfolgsgeschichten gefeiert, als würden ihre Abwälzung der Steuerlast auf Arbeitnehmer und die fallenden Löhne die Wirtschaft nicht abwürgen, sondern den Weg zu einem zukünftigen Aufschwung ebnen. Die Begriffe »Reform«, »Rationalisierung« und »größere Wettbewerbsfähigkeit« sind beliebte neoliberale Euphemismen, um die EU-Verfassung in eine Zwangsjacke zu verwandeln, die die wirtschaftliche Erholung blockiert.

All dies ist weit von klassischen freien Märkten entfernt. Die politische Ökonomie des Industriekapitalismus zielte darauf ab, postfeudale Monopole, abwesende, nicht vor Ort lebende Grundherren (wie es vor allem im 18. und 19. Jahrhundert der Fall war) sowie Banken durch öffentlichen Besitz zu ersetzen oder zumindest den Rentenertrag vollständig zu besteuern. Nach der heutigen postklassischen Auffassung sind alle Staatsausgaben und Steuern ineffizient und heizen die Inflation an. Es wird nicht anerkannt, dass die entgeltliche oder kostenlose Bereitstellung öffentlicher Dienstleistungen die Preise senkt.

Ein weiteres fiskalisches Element dieses Finanzkriegs besteht darin, Privatisierungsverkäufe so hinzustellen, als würden sie die Effizienz verbessern, obwohl durch sie die Preise, die Verbraucher für grundlegende Dienstleistungen bezahlen müssen, steigen, da sie mit verzinslichen Krediten finanziert werden. Preise für Infrastrukturdienstleistungen steigen durch privatisierte Monopole, die Zinskosten von Übernahmekrediten steuerlich geltend machen – also absetzen – können. Diese Maßnahmen erhöhen die Lebenshaltungskosten und lassen die Haushaltsbudgets weiter schrumpfen, während gleichzeitig das Lohnniveau sinkt.

Dies führte dazu, dass Lettland und Irland (sowie Griechenland) in eine ökonomische Todeszone gerieten. Diese Länder wurden gezwungen, die Kontrolle über ihre Geldpolitik abzugeben und die ökonomische Rente aus Grundbesitz, natürlichen Ressourcen und Infrastrukturmonopolen entweder gar nicht mehr oder nur noch gering zu besteuern, mit der Folge, dass die Steuereinnahmen sanken und Arbeitnehmer auswandern mussten, um Arbeit in den Gläubigerstaaten zu finden.

Steuerzahler müssen für die Folgen einer Politik zahlen, die von nicht gewählten Finanzbürokraten diktiert wird

Politologen definieren den Staat als ein Gebilde mit drei höchsten Vollmachten: Geldschöpfung, Steuererhebung und Kriegserklärung. Die Verträge von Lissabon und Maastricht, die die rechtlichen Grundlagen der Eurozone bilden, machen es den Mitgliedsländern – und der Eurozone selbst – unmöglich, ihre Haushaltsdefizite zu monetarisieren, indem sie die Regierungen der Möglichkeit berauben, eigenes Geld zu schöpfen. Damit wiederholt die Eurozone die gläubigerorientierte Politik, die nach dem Ende der Napoleonischen Kriege im Jahr 1815 in Europa und dem Ende des Amerikanischen Bürgerkriegs im Jahr 1865 zu einer Schuldendeflation führte. Zunächst haben Großbritannien und dann die Vereinigten Staaten den Goldpreis (und folglich auch den Preis für Waren und Arbeitskräfte) gesenkt, indem sie Haushaltsüberschüsse erwirtschafteten, um Geld und Einkommen aus der Wirtschaft abzusaugen. Es ist die gleiche deflatorische Ideologie, die Deutschland dazu veranlasste, unbezahlbar hohe Reparationen an die Alliierten zu leisten. Diese erlegten ihrerseits sich selbst eine Sparpolitik auf, da sie ihre Schulden bei den USA für die Lieferung von Kriegsmaterial nach dem Ersten Weltkrieg bezahlen wollten.

Eine solche Sparpolitik ist genau das, was sich der Gläubiger unter einer gut gesteuerten Wirtschaft vorstellt. Die Preise und die Löhne fallen, so dass es schwieriger wird, Schulden zurückzuzahlen, die zu den höheren, »alten« Preisen aufgenommen wurden. Arbeitslosigkeit drückt Löhne, was zu Zahlungsausfällen führt, bei denen eine Vermögensübertragung auf Gläubiger stattfindet. Wenn die Banken diese Schulden- und Preisdeflation als »Stabilität« hinstellen, bedeutet dies letztlich nichts anderes, als dass sie ihre Macht über die Arbeitnehmer und die Industrie verstärken.

Bemerkenswert ist, dass die heutige Schuldendeflation stattfindet, ohne dass sich ein Krieg ereignet hätte. Diesmal sind die problematischsten Schulden privater Natur: Sie stammen von Hauskäufern und Unternehmen. Öffentliche Schulden sind in zunehmendem Maße auf Kürzungen der Grund- und sonstigen Vermögensteuern zurückzuführen – und in Irland darauf, dass der Staat notleidende Bankkredite in seine Bücher übernahm.

Die Immobilienblase in Irland (das »Wirtschaftswunder«)

Die oberste Richtlinie der EZB entspricht derjenigen des US-Finanzministeriums unter Paulson und Geithner seit 2008: Staaten sollen die volle Haftung für die Befriedigung der Forderungen nicht versicherter Einleger und Anleihegläubiger übernehmen, selbst wenn hohe Zinsen von Banken gezahlt werden, die leichtfertig Kredite vergeben haben und an Insidergeschäften beteiligt waren. Gleich nach den drei berüchtigten Banken, die im Jahr 2008 zusammenbrachen (Landsbanki mit ihrer Tochtergesellschaft Icesave, Glitner und Kaupthing), waren die Anglo Irish Bank und die Royal Bank of Scotland die beiden unverantwortlichsten europäischen Banken. All diese Banken lockten hauptsächlich ausländisches »vagabundierendes Geld« an, das sich nicht um Risiken scherte.

Der damalige EZB-Präsident Jean-Claude Trichet stattete der irischen Zentralbank im Mai 2004 einen Besuch ab und pries den Höhenflug des »keltischen Tigers« (1994–2007): »Der Prozess der Transformation, den Irland vor über vierzig Jahren begann, ist zu einem Vorbild für die Millionen neuer Bürger der Europäischen Union geworden.« Das irische »Wirtschaftswunder« (der Euphemismus des Finanzsektors für eine Blase) verband einen Steuersenkungswettlauf mit fehlender Bankenregulierung. Die niedrige Körperschaftsteuer von 12,5 Prozent lockte gewinnträchtige US-Firmen wie Google, Facebook, Twitter und Yahoo an, die in Irland ihre globalen Zentralen ansiedelten, um weltweit Steuern zu vermeiden.

Die irischen Banken erhöhten ihre Kreditaufnahme bei ausländischen Einlegern und Anleihegläubigern von 15 Milliarden Euro im Jahr 2004 auf 110 Milliarden Euro im Jahr 2008. Dieser enorme Kapitalzufluss wurde vergeudet, um eine Immobilienblase zu schüren, die die Grundstückspreise bis 2007 verfünffachte. Sage und schreibe 87 Prozent der irischen Familien kauften Häuser auf Kredit – für die neuen Luxusvillen, die ohne große Rücksicht auf Verkäuflichkeit von Bauunternehmen errichtet wurden, fanden sich allerdings nur wenige Käufer. Die meisten Bankkredite basierten nicht auf realistischen Marktbewertungen.

Besonders leichtfertig ging die Anglo Irish Bank bei der Kreditvergabe vor. Ihre aberwitzigen Kreditpraktiken waren beim besten Willen nicht »systemisch«.[3] Es war keine gewöhnliche Bank, die der Gesamtwirtschaft diente, sondern ein Finanzinstitut, das Großeinlagen (hauptsächlich von nicht-irischen Investoren) einwarb und diese an Großkreditnehmer verlieh, vor allem an die Eigentümer der Bank, die damit deren Aktien kauften und so den Kurs in die Höhe trieben, genau so wie es die isländischen Banken getan hatten. Diese Selbstfinanzierung ist eine uralte Betrugsmasche und in den meisten Ländern verboten.[4]

Aber wie Island und andere Länder, deren lockeres Aufsichtsregime dazu führte, dass Banken in Schieflage die gesamte Wirtschaft in die Knie zwingen konnten, hatte auch Irland keine ernstzunehmende Bankenregulierung. Es verließ sich auf den Rat seiner Zentralbank. Und Zentralbanken geben Regierungen überall denselben Rat: Mischt euch nicht in die Kreditvergabe ein und stellt sicher, dass alle Gläubiger einschließlich der Spekulanten in voller Höhe ausbezahlt werden.

Auf diese Weise erhalten »freie Finanzmärkte« »das Vertrauen«. Letztlich läuft das auf staatliche Rettungsaktionen hinaus.

Leichtfertige Kreditvergabe und Betrug lassen Banken zusammenbrechen

Die Immobilienpreisblase platzte, als der Zufluss neuer Einlagen – und folglich die Kreditvergabe – im Jahr 2008 zum Erliegen kam. Als Großeinleger sahen, dass die Immobilienpreise fielen, begannen sie, ihre Gelder von irischen Banken abzuziehen. Die Zinsen stiegen steil an, als Anleiheinhaber erwarteten, die Regierung werde die Regulierung notleidender Kredite den leichtfertigen Banken und risikobereiten Spekulanten überlassen. Das wäre schließlich das Naheliegendste und Vernünftigste gewesen.

Der Bank Run veranlasste die EZB dazu, die gleichen Lügen über Irland zu verbreiten, die das US-Finanzministerium über die US-Wirtschaft in Umlauf brachte. Sie behauptete, dass Problem sei lediglich eine vorübergehende *Illiquidität*, als wären die Bankkredite an sich solide und durch die hinterlegten Sicherheiten vollständig abgedeckt. Dabei war das eigentliche Problem eine *Zahlungsunfähigkeit* aufgrund von Ramschhypotheken und Insidergeschäften mit Bankeigentümern. Schließlich bestanden die Sicherheiten vor allem aus weitgehend leerstehenden oder halbfertigen Häusern.

Korrupte Banker setzen die Verluste ihrer Institute bewusst zu niedrig an, und internationale Finanzinstitute wie etwa die EZB unterstützen deren überoptimistische Versprechungen, das Problem sei minimal, nur vorübergehend und leicht in den Griff zu bekommen. Das ist die chronische Illusion des Finanzsektors, der unfähig zu sein scheint, zwischen einem Liquiditätsproblem und einer grundlegenden Zahlungsunfähigkeit zu unterscheiden. Da die irische Regierung diesen Unterschied ignorierte, folgte sie dem Rat der EZB, einen drohenden Ansturm auf die Banken dadurch zu verhindern, dass sie gegenüber nicht versicherten Großeinlegern und Anleiheinhabern die unbeschränkte Garantie abgab, den Banken beizustehen und die zugesicherten hohen Zinsen trotz erheblicher Risiken in voller Höhe zu bezahlen.

Die meisten dieser Großeinleger waren Ausländer, vor allem Briten. Sie spielten die gleiche Rolle als »Rentenabschöpfer« wie die britischen Grundherren im 19. Jahrhundert. Irland hatte eine lange Tradition des Kampfs gegen Grundherren, von der Catholic Association der 1820er Jahre zur Land League der 1880er Jahre und Sinn Féin, die im Jahr 1922 die Unabhängigkeit von England errang. Aber den europäischen Kreditherren ergaben sich die politischen Führer des Landes ohne Gegenwehr.

Wie die isländischen waren auch die irischen Banken viel zu groß, als dass sie hätten gerettet werden können, ohne das Land in den Bankrott zu treiben. Die sechs größten irischen Institute behaupteten, ihre Verluste beliefen sich insgesamt nur auf 4 Milliarden Euro. Die Vorstände der Anglo Irish Bank hoben ihre anfängliche Schätzung zwar an, logen aber immer noch, als sie behaupteten, sie hätten nur 7 Milliarden Euro verloren. Die Regierung wurde zum Komplizen (und schon bald von den Wählern abgestraft), als sie diese Behauptung einfach hinnahm und dem Rat der EZB folgte, für die Auszahlung von Großeinlegern und Obligationären in voller Höhe zu haften. Am 20. Januar 2009 wurde Anglo Irish von der irischen Regierung verstaatlicht. Die Vorstände der Bank wurden entlassen, aber sie lachten nur, als die Regierung sie bat, auf die überaus großzügigen Abfindungen, die sie sich bei ihrem Abschied selbst genehmigten, zu verzichten.

Es gab keine irische Einlagenversicherungsagentur, die die Forderungen von Großeinlegern abgedeckt hätte. Irland hätte seine Banken in Konkurs gehen lassen können, so dass die Einlagen und Kredite, die in notleidend gewordene Kredite investiert worden waren, verloren gewesen wären. Aber als dann nach und nach das ganze Ausmaß der faulen Kredite sichtbar wurde und im November 2010 Zahlungsausfälle immer wahrscheinlicher wurden, stellten die EZB und der IWF der irischen Regierung einen Kredit über 100 Milliarden Euro zur Verfügung; sie behaupteten, dies sei notwendig, um eine »Ansteckung« innerhalb der gesamten Eurozone zu verhindern.

Geithner bringt Irland im Jahr 2010 dazu, vor der EZB zu kapitulieren

Laut Darstellung des Dubliner Wirtschaftsprofessors Morgan Kelly hat Tim Geithner erheblichen Druck auf die irische Regierung ausgeübt, um sie zur Kapitulation vor der EZB zu bewegen:

> Der IWF, der auf dem Standpunkt steht, Kreditgeber sollten für ihre Dummheit geradestehen, bevor er selbst in seine Tasche greift, legte den Iren einen Plan vor, demzufolge die Gläubiger von nicht garantierten Anleihen im Wert von 30 Milliarden Euro durchschnittlich auf zwei Drittel ihrer Forderungen verzichten sollten. [Finanzminister Brian] Lenihan war, laut einer anwesenden Quelle, außer sich vor Freude und sagte zu dem IWF-Team: »Sie sind Irlands Rettung.«
>
> Die Einigung wurde aus unerwarteter Richtung torpediert. Bei einer Telefonkonferenz mit den G7-Finanzministern erhob US-Finanzminister Timothy Geithner Einspruch gegen den Schuldenschnitt. ... Er ist der Ansicht, die Banken hätten Vorrang vor den Steuerzahlern. Der Einzige, der sich für die Iren in die Bresche warf, war der britische Finanzminister George Osborne, aber Geithner setzte sich, wie immer, durch. Eine lehrreiche, wenn auch schmerzliche Lektion darüber, wie stark die »sanfte Gewalt« der USA ist und wer unsere wirklichen Freunde sind.
>
> ... Die EZB bekam schließlich alles, was sie wollte. Der IWF übte scharfe Kritik an der irischen Verhandlungsführung, und ein IWF-Mitarbeiter meinte sogar, der Eifer, mit dem sich einige irische Unterhändler auf die Seite der EZB schlugen, deute darauf hin, dass sie an einer Art Stockholm-Syndrom litten.[5]

Ein hochrangiger US-Regierungsvertreter soll in reichlich verquasten Floskeln gegen die Behauptung protestiert haben, ein Amerikaner könne die europäische Bankenpolitik diktieren. »Der Offizielle wies darauf hin, dass die EZB und die Europäische Kommission Anleiheinhabern, die irischen Banken Gelder zur Verfügung stellten, keinen Forderungsverzicht hätten auferlegen wollen. ›Die EZB und die Europäische Kommission waren beide absolut dagegen, und auf sie kommt es an. Die Vereinigten Staaten treffen keine Entscheidung in europäischen Angelegenheiten‹.«[6] Anders gesagt, alle Zentralbanken sind bereit, Volkswirtschaften ans Schuldenkreuz zu schlagen. Sie brauchen von den USA nicht dazu gedrängt zu werden.

Der irische Notenbankpräsident Patrick Honohan übermittelte die EZB-Entscheidung pflichtgemäß an Lenihan. Der nachgiebige Finanzminister erkannte nicht, dass öffentliche Schulden sich von dem unterscheiden, was Banken nicht versicherten Einlegern und privaten Anleihegläubigern schulden. Kredite der öffentlichen Hand bei internationalen Institutionen wie der EZB oder dem IWF lassen sich praktisch nicht abschreiben. Sobald Irland gegenüber der EZB kapitulierte, war es zu spät, um die faulen Bankkredite abzuschreiben, weil Einleger und Anleiheinhaber ihr Geld bereits bekommen hatten.

Der (oben zitierte) Dubliner Professor Kelley erklärte, Irland hätte seine im September 2008 abgegebene »Bank-Garantie nicht länger aufrechterhalten sollen, nachdem klar war, dass die Bankverluste untragbar waren«.[7] Die Regierung hätte erkennen müssen, dass man sie getäuscht hatte und dass die Ratschläge der EZB nicht im nationalen Interesse Irlands waren, sondern den Interessen der Banken dienten. Anleihegläubiger und nicht versicherte Einleger hätten Anteilsscheine an den in Schieflage geratenen Banken erhalten sollen, statt dass man Kredite bei internationalen Finanzinstitutionen aufnahm, um Einlagenabgänge abzudecken.

Der Preis für die Befriedigung dieser risikobereiten Gläubiger bestand darin, dass die irische Wirtschaft ein ganzes Jahrzehnt nicht wuchs. Die Regierung emittierte Schuldscheine im Volumen von 31 Milliarden Euro und hinterlegte diese bei den europäischen Bankbehörden, die die Mittel für die Abwicklung von Anglo Irish vorstreckten. »Bei Einrechnung der Zinskosten belaufen sich die Gesamtkosten für den Fiskus auf geschätzte 47 Milliarden Euro«, verteilt über zehn Jahre. Für die sechs großen irischen Banken »steht Dublin eine Rechnung von mindestens 63 Milliarden Euro ins Haus«.[8] Die Summe stieg bis Anfang 2014 auf 85 Milliarden Dollar. »Um dies richtig einordnen zu können, sollte man sich vor Augen führen, dass die Europäische Union gerade einen mit 75 Milliarden Dollar dotierten Fonds für die Bewältigung sämtlicher zukünftiger Bankenkrisen in ihren Mitgliedstaaten aufgelegt hat.«[9] Irland hatte sich bereit erklärt, mehr für alle faulen Bankkredite des Kontinents zu zahlen als sämtliche übrigen Staaten Europas zusammengenommen!

Gemäß der »Bagehot-Regel« sollte man zahlungsfähige Banken pleitegehen lassen. Ihre Aktionäre und nicht versicherten Großeinleger hätten Verluste hinnehmen müssen, und die Anleiheinhaber wären in Bankaktien statt in Bargeld ausgezahlt worden. Aber das, was Sheila Bair über das US-Rettungspaket sagte (»Es geht dabei allein um die Anleiheinhaber«), wiederholte sich in Irland. Damit niemand den geringsten Verlust erlitt, erklärte sich die Regierung bereit, selbst für forderungsbesicherte Wertpapiere und nachgeordnete Verbindlichkeiten in voller Höhe zu haften.

Die Pleite von Anglo Irish hätte der irischen Wirtschaft nicht ernsthaft geschadet. Aber als die öffentliche Garantie im Jahr 2010 auslief, hatten sich die privaten Gläubiger mit dem Geld davongemacht. Ihren Platz übernahmen die Finanzbehörden der EU. Sogar ein Leitartikler der *Financial Times* hielt diese hohe öffentliche Kreditaufnahme für einen schweren Fehler: »Dadurch, dass die irischen Steuerzahler die Verbindlichkeiten des Bankensystems in voller Höhe übernommen haben, haben sie ausländische Gläubiger gerettet, die Verluste infolge des Crashs hätten mittragen sollen. Wenn Entscheidungsträger der Eurozone über irische Bankschulden entscheiden, sollten sie das Verhalten einiger unverantwortlicher Banker nicht als Vorwand benutzen, um ein ganzes Land zu bestrafen.«[10]

Die Regierung wälzte sämtliche Verluste aus früheren Kreditaufnahmen auf die Steuerzahler ab. Die Staatsschulden verdoppelten sich beinahe, von 64 Prozent des Bruttoinlandsprodukts im Jahr 2009 auf 125 Prozent im Jahr 2013. Das gesamte irische BIP-Wachstum war bereits für die Rückzahlung der EZB-Kredite eingeplant, die ausländischen Bankgläubigern erlaubten, Zinsen auf hochriskante Anlagen zu kassieren, ohne die geringsten Verluste zu erleiden, als ob es völlig natürlich wäre, dem Interesse von Spekulanten Vorrang zu geben.

In keinem Referendum fragte man die Wähler, was sie wollten, aber im Januar 2011, zwei Monate nach der Kapitulation, wurde klar, was sie sich wünschten. Fianna Fáil und ihre Verbünden von der Green Party wurden mit großer Mehrheit abgewählt und durch eine Koalition aus Fine Gael und Labour unter Führung von Enda Kenny abgelöst. Aber die neue Regierung hielt an dem Versprechen fest, das »Rettungspaket« der Europäischen Union zu bezahlen, und machte so aus Irland »den Schuldknecht Europas«, wie es in einem Leitartikel der *Financial Times* hieß:

> Die europäischen Partner Dublins ... wollen, dass die irischen Steuerzahler mehr Geld in die Löcher werfen, die die Privatbanken gegraben haben. Im Rahmen des Rettungsprogramms muss Dublin einen Pensionsfonds schließen, den es aufgebaut hat, als Berlin und Paris gegen die Maastricht-Kriterien verstießen. ... Solange Inhaber erstrangiger Schuldverschreibungen als unantastbar gelten, sind Notverkäufe von Vermögenswerten mit dem Risiko noch größerer Verluste verbunden, die den Steuerzahlern in Rechnung gestellt werden. Enda Kenny, der Chef von Fine Gael und voraussichtliche irische Premierminister, will den Vertrag neu verhandeln. Dabei wird wahrscheinlich ein gesichtswahrender, aber sinnloser Kompromiss herauskommen: Im Gegenzug für einen niedrigeren Zinssatz wird Mr. Kenny an der selbstmörderischen Gleichsetzung von Bank- und Staatsschulden seines Vorgängers festhalten.[11]

Genau das geschah. Irland stimmte im Mai 2012 mit einer Mehrheit von 60 Prozent für die Annahme des Fiskalpakts, ohne dass die strengen Kreditkonditionen, die von der Vorgängerregierung akzeptiert worden waren, abgemildert wurden. Dies veranlasste fast 10 Prozent der Bevölkerung dazu, mit den Füßen abzustimmen und das Land zu verlassen – fast 400 000 von 4,5 Millionen Einwohnern seit 2007, überwiegend die am besten ausgebildeten Jugendlichen, die es ihren Altersgenossen im neoliberalisierten Lettland und Griechenland gleichtaten.

David Begg, der Vorsitzende des irischen Gewerkschaftsverbands, behauptete: »Die Troika hat Irland größeren Schaden zugefügt, als es Großbritannien jemals in 800 Jahren getan hat.« Jamie Smyth schrieb in der *Financial Times:* »Jedes Fünfte von 942 440 offenstehenden Hypothekenkonten ist entweder seit über 90 Tagen mit den Zahlungen im Rückstand, oder es wurde wegen Zahlungsunfähigkeit des Kreditnehmers umgeschuldet. Ungefähr die Hälfte der 101 652 umgeschuldeten Hypotheken, bei denen Eigenheimbesitzern oder Investoren von zur Vermietung vorgesehenen Objekten Verträge mit reinen Zinszahlungen angeboten wurden, sind erneut mit ihren Zahlungen in Verzug geraten.«[12]

Die EZB und andere Gläubiger haben die Bereitschaft Irlands begrüßt, einen Sparkurs zu fahren, um die Schulden zurückzuzahlen, von denen das Land in den Jahren vor 2008 naiverweise glaubte, sie würden es reich machen. Im Netz hat sich rasend schnell ein Video einer Troika-Delegation verbreitet, die sich Anfang 2012 in Dublin mit irischen Regierungsvertretern traf. Darin warb der EZB-Vertreter Klaus Masuch um öffentliche Unterstützung, indem er Reportern erzählte, dass Irland die Krise hervorragend bewältige. Seine scheinheiligen Ausführungen veranlassten den Journalisten Vincent Browne, aufzustehen und sich zu erkundigen,

> wieso die EZB unsere Regierung dazu zwang, für die Schulden von Privatbanken zu bürgen, was unsere öffentlichen Finanzen überforderte? Schulden, denen das irische Volk durch seine gewählten Vertreter niemals zugestimmt hat. ... Die EZB zwang unsere Regierung dazu, Privatbanken zu retten, damit nicht-irische Banken, denen das Geld letztlich geschuldet wurde, nicht von Frankfurt, Berlin oder Paris gerettet werden mussten. ... Warum hat die europäische Zentralbank, unsere Zentralbank, ein kleines Land dazu gezwungen, Privatschulden zu übernehmen, ohne dass seine Bevölkerung dem zustimmte?[13]

Irlands neuer Präsident, Michael Higgens, der sein Amt im November 2011 antrat, beklagte, sein Land werde schlichtweg deshalb als »mustergültiger Rettungspatient der Eurozone« gelobt, weil »wir pragmatisch sind«, statt Front zu machen gegen drastische Haushaltskürzungen. »Es wäre für das Wachstum, die Schaffung von Arbeitsplätzen und die Investitionstätigkeit überaus nützlich gewesen, wenn die ... Verpflichtung, Bankenschulden von Staatsschulden zu trennen, tatsächlich umgesetzt worden wäre.«[14] Aber bei diesem Händeringen ließ er es bewenden.

Im Januar 2015 veröffentlichte der IWF einen vernichtenden Bericht, in dem er Irland dafür rügte, dem neoliberalen Rat der EZB gefolgt zu sein und von dieser und dem IWF einen Kredit aufgenommen zu haben. Obwohl der IWF dem Kredit zustimmte und daran beteiligt war, sah der Bericht einem Zeitungsartikel zufolge den Fehler bei der irischen Regierung:

> Der Umstand, dass nicht abgesicherte Gläubiger nicht an der Bankenrettung beteiligt wurden, die die irischen Steuerzahler 64 Milliarden Euro kostete und das Land ruinierte, verdankt sich der Überzeugung, dass eine solche Beteiligung gravierende negative »externe« Effekte auf andere Länder der Eurozone gehabt hätte, auch wenn solche Risiken »nicht offensichtlich« waren. Zudem deuteten die damaligen Handelskurse von

Obligationen irischer Banken laut IWF darauf hin, dass die Inhaber vorrangiger unbesicherter Bankanleihen mit einem erzwungenen teilweisen Forderungsverzicht auf ihre Anleihebestände rechneten.

Die Beobachtungen des IWF in einem heute veröffentlichten Bericht, der de facto ein Urteil über die eigene Rolle bei dem irischen Rettungspaket in Höhe von 67 Milliarden Euro ist, werden vermutlich in Irland die Debatte über die Kosten und Folgen der Bankenrettung, die verheerendste Finanzkrise in der jüngeren irischen Geschichte, neu entfachen. ...

Der IWF sagte, da die Gläubiger der Banken nicht an den Verlusten beteiligt worden seien, »fragen sich viele in Irland, warum es nur die irischen Steuerzahler sein sollten, die die Kosten dieser die gesamte Eurozone betreffenden Probleme zu tragen haben. Eine Gläubigerbeteiligung oder eine andere Lösung, die diese Kosten ›vergemeinschaftet‹ hätte, hätte vermutlich zu einer gerechteren Lastenteilung geführt«.[15]

Dennoch, so der Artikel weiter, war das irische Rettungsprogramm dem IWF-Bericht zufolge unnötig, um eine »Ansteckung« zu vermeiden. Es war Teil der »alarmistischen« Strategie, die die Banken in den Vereinigten Staaten und Europa einsetzten: »Der IWF scheint nicht von Argumenten überzeugt zu sein, wonach es zu einer Ansteckung innerhalb der Eurozone gekommen wäre, hätte man einen Forderungsverzicht erzwungen. Selbst wenn ein hohes Risiko negativer externer Effekte bestanden hätte, ›hätte man Maßnahmen ergreifen können, um diese durch geeignete politische Reaktionen in den betroffenen Märkten aufzufangen‹.«

Im Jahr 2014 sank die Investitionsquote in Irland auf 9 Prozent des Bruttoinlandsprodukts, einen mit den von inneren Unruhen und Bürgerkriegen geplagten Staaten Guinea-Bissau, Jemen und Somalia vergleichbaren Wert. Die Immobilienpreise fielen seit 2007 um die Hälfte. Aber irische Familien mussten auch weiterhin in voller Höhe für ihre Hypothekenverbindlichkeiten haften. Diese Dynamik ist die eigentliche Ursache für Schuldendeflation, hohe Arbeitslosigkeit und Auswanderung. »In den vergangenen fünf Jahren sind rund 165 000 Iren im Alter zwischen 15 und 24 Jahren emigriert, während der Anteil der 15- bis 29-Jähriger von 23,1 Prozent im Jahr 2009 auf 18 Prozent [im Jahr 2014] fiel. ... schätzungsweise 1 Million ›aktive irische Passinhaber‹ leben im Ausland. Das ist mehr als ein Fünftel der irischen Bevölkerung, die im April 2014 4,6 Millionen Menschen umfasste.«[16]

Irland macht kleine Fortschritte bei der Linderung des menschlichen Leids, das von der Pleite ausgelöst worden war. Es verkürzte die vorgeschriebene Dauer des Privatinsolvenzverfahrens von zwölf auf drei Jahre und drängte die Banken dazu, Hypothekenverbindlichkeiten so weit herabzusetzen, dass sie die tatsächlichen Marktpreise widerspiegeln. Aber es gibt hier nichts, was mit der »klingelnden Post« in den USA vergleichbar wäre, wo Immobilienbesitzer ihr Haus einfach aufgeben und sich dadurch von den Schulden befreien können, während die Bank auf den von ihr zu hoch beliehenen Immobilien sitzenbleibt. Die Hypothekenverbindlichkeiten irischer Schuldner betragen oftmals das Doppelte dessen, was ihr Haus auf dem noch immer rückläufigen Immobilienmarkt wert ist. Ohne die Aussicht, die Schulden mit ihrem Einkommen zurückzahlen zu können, sind sie gezwungen, auszuwandern.

Da die irische Regierung den schlechten Rat, den man ihr gab, nicht durchschaute und daher ihre Einstellung zu den Schulden bei der EZB und beim IWF änderte, kann sie heute innerhalb ihrer finanziellen Zwangsjacke nur noch kleine, symbolische Schritte tun. Großbritannien hat keine solche »pragmatische« Scheu. Am 14. Januar 2014 sagte der konservative Finanzminister George Osborne auf einer Konferenz: »Das größte ökonomische Risiko für Europa geht nicht von denjenigen aus, die Reformen und Neuverhandlungen wollen – es rührt daher, dass man sich Reformen und Neuverhandlungen verweigert. Es ist der Status quo, der die Menschen Europas in eine anhaltende Wirtschaftskrise und einen kontinuierlichen Niedergang zwingt.«[17]

Am nächsten Tag verkündete Nigel Farage, der Chef der britischen Independence Party, die Wahlen zum Europäischen Parlament im Mai 2014 »werden zu ... einer Schlacht zwischen denjenigen, die für eine nationale Demokratie eintreten, und den Verfechtern einer EU-Staatsbürokratie. ... Bis jetzt hielt jeder ... die Weiterentwicklung der Europäischen Union für unvermeidlich. Dieser Mythos der Unvermeidlichkeit wird durch die Europa-Wahlen in diesem Jahr zerstört werden.«[18] Und genauso kam es, wobei der Gegendruck durch populistische, gläubigerfeindliche Parteien stetig wuchs.

Die Zugehörigkeit zur Eurozone ist gleichbedeutend geworden mit der Vorherrschaft von Finanzinteressen, Schuldendeflation und staatlicher Verantwortung für die Rettung von Banken und deren nicht versicherten Einlegern und Anleiheinhabern – alles im Rahmen einer Deregulierungspolitik, die Betrügereien Vorschub leistete. Die Kosten dieser Betrügereien aber wurden dem Steuerzahler aufgebürdet.

Die fehlende Alternative sind Schuldenerleichterungen. Der Vorzug einer Politik der Schuldenerleichterung, die es Hypothekenschuldnern erlaubt, ihre Immobilie einfach aufzugeben und ihre Banken mit der leeren Immobilienhülle zurückzulassen, besteht darin, dass sie Banken zwingt, darauf zu achten, keine überhöhten Kredite zu vergeben (zumindest war das die Theorie, bevor die Banken begannen, faule Hypotheken zu verbriefen und sie an arglose Käufer zu verkaufen).

Irland ist ein hervorragendes Beispiel dafür, was geschieht, wenn es nicht zu einem Schuldenschnitt kommt:

> Jeder sechste Hypothekenkreditnehmer kann seine Kredite nicht zurückzahlen. Dennoch sind zwei Drittel dieser Kredite nie umgeschuldet worden. ... Woran es vielerorts immer noch fehlt, ist ... die Einsicht von Bürokraten und Bankern, dass das Scheitern unweigerlich zu jeder Marktwirtschaft dazugehört, und dass es sich manchmal auszahlt, reinen Tisch zu machen, statt Probleme endlos unter den Teppich zu kehren.
>
> Es mag nicht optimal sein, Schuldner einfach aus ihren Kreditverpflichtungen zu entlassen; aber es ist noch unbefriedigender, eine ganze Bevölkerungsgruppe gewissermaßen in ein Gefängnis aus Schulden einzusperren, die sie niemals zurückzahlen können.[19]

Statt zu dieser Einsicht zu gelangen, wurde Irland zu einem der schärfsten Kritiker der griechischen Regierung, als diese 2015 den Versuch unternahm, der »irischen Krankheit« nicht zu erliegen. Als führende irische Politiker die mutige Haltung von Syriza tadelten, gaben sie zu erkennen, was ihnen tatsächlich durch den Kopf gegangen sein muss: »Mein Gott, was haben wir getan? Selbst der IWF kritisiert uns dafür, dass wir uns Europa unterworfen, die Banken gerettet und einen Sparkurs durchgesetzt haben. Wenn Syriza gewinnt und die Sparpolitik in Griechenland beendet, dann waren die wirtschaftlichen Opfer, die wir gebracht, und der schmerzhafte Verzicht, den wir den Menschen abverlangt haben, völlig umsonst.«

KAPITEL 20

Die finanzielle Eroberung Lettlands: von der sowjetischen Planwirtschaft zur neoliberalen Austerität

»Die europäische Schuldenkrise ist kein Konflikt zwischen Staaten ... Die Finanzkrise in Europa ist, wie alle Finanzkrisen, letztlich eine Auseinandersetzung über die Aufteilung der Kosten der Anpassung, die entweder Arbeitnehmer und Mittelschichtsparer oder aber Banker, Eigentümer von Sach- und Finanzwerten und die Wirtschaftselite tragen müssen.«

Michael Pettis[1]

Das »Wirtschaftswunder des baltischen Tigers« endete in dem gleichen Desaster wie das irische. Am 1. Januar 2014 akzeptierte die lettische Regierung die Ideologie fiskalischer und finanzieller Austerität, die ihr von der Eurozone auferlegt wurde, obwohl Meinungsumfragen zeigten, dass die Mehrheit der Bürger gegen einen Beitritt war. Während Griechenland und andere Länder darüber diskutierten, ob diese »Auflagen« sie aus der Eurozone hinaustreiben würden (und die Isländer das Interesse verloren, ihr beizutreten), wurde Lettland zu ihrem 18. Mitgliedstaat. Als die am weitesten neoliberalisierte Volkswirtschaft Europas bietet Lettland ein Lehrbeispiel für die Dynamik von Schuldendeflation, öffentlichen Ausgabenkürzungen und der Weigerung, Boden- und Monopolrenten zu besteuern, was von bankenfreundlichen Publizisten als eine Erfolgsgeschichte hingestellt wird. Es ist zweifellos eine Erfolgsgeschichte für schwedische und andere Banken gewesen.

Postsowjetische Volkswirtschaften waren frei von öffentlichen Schulden, Unternehmensschulden, Immobilienschulden und Privatschulden oder sonstigen Bankkrediten, als sie im Jahr 1991 in die politische Unabhängigkeit entlassen wurden. Ihre Wohn- und Gewerbeimmobilien, ihre Verkehrsinfrastruktur und ihre gut ausgebildete Bevölkerung hätten die Grundlage für eine wettbewerbsfähige, kostengünstige moderne Volkswirtschaft bilden können. Man hätte jeder Familie ihr Haus zu einem symbolischen Preis verkaufen können. Erstklassige Grundstücke und Infrastrukturmonopole wurden zu eben solchen Konditionen an Insider übergeben. Aber zu der Zeit, als die meisten Familien Häuser zu kaufen begannen, schossen die Preise in die Höhe.[2]

Der Zustand der Schuldenfreiheit bei niedrigen Wohnkosten und einer breiten Palette öffentlicher Dienstleistungen währte nicht lange. Lettland erlegte seinen Arbeitnehmern und seiner Industrie die höchsten Steuern in ganz Europa auf, während es den Immobilien- und den Finanzsektor am niedrigsten besteuerte. Aufgrund der extrem niedrigen Vermögensteuern standen fast die gesamten Mieterträge zur Verfügung, um damit Bankkredite abzuzahlen, und die Immobilienpreise schossen in die Höhe, bis sie schließlich zu den höchsten in ganz Europa zählten.

Wie andere postsowjetische Volkswirtschaften wünschten sich auch die Letten den Wohlstand, den sie in Westeuropa sahen. Wenn Lettland jene Politik betrieben hätte, die einst die Industrienationen aufgebaut hatte, hätte der Staat Vermögen und Einkommen progressiv besteuert und die Einnahmen in die öffentliche Infrastruktur investiert. Stattdessen nahm Lettlands »Wirtschaftswunder« die überwiegend ausbeuterischen Formen des Rent-Seeking und der Insider-Privatisierungen an. Auf US-amerikanischen und schwedischen Rat hin betrieb die lettische Regierung die konsequenteste neoliberale Steuer- und Finanzpolitik weltweit und belastete den Faktor Arbeit mit den höchsten Steuern überhaupt. Arbeitgeber müssen eine pauschale Lohnsteuer von 25 Prozent plus eine 24-prozentige Sozialabgabe entrichten, während Lohn- und Gehaltsempfänger weitere 11 Prozent an Steuern zahlen. Diese drei Steuern summieren sich zu einer fast 60-prozentigen Einheitssteuer vor Anrechnung persönlicher Freibeträge. Der Faktor Arbeit wird dadurch teuer und folglich weniger wettbewerbsfähig; zudem müssen Verbraucher eine hohe Mehrwertsteuer von 21 Prozent zahlen (nach der Krise von 2008 stark erhöht von ursprünglich 7 Prozent). Keine andere westliche Volkswirtschaft besteuert Löhne und Konsum so hoch.

Gegenstück der hohen Besteuerung von Löhnen und Gehältern ist eine nur 10-prozentige Steuer auf Dividenden, Zinsen und andere Vermögenserträge und die niedrigste Vermögensteuer sämtlicher Industriestaaten (wie unten beschrieben). Diese Steuerpolitik wirkt beschäftigungshemmend, während sie gleichzeitig die Immobilienpreisblase aufbläht, die das Hauptmerkmal des »baltischen Wirtschaftswunders« ist.

Unmittelbar nach ihrer Unabhängigkeit von der Sowjetunion öffneten die baltischen Staaten ihre Volkswirtschaften für ausländische Banken, hauptsächlich aus Skandinavien. Die wenigen eigenen Banken Lettlands wurden von Insidern zu dem Zweck gegründet, ihre Geschäfte über sie abzuwickeln und in wachsendem Maße staatliche Einlagen hereinzunehmen, die sie als Kredite an sich selbst oder an Geschäftspartner ausreichten, um Betriebe, die zur Privatisierung standen, aufzukaufen.[3] Als die größte Bank, Parex, (mit 17 Prozent der lettischen Einlagen) im November 2008 zahlungsunfähig wurde, hat die Regierung sie verstaatlicht, um den Verlust ihrer eigenen Einlagen und einen Ansturm auf schwedische Banken zu verhindern.

Niederlassungen ausländischer Banken finanzierten den Immobilienboom, und dessen Zinslasten wurden zu einer Finanzsteuer, die man den Arbeitnehmern und der Industrie des Landes aufbürdete. Wie in Irland führte die unverminderte Schuldenlast nach dem Platzen der Blase dazu, dass geschätzte 10 Prozent der Bevölkerung auswanderten. Dennoch wurden Regierungen, die sich für einen Sparkurs einsetzten, mehrfach wiedergewählt.

Dies lässt sich mit dem Trauma erklären, das mit der russischen Herrschaft während und nach dem Zweiten Weltkrieg zusammenhängt. Stalin ließ in den 1940er-Jahren schätzungsweise 50 000 lettische Akademiker verhaften, ermorden oder ins Exil schicken.[4] Die gezielte Ansiedlung russischer Arbeiter erzeugte ein tief sitzendes Ressentiment, das bewirkte, dass sich die baltischen Staaten nach dem Zusammenbruch der Sowjetunion Europa zuwandten. Das Wiederaufleben des Nationalismus erlaubte es neoliberalen Politikern, die ethnische Karte zu spielen; dabei verwiesen sie auf die Tatsache, dass die größten Kritiker des Sparkurses Parteien seien, die von dem Bündnis »Zentrum der Harmonie« getragen werden – und das wird vor allem vom russischsprachigen Drittel der Bevölkerung unterstützt.

Diejenigen, die sich für die Besteuerung von Immobilien und Finanzvermögen einsetzen oder auch öffentliche Ausgaben, Verbraucherschutz und sonstige ordnungspolitische Eingriffe in die Wirtschaft befürworten, werden bezichtigt, eine Rückkehr zum Kommunismus zu betreiben. Ein

Schwarz-Weiß-Gegensatz wird beschworen: Entweder Sozialismus nach sowjetischem Muster oder eine neoliberale Ideologie, die behauptet, dass es ein funktionstüchtiges gemischtes Wirtschaftssystem nicht gebe.

Lettlands Alternative zu einem Verwaltungssystem sowjetischer Prägung war weit entfernt von einer klassischen Demokratie, die ihre Ressourcen dazu nutzt, eine Erfolgsgeschichte nach amerikanischem oder europäischem Vorbild zu verwirklichen. Vielmehr wurde das Land Opfer einer »Raubprivatisierung« der noch aus der Sowjetzeit stammenden Industriebetriebe. Statt jene Sozialausgaben und Infrastrukturinvestitionen zu tätigen, wie sie für erfolgreiche westliche Volkswirtschaften typisch sind, zeichnete sich das baltische »Wirtschaftswunder« durch eine Oligarchie aus, die im Zuge der Privatisierung entstand, und durch die Abhängigkeit von ausländischen Banken und eine Niedriglohnpolitik.

Die Blase im lettischen FVI-Sektor

Ohne eine Zentralbank nach dem Vorbild der Federal Reserve, die die postsowjetische Transformation hätte finanzieren können, stützte Lettland sich vor allem auf skandinavische Banken. Ergänzt durch russisches Fluchtkapital blähten diese ausländischen Kredite die baltische Immobilienpreisblase auf. Die lettischen Steuergesetze, die praktisch sämtliche ökonomischen Renten steuerfrei ließen, lockten viele ausländische Banken an. Die Grundsteuern beliefen sich zunächst nur auf den Bruchteil eines Prozents, und dies bei unrealistisch niedrigen Grundstücksbewertungen.[5] Selbst als die Grundstückspreise stark anzogen, ließ Lettland Grundeigentum praktisch steuerfrei (im Jahr 2013 wurde schließlich eine niedrige Grundsteuer eingeführt).

Der andere Kreditmarkt stellte die Mittel für den Aufkauf staatlicher Vermögenswerte bereit, die privatisiert wurden, hauptsächlich ehemalige Staatsmonopole. Schweden wurde zum wichtigsten Kreditgeber für die baltischen Staaten. Die schwedischen Banken vergaben Kredite dorthin, wo die höchsten Renditen lockten – also für Spekulationsgeschäfte und Immobilienkauf. Es wurden praktisch keine Anstrengungen unternommen, um Industrie und Landwirtschaft so zu restrukturieren, dass sie die Devisen, die für die Einfuhr von nicht im Inland erzeugten Investitions- und Konsumgütern erforderlich waren, erwirtschaftet hätten. Da Industriebetrieben die sowjetischen Absatzmärkte wegbrachen, nachdem die alten Produktionsverflechtungen mit der UdSSR zerschlagen worden waren, wurden sie abgerissen und als Schrott entsorgt, um die Grundstücke, auf denen sie standen, für (Luxus-)Immobilienprojekte zu nutzen.

Dank der ausländischen Kredite konnte Lettland bis 2008 seine Importabhängigkeit und seine Handelsbilanzdefizite finanzieren. Familien nahmen bei den Filialen ausländischer Banken Euro- oder andere Fremdwährungskredite auf, um Wohnungen zu kaufen oder Häuser zu bauen. Die dadurch entstehende Immobilienpreisblase »löste« das Zahlungsbilanzproblem Lettlands, nämlich die Frage, wie es die wachsende Abhängigkeit von ausländischen Gläubigern finanzieren sollte.

Diese Abhängigkeit von ausländischen Banken war in den postsowjetischen Ländern weit verbreitet; es ging dabei meist um Finanzierungen von Immobilien, deren Preise sprunghaft anstiegen. Aber sie erwies sich als ein Schneeballsystem, das auf der Aufnahme immer höherer Kredite basierte. Nur ein geringer Teil der Kredite wurde dazu benutzt, um Strukturen zu schaffen, mit denen sich jene Devisen erwirtschaften ließen, die zur Rückzahlung der Schulden benötigt wurden.

Die Steuerpolitik Lettlands war daran genauso schuld wie seine Finanzpolitik. Statt den sprunghaft steigenden Bodenwert zu besteuern, ließ Lettland diesen steuerfrei, um die Verpfändung von Grundstücken an Banken zu fördern und so die Immobilienblasen weiter aufzublähen. Bei seiner Entlassung in die Unabhängigkeit verfügte das Land nicht einmal über eine Bodenwertkarte. Die Sowjetunion hatte keine Pacht oder Miete berechnet, und so konnte sich die lettische Grundsteuerbehörde nur auf die Grundstücksbewertungsakten von 1917 stützten – die hoffnungslos veraltet waren.

Noch heute (2015) besitzt Lettland keine Bodenwertkarte, und das lettische Grundsteuersystem ist das ungerechteste in Europa; es trägt zu dem polarisierten Gini-Koeffizienten der Vermögens- und Einkommensverteilung des Landes bei. Vor allem die niedrige Grundsteuer ist verantwortlich für die hohe Schuldenbelastung von Immobilien, denn alles, worauf das Finanzamt verzichtet, steht für den Schuldendienst bei Banken zur Verfügung. Die Kombination aus hoher steuerlicher Belastung von Arbeitseinkommen, niedrigen Grundsteuern und einer Flut von ausländischen Bankkrediten, die die Immobilienpreise aufblähten, bildete den Kern des baltischen Wirtschaftswunders. Es wurde hoch gelobt, als ob kreditfinanzierte Immobilien ein Anzeichen des Wohlstands wären und keine Gemeinkosten, die hohe finanzielle Belastungen auferlegen, da die Kredite an ausländische Banken zurückgezahlt werden müssen.

Bis 2015 wurden die Löhne und Gehälter der Letten in inländischen Lats ausgezahlt, während ihre Hypothekendarlehen auf Euro oder auch Sterling, Schweizer Franken und Dollar lauteten. Es verstößt gegen einen zentralen Grundsatz einer soliden Finanzpolitik, wenn man Niederlassungen ausländischer Banken erlaubt, fast ausschließlich Fremdwährungskredite zu vergeben: *Um das Wechselkursrisiko auszuschalten, sollte man keine Schulden in einer fremden Währung eingehen.* Eine Verschlechterung der Zahlungsbilanz führt zur Abwertung der Inlandswährung, mit der Folge, dass die Kosten (in Inlandswährung) für die Rückzahlung dieser Verbindlichkeiten steigen.

Bald nach dem Crash von 2008 reichten ausländische Banken keine Hypothekendarlehen mehr aus, mit denen Lettland sein Handelsbilanzdefizit zum größten Teil finanzierte. Der Zustrom von russischem Fluchtkapital auf lettische Bankkonten ebbte ebenfalls ab, als die Ölpreise sanken. Um eine weitere Abwertung des lettischen Lats zu verhindern, kürzte die Regierung die Ausgaben. Dieser Sparkurs wurde mit einem neugeprägten Wort als »interne Abwertung« bezeichnet; diese bedeutet nichts anderes als Lohnsenkungen, um auf Kosten des Entzugs von Kaufkraft für die Wirtschaft einen Haushaltsüberschuss zu erzielen.

Das Sparprogramm veranlasste rund zehntausend Letten, am 13. Januar 2009, einem eiskalten, trüben Wintertag, aus Protest auf die Straße zu gehen. Lettland verzeichnete weltweit den stärksten Rückgang der Immobilienpreise (die im April 2007 ihren Höchststand erreicht hatten) innerhalb eines Jahres.[6] Lettland, das bei seiner Unabhängigkeit 1991 noch schuldenfrei gewesen war, war zum höchstverschuldeten Land Europas geworden, ohne mit diesen Krediten seine Industrie oder Landwirtschaft modernisiert zu haben.

Um einen Run auf die Währung zu verhindern, überreichte EU-Kommissar Joaquin Almunia am 26. Januar 2009 dem lettischen Ministerpräsidenten und dessen Finanzminister einen Brief, in dem er die Bedingungen darlegte, unter denen EZB und IWF Lettland einen Kredit zur Stützung seiner Währung einräumen würden. Darin wurde die lettische Regierung aufgefordert, den Kredit ausschließlich zur Rückzahlung ihrer Schulden bei

Tochtergesellschaften westlicher Banken und »für gezielte Kapitalzuführungen oder angemessene kurzfristige Liquiditätshilfen [für Banken] zu verwenden. Hingegen soll die Finanzhilfe nicht für die Gewährung neuer Kredite an Unternehmen und Haushalte verwendet werden«, das heißt, dem Land nicht dabei helfen, Exportkapazitäten aufzubauen, um durch entsprechende Erlöse seine Schulden eigenständig zu begleichen:

> Wir haben in jüngster Zeit in der öffentlichen Debatte in Lettland einige beunruhigende Forderungen gehört, wonach ein Teil der Finanzhilfe *unter anderem* zur Förderung von Exportindustrien oder zur Ankurbelung der Konjunktur durch allgemeine Ausgabensteigerungen verwendet werden sollte. Es ist wichtig, sich aktiv gegen solche Fehleinschätzungen zu wenden.[7]

Der Kredit der Eurozone und des IWF wurde also nur bereitgestellt, um ausländischen Banken zu helfen. Dank der Stützung der Währung konnten Investoren und Kleptokraten ihre Gelder zu einem besseren Wechselkurs aus der lettischen Wirtschaft abziehen, als es der Fall gewesen wäre, wenn der Lats an Wert verloren hätte. Viele lettische Regierungsbeamte hatten ein persönliches Interesse daran, eine Abwertung des Lats zu verhindern. Die meisten, die ich kennenlernte, hatten hohe Fremdwährungshypothekenkredite aufgenommen. Zentralbankpräsident Ilmars Rimsevics hatte angeblich so hohe Hypothekenverbindlichkeiten in Euro, dass er überschuldet gewesen wäre, wenn Lettland nach der Finanzkrise 2008 abgewertet hätte (auch wenn sein Gehalt höher war als das von Ben Bernanke, dem Vorsitzenden der Federal Reserve, obwohl das lettische BIP nur etwa halb so hoch ist wie die Wirtschaftsleistung der bankrotten Region Detroit).

Die »Konditionalität« Kommissar Almunias führte dazu, dass sich Lettland in der Lage eines Staates befand, der einen Krieg verloren hatte und Reparationen zahlen musste. In diesem Fall ging es um die Erfüllung der schwedischen Forderung, die Bankschulden müssten in voller Höhe, fristgerecht und ohne Abschlag zurückgezahlt werden, ehe Gelder zur Ankurbelung der Konjunktur ausgegeben werden dürften. Die lettische Regierung litt buchstäblich an einem Stockholm-Syndrom: Sie verteidigte schwedische Finanzinteressen, die die lettische Wirtschaft in die Schuldknechtschaft trieben.

Als Lettland den Westen um Hilfe bat, hat es wohl kaum mit dieser Schuldendeflation gerechnet. Der neoliberale Ratschlag, den das Land erhielt, lautete einfach, sein Staatsvermögen zu privatisieren und eine arbeitnehmerfeindliche Einheitssteuer einzuführen, die keine EU-Nation ihrer eigenen Bevölkerung auferlegt. In den USA und in Europa ausgebildete Berater verschlossen einfach die Augen vor der Tatsache, dass die postsowjetischen Volkswirtschaften ihre Einfuhren einfach dadurch bezahlten, dass sie Kredite gegen Verpfändung des Staatseigentums aufnahmen, über das sie bei ihrer Unabhängigkeit verfügten. Die EU-Kernstaaten haben Insidergeschäften, die bei ihnen selbst strengstens verboten sind, zwanzig Jahre lang einfach tatenlos zugesehen.

Die lettischen Banken werden gerettet, nicht die Wirtschaft

Bis zum Frühjahr 2010 fielen die lettischen Immobilienpreise um 70 Prozent, und die Regierung wollte die Löhne und Gehälter im öffentlichen Sektor um 30 Prozent senken, in der Hoffnung, die Löhne und Gehälter im privaten Sektor würden dem folgen. Am 25. Mai leitete ich gemeinsam mit Jeffrey Sommers eine Delegation ausländischer Berater, die mit den Mitgliedern des lettischen Finanz- und Kapitalmarktausschusses zusammentrafen. Unsere Diskussion drehte sich um die Frage, wie die Banken die Immobilienkrise bewältigten. Die Ausschussvorsitzende, Irena Krumane, erklärte, Aufgabe ihrer Behörde sei es lediglich, dafür zu sorgen, dass die Banken zahlungsfähig blieben, indem sie ihre Kredite mit ausreichenden Sicherheiten unterlegten. Die Kosten für die Gesamtwirtschaft wurden dabei nicht betrachtet.

Krumane sagte uns, trotz der Warnung ihrer Aufsichtsbehörde vor einer Immobilienpreisblase seien die lettischen Hypothekenschulden doppelt so hoch, wie es der Fall wäre, wenn die Bankenaufseher genauso schnell gehandelt hätten wie in Estland und Litauen.

Das Problem war, dass die Aufsichtsbehörde sich gewissermaßen zum Sachwalter des zu regulierenden Sektors machte (die oben schon erwähnte *regulatory capture* oder regulatorische Vereinnahmung). Insbesondere schwedische Banken – die größten Kreditgeber in Lettland – blockierten strengere aufsichtsrechtliche Vorschriften. Da sie möglichst hohe Kredite vergeben wollten, widersetzten sie sich Versuchen, sie zu einer sorgfältigeren Prüfung der Einkommensverhältnisse der Kreditnehmer und der Qualität ihrer Kreditsicherheiten zu verpflichten. Und so sahen die lettischen Behörden ihre Aufgabe lediglich darin, die Rückzahlung der ausgereichten Bankkredite und die Solvenz der Banken sicherzustellen, unabhängig davon, wie leichtfertig sie die Kredite vergeben hatten.

Und leichtfertig waren sie in der Tat. Im Juni 2006 fragte Jeffrey Sommers den Leiter der Immobiliensparte einer schwedischen Großbank in Lettland, weshalb sie weiterhin Hypothekendarlehen vergaben, obwohl der Immobilienmarkt ganz offensichtlich überhitzt sei. »Wir wissen, dass er zusammenbrechen wird«, bekam Sommers zu hören, »aber der Jahresbonus aller Mitarbeiter hängt davon ab, dass wir mehr Umsatz machen, und wir können jetzt nicht einfach aufhören.« Die Party auf dem Immobilienmarkt ging also weiter, genauso wie in den Vereinigten Staaten und in anderen Ländern.

Die Bankenaufseher sagten uns, es wäre »zentrale Planung«, wenn man die Eigenkapitalanforderungen und die Vorschriften über die Bildung von Rücklagen im Geschäft mit Hypothekenkrediten verschärfen würde. Die EU-Regeln geben den Regierungen just deshalb so eingeschränkte regulatorische Befugnisse, um solche vorgeblich »willkürlichen« Eingriffe in vermeintlich freie Märkte zu unterbinden – die Art von Regulierung, die in den Vereinigten Staaten und Großbritannien mehr oder minder tagtäglich stattfindet. Indem neoliberale Ideologen Lettland daran hinderten, höhere Rücklagen für Hypothekendarlehen als für gewerbliche Kredite zu fordern, machten sie es den Aufsehern unmöglich, etwas gegen die Immobilienpreisblase zu unternehmen, so sie es denn wollten.

Einer der Gründe für unseren Besuch war die Tatsache, dass es kein aktuelles Grundbuch für die Bewertung von Grundstücken gab. Die Aufseher versuchten das Problem dadurch zu lösen, dass sie nicht die tatsächlichen Grundstückswerte, sondern das Einkommen des Kreditnehmers zur Absicherung von Bankkrediten heranzogen – wobei sie sich darum bemühten, nicht nur die Kreditnehmer selbst, sondern möglichst viele von ihren Familienmitgliedern dazu zu bringen, den Kreditvertrag als Bürgen mit zu unterzeichnen. Dadurch wurde es den Banken möglich, deren Einkommen im Fall der Zahlungsunfähigkeit des Schuldners zu pfänden. Dies schützte die Banken, hatte jedoch verheerende Folgen für die betroffenen Familien, als die Immobilienpreise gegenüber ihrem Höchststand im Jahr 2007 um

68 Prozent einbrachen und bei 54 Prozent der lettischen Immobilien der Marktwert des Hauses unter die Summe der darauf lastenden Hypothekenverbindlichkeiten sank.[8]

Diese Vorgehensweise war das Gegenteil der amerikanischen »klingelnden Post«, die es Kreditnehmern erlaubt, ihre Immobilien bei Überschuldung einfach aufzugeben. Lettische Banken waren nicht dazu verpflichtet, die Höhe ihrer Kredite auf den Grundstückswert abzustimmen. Als im Zuge sinkender Immobilienpreise und damit einhergehender negativer Kapitalwerte Zahlungsausfälle immer weiter um sich griffen, hielten sich Banken an die Familienmitglieder, die die Hypothekenverträge mit unterschrieben hatten. Die Aufseher sagten uns, sie könnten Banken nicht anweisen, einen Teil ihrer Kredite abzuschreiben, denn dies wäre gleichbedeutend mit Verstaatlichung! Sie könnten die Banken lediglich bitten, die Kredite freiwillig zu modifizieren – woran die Banken kein übermäßiges Interesse zeigten. Und so lehnten sich die Regulierer einfach zurück, während Banken das Einkommen der Letten abschöpften und an ihre Konzernzentralen in Schweden und anderen Kredithauptstädten abführten.

Jeder Gedanke, Finanzmittel zur Förderung der Kreditvergabe an Industrie und Handel zu verwenden – oder eine Immobilienpreisblase durch Besteuerung von Grundbesitz abzuwenden –, wurde als Einmischung in den »Markt« abgelehnt. Dabei ist dies nur ein Euphemismus dafür, die Banken tun zu lassen, was sie wollen. Dieses Unvermögen, Banken im öffentlichen Interesse zu regulieren, macht sie de facto zu »zentralen Planungsinstanzen«. Gesamtwirtschaftlich führte diese Finanzialisierung dazu, dass viele Immobilienbesitzer 30 bis 40 Prozent ihres Einkommens für Zahlungen an die Banken bereitstellen mussten. Wenn sie arbeitslos wurden oder eine »innere Abwertung« ihre Löhne senkte, konnten sich die Banken an den Einkommen ihrer Bürgen schadlos halten.

Neoliberale Schuldendeflation, Auswanderung und Finanztribut

Diese Notlage ließ überschuldeten Immobilienbesitzern die klassische neoliberale »marktwirtschaftliche« Wahl: die Zahlungsverpflichtungen erfüllen oder sich durch Auswanderung von den Schulden befreien. Etwa 10 Prozent der lettischen Bevölkerung und rund 14 Prozent der Bevölkerung im erwerbsfähigen Alter haben seit dem Jahr 2000 das Land verlassen, wobei sich die Auswanderung nach dem Crash von 2008 noch beschleunigt hat. Im Jahr 2013 sollen volle 10 Prozent der »lettischen« Lebendgeburten in Großbritannien stattgefunden haben! Wie in anderen Ländern, denen eine Sparpolitik auferlegt wurde, setzte sich auch die lettische Auswanderungswelle vor allem aus der bestausgebildeten und am leichtesten in Arbeit zu vermittelnden Bevölkerungsgruppe zusammen: den 25- bis 35-Jährigen. Die Letten scherzen darüber, dass ihre Heimat bis 2030 gänzlich entvölkert sein wird: Der letzte Lette, der ins Flugzeug steigt, wird gebeten, das Licht zu löschen.

Wenn Arbeitskräfte gezwungen sind auszuwandern, um Arbeit zu finden, geht das Kapital verloren, das in ihre Erziehung, Bildung und Berufsausbildung investiert wurde. Die brutale Schuldenpolitik ist das, was europäische Arbeitskräfte in die Emigration treibt.

Man fühlt sich unwillkürlich an die Diskussion von Adam Smith erinnert, der in seinem berühmten Werk *Der Wohlstand der Nationen* beschreibt, wie im Jahr 1310 Flüchtlinge aus der italienischen Stadt Lucca in Venedig die ersten Seidenmanufakturen gründeten. Smith gab der despotischen politischen Autokratie Italiens die Schuld.[9] Im Fall von Lettland sieht es anders aus: Statt die traumatischste Form der »inneren Abwertung«, die Europa bis dahin gesehen hat, für das Phänomen dieser neuen Exilanten verantwortlich zu machen, freuen sich viele Letten über den Applaus von Neoliberalen, die die Entwicklung ihres Landes als Erfolgsgeschichte feiern. Man hat Lettland zum Aushängeschild für jene Art von Sparpolitik gemacht, die Griechenland, Spanien und Italien auferlegt wurde.

Weder in Irland noch in Lettland rühren die ökonomischen Probleme und die Auswanderung von den Staatsausgaben her, die von den Neoliberalen kritisiert werden. Das Problem waren nicht regulierte, unverantwortlich handelnde Geschäftsbanken sowie die Vorstellung, Volkswirtschaften könnten ihre Leistungsfähigkeit dadurch steigern, dass sie Kredite im Ausland aufnehmen, um die Immobilienpreise im Inland aufzublähen. Der Mietwert von Immobilien wurde in Form von Zinskosten an ausländische Banken übertragen, und leichtfertige Banken wurden auf Kosten der Steuerzahler gerettet. Es war ein Zerrbild »freier Märkte«, von denen man hoffte, sie würden die Löhne und die inländischen Ausgaben so weit senken, dass Kredite, die zu weit über dem Marktniveau liegenden Zinsen vergeben worden waren, zurückgezahlt werden konnten. Diese neoliberale Politik führt notwendigerweise zu Schuldendeflation, Depression und weiterer Auswanderung.

Eine an den Interessen der Banken ausgerichtete Planung hielt Lettland davon ab, zur Finanzierung seiner postsowjetischen Systemtransformation eine öffentliche Bank zu gründen. Die Bevölkerung – und auch öffentliche Institutionen – konnten ihre Kontokorrent- und Spareinlagen nur bei Privatbanken anlegen. Die Lehre aus dem wirtschaftlichen Absturz Lettlands und Irlands ist also das genaue Gegenteil dessen, was Neoliberale behaupten. Banken sollten öffentliche Versorgungsunternehmen sein. Andernfalls werden ihre Präferenzen bei der Kreditvergabe das industrielle Wachstum, die Beschäftigung und den Lebensstandard untergraben. Kredit wird vor allem geschöpft, um vorhandene Immobilien, Infrastruktureinrichtungen und Unternehmen zu kaufen oder zu übernehmen, wodurch ihre Kosten in die Höhe getrieben werden und die Befriedigung von Grundbedürfnissen teurer wird.

In dem Brief von Kommissar Almunia an die lettische Regierung spiegelt sich die Leitlinie der EZB wider, Geld ausschließlich für den Kauf von vor langer Zeit begebenen Staatsanleihen zu drucken, um deren Kurse zu stützen, damit Anleiheinhaber sie mit minimalen Verlusten verkaufen können. Das meinte EZB-Präsident Mario Draghi, als er im Sommer 2012 versprach, »alles Notwendige zu tun«, um zu verhindern, dass die Anleihekurse aufgrund steigender Zinsen sanken. Die EU tut wenig, um der Realwirtschaft zu helfen, sie unterstützt lediglich die Opferung der Arbeitnehmer und der Industrie für die Interessen der Gläubiger.

Nachspiel: Die Banken geben schikanierten Kreditnehmern, nicht sich selbst die Schuld

Die meisten Ökonomen beschrieben den Zusammenbruch der Industrie und des öffentlichen Sektors aus der Sowjetzeit als eine »schöpferische Zerstörung«, einen notwendigen Prozess im Übergang zu einem marktwirtschaftlichen System westlicher Prägung. Dabei wurden öffentliche Infrastruktureinrichtungen im Zuge einer »räuberischen Privatisierung« an politische Insider verscherbelt. Dies führte zu einer viel stärkeren Vermögenskonzentration als in den westlichen Staaten. Trotzdem behaupteten

Neoliberale, die lediglich das Wachstum des Bruttoinlandsprodukts im Auge hatten, bis zum Jahr 2008 seien die baltischen und osteuropäischen Staaten auf einem guten Weg gewesen, mit dem Westen gleichzuziehen.

Im Jahr 2008 zeigte sich, dass das *Wachstum* der postsowjetischen Volkswirtschaften weit hinter ihrer Finanzialisierung und Verschuldung zurückgeblieben war. Der *Forbes*-Ökonom Mark Adomanis stellte im Jahr 2014 folgende Berechnung an:

> Wenn die Konvergenz dieser Volkswirtschaften mit denen des Westens in dem Tempo weiterginge wie im Zeitraum 2008–2013 (etwa 0,37 Prozent pro Jahr), würde es über hundert Jahre dauern, bis die neuen EU-Mitglieder das durchschnittliche Einkommensniveau der Kernländer erreichen ... Da der schnellste und nachhaltigste Konvergenzschub Osteuropas mit einer Kreditblase zusammenfiel, die sich sehr wahrscheinlich nicht wiederholen wird, wird die Konvergenz der Region in Zukunft wohl langsamer vonstattengehen als in der Vergangenheit.[10]

Es wurden nicht die Strukturen für eine Selbstversorgung geschaffen. Ein größer werdendes Handelsbilanzdefizit wurde mit ausländischen Krediten finanziert, die jetzt durch den Schuldendienst die Zahlungsbilanz chronisch belasten. Da diese Länder keine Immobilienpreisblasen mehr haben, die für einen ausreichenden Devisenzufluss zur Finanzierung des Handelsbilanzdefizits sorgen würden, können sie jetzt nur noch ihre Menschen exportieren. Statt Volkswirtschaften wettbewerbsfähiger zu machen, zwingt die Sparpolitik diejenigen, die mobil sind, dazu, im Ausland nach Arbeit zu suchen. Und so prophezeit Adomanis: »Soweit Europa in Zukunft eine restriktive Geld- und Haushaltspolitik betreiben wird, dürften Osteuropa ungemütliche Zeiten bevorstehen.«

Der Widerstand der Banken gegen Schuldenerleichterungen bei Hypotheken

Was sollte gegen die Schuldenlast, die ein Erbe solcher Spekulationsblasen ist, getan werden? Inwieweit sollten die Banken und Anleihegläubiger, die das Geld für solche Geschäfte bereitstellten (gegen hohe Renditen, in denen sich angeblich das Ausmaß des Risikos widerspiegelte), gezwungen werden, die Verluste zu tragen? Anders ausgedrückt: Inwieweit sollte lettischen Schuldnern erlaubt werden, Immobilien, deren Hypothekenverbindlichkeiten höher waren als ihr Marktwert, einfach aufzugeben?

Diese Fragen wurden im Januar 2014 im lettischen Saeima (Parlament) diskutiert, als das linksgerichtete Parteienbündnis »Harmonie-Zentrum« eine Änderung des Immobiliensteuergesetzes beantragte, um darin das »Klingelnde-Post«-Prinzip zu verankern. Die Änderung wurde in erster Lesung angenommen. (Die Gesetzgebungsvorschriften verlangen drei Lesungen.) Doch wenngleich das »Harmonie-Zentrum« die größte lettische Partei war (bei den Parlamentswahlen im Jahr 2011 errang sie 28 Prozent der Stimmen), erlaubte es die Tatsache, dass sie vor allem von russischsprachigen Letten gewählt wurde, neoliberalen Parteien, diesen Antrag als »prorussisch« und damit antiwestlich hinzustellen. Diese Parteien verbündeten sich, um Mitglieder des »Harmonie-Zentrums« von öffentlichen Ämtern auszuschließen.[11]

Banklobbyisten drohten damit, die Kreditzinsen stark zu erhöhen und auch den erforderlichen Eigenkapitalanteil für neue Hauskäufer auf mindestens 50 Prozent anzuheben (gegenüber den üblichen 10 Prozent), um das erhöhte Risiko auszugleichen, falls die Option der »klingelnden Post« legalisiert werden sollte. Banken wandten sich gegen die Vorstellung, sie sollten die Ersparnisse und Kredite einer Volkswirtschaft effizient zuteilen, indem sie die Zahlungsfähigkeit potentieller Kreditnehmer realistisch beurteilten. Basis für die Absicherung von Hypothekendarlehen sollte der sorgfältig ermittelte Mietwert der Immobilie sein. Das Sicherheitsventil der »klingelnden Post« überträgt den Banken die Verantwortung für eine sachkundige Kreditwürdigkeitsprüfung. Banken, die dieser Verantwortung nicht gerecht werden, sollten auch den Verlust tragen.

Im Vorfeld der dritten (und abschließenden) Lesung des Insolvenzgesetzes im Juni 2014 setzten sich Banken für eine Änderung des »Kleingedruckten« ein: Die Verbindlichkeiten des Hypothekenschuldners sollten nur »in den Fällen gelöscht werden, in denen die Immobilie während des Insolvenzverfahrens verkauft wird«, nicht bereits dann, wenn der Schuldner die Zahlungen einstellt. Dies würde es Banken erlauben, die Übergangszeit auszudehnen und Schuldner und Bürgen möglichst lange finanziell zu schröpfen.

Die Bankenlobby drängte den Wirtschaftsminister dazu, einen Brief an die Saeima zu schicken, in dem er verlangte, den Gesetzentwurf zur »klingelnden Post« (oder zu dem Recht auf »Schlüsselrückgabe«, wie man es in Lettland nannte) mit Stimmenmehrheit von der Tagesordnung der Plenarversammlung zu nehmen. Der Brief traf am 3. Juli 2014 ein. Da die Beratung des Entwurfs zu dem Zeitpunkt bereits fest anberaumt war, ließ sich das Gesetzgebungsverfahren nur durch eine Fristverlängerung für Änderungsanträge hinauszögern. Als der Entwurf dann am 25. September erneut beraten wurde, sagte Igor Pimenow von der »Harmonie-Zentrum«-Koalition:

> Dieses Gesetz [über das Recht auf Schlüsselrückgabe] bedeutet viel mehr als ein Entgegenkommen gegenüber notleidenden Kreditnehmern. Es ist der Rechtsrahmen, der die Verhaltensregeln im Immobilienmarkt tiefgreifend ändert ... Es ermahnt Banken und andere Gläubiger zu einer verantwortungsvollen, an der Zahlungsfähigkeit des Schuldners ausgerichteten Kreditvergabe, so dass Banken keine Kredite mehr vergeben, die den Wert der Kreditsicherheit übersteigen.[12]

Bankenlobbyisten bedienten sich eines wahrhaft Orwell'schen rhetorischen Tricks: Sie drängten auf »größere Freiheiten« für Kreditnehmer, harte Kreditkonditionen zu akzeptieren. Die Banken würden Kreditinteressenten sagen, dass sie nur dann einen Kredit zum Kauf einer Immobilie erhielten, wenn sie auf ihre Rechte aus der »Schlüsselrückgabe«-Klausel verzichteten.

Der »Wahlfreiheitsslogan« der Banken *bedroht* also in Wirklichkeit die ökonomische Freiheit von Hauskäufern, die gezwungen sind, für ihre Immobilie zu viel zu bezahlen und zu hohe Kredite aufzunehmen. Der klassische Grundsatz des Bankgeschäfts lautete: Wenn Kredite auf einer realistischen Basis vergeben werden, kann die Immobilie, deren Hypothekenverbindlichkeiten der Schuldner nicht länger bedient, zu einem Marktpreis verkauft werden, der die offenen Forderungen der Bank abdeckt.

Ein Argument dafür, Banken in privater Hand zu belassen, beruht auf der Annahme, dass Banken bei der Kreditvergabe eine realistische Risikoeinschätzung vornehmen. Die Ereignisse von 2008 haben diesen Mythos zerstört. Als der Schuldenberg immer schneller wuchs, setzten die EZB und die EU-Kommission Regierungen unter Druck, Gläubiger in voller Höhe zu vergüten. »Steuerzahler« sollen die Verluste tragen, die die Zahlungsfähigkeit der Hypothekenschuldner übersteigen. Irgendwann kommt dann die Wirtschaft zum Erliegen, wenn sie durch die Schuldendeflation in den Bankrott getrieben wird.

Gläubiger sind gehalten, in nachvollziehbarer Weise zu berechnen, wie die Schulden während der Laufzeit eines Kreditvertrags zurückgezahlt werden können. Tun sie dies nicht, gilt die Kreditvergabe als grob sittenwidrig und die Schulden sollten annulliert werden – jedenfalls nach klassischen Bankengesetzen. Diesem Verhalten kann man auf natürliche Weise dadurch entgegentreten, dass man Hypothekenschuldnern erlaubt, ihre Eigenheime aufzugeben, sich dadurch von den darauf lastenden Schulden zu befreien und das Eigentum an die Banken, die überhöhte Kredite vergeben haben, rückzuübertragen.

In ganz Europa – außer in den postsowjetischen Volkswirtschaften, wo der Neoliberalismus als die einzige Alternative zur Planwirtschaft der Sowjetära dargestellt wurde – sind immer mehr Menschen gegen eine Eurozone, die im Interesse von Banken und ausländischen Gläubigern gelenkt wird. Bei einer Eurobarometer-Befragung im Jahr 2013 gaben nur 31 Prozent der befragten europäischen Bürger an, dass sie der Europäischen Union vertrauten – am Vorabend der Krise von 2008 waren es noch 57 Prozent gewesen. Auch die Unterstützung für den Euro »ist deutlich zurückgegangen, auf 56 Prozent in Spanien, 53 Prozent in Italien, 50 Prozent in Portugal und nur 44 Prozent in Zypern. Selbst in Frankreich beträgt die Unterstützung nur noch 63 Prozent.«[13]

Bei den Wahlen im Mai 2014 hat die bankenfeindliche nationalistische Opposition weiter stark zugelegt, angeführt von Marine Le Pens Front National in Frankreich, Geert Wilders' einwanderungs- und islamfeindlicher Freiheitspartei in den Niederlanden, Nigel Farages britischer Independence Party und norditalienischen Separatisten, die Pepe Grillos Fünf-Sterne-Bewegung unterstützen.

Die Banken versuchen, die Regierung für ihre Interessen einzuspannen und die Finanzpolitik gegen freie demokratische Entscheidungen zu immunisieren. Was vor einem halben Jahrhundert ein progressives sozialdemokratisches Europa zu werden versprach, wird zu einer Beute finanzieller Raubritter. Die EU hat Griechenland, Zypern und andere verschuldete Volkswirtschaften vor die Wahl gestellt, entweder eine Schuldendeflation hinzunehmen oder die Eurozone zu verlassen. Seit die Syriza-Koalition in

Hausspreisindex des *Economist*

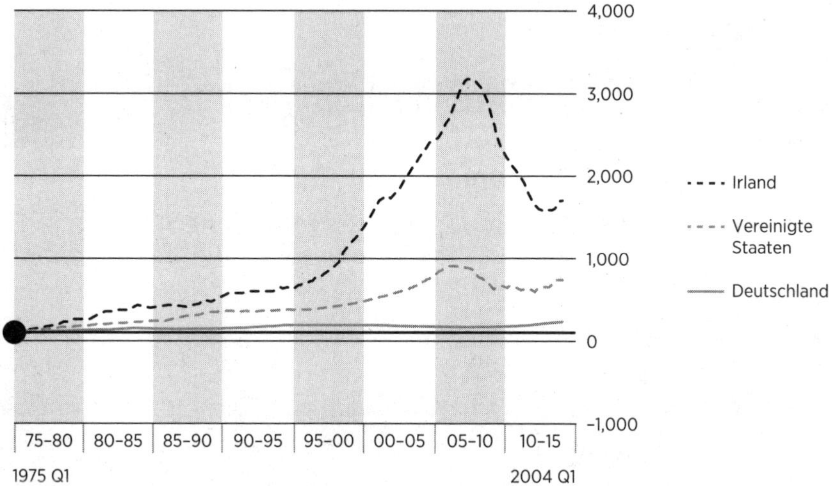

Quelle: BIS; Bundesbank; Central Statistics Office Ireland; FHFA; OECD; Standard & Poor's; Thomson Reuters; vdpResearch

Abbildung 10

Griechenland an die Regierung gewählt wurde und sich gegen den finanziellen und fiskalischen Sparkurs wendet, haben die Gläubiger gegenüber Griechenland erklärt, es könne jederzeit aus der Eurozone aussteigen – allerdings um den Preis eines finanziellen Chaos in der Übergangsphase, wenn es versucht, sich davor zu schützen, durch rasant steigende Arbeitslosigkeit sowie eine Pleite- und Emigrationswelle zermalmt zu werden.

KAPITEL 21

Die Gründung der Troika: ihre bankenfreundliche, arbeiterfeindliche Agenda

»Die Vorstellung, der Euro sei ›gescheitert‹, ist auf gefährliche Weise naiv. Der Euro tut genau das, was sein geistiger Vater – und das vermögende Eine Prozent, das ihn adoptierte – vorhersagte und mit ihm erreichen wollte. ... Die Beseitigung der staatlichen Kontrolle über die Währung würde fiese kleine gewählte Amtsträger davon abhalten, eine Nation mithilfe einer keynesianischen Geld- und Fiskalpolitik aus dem Sumpf einer Rezession zu ziehen. ›Er entzieht die Geldpolitik der Entscheidungsgewalt der Politiker‹, [erklärte Robert Mundell]. ›Ohne Fiskalpolitik können Staaten Arbeitsplätze nur dadurch sichern, dass sie die Regulierung der Wirtschaft abbauen, um ihre Wettbewerbsfähigkeit zu erhalten.‹ ... Daher ist eine Währungsunion nichts anderes als ein Klassenkampf mit anderen Mitteln.«

Greg Palast[1]

Anders als die von den Banken geförderten Immobilienpreisblasen in Irland, Lettland und Spanien rühren die Probleme Griechenlands von den hohen Staatsschulden her. Unter den sich abwechselnden konservativen und sozialistischen Regierungen nach dem Ende der Militärdiktatur (von 1967–1974) war Steuerflucht weit verbreitet. Beide Parteien besteuerten die Magnaten des Landes (und Vermögen im Allgemeinen) viel zu niedrig, und sie nutzten die Beschäftigung im öffentlichen Dienst als eine Art politische Patronage. Haushaltsdefizite erhöhten rasch die öffentliche Verschuldung. Laut Maastricht-Vertrag war eine Bedingung für die Einführung des Euro im Jahr 2001, dass die öffentliche Verschuldung 60 Prozent des Bruttoinlandsprodukts nicht überstieg. Um diese Bedingung zu erfüllen, betrieb der Präsident der Bank von Griechenland, Lucas Papademos, unter tätiger Beihilfe von Goldman Sachs eine Art »Bilanzverschleierung« à la Enron, um die tatsächlichen Defizit- und Schuldenstände zu kaschieren. Papademos verkaufte staatliche Schuldtitel an die Investmentbank, mit dem Versprechen, sie zu einem viel höheren Preis, der auch einen höheren Zins umfasste, zurückzukaufen. Um diese Farce als einen Zinsswap zu verschleiern, verbuchte er den Verkaufserlös als »Einnahmen«, was die ausgewiesene Verschuldung verringerte, aber die Regierung dazu verpflichtete, Goldman Sachs bis 2019 aus zukünftigen Einnahmen auszuzahlen.[2]

Dieser Kunstgriff flog acht Jahre später auf, kurz nachdem die Sozialistische Partei (Pasok) unter Giorgos Papandreou im Oktober 2009 die griechischen Parlamentswahlen gewann. Sein Vater, Andreas Papandreou, hatte die Partei 1974 gegründet, und Giorgos hatte sie seit 2004 geführt. Im Januar 2006 war er zum Präsidenten der Sozialistischen Internationale gewählt worden, im Jahr 2012 wurde er einstimmig wiedergewählt. Seine Amtszeit als Ministerpräsident zeigte, wie weit sich der »Sozialismus« von dem entfernt hatte, was das Wort vor hundert Jahren bedeutete. Papandreous Partei beugte sich den Forderungen der europäischen Banken und Anleiheinhaber nach einer strengen Sparpolitik.

Im Dezember 2009 gab das Finanzministerium bekannt, dass das griechische Haushaltsdefizit im Jahr 2008 12,5 Prozent des BIP betragen hatte und damit mehr als doppelt so hoch war wie zuvor angegeben und mehr als viermal höher als die offizielle 3-Prozent-Grenze der Eurozone. Investoren begannen aus Sorge um die Zahlungsfähigkeit Griechenlands griechische Anleihen abzustoßen. In den sinkenden Anleihekursen spiegelte sich die hohe Risikoprämie wider, die vor allem Spekulanten gefiel. Im März und April 2010 stuften die drei großen Ratingagenturen – Moody's, S&P und Fitch – griechische Anleihen auf »Ramsch«-Niveau herunter.[3]

Die Angst griff um sich, die Abschreibung griechischer Schulden könnte die Schleusentore für die übrigen Staaten Europas öffnen, wie es fünfzig Jahre zuvor in Lateinamerika der Fall gewesen war. In den ersten Monaten des Jahres 2010 wurden spanische und portugiesische Anleihen abgestoßen. Allem Anschein nach zahlungsunfähig, begannen diese drei Volkswirtschaften genauso toxisch auszusehen, wie es die amerikanischen und irischen Ramschhypothekenmärkte geworden waren.

Der IWF verliert seine Glaubwürdigkeit, indem er sich der »Troika« anschließt, die vor allem die Anleihegläubiger auszahlen will

Der Europäischen Zentralbank (EZB) und der Europäischen Kommission (EK), die eine »Ansteckung« befürchteten – die Aussicht, dass ein Forderungsverzicht bei den anderen hochverschuldeten Ländern der Eurozone (Portugal, Irland, Italien, Griechenland und Spanien) Schule machen könnte –, ging es ausschließlich darum, den Anleihegläubigern Verluste zu ersparen. Sie bestanden darauf, dass die griechischen Steuerzahler für die betrügerischen Machenschaften früherer Regierungen hafteten. Die EZB stellte klar, sie würde Griechenland nur unter der Bedingung helfen, dass es Anleihegläubiger in voller Höhe auszahlte. Dies lockte Geierfonds an: Spekulanten, die hofften, einen Reibach damit zu machen, dass sie niedrig notierte Anleihen aufkauften, als Investoren vor riskanten Anlagen zurückschreckten. Sie wetteten darauf, dass die EZB und der IWF die griechische Regierung unter Druck setzen würden, mehr zu zahlen, als Finanzmärkte und Ratingagenturen für realistisch hielten.

Als die Jahrestagung des IWF im April 2010 näher rückte, drängten griechische Regierungsvertreter die Volkswirte des IWF, sich den Ratingagenturen und Märkten anzuschließen und die EZB zu ermahnen, ihre unnachgiebige Haltung abzuschwächen und einen Schuldenschnitt vorzunehmen.

Für den IWF war die Zwangslage Griechenlands ein unverhoffter Glücksfall, bot sie ihm doch die Chance, seine Position als »ehrlicher Makler« zurückzuerlangen, der die öffentliche Schuldentragfähigkeit beurteilt. Der IWF hatte seine Glaubwürdigkeit im Jahr 2001 verspielt, als er sich an einem Rettungspaket für Argentinien beteiligte, das quasi sofort scheiterte. In den Jahren 2006–2007 erreichte die *Große Mäßigung* – eine Phase geringer Volatilität an den Finanzmärkten,die das Schwanken von Preisen, Aktien- und Devisenkursen, sogar ganzen Märkten anzeigt – ihren Höhepunkt, mit der Folge, dass der IWF praktisch keine größeren Kunden mehr hatte. Schuldnerregierungen erkannten, dass die vom IWF reflexartig verordnete »Austeritätsmedizin« ihre Volkswirtschaften auszubluten drohte und ihre Fähigkeit, Anleihegläubiger auszuzahlen, *noch stärker beeinträchtigte.*

Um von den Finanzbehörden der Eurozone akzeptiert zu werden, erklärte sich der IWF zu einem faustischen Pakt bereit. Die Europäische Kommission bestand aus Bankideologen, die einen Sparkurs befürworteten, und die EZB wurde von dem radikalen Monetaristen Jean-Claude Trichet geleitet. Er war gegen eine Mitwirkung des IWF, außer zu dem Zweck, seine Forderungen nach Rückzahlung in voller Höhe zu unterstützen.

Bevor er die Leitung der EZB übernahm, war Trichet Präsident des Pariser Klubs. Dieser war 1956 gegründet worden war, um im Auftrag der Gläubiger eine harte Linie gegenüber der argentinischen Regierung zu verfolgen. Bei der EZB ging er weiter nach der Standardeinstellung des Pariser Klubs vor: Er bestand darauf, dass öffentliche Schuldner ebenso wie Bürgen ihre Verbindlichkeiten in vollem Umfang zurückzahlen müssen. Dies bedeutete, dass keine Obergrenze für die Schuldentilgung anerkannt wurde, denn eine solche Obergrenze ließe den Schluss zu, dass Anleihegläubiger einen »Schuldenschnitt« hinnehmen müssten, weil sie zu hohe Kredite ausgereicht haben. Aus Sorge, IWF-Analytiker könnten diesen Standpunkt einnehmen (was sie dann tatsächlich taten), handelte die Europäische Kommission ein Sparprogramm aus, ehe sich der IWF einschalten konnte.

Die EZB und die Europäische Kommission rechtfertigen ihre Weigerung, Verluste bei ihren Rettungskrediten hinzunehmen, mit dem Hinweis, dies verstoße gegen die EU-Vorschrift, Steuerzahler eines Landes sollten ein anderes Land nicht unterstützen. (Die EZB weigert sich, die Einführung von steuerfreiem elektronischem Geld für diesen Zweck überhaupt zu erwägen.) Dies unterscheidet die Europäische Union von einer echten politischen Union wie den Vereinigten Staaten. Vielmehr lautet die Devise hier: »Jedes Land für sich«. Es ist so, als ob jeder Bundesstaat in den Vereinigten Staaten autark sein müsste; Steuern, die in einem Bundesstaat erhoben wurden (zum Beispiel New York), dürften nicht in anderen Bundesstaaten ausgegeben werden.

Auf dem Papier schien das IWF-Übereinkommen den Fonds zu befähigen, eine konstruktive Vermittlerrolle zu spielen. Aus seinem Argentinien-Debakel von 2001 hatte der IWF gelernt, dass er Schuldnerstaaten keine weiteren Kredite gewähren sollte, ohne vorher ihre Zahlungsfähigkeit gründlich zu prüfen. Im Jahr 2003 stellte das Exekutivdirektorium des IWF »Zahlungsfähigkeitskriterien« auf, die Schuldnerländer erfüllen mussten, wenn sie über die normale Grenze hinaus (200 Prozent ihrer IWF-Quote) Kredite aufnehmen wollten. Zu diesen Bedingungen gehörten: »Eine gründliche und systematische Analyse ..., aus der hervorgeht, dass die Schulden mit hoher Wahrscheinlichkeit tragfähig bleiben; gute Aussichten, wieder Zugang zu privaten Kapitalmärkten zu erhalten; und ... hinreichend hohe Erfolgsaussichten.«[4]

Auf diese Weise sollte die Finanzierung von Rettungspaketen, die nach kurzer Zeit scheitern würden, verhindert werden. Dies schien grundsätzlich sinnvoll zu sein, aber die politische Führung des IWF setzte sich über Mitarbeiter und Direktoriumsmitglieder hinweg, die zu der gleichen Schlussfolgerung gelangten wie Ratingagenturen und Anleihemarkt: Es war nicht absehbar, dass Griechenland seine Schuldenlast aus seinem Wirtschaftswachstum und seinen Steuereinnahmen abtragen konnte. Angesichts der Tatsache, dass seine Schulden *nicht* tragfähig waren, bestand wenig Hoffnung, dass das Land mehr Kredite auf privaten Märkten würde aufnehmen können. Investoren sahen keine politisch akzeptablen Möglichkeiten der Schuldenrückzahlung. Der Markt für griechische Staatsanleihen beschränkte sich auf Geierfonds und den Franklin Templeton Fund (mit rund 7 Milliarden Dollar im Jahr 2015). Die Zustimmung des IWF zur Ideologie und Politik der EZB und der Europäischen Kommission war also fraglich.

Das griechische Haushaltsdefizit hatte sich 2009 auf 13,6 Prozent des BIP vergrößert. Im April 2010 zeigte sich, dass private Kredite nur zu stark steigenden Zinsen zur Verfügung stehen würden. Aus Washington drängten Obama und Geithner auf eine Rettung zugunsten der Wall Street, »angesichts der Tatsache, dass US-Banken offene Darlehensforderungen in Höhe von 3,6 Billionen Dollar gegenüber europäischen Banken haben«.[5] Und was immer die Hausökonomen des IWF denken mögen, letztendlich verdanken die Entscheidungsträger des Fonds ihre Positionen Washington und Brüssel. Konkret bedeutet dies: der Wall Street und der Frankfurter und Pariser Börse.

Die Sparauflagen der Troika für die Auszahlung von Inhabern griechischer Staatsanleihen

Washington und Brüssel hatten drei nicht verhandelbare Forderungen. Erstens und am wichtigsten: Anleihegläubiger sollten in voller Höhe befriedigt werden. Um dieses Ziel zu erreichen, bildeten der IWF, die EZB und die Europäische Kommission eine Troika, um Regierungen Kredite in ausreichender Höhe zu gewähren, damit Anleihegläubiger genügend Zeit hatten, um ihre Bestände auf den Markt zu werfen. Die unausgesprochene Drohung lautete: »Zahlt in voller Höhe, oder wir machen euch zu Geächteten der Finanzmärkte.«

Die zweite Forderung der Troika lautete, die Schuldnerländer sollten Arbeitsmärkte »reformieren«, indem sie die Macht der Gewerkschaften brachen und Arbeitnehmerschutzrechte, die im Lauf der letzten hundert Jahre eingeführt worden waren, aufhoben. Der Vorwand dafür lautete, dies würde Arbeitskräfte »wettbewerbsfähiger«, also billiger machen.

> Kündigungsschutzgesetze sollten ebenso überarbeitet werden wie Gesetze, die Gewerkschaften bei Lohnverhandlungen Vorteile einräumten. Akademische und handwerkliche Berufe, die jahrzehntelang weitgehend vor Konkurrenz geschützt worden waren – Rechtsanwälte, Wirtschaftsprüfer, Apotheker, Ingenieure, Architekten und Spediteure –, sollten geöffnet werden. ... Aufgeblähte Staatsunternehmen, wie etwa die Staatsbahnen und andere öffentliche Verkehrsbetriebe, sollten gestrafft werden.[6]

Die dritte Troika-Forderung lautete: Wenn Länder ihre Anleihegläubiger nicht aus laufenden Erträgen und Steuereinnahmen befriedigen könnten, müssten sie beginnen, ihr öffentliches Eigentum an Privatinvestoren zu verkaufen – ohne Obergrenzen dafür festzulegen, wie viel die neuen Käufer berechnen dürften, wenn sie Mautstellen an Straßen errichteten und Gebühren für Wasser, Strom und andere grundlegende Dienstleistungen erhoben. Dieses letztendliche Ergebnis von »Stabilisierungskrediten« hat sich so oft wiederholt, dass man es wohl als das eigentliche Ziel der Politik von IWF, EZB und Europäischer Kommission ansehen muss.

Der damalige Exekutivdirektor des IWF, Dominique Strauss-Kahn, beabsichtigte, für das Amt des französischen Staatspräsidenten zu kandidieren, und wollte französische Wähler und Banken, die große Bestände an griechischen Staatsanleihen hielten (die Angaben über ihr Volumen reichen von 31 bis 60 Milliarden Euro, gegenüber 23 bis 35 Milliarden Euro bei deutschen Banken), nicht gegen sich aufbringen. Im Mai 2010 rang der französische Präsident Nicolas Sarkozy europäischen Regierungen die Zusage für einen mehrjährigen Kredit über 110 Milliarden Euro ab, mit denen die Ansprüche von Anleihegläubigern erfüllt werden sollten.[7]

IWF-Ökonomen, die das Sparprogramm der EZB für Griechenland überprüften, hielten es für »unrealistisch hart« und waren überzeugt davon, dass ein Schuldenschnitt notwendig sei.

Wenn Griechenland wie Argentinien untragbare hohe Schulden angehäuft hatte, konnte ein IWF-Großkredit nur unter der Bedingung gewährt werden, dass die Schulden umgeschuldet wurden – das sagte die Regel »Kein weiteres Argentinien«. Die umgehende Auferlegung eines Forderungsverzichts würde sicherstellen, dass die privaten Gläubiger, die Griechenland ursprünglich Geld geliehen hatten, den größten Teil der Verluste tragen müssten. Wenn Athen ein großer internationaler Notkredit, ohne Schuldenschnitt, gewährt wird, würde dies die Last auf die Steuerzahler abwälzen.

Aber Strauss-Kahn befürchtete offenbar, dass die Verantwortlichen der EZB und der Europäischen Kommission eine Beteiligung des IWF ablehnen würden, wenn er sich dieser Position anschlösse. Der Preis der Akzeptanz dieser beiden Eurozone-Institutionen bestand darin, sich ihren Forderungen nicht zu widersetzen. Die oben zitierte Autopsie der Kapitulation des IWF, die diesen zu einem Juniorpartner machte, kam zu dem Schluss, dass ein Schuldenerlass

> für die obersten Kreditgeber Europas schlichtweg nicht hinnehmbar war. Am unnachgiebigsten war dabei EZB-Präsident Trichet. Die Frage kam bei einer EZB-Sitzung im Frühjahr 2010 auf, als Jürgen Stark, ein Mitglied des sechsköpfigen EZB-Direktoriums, behauptete, die griechischen Staatsschulden seien nicht tragfähig und daher solle die Lösung auch Verluste für private Gläubiger umfassen.
>
> Laut einem Teilnehmer »explodierte« der EZB-Präsident. »Trichet sagte: ›Wir sind eine Wirtschafts- und Währungsunion, und eine Umschuldung darf es nicht geben!‹, erinnerte sich diese Person. ›Er schrie.‹«[8]

Am 9. Mai kapitulierte der IWF. Er bildete zusammen mit der EZB und der Europäischen Kommission die Troika und finanzierte über ein Viertel von deren dreijährigem Beistandskredit in Höhe von 30 Milliarden Euro für Griechenland. Dies war der bei weitem größte Kredit, den der IWF je gewährte. Obwohl die IWF-Regeln die jährliche Kreditaufnahme eines Mitgliedslandes auf 200 Prozent seiner Quote begrenzten, belief sich der griechische Kredit auf 3200 Prozent![9] Dies »rettete« Griechenland davor, mit einer fälligen hohen Tilgungszahlung in Verzug zu geraten.

Aktien französischer Banken, die stark in griechischen Anleihen investiert waren, machten Kurssprünge um bis zu 24 Prozent. Die Renditen griechischer Staatsanleihen sanken von fast 17 Prozent zu der Zeit, als mit einem Zahlungsausfall gerechnet wurde, auf »nur« noch 15,7 Prozent. Aber statt die Wirtschaft wieder anzukurbeln, trug der neue Kredit dazu bei, die Kapitalflucht von griechischen Banken in die Schweiz und in andere Bankzentren zu finanzieren. Dieser Abfluss zwang Banken dazu, die Vergabe weiterer Kredite einzustellen, so dass es zu einer Kreditklemme kam, die die inländische Wirtschaft schwer traf; selbst Exporteure bekamen keine Kredite mehr, um ihre Güter zu Käufern zu transportieren. Die anschließende griechische Sparpolitik führte zu einer Arbeitslosigkeit von fast 30 Prozent und einer tieferen Wirtschaftskrise als während der Großen Depression in den 1930er-Jahren.

Susan Schadler, eine ehemalige stellvertretende Leiterin der Europa-Abteilung des IWF, verweist auf zwei politische Faktoren, die dafür verantwortlich sind, dass der IWF seine Schuldentragfähigkeitsanalyse »zusammenschusterte«: »Die Weigerung Europas, entweder eine Umschuldung zu akzeptieren oder mehr Mittel zu leichteren Konditionen bereitzustellen; und der Wunsch des IWF, mit von der Partie zu sein, selbst wenn das Programm keinen Weg zur Schuldentragfähigkeit und zu einem erneuten Zugang zu den Kapitalmärkten aufzeigte.«[10]

Man forderte Griechenland auf, Lettland nachzueifern. Die Regierung wurde angewiesen, durch Kürzung der Staatsausgaben um 7 Prozent im Lauf der nächsten beiden Jahre bei gleichzeitiger Erhöhung der Steuereinnahmen um 4 Prozent die Wirtschaft gewissermaßen auszutrocknen. Die Bedingungen basierten auf Vorhersagen, die frisiert waren, um die Illusion der Tragfähigkeit zu vermitteln. »So nahm man zum Beispiel an, die Ausfuhren griechischer Güter und Dienstleistungen würden im Lauf von sechs Jahren um 65 Prozent zunehmen.«

Die Direktoren des IWF erkannten, dass es zu einem ökonomischen Desaster führen müsste, wenn die Inhaber griechischer Anleihen in voller Höhe befriedigt würden. Rene Weber, der Vertreter der Schweiz beim IWF, fand die Annahmen des Rettungspakets »allzu optimistisch. Schon eine geringe negative Abweichung von den Referenz-Wachstumsprognosen würde die Schuldenhöhe auf längere Sicht untragbar machen.« (Das Programm scheiterte in nur zwei Jahren.) Der indische IWF-Direktor Arvind Virmani warnte: »Die geplante Haushaltskonsolidierung wäre eine ›gewaltige Belastung, [die] eine deflatorische Spirale aus fallenden Preisen, sinkender Beschäftigung und rückläufigen Steuereinnahmen auslösen und dadurch schließlich das Programm selbst untergraben könnte‹, so dass ein Zahlungsausfall oder eine Umschuldung ›unausweichlich‹ werden mag.«[11]

Doch die Direktoren beschränkten sich darauf, ihre Bedenken zu äußern, und blieben untätig, als Strauss-Kahn grünes Licht für den Kredit gab. Einen Kredit, der Griechenland in eine Depression trieb, indem die Schulden bei privaten Anleihegläubigern ohne den Schnitt, den die Finanzmärkte erwartet hatten, übernommen wurden.

Das Schlupfloch des »systemischen Risikos«, um den Widerstand des IWF gegen Rettungskredite zu neutralisieren

Um die Fortsetzung der Kreditvergabe auch dann zu ermöglichen, wenn die Tragfähigkeitskriterien des IWF nicht erfüllt wurden, dachten sich die IWF-Bürokraten eine Klausel aus, die eine Außerkraftsetzung der Kriterien bei einem »systemischen Risiko« erlaubt (eine sogenannte *systemic risk waiver*). Das Ganze war ein Musterbeispiel für einen Zirkelschluss, das man durchaus im Philosophie-Unterricht behandeln könnte. »Schwere Schuldenkrisen gehen immer mit Risiken systemischer Übertragungseffekte einher«, schreibt Schadler.[12] Man erachtete es als eine Gefahr für das Weltfinanzsystem, wenn eine Schuldenzahlung versäumt oder Anleihegläubigern ein Forderungsverzicht auferlegt wurde, weil dadurch das »Vertrauen« bedroht war. Jeder Forderungsverzicht für Anleiheinhaber könnte zu Panik und »Ansteckung« führen. Also spielt es keine Rolle, was IWF-Ökonomen bezüglich der Schuldentragfähigkeit sagten.

Der IWF setzt sich dafür ein, »Vertrauen« um jeden Preis zu erhalten – das Vertrauen darauf, dass die Troika Staaten hinreichend hohe Kredite gewährt, um die Forderungen ihrer Anleihegläubiger und Spekulanten (nicht aber von Pensionsfonds) in voller Höhe abzugelten. Die Ausnahmeregel des systemischen Risikos bedeutet, dass kein Anleihegläubiger Verluste erleiden sollte. Arbeitnehmer und Steuerzahler müssen für die Verluste aus riskanten Krediten aufkommen, denn sonst kommt es zur »Ansteckung«.

Wenn globale Banker wegen des Zusammenbruchs des Finanzsystems die Hände ringen, tun sie dies nur deshalb, weil das oberste Eine Prozent dabei ein bisschen von dem riesigen Reichtum einbüßen könnte, den es seit den Jahren der Spekulationsblase angehäuft hat. Um das Eine Prozent vor Verlusten zu schützen, bestehen der IWF, die EZB und die Europäische Kommission darauf, dass die Wirtschaft schrumpfen und die 99 Prozent den Gürtel enger schnallen müssen. »Kreditvereinbarungen mit Irland, die im Dezember 2010 gebilligt wurden (2322 Prozent seiner Quote), und mit Portugal, die im Februar 2011 gebilligt wurden (2306 Prozent seiner Quote), beriefen sich auf die Ausnahmeregel des systemischen Risikos bei der Schuldentragfähigkeit«, monierte Schadler. »Für Irland strebte der Fonds eine Umschuldungsoption an, die Zweifel an der Schuldentragfähigkeit verringert hätte – eine teilweise Abschreibung von Bankschulden, die von vorrangigen Gläubigern gehalten wurden –, aber er konnte sich innerhalb der Troika nicht durchsetzen.«

Die Behauptung, ein erzwungener teilweiser Forderungsverzicht von Anleihegläubigern würde zum Zusammenbruch des Finanzsystems führen, indem er das »Vertrauen« zerstöre, ist ein PR-Mythos. Erfunden von den Lobbyisten der Anleihegläubiger als Teil ihrer alarmistischen Strategie, ähnelt sie Geithners falscher Behauptung, ohne ein Rettungspaket werde die Bargeldversorgung zusammenbrechen und die Menschen hätten keinen Zugang mehr zu ihren Bankkonten.

Dass es sich dabei lediglich um eine Einschüchterungstaktik handelte, zeigte sich im März 2012, als im Rahmen eines Schuldenschnitts griechische Anleihen um 60 bis 75 Prozent abgeschrieben wurden. Es gab keine Ansteckung. Auf die schicksalhafte Entscheidung vom April 2010 zurückblickend, zieht Schadler folgendes Fazit: »Die Ansteckung – auch auf Spanien und Italien – wäre gefördert worden, aber nur wenige behaupteten, es wäre schlimmer geworden, als es schließlich wurde.«[13]

Ganz ähnlich meint Blustein, der »IWF hätte am Verhandlungstisch nicht auf derselben Seite wie die EZB, sondern ihr gegenüber sitzen sollen«.[14] Aber Strauss-Kahn hatte sein eigenes politisches Ansehen in Frankreich im Blick und war bereit, als Bedingung für die Beteiligung des IWF an der Troika die anleihegläubigerfreundliche Politik der EZB mitzutragen. Seit März 2012 hat sich der IWF bei Umschuldungen immer wieder auf die Ausnahmeregel des systemischen Risikos berufen, weil seine »Mitarbeiter die Schuldentragfähigkeit nur mit einer geringen Wahrscheinlichkeit als gegeben ansahen. Dennoch werden weiterhin hohe Kredite vergeben. Gibt es dafür irgendeine Rechtfertigung außer politischer Opportunität?«[15]

Die Ereignisse von 2011 zeigten, dass »Vertrauen« nichts anderes war als eine Art Pfeifen im Walde und der Verzicht auf eine realistische Beurteilung der Zahlungsfähigkeit des Schuldners. Diese willentliche Aussetzung des Zweifels war politisch notwendig, denn sobald man einmal anerkennt, dass Schulden *nicht* aus Steuereinnahmen und unter einem Sparprogramm zurückgezahlt werden können, verlangen elementare moralische Prinzipien die Streichung der Schulden. Keine Schuldnernation sollte gezwungen werden, ökonomischen Selbstmord zu begehen, ihr öffentliches Eigentum zu verscherbeln und 5, 10 oder 20 Prozent der eigenen Bevölkerung zur Emigration zu zwingen, wie es die »Erfolgsgeschichte« Lettland, prompt gefolgt von Griechenland, tat. Es geht darum, welche Interessen Vorrang haben sollten: Gläubigerforderungen oder das Wirtschaftswachstum und die Beschäftigung souveräner Staaten.

Was dabei herauskam

Im März 2011 wurden griechische Anleihen erneut mit hohen Abschlägen auf den Markt geworfen, und die Ersparnisse wurden außer Landes geschafft. Aber statt die Unternehmenssteuern zu erhöhen oder hart gegen die notorische Steuerflucht der die beiden führenden politischen Parteien beherrschenden Magnaten vorzugehen, froren die Politiker die Renten ein, erhöhten die von den Verbrauchern aufzubringende Mehrwertsteuer und verkündeten den Ausverkauf staatlicher Betriebe Privatisierung.

Viele Griechen weigerten sich, die höheren Zugangsgebühren etwa für die Straßennutzung oder andere öffentliche Dienstleistungen zu bezahlen. Die Polizei verzichtete darauf, die Erhebung der Gebühren durchzusetzen, und Gewerkschaften im öffentlichen Sektor riefen zu einem zweitägigen landesweiten Streik auf, aus dem schon bald eine »Ich-zahle-nicht«-Anti-Austeritätsbewegung hervorging, vergleichbar Occupy Wall Street und der spanischen »Revolte der Empörten«.

Der deutsche Finanzminister Wolfgang Schäuble setzte sich von der harten Linie der EZB ab: Er schlug ein siebenjähriges Schuldenmoratorium vor und bestand auf einem Forderungsverzicht von Anleihegläubigern als einer Voraussetzung für eine weitere Griechenland-Hilfe. Er verlangte auch die Beteiligung des IWF, der eine moderierende Rolle spielen sollte.[16] Sein Realitätscheck versetzte den Markt in Panik, ebenso wie viele prominente Ökonomen, die erkannten hatten, wie absurd die Gläubigerforderungen waren. Der Chefkommentator der *Financial Times* Martin Wolf erklärte, Griechenland könne den Rettungskredit zu den angebotenen Konditionen unmöglich zurückzahlen:

> Angenommen, die Zinsen auf langfristige griechische Schuldtitel betragen 6 Prozent statt der heutigen 16 Prozent. Angenommen außerdem, das nominelle BIP wachse um 4 Prozent. … Nur um die Verschuldung zu stabilisieren, muss die Regierung einen Primärüberschuss (vor Zinszahlungen) in Höhe von 3,2 Prozent des BIP erzielen. Wenn die griechische Staatsverschuldung bis zum Jahr 2040 unter die im Vertrag von Maastricht festgesetzte Grenze von 60 Prozent des BIP fallen soll, benötigt das Land einen Primärüberschuss von 6 Prozent des BIP. Dann müsste die griechische Bevölkerung jedes Jahr dazu überredet und gezwungen werden, viel mehr Steuern zu bezahlen, als sie an Staatsausgaben erhält.[17]

Auch das *Wall Street Journal* erkannte, dass Griechenland angesichts der hohen Zinsen und Abschläge auf griechische Staatsanleihen, in denen sich die Unvermeidlichkeit eines Zahlungsausfalls widerspiegelte, schon aus mathematischen Gründen seine Schulden niemals würde zurückzahlen können. »Deutschland hätte gern, dass Banken ihre griechischen Kredite verlängern. Aber Griechenland kann wohl kaum über zehn Jahre Zinsen von 17 Prozent bezahlen. Wenn Banken daher Kredite zu marktüblichen Zinsen verlängern, ist der Staatsbankrott Griechenlands so gut wie sicher.«

Die Zeitung berichtete, dass (Stand 17. Juni 2011) »es 182 Dollar pro Jahr kostet, eine fünfjährige griechische Obligation im Nennwert von 1000 Dollar gegen Ausfall zu versichern; daraus folgt, dass sich die Wahrscheinlichkeit eines Gesamtverlusts in fünf Jahren auf 63 Prozent beläuft.«[18]

EU-Gläubiger, die sich auf die nahe Zukunft konzentrierten, behaupteten, eine Ablehnung ihrer Rettungsbedingungen würde sogar noch eine größere Kapitalflucht auslösen. Banken würden zusammenbrechen, und ein allgemeines Chaos wäre die Folge. Der damalige luxemburgische Premierminister drohte, wenn Griechenland sich nicht dem Willen der europäischen Finanzminister beuge, werde die EU die Freigabe des für den Juni geplanten IWF-Anteils am Kreditpaket blockieren. Am 1. Juni stufte Moody's die Kreditwürdigkeit Griechenlands auf Ramschniveau (Caa1 von der bereits niedrigen Ratingstufe B1) herab und veranschlagte die Wahrscheinlichkeit eines Zahlungsausfalls auf 50 Prozent. Standard & Poor's zog wenig später nach.

Am 25. Mai wurden bei einer Massenkundgebung auf dem Syntagma-Platz in Athen Zelte für eine lang andauernde Besetzung errichtet. Als sich die Verhandlungen mit der Troika kritisch zuspitzten, sagte der Vorsitzende der Konservativen, Antonis Samaras, am 27. Mai: »Wir sind nicht mit einer Politik einverstanden, die die Wirtschaft ruiniert und die Gesellschaft zerstört. ... Es gibt nur einen Ausweg für Griechenland, die Nachverhandlung des [EU/IWF-] Rettungsvertrags.« Er lehnte das Rettungspaket von Papandreou in Höhe von 110 Milliarden Euro »mit der Begründung ab, dass der Sparkurs, zu dem sich die Regierung im Gegenzug bereit erklärte ... die Wirtschaft abwürgt«.[19]

Am Sonntag, dem 5. Juni, versammelten sich über 70 000 Griechen vor dem Parlament, um gegen die Forderung der EU zu protestieren, Staatsvermögen im Wert von 50 Milliarden Dollar zu verkaufen und Arbeitsplätze im öffentlichen Dienst abzubauen. In dem größer werdenden Zeltlager auf dem Syntagma-Platz wurden Transparente mit Aufschriften gehisst wie »Die neuen Maßnahmen müssen zurückgenommen werden« und »Kein Ausverkauf von Griechenland«.[20]

EU-Offizielle forderten, dass »das innenpolitische Gezerre ein verstärktes Programm zur Konjunkturbelebung nicht konterkarieren dürfe« – das war ihre euphemistische Umschreibung für einen verschärften Sparkurs, der die wirtschaftliche Erholung gerade verhinderte.[21] Obwohl die Proteste gewalttätiger wurden, verabschiedete das Parlament am 29. Juni ein zweites Spargesetz, das im Juli durch eine Rentenreform gekrönt wurde. Diese kürzte die Altersrente und glich das Renteneintrittsalter von Frauen dem der Männer an, setzte es also von 60 auf 65 Jahre herauf.

Gerüchte über einen Ausstieg Griechenlands aus der Eurozone schwächten den Außenwert des Euro, als Investoren Eurobonds gegen Dollar und

Pfund Sterling verkauften. Im Juli forderte ein neues Paket eine 50-prozentige Herabsetzung des Nennwerts der meisten verbliebenen Schuldtitel in privater Hand. Privatisierung galt als das neue Allheilmittel.

Die Regierung erstellte einen Zeitplan, wonach die Verkäufe von Staatsbetrieben im Jahr 2013 ein Volumen von 15 Milliarden Euro erreichen sollten. Ein Kolumnist der *Financial Times* nannte dies »eine politische Provokation und einen Akt des ökonomischen Vandalismus«, und er nahm so das vorweg, was tatsächlich geschah: »Gemäß dem Plan, auf den man sich wahrscheinlich einigen wird, würden Mindereinnahmen bei den Privatisierungen daher eine Finanzlücke auftun. Die Gläubigerländer würden dann höchstwahrscheinlich Griechenland auffordern, die Lücke durch weitere Sparanstrengungen zu schließen. Eine solche Strategie ist finanziell unbesonnen und politisch unverantwortlich.«[22]

Gewerkschaftlich organisierte Mitarbeiter des Versorgungsunternehmens Public Power vereitelten die Privatisierung (und den damit einhergehenden starken Personalabbau), indem sie mit einem Streik drohten. Dies veranlasste Papandreou dazu, das Versprechen abzugeben, die Regierung werde eine 51-prozentige Mehrheitsbeteiligung behalten.[23]

Die Gläubiger hofften, sozialdemokratische Werte rückgängig zu machen, indem sie die Schulden als Druckmittel einsetzten. Ohne sie könnte Griechenland nicht dazu gezwungen werden, (1) Beschäftigung und Löhne über öffentliche Ausgabenkürzungen und gewerkschaftsfeindliche Reformen herabzusetzen, (2) seine öffentlichen Versorgungsunternehmen zu privatisieren und (3) das Gespann aus Sozialisten und Konservativen zu zwingen, die Kontrolle über die Wirtschaftspolitik an Troika-Apparatschiks zu übertragen. »Die Umstrukturierung von Schuldtiteln nach inländischem Recht wurde im März 2012 abgeschlossen, diejenige von Schuldtiteln nach ausländischem Recht zwei Monate später.«[24]

Am Jahresende waren über 60 Prozent der griechischen Schulden auf den Fiskus übertragen worden. Anleiheinhaber hatten gewonnen, nachdem sie ihre Bestände abschlagsfrei verkauft hatten. Die griechischen Steuerzahler kamen dafür auf.

Ehemalige IWF-Offizielle weckten Hoffnung auf Korrekturen. Als Mitte April 2015 erneut ein Zahlungsausfall Griechenlands drohte, mahnte Ashoka Mody, der ehemalige stellvertretende Leiter der Research- und Europa-Abteilung des IWF: »Statt Rückzahlung der Schulden und weitere Einsparungen zu verlangen, sollte sich der IWF zu seiner Verantwortung für die Notlage des Landes bekennen und einen Großteil der Schulden erlassen.« Aber dies wurde verhindert, solange der IWF an der »verhängnisvollen Fehlentscheidung« von 2010 festhielt. »Statt Griechenland zu erlauben, seinen Zahlungsverpflichtungen bei privaten Gläubigern nicht mehr nachzukommen, beschlossen sie, dem Land die Gelder zu leihen, die es benötigte, um diese Gläubiger in voller Höhe auszuzahlen.«[25]

Die ehemalige IWF-Abteilungsleiterin Schadler weist darauf hin, dass die Mitarbeiter der Organisation, als sie im Jahr 2010 die Untragbarkeit der Schulden Griechenlands erkannten, »dem Vernehmen nach klarstellten, dass die gewählte Strategie mit erheblichen Verlusten einhergehen würde und die europäischen Gläubigerstaaten diese in vollem Umfang zu tragen hätten«. Mody stimmt dem zu: »Um seine Unabhängigkeit zu bekräftigen und seine verlorene Glaubwürdigkeit wiederherzustellen, sollte der IWF einen Großteil der griechischen Staatsschulden abschreiben und seine wohlhabenden Anteilseigner dazu zwingen, die Verluste zu tragen.«

Als in den 1920er-Jahren die Interalliierten Kriegsschulden nicht länger bedient wurden und Deutschland seine Reparationszahlungen einstellte, zeigte dies, dass »Schulden, die nicht bezahlt werden können, nicht bezahlt werden«.

Neoliberale Ökonomen erkennen das deshalb nicht an, weil sie glauben, alle Schulden ließen sich zurückzahlen, sofern es nur gelänge, einen hinreichend hohen Haushaltsüberschuss zu erzielen. Neoliberale halten stur an ihren gläubigerfreundlichen und arbeiterfeindlichen Ansichten fest, obwohl es eine Tatsache ist, dass eine rigorose Sparpolitik die Wirtschaft schrumpfen lässt. So wird es so gut wie unmöglich einen Überschuss zu erzielen, um die Gläubiger auszuzahlen.

KAPITEL 22

Die Hochfinanz »verramscht« die Demokratie

»Man kann unmöglich verlangen, dass die neue griechische Regierung den Kurs der vorigen fortsetzt – denn wir wissen, dass er erbärmlich gescheitert ist. […] Sonst müssten Wahlen in den Ländern abgeschafft werden, die [einem Sparprogramm] unterworfen wurden. […] Das bedeutet die völlige Abschaffung der Demokratie in Europa, das Ende jeden Anscheins von Demokratie und den Beginn der Auflösung und einer inakzeptablen Spaltung des geeinten Europas. Das bedeutet die Entstehung eines technokratischen Monsters, das ein Europa hervorbringen wird, das nichts mehr mit seinen Gründungsprinzipien gemein hat.«

Ministerpräsident Alexis Tsipras[1]

Hochfinanz und Demokratie vertragen sich nicht gut. Die Iren lehnten den Vertrag von Lissabon ab; die Isländer wiesen Gordon Browns finanzielle Bedingungen in einem Referendum unmissverständlich zurück. Daher ist es verständlich, dass sich die EZB davor fürchtete, den Griechen eine Möglichkeit zu geben, gegen die Bedingungen für das Rettungspaket zu stimmen. Mit einem »Nein« hätte man die Rückzahlung von Staatsschulden, der man trotz starken Widerstands in der Bevölkerung zugestimmt hatte, zumindest moralisch und vielleicht sogar rechtlich verweigern können.

Die politische Lage nach 1980 veranlasste in Griechenland, Irland, Spanien, Portugal und Italien Parteien, die sich selbst als sozialistisch und demokratisch bezeichneten (sowie die Demokraten in den Vereinigten Staaten) dazu, die Interessen der Banken und Anleihegläubiger über die der Arbeiter zu stellen und ihre Wähler der Finanzklasse auszuliefern. Wer Renten und Sozialausgaben kürzt und gleichzeitig die Infrastrukturmonopole privatisiert, tut das Gegenteil von dem, was der Sozialismus ursprünglich beabsichtigte.

Die deutlichste Kehrtwende vollzogen Tony Blairs »New Labour« und die griechischen Sozialisten von der Pasok, die sich mit den Konservativen zusammentaten, um die Sparpolitik durchzusetzen. Im Jahr 2010 vereinbarten sie mit der deutschen Kanzlerin Angela Merkel, keine »Einmischung« der Wähler zuzulassen und zu verhindern, dass die Bedingungen ausgehöhlt wurden, welche die Troika Griechenland aufgezwungen hatte, um französische, deutsche und amerikanische Banken auf Kosten der griechischen Steuerzahler zu retten. Die Pasok wollte das von der Eurozone auferlegte Sparprogramm einem Referendum unterwerfen, aber Merkel beharrte darauf, es müsse abgesagt werden, als klar wurde, dass die griechischen Wähler die Sparauflagen des Rettungsprogramms ablehnten.

Die Griechen reagierten auf das Spardiktat der Troika mit der unvermeidlichen politischen Forderung, die Kontrolle über ihren Staatshaushalt zurückzugewinnen und die Ressourcen ihres Landes zu schützen. Angesichts der scheinbar unüberbrückbaren Gegensätze prägten die Medien ein neues Wort: Grexit. Es drohte das Ausscheiden Griechenlands aus der Eurozone.

Ministerpräsident Papandreou und die Pasok-Führung akzeptierten die Sparauflagen des Rettungsprogramms, ohne auf die Wähler zu hören, und besiegelten damit ihren politischen Untergang. Die Regierung ließ sich nach dem Vorbild der baltischen Staaten auf eine »interne Abwertung« ein und erklärte, es gebe keine Alternative zum Abbau von Arbeitsplätzen und zu Lohn- und Gehaltskürzungen.

»Papandreou selbst hat zugegeben, dass er bei der Entscheidung über die Wirtschaftsmaßnahmen, die uns aufgezwungen wurden, kein Mitspracherecht hatte«, erklärte ein Linker im Jahr 2010, als die Regierung die öffentlichen Ausgaben zusammenstrich. »Die Maßnahmen wurden von EU und Währungsfonds beschlossen. Wir stehen jetzt unter ausländischer Aufsicht, und das weckt Zweifel an unserer wirtschaftlichen, militärischen und politischen Unabhängigkeit.«[2]

Wie befürchtet, verschlimmerten die Bedingungen des Rettungspakets die Verschuldung Griechenlands, indem sie die Wirtschaft abwürgten. Die Kapitalflucht nahm zu, was die griechischen Banken dazu zwang, ihre Kreditlinien für Unternehmen zu kürzen. Dadurch fehlte es diesen an den Mitteln, die sie brauchten, um produzieren und exportieren zu können. Die Abwärtsspirale machte härtere Einschnitte erforderlich, anstatt das Haushaltsdefizit

Griechenlands zu verringern – dies ist seit einem halben Jahrhundert das Resultat jeder Sparpolitik! Ähnlich wie Lettland wurde Griechenland zum Schauplatz eines grausamen Experiments, in dem untersucht wurde, wie weit man ein Volk in die Armut treiben kann, bevor es sich erhebt und sagt: »Halt! Es *muss* eine Alternative geben.«

Offenkundig konnte Griechenland sein immenses Haushaltsdefizit nicht aufrechterhalten. Aber Gläubiger verlangen nur selten, einen Staatshaushalt dadurch in Ordnung zu bringen, dass man die Reichen besteuert oder die Zentralbank anweist, Geld für den Binnenmarkt zu drucken. Stattdessen sollte Griechenland seinen Haushalt sanieren, indem es öffentliche Grundstücke, Tourismuseinrichtungen, Inseln, Häfen, Wasserwerke und die Rechte an den Erdgasvorkommen in der Ägäis verkaufte.

Staatseigentum zu veräußern ist etwas anderes, als Rentiers und andere Vermögende zu besteuern. Der Verkauf von Staatseigentum ist nicht geeignet, ein Haushaltsdefizit zu *verringern*; er dient lediglich dazu, es zu *finanzieren*. Wenn eine Regierung so vorgeht, belegt das nur, dass sie unfähig ist, die Reichen zu besteuern oder Zentralbankgeld zu schöpfen. Die beiden führenden griechischen Parteien waren nicht bereit, die Eliten zu besteuern oder die ausufernde Korruption und Vetternwirtschaft zu bekämpfen. So blieb tatsächlich keine andere Möglichkeit, als dass die Gläubiger die verschuldete griechische Wirtschaft ausschlachteten.

»Demokratie ist Ramsch«

Papandreou sprach sich seit langem dafür aus, das Volk über den Kurs der Regierung abstimmen zu lassen. Am 12. Juni 2008, vor seiner Wahl zum Ministerpräsidenten, hatte er die Griechen aufgefordert, es den Iren gleichzutun, die in einem Referendum über den Beitritt zum neoliberalen Lissaboner Vertrag abgestimmt hatten. Nachdem sich die griechische Regierung am 20. Oktober 2011 dem Spardiktat der Troika unterworfen hatte, kündigte Papandreou seine Absicht an, ein »Konsensreferendum« über die Frage abzuhalten, ob das Land das Rettungsprogramm akzeptieren solle. Am 31. Oktober segnete das griechische Regierungskabinett das Vorhaben einstimmig ab, und es wurde eine Parlamentsabstimmung für den 4. November angesetzt.

Am 1. November traf sich Papandreou in Cannes, wo zwei Tage später das G-20-Treffen stattfinden sollte, mit Merkel und Sarkozy. Meinungsumfragen zeigten, dass zwei Drittel der Griechen die mit den Rettungsgeldern verbundenen Auflagen ablehnten, jedoch in der Eurozone bleiben wollten. Überall in Griechenland wurde auf Kundgebungen für das »Nein« geworben. Also versuchten Deutschland und Frankreich, die Frage so zu formulieren, dass die Griechen mit »Ja« antworten mussten: Wollte Griechenland weiterhin ein Teil von Europa sein?

So wollte man vermeiden, die eigentliche Frage stellen zu müssen: Wollten die Griechen sich selbst ein Jahrzehnt der wirtschaftlichen Depression auferlegen, den öffentlichen Dienst zusammenstreichen, die Gewerkschaften durch »Reformen« unterdrücken und die Wasserversorgung Athens, den Hafen von Piräus, ihre wunderschönen Inseln und ihre Gasvorkommen in der Ägäis an die Deutschen und andere Gläubiger verkaufen?

Papandreou hatte vermutlich erwartet, die Drohung mit einem Referendum werde seine Verhandlungsposition stärken und die EZB dazu bewegen, die Auflagen für das Rettungspaket zu lockern. Aber Sarkozy und Merkel sagten ihm, die Troika werde die ausstehende 8-Milliarden-Euro-Tranche des Rettungspakets erst auszahlen, wenn *alle* griechischen Parteien zusagten, sich an die Vereinbarung zu halten. Die Griechen hatten nur noch sieben Wochen Zeit, bis am 19. Dezember die erste Anleihe fällig wurde. Merkel erklärte Berichten zufolge, dass »die Tranche der Hilfsgelder nur ausgezahlt werden kann, wenn Griechenland alle Bedingungen erfüllt und das Referendum ein positives Ergebnis gebracht hat«.[3] Finanzminister Schäuble stellte klar: »Wenn Griechenland die Lasten und Mühen der Hilfsprogramme und Reformen auf sich nehmen will, wenn es in der Eurozone bleiben will, dann werden wir es unterstützen.«[4]

Kaum war er nach Athen heimgekehrt, zog Papandreou seine Forderung nach einem Referendum zurück und schloss sich der Interpretation Merkels und Sarkozys an. »Es geht hier nicht nur um ein Programm«, erklärte er. »Es geht um die Frage, ob wir in der Eurozone bleiben wollen.« Mit Blick auf die Abstimmung im Parlament redete Papandreou seiner Partei ins Gewissen und mahnte, ein Referendum sei nicht erforderlich, da die konservative Opposition versprochen hatte, die Auflagen eines von Europäischer Union, EZB und IWF geschnürten Rettungspakets von 130 Milliarden Euro zu akzeptieren. »Wenn wir einen Konsens haben, brauchen wir kein

Referendum.«[5] Der konservative Parteiführer Antonis Samaras schlug in dieselbe Kerbe und versprach, alles zu tun, was in seiner Macht stehe, um das Referendum zu verhindern.[6]

Diese Zusagen der beiden Großparteien beschwichtigten die Märkte. Die Anleiherenditen sanken, die Aktienkurse stiegen, und der Euro erholte sich gegenüber dem Dollar. Aber die Winkelzüge, mit denen das Referendum unterbunden worden war, bewegten Frank Schirrmacher dazu, in der *FAZ* in einem Leitartikel mit dem Titel »Demokratie ist Ramsch« zu schreiben: »Wer das Volk fragt, wird zur Bedrohung Europas. Das ist die Botschaft der Märkte und seit vierundzwanzig Stunden auch der Politik.«[7]

Es ging um die Frage, ob die griechische Regierung ihre Wirtschaftsplanung an die EU-Bürokratie abtreten würde. Die Deutschen haben ein Wort geprägt, um die von oben aufgezwungene technokratische Durchsetzung der »Stabilität« zu beschreiben: *Ordoliberalismus*.

Geithner greift zugunsten der amerikanischen Bankenglücksritter in die Verhandlungen zwischen Eurozone und Griechenland ein

Das explosionsartige Wachstum des globalen Kredits hatte Schuldenberge aufgetürmt, die die Leistungsfähigkeit der Schuldner bei weitem überstiegen. Aber bei einem griechischen Zahlungsausfall würden Anleihegläubiger, Banken und wohlhabende Investoren viel Geld verlieren. Französische und deutsche Banken hatten Griechenland riesige Summen geliehen. Schwere Verluste drohten auch den für das System unverzichtbaren amerikanischen Großbanken, die die griechische Krise als finanzielles Sportereignis betrachteten und mit Kreditausfall-Swaps darauf wetteten, dass die Europäer den Griechen das nötige Geld leihen würden, damit sie ihre Schulden bedienen konnten. Im Oktober 2010 hatte Finanzminister Geithner darauf bestanden, dass die Europäer Griechenland keinen Schuldenschnitt gewährten, da er befürchtete, sonst könnten Irland, Portugal, Spanien und Italien ähnliche Zugeständnisse verlangen. Abgesehen davon, dass die Solvenz der europäischen Banken bedroht war, hatte die Wall Street so viele Kreditausfall-Swaps in den Büchern, dass das amerikanische Finanzsystem im Fall eines griechischen Zahlungsausfalls zusammenzubrechen drohte. Geithner drohte, dies und ein Forderungsverzicht der EZB würde die europäische Wirtschaft ruinieren.[8]

Als am 3. November 2011 in Cannes die Gespräche der G-20 begannen, forderte Präsident Obama die europäischen Regierungschefs auf, den Europäischen Stabilitätsfonds aufzustocken, damit er Griechenland genug leihen konnte, um es vor einem Zahlungsausfall zu bewahren. Und nebenbei würden die amerikanischen Investmentbanken und Spekulanten auf diese Art ihre Wetten auf griechische Anleihen gewinnen.

Im Mittelpunkt stand eine technische Frage: Musste man von einem Zahlungsausfall sprechen, wenn sich eine Mehrheit der privaten Anleihegläubiger bereit erklärte, auf einen Großteil ihrer Forderungen zu verzichten? Standard & Poor's hatte das Kreditrating Griechenlands im Mai 2011 um zwei Stufen herabgesetzt, da die Agentur annahm, auch ein »freiwilliger« Forderungsverzicht oder eine Verlängerung der Laufzeiten der Rettungskredite aus dem Jahr 2010 werde »vermutlich auf notleidende Kredite« hinweisen werde, weshalb es sich um einen »selektiven Zahlungsausfall« handle.[9] In diesem Fall würden die Wall-Street-Firmen und andere Banken, die Kreditausfallversicherungen abgeschlossen hatten, die Anleihegläubiger entschädigen müssen. Aus diesem Grund drängte Präsident Obama die Europäer, Griechenland seine Schulden nicht zu erlassen, sondern ihm *weitere* Kredite zu geben, damit es die Anleihegläubiger auszahlen und den Buchmachern an der Wall Street einen tiefen Griff in die eigene Tasche ersparen konnte.

Bei der Jahrestagung der Hans-Böckler-Stiftung in Berlin (und bei mehreren Veranstaltungen in Frankfurt) wurde ich im November Zeuge, wie Bankiers und andere Teilnehmer ihr Entsetzen darüber äußerten, dass amerikanische Politiker unverhohlenes Lobbying für ihre Wahlkampffinanciers an der Wall Street betrieben.

Ein Politiker sagte mir, Präsident Obama habe Europa gezeigt, dass es sich nicht auf die amerikanische Führung verlassen könne, gleichgültig wer US-Präsident sei und wie groß die Hoffnung auf eine progressive Lösung gewesen sei.

Um die amerikanischen Großbanken zu schützen, die Wetten nach Art von AIG abgeschlossen hatten, indem sie Inhabern griechischer Staatsanleihen Kreditausfallversicherungen ausgestellt hatten, schlug die EZB vor, den Zahlungsausfall in eine »freiwillige Neuverhandlung« umzutaufen und Banken und andere Anleihegläubiger zu einem freiwilligen Forderungsverzicht zu drängen. Aber deutsche Politiker beharrten darauf, dass die Investoren Verluste hinnahmen, vor allem mit Blick darauf, dass die Käufer der neueren griechischen Anleihen besonders hohe Zinsen erhielten – schließlich ist der Zins eine Entschädigung für das Ausfallrisiko. Aber die Geierfonds hofften auf vollständige Tilgung ihrer Anleihen.

Das G-20-Treffen brachte kein klares Ergebnis. Niemand wusste, wie weit man in Griechenland gehen konnte.

Die griechischen Politiker regieren gegen ihre Wähler

Die griechische Koalitionsregierung befürchtete, die Sparpolitik werde die Wähler in die Arme des neu gegründeten Syriza-Bündnisses treiben, das den Rettungsschirm ablehnte. »Ein führender Pasok-Abgeordneter schied aus der Partei aus, womit Papandreous knappe Parlamentsmehrheit auf 152 von 300 Sitzen schrumpfte, und mehrere andere forderten eine Regierung der nationalen Einheit und vorgezogene Neuwahlen, die auch von der Opposition befürwortet wurden.« Aber Papandreou warnte: »In diesem Augenblick würden Wahlen in die Katastrophe führen und dem Interesse des Volkes nicht dienen.« Er sah nur eine Lösung: Man müsse das Rettungsprogramm der EU »ohne Wahlen parteiübergreifend mit einer starken Regierung unterstützen«.[10] Papandreou brauchte 151 Stimmen für das Angebot der Eurozone und setzte sich am 4. November in einer Vertrauensabstimmung mit 153 gegen 145 Stimmen durch. Dann jedoch gab er dem Druck von Nea Dimokratia und der Völkischen Orthodoxen Sammlungsbewegung (LAOS) nach und trat nach der Hälfte seiner vierjährigen Amtszeit zurück.

Die dritte Kraft im griechischen Parlament waren die von Aleka Paparriga geführten Kommunisten mit 21 Abgeordneten. Gemeinsam mit dem von Alexis Tsipras geführten Syriza-Bündnis (9 Abgeordnete) lehnten sie die Sparmaßnahmen ab und verlangten Neuwahlen. Nea Dimokratia und die Konservativen hofften davon zu profitieren, dass der Pasok die Wähler davonliefen, und schlossen sich der Forderung der Linken an.[11]

Nach viertägigen Verhandlungen einigten sich Papandreous gespaltene Pasok, die von Antonis Samaras geführte konservative Nea Dimokratia und die ultrarechte LAOS auf eine Strategie, mit der sie vermeiden wollten, von den Wählern für die Zustimmung zum Spardiktat der EZB bestraft zu werden. Am 5. November 2011 kündigten sie gemeinsam an, es gebe keine Alternative zur Bildung einer überparteilichen Übergangsregierung, die das am 27. Oktober beim Gipfel in Brüssel beschlossene Rettungsprogramm im Umfang von 130 Milliarden Euro umsetzen sollte. Samaras erklärte, angesichts der Forderung der EZB, Griechenland müsse sich klar zu den Bedingungen des Rettungsprogramms bekennen, seien sofortige Neuwahlen nötig, um dem Land bis Mitte Dezember die nächste Kredittranche von 8 Milliarden zu garantieren und den Staatsbankrott abzuwenden.

Am 11. November überließ Papandreou das Amt des Ministerpräsidenten seinem Wirtschaftsberater Lukas Papademos, jenem Mann, der seine letzten beiden Jahre in der griechischen Zentralbank (2001–2002) damit verbracht hatte, den berüchtigten Schuldenswap mit Goldman Sachs einzufädeln, um die tatsächliche Haushaltslage des Landes zu vertuschen und Griechenland die Aufnahme in die Eurozone zu sichern. Dieser Erfolg hatte Papademos den Posten eines Vizepräsidenten der EZB eingebracht, ein Amt, das er von 2002 bis 2010 bekleidete. Offensichtlich wurde er auf den Posten des Regierungschefs gehievt, um die Unterwerfung Griechenlands unter die Bedingungen des Rettungsprogramms effizient zu vollziehen.

Die Finanzmedien priesen den neuen Regierungschef als »unpolitische Persönlichkeit mit starkem ökonomischem Hintergrund«[12] (womit sie sagen wollten, dass er dem Finanzkapital gewogen und der Arbeiterschaft abgeneigt war).

Papademos warnte das Parlament, die Bedingungen des Rettungsprogramms abzulehnen, werde katastrophale Folgen haben, und verlangte ein Mandat für Sparmaßnahmen. Am 16. November gewann er eine Vertrauensabstimmung. Damit war der Weg frei für Verhandlungen über die Auflagen, die Griechenland erfüllen musste, um die Kredite zu erhalten, mit denen es die Forderungen seiner Anleihegläubiger erfüllen konnte.

Als die *Financial Times* eine zehnseitige Liste der »vorrangigen Maßnahmen« veröffentlichte, die EU und Währungsfonds von Griechenland verlangten, brach ein Sturm der Entrüstung los. Eine der ersten Auflagen war, dass Athen ein Gesetz erlassen müsse, um »geschlossene«, von den Gewerkschaften kontrollierte Berufe in Bildungswesen, Baugewerbe und öffentlichen Unternehmen zu öffnen. Die Staatsbetriebe sollten privatisiert werden, um sie für potenzielle Käufer attraktiver zu machen. Außerdem sollte Griechenland innerhalb von drei Jahren 150 000 weitere Arbeitsplätze in der öffentlichen Verwaltung abbauen, insbesondere im Gesundheitssektor und in der Rentenverwaltung. Der ohnehin niedrige Mindestlohn von 750 Euro musste weiter gesenkt und das 13. und 14. Monatsgehalt für Angestellte im Privatsektor abgeschafft werden.

In Anlehnung an die Übernahme lateinamerikanischer Zollämter durch ausländische Kreditgeber im 19. Jahrhundert verlangte Deutschland, dass die griechischen Steuereinnahmen in einen Sonderfonds einzuzahlen wären, aus dem vorrangig die Verbindlichkeiten bei den Gläubigern der im Rahmen des Rettungsprogramms begebenen neuen Anleihen beglichen werden sollten. »Athen sollte nur das Geld, das nach der Bedienung seiner Schulden übrigbleibt, für die normalen öffentlichen Verwaltungsaufgaben ausgeben dürfen.«[13] Ein Haushaltsbeauftragter der Eurozone sollte ermächtigt werden, das griechische Parlament zu überwachen und sein Veto gegen Ausgaben einzulegen, die Steuereinnahmen vom Schuldendienst weglenken würden. Schließlich würden IWF und EZB Hilfstranchen zurückhalten, sollte Griechenland wichtige Privatisierungsvorhaben verschleppen.

Um den Eindruck zu erwecken, Griechenland erhalte Gegenleistungen für diese Zugeständnisse, bot die EZB an, auf die Gewinne zu verzichten, die sie mit griechischen Staatsanleihen im Nennwert von 55 Milliarden Euro (und einem Kaufpreis von nur 40 Milliarden Euro) erzielte. Dadurch, dass sie das Risiko des Zahlungsausfalls verringerte, machte die EZB (so wie viele Spekulanten) einen unerwarteten Gewinn. Um Griechenlands Schuldenlast ein wenig zu erleichtern, würde die EZB dem Land Geld leihen, damit es seine Anleihen zu demselben niedrigen Preis zurückkaufen konnte, den die Zentralbank dafür bezahlt hatte. So ersparte sich Griechenland etwa 15 Milliarden Dollar. Aber das war nur ein Tropfen auf den heißen Stein angesichts des verheerenden Schadens, den die griechische Wirtschaft erlitt, nachdem das Parlament ungeachtet der öffentlichen Proteste am 12. und 13. Februar 2012 dem Sparprogramm zugestimmt hatte.

Das Problem ist natürlich, dass die neoliberalen Gründer der EZB der Zentralbank bewusst die Hände banden, indem sie ihr verboten, Staaten zu finanzieren. Ihr einziger Zweck war es, Geld von den Staaten zu *kassieren*. Sie war also das Gegenteil einer »echten« Zentralbank.[14]

Wenn sich der vom IWF prognostizierte Erfolg der Sparpolitik nicht einstellt, wird Staatseigentum verkauft

Wenn sich der Mythos, dass Einsparungen zu Haushaltsüberschüssen führen, als falsch erweist, verbreiten die Bankiers den nächsten Mythos: Die einzige Möglichkeit, die Anleihegläubiger zu befriedigen, ist die massenhafte Pfändung von Vermögenswerten. Diesem Mythos gehorchend, verlangten EZB und EU-Kommission Privatisierungen, mit denen das Haushaltsdefizit Griechenlands finanziert werden sollte. »Griechenland steht zum Verkauf – billig –, und Deutschland kauft«, berichtete das *Wall Street Journal*. »Deutsche Unternehmen sind in Griechenland auf Schnäppchenjagd, da sich die Regierung angesichts der erdrückenden Schuldenlast gezwungen sieht, Staatseigentum abzustoßen, um die Finanzen des Landes zu stabilisieren.«[15]

Die Zeitung veröffentlichte auch einen Diskussionsbeitrag, dessen Autor vorschlug, griechische Anleihen sollten »mit realen griechischen Vermögenswerten besichert« werden. Anleihebesitzer sollten die Möglichkeit erhalten, diese Vermögenswerte direkt zu pfänden, sollte der griechische Staat seinen Zahlungsverpflichtungen nicht nachkommen. »Ich bin überzeugt, der einzige Weg aus der europäischen Finanzkrise besteht darin, dass Deutschland Griechenland in Besitz nimmt«, erklärte der Hedgefondsmanager Andy Kessler:

> In diesem Fall würde man auf Euro lautende griechische Staatsschulden in deutsche Langläufer umwandeln, die teilweise durch die Vertrauenswürdigkeit des deutschen Staates und teilweise durch griechisches Staatseigentum besichert würden – Versorgungsunternehmen, Eisenbahnen, Mautautobahnen, Flughäfen, Mobilfunknetze, Tourismus, Ouzo-Fabriken und vielleicht sogar die Inseln Santorin und Mykonos. Sollten die Griechen den Schuldendienst einstellen (manche würden sagen: *sobald* sie ihn einstellen), gehen die Vermögenswerte in den Besitz der Deutschen oder neuer Anleihegläubiger über, ganz so wie ein Haus, das gepfändet wird, weil die Hypothek nicht bedient wird. […] Die neuen Eigentümer machen sich anschließend daran, die Unternehmen zu sanieren und so viele Entlassungen vorzunehmen, wie nötig sind, um die Rentabilität zu gewährleisten. Dies ist ein alter Trick in der amerikanischen Industrie:

Man verkauft eine alte Fabrik und überlässt es dem neuen, unbekannten Eigentümer, die Arbeiter auf die Straße zu setzen.[16]

Die Deutsche Telekom, die bereits einen 30-prozentigen Anteil an Hellenic Telecommunications hielt, gab ihre Absicht bekannt, 400 Millionen Euro für weitere 10 Prozent des griechischen Unternehmens zu zahlen, und versprach, die Arbeitskosten zu senken. Die Europäische Kommission legte eine Liste von Staatsunternehmen vor, die für die Privatisierung in Frage kamen, darunter Strom- und Gasversorger (DEPA und DESFA), Hellenic Petroleum (HELPE), die Wasserwerke Salonikis (EYATH) und Athens (EYDAP), der Flughafen Athen, Regionalflughäfen, Eisenbahnen (Trainose), die griechische Post (ELTA) und das Rüstungsunternehmen EAS. »Es werden auch Konzessionen für die Verwaltung öffentlicher Vermögenswerte wie Autobahnen, die staatliche Lotterie, regionale Flughäfen und große regionale Häfen an Privatunternehmen vergeben werden.«[17]

Der Krieg der Eurozone gegen die Schuldnerländer verwandelte sich in einen Klassenkrieg, und ein Klassenkrieg wird immer auf dem politischen Schlachtfeld ausgetragen. Ein Finanzanalyst wies darauf hin, mit dem Verkauf von Inseln und öffentlichen Gebäuden, Häfen und der Wasserversorgung könne man »die unbezahlbaren Staatsschulden Griechenlands kaum verringern«.[18] Die Gläubiger hofften einfach, möglichst viel einstreichen zu können, da die Öffentlichkeit nicht gegen den Ausverkauf protestierte.

Deshalb greifen die Banken auf antidemokratische Methoden zurück, indem sie jede politische Macht ablehnen, die von den Interessen der Gläubiger unabhängig ist. Ziel ist es, die Finanzpolitik in die Hände von »Technokraten« zu legen, die aus dem Bankensektor kommen – das gilt nicht nur für Lucas Papademos in Griechenland, sondern auch für Mario Monti in Italien (mit dem wir uns im nächsten Kapitel befassen werden). Die Bankiers fürchten, dass demokratisch gewählte Amtsträger »unverantwortlich« handeln, das heißt die Interessen der Gesamtwirtschaft im Auge behalten werden, anstatt nur die Forderungen von Banken und Anleihebesitzern zu erfüllen.

Die Rolle des IWF bei der Auszahlung der Anleihegläubiger löst eine Verfassungskrise in Deutschland aus

Der Widerstand gegen die Versuche einer echten Zentralbank, öffentliche Haushaltsdefizite zu monetarisieren, hat seinen Ursprung in der Wahnvorstellung, dies werde eine Hyperinflation wie jene auslösen, die Anfang der 1920er Jahre die Weimarer Republik heimsuchte. Die Wahrheit ist, dass Hyperinflation fast immer dadurch entsteht, das Auslandsschulden zurückgezahlt werden. Eine »Hartwährungspolitik«, die eine Zentralbank daran hindert, das Haushaltsdefizit zu finanzieren, hat die gravierende politische Folge, dass die Kredit- und Geldschöpfung den Privatbanken überlassen wird.

Da sie keine Zentralbanken mehr haben, die die öffentlichen Ausgaben monetarisieren können, müssen sich die Staaten der Eurozone das Geld bei Privatbanken und auf dem Anleihemarkt beschaffen. Weder die EZB noch der IWF finanzieren Staatsdefizite. Der IWF verleiht in erster Linie Geld, um die Wechselkurse zu stützen. Aber das griechische Staatsdefizit stellte kein Abwertungsproblem dar, da die betreffenden Schuldtitel auf Euro lauteten. Diese Beschränkung bewegte Deutschland dazu, den Währungsfonds und die EZB zu beschuldigen, sie würden ihre Kompetenzen überschreiten. Die Deutschen zitierten aus dem Gründungsübereinkommen des IWF:

> Ein Mitgliedstaat kann nur Kredite beim IWF beantragen, wenn dies »wegen seiner Zahlungsbilanz- oder Reservesituation oder wegen der Entwicklung seiner Reserven erforderlich ist«. Griechenland, Irland und Portugal leiden zweifellos nicht unter zu geringen Fremdwährungsreserven. […] Der IWF leiht ihnen Geld, weil sie Haushaltsprobleme haben, und das ist nicht seine Aufgabe. Dies hat die Deutsche Bundesbank in ihrem Monatsbericht im März 2010 deutlich gemacht: »Jeder finanzielle Beitrag des IWF zur Lösung von Problemen, die nicht auf dem Bedarf an Fremdwährungen beruhen – wie beispielsweise die direkte Finanzierung von Haushaltsdefiziten –, wäre mit seinem monetären Mandat unvereinbar.«[19]

Die EZB will auch die Banken retten, wozu sie die Staaten retten muss, deren Anleihen die Banken halten. Ein griechischer Zahlungsausfall würde die größten Banken des Landes (die größten heimischen Besitzer griechischer

Anleihen) in die roten Zahlen treiben. Aber das deutsche Bundesverfassungsgericht hat einer Fiskalunion und einem gemeinsamen EU-Haushalt, den die EZB finanzieren würde, eine Absage erteilt. (Mit einer solchen Finanzierung würde die EZB zu einer echten Zentralbank werden, die Geld für die öffentlichen Ausgaben schöpft.) *Das verfassungsrechtliche Problem betrifft die Frage, wie die Kosten der Staatsfinanzierung auf die Mitglieder der Eurozone und die hinter ihnen stehenden Banken und Anleihebesitzer verteilt werden sollen.*

Da die EZB nicht einfach Geld drucken kann wie die Federal Reserve, müssen die Regierungen (»Steuerzahler«) *bestimmter* Länder die Kosten tragen. Aber Deutschland sträubt sich dagegen, andere Länder der Eurozone zu subventionieren. Deshalb erklärte der frühere Bundesbankchef Karl Otto Pöhl gegenüber dem *Spiegel*, die EZB sei »entgegen allen Schwüren und gegen das ausdrückliche Verbot in ihrer Satzung nun auch noch in die Staatsfinanzierung eingestiegen«, obwohl im Vertrag über die Arbeitsweise der EU ausdrücklich stehe, »dass kein Staat für die Schulden eines anderen haftet. Was wir jetzt tun, ist genau dies.«[20]

Dies ist nicht die sozialdemokratische Behörde, von der die europäischen Reformer nach dem Zweiten Weltkrieg träumten. Die EZB in ihrer gegenwärtigen Form ist unvereinbar mit einem geeinten Europa, das eine gemeinsame Haushaltspolitik betreiben, ein einheitliches Steuersystem einführen und für alle Mitgliedstaaten verbindliche Vorschriften für den Finanzsektor einführen könnte. In Ermangelung einer politischen und Fiskalunion bleiben nur eine Freihandels- und Einwanderungszone übrig, deren Finanzpolitik von den Gläubigerländern diktiert wird, das heißt vor allem von Deutschland.

Als die griechischen Wähler sahen, dass die Wirtschaftsplanung Prokonsuln übertragen werden sollte, die das Parlament überstimmen konnten, um mit der Steuerpolitik Banken und Anleihebesitzer zu retten, anstatt Wachstum und Beschäftigung zu finanzieren, wählten sie die Konservativen sowie die »sozialistische« Pasok im Jahr 2014 ab.

Beide hatten den fatalen Fehler begangen, die »Auflagen« der EU zu akzeptieren. Die griechischen Wähler überwanden schließlich die Furcht vor einer Auseinandersetzung mit den europäischen Banken und brachten im Januar 2015 das Syriza-Bündnis an die Macht, das die Forderungen der Gläubiger, die Griechen müssten sich in Schuldknechtschaft begeben und der Privatisierung ihres Staatseigentums zustimmen, ablehnte.

KAPITEL 23

Die Hochfinanz installiert Technokraten als Statthalter

»... Die Eliten Europas verhalten sich heute so, als ob sie weder die Natur der Krise, mit der sie konfrontiert sind, noch deren Folgen für die Zukunft der europäischen Zivilisation verstünden. In einem atavistischen Rückfall plündern sie die schwindenden Vorräte der Schwachen und Besitzlosen, um die klaffenden Löcher des Finanzsektors zu schließen, und weigern sich, der Tatsache ins Auge zu sehen, dass dies keine nachhaltige Lösung ist. ... die Dinge könnten sich ständig verschlechtern, ohne jemals besser zu werden.«

Yanis Varoufakis[1]

Als der frühere Finanzminister Evangelos Venizelos nach dem Rücktritt Papandreous zum Vorsitzenden der Pasok gewählt wurde, bestand eine seiner ersten Handlungen darin, eine Amnestie für Steuerflüchtlinge zu erklären, die für einen Großteil des Haushaltsdefizits verantwortlich waren. Als Finanzminister hatte er bereits im Jahr 2011 ein Steuergesetz durchs Parlament gebracht, das die Grundsteuer »für Grundstücke, die größer als 2000 Quadratmeter sind« um 60 Prozent herabsetzte, »... Herr Venizelos hat somit eine große Ausnahmeregel für die einzigen Personen durchgesetzt, die es sich leisten konnten, die Steuer zu zahlen: die Reichen.«[2] Die Villen und Schwimmbäder waren die deutlichen Belege dafür. Dies war Pasoks Karikatur des »Sozialismus«.

Die Hoffnung auf gesamteuropäische Reformen war eine entscheidende Triebkraft des europäischen Einigungsprojekts. Viele Griechen waren der Ansicht, die Krise könne letztlich heilsam sein, wenn die ausländischen Technokraten bei der Durchsetzung eines gerechten Steuersystems helfen würden, das mit den korrupten Insidergeschäften aufräumte.

Aber Venizelos brachte es fertig, die Lagarde-Liste, die ihm 2010 überreicht worden war, zu »verlieren«. Auf der Liste standen die Namen von »rund 2000 griechischen Staatsbürgern mit schweizerischen Bankkonten«, einschließlich »hoher Amtsträger mit Briefkastenfirmen in Steueroasen, Freunden und Verwandten von Ministern, Bankiers, Verlegern und Personen mit Verbindungen zum Schwarzmarkt«. Die französische Staatsanwältin Eva Joly (die von der isländischen Regierung beauftragt worden war, ihre korrupten Banken zu säubern) erklärte: »Wir wissen, dass Griechen 120 Milliarden Euro auf Schweizer Bankkonten deponiert haben. Dieses Geld wird selbstverständlich nicht versteuert. Wenn man die 120 Milliarden Euro mit 40 Prozent besteuern würde, hätte man Einnahmen von 48 Milliarden Euro.«[3] Dies hätte genügt, um die griechischen Auslandsschulden zurückzuzahlen. Aber nichts geschah, außer dass Herr Vaxevanis, der die Liste veröffentlichte, wegen angeblicher Verletzung von Persönlichkeitsrechten verhaftet wurde!

Statt Griechenland zu helfen, diese Mittel zu beschlagnahmen und die Steuerflucht zu unterbinden, haben Unterhändler der EZB und der Europäischen Kommission verlangt, dass die Vorsitzenden der größten Fraktionen im Parlament versprechen, nichts gegen die Kapitalflucht (den »freien Kapitalverkehr«) zu unternehmen und die Arbeitnehmer (»Steuerzahler«) die Zeche der Staatsschulden zahlen zu lassen.

Das Austeritätsprogramm von Februar/März 2012

Am 9. Februar 2012 spitzten sich die Dinge zu. Die Vorsitzenden der drei Koalitionsparteien erklärten sich bereit, Arbeitsplätze im öffentlichen Dienst abzubauen, den Mindestlohn um 22 Prozent zu senken, die Renten um 15 Prozent zu kürzen, neuen Firmeneignern zu erlauben, Mitarbeitern jederzeit zu kündigen, und die Haushaltsausgaben für das Jahr 2012 um 325 Millionen Euro zusammenzustreichen.[4] Diese »wachstumsfördernden Strukturreformen« sollten angeblich der Beschäftigung dienen. Tatsächlich stieg die Arbeitslosigkeit insgesamt auf 21 Prozent und bei den Berufsanfängern zwischen 15 und 24 Jahren sogar auf 50 Prozent.

Am 12. Februar verabschiedete das Parlament mit 199 gegen 74 Stimmen das Sparpaket. Zehntausende von Demonstranten versammelten sich daraufhin auf dem Syntagma-Platz und skandierten »Diebe, Diebe«. Fünf

Bankfilialen und viele weitere Gebäude wurden in Brand gesteckt und Geschäfte in größeren Straßen geplündert; dies veranlasste viertausend Bereitschaftspolizisten dazu, Tränengasgranaten in die Menge zu feuern.[5]

LAOS, die dritte Partei der Koalition, zog ihre 16 Abgeordneten vor der Abstimmung aus der Regierung zurück. Dadurch hoffte sie der Pasok und den Konservativen bei den kommenden Wahlen Stimmen abzujagen. LAOS schloss die beiden Mitglieder aus, die für das Rettungspaket stimmten, während die beiden Koalitionsparteien 43 Abgeordnete aus ihren Reihen verbannten, die *nicht* für das Gesetz gestimmt hatten. Aus Protest traten sechs Minister und Staatssekretäre zurück. »Heute entscheiden wir über unser Schicksal für die nächsten zehn Jahre«, verkündete der Pasok-Vorsitzende Venizelos. Er trieb die Verabschiedung einer neuen parlamentarischen Geschäftsordnung voran, »um die Aussprache über die neuen Maßnahmen auf eine zehnstündige Sitzung zu beschränken ... ›und die Finanz- und Bankenmärkte haben die Botschaft noch am selben Tag verstanden ...‹«.[6]

Papandreous Unterstützung der Sparpolitik hielt die sozialdemokratischen und Arbeiterparteien der Welt nicht davon ab, ihn im selben Jahr einmütig für eine zweite Amtszeit als Vorsitzenden der Sozialistischen Internationale zu bestätigen. Aber die Befürchtungen der Pasok-Abweichler bewahrheiteten sich. Der Versuch, die finanziellen Verpflichtungen gegenüber der Troika zu erfüllen, stürzte das Land in eine Depression, tiefer noch als die in den 1930er-Jahren. Pasok erhielt bei den Wahlen im Mai nur 13 Prozent der Stimmen, bei den Neuwahlen im Juni sogar nur noch 12 Prozent (gegenüber früheren 44 Prozent). Im Jahr 2015 erhielt sie lediglich noch 4,7 Prozent und landete damit auf dem siebten und letzten Platz unter den im Parlament vertretenen Parteien.

Da sie befürchteten, Griechenland würde nicht den ökonomischen Selbstmord begehen, den seine Politiker dem Land auferlegen wollten, machten die EZB-Unterhändler die Kapitulation wasserdicht: Die Vereinbarung vom 20. Februar listete »24 ›vorrangige Maßnahmen‹ auf, die Griechenland bis zum Monatsende durchführen muss, ehe Hilfsgelder freigegeben werden«.[7] Um zu verhindern, dass nach den für April 2012 anberaumten Wahlen die Vereinbarung, die sie mit den führenden Politikern getroffen hatten, rückgängig gemacht würde, bestanden die EU-Unterhändler darauf, alle Parteien müssten sich dazu verpflichten, das Abkommen zu unterstützen. Sie verlangten auch schnellere Privatisierungen. Pasok und Nea Dimokratia unterzeichneten die Verpflichtung, unabhängig von den Wahlergebnissen die Bestimmungen des Rettungspakets einzuhalten. Der Kolumnist Wolfgang Münchau zeigte sich empört, ähnlich wie Schirrmacher in seinem Artikel »Demokratie ist Ramsch«:

> Als Wolfgang Schäuble als eine Bedingung für weitere Hilfen forderte, Griechenland solle seine Wahlen verschieben, wusste ich, das Spiel ist bald vorüber. Wir sind an dem Punkt, wo Erfolg nicht länger mit Demokratie vereinbar ist. Der deutsche Finanzminister will eine »falsche« demokratische Entscheidung verhindern. Ganz ähnlich ist der Vorschlag, die Wahlen termingerecht abzuhalten, aber dann unabhängig vom Ergebnis eine große Koalition zu bilden. ... [A]m extremsten jedoch ist die Überlegung, die Wahlen auszusetzen und die Technokraten-Regierung von Lucas Papademos viel länger im Amt zu lassen.[8]

Die meisten Wirtschaftsjournalisten waren der gleichen Meinung wie die Demonstranten: Der Sparkurs würde die Wirtschaft noch tiefer in die Verschuldung treiben und das Haushaltsdefizit verschlimmern. »Wahnsinn, so also sieht Schuldknechtschaft auf nationaler Ebene aus«, schrieb Yves Smith, Herausgeber des Wirtschaftsblogs *Naked Capitalism*. »Es hat ganz den Anschein, als stünde Griechenland demnächst unter der Knute von Banken, so wie ehemalige freie Südstaaten-Kleinbauern nach dem US-amerikanischen Bürgerkrieg zu ›Schuldpächtern‹ wurden.«[9]

Das Euro-Projekt zielte von Anfang an darauf ab, die Demokratie in eine Finanzoligarchie zu verwandeln

Die wirtschaftlichen Schwierigkeiten Griechenlands und anderer südlicher Mitgliedsländer der Eurozone rühren daher, dass der Euro von Anfang an – seit seiner Einführung im Jahr 1999 – eine Fehlkonstruktion war, da er sich nicht auf eine vollwertige Zentralbank und eine einheitliche europäische Steuerpolitik stützte. Die Europäische Union wurde ursprünglich zu dem Zweck gegründet, die lange Geschichte militärischer Konflikte auf dem Kontinent zu beenden. Dies wurde (außer im Falle Serbiens und der Ukraine) auch erreicht. Aber wie schon ausgeführt, zeichnet sich das Wesen jedes Staates durch drei souveräne Befugnisse aus: die Ausgabe einer eigenen Währung, die Erhebung von Steuern und das Erklären eines Krieges. Die wirklichen Vereinigten Staaten von Europa würden über eine echte Zentralbank verfügen, die Haushaltsdefizite monetarisieren und das so geschöpfte Geld in der gleichen Weise in die Wirtschaft pumpen könnte, wie es die US-amerikanische und andere Regierungen tun. Das Fehlen einer öffentlichen Institution der Geldschöpfung bedeutet, dass Haushaltsdefizite von Anleihegläubigern und die Schöpfung neuer Kredite von Banken finanziert werden müssen. Dies bedeutet einen Anstieg der Verschuldung, deren Finanzierungskosten eine Sparpolitik und einen Rückgriff auf IWF und EZB erzwingen, die im Interesse der Hochfinanz handeln.

Hier geriet Europa auf den falschen Weg, als es im Jahr 1999 den Euro einführte. Ohne ein Parlament, das dazu ermächtigt ist, Steuern in einem Bundesstaat zu erheben, um sie in anderen auszugeben, kann ein Staat kein Geld schöpfen. Europa war noch nicht reif für eine solche Union. Statt ein Parlament zu ermächtigen, in allen europäischen Ländern Steuern zu erheben und diese dort auszugeben, wo sie am dringendsten benötigt werden, ist in der EU-Verfassung der Grundsatz verankert, dass die Steuereinnahmen eines Mitgliedslandes nicht direkt in den Haushalt anderer Länder fließen dürfen. Deutschland und die nordeuropäischen Länder sind nicht gezwungen, Länder wie Portugal, Irland, Italien, Griechenland oder Spanien zu finanzieren. Das ist genau so, als würde die Regierung der Vereinigten Staaten New York und andere wohlhabende östliche Bundesstaaten nicht besteuern können, um den Westen und den Süden zu entwickeln, sondern als müsste jeder Bundesstaat sein Wachstum aus seinen eigenen Steuereinnahmen oder über die Emission von Anleihen finanzieren.

Die Zentralbank der Eurozone, die EZB, dagegen darf Geld ausschließlich zu dem Zweck schöpfen, es den Geschäftsbanken zu leihen. Dies bedeutet, das Finanzsystem der Eurozone wird von Banken und Anleihegläubigern kontrolliert. Indem die Eurozone das traditionell dem Staat zukommende Privileg der Geldschöpfung privatisierte, hat sie die Finanzierung von Haushaltsdefiziten durch öffentliche Geldschöpfung unmöglich gemacht. Eine echte Zentralbank könnte als Alternative zur Steuererhebung eigenes Geld schöpfen, wie es die Federal Reserve und die Bank of England tun. Aber eine solche Institution gibt es in der Eurozone nicht, weil die Banken erfolgreich darauf drängten, dass nur sie das Recht haben sollten, Geld und Kredit zu schöpfen.

Eine »nicht-politische« Zentralbank ist ein Widerspruch in sich. Der angebliche »Vater des Euro«, der Wirtschaftswissenschaftler Robert Mundell, soll einem seiner Studenten an der Universität Chicago, Greg Palast, gesagt haben: »Der Euro ist ein effektives Instrument, um Kongresse und Parlamente ihrer gesamten geld- und finanzpolitischen Befugnisse zu berauben. Es finden keine lästigen Eingriffe demokratisch gewählter Akteure in das Wirtschaftssystem mehr statt.«[10] Diese Ideologie droht Demokratien in Oligarchien zu verwandeln, indem sie ein Wirtschaftssystem schafft, in dem die Banken das Sagen haben. Da nach dieser Auffassung jede staatliche Geldschöpfung notwendigerweise inflatorisch ist, will sie den Kredit unter strenger Kontrolle der Geschäftsbanken halten.

Mundell will die Inflation dadurch bekämpfen, dass er die Steuern für die Wohlhabenden drastisch senkt, unter dem Vorwand, sie würden ihr Einkommen produktiv investieren und so Arbeitsplätze schaffen und nicht etwa vernichten. Mundell, die EZB und der IWF wollen außerdem die Macht der Gewerkschaften beschneiden, um so die Löhne so niedrig wie möglich zu halten – als würde dies nicht zugleich die Binnenmärkte schrumpfen lassen und dadurch zu noch größeren Haushaltsdefiziten führen.

Der Euro und die EZB wurden so konzipiert, dass staatliche Geldschöpfung ausschließlich zum Zweck der Unterstützung von Banken und Anleihegläubigern zulässig ist. Ihre geld- und haushaltspolitische Zwangsjacke nötigt die Volkswirtschaften der Eurozone, sich auf die Kredit- und Schuldenschöpfung der Privatbanken zu stützen. Der Finanzsektor übernimmt so die Rolle der zentralen wirtschaftlichen Steuerungsinstanz und überträgt seinen Experten die Verantwortung für die Geld- und Finanzpolitik, ohne dass demokratische Mitspracherechte gewährleistet oder Volksabstimmungen zur Schulden- und Steuerpolitik abgehalten würden.

Wenn Regierungen öffentliche Defizite nicht über die Geldschöpfung von Zentralbanken finanzieren können, sind sie gezwungen, sich über die Ausgabe von Anleihen Geld zu beschaffen. Zinszahlungen beanspruchen einen immer größeren Teil der öffentlichen Haushalte, und dies veranlasst Anleihegläubiger dazu, Kürzungen der Renten und Pensionen, bei der medizinischen Versorgung und anderen sozialen Programmen zu fordern. Diese fiskalische Austerität bildet die ideologische Basis des Krieges, den Rentiers mit dem Ziel führen, ein finanzialisiertes Neues Europa zu schaffen.

Die Ironie des Schicksals liegt in Folgendem: Die Währungsunion sollte der erste Schritt zu einer politischen Union sein. Aber ihre bankenfreundliche Ausrichtung droht, die EU auseinanderbrechen zu lassen, da sie Griechenland und andere hochverschuldete Volkswirtschaften dazu zwingt, aus der Euro-Zone auszuscheiden. Kein souveräner Staat kann es einfach hinnehmen, wenn man ihm Schuldendeflation, Ausgabenkürzungen, einen steten Bevölkerungsschwund durch Emigration, eine sinkende Lebenserwartung und die Verschlechterung der medizinischen Versorgung aufzwingt, wie sie Griechenland unter den Sparauflagen der Troika zu verzeichnen hatte.

Dies ist der Kontext, der den Syriza-Finanzminister Yanis Varoufakis zu der Erklärung veranlasste, er wolle nicht nur Griechenland, sondern ganz Europa vor der Verarmung retten, indem er die Idee wiederbelebe, Regierungen sollten Arbeitnehmer und die Industrie, nicht die Rentiers fördern. Es bedeutet öffentliche Kontrolle über Banken und Kredit, über Steuer- und Ordnungspolitik. Stattdessen wurden mithilfe der Verwaltungsmacht der EU öffentliche Ausgaben blockiert, fiskalische und finanzielle Austerität auferlegt und die Finanzoligarchie unterstützt. Der Historiker Perry Anderson schildert, wie sehr sich dies von dem unterscheidet, was man versprochen hatte, als die Europäische Wirtschaftsgemeinschaft im Jahr 1957 gegründet wurde:

> Die Ergebnisse von Volksbefragungen werden regelmäßig ignoriert, wenn sie dem Willen der Herrschenden zuwiderlaufen. Wähler, deren Ansichten von Eliten abgelehnt werden, sehen ihre Interessen in dem Parlament, das sie eigentlich repräsentieren soll, nicht mehr richtig vertreten, mit der Folge, dass die Wahlbeteiligung immer weiter sinkt. Bürokraten, die nicht gewählt wurden, kontrollieren die Haushalte nationaler Parlamente, die sogar ihrer Ausgabenkompetenzen beraubt wurden. … Parteien verlieren Mitglieder; Wähler verlieren den Glauben daran, dass ihre Stimme zählt, da der politische Entscheidungsspielraum schrumpft und Versprechen bei Wahlkampfauftritten, eine andere Politik zu betreiben, nur halbherzig eingelöst werden oder ganz in Vergessenheit geraten, wenn man erst einmal im Amt ist.[11]

Finanzgeier definieren »Menschenrechte« neu

Als sich die finanzielle Lage Griechenlands Anfang 2012 verschlechterte, sahen Geierfonds eine Gelegenheit, mit griechischen Staatsanleihen, die mit hohem Abschlag gehandelt wurden, einen Reibach zu machen. Als die griechische Regierung ein Gesetz einbrachte, das private Anleihegläubiger zwingen sollte, Verluste hinzunehmen, brachten diese Fonds ein schweres juristisches Geschütz in Stellung. Ihre Anwälte behaupteten, es komme »einer Verletzung von Eigentumsrechten gleich, wenn Anleger weniger erhalten, als ihnen zusteht – und in Europa sind Eigentumsrechte Menschenrechte«.[12] Sie verlangten die Auszahlung des vollständigen Nennwerts der Anleihen, die sie zu einem Bruchteil dieses Betrages gekauft hatten, und drohten damit, Griechenland vor dem Europäischen Gerichtshof für Menschenrechte zu verklagen.

Ziel war es, Menschenrechte neu zu definieren: Fortan sollte das Recht von Gläubigern, öffentliche Vermögenswerte zu enteignen und die Bevölkerung von Schuldnerländern in Schuldknechtschaft zu nehmen, ebenfalls als Menschenrecht anerkannt werden. Öffentliche Ausgaben zur Schaffung von Arbeitsplätzen mit auskömmlichen Löhnen sollten gegenüber Gläubigerrechten auf Pfändung staatlicher Vermögenswerte und deren Einfrierung im Zuge jahrelanger Gerichtsverfahren nachrangig behandelt werden.

Die Anleihegläubiger machten vor dem Europäischen Gerichtshof für Menschenrechte geltend, ihre Eigentumsrechte seien verletzt worden. Dem hielt Griechenland, unterstützt von der Eurozone, entgegen, es wolle »allen Anlegern [dieselben Vergleichsbedingungen auferlegen], indem es sogenannte Umschuldungsklauseln (*collective-action clauses*) in die Verträge seiner alten Anleihen hineinschreibt«. Dies sollte jene 10 bis 15 Prozent der sich verweigernden Anleihegläubiger (*holdouts*) dazu veranlassen, »ihre alten gegen neue Anleihen mit herabgesetztem Nennwert einzutauschen, wobei die alten Anleihen möglicherweise wertlos werden«.[13] Aber die Anleihegläubiger taten sich zusammen, um sich für ihr »Recht« einzusetzen, jedes internationale Forum zu blockieren, das befugt ist, Schulden mit der Zahlungsfähigkeit des Schuldners in Einklang zu bringen. Denn eine solche Befugnis, so ihre Begründung, verletzte ihr »Eigentumsrecht«, das in der Pfändung des Eigentums von Schuldnern besteht.

Was Griechenland durch das Rettungspaket verloren hat

Am 21. Februar 2012 erklärten sich der IWF und die EZB bereit, der griechischen Regierung eine Kreditlinie über 130 Milliarden Euro zur Verfügung zu stellen, rechtzeitig, um den am 20. März fällig werdenden Zahlungsverpflichtungen in Höhe von 14 Milliarden Euro nachzukommen. Sie drängten auf eine Einigung mit den Gläubigern, um die Nominalschulden (die die Anleihemärkte bereits auf ein Fünftel ihres Nennwerts abgeschrieben hatten) bis 2020 auf »tragfähige« 120 Prozent des BIP herabzusetzen. Der Nennwert der griechischen Anleihen wurde halbiert, und sie wurden gegen neue, niedriger verzinsliche Anleihen eingetauscht, die allerdings mit gläubigerfreundlicheren Konditionen ausgestattet waren.

Frühere Anleihen waren nach griechischem Recht begeben worden. Als ein souveräner Staat hätte Griechenland deren Konditionen ändern können. Das macht eine Nation souverän. Wenn Griechenland aus der Eurozone ausgeschieden wäre und wieder die Drachme eingeführt hätte, hätte es seine Anleihen in der schwächeren Währung denominieren oder Schuldtitel auf einen Bruchteil ihres Nennwerts abschreiben können, um den beträchtlichen Abschlägen, mit denen die Anleihen damals am Markt gehandelt wurden, Rechnung zu tragen. Um diese Optionen zu blockieren, bestanden die Anleihegläubiger darauf, die alten Anleihen durch solche zu ersetzen, die gemäß den London Rules begeben wurden. Diese Regeln besagen, dass die Verbindlichkeiten aus griechischen Staatsanleihen auch nach einem Ausscheiden Griechenlands aus der Eurozone in den Euros geschuldet würden, in denen sie ausgegeben worden waren. Zahlungen in Drachmen würden sich daher proportional zu dem Ausmaß der Währungsabwertung verteuern. Griechenland gab auch Forderungen Deutschlands nach, Steuereinnahmen einem gesonderten Konto zuzuweisen, um daraus die Anleihegläubiger zu befriedigen.

Als Griechenland am 13. März die Notkredite von 130 Milliarden Euro erhielt (wobei 28 Milliarden Euro vom IWF kamen), bewertete der Markt die neuen Anleihen mit nur einem Viertel ihres Nennwerts, so dass sie eine Rendite von 13,57 Prozent erzielten (fast das Vierfache ihres Kupons – ihrer Nominalverzinsung – von 3,65 Prozent). Das wies darauf hin, dass der Markt erwartete, Griechenland müsse letztlich seine Zahlungsunfähigkeit erklären. Venizelos sagte Reportern, »die Gläubiger, die das Umtauschangebot nicht akzeptierten, seien ›naiv‹, wenn sie glaubten, sie würden den Nennwert zurückbekommen.«[14] Aber die International Swaps and Derivatives Association (ISDA) stellte keinen förmlichen Zahlungsausfall fest, weil »kein Anleiheinhaber auf einen Teil seiner Forderungen verzichten musste«.[15] Über 85 Prozent der Anleihegläubiger erklärten sich mit dem Umtausch einverstanden. Obwohl es das größte Rettungspaket für einen Staat in der Geschichte war, hat die griechische Umschuldung praktisch keinerlei Auswirkung auf die Finanzmärkte gehabt.

Die meisten Investoren hatten schon vor langer Zeit ihre Bestände abgestoßen, und die Käufer aus jüngster Vergangenheit fuhren mit dem Umtausch ganz gut. Aber 5,3 Prozent der Anleihegläubiger beschlossen, eine Umschuldung abzulehnen. Sie versuchten die Regierung zu zwingen, den Umtausch verpflichtend zu machen, indem sie die Zustimmung einer 85-prozentigen Mehrheit der Anleihegläubiger einforderten. Dieser Trick erlaubte Gläubigern, die sich einem Umtausch widersetzen, Credit Default Swaps (CDSs) in Anspruch zu nehmen. Gemäß den Kreditderivate-Definitionen der ISDA können CDSs ausgelöst werden, wenn zwischen »einer staatlichen Behörde und einer hinreichenden Anzahl von Inhabern solcher Schuldpapiere« eine Einigung über eine Umschuldung erzielt wurde, die dann für alle anderen Inhaber bindend ist.[16] Dadurch, dass man die ISDA dazu brachte, den Anleihe-Umtausch als ein »Kreditereignis« einzustufen, konnten »Verweigerer« von ihren Kontrahenten die Auszahlung der Ausfallversicherung verlangen. »Das Ergebnis der Auktion bedeutete, dass Verkäufer der ausstehenden Swaps im Wert von 3,2 Milliarden Dollar den Käufern 2,5 Milliarden Dollar als Schadensersatz bezahlen werden.«[17]

Der Betrag war im Verhältnis zum Volumen des Anleihetauschs gering, weil der Preis der Ausfallversicherung so hoch war, dass Investmentbanken, die die CDSs zum Kauf anboten, keine großen Verluste hinnehmen mussten. Die größten Verlierer waren die griechischen Banken und Pensionsfonds, die die Anleihen zu früheren Preisen gekauft hatten. Die griechische Regierung und ihre Steuerzahler gerieten schließlich in eine ganz ähnliche Lage wie Irland; sie hatten jetzt Schulden beim IWF und bei der EZB, und es ist viel schwerer, diese zum Erlass oder zur Restrukturierung von Schulden zu bewegen als private Anleihegläubiger.

Die Folgen

Am 6. Mai 2012 fanden Parlamentswahlen statt. Es war die erste Gelegenheit für die Wähler, um der regierenden Pasok-Partei den Laufpass zu geben. Aber beide führenden Parteien hatten sich darauf verständigt, unabhängig vom Ausgang der Wahl an den Kreditbedingungen festzuhalten. Die Warnung an die Wähler, die Ablehnung des Sparpakets führe unweigerlich zum Ausscheiden aus der Eurozone, erlaubte es der Nea Dimokratia, die neu gebildete Syriza-Koalition, die den Sparkurs ablehnte, knapp mit 19 gegenüber 17 Prozent zu schlagen.

Am Sonntag, dem 17. Juni, war ein erneuter Wahlgang angesetzt. Wieder gewann die Nea Dimokratia knapp mit 29,7 Prozent über Syriza mit 26,9 Prozent, indem sie das Schreckgespenst beschwor, Griechenland müsse die Eurozone verlassen, wenn es die Auflagen des Sparpakets ablehne. Der Parteichef, Antonis Samaras, bildete die übliche Koalitionsregierung mit der Pasok. Nachdem er versprochen hatte, den Mindestlohn nicht um 22 Prozent zu senken, vollzog Samaras eine Kehrtwende und schrieb einen Brief an führende EU-Politiker, in dem er versicherte, seine Regierung stehe voll hinter dem Programm, samt dessen lang- und mittelfristigen Zielen und all seinen zentralen politischen Maßnahmen, wie sie mit den EZB-Unterhändlern im Februar vereinbart worden seien.

Unmittelbar danach, am 21. Juni, zog sich die Demokratische Linke (DIMAR, der am 22. März eine Reihe von den Sparkurs ablehnenden Überläufern aus der Pasok beigetreten waren) aus der Koalition zurück, so dass sich die Regierung nur noch auf eine hauchdünne Mehrheit von 153 der 300 Abgeordneten stützen konnte. Dies genügte jedoch, um am 17. Juli neuen Sparmaßnahmen zuzustimmen. Tausende von Arbeitnehmern wurden daraufhin entlassen und die Löhne im öffentlichen Sektor gekürzt.

Die Privatisierungen liefen nur schleppend, vor allem weil sich die EU-Bürokraten dem Druck beugten, den die USA gegen Russland ausübten. Die Gasagentur Depa sollte die Hälfte der für 2013 geforderten Erlöse aus dem Verkauf griechischen Staatsvermögens in Höhe von 2,6 Milliarden Euro einbringen. Die Verhandlungen mit Gazprom, an dem die russische Regierung eine Mehrheitsbeteiligung von 50,1 Prozent hält, schienen auf einem guten Weg zu sein. Aber EU-Verantwortliche waren gegen den Verkauf, da sie befürchteten, »Moskau, das den europäischen Markt sowieso schon fest im Griff hat«, würde noch mehr Einfluss gewinnen, und sie warnten Gazprom davor, »das Angebot weiterzuverfolgen«.[18] Bei der Privatisierung sollten nur US-amerikanische und europäische Käufer zum Zug kommen.

Die griechische Volkswirtschaft wurde einem noch härteren Sparkurs unterworfen, weil eine der Bestimmungen des Vertrags über den Hilfskredit lautete: »Sollten die Einnahmeziele bei der Privatisierung verfehlt werden, müssen diese Mindereinnahmen zu 50 Prozent durch zusätzliche Ausgabenkürzungen gedeckt werden.«[19] Der wirtschaftliche Zusammenbruch Griechenlands hielt ungebrochen an. Die Staatsverschuldung stieg bis Frühjahr 2014 auf 175 Prozent des BIP, so dass allein die Zinszahlungen an Anleihegläubiger 6,5 Prozent des BIP beanspruchten (der Nominalzins der Anleihe von 3,75 Prozent, multipliziert mit 1,75). Die allgemeine Arbeitslosigkeit stieg auf 27 Prozent und die Jugendarbeitslosigkeit auf über 50 Prozent. Obwohl die Löhne um etwa ein Drittel gesenkt wurden, kündigte die Regierung an, 15 000 Beschäftigte im öffentlichen Dienst entlassen und weiteren 10 000 zusätzliche Gehaltseinbußen auferlegen zu wollen. Der zukünftig Syriza-Finanzminister Varoufakis beschrieb die Vorgehensweise der Troika als »›geheuchelte Hilfe‹: Die Überschuss-Nationen der Eurozone überhäufen die insolventen Defizitstaaten mit riesigen neuen Krediten, unter der Bedingung, dass sich letztere bereit erklären, ihr Volkseinkommen zu senken«.[20] Dies führt zu noch höheren Schulden, die weitere Privatisierungen erfordern, um sie zurückzuzahlen.

Die Wähler lehnen die Sparpolitik der Sozialisten und Konservativen ab

Bei den Kommunalwahlen im Mai 2014 wandten sich die griechischen Wähler erstmals in größerer Zahl Syriza zu, die versprach, dieser Austeritätspolitik ein Ende zu setzen. Im Monat darauf urteilte der Oberste Gerichtshof Griechenlands, die Lohnkürzungen, die zwei Jahre zuvor, im Februar 2012, »im Rahmen eines weitreichenden Sparplans Polizisten, Feuerwehrleuten und Soldaten auferlegt wurden, seien verfassungswidrig. … Anhängige Verfahren werfen die Frage auf, ob von der Troika auferlegte Lohnkürzungen gegen die Verfassung verstoßen haben«.[21] Dieses Urteil führte zu Schadensersatzklagen gegen die Regierung, bei denen es um Lohn- und Gehaltsnachzahlungen von bis zu 300 Millionen Euro für Bedienstete städtischer Reinigungsbetriebe, Polizisten, Professoren und andere Berufsgruppen ging. »Der wachsende Stapel von Urteilen ist mittlerweile zu einem gravierenden Hindernis für den Sparkurs von Ministerpräsident Antonis Samaras geworden, wobei der Internationale Währungsfonds diese Woche warnte, dass die ›negativen Gerichtsentscheidungen‹ die Reformen des Landes zunichtezumachen drohen ... Abgesehen davon, dass Griechenland womöglich viele seiner Entlassungen im öffentlichen Dienst rückgängig machen muss, könnte die Regierung auch zu Lohnnachzahlungen von bis zu 1 Milliarde Euro gezwungen sein.«[22] Aber der Schaden war bereits angerichtet. Die EU hatte die griechische Wirtschaft zugrunde gerichtet. Die Grundsteuern waren um 700 Prozent gestiegen, und Eurostat berichtete, dass die Arbeitslosigkeit im Winter 2013 auf 27,8 Prozent und die Jugendarbeitslosigkeit sogar auf über 59 Prozent stieg. Die Konsumausgaben waren um 7 Prozent gesunken, während US-Hedgefonds klamme griechische Banken kauften, um das Finanzsystem zu übernehmen.

Die wachsende Unzufriedenheit erzwang am 25. Januar 2015 neue Parlamentswahlen. Der Präsident der EU-Kommission, Jean-Claude Juncker, dämonisierte die Logik Syrizas als »extrem« und warnte die griechischen Wähler, nicht das »falsche Ergebnis« zu unterstützen.[23] Aber aufgrund der tiefen Unzufriedenheit mit den traditionellen Parteien konnte Syriza 36 Prozent der Stimmen auf sich vereinen. Da das griechische Wahlgesetz der siegreichen Partei 50 zusätzliche Sitze zuerkennt, gewann Syriza 149 von 300 Abgeordnetensitzen. Damit fehlten ihr nur zwei Sitze zur Mehrheit, die sich Syriza dadurch sicherte, dass sie mit einem weiteren Gegner der von der Eurozone geforderten Sparpolitik, der nationalistischen ANEL-Partei, zusammenarbeitete.

In seiner Siegesrede nach der Wahl behauptete der Syriza-Vorsitzende Alexis Tsipras, Griechenland sei nicht gezwungen, die Sparmaßnahmen umzusetzen oder der Troika die rund 270 Milliarden Dollar zu zahlen, die frühere Politiker ihr versprochen hatten. »Die Troika ist tot«, verkündete er, und warf ihr mit der Ernennung von Varoufakis zum Finanzminister den Fehdehandschuh hin. Varoufakis, der behauptete, sein finanzpolitisches Programm ziele darauf ab, nicht nur Griechenland, sondern ganz Europa vor den Neoliberalen zu retten, beschrieb die Tätigkeit der von der Troika entsandten Inspektionsteams folgendermaßen: »Ahnungsloses politisches

Personal, das die systemische Natur der Krise leugnet, verfolgt eine Politik, die einem Flächenbombardement stolzer europäischer Nationen gleichkommt, und dies vorgeblich zu dem Zweck, sie zu retten.«[24]

Die *Financial Times* unterstützte Griechenlands Verlangen nach einem Neubeginn stärker als viele »sozialistische« Parteien. In einem Leitartikel hieß es, Herr Varoufakis stelle

> möglicherweise zu Recht den Sachverstand der Troika in Frage. Der IWF hatte bereits eingeräumt, die Wachstumsaussichten Griechenlands zu optimistisch beurteilt zu haben. Eine weitergehende Umschuldung sei angezeigt ...
>
> Aber für die Reform der Wirtschaft ist die fortdauernde Dominanz der Oligarchen-Klasse wichtiger. Dazu gehört ein Bankensektor mit, laut IWF, über 40 Prozent faulen Krediten, die ein Hemmschuh für die Wirtschaft sind. Eine energische Erholung mag eine gründliche Rekapitalisierung der Banken erfordern, bei der Schulden in Eigenkapital umgewandelt werden und das Management ausgetauscht wird. Unter der Anleitung der Troika wurde sehr wenig getan, um den Oligarchen entgegenzutreten oder die grassierende Steuerflucht einzudämmen.[25]

Die Isolation Griechenlands, damit Forderungen nach Schuldenerleichterungen keine Schule machen

Für die Finanzinteressen spielt die Tatsache, dass die Sparpolitik erwiesenermaßen das Wachstum nicht angekurbelt hat, keine Rolle. Ihnen geht es darum, Ressourcen abzuschöpfen, und sie wollten unbedingt verhindern, dass Syriza eine tragfähige Alternative aufzeigte. Als Varoufakis im Jahr 2012 einen EU-Kommissar fragte, weshalb er auf Steuererhöhungen bestand, wo doch die eigenen Modelle der Troika zeigten, dass dies die Wirtschaftskrise nur vertiefen würde, sagte man ihm, das Sparprogramm »sei der einzige Weg, Italien unsere Entschlossenheit zu zeigen, dass wir der italienischen Bevölkerung schmerzliche Entbehrungen auferlegen würden, wenn sie ihren Staatshaushalt nicht in Ordnung bringen.«[26]

Realismus ist die größte Herausforderung für die neoliberale Sparpolitik: Die Regierungen in Spanien, Irland und Portugal, die sich dem Spardiktat beugten, befürchten, der Erfolg von Syriza könne dazu führen, dass eine realistischere Wirtschaftspolitik auch in anderen Ländern immer größeren Zuspruch erfährt. Regierungen, die in diesen Ländern an der Macht sind, forderten eine harte Linie, um Griechenland zu einem Musterbeispiel zu machen und Nachahmer wie die linke Podemos in Spanien, die eine »Revolte der Empörten« mobilisierte, abzuschrecken. Und auch in Italien wetteiferten Parteien darum, die Regierungskoalitionen abzulösen, in denen sowohl »linke« als auch »rechte« Politiker eine neoliberale Politik unterstützten. In der Rede, die Tsipras am 28. Februar vor Parteimitgliedern hielt, sagte er: »Spanien und Portugal bildeten ›eine Achse der Mächte‹, die versucht habe, die jüngsten Schuldenverhandlungen Griechenlands mit den übrigen EU-Staaten zu sabotieren. ›Ihre Absicht war, und ist es noch immer, unsere Regierung zu Fall zu bringen und zu einer bedingungslosen Kapitulation zu bewegen, bevor unsere Arbeit Früchte zu tragen beginnt‹, sagte er. Insbesondere Spanien befürchte den Aufstieg seiner Linken, die den Sparkurs ablehnte.«[27]

Beim Ausscheiden aus dem Euro drohen eine Zeitlang chaotische Zustände, aber das ist auch bei den EU-Forderungen nach Sparprogrammen und Privatisierungen der Fall. Das Problem ist nicht einfach die Forderung der Troika, dass Griechenland seinen Haushalt ausgleicht. Die europäischen Finanzminister wollen, dass Griechenland dies nicht durch Besteuerung der Reichen, sondern durch Lohnsenkungen bei Geringverdienern erreicht. Varoufakis hat angeprangert, dass sich die ehemaligen linksgerichteten Parteien dafür hergaben, demokratische Politikgestaltung auf harmlose soziale »Lebensstil«-Entscheidungen zu beschränken, während sie sich gleichzeitig damit abfanden, dass der Sparkurs zu einem fortwährenden Haushaltsnotstand und zu Schuldknechtschaft führte. Er schrieb: »Das Hauptziel des Liberalismus im 19. Jahrhundert bestand, wie Marx immer wieder hervorhob, darin, die ökonomische von der politischen Sphäre zu trennen und die Politik auf letztere zu beschränken, während die ökonomische Sphäre dem Kapital überlassen bleiben sollte.«[28]

Die Wähler sollen nach dem Willen des Finanzsektors unter keinen Umständen durchschauen, wie die Anhäufung von Schulden die Zahlungsfähigkeit der Wirtschaft immer stärker einschränkt. Wenn die Bevölkerung keine Kenntnis von alternativen steuer- und finanzpolitischen Strategien hat, können Rentier-Interessen ihre Kontrolle über die Steuerpolitik und die Geldschöpfung der Zentralbanken aufrechterhalten. Nichts fürchten sie mehr als die demokratische Kontrolle der 99 Prozent, die in ihrem eigenen Interesse handeln und Schuldenschnitte, eine progressive Besteuerung und ein Rückgängigmachen von Privatisierungsverkäufen gesetzlich verankern – mit anderen Worten, dass die 99 Prozent einsehen könnten, dass es eine Alternative *gibt*.

KAPITEL 24

Der Weg der Troika in die Schuldknechtschaft

»Und eben dies ist in meinen Augen so verderblich an der Moral der Schulden: Die finanziellen Imperative sollen uns alle zu Plünderern herabwürdigen, zu Menschen, die ihre Umwelt nur als Ansammlung von Dingen betrachten, die potentiell zu Geld gemacht werden können. Mehr noch, nur Personen, die bereit sind, die Welt mit den Augen des Plünderers zu sehen, verdienen Zugang zu den Ressourcen, die man braucht, um im Leben nach irgendetwas *außer* dem Geld zu streben.«

David Graeber[1]

Laut seinem Gründungsabkommen ist dem IWF untersagt, Kredite an Länder zu vergeben, die offensichtlich diese Kredite nicht zurückzahlen können. Es gibt kein realistisches Modell, wonach Griechenland die Kredite des IWF und der Europäischen Zentralbank jemals zurückzahlen kann. Wie in Kapitel 22 beschrieben, haben IWF-Ökonomen im Jahr 2012 versucht, sich von der EZB und der EU-Kommission abzusetzen. Varoufakis, der »auf die große Verärgerung von IWF-Verantwortlichen über Deutschland, Frankfurt und Brüssel« hinwies, also auf deren Ärger darüber, dass sie an den Lobbyismus der EZB für Anleihegläubiger gebunden waren, berichtete, ein IWF-Ökonom habe ihm im Februar 2013 »unmissverständlich zu verstehen gegeben, ›dass uns die Europäer ein Programm für Griechenland aufzwangen, das den Ruf des IWF besudelte‹«.[2]

Der ehemalige mexikanische Finanzminister Guillermo Ortiz warnte, wenn der IWF die EZB mit ihrem noch strengeren Austeritätskurs unterstütze, laufe er Gefahr, »seine Glaubwürdigkeit und Unabhängigkeit« zu verlieren, da er so derselben »illusorischen Schuldenarithmetik« erliege, die seit 50 Jahren ein ökonomisches Desaster nach dem anderen verursache. Die Sparpolitik verschlimmere die Haushaltsdefizite und erhöhe die

Schuldenquote (das Verhältnis von Schuldenstand zu BIP), erklärte er. Dies mache es

> höchst unwahrscheinlich, dass die letzte Woche angekündigten Maßnahmen die Kosten für den Schuldendienst so weit senken werden, dass das neue Ziel einer Schuldenquote von 124 Prozent im Jahr 2020 erreicht werden kann. Denn wahrscheinlich wird sich die Rezession vertiefen ...
>
> Während des »verlorenen Jahrzehnts« in Lateinamerika ... verschlechterte sich das Schuldenprofil der Region kontinuierlich, da der Fonds die Insolvenz nicht in den Griff bekam und als ein Problem der Illiquidität behandelte. Jedes Jahr prognostizierte der IWF einen Anstieg des Bruttoinlandsprodukts und eine sinkende Schuldenquote, womit er die trügerische Hoffnung nährte, diese Länder seien im Grunde nicht insolvent. Jedes Jahr ereignete sich das Gegenteil.[3]

Das *Wall Street Journal* veröffentliche ein 50-seitiges internes IWF-Dokument, in dem eingeräumt wurde, dass der IWF bei seinem Griechenlandkredit in Höhe von 47 Milliarden Dollar – dem größten in seiner Geschichte – »den Schaden für die griechische Wirtschaft, den seine Sparvorgaben anrichten würden, ganz erheblich unterschätzt hat«. Das IWF-Dokument, das den Druck aus den Ländern der Eurozone, die ihre eigenen, »zu hoch in griechischen Staatsanleihen engagierten« Banken schützen wollten, verantwortlich machte, räumte ein, dass

> der Schuldenstand Griechenlands unverändert blieb. Allerdings schuldete das Land diese Gelder jetzt dem IWF und den Steuerzahlern der Eurozone statt den Banken und Hedgefonds. Der IWF sagte auch, mit seiner eigenen Analyse der zukünftigen Schuldenentwicklung habe er »deutlich danebengelegen«. ... Der IWF hatte ursprünglich vorhergesagt, die griechische Wirtschaftsleistung werde zwischen 2009 und 2012 um 5,5 Prozent zurückgehen. Stattdessen brach das reale Bruttoinlandsprodukt um 17 Prozent ein. Der Plan prognostizierte für 2012 eine Arbeitslosigkeit von 15 Prozent. Tatsächlich waren es 25 Prozent.[4]

Der vom IWF selbst veröffentlichte Fortschrittsbericht über Griechenland räumte ein, dass »das durch Bereitschaftskreditvereinbarungen unterstützte

Programm übermäßig optimistische Annahmen machte, auch über das Wachstum ...«.[5] Der Kolumnist der *Financial Times* Wolfgang Münchau beschreibt dieses Dokument als »einen Aufschrei gegen den Konsens der Eurozone«, wonach die Sparpolitik das Wachstum fördere.[6] Aber statt das neoliberale Modell für das griechische Desaster verantwortlich zu machen, drückte sich der IWF sehr zurückhaltend aus: »Einige waren der Meinung, dies lasse sich nur im Nachhinein feststellen.« Das war auch die Ausrede, auf die sich US-amerikanische und britische Banker stützten, als sie behaupteten, niemand habe den Crash der Finanzmärkte vorhersehen können.

Bei der Jahrestagung des IWF im Oktober 2013 wurden die zerstörerischen Auswirkungen der Sparpolitik schließlich anerkannt. Ein Offizieller nannte die IWF-Analyse zur Schuldentragfähigkeit »›einen Witz‹, ein Vertreter der [Europäischen] Kommission nannte sie ›ein Märchen für Kinder‹, und ein hoher Beamter aus dem griechischen Finanzministerium sagte, es sei ›wissenschaftlicher Unsinn‹.«[7] IWF-Mitarbeiter warfen dem Fonds vor, seine eigenen Regeln zu verletzen, indem er Kredite »an Staaten vergibt, bei denen auf der Hand liegt, dass sie ihre Schulden nicht zurückzahlen können«, und dies geschehe nur, um Banken und Anleihegläubiger auszuzahlen. Antonio Borges, ehemaliger Direktor der Europa-Abteilung des IWF, sagte der Reporterin des *Wall Street Journal* im Juni 2014: »Die Scheidung zwischen Europa und dem IWF ist eine Tatsache.«[8]

Dennoch blieb zweifelhaft, ob der IWF seine Politik ändern würde. Die neu ins Amt gekommene IWF-Chefin Christine Lagarde folge, so Varoufakis, »einem Verhaltensmuster, das erstmals ihr Vorgänger gezeigt hatte: *Widerspreche* der Analyse und Politik der Europäer, aber lenke dann im entscheidenden Moment ein und legitimiere diese Politik durch Komplizenschaft«.[9] Tatsächlich zeigte Lagarde, wie unverbesserlich der IWF war, als sie sagte, er würde selbst aus heutiger Sicht wieder das Gleiche tun![10]

Die EZB und die Bank für Internationalen Zahlungsausgleich fordern ein Sparprogramm, keine Zentralbank-Finanzierung

Aufgrund ihrer Austeritätsphilosophie leiden IWF und EU an einer Art Tunnelblick, der sie glauben lässt, Wirtschaftswachstum könne nur gefördert werden, wenn man Arbeitskräfte entlässt, Löhne senkt, Renten und Gesundheitsleistungen zusammenstreicht und Monopole an kapitalistische Raubritter verkauft, denen es lediglich ums Abschöpfen ökonomischer Renten geht. Dabei lässt dies die Wirtschaftsleistung schrumpfen, statt die Konjunktur anzukurbeln. Die Sparprogramme, die vor allem Ländern der Dritten Welt auferlegt wurden, werden heute in ganz Europa angewandt, um Tribut herauszupressen. Wie W. C. Fields in *My Little Chickadee* antwortete, als er gefragt wurde, ob das Kartenspiel auch ein echtes Glücksspiel sei: »Nicht so wie ich es spiele, nein.«

Durch die Zweckbindung von Steuereinnahmen für den Schuldendienst statt für die Ankurbelung der Wirtschaft schien die EZB gegen Artikel 127 (Absatz 5) des Vertrags von Lissabon zu verstoßen, der sie dazu verpflichtet, zur »Stabilität des Finanzsystems« beizutragen. Eine Sparpolitik erzeugt Arbeitslosigkeit, Instabilität und noch geringere Zahlungsfähigkeit. Offensichtlich ist »Stabilität« lediglich ein Euphemismus dafür, die Anleihekurse hochzuhalten, als würde der Himmel einstürzen, wenn Anleihegläubiger einen Verlust erleiden.

Und anders als eine »interne Abwertung« (die Senkung von Löhnen durch Erhöhung der Arbeitslosigkeit), die Volkswirtschaften durch Senkung der Produktionskosten wettbewerbsfähiger macht, schöpft die Finanzialisierung Lohneinkommen ab und lässt dadurch Märkte schrumpfen. Dies senkt die Gewinne, was Unternehmen davon abhält, zu investieren und zu expandieren, und diese schrumpfende Wirtschaftsleistung vergrößert das staatliche Haushaltsdefizit.

Austerität als ein Schneeballsystem

Bevor er das Amt des Finanzministers übernahm, mit dem Ziel, Griechenland aus seiner Schuldenfalle zu befreien, definierte Varoufakis das Problem als »Schneeball-Austerität«. Neoliberalisierte Regierungen drücken die inländischen Einkommen so weit, dass sie die Europäische Zentralbank, den IWF und Anleihegläubiger auszahlen können. Aber die Sparpolitik lässt die Wirtschaftsleistung schrumpfen und macht es noch schwieriger, einen Überschuss zu erwirtschaften, aus dem sich die Schulden zurückzahlen lassen. »Austeritäts-Schneeballsysteme erfordern wie Wachstums-Schneeballsysteme einen konstanten Zustrom von Kapital, um die Illusion zu nähren, ein Konkurs sei abgewendet worden.«[11] Die »scheinheilige Hilfspolitik« der Troika vermittelte die Illusion der Tragfähigkeit, indem sie Schuldnerländern hinreichend hohe Kredite gewährte, damit diese ihre exponentiell steigenden Verbindlichkeiten bei Anleihegläubigern bezahlen konnten:

> Die EZB erlaubte der griechischen Regierung, wertlose Schuldscheine (oder genauer gesagt kurzfristige Schatzwechsel) auszugeben, die kein privater Investor anrühren würde, und sie an die insolventen griechischen Banken weiterzureichen. Die insolventen griechischen Banken hinterlegten diese Schuldscheine dann beim Europäischen System der Zentralbanken ... als eine Sicherheit für Kredite. Die Banken wiederum gewährten dann der griechischen Regierung diese Kredite, damit Athen seine Schulden ... bei der EZB zurückzahlen konnte. Dies hört sich wie ein Schneeballsystem an, weil es die *Mutter aller Schneeballsysteme* ist. Ein Art Austeritätskarussell, das interessanterweise sowohl die insolventen Banken als auch den insolventen griechischen Staat noch etwas insolventer machte, während die Bevölkerung selbst immer tiefer in Hoffnungslosigkeit versank.

»Schneeballwachstum« auf der Basis eines stetig größer werdenden Kreditberges muss in einem Crash enden. Athen wird über kurz oder lang »die Anleihen im Besitz der EZB nicht mehr bedienen können«, so die Schlussfolgerung von Varoufakis. »Aber das hielten Frankfurt und Berlin für nicht hinnehmbar. Der griechische Staat konnte die Bedienung seiner Verbindlichkeiten bei griechischen und nicht-griechischen Staatsbürgern, Pensionsfonds und sogar Banken einstellen, aber seine Schulden bei der EZB waren unantastbar.«

Die Behauptung, exponentiell anwachsende Schulden könnten getilgt werden, wenn man einen immer strengeren Sparkurs fährt, führte zu erbitterten Auseinandersetzungen in Spanien und Italien über die Frage, ob demokratisch legitimierte Institutionen gemäß der Verfassungsordnung die Regierungsgewalt ausüben sollten, oder ob man sich der zentralen Planung ausländischer Gläubiger unterwerfen müsse, die behaupten, das, was am besten für sie selbst ist, sei auch das »Beste« für verschuldete Volkswirtschaften. Sie sind nicht gewillt, steuerrechtliche und ordnungspolitische Befugnisse oder auch die Geldschöpfung demokratischer Kontrolle zu unterwerfen, weil sie befürchten, dies führe womöglich zu Schuldenstreichungen, Besteuerung von Rentier-Vermögen und dem Rückgängigmachen von Privatisierungen.

Idealerweise würden in einer fairen und gerechten Gesellschaft Schulden entsprechend der Zahlungsfähigkeit des Schuldners reguliert, ohne dass die Volkswirtschaft in eine Depression stürzt. Aber wenn sich Haushaltsdefizite aufgrund nachlassender Wirtschaftsleistung vergrößern, verlangen Gläubiger, dass Staaten ihre Haushalte durch Verkauf öffentlicher Monopole ausgleichen. Sobald Boden-, Wasser- und Abbaurechte sowie die Verkehrsinfrastruktur, die Telekommunikation, Lotterien und andere Monopole privatisiert wurden, besteht das nächste Ziel darin, Staaten davon abzuhalten, deren Preise zu regulieren oder Finanz- und Rentier-Vermögen zu besteuern.

Fiktive ökonomische Modelle als Täuschungstaktik

An die Stelle der klassischen politischen Ökonomie ist heute ein anderer Gründungsmythos getreten: Einkommen und Vermögen seien immer das Ergebnis produktiver Arbeit – als gäbe es keine ökonomischen Renten (Vermögenseinkommen) als Vermächtnis feudalistischer Rentier-Privilegien und auch kein ererbtes Vermögen oder Insider-Prvatisierungen zu Schleuderpreisen. Und dabei waren dies die Gestaltungskräfte der Geschichte. Aus diesem Grund standen sie im Mittelpunkt der klassischen politischen Ökonomie – die die Gesellschaft von solchen Privilegien und Vorurteilen befreien wollte.

Die analytischen Konzepte einer Gesellschaft bestimmen, was für eine Wirklichkeit sie hervorbringt. Aus diesem Grund übernehmen Parasiten zunächst einmal die Kontrolle über das Gehirn ihres Wirts. Neoliberale Enzyme zielen darauf ab, den industriellen Wirt so zu benebeln, dass er glaubt, dem Finanzsektor gehe es nicht um Rentenextraktion und er stehe auch nicht außerhalb der Realwirtschaft, sondern sei ein Teil von ihr. Das ist der erste Mythos. In der modernen volkswirtschaftlichen Gesamtrechnung werden »Mautstellen-Systeme« und andere Formen des Rent-Seeking dem »Output« zugerechnet. Banker behaupten, sie verdienten ihre Gehälter und Boni dadurch, dass sie »Vermögen schaffen« (das BIP steigern). Aber sie verlangen, durch mit Steuergeldern finanzierte Stützungspakete (oder neue Geldschöpfung durch Zentralbanken) gerettet zu werden, wenn die Blasen, die sie finanzieren, platzen und so die ökonomischen Fiktionen, die sie geschaffen haben, zerstört werden. Die »Dienstleistung«, die Banken angeblich erbringen – die Steuerung der Geldversorgung der Wirtschaft in einer wohlstandsmehrenden Weise –, erweist sich als eine Neo-Rentier-Wirtschaft, die auf nicht durch Arbeit verdientem Vermögen und Einkommen basiert.

Ein zweiter Mythos lautet, dass alle Schulden zurückgezahlt werden können, ohne dass dabei gegen gesellschaftliche Werte verstoßen und Volkswirtschaften durch Übertragung von Vermögen an Gläubiger polarisiert werden. Diese Fiktion wird dadurch aufrechterhalten, dass man bestreitet, Schulden würden exponentiell anwachsen, bis sie nicht mehr aus den laufenden Einnahmen zurückgezahlt werden können. Man leistet der Illusion Vorschub, die Auszahlung der Gläubiger durch Verkauf öffentlicher Infrastruktureinrichtungen werde Produktivität und Effizienz steigern. Die Realität ist Rent-Seeking. Ein ähnlicher finanzieller Mythos lautet, Unternehmensplünderer würden durch eine Taktik des »Hochjubelns und Abstoßens« von Aktien und durch höhere Dividendenauszahlungen statt langfristiger Investitionen »Wert schaffen«.

Finanzlobbyisten benutzen diese Mythen, um den Menschen Sand in die Augen zu streuen, damit sie nicht erkennen, dass die heutigen Schuldenberge nur um den Preis der Verarmung breiter Bevölkerungsschichten abgebaut werden können. Um ihre Raubzüge gegen das Volksvermögen zu verschleiern, schließen sich Gläubigereliten einer libertären Kritik an den Regierungen an, wonach diese unverantwortlich handeln, da sie chronische Haushaltsdefizite aufweisen und Zentralbanken dazu missbrauchen, öffentliche Ausgaben mit der Notenpresse zu finanzieren. Öffentliche Investitionen, regulatorische Kontrollen und eine progressive Besteuerung sind vermeintlich unproduktive Gemeinkosten.

Diese Ideologie ignoriert das Ausmaß, in dem Banken Kredite vergeben, um Preise von Immobilien, Aktien und Anleihen aufzublähen, und versucht Wähler dazu zu überreden, es einfach hinzunehmen, wenn Rentiers progressive Regierungen stürzen und jahrhundertelange demokratische Reformen rückgängig machen. Die Hochfinanz versucht, ihre Repräsentanten in Spitzenpositionen der Zentralbanken, Finanzministerien und wichtiger

Regulierungsbehörden unterzubringen, wo sie anders als gewählte Amtsträger nicht das langfristige Wohl der Wirtschaft im Auge haben.

Die Bank für Internationalen Zahlungsausgleich besteht auf der Rückzahlung von Schulden

Für eine Finanzoligarchie besteht der Weg des geringsten Widerstands darin, globale Institutionen zu schaffen, die die souveräne Entscheidungsgewalt einzelner Staaten aushebeln. Der IWF und die Weltbank erfüllen diese Aufgabe seit dem Zweiten Weltkrieg; sie zwingen Schuldnerländern eine Spar- und Privatisierungspolitik auf. In den letzten zehn Jahren haben EZB und EU-Kommission eine ähnlich harte Linie verfolgt. Am 12. November 2011, einen Tag, nachdem die EU Griechenland dazu drängte, Ministerpräsident Papandreou durch den Bankökonomen Papademos zu ersetzen, setzte sie in ähnlicher Weise Italien unter Druck, Ministerpräsident Silvio Berlusconi durch Mario Monti zu ersetzen, der seit 2005 Berater von Goldman Sachs war und anschließend europäischer Vorsitzender der neoliberalen Trilateralen Kommission.

Wie Papademos diente auch Monti den Anleihegläubigern, indem er Sparmaßnahmen durchsetzte, die Steuern für Arbeitnehmer und Verbraucher (nicht aber für Finanz- und Immobiliensektor) erhöhte und die Renten kürzte. Am 20. Januar 2012 brachte er ein Gesetz zu »Arbeitsmarktreformen« ein, das es Unternehmen erleichterte, Mitarbeiter zu entlassen, und für zahlreiche Berufe, von Taxifahrern bis zu Ärzten und Rechtsanwälten, feste Gebühren abschaffte.

Als die Wähler ein Jahr später, im Februar 2013, die Gelegenheit erhielten, über seine Politik abzustimmen, landete seine Koalition »Bürgerliche Wahl« weit abgeschlagen auf dem vierten Platz. Daher ist es nicht weiter verwunderlich, dass der Finanzsektor demokratische Wahlfreiheit ablehnt.

Die Bank für Internationalen Zahlungsausgleich (BIZ) wurde 1929 gegründet, um bei der Bewältigung des wirtschaftlichen Zusammenbruchs zu helfen, der von den hohen Reparationsschulden Deutschlands herrührte. Die Bank wurde ermächtigt, die Zahlung der Reparationen in Hartwährung auf die Zahlungsfähigkeit Deutschlands zu begrenzen.[12] Die Tatsache, dass sich die BIZ in der Nazi-Zeit gegenüber Deutschland entgegenkommend zeigte, veranlasste 1945 viele alliierte Politiker dazu, die Auflösung der Bank zu fordern.

Stattdessen wurde sie zu einer Zentralbank der Zentralbanken. Da diese Banken zu Erfüllungsgehilfen der Geschäftsbanken geworden sind, verlangt die BIZ heute, dass Schuldnerländer den Interessen der Gläubiger Vorrang geben, selbst um den Preis einer länger währenden Depression – der Zustand, vor dem sie Deutschland in den ersten Jahren nach ihrer Gründung bewahrte.

Als Treffpunkt der Notenbanker beaufsichtigt die BIZ die Umsetzung der Baseler Rahmenvereinbarungen, die festlegen, mit wie viel Eigenkapital Banken ihre Einlagen und Kredite unterlegen müssen. Dies gibt der BIZ eine Schlüsselrolle bei der Koordinierung der globalen Gläubigerstrategie. Der im Juni 2014 veröffentlichte Jahresbericht der BIZ enthält den Vorschlag, die Überschuldung der Staaten nach der Finanzkrise 2008 als Gelegenheit zu nutzen, um gewerkschaftsfeindliche Reformen durchzusetzen und die Staatsausgaben zu kürzen, damit man Anleihegläubiger und Banken auszahlen konnte.

Schuldenstagnation oder nur ein konjunktureller Abschwung?

Der Ausgangspunkt des BIZ-Berichts von 2014 ist das Hauptthema des vorliegenden Buches: Wir befinden uns nicht in einem typischen konjunkturellen Abschwung, vielmehr haben wir den Höhepunkt einer langen Serie von Konjunkturzyklen erreicht. Jede Erholung seit 1945 hat den Schuldenberg nur anwachsen lassen und damit die Finanzierungskosten erhöht, die Ausgaben vom laufenden Güter- und Dienstleistungskonsum weglenkten (Schuldendeflation, wie wir sie in Kapitel 8 erörtert haben). Die Überschuldung verhindert eine durchgreifende Erholung. Wir befinden uns in einer »Bilanzrezession«, die aus der Anhäufung von Schulden in Verbindung mit Immobilien und anderen Vermögenswerten resultiert.[13]

Die meisten Konjunkturtheorien konzentrieren sich auf den Anstieg und das Abflachen der Löhne, Preise und Zinsen, wobei Rezessionen »automatisch« zur Erholung führen. Aber eine »Bilanzrezession« zwingt Menschen zum Sparen, da sie Schulden zurückzahlen müssen. So wie der Schuldenberg über eine lange Folge von Konjunkturzyklen anwuchs, währt die Schuldendeflation viel länger als typische Abschwünge. Die Wirtschaft wird sich nicht automatisch selbst korrigieren, vielmehr wird die Erholung langsam vonstattengehen, weil Schuldner, um ihre Verbindlichkeiten zurückzahlen zu können, andere Ausgaben kürzen müssen. Genau das ist das Wesen der Schuldendeflation. Sie ähnelt Reparationszahlungen.

»Es mag ein langer Weg vor uns liegen«, warnt die BIZ. Es werde sehr lange dauern, hohe Verschuldungsraten von Unternehmen, Haushalten und Staaten abzubauen; es bedeute einen »schmerzlichen Schuldenabbau und längere Phasen schwachen Wachstums«, was die weltwirtschaftliche Erholung »im Vergleich zu gewöhnlichen konjunkturellen Rezessionen stark verlangsamt«.[14]

Aber statt auf einen deutlichen Schuldenschnitt zu drängen, damit die Volkswirtschaften wieder auf den Wachstumspfad einschwenken, besteht die BIZ darauf, dass sich Volkswirtschaften selbst auf dem Altar vergangener Schulden bei Banken und Anleihegläubigern opfern. »Reales« Wachstum – in Form neuer Anlageinvestitionen, öffentlicher Ausgaben und steigender Lebensstandards – wird durch die Verpflichtung verdrängt, Gläubiger zu befriedigen. »Eine größere Betonung der [Bilanz-]Reparatur [das heißt des »Sparens« durch Rückzahlung von Schulden] und Reformen bedeutet eine vergleichsweise geringere Betonung einer expansiven Nachfragesteuerung.«[15] Die Verringerung der Verbrauchernachfrage und der öffentlichen Ausgaben ist notwendig, um mehr Einkommen für die Auszahlung der Anleihegläubiger übrig zu haben. Diese »Bilanzreparatur« hat zur Folge, dass Volkswirtschaften in eine Depression gestürzt werden.

Schlimmer noch: Die BIZ will die Finanzkrise als Gelegenheit nutzen, um »Arbeitsmarktreformen« durchzusetzen – also die Macht der Gewerkschaften zu brechen und ähnliche politische Maßnahmen auszuführen, um Löhne zu senken, Renten zu kürzen und öffentliche Ausgaben zusammenzustreichen.[16] Dies ist das Gegenteil dessen, was die Reform-Ära vor hundert Jahren anstrebte. Die Neoliberalen haben das Wort gekapert und ihm die Bedeutung »de-reformieren« gegeben. Es ist dieselbe zerstörerische Austerität, die die IWF-Programme in Verruf gebracht hat. Bereits im Jahr 1982 schilderte Raul Prebisch, der erste Generalsekretär (1964–1969) der Konferenz der Vereinten Nationen für Handel und Entwicklung, wie Gläubiger verlangten, dass Lateinamerika seine Volkswirtschaften im Interesse ausländischer Anleihegläubiger lenken sollte: »Im Namen der wirtschaftlichen Freiheit rechtfertigten sie die Opferung der politischen Freiheit«. Sie forderten Privatisierungen und deformierten die politische und ökonomische Entwicklung Lateinamerikas, um Klienten-Oligarchien zu unterstützen. »Sie rühmen politische Freiheit und individuelle Rechte. Aber erkennen Sie denn nicht, dass in diesen Ländern der Peripherie ihre Predigten nur Früchte tragen können, wenn die Freiheit unterdrückt und diese Rechte verletzt werden?«[17]

Eine ähnliche Kritik ließe sich an der Sparpolitik in der Eurozone üben, die gegen den Widerstand der Wähler auferlegt wird. Martin Wolf war einer der Ersten, der vor dem reaktionären BIZ-Lösungsansatz und damit indirekt auch vor der darin nachhallenden EU-Sparpolitik warnte:

> Die Vorstellung, der beste Weg zur Bewältigung einer durch überschuldete Bilanzen ausgelösten Krise sei es, die Nachfrage nicht länger zu stützen und sogar eine unverhohlene Deflationspolitik zu betreiben, erscheint grotesk. Dies würde unweigerlich zu einem noch schnelleren Anstieg der realen Verschuldung und zu noch größeren Insolvenzwellen führen. Diese wiederum würden die Volkswirtschaften schwächen und die Verschuldung weiter ansteigen lassen. [Die BIZ] verlangt Haushaltskonsolidierung. … Die BIZ will außerdem, dass die geldpolitische Ankurbelung beendet wird … Ungeachtet des enormen Schuldenüberhangs, den sie auch ausdrücklich betont, spielt sie sowohl die Risiken als auch die Kosten einer Deflation herunter.[18]

Die BIZ hat also gegenüber ihren Anfängen eine völlige Kehrtwende vollzogen. Obwohl sie gegründet wurde, um Deutschland von untragbar hohen Gläubigerforderungen zu befreien, verkennt ihr Bericht von 2014, dass eine strenge Sparpolitik der öffentlichen Hand und eine Schuldendeflation das Schuldenproblem verschlimmern, indem sie die Wirtschaft schrumpfen lassen, und lehnt die Defizitfinanzierung von Staatsausgaben ab.

In Kapitel IV des BIZ-Berichts werden Schuldenschnitte als eine letzte Alternative anerkannt. »Unsere Szenario-Analyse deutet darauf hin, dass eine Schuldenfalle für einige Länder nicht nur eine entfernte Möglichkeit ist«, warnt er.

> In einigen Fällen muss eine nicht tragfähige Schuldenlast direkt bekämpft werden, zum Beispiel durch Schuldenstreichungen. Zugegebenermaßen bedeutet dies, dass jemand die damit einhergehenden Verluste tragen muss, aber die Erfahrung zeigt, dass eine solche Strategie weniger schmerzhaft sein mag als die Alternativen. So haben beispielsweise die skandinavischen Länder nach den Bankenkrisen der frühen 1990er-Jahre ihre untragbar hohe Verschuldung reduziert, indem sie die Banken dazu zwangen, Verluste zu verbuchen und faule Wertpapiere auch durch Verkauf endgültig zu entsorgen. ... Dies schuf eine solide Basis für eine Erholung, die sich relativ rasch einstellte.

Die BIZ, die sich auf die Verschuldung der Haushalte konzentrierte, macht die Banken für die rücksichtslose, überzogene Kreditvergabe in einer (von den Zentralbanken geförderten) Atmosphäre billigen Kredits verantwortlich und drängt sie dazu, unzureichend besicherte Hypothekendarlehen umzuschulden oder abzuschreiben. Aber die großflächigen Schäden, die eine Schuldendeflation als »Produkt« der Banken anrichtet, werden kaum anerkannt. Zentralbanken diskutieren nie öffentlich das Ausmaß, in dem nichtstaatliche Schulden, Zahlungsrückstände und Vertragsstrafen einfach erlassen werden sollten.

Wenn Umweltverschmutzer Umweltschäden verursachen – oder Firmen, die Gebäude mit schweren Mängeln errichtet haben, Unfälle –, sind sie zu Schadenersatz verpflichtet. Wenn die Direktiven des IWF und der EZB eine Rezession und Verluste verursachen, stellt sich die Frage, welche Entschädigung angemessen ist.

Forderungen der EZB nach einer Sparpolitik

Die Austeritätsphilosophie der Eurozone wurde in einem Interview, besonders deutlich das die *Financial Times* im Jahr 2011 mit dem Mitglied des EZB-Direktoriums Lorenzo Bini Smaghi führte. Smaghi scheint das europäische Gegenstück zu Tim Geithner zu sein. Für ihn sind das Problem nicht die Forderungen der Gläubiger, sondern der Druck, sie abzulehnen. Entsprechend der Indoktrination, die er an der Universität Chicago erhielt, behauptet er, es gebe nur eine Lösung: die Durchführung gewerkschafts- und verbraucherfeindlicher »Strukturreformen und fiskalischer Anpassungsmaßnahmen, die in dem Programm enthalten sind«.[19] Als er gefragt wurde, ob ein Zahlungsausfall oder eine Umschuldung die Probleme Griechenlands lösen würde, antwortete er, ein Schuldenerlass würde »Griechenland in eine schwere wirtschaftliche und gesellschaftliche Depression stürzen«, anstatt es davor zu schützen! »In der Eurozone müssen Schulden zurückgezahlt werden ... Dies muss der Grundsatz einer Marktwirtschaft sein.« In Wirklichkeit verhält es sich aber so, dass die Schuldendeflation die Wirtschaft zerstört.

Der Interviewer wies darauf hin, dass »Otmar Issing, Ihr früherer Kollege, sagt, Griechenland sei zahlungsunfähig und ›de facto nicht in der Lage‹, seine Schulden zurückzuzahlen. Hat er Recht?« Nein, antwortete der italienische Banker: »Das ist ein Märchen.« Ein Schuldenschnitt hätte zur Folge, dass griechische Banken, die griechische Anleihen halten, zusammenbrechen würden; das Land hätte dann keine Zahlungsmittel mehr für Giro- und Sparkonten. Daher müsse die Wirtschaft geopfert werden, damit Banken keine großen Verluste erlitten – und die Wirtschaft *nicht* zusammenbricht. Dieser Zirkelschluss ignoriert die Tatsache, dass die Wirtschaft bei einer Auszahlung der Anleihegläubiger schrumpft, so dass noch mehr Kredite ausfallen werden.

Paul Krugman kritisierte Bini Smaghis arroganten Angriff auf die griechischen Wähler, wonach deren Ablehnung der Sparpolitik »irrational« sei, und schrieb, Smaghis Einstellung sei »typisch für die europäische Elite in dieser Krise: moralisierend, schulmeisterlich, immer daneben, aber immer überzeugt davon, das Gegenargument sei ignorant und undurchdacht«.[20]

Die Ökonomen von IWF und EZB versuchen ihr Gesicht zu wahren und behaupten, die Tatsache, dass sie die zerstörerischen Konsequenzen unterschätzen, die ihre Forderungen nach einer Sparpolitik hatten, sei das Ergebnis eines arglosen Optimismus. Doch das gleiche Missverständnis – dass Länder bei ausreichenden Haushaltsüberschüssen, Lohnkürzungen und dem Ausverkauf öffentlicher Vermögenswerte Schulden in *beliebiger* Höhe zurückzahlen können – hat sich Jahrzehnt für Jahrzehnt wiederholt.

Griechische Wähler sind nicht so naiv. Als sie schließlich die Gelegenheit erhielten, zur Wahl zu gehen, bewiesen sie die ziemlich klare Einsicht, dass Stabilität durch eine Sparpolitik nicht wieder hergestellt wird. Es ist ein Finanzkrieg gegen Arbeitnehmer, Sozialausgaben und öffentliches Eigentum.

Europäische Banken blockieren die Schaffung einer echten Zentralbank

Bini Smaghi wies in dem oben erwähnten Interview darauf hin, dass die lateinamerikanischen Länder nach ihrem Staatsbankrott Anfang der 1980er-Jahre »noch immer eine Zentralbank hatten, die Geld drucken konnte, um die Gehälter und Pensionen der Staatsbediensteten zu bezahlen«. Doch behauptete er, die Finanzierung staatlicher Haushaltsdefizite sei ein Schritt zur Hyperinflation, worunter er offenbar steigende Löhne verstand. »Also haben sie durch Inflation, Abwertung und so weiter [die Krise] hinter sich gelassen.« Tatsächlich war die Währungsabwertung eine Folge des Schuldendienstes, wofür Bini Smaghi blind zu sein scheint.

EU-Regeln, so erklärte er, verböten es Regierungen, öffentliche Ausgaben über die Notenpresse zu finanzieren. Dadurch seien die Volkswirtschaften gezwungen, sich auf »verantwortungsvolle« Geschäftsbankenkredite und nicht etwa auf öffentliche Geldschöpfung zu stützen. »In Griechenland gäbe es keine Zentralbank, die den Staat finanzieren könnte, und dieser müsste einige seiner Leistungen, wie etwa im Gesundheitssystem, teilweise einstellen.«

Dies ist der fatale Konstruktionsfehler des Euro: das Fehlen einer Zentralbank zur Finanzierung öffentlicher Ausgaben. Varoufakis hat die Eurozone beschrieben »als ein dysfunktionales wirtschaftliches Gebilde, denn sie hat eine Zentralbank ohne einen Staat, der diese leitete, und Staaten ohne eine Zentralbank, die sie stützte«.[21] Es handelt sich um ein politisches Problem. Die Gründung einer echten Zentralbank würde die europäische Hochfinanz erzürnen.

Ohne eine eigene, vollwertige Zentralbank sind nationale Regierungen gezwungen, sich auf Anleihegläubiger zu stützen, die Kredite nur zu extraktiven, dem langfristigen nationalen Wohlstand oftmals abträglichen Konditionen vergeben. Damit stehen sie vor der Wahl, entweder eine strenge Sparpolitik zu betreiben oder den Schuldendienst einzustellen und die schmerzliche Übergangsphase des Rückzugs aus der Zwangsjacke des Euro durchzustehen.

Es gibt kein internationales Gericht, das die Schulden eines Staats mit dessen Zahlungsfähigkeit in Einklang bringt oder entscheidet, wer die Verluste aus der staatlichen Schuldenrefinanzierung oder einer Staatspleite tragen soll. Das nächste Kapitel beschreibt, wie eine solche Institution ein System von Rechtsgrundsätzen definieren könnte, die ein bestimmtes Verhalten von Anleiheinhabern oder »Geierfonds« eindeutig als rechtswidrig kennzeichnen. Ein Verhalten, bei dem diese Akteure notleidende Anleihen billig aufkaufen und drohen, nationale Finanzsysteme einzufrieren und Chaos zu stiften, etwa indem sie deren Vermögenswerte an sich reißen, sobald ihre Zahlungsforderungen nicht in voller Höhe beglichen werden.

KAPITEL 25

US-Gerichte blockieren Schuldenschnitte

»Zahlungsunfähigkeit ist kein argentinisches Problem, Umschuldung ist kein argentinisches Problem: Es ist ein Weltproblem, ein Problem des globalen Kapitalismus, des Systems, in dem wir leben.«

Axel Kicillof, argentinischer Wirtschaftsminister[1]

Wenn die Auslandsschulden eines Staates ein solches Ausmaß erreicht haben, dass sie nicht mehr zurückgezahlt werden können – das heißt zurückgezahlt, ohne dass ein sich selbst stetig verschärfender Sparkurs auferlegt werden muss –, besteht die scheinbar naheliegende Lösung darin, sie abzuschreiben. Der IWF, der dies im Jahr 2001 nicht unterstützen wollte, verlor (wie bereits erwähnt) sein Gesicht, als er die unbezahlbar hohen Schulden Argentiniens refinanzierte, das unmittelbar danach seine Zahlungsunfähigkeit erklärte.[2] Im Jahr 2005 und erneut im Jahr 2010 stellte Präsident Néstor Kirchner die Anleihegläubiger vor die Wahl: Entweder sie stimmten hohen Schuldenschnitten zu, oder sie gingen leer aus.

Der Markt für diese argentinischen Anleihen bestand 2005 hauptsächlich aus Spekulanten, die die Obligationen mit hohen, das Ausfallrisiko widerspiegelden Abschlägen gekauft hatten. Es war offensichtlich, dass der IWF nicht erneut intervenieren würde, um Anleihegläubigern zu helfen. Auf den Märkten für Staatsanleihen tummelten sich fast nur Spekulanten. Die meisten kamen offensichtlich so gut dabei weg, dass 76 Prozent (die Anleihen im Wert von 76,5 Milliarden Dollar hielten) das Angebot annahmen. Aber die Umschuldung scheiterte, und im Jahr 2010 wurde den Gläubigern ein neuer einseitiger Anleiheumtausch angeboten. Diesmal nahmen erstaunliche 92,4 Prozent der Anleihegläubiger das Angebot an. Doch eine kleine Gruppe von Geierfonds sah eine willkommene Gelegenheit, um abzusahnen. Paul Singers Elliott-Management-Zweiggesellschaft auf den Kaimaninseln hatte seit der Krise 2001 argentinische Anleihen mit hohen Abschlägen gekauft. Bis 2013 hatte er rund 49 Millionen Dollar für Anleihen mit einem Nennwert von 250 Millionen Dollar ausgegeben. Singer reichte Klage vor einem New Yorker Bundesgericht ein. Er verlangte die Auszahlung ihres Nennwerts in voller Höhe zuzüglich aufgelaufener Zinsen und Auslagen, insgesamt 832 Millionen Dollar – und bekam sie auch zugesprochen. Andere dieser Fonds hatten sogar noch mehr Anleihen gekauft und warteten auf das Ergebnis von Singers Prozess, um dann ähnliche Spekulationsgewinne einzufordern.

Damals gab es nur wenige sogenannte Umschuldungsklauseln (*collective action clauses*) in Anleiheverträgen, die den Willen der Mehrheit der Anleihegläubiger auch für die Minderheit bindend machten. Zudem wurden die meisten internationalen Anleihen noch immer in US-Dollar emittiert, so dass Zahlungen zu irgendeinem Zeitpunkt das US-Bankensystem durchliefen. Um die Kontrolle in amerikanischen Händen zu halten, haben US-Diplomaten jegliche Vermittlung zwischen Schuldnerländern und Anleihegläubigern durch ein internationales Gericht abgelehnt und sich auch geweigert, sich einem Schiedsgerichtsverfahren vor dem Internationalen Gerichtshof in Den Haag zu unterwerfen. Somit gibt es keine Regeln und keinen globalen Schiedsrichter, die/der darüber entscheiden würde(n), wie viel Gläubiger verlieren sollten, wenn Kredite ausfallen.

Singers Klage gegen Argentinien landete in den Händen des Bundesrichters Thomas Griesa. In den Jahren 2014 und 2015 fällte er eine Reihe von Urteilen, die den Rechtsrahmen für Staatsschulden über den Haufen warfen. Griesa entschied, dass keiner der Anleihcinhaber, die das Umschuldungsangebot Argentiniens angenommen hatten (insgesamt 92,4 Prozent), auch nur einen einzigen Dollar erhalten dürfe, bevor Singers Fonds nicht in voller Höhe ausgezahlt worden sei, mitsamt rückständigen Zinszahlungen, Rechtskosten und einer ganzen Palette von Schadensersatzzahlungen. Argentinien legte beim Obersten Gerichtshof der USA Revision gegen Griesas einseitige Entscheidung ein. Dieser bestätigte das Urteil jedoch im Wesentlichen, und Singer begann, überall auf der Welt Eigentum des argentinischen Staats zu pfänden.

Die Kosten dieses Urteils sind so hoch, dass Argentinien pleite wäre, wenn es sich dem fügte. Griesas »nukleare« Entscheidungen galten für die Schulden Argentiniens bei US-amerikanischen Anleiheinhabern ebenso wie bei anderen ausländischen Anleiheinhabern. Tatsächlich urteilte er, dass Schuldenschnitte *grundsätzlich* rechtswidrig seien. Staatsschulden dürfen nicht herabgesetzt werden, solange auch nur *ein* Anleiheinhaber dagegen ist, und zwar ganz unabhängig davon, ob diese Nachlässe freiwillig ausgehandelt wurden oder wie vernünftig sie sind. Staaten und ihren größten Anleihegläubigern ist es seither aus rechtlichen Gründen praktisch unmöglich, einen Forderungsverzicht auszuhandeln.

Die argentinische Staatsschuldenkrise

Als Schuldner, der bereits mehrfach seine Zahlungsunfähigkeit erklärte, steht Argentinien schon seit langem im Zentrum von Staatsschuldenkrisen. Im Jahr 1890 hätte der Zahlungsausfall Argentiniens beinahe die englische Merchant Bank Baring Brothers zu Fall gebracht. Doch bis zum Jahr 1953 hatte Juan Peron im Rahmen seines nationalistischen Wirtschaftsprogramms die gesamten Auslandsschulden Argentiniens zurückgezahlt. (Bereits im Jahr 1946 war er dem IWF bewusst nicht beigetreten, da er ihn als verlängerten Arm des Finanzimperialismus ansah.) Nach dem Sturz Perons im Jahr 1955 kehrte Argentinien an die internationalen Finanzmärkte zurück, aber seine Verschuldung blieb erträglich – bis zur Militärdiktatur (1976–1983), während der die Auslandsschulden von 8 auf 48 Milliarden Dollar anstiegen.

Die Lage verdüsterte sich weiter nach 1989. Carlos Menem, der seine Politik am Washingtoner Konsens des IWF von Liberalisierung, Deregulierung und Privatisierung ausrichtete, verschaffte seinem Land Zugang zu den internationalen Finanzmärkten. Seine Regierung erklärte sich bereit, jeden Peso mit Dollar-Reserven in gleicher Höhe zu unterlegen, wobei der Peso zwischen 1991 und 2002 unbeschränkt konvertierbar war. Argentinien gab keinen einzigen Peso in Umlauf, ohne diesen mit gekauften US-Schatzanleihen in gleichem Wert zu unterlegen. Dies führte zu einem Umtauschverhältnis Peso zu Dollar von »eins zu eins«; dabei wurden hauptsächlich geliehene oder aus »Privatisierungen« stammende Dollar verwendet, die in der Zentralbank ungenutzt als Währungsreserven verwahrt wurden.[3]

Im Jahr 2001 brach die »Eins-zu-Eins«-Anbindung an den Dollar zusammen; verschärfend kamen niedrige landwirtschaftliche Exportpreise hinzu. Die Abhängigkeit vom Außenhandel und die Kapitalflucht nahmen zu, während die finanzielle Förderung der Industrie- und Nahrungsmittelproduktion stark zurückgefahren wurde. Dies führte schließlich zu Unruhen, die mit dem Sturz der Regierung endeten. Die argentinischen Staatsschulden stiegen während der letzten vier Jahre der neoliberalen Regierungspolitik, zwischen 1998 und 2002, sprunghaft auf 82 Milliarden Euro an. Heute wird diese Zeit *Große Depression* oder auch *Große Neoliberale Depression* Argentiniens genannt.

Der anschließende Staatsbankrott war der größte, den es bis dahin gegeben hatte. Er war auch, rechtlich gesehen, der komplizierteste. Um das Risiko für Investoren – und damit den zu zahlenden Zinssatz – so gering wie möglich zu halten, hatte sich die argentinische Militärjunta bereit erklärt, Zahlungsstreitigkeiten gemäß den Gesetzen des Staates New York beizulegen, und sie hatte die Bank of New York Mellon als ihre Zahlstelle benannt. Dieses Zugeständnis führte zu dem heutigen juristischen Chaos, denn es schuf Präzedenzfälle, die das globale System der Regulierung von Gläubigerforderungen gegen souveräne Staaten für auf Dollar lautende Anleihen oder solche, die mit Zahlungen über US-Banken verbunden sind, zu zerstören drohen. Die Schuldenverhandlungen Argentiniens unterliegen den Entscheidungen eines Richters des Bundesstaats New York, der es Geierfonds erlaubt hat, Argentinien und die Mehrheit seiner Anleihegläubiger an der Umsetzung des Vergleichs zu hindern, auf den sie sich zum Zweck der Schuldenreduktion geeinigt hatten.

Es gab Versuche, diese anarchische Situation zu vermeiden. Die Argentinienkrise von 2001–2002 veranlasste die stellvertretende Generaldirektorin des IWF, Anne Krueger, dazu, einen Restrukturierungsmechanismus für Staatsschulden (SDRM) vorzuschlagen.[4] Aber die Vereinigten Staaten blockierten eine solche Institution. Einer rechtsprechenden Instanz zu erlauben, die Grenzen der Zahlungsfähigkeit eines Landes zu bestimmen, hätte US-Diplomaten und -Investoren das Druckmittel aus der Hand genommen.

Die Schuldenschnitte Argentiniens in den Jahren 2005 und 2010 und die Verweigerer

Die argentinische Volkswirtschaft begann sich nach 2002 zu erholen, als ein starker Anstieg der Rohstoffpreise die Handelsbilanz zu verbessern half. Dies erlaubte dem neuen »Justizialistischen« (peronistischen) Präsidenten, Néstor Kirchner (2003–07), Verhandlungen über die Regulierung der Schulden zu eröffnen, die seine Vorgänger angehäuft hatten. Anfang 2005 erklärten sich Anleihegläubiger (wenn auch widerwillig) bereit, nicht bediente argentinische Anleihen im Wert von 63 Milliarden Dollar (über drei Viertel der Gesamtsumme) gegen neue umzutauschen, die nur auf etwas mehr als ein Viertel des ursprünglichen Nennwerts kamen.[5]

Anleihen im Nennwert von fast 19 Milliarden Dollar wurden nicht umgetauscht. Im Jahr 2010, nach weiteren fünfjährigen Verhandlungen, traf Argentinien eine neue Vereinbarung mit den Inhabern von über 92 Prozent seiner Anleihen (unter Leitung italienischer und spanischer Fonds). Um die verbliebenen Minderheitsgläubiger dazu zu bringen, die neuen und abschließenden Bedingungen zu akzeptieren, verabschiedete das argentinische Parlament ein »Ley Cerrojo« (Riegelgesetz). Es bestimmte, dass Verweigerer sämtliche Ansprüche verlieren sollten, wenn sie die alten Anleihen nicht gegen die geringerwertigen neuen eintauschten. Nach 2010 wurden diese Anleihen zu einem Bruchteil ihres Nennwerts verkauft, da die meisten Gläubiger nicht mehr an eine Rückzahlung glaubten.

Das Problem sind heute die Geierfonds, die diese alten, vor 2002 emittierten argentinischen Anleihen zu stark herabgesetzten Preisen kauften, als die Zahlungsverweigerung wahrscheinlich erschien. Diese Fonds heißen »Geierfonds«, weil sie sich von »toten«, nicht mehr bedienten Anleihen ernähren. Der argentinische Wirtschaftsminister Axel Kicillof klagte, »diese Hedgefonds, die die Anleihen zu 20–30 Prozent ihres Nennwerts gekauft haben, wollen jetzt unter Berufung auf vertragliche Verpflichtungen zu 100 Prozent ausbezahlt werden«. Er wies darauf hin, dass Singers Fonds die Anleihen »zu dem einzigen Zweck [gekauft hatte], ein günstiges Urteil zu erhalten und dann einen gigantischen Gewinn zu machen.«[6]

Singer verlangte aber nicht nur 100 Prozent des Nennwerts der Anleihen, sondern auch zwölf Jahre aufgelaufene (Zinses-) Zinsen, Strafschadensersatz und Erstattung der Rechtskosten für seine rund 900 Versuche, in sämtlichen Ländern, die seine Ansprüche anerkannten, argentinische Vermögenswerte zu pfänden. Sein Trick hatte sich schon einmal bewährt. Im Jahr 2008 hatten britische Gerichte seinem Fonds den vollen Nennwert kongolesischer Schuldverschreibungen einschließlich rückständiger Zinsen zugesprochen. Dieses Urteil ermöglichte es ihm, die Erlöse aus dem Verkauf kongolesischen Öls an die schweizerische Handelsgesellschaft Glencore International von Marc Rich pfänden zu lassen.[7]

Bedrängt von der Kampagne Jubilee 2000, solchen Praktiken Einhalt zu gebieten und den Entwicklungsländern ihre Schulden zu erlassen, hat die britische Regierung im Gesetz über den Schuldenerlass (bei Entwicklungsländern) aus dem Jahr 2010 eine Höchstgrenze für den Betrag festgelegt, den Gläubiger von »Hochverschuldeten armen Ländern« (HIPCs) verlangen können. Das Gesetz richtete sich in erster Linie gegen Singers Aktivitäten.[8] Nach englischem Recht haben »Anleiheinhaber nicht das Recht, Klage zu erheben. Dies kann nur der Treuhänder der Anleihe tun, der nur dann zum Handeln gezwungen werden kann, wenn eine große Zahl von Anleiheinhabern dies verlangt«.[9] Das US-amerikanische Recht kennt keine entsprechende Schutzbestimmung.

Singers Strategie bestand darin, für so viel Ärger zu sorgen, dass ihm die argentinische Regierung bessere Konditionen einräumen würde als der Mehrheit der Anleiheinhaber. In dem Bestreben, argentinische Vermögenswerte zu pfänden, forderten Singers Anwälte am 2. Oktober 2012 Ghana auf, das argentinische Marineschulschiff *Libertad* zu beschlagnahmen, das im geschäftigsten Handelshafen des Landes angelegt hatte. Argentinien machte für sein Schiff diplomatische Immunität geltend, und am 15. Dezember entschied der Internationale Seegerichtshof, Ghana müsse das Schiff freigeben.[10] Aber in der Zwischenzeit bescherte der New Yorker Bundesrichter Griesa Singers Fonds einen Sieg vor Gericht, der dem internationalen Schuldenrecht eine neue Interpretation gab.

Unrechtsrichter Griesa urteilt zugunsten der »Geier«

Am 22. November 2012 wies Griesa die Bank of New York Mellon, die von Argentinien benannte Zahlstelle, an, sofort sämtliche Zahlungen Argentiniens an die 92,4 Prozent der Anleihegläubiger einzustellen, mit denen die Regierung einen Vergleich über die vor 2002 ausgegebenen Schuldtitel geschlossen hatte. An diese Anleihegläubiger dürften keine Zahlungen mehr erfolgen, so urteilte Griesa, bis Argentinien Singers Fonds gemäß den Konditionen der alten, zu Schleuderpreisen erworbenen Anleihen vollständig ausgezahlt hatte. Dies löste eine Krise von weitaus größeren Dimensionen aus, als es die Zuerkennung der 1,3 Milliarden Dollar an Singer getan hatte.

> Wenn sich Argentinien dem Urteil beuge, so sagte es Moody's Investors Service am Montag, könne dies einen Präzedenzfall für andere Umtauschverweigerer schaffen, die zusammen fast 12 Milliarden Dollar an unbezahlten Schulden fordern. Doch wenn Argentinien seinen Zahlungsverpflichtungen im Dezember nicht vollständig nachkommt, könnten die Inhaber der Umtauschanleihen die sofortige Zahlung der gesamten 20 Milliarden Dollar verlangen, die ihnen geschuldet werden. Und wenn das geschieht, wird »die gerichtliche Anordnung aus einer vergleichsweise unbedeutenden Zahlungseinstellung einen verheerenden Zahlungsausfall machen, der die sowieso schon fragile Weltwirtschaft noch weiter destabilisieren wird«, warnten die Inhaber der Umtauschanleihen.[11]

Der ehemalige argentinische Notenbankchef Mario Blejer warf den Umtausch-Verweigerern vor, sich an Anleihen bereichern zu wollen, die sie zu Preisen gekauft hatten, aus denen eindeutig ein hohes Ausfallrisiko hervorging: »Wenn Investoren bereit sind, höhere Risiken für höhere Renditen in Kauf zu nehmen«, so argumentierte er,

> können sie sich nicht den potentiellen Kosten entziehen, wenn das Ausfallsrisiko eintritt. Der Zahlungsausfall ist in diesem Kontext … ein legitimer, wenn auch unerfreulicher Teil des Spiels. Es ist inkonsequent, einerseits eine Risikoprämie kassieren zu wollen und andererseits auf vollständiger Auszahlung unter allen Umständen zu bestehen. Der Rechtsschutz, den Richter Griesa Anleihegläubigern gewährte, widerspricht dem Wesen der Risikobereitschaft. Wenn alle Umtauschverweigerer schließlich in voller Höhe ausgezahlt werden, wird der gesamte Mechanismus der Preisfestsetzung auf Märkten für Staatsanleihen inkonsistent.[12]

Der ehemalige Wirtschaftsminister Hernan Lorenzino verglich das Urteil mit der Entsendung der Fünften US-Flotte, es sei »gerichtlicher (oder rechtlicher) Kolonialismus«.[13] »Niemand, der bei vollem Verstande ist, nimmt ein Umschuldungsangebot an, wenn Verweigerer mit einem cleveren Anwalt ihre Forderungen zu 100 Prozent durchsetzen können«, schrieb er.[14] Es war für Anleihegläubiger eine Sache, sich mit einem Forderungsverzicht abzufinden, der die Zahlungsfähigkeit des Schuldners niedriger, aber zugleich realistischer einschätzte. Eine andere Sache war es, wenn sie wussten, dass diejenigen, die sich einer gütlichen Einigung verweigerten, schließlich viel mehr erhielten.

Lorenzino versprach, gegen das Urteil Revision beim Obersten Gerichtshof der USA einzulegen; wegen seiner Bedeutung für die auswärtigen Beziehungen der USA erwartete man sowieso, dass es früher oder später dort landen würde. Diese Entscheidungen sollten der Exekutive und damit dem Justiz- und Außenministerium vorbehalten bleiben, die sich von anderen Erwägungen und Maßstäben leiten lassen als Richter Griesa, der allein auf der Basis des US-Insolvenzgesetzes urteilte.

Das US-Außenministerium reichte gemeinsam mit dem Finanzministerium einen Schriftsatz beim Bundesberufungsgericht ein, in dem es warnend darauf hinwies, die Bestätigung der Entscheidung Griesas könne »die Stellung New Yorks als Weltfinanzzentrum beeinträchtigen und ›der systemischen Rolle des US-Dollars schaden‹, denn Länder könnten so dazu ermuntert werden, Schuldtitel in anderen Währungen zu begeben und sie der Zuständigkeit US-amerikanischer Gerichte zu entziehen.[15] Auch der IWF warnte vor »systemischen Konsequenzen«, wenn höhere Gerichte die Entscheidung bestätigen sollten. Eine Entscheidung zugunsten der Umtauschverweigerer würde Staaten davon abhalten, Umschuldungsklauseln in ihre Anleiheverträge aufzunehmen, selbst wenn die große Mehrheit der Anleihegläubiger dies als notwendig erachten sollte, und könnte daher »den Prozess der Umstrukturierung von Staatsschulden unterminieren«.[16]

Das US-Bundesberufungsgericht setzte sich im März 2013 über solche Bedenken hinweg und lehnte es ab, das Geierfonds-Urteil vor einem vollbesetzten Spruchkörper erneut zu verhandeln. So blieb das Argument des Hedgefonds gültig, dass er die Anleihen zwar mit einem Abschlag zwischen 65 und 85 Prozent auf dem Sekundärmärkt gekauft hatte, sich aber zu keinem Zeitpunkt bereit erklärte, sich mit weniger als 100 Prozent ihres

Nennwerts zu begnügen. Er wollte, dass die von den Märkten zugewiesenen Risiken per Gerichtsbeschluss aufgehoben wurden.

Richter Griesa machte erneut deutlich, dass die Bank of New York Mellon wegen Missachtung des Gerichts zur Verantwortung gezogen werden könne, wenn sie die Gläubiger der nach 2010 begebenen (Umtausch-)Anleihen auszahlte, ohne zuvor Singers Fonds 1,3 Milliarden Dollar an Kreditsumme nebst rückständigen Zinsen für die vor 2001 begebenen ursprünglichen Anleihen zu zahlen. Dadurch wurde ein Zahlungsausfall auch für auf Euro lautende argentinische Anleihen wahrscheinlicher, weil für die Anleihen dieselbe Bank als Zahlstelle bestimmt worden war, und zwar unabhängig von der Währung, in der die Zahlung erfolgte. Die Anleihekurse fielen rasch unter 55 Prozent des Nennwerts, und der Preis für Ausfallversicherungen stieg um 35 Prozent.[17]

Die strittigen rechtlichen Formalitäten (der Teufel steckt im Detail)

Argentinien war der Meinung, sein »Riegelgesetz« habe den Mehrheitsgrundsatz für die Umschuldung von Anleihen fest verankert, aber nötig waren auch entsprechende Gesetze der Gläubigerstaaten. Die *Financial Times* äußerte die Hoffnung, der US-Kongress werde ein Gesetz verabschieden, ähnlich demjenigen, das Großbritannien 2010 in Kraft gesetzt hatte und das festlegte, dass »jedes Unternehmen, das eines der 40 hochverschuldeten armen Länder vor britischen Gerichten auf Zahlung von Schulden verklagt, so gestellt wird, als hätte es sich an einem Schuldenerlass für die hochverschuldeten armen Länder beteiligt«.[18] Bereits im Jahr 2005 hatte der Ausschuss für Finanzmarktrecht der Bank of England es als rechtlich unstatthaft beurteilt, sich auf Pari-passu-Klauseln (Gleichrangigkeitsklauseln) zu berufen, um Zahlungen an Gläubiger zu blockieren, nur weil die Forderungen anderer Gläubiger nicht erfüllt werden.

Oftmals gewähren Gerichte Schuldnern aus dem privaten Sektor Schuldennachlässe, erklären Forderungen für ungültig oder untersagen aus unterschiedlichsten Gründen die Eintreibung durch Gläubiger. »Der IWF hat zwischen 1950 und 2010 über 600 Fälle der Restrukturierung von Staatsschulden gezählt.«[19] Aber Richter Griesa lehnte im Fall Argentiniens einen solchen Eingriff ab. Es geht dabei um die Pari-passu-Regel, wonach alle Gläubiger gleichrangig behandelt werden müssen, oder vielmehr keine Gruppe gegenüber einer anderen bevorzugt werden darf.

Die einzige Modifizierung beim Schuldenerlass seit 2003 ist die häufigere Verwendung von Umschuldungsklauseln, die widerspenstige Spekulanten dazu zwingen sollen, sich den Beschlüssen einer großen Gläubigermehrheit zu beugen. Die Refinanzierung der griechischen Staatsschulden im Jahr 2012 zum Beispiel stützte sich auf eine Umschuldungsklausel, die besagte, dass ein von über 85 Prozent der Anleihegläubiger getroffener Beschluss über die Annahme neuer Vertragskonditionen für die restlichen Anleihegläubiger bindend ist. Alle Vertragsparteien sind also an eine von der Mehrheit getroffenen Vereinbarung gebunden. Solche Klauseln schützen große Gläubiger- und Schuldnerländer vor Geierfonds, die hoffen, abzukassieren, indem sie Anleihen kaufen, deren Marktkurse zweifelsfrei signalisieren, dass sie nur mit geringer Wahrscheinlichkeit zu ihrem Nennwert zurückgezahlt werden. Damit Umtauschverweigerer die Refinanzierung von Anleihen nicht behindern, schreibt die Europäische Union mittlerweile vor, dass alle öffentlichen Schuldtitel mit einer Laufzeit von über einem Jahr mit solchen Klauseln ausgestattet sein müssen. Allerdings gelten solche Umtauschklauseln nicht für Anleihen, die begeben wurden, ehe diese Klauseln allgemein üblich waren.[20]

Richter Griesa entschied, dass ohne eine solche Umschuldungsklausel jeder Gläubiger, der einen Forderungsverzicht ablehnt, 100 Prozent des Nennwerts einer Anleihe verlangen kann. Dies würde auch dann gelten, wenn die Anleihen zu einem Bruchteil ihres Nennwerts gekauft wurden, nachdem sich über 90 Prozent der Gläubiger mit einem geringeren, an der Zahlungsfähigkeit des Schuldnerlands bemessenen Rückzahlungsbetrag begnügt haben.

Die gewöhnliche Interpretation dessen, was der Pari-passu-Grundsatz der »Gleichbehandlung« in der Praxis bedeutet, deckt sich nach Ansicht von Tim Samples (Professor für Handelsrecht an der Universität von Georgia) mit der Auffassung Argentiniens, dass »die Geierfonds grundsätzlich genauso gestellt werden sollten wie die 92,4 Prozent der Anleiheinhaber, die das Umtauschangebot angenommen haben«. Aber Griesas »idiosynkratische« Interpretation lautet: »Wenn Singers Fonds 100 Prozent des Nennwerts der ursprünglichen Anleihen ausgezahlt bekommt, müssen alle anderen Inhaber der Ersatzanleihen ebenfalls so gestellt werden, als wären ihre alten Anleihebestände ihren vollen Nennwert wert, nicht nur die etwa 20 Prozent, die ihnen der Markt zuschreibt.«[21] Nach dieser Auffassung bestimmen die Geier darüber, was die Mehrheit bekommt, nicht umgekehrt. Alle Vertragsparteien hätten einen Anspruch auf den vollständigen ursprünglichen Nennwert der Anleihe, selbst wenn eine Mehrheit sich mit weniger zufrieden gibt. Also kann eine Mehrheit andere Anleihegläubiger nicht zu einem Forderungsverzicht verpflichten.

Diese Definition von Gleichrangigkeit würde Staaten daran hindern, sich mit einer Mehrheit zu einigen, solange es Verweigerer gibt. »Diese Verweigerergruppe erhält viel bessere Konditionen als die große Mehrheit der Gläubiger«, erklärte der Wirtschaftswissenschaftler Joseph Stiglitz, »weil jeder zukünftige Gläubiger jeder Anleihe, die in Zukunft emittiert wird, erst dann ausgezahlt wird, nachdem die Forderungen der Verweigerer sämtlicher früherer Umstrukturierungen erfüllt worden sind.«[22] Richter Griesa urteilte so, als ob dies alles keine Rolle spielte, wenn Anleihen mit Umschuldungsklauseln emittiert werden. Aber Staatsanleihen, die vor der griechischen Emission von 2012 begeben wurden, fehlt eine solche Klausel. Auf diese Weise sind sie anfällig für die Blockade durch Geierfonds, die von der Gläubigermehrheit akzeptierte Schuldenregelungen nicht mittragen wollen und dadurch solche Regelungen rechtlich in der Schwebe halten.

Der *Financial-Times*-Kolumnist Martin Wolf, der die Entscheidung zugunsten Singers eine »von der US-amerikanischen Justiz geförderte Erpressung« nannte, wies darauf hin, dass »ungeachtet der geradezu haarsträubenden Leichtigkeit, mit der sich US-Kapitalgesellschaften den Ansprüchen ihrer Gläubiger entziehen können«, Staaten und deren Regierungen über keine vergleichbaren Spielräume oder Anpassungsmechanismen verfügen.[23] Dahinter steckt die Absicht, die staatliche Hoheitsgewalt der Wall Street und den Londoner Bankern zu unterwerfen.

Die »Schurkenentscheidung« von Richter Griesa war eine radikale Umschreibung des internationalen Rechts, in dem Sinne, dass Verhandlungen über eine Umschuldung von Dollar-Verbindlichkeiten, die in den Zuständigkeitsbereich des entsprechenden Gerichts fallen, unzulässig sind – wenn keine Umschuldungsklausel vereinbart ist, die bei jeder einzelnen Anleihe Vorrang vor dem Gleichrangigkeitsgrundsatz hat. Dies bedeutet, dass die 93 Prozent der argentinischen Anleihegläubiger, die dem Umtausch zustimmten, nicht ausgezahlt werden können, wenn nicht gleichzeitig Singers Fonds 100 Prozent vom Nennwert der Anleihen – zuzüglich Zins und Zinseszins, Vertragsstrafen und Rechtskosten – bezahlt bekommt.

Der Oberste Gerichtshof lehnt es ab, über eine Revision von Griesas Entscheidung zu verhandeln

Nachdem Argentinien vergeblich Rechtsmittel beim US-Bundesberufungsgericht eingelegt hatte, rief es im nächsten Schritt den Obersten Gerichtshof der USA an – im Rahmen dessen, was die *Financial Times* den »Prozess des Jahrhunderts« nannte.[24] Es wirkte wie eine Neuauflage des Prozesses um die »gestohlene« Florida-Wahl im Jahr 2000: David Boies (der im Florida-Prozess Al Gore vertreten hatte) war der Prozessbevollmächtigte Argentiniens, während Ted Olson, der damalige Prozessvertreter George W. Bushs und spätere US-Generalbundesanwalt, nun Singers NML Capital vertrat. Das US-Finanzministerium, der IWF, die Weltbank und die französische Regierung reichten sachverständige Stellungnahmen bei Gericht ein, die die Position Argentiniens unterstützten. Doch im Juni 2014 lehnte es der Oberste Gerichtshof ab, Griesas Entscheidung zu überprüfen, da sie seines Erachtens nur eine Frage des inländischen Vertragsrechts behandele – als würde das Ganze keinerlei Relevanz für die internationalen Beziehungen haben.

Das US-Insolvenzgesetz befasst sich vor allem mit der Aufteilung der Vermögenswerte von in Konkurs gegangenen Firmen oder gescheiterten Ehen. Gläubiger erhalten »Auskunftsrechte«, um herausfinden zu können, welche Vermögenswerte überhaupt pfändbar sind. Die meisten dieser Verfahren sind lokal begrenzt und haben keinen Einfluss auf die Gesamtwirtschaft. Die Pfändung von Vermögenswerten anderer Staaten hat hingegen eine ganz andere Tragweite. Doch der Richter am Obersten Gerichtshof, Antonin Scalia, hielt diesen Sachverhalt für genauso unbedeutend wie Richter Griesa: Auch er behandelte souveräne Staaten als gewöhnliche Schuldner, und die Einziehung ihres Vermögens hatte seiner Meinung nach nur geringe gesamtwirtliche Auswirkungen. Die Journalistin Lyle Denniston gibt seine Position folgendermaßen wieder: »Wenn in New York Klage gegen einen ›säumigen Immobilienbesitzer‹ erhoben wird und der Schuldner dazu verurteilt wird, seinen Zahlungsverpflichtungen nachzukommen, wieso sollte der Gläubiger dann nicht Auskunft darüber verlangen dürfen, ob der Schuldner Grundbesitz in Florida hat, um diesen zu pfänden? Anschließend, so Scalia, müsste der Gläubiger natürlich in einem zweiten Schritt Gerichte in Florida bitten, diesen Grundbesitz zu beschlagnahmen; aber warum sollte dem Gläubiger kein entsprechendes Auskunftsrecht zustehen?«[25]

Richterin Ruth Bader Ginsberg wies auf die Probleme dieser Interpretation durch Richter Scalia hin: Das Recht, sämtliche Vermögenswerte Argentiniens auszuforschen, schließe unausgesprochen ein Folgerecht der Pfändung in sich. Auf Ted Olsons Argument, Argentinien unterscheide sich bei Auskunftsersuchen über Vermögenswerte, die zur Befriedigung von Gläubigeransprüchen herangezogen werden könnten, nicht von anderen Schuldnern, entgegnete sie, Argentinien sei »ein souveräner Staat, der abgesehen von seinen Handelsgeschäften in den Vereinigten Staaten Immunität genießt«. Und der New Yorker Anwalt Jonathan L. Blackman, der Prozessvertreter Argentiniens, argumentierte, insofern das militärische Arsenal, Botschaftsgebäude und andere nationale Vermögenswerte Argentiniens nicht pfändbar seien, gebe es keinen Grund, Gläubigern zu gestatten, ein entsprechendes Bestandsverzeichnis anzufordern.[26]

Der Oberste Gerichtshof, der die Entscheidung von Richter Griesa zu den argentinischen Staatsschulden bestätigte, bekräftigte, Argentinien müsse Singers Geierfonds eine vollständige Liste seiner weltweiten – militärischen und zivilen – Vermögenswerte vorlegen, auch wenn diese aufgrund des Grundsatzes der Staatenimmunität nicht beschlagnahmt werden dürften, wie es etwa beim Marineschiff *Libertad* der Fall sei. Es sollte den Geierfonds erlaubt sein, es immer wieder zu versuchen – und sämtliche Rechtskosten dem verschuldeten Argentinien in Rechnung zu stellen![27] Am 16. Juli 2014 schaltete Singers Public-Relations-Abteilung ganzseitige Anzeigen in der *Financial Times,* dem *Wall Street Journal* und der *New York Times,* die mit den Worten endeten: »Argentinien, es liegt an dir, die Pleite abzuwenden.« Die Anzeige behauptete, die argentinische Volkswirtschaft könne dadurch, dass sie Singers Ansprüche erfülle, »im Lauf der nächsten zehn Jahre bis zu 70 Milliarden Dollar an Zinskosten einsparen«. Die Botschaft war klar: Singers Fonds würden so viel Ärger machen, dass Argentinien auf den internationalen Kapitalmärkten einen hohen Risikoaufschlag bezahlen müsste, wenn es nicht kapitulierte.

Das Ganze ist nicht einfach so, als würde man ein Restaurant schließen, um seine Lieferanten und andere Gläubiger auszuzahlen. Die Bestätigung von Griesas Urteil drohte ausländische Staaten allgemein von der Kreditaufnahme in Dollar abzuschrecken. Nicht-amerikanische Anleihegläubiger versuchten, das Urteil Griesas mit der Begründung zu Fall zu bringen, dass »die Euro-Anleihen englischem Recht unterliegen und Zahlungen auf diese Anleihen außerhalb der USA über ausländische Institute erfolgen. Daher ist ein US-Gericht nicht befugt, diese Zahlungen zu behindern«.[28] Der IWF erklärte: »Wir sind besorgt wegen möglicher weitreichender systemischer Folgen.«[29] Floyd Norris warf dem Obersten Gerichtshof vor, »die Welt der Restrukturierung von Staatsschulden auf den Kopf zu stellen. Dabei hat der Gerichtshof sehr wahrscheinlich den Status von New York als Weltfinanzzentrum beschädigt«.[30]

Argentinien daran hindern, Zahlungen über US-Banken abzuwickeln

Um seinen guten Willen gegenüber seinen legitimen Anleihegläubigern zu zeigen, setzte sich Argentinien über die Anweisung von Richter Griesa hinweg und zahlte 539 Millionen Dollar bei der Bank of New York Mellon ein, um die am 30. Juni 2014 fälligen Zinsen zu bezahlen, sowie weitere 183 Millionen Dollar, um die Inhaber von nicht auf Dollar lautenden Anleihen auszuzahlen.[31] Der Richter wies die Bank an, das Geld zurückzuerstatten, und »er nannte die Überweisung eine ›hochbrisante Aktion‹, die potentielle Vergleichsgespräche mit Inhabern notleidender Anleihen durchkreuzt habe«.[32] Außerdem bestand er darauf, dass Argentinien Vertreter nach New York entsandte, um mit Singers Fonds zu verhandeln.[33]

Aber es war offensichtlich, dass es nichts zu verhandeln gab. Argentiniens RUFO- (Rights-Upon-Future-Offer)-Klausel bestimmte, dass alle Vertragsparteien, die einem Forderungsverzicht zugestimmt hatten, von möglichen neuen Vereinbarungen mit den Umschuldungsverweigerern, die bis Jahresende 2014 getroffen würden, profitieren sollten.[34] Wenn Argentinien Singers Geierfonds 100 Prozent vom Nennwert der Anleihen erstattete, müsste es alle früheren Anleihegläubiger rückwirkend zu den gleichen Konditionen auszahlen. Die sofortigen Kosten beliefen sich auf 15 Milliarden Dollar, und über die nächsten Jahre würden insgesamt 120 Milliarden Dollar anfallen, was völlig untragbar wäre.

In seiner Ausgestaltung durch Richter Griesa, das Bundesberufungsgericht und den Obersten Gerichtshof bildet der gegenwärtige US-amerikanische Rechtsrahmen ein finanzielles Zwangskorsett, das Länder davon abhält, der Schuldendeflation, der Verknechtung durch die Rentier-Klasse und der Pfändung ihrer Vermögenswerte durch Gläubiger zu entgehen. Die Entscheidung von Richter Griesa, die Umstrukturierungen untragbarer Auslandsschulden deutlich erschwert, könnte ganze Volkswirtschaften in die Depression und in hohe Arbeitslosigkeit stürzen, immer mehr junge Arbeitskräfte zur Auswanderung zwingen und den Druck zu Insider-Privatisierungen erhöhen.

Ein alternativer Rechtsrahmen für den Schuldenerlass

Um einen solchen Finanzkrieg zu verhindern, bedarf es eines globalen Schiedsgerichts, das den vom »Prozess des Jahrhunderts« geschaffenen Präzedenzfall außer Kraft setzt. Die Entscheidung von Richter Griesa untersagt es Staaten grundsätzlich, auf Dollar lautende Schuldtitel zu restrukturieren, wenn deren Verträge keine Umschuldungsklauseln enthalten, durch die Minderheitsgläubiger an Entscheidungen einer genau festgelegten Mehrheit gebunden werden. Es geht darum, ob ein paar Umtauschverweigerer die Weltwirtschaft ins Chaos stürzen können, indem sie die Rechtmäßigkeit von Umschuldungen, die als Alternative zur kompletten Zahlungseinstellung oder –verweigerung ausgehandelt wurden, vor Gericht anfechten.

Im Sommer 2014 haben sich über 400 Banken, Anleiheinvestoren und Schuldnerländer im Rahmen der International Capital Market Association darum bemüht, die Möglichkeiten zu begrenzen, mit denen Geierfonds und andere Verweigerer Vergleiche und Kompromisse blockieren können. Dazu haben sie bestimmte Umschuldungsklauseln bei neu emittierten Anleihen eingeführt. Diese Klauseln definieren die Regeln, die für zukünftige gerichtliche Entscheidungen beim Ausfall von Anleihen gelten sollen. Sie binden alle Investoren an Beschlüsse, die eine Mehrheit von 75 Prozent getroffen haben, und sollen für sämtliche Anleihen eines Schuldnerlands gelten. Dadurch werden Umschuldungsverweigerer davon abgehalten, eine einzelne

Emission mehrheitlich aufzukaufen und dann zu versuchen, vor Gericht Forderungen gegen das gesamte Anleihenspektrum des Landes durchzusetzen (wie es gegenwärtig geschieht). Die Entscheidung von Richter Griesa würde hinfällig, wenn die Pari-passu-Klausel so interpretiert würde, dass sie »Gleichbehandlung, aber nicht gleich hohe Auszahlungen für Anleihegläubiger« bedeutet.[35]

Die globale Verschuldung hat solche Ausmaße angenommen, dass der Finanzkrieg, der um Gläubiger-Schuldner-Beziehungen geführt wird, mittlerweile den Klassenkrieg zwischen Arbeitnehmern und Arbeitgebern in den Schatten stellt. In einer leidenschaftlichen, ergreifenden Rede am 19. August 2014 erklärte Präsidentin Christina Kirchner (die ihrem Mann nach dessen Tod im Jahr 2007 ins Amt nachfolgte) die argentinische Schuldenkrise zu einer globalen Grundsatzfrage:

> Wenn es um die Souveränität unseres Landes und die Überzeugung geht, dass wir uns nicht länger erpressen lassen können und wir es nicht hinnehmen dürfen, dass man uns erneut Schulden aufbürdet, müssen wir uns als Argentinier bewähren. ... Wenn ich das unterzeichnen würde, was sie mich zu unterzeichnen drängen, würde die Bombe nicht sofort explodieren. Man würde mir vielmehr Beifall spenden, und die Schlagzeilen in den Zeitungen wären wunderbar. Aber wir würden wieder in den Teufelskreis der Schulden hineingeraten, der uns so lange zu schaffen gemacht hat.[36]

Die Entscheidungen von Richter Griesa haben in der Praxis dazu geführt, dass man globale Restrukturierungen von Staatsschulden nicht mehr durchführen kann, wenn sie mit Zahlungen in US-Dollar verbunden sind oder US-Gerichte für sie zuständig sind. Dies verhindert, dass Verhandlungen über Schuldenerleichterungen überhaupt erst aufgenommen werden. Jeder Hedgefonds oder anderweitige Gläubiger kann – unabhängig davon, wie klein sein Anleihebestand ist – den vollen Nennwert jeder umgeschuldeten Anleihe verlangen, und zwar auch dann, wenn sich die große Mehrheit der Gläubiger zu einem Umtausch bereit erklärt hat, der die Schulden eines Staats an dessen Zahlungsfähigkeit anpassen soll.

Am 5. Juni 2015 spitzte sich die Sache zu. Wie von Argentinien befürchtet, erklärte Griesa, seine Entscheidung gelte nicht nur für Singers Fonds, sondern auch für die schätzungsweise 500 weiteren Verweigerer und Geierfonds, die die Bedingungen der Restrukturierungen von 2005 und 2010 nicht akzeptiert hatten.[37] Der argentinische Wirtschaftspublizist Jorge Vilches weist darauf hin, dass Kenneth Darts EM Ltd. notleidende argentinische Anleihen im Wert von 595 Millionen Dollar besitzt (mehr als Singers NML Capital, dessen eigene Bestände einen Wert von 503 Millionen Dollar haben). »Zu Darts Obligationen kommen noch Anleihen im Wert von schätzungsweise 2,4 Milliarden Dollar, die ebenfalls dem Recht des Bundesstaats New York unterliegen und im Besitz anderer Investoren sind, welche ihrerseits einen Umtausch abgelehnt haben.« Wenn man anfinge, diesen Verweigerern 100 Prozent vom Nennwert ihrer alten Anleihen auszuzahlen, wäre Argentinien »wieder genau dort, wo es ursprünglich stand«.[38]

Diesen sogenannten »Nachahmer«-Obligationären sprach Griesa 5,4 Milliarden Dollar zu, die zu den 1,6 Milliarden Dollar für Singer hinzukamen. Wirtschaftsminister Axel Kicillof warf den Fonds vor, Singers Forderungen als eine Art Hebel zur Etablierung von Rechtsgründen zu benutzen, auf die der Rest seine Ansprüche stütze – es sei eine Art Falle, die sie von Anfang an geplant hätten:

> Die »Geierfonds« versuchten zu zeigen, dass der geschuldete Betrag im Vergleich zu den Währungsreserven gering war. So wollten sie die Regierung dazu bewegen, ihre Forderungen zu erfüllen, ehe andere Gläubiger auf der Bildfläche erschienen. Ökonomen, die der Opposition nahestanden, tappten in die Falle und forderten uns auf, die Verweigerer vollständig auszuzahlen. … Da Griesa mittlerweile allen Gläubigern Argentiniens die gleichen Bedingungen zuerkennt wie den »Geierfonds«, wird man uns auffordern, zwischen 15 und 17 Milliarden Dollar zu bezahlen. Das ist eine Menge Geld, wenn man bedenkt, dass unsere Währungsreserven 34 Milliarden Dollar betragen.

Das eigentliche Ziel der Gläubiger sei es, so Kicillof, Argentinien zum Ausverkauf seines Volksvermögens zu zwingen. »Wenn Argentinien neue Schulden aufnehmen würde, um die Forderungen der Gläubiger zu erfüllen, würden internationale Institutionen die Regierung dazu nötigen, Anpassungsprogramme durchzuführen und Staatsbetriebe zu privatisieren.« Dies ist seit der Thatcher-Reagan-Ära das Ziel der Finanzinteressen: In einer modernen Enclosure-Bewegung soll das Gemeineigentum von Schuldnerländern privatisiert werden.

Statt Anlageinvestitionen zu finanzieren, um durch Ausweitung der Produktion Gewinne zu erwirtschaften, besteht die neue Finanzstrategie darin, möglichst viele Gelegenheiten zur Rentenextraktion an sich zu reißen – und die Rentenextraktion in Zinszahlungen zu verwandeln. Die größten Gelegenheiten dazu bieten gegenwärtig öffentliche Unternehmen.

Diese Finanzialisierungsstrategie zwingt Länder, die sich nicht ans Kreuz bestehender Schulden schlagen lassen wollen, eine Alternative zu schaffen. Die materielle Arbeits- und Produktionswirtschaft sollte Vorrang vor Gläubigerforderungen erhalten. Dieser Grundsatz muss in einem internationalen Rechtskodex verankert werden, um souveräne Staaten in die Lage zu versetzen, dass sie Forderungen ausländischer Gläubiger im öffentlichen Interesse abwehren können.

KAPITEL 26

Sparpolitik oder Neuanfang?

»Dem Wolf die Schuld zu geben, würde den Schafen nicht viel nützen. Die Schafe müssen lernen, dem Wolf nicht in die Hände zu fallen.«

Mahatma Gandhi[1]

Über das Urteil von Richter Griesa hinaus, das Schuldennachlässen einen Riegel vorschiebt, ist das globale »westliche« Finanzsystem zu einer Geisel der US-Geopolitik geworden. Auf ein Bußgeld in Höhe von 9 Milliarden Dollar gegen die französische Banque Paribas für ein Geschäft mit dem Iran folgten Handels- und Finanzsanktionen gegen Russland. Der immer aggressivere Einsatz solcher wirtschaftlichen Kriegshandlungen zur Unterstützung der US-Außenpolitik ließ es Russland und China, aber auch Brasilien, Indien und Südafrika (und den Beobachterstaat Iran der Shanghaier Organisation für Zusammenarbeit) dringend geboten erscheinen, ein Währungssystem zu schaffen, das gegen diesen Druck immun ist.

So kam es, dass sich die BRICS-Staaten am 15.–16. Juli 2014 (denselben Tagen, an denen Paul Singers ganzseitige Zeitungsanzeigen Argentinien für den Fall der Nichterfüllung seiner Verbindlichkeiten vor höheren Zinsforderungen der Gläubigerstaaten warnte) in Brasilien trafen, um die Gründung ihrer mit 50 Milliarden Dollar dotierten Neuen Entwicklungsbank und einer Clearing-Einrichtung mit einem Kapitel von 100 Milliarden Dollar bekanntzugeben. Der argentinische Wirtschaftsminister Kicillof leitete einen Ausschuss, in dem er zusammen mit Vertretern der BRICS-Staaten ein Konzept für einen internationalen Finanzgerichtshof ausarbeitete, wie ihn US-Diplomaten innerhalb des IWF blockiert hatten.

Die BRICS-Initiative, die im Kontext einer sich verschärfenden militärischen Konfrontation zwischen den Vereinigten Staaten und ihren NATO-

Satelliten einerseits und Russland andererseits auf dem Staatsgebiet der Ukraine stattfand, zielte darauf ab, Handelsgeschäfte und Investitionen zukünftig nicht nur in US-Dollar, sondern auch in den jeweils eigenen Währungen abzurechnen. Indem sie finanzielle Abhängigkeiten vermeiden, schirmen sich Volkswirtschaften gegen US-Wirtschaftssanktionen ab, die, stärker noch als direkte militärische Angriffe, Länder dazu zwingen, sich der gläubigerfreundlichen und arbeitnehmerfeindlichen Politik der USA mit ihren drei Eckpfeilern Austerität, Ausverkauf von Staatsbetrieben und Rent-Seeking zu beugen.

Öffentliche Medien im Westen verunglimpften das BRICS-Treffen, indem sie die Frage aufwarfen, was Länder wie Russland, China, Indien, Brasilien und Südafrika miteinander gemein haben. Die Antwort lautet, dass sie alle der Sanktionsdrohung durch die USA, die Eurozone und den IWF gegen Länder ausgesetzt sind, die sich nicht den Gläubigerforderungen nach Privatisierungsausverkäufen und einer verstärkten steuerlichen Belastung von Arbeitnehmern statt des Finanzkapitals und des Rent-Seekings beugen. Von den Schuldnerländern wird erwartet, dass sie ihren Außenhandel, die Investitionen und ihre Kreditaufnahme in Dollar abrechnen und damit der Kontrolle des US-Bankensystems, der US-Gerichte, des US-Finanzministeriums und des State Departments unterliegen.

Dieses dollarisierte System hat die BRICS-Staaten und andere Länder dazu veranlasst, ihre eigene Alternative zu schaffen, um sich so vor US-Sanktionen und gläubigerfreundlichen Gerichtsentscheidungen zu schützen. Als Alternative zur neoliberalen Rentier-Politik verspricht die zukünftige BRICS-Bank und –Devisenabrechnungsstelle, keine Sparpolitik und verwandte arbeitnehmerfeindliche politische Maßnahmen zu fordern und es auch Staaten zu erlauben, dass sie Finanzmärkte und Unternehmen regulieren, was im Rahmen der Transpazifischen Partnerschaft (TTP) und des Trade in Services Agreement (TiSA) verboten ist. Außerdem verspricht sie den Staaten, davon abzusehen, ihnen für die von ihnen verursachten Schäden und sozialen Kosten (»Externalitäten«) Steuern oder Geldbußen aufzuerlegen.

Es geht um die Frage, ob Staaten oder Banken Volkswirtschaften steuern sollen. Wenn man die zentrale Lenkung von Volkswirtschaften durch Mega-Banken zulässt, fördert dies die extraktive Ausbeutung finanzieller Forderungen, die durch Privatisierung öffentlicher Vermögenswerte, Zwangsvollstreckungen gegen Schuldner und den Aufkauf von Unternehmen mithilfe von Übernahmekrediten und deren »aktivistischer« Zerschlagung beglichen werden sollen. Mithin verläuft der neue Konflikt zwischen einem finanzialisierten Rentier-Spardiktat und der Wiederbelebung eines klassischen gemischten Wirtschaftssystems, das die Märkte im langfristigen öffentlichen Interesse lenkt – etwas, das früher einmal »Sozialismus« genannt wurde.

Finanzialisierung ist die zentrale Triebkraft, die die heutigen Volkswirtschaften polarisiert. Sie zielt darauf ab, einer Gläubigerklasse die Kontrolle über die Produktionsmittel und die Privilegien der Rentenabschöpfung zu sichern, um Arbeitnehmern, Industrie, Landwirtschaft und Staaten eine stetig wachsense Schuldenlast aufzubürden. Beschäftigung, Löhne und Anlageinvestitionen können sich so lange nicht erholen, wie sich nichts an der daraus resultierenden Überschuldung ändert.

Die hohe Kreditfinanzierung ist ein Hauptgrund, warum die Vereinigten Staaten ihren industriellen Wettbewerbsvorteil verloren haben. Durch die Verschuldung aufgeblähte Kosten für Wohnraum, Bildung und andere Grundbedürfnisse haben dazu geführt, dass Arbeitskräfte hier so teuer geworden sind, dass sie im In- und Ausland nicht mehr wettbewerbsfähig sind. Deutschlands Erfolg als Exporteur von Industriegütern verdankt sich in hohem Maße der Tatsache, dass es eine Immobilienpreisblase im Inland vermeiden konnte. Trotzdem fordern deutsche Banken und Politiker im Ausland eine Finanzialisierung. Es ist ein klassischer Fall von »Tu was ich sage, nicht, was ich tue«. Die Finanzinstitutionen der Eurozone haben versucht, Irland, Spanien und Portugal – und vor allem Griechenland – das lettische »Austeritätsmodell« aufzuerlegen. Dabei liefert Griechenland das Anschauungsmaterial dafür, wie Gläubigermächte Länder behandeln, die versuchen, sich aus dem Teufelskreis von Verschuldung, Arbeitslosigkeit, Privatisierung, Emigration und demographischem Kollaps zu befreien.

Eine wettbewerbsfähige Wirtschaft erschafft man nicht durch neoliberale Finanzialisierung. Man muss wissenschaftlichen Theorien misstrauen, die nicht erklären, weshalb finanzkapitalistische und industrielle Ziele divergieren und nicht konvergieren. Die Lobbyisten von FVI-Sektoren haben die Wirtschaftstheorie bewusst zensiert, um Adam Smith und den Rentierfeindlichen Geist der klassischen Ökonomen zu verfälschen. Diese waren nämlich der Überzeugung, dass ein freier Markt öffentlicher Regulierung bedarf, um finanzielle Ausbeutung und Rent-Seeking in Schach zu halten und allen Menschen den freien Zugang zu grundlegenden Infrastruktureinrichtungen zu gewähren.

Nur durch diesen intellektuellen Kahlschlag mit dem Ziel, die historischen Wurzeln zu kappen, konnte es gelingen, einem so großen Teil der Öffentlichkeit weiszumachen, woran keine frühere Generation glaubte: Dass der Finanzbereich und die damit verbundenen rentenabschöpfenden Sektoren ein wesentlicher Bestandteil der »realen« Produktions- und Konsumwirtschaft seien – nicht etwa ihnen äußerlich und sie ausbeutend – und dass sie Geld am schnellsten dadurch verdienen könnten, dass sie Kredite aufnehmen, um Vermögenswerte zu erwerben, deren Preise durch Bankkredite aufgebläht werden.

Frühe Versuche, die Interessen der Banken mit denen der Industrie in Einklang zu bringen, sind einer Welt gewichen, in der die größten Konzerne mit einer Finanzstrategie gemanagt werden. Die heutige postmoderne Wirtschaftstheorie stellt die quantitative Lockerung – noch mehr Kreditaufnahme – als eine Lösung für die heutigen schuldengeplagten Staatshaushalte dar. Die heutigen PR-Mitteilungen der Wall Street versprechen, dass Pensionen mit den Erlösen aus Aktienrückkäufen und mit ähnlichen Finanzierungstechniken bezahlt werden können, auch wenn die Wirtschaft nicht wächst – einfach durch Kapitalgewinne und die Steigerung der Aktienkurse, indem die Unternehmen mit ihren Gewinnen eigene Aktien zurückkaufen, während sie gleichzeitig Stellen abbauen und Forschungs- und Entwicklungsausgaben zusammenstreichen. Während die meisten Menschen – und ganz gewiss die meisten Volkswirte sowie die Massenmedien – der Ansicht sind, dass diese Vermögenspreiszuwächse tatsächlich Reichtum und Wohlstand schaffen, behaupten Gläubiger, Staaten könnten Schulden in *beliebiger* Höhe begleichen, wenn nur Löhne und Gehälter, Sozialleistungen und Renten hinlänglich gekürzt und Staatsbetriebe zu Schleuderpreisen privatisiert würden. Dieses Axiom liefert dem IWF und der EZB den perfekten Vorwand, um Anleihegläubiger in voller Höhe auszuzahlen – mit der Folge, dass die »Steuerzahler« in den Schuldnerländern auf unbegrenzte Zeit ausgepresst werden.

Ich nenne diese Ideologie postmodern, weil sie das Programm der Progressiven Ära ablehnt, nämlich das Vermögen der Rentiers zu besteuern und öffentliche Investitionen in grundlegende Infrastruktureinrichtungen zu subventionieren, nicht zuletzt um die Lebenshaltungs- und die Geschäftskosten zu senken. Kurzum, die »moderne« Volkswirtschaft vor hundert Jahren galt als sozialistisch. Heute bewegen sich die Volkswirtschaften in die entgegengesetzte Richtung: hin zu einem finanzialisierten Neofeudalismus und zum Rent-Seeking, indem sie den Eindruck erwecken, *es gäbe keine Alternative*, was jedem politischen Widerstand den Wind aus den Segeln nehmen soll.

Wie die Finanzmärkte einen Rückfall in den Neofeudalismus bewerkstelligten

Statt Volkswirtschaften durch einen Schuldenerlass zu restrukturieren, damit sie ihr produktives Potenzial weiterentwickeln können, nutzt die Finanzklasse die heutige Schuldenkrise, um sich selbst als die neue Elite einzusetzen, die das 21. Jahrhundert beherrschen will. Um ihre Position zu konsolidieren, fördern Financiers die willkürliche Aneignung von Vermögen – Privatisierung –, und sie führen einen regelrechten Krieg, um die Arbeitnehmer und die Industrie in Schuldknechtschaft zu halten, indem sie die Fähigkeit von Staaten, ihre Bürger vor einer ausbeuterischen Kreditvergabe und Rentenextraktion zu bewahren, untergraben.

Dieses Neo-Rentier-System steht im Begriff, die von der klassischen politischen Ökonomie angestrebte Entwicklungsrichtung umzukehren. Statt die industrielle Kapitalbildung wie zu Beginn des 19. Jahrhunderts im Rahmen einer Allianz gegen die rentenextrahierenden Grundherren zu unterstützen, ist der Finanzsektor eine Symbiose mit den Rent-Seeking-Monopolen und jenen Akteuren eingegangen, die die Infrastruktur und die natürlichen Ressourcen privatisieren wollen. Geld und Kredit werden geschöpft, um diese Vermögenswerte aufzukaufen, nicht um neue industrielle Anlageinvestitionen und neue Arbeitsplätze zu finanzieren.

Im Zuge der anfänglichen Welle der Vermögenspreisinflation werden die Preise von Immobilien und anderen Vermögenswerten mithilfe von Schulden in die Höhe getrieben. Diese Finanzialisierung ist mit Nebenkosten verbunden (Zinsen, Vermögensverwaltungsgebühren und Personalkosten, Rechts- und Lobbyingkosten), die eine Schuldendeflation verursachen. Und diese wiederum führt zu einer Sparpolitik und zu Arbeitslosigkeit. Die Investitionen gehen zurück, Arbeitsplätze werden abgebaut, Kredite fallen aus und die Zahl der Zwangsvollstreckungen nimmt zu.

Finanzmanagern fällt es leichter, Gelegenheiten zur Rentenextraktion zu erschließen, als durch verstärkte Investitionen in Produktionsmittel Gewinne zu erwirtschaften. In der politischen Sphäre machen sie ihren Einfluss geltend, damit diese ökonomische Rente nicht länger besteuert wird und sie die Steuerlast von sich auf andere abwälzen können. Die daraus erwachsenden Haushaltsdefizite führen zu Kürzungen bei den Infrastrukturausgaben für Brücken und Straßen, anderen grundlegenden staatlichen Leistungen, zur Unterfinanzierung der Altersvorsorge und schließlich zum Ausverkauf von Vermögenswerten und Privatisierungen.

Diese ausbeuterische Finanzdynamik dämpft das industrielle Wachstumspotential und beschwört das Schreckgespenst eines Rückfalls in uralte Wucherpraktiken herauf. Ganz ähnlich wie die Gläubiger im alten Rom wollen auch die heutigen Finanzmagnaten die Demokratie durch eine Oligarchie ersetzen. Wir sind Zeugen eines Wiederauflebens der »ursprünglichen Akkumulation« durch die exponentielle Zunahme von Schuldenabhängigkeit, Zwangsvollstreckungen und Privatisierungen, die möglicherweise genauso verheerende Auswirkungen haben wie die brutalen militärischen Eroberungen vergangener Epochen, die ganze Völker in die Knechtschaft zwangen.

So muss es nicht sein

Es gibt viele Alternativen zur heutigen Sparpolitik, die eine Folge der Überschuldung ist. Ganz oben auf der Liste stehen Schuldennachlässe und die Verlagerung der Steuerlast von den Arbeitnehmern und der Industrie auf das Rentier-Einkommen und geerbtes Vermögen. Die heutigen Steuersubventionen für die Schuldenfinanzierung sollten abgeschafft werden, indem die steuerliche Absetzbarkeit von Schuldzinsen gestrichen wird. Und die Kreditschöpfung sollte darauf gerichtet sein, das Wachstum der Realwirtschaft anzukurbeln, nicht nur darauf, Vermögenspreise aufzublähen.

Eine realitätsnähere statistische Buchführungsmethode würde zeigen, wie der ökonomische Mehrwert investiert oder vergeudet wird. Dies wiederum erfordert einen alternativen theoretischen und analytischen Bezugsrahmen, um echten Reichtum von der gesamten Wirtschaft auferlegten Kosten zu unterscheiden. Dies war die Aufgabe der klassischen politischen Ökonomie. Sie verfeinerte über einen Zeitraum von 200 Jahren die Konzepte, um erklären zu können, weshalb der größte Teil des Vermögens, das dem Einen Prozent gehört oder geschuldet wird, die Form von Ansprüchen auf Bodenrenten, auf Renten aus natürlichen Ressourcen und Monopolrenten angenommen hat, die durch finanzielle Belastungen der Rentiers begrenzt werden. Dies waren die Formen von Einnahmen, die klassische Ökonomen dadurch zu erzielen hofften, dass sie Grundbesitz und natürliche Ressourcen progressiv besteuerten und natürliche Monopole regulierten, indem sie sie in öffentliches Eigentum überführten.

Stattdessen begünstigt unser Steuersystem Rentenextraktion und kurzfristiges Denken in Finanzfragen. Dies ermöglicht Anleihegläubigern, Bankern, aggressiven Aktienaufkäufern und »Aktivisten«, von der industriellen Basis einer Volkswirtschaft zu zehren, während sie gleichzeitig die Zugangspreise für privatisierte Infrastruktureinrichtungen erhöhen. Ziel ist es, das Eigentum an den gigantischen Investitionen im Staatssektor – von Straßen und Häfen über Energiesysteme, das Gesundheits- und Bildungswesen bis zur Telekommunikation – an Käufer auf Kredit zu übertragen, wobei die Erträge Bankern, Anleihegläubigern und Aktionären zufließen. Arbeitnehmer werden in die Verschuldung getrieben, indem sie dazu gezwungen werden, sich Güter des täglichen Bedarfs und grundlegende Dienstleistungen sowie Wohnraum und Bildung im sprichwörtlichen »Firmenladen« zu besorgen.

So muss es nicht sein. Wie Kapitel 7 gezeigt hat, standen die Kreditinstitute in den Jahren vor dem Ersten Weltkrieg im Begriff, öffentliche Versorgungsunternehmen zu werden. Wenn dieser Trend angedauert hätte, würden die meisten Menschen heutzutage Kreditkarten besitzen, sie würden Einlagendienstleistungen von Banken nutzen und Kredite zu selbstkostendeckenden oder subventionierten Zinssätzen erhalten, statt Zinskosten, ausbeuterische Gebühren und Vertragsstrafen aufgebürdet zu bekommen. Am wichtigsten aber ist, dass ein öffentliches Kreditgewerbe wahrscheinlich keine Kredite für das Aufkaufen und Ausschlachten von Unternehmen und das Rent-Seeking bereitgestellt hätte, die das heutige postmoderne Finanzsystem kennzeichnen.

Gründe für die Streichung illegitimer Schulden – aber nur derjenigen, deren Gläubiger Russland ist

Die fantasievollsten Begründungen für die Streichung von Staatsschulden haben sich in jüngster Vergangenheit nicht etwa Argentinien, Griechenland oder Irland ausgedacht, sondern US-amerikanische Strategen, die es der Ukraine ermöglichen wollten, die von ihr begebenen Anleihen oder Schulden, die sich wegen der Gasimporte aus Russland angehäuft hatten, nicht zurückzuzahlen. Im Gefolge der Konfrontation, die sich Mitte 2014 als Neuer Kalter Krieg abzuzeichnen begann – nachdem sich die Bewohner der Krim in einer Volksbefragung mit großer Mehrheit für einen Beitritt zur Russischen Föderation ausgesprochen hatten, stellte das Peterson Institute for International Economics einen Vorschlag von Anna Gelpern zur Diskussion. Gelpern, die eine Zeitlang im US-Finanzministerium gearbeitet hatte, wollte Russland einer Handhabe berauben, mit der es die Rückzahlung seines Kredits an die Ukraine erzwingen konnte. »Eine einzige Maßnahme kann für die Ukraine 3 Milliarden Dollar verfügbar machen«, erklärte sie. Das britische Unterhaus könne ein Gesetz verabschieden, das die Anleihe über 3 Milliarden Dollar, die der russische Staatsfonds ausgehandelt hatte, zur »Auslandshilfe« erkläre, so dass sie nicht länger als ein einklagbarer gewerblicher Kreditvertrag gelten würde.[2]

Dies wäre ein Donnerschlag, der die internationalen Kapitalmärkte erschüttern würde. Derselbe Grundsatz ließe sich logischerweise auch auf die US-amerikanische »Auslandshilfe« anwenden, die ebenfalls Kredite umfasst, welche an amerikanische Banken und andere Gläubiger zurückgezahlt werden müssen, sowie auf »Hilfskredite« der Weltbank. Die von dem russischen Staatsfonds gehaltenen, auf Euro lautenden Anleihen unterlagen den strengen »Londoner Regeln«.

Außerdem verlangte der Fonds mindestens ein AA-Rating für Anleiheinvestitionen. Das B+-Rating der Ukraine lag unter diesem Niveau, so dass Russland umsichtig handelte, als es einen zusätzlichen finanziellen Schutzmechanismus vorsah: Die Anleihen mussten auf Anforderung zurückgezahlt werden, wenn die Gesamtverschuldung der Ukraine über vergleichsweise geringe 60 Prozent ihres Bruttoinlandsprodukts anstieg. Anders als nicht-zweckgebundene Auslandshilfe räumen die Konditionen dieses Vertrags Russland »das Recht ein, eine ganze Kaskade von Ausfällen unter den anderen Anleihen der Ukraine auszulösen, und geben dem Land erhebliche Mitspracherechte bei etwaigen zukünftigen Anleihe-Umschuldungen«, führte Gelpern aus. Noch 2013 belief sich die öffentliche Verschuldung der Ukraine auf knapp über 40 Prozent ihres BIP – rund 73 Milliarden Dollar, die scheinbar tragfähig waren, bis der Maidan-Staatsstreich im Februar zu einem Bürgerkrieg gegen die östlichen, russischsprachigen Gebiete führte. Kriegsführung ist kostspielig, und es kam zu einem massiven Kursverfall der ukrainischen Währung, der Hrywnja. Ein Viertel der Exporte des Landes kommt aus der Ostukraine, und diese Güter werden hauptsächlich an Russland verkauft (einschließlich Rüstungsgütern). Kiew wollte diesem Handel ein Ende setzen und bombardierte ein ganzes Jahr lang Städte und Industrieanlagen im Donbass und in der Region Luhansk, unterbrach die Stromversorgung für die dortigen Kohlezechen und trieb schätzungsweise eine Million Zivilisten aus der Region in die Flucht nach Russland. Der Wechselkurs der Hrywnja fiel immer tiefer, so dass die Schuldenquote deutlich über den Schwellenwert von 60 Prozent anstieg. Dies gab Russland die Möglichkeit, die sofortige Rückzahlung der Schulden zu verlangen, was die reziproken Verzugsklauseln auslöste, die Russland in seine Euro-Anleiheverträge mit der Ukraine aufgenommen hatte.

Gelpern warf in ihrem Aufsatz Russland vor, die Ukraine »an der kurzen Leine zu führen«, als wäre dies nicht genau das, was der IWF und die meisten Finanzinvestoren tun. Aber »Staaten verklagen sich normalerweise nicht gegenseitig vor nationalen Gerichten, um ihre Schulden einzutreiben«. Falls dies geschehen sollte, verhindert die Pari-passu-Regel den selektiven Erlass bestimmter Schulden. Dieses Problem hat Gelpern in dem Credit-Slips-Blog mit Bezug auf die Verhandlungen über die argentinischen Schulden beschrieben. Daher stellte Gelpern eine andere Möglichkeit zur Diskussion – die Ukraine könnte geltend machen, ihre Schulden gegenüber Russland seien »illegitim«, denn hier sei eine Situation gegeben, in der »ein böswilliger Herrscher Verträge unterzeichnet, die noch lange nach der Absetzung des Herrschers zukünftige Generationen belasten«.[3] »Wenn die Rückzahlung aller unter Janukowitsch aufgenommenen Schulden verweigert würde, würde dies von der Kreditvergabe an korrupte Politiker abschrecken«, lautete ihr Fazit.

Die Doppelmoral besteht hier darin, dass sie, statt die lange Reihe von Kleptokraten und korrupten Regierungen als »illegitim« zu brandmarken,

Janukowitschs Amtszeit herausgreift, als wären seine Vorgänger und Nachfolger nicht genauso korrupt gewesen. Würden die Schulden der Ukraine für illegitim erklärt, könnte sich das überdies für die USA womöglich als Bumerang erweisen, angesichts ihrer eigenen langen Unterstützung von Militärdiktaturen, korrupte Klientelstaaten und Kleptokratien. Die US-Unterstützung für die chilenische Militärdiktatur nach dem Putsch von General Pinochet im Jahr 1973 führte zur Operation Condor. Diese stützte die Herrschaft des argentinischen Militärregimes, das die Auslandsschulden des Landes rasch in die Höhe trieb. Wenn die Ukraine mit ihrer Argumentation durchdränge, ihre Schulden seien illegitim, könnte dies die juristischen Schleusen öffnen für einen breiten Schuldenerlass für Lateinamerika und die Dritte Welt.

Der Verkauf ukrainischer Anleihen an den russischen Staatsfonds sowie die Verträge über den Kauf von russischem Gas wurden von einer demokratisch gewählten Regierung zu Vorzugskonditionen ausgehandelt, die den Verbrauch der Industrie und der privaten Haushalte subventionierte. Wenn diese Schulden als illegitim erachtet werden, wie verhält es sich dann mit der Forderung der EU im Jahr 2011, Griechenland solle seinen Ministerpräsidenten Papandreou zum Amtsverzicht zwingen, um so eine Volksbefragung über den EZB-Kredit zu verhindern? Bei Krediten, die gegen den offenkundigen Widerstand der Bevölkerung aufgenommen wurden, könnte man durchaus argumentieren, sie seien ohne ordnungsgemäße demokratische Zustimmung aufoktroyiert worden.

Gelpern räumt ein, dass die Berufung auf den Grundsatz illegitimer Schulden »mit einer Vielzahl von rechtlichen, politischen und wirtschaftlichen Risiken behaftet ist, die allesamt Russland in die Hände spielen würden«. Einer Vielzahl, weiß Gott! »Großbritannien kann sich weigern, die Erfüllung von nach englischem Recht geschlossenen Verträgen über die von Russland gewährten Kredite zu erzwingen« und dadurch »Rechtsbehelfe von Gläubigern für den Fall neutralisieren, dass deren Forderungen nicht mehr bedient werden«. Aber es würde auch bedeuten, dass die City of London nicht länger den Rechtsrahmen für Finanzgeschäfte bestimmt und zu einem US-/NATO-Satelliten wird.

Ein ähnlicher legalistischer Schachzug, der Russland empfindlich treffen würde, wäre die Verabschiedung eines Sanktionsgesetzes durch das britische Unterhaus, das die »Janukowitsch-Anleihen« für ungültig erklären würde.

Dies würde die Fähigkeit Russlands einschränken, »vom Verkauf der Schuldtitel am Markt zu profitieren« und Russland Rechtsansprüche auf die Pfändung ukrainischer Vermögenswerte vorenthalten. »Kreditverträge werden regelmäßig von Gerichten für ungültig erklärt, bei Insolvenz umgeschrieben und durch traditionelle Sanktionen blockiert«, führt Gelpern aus. Aber wenn das möglich ist, wieso kann der US-Kongress dann nicht eine ähnliche Vorschrift verabschieden, die Forderungen von Geierfonds gegen Argentinien und andere überschuldete Länder der Dritten Welt für nichtig erklärt?

Gelpern schlägt am Schluss ihres Aufsatzes einen allgemeinen Grundsatz vor: Verträge »zur Förderung militärischer und politischer Ziele ... sollten nicht länger vor Gericht eingeklagt werden dürfen«. Dies ist ein heißes Eisen, wenn man bedenkt, dass »sowohl Großbritannien als auch die Vereinigten Staaten in der Vergangenheit militärische Gewalt angewandt haben, um Schulden einzutreiben und schwächere Länder zu beeinflussen. Ist es legitim, wenn sie Russland dafür bestrafen, dass es das Gleiche tut?« Haben nicht die allermeisten zwischenstaatlichen Schulden entweder einen militärischen oder einen politischen Charakter? Sollten nach dieser Logik nicht tatsächlich *alle* zwischenstaatlichen Schulden erlassen werden?

In der Hilfe des IWF für die Ukraine spiegelt sich dessen Strategie wider, Regime zu unterstützen, die US-Investoren freundlich gesinnt sind. Im April 2014 bewilligte er ein Kreditprogramm über 17 Milliarden Dollar für die Ukraine. Normalerweise stellt der IWF Ländern innerhalb eines Jahres Kredite von höchstens 200 Prozent ihrer Quote zur Verfügung, aber der neuen Junta der Ukraine lieh er das Achtfache der Quote! Unmittelbar danach kündigte der ukrainische Präsident Petro Poroschenko eine neue militärische Offensive gegen die Ostukraine an, mit dem Ziel, die Krim zurückzuerobern. Im Juni 2015 gab er bekannt, dass eine fällig werdende Tilgungsrate von 7 Milliarden Dollar nicht gezahlt würde und das Geld stattdessen für militärische Angriffe auf die östlichen Provinzen der Ukraine ausgegeben würde. Der IWF-Kredit läuft daher fast auf die Finanzierung eines Wirtschaftskriegs hinaus.

Völkerrecht, nationale Souveränität und echte Menschenrechte

Sollten Kredite als »sittenwidrig hoch« angesehen werden, wenn ihre Rückzahlung einen strengen Sparkurs und den Ausverkauf nationaler Vermögenswerte notwendig macht? Derartige Forderungen deuten darauf hin, dass über die Ukraine hinaus weitreichende Veränderungen der Rechts- und Finanzordnung vonnöten sind. Argentinische Publizisten kommentierten dies folgendermaßen:

> Als Argentinien im Jahr 2001 seinen internationalen Zahlungsverpflichtungen nicht mehr nachkam, ging die globale Presse, einschließlich *Time* und *The New York Times*, so weit, vorzuschlagen, Argentinien solle Patagonien abtreten, um damit seine ausstehenden Schulden zu begleichen. Auf den Artikel in der *New York Times* folgte ein weiterer in der in Buenos Aires erscheinenden Finanzzeitung *El Cronista Comercial* unter der Überschrift »Schulden gegen Land«. Darin wurde der Vorschlag eines US-Beraters des damaligen Präsidenten Eduardo Duhalde beschrieben, staatliche Liegenschaften gegen Schulden einzutauschen.[4]

Einige Argentinier behaupten, die unverantwortlich hohen Kredite, die an die Militärdiktatur und das neoliberale Menem-Regime vergeben wurden, hätten das Land unnötigerweise in die Verschuldung getrieben und seinen »illegitime Schulden« gewesen.[5] Wenn solche Kredite trotz offensichtlichen Widerstands in der Bevölkerung vergeben werden, stellt sich die Frage, ob man sie als »auferlegt« betrachten sollte, da sie ohne ordnungsgemäße demokratische Zustimmung zustande gekommen sind.

Benötigt wird ein unparteiisches Gericht, das entscheidet, welche Verbindlichkeiten beglichen werden müssen und welche nicht. Gegenwärtig ist es jedoch so, dass Banken und Anleihegläubiger bestrebt sind, die Ernennung ihrer Strohmänner zu Richtern durchzusetzen – Leute vom Schlage Thomas Griesas, die Staatsschulden so behandeln, als gäbe es keinen Unterschied zwischen der Pleite einer Volkswirtschaft und der einer Familiengaststätte. Die Entscheidung darüber, ob einem Land ein Sparkurs auferlegt und Vermögen an Gläubiger übertragen werden sollte, wenn es Schulden nicht aus laufenden Einnahmen oder, im Fall von Fremdwährungsschulden, aus Zahlungsbilanzeinnahmen zurückzahlen kann, sollte einer neu zu gründenden öffentlichen Institution übertragen werden.

Angesichts abgestimmter Bemühungen der Finanzinteressen, einen globalen Neofeudalismus zu etablieren, braucht die Welt eine Erklärung unantastbarer Grundrechte und insbesondere politischer Rechte der Nationen. Der Grundsatz der Selbstbestimmung ist seit langem im Völkerrecht verankert, aber diese Vorschrift umfasst kein Abwehrrecht gegen Gläubiger, die ganze Staaten übernehmen und sich öffentliches Eigentum aneignen, um ökonomische Renten abzuschöpfen.

Ohne einen entsprechenden Rechtsrahmen können Gläubiger eine »Teile-und-Herrsche«-Strategie anwenden, um ein Land nach dem anderen zugrunde zu richten, sich öffentlichen Eigentums zu bemächtigen, Zinslasten als Tribut aufzubürden und die politische Kontrolle auf Technokraten abzuwälzen, die ernannt werden, um im Interesse der Weltfinanzzentren zu agieren.

IWF, EZB und BIZ vermarkten ihre Politik auf der Grundlage einer falschen Sicht davon, wie Volkswirtschaften funktionieren – mithilfe tendenziöser ökonomischer Modelle, die in die Irre führen und darauf abzielen, der Bevölkerung weiszumachen, es gebe unter der Herrschaft einer aufkommenden Oligarchie des Einen Prozents *keine Alternative* zu Sparpolitik, Verarmung, Arbeitslosigkeit und Auswanderung.

Der finanzielle Flächenbrand – einige Szenarien

Während Staaten versuchen, sich durch Schuldenerlasse einer Schuldknechtschaft zu entziehen, entwerfen Banken und Anleihegläubiger Strategien, um ihre finanziellen Ansprüche zu wahren, wenn Länder in den Fesseln einer Sparpolitik ohne Aufnahme weiterer Kredite zahlungsunfähig werden und sie ihre Schulden nicht mehr bedienen können oder sie diese abschreiben müssen. Gläubiger hoffen, solche Bedingungen als Hebel nutzen zu können, um Schuldnerländer in Finanzkolonien zu verwandeln.

Die erste Reaktion ist der Versuch, das, was sich nicht versichern lässt, zu versichern. Realistische Anleiheinhaber werden einsehen, dass das Spiel aus ist und dass Schuldner gar nicht genug Einnahmen erzielen können, um den Zinseszins und die angehäuften Tilgungsrückstände zu begleichen, insbesondere wenn die betreffenden Volkswirtschaften unter Schuldendeflation, Spardiktat (Austerität), Arbeitslosigkeit und Auswanderung leiden. Weitsichtige Finanzinstitute schließen Ausfallversicherungen bei AIG und ihresgleichen sowie bei Anleiheversicherern ab, und sie kaufen Credit Default Swaps bei denjenigen, die sie als Kontrahenten finden können. Auf diese Weise machte John Paulson ein Vermögen. Er wettete darauf, dass der Markt für Schrotthypotheken zusammenbrechen würde, und eröffnete mit seinen Goldman-Sachs-Derivaten eine »Leerverkaufsposition« – so dass AIG und andere Versicherer zahlen mussten. Wenn es möglich wäre, sich gegen einen Crash vollständig abzusichern, würden Investoren ihre Forderungen eintreiben, »als ob« die Wirtschaft trotz Schuldendeflation weiterhin störungsfrei funktionieren würde.

Aber wer könnte es sich leisten, sie auszuzahlen? Der Betrag, der benötigt würde, um ihre Ansprüche zu erfüllen, übersteigt bei weitem die Rücklagen von Banken und Versicherungsgesellschaften. Sie müssten Rücklagen in einer Höhe bilden, die dem gesamten exponentiellen Zuwachs der Verschuldung entspräche – indem sie in solche Schuldtitel investierten, die in einem finanziellen Flächenbrand verbrennen können. Also werden entweder diese Kontrahenten, die CDSs halten, bankrottgehen, wenn die Schulden nicht zurückgezahlt werden können, oder Staaten werden das Geld drucken oder ihre Bürger zur Kasse bitten, um dem Einen Prozent die Verluste aus seinen fehlgeschlagenen Investitionen zu ersetzen.

Die Manager dieser Versicherungsgesellschaften und Banken mögen immer riskantere Kreditausfallversicherungen zu steigenden Preisen verkaufen. Wenn die wie ein Schneeballsystem funktionierende Schuldenanhäufung auf ihren Höhepunkt zusteuert, steigt ihr Gewinn, so dass sie höhere Gehälter und Boni zahlen können. Wenn dann die Schulden durch Zahlungsausfälle gelöscht werden, werden Versicherer sagen, dass sie nicht genügend Rücklagen gebildet haben, um die CDSs oder auch Renten und Pensionen auszuzahlen, und sie werden Insolvenz anmelden. Aber Manager der Unternehmen, die diese Kreditausfallversicherungen verkaufen, werden so viele Jahre mit spekulativ aufgeblähten Vermögenspreisen genossen haben, dass sie den römischen Patriziern nacheifern und mit ihren üppigen Ersparnissen Grundbesitz, eine Villa in geschlossenen Wohnanlagen oder Bauernhöfe erwerben können, auf die sie sich zurückziehen können.

Wenn ein Kurssturz an den Börsen Pensionsfonds und anderen Investoren die finanzialisierten Ersparnisse entzieht, auf die Ruheständler angewiesen sind, bemüht sich das Eine Prozent darum, sich seine Verluste von den Arbeitnehmern und vom Staat zurückzuholen, indem es die allzu großzügige Altersversorgung der 99 Prozent dafür verantwortlich macht. Tatsächlich ist es aber so, dass Konzernmanager und örtliche Gebietskörperschaften die Alterversorgung aufgrund utopischer Finanzialisierungsvorhersagen unterfinanziert haben. Außerdem werden sie den Zentralbanken vorwerfen, Geld ausgegeben zu haben, um Beschäftigung und Wirtschaftsleistung anzukurbeln. In Wirklichkeit lässt die Austerität die Märkte abstürzen, weil Zentralbanken das, was man ihnen hier Vorwirft, gerade *nicht* tun.

Der Crash mag sich länger hinziehen, wenn Regierungen der politische Wille fehlt, dem Einen Prozent einen Forderungsverzicht aufzuerlegen. Es gibt keinen zwingenden sachlichen oder wirtschaftlichen Grund dafür, dass diese finanzielle Apokalypse Nordamerika und Europa zum Schicksal wird. Aber es ist die Option, für die sich die Lobbyisten des Finanzsektors sowie die ihm ergebenen Wissenschaftler und Medien einsetzen, die nicht zugeben wollen, dass die Schuldendeflation die wirtschaftlichen Wachstumskräfte zerstört.

Nachtrag: Das Fehlen eines internationalen Gerichtshofs für Staatsschulden

Das geltende Konkursrecht – angefangen vom Bundesstaat New York bis zu den Klubs in London und Paris – zielt darauf ab, Vermögenswerte von Familienrestaurants und anderen Firmen, die dauerhaft rote Zahlen schreiben, sowie von Personen in Privatinsolvenz auf die Gläubiger aufzuteilen; es befasst sich nicht mit der Restrukturierung von Staatsschulden, die seit Sommer 2014 für Unruhe auf den Weltfinanzmärkten sorgen. Aus diesem Grund ist Argentinien so wichtig als ein Schlachtfeld, auf dem darüber entschieden wird, ob es gelingt, eine legale Alternative zu den strengen Gläubigerregeln zu schaffen, nach denen die Gerichte der Gläubigerstaaten oder der IWF entscheiden.

Der Widerstand der USA gegen einen neuen internationalen Gerichtshof, der nicht ihrer Kontrolle unterliegt, hat ein dauerhaftes Vakuum erzeugt, das mangels Alternative durch einzelstaatliches US-amerikanisches Recht ausgefüllt wird. Da dieses Recht es Umschuldungsverweigerern erlaubt, Auszahlung in voller Höhe zu verlangen, selbst wenn eine Mehrheit der Gläubiger einem Forderungsverzicht zustimmt, führt dies dazu, dass ausgehandelte Restrukturierungen von Staatsschulden praktisch immer blockiert werden. Dieses gläubigerfreundliche Insolvenzrecht stellt es nicht ins Ermessen eines darauf spezialisierten internationalen Gerichts, die Zahlungsfähigkeit festzustellen oder die Folgen einer Schuldenrückzahlung zu beurteilen.

Der Umstand, dass die Regulierung der argentinischen Schulden in die Zuständigkeit von Konkursgerichten des Bundesstaates New York fällt, hat Bemühungen Vorschub geleistet, ein weiteres Weltfinanzsystem zu schaffen, das eine Alternative zum Dollar-Gebiet und seinem Satelliten, der Eurozone, darstellt. Die BRICS-Staaten haben sich zusammengetan, um jene »kritische ökonomische Masse« zu bilden, die sie benötigen, um ihre Souveränität und politische Unabhängigkeit zu verteidigen. Im Juli 2014 war es schließlich so weit. Russland und seine BRICS-Partner (China, Brasilien, Indien und Südafrika) legten den Grundstein zu einem alternativen Finanzsystem, indem sie eine mit 50 Milliarden Dollar dotierte BRICS-Bank und ein mit 100 Milliarden Dollar ausgestattetes BRICS-internes Abrechnungssystem als Alternative zum IWF und zur Weltbank ins Leben riefen.

Diese Länder sowie Argentinien und Iran wollen sich auf diese Weise vor einer neoliberalen Wirtschaftspolitik, Schuldknechtschaft, dem erzwungenen Ausverkauf von Staatsvermögen und der Pfändung von Vermögenswerten schützen. Unter den heutigen Bedingungen wird dies auch Schuldenerlasse zur Folge haben. Diese aber erfordern ein theoretisches Rahmenmodell, mit dem sich die Fähigkeit einer Volkswirtschaft, Schulden in inländischer und Fremdwährung zurückzuzahlen, sachgerecht beurteilen lässt.

KAPITEL 27

Der Finanzkapitalismus als Krieg

»Für die einfachen Menschen steht es völlig außer Frage, dass die unmittelbarste Ursache für die Versklavung einer Klasse von Menschen durch eine andere Geld ist. Sie wissen, dass man mit einem Rubel mehr Ärger machen kann als mit einem Knüppel; nur die politische Ökonomie will das nicht wahrhaben.«

Leo Tolstoi, *Was sollen wir denn tun?* (1886)

Der Finanzsektor verfolgt das gleiche Ziel wie eine militärische Eroberung: Er strebt die Herrschaft über Land und grundlegende Infrastruktureinrichtungen an und will Tribut eintreiben. Das berühmte Diktum von Clausewitz' abwandelnd, könnte man sagen: Der Finanzkapitalismus ist zu einem Krieg mit anderen Mitteln geworden. Was früher Blutvergießen und Waffengewalt erforderte, wird heute mit dem Druckmittel der Schulden erreicht. Direkte Verfügungsgewalt ist nicht notwendig. Wenn man den ökonomischen Mehrwert eines Landes finanziell abschöpfen kann, ist es nicht notwendig, dessen Territorium, natürliche Ressourcen und Infrastruktur zu erobern oder auch nur zu besitzen. Das Druckmittel der Schulden erspart die Kosten einer Invasion einschließlich menschlicher Verluste. Die kostspielige Besatzung eines Landes, dessen Bevölkerung einem feindlich gesinnt ist, ist nicht erforderlich, wenn man sich Vermögenswerte leicht mit finanziellen Mitteln aneignen kann. Dies funktioniert, solange hochverschuldete Staaten es Banken und Anleihegläubigern erlauben, ihnen die Gesetze zu diktieren und ihre Planung und Politik zu kontrollieren.

Der Gläubiger will dadurch reich werden, dass er Bevölkerungsgruppen und sogar Staaten in die Verschuldung treibt und sie dazu zwingt, ihre Zahlungspflichten durch Preisgabe ihres Vermögens oder Einkommens zu erfüllen. Eine solche finanzielle Eroberung ist nicht so unverhohlen brutal wie ein Krieg mit Geschützen und Raketen, aber ihr demographischer Effekt ist genauso tödlich. In den überschuldeten Staaten Griechenland und Lettland hat die von den Gläubigern auferlegte Sparpolitik dazu geführt, dass weniger Menschen heiraten und eine Familie gründen, die Zahl der Geburten abnimmt, die Lebenserwartung sinkt und die Selbstmordrate steigt, ebenso wie die Zahl der Auswanderer.

Krieg als Katalysator der Staatsverschuldung

Das älteste dokumentierte Beispiel einer Zinseszinsrechnung bezieht sich auf den Tribut, den der Stadtstaat Umma der benachbarten sumerischen Stadt Lagasch schuldete, nachdem beide im 25. Jahrhundert v. Chr. einen Grenzkrieg geführt hatten. Die astronomisch hohe Abgabe, die auf der sogenannten Geierstele eingemeißelt wurde, führte zu einem langjährigen Konflikt, ähnlich den Reparationen, die die Alliierten nach dem Ersten Weltkrieg Deutschland auferlegten.

Von der Antike bis ins mittelalterliche Europa galten Kriege als einträgliche Unternehmungen, die Raubgut und Tribut einbrachten. Historiker haben festgestellt, dass das Münzgeld in Griechenland einen militärischen Ursprung hatte: Kriegsbeute wurde eingeschmolzen und zwischen Offizieren und einfachen Soldaten aufgeteilt, wobei der Zehnte dem Stadttempel gestiftet wurde. Mesopotamische sowie klassische griechische und römische Tempel wurden mit Kriegsbeute geschmückt, und in kriegsbedingten Notsituationen prägten sie ihre Gold- und Silberbarren zu Münzen aus, um damit Söldner zu bezahlen. Das englische Wort *money* leitet sich vom Tempel der Juno Moneta in Rom her, in dem die Stadt während der Punischen Kriege gegen Karthago ihre ersten Silber- und Goldmünzen schlug. Angeblich hat das laute Geschnatter der heiligen Gänse des Juno-Tempels im Jahr 390 v. Chr. den Befehlshaber Roms vor dem bevorstehenden Angriff der Gallier gewarnt. Daher rührt Junos Beiname Moneta, der sich vom Lateinischen *monera,* »warnen« (zugleich die Wurzel von »Monster«, einem Omen) herleitet.

»Die Lebenskraft des Krieges«, schrieb Cicero in seinen *Philippischen Reden* (43 v. Chr.), sei »unbegrenzt viel Geld«. Nicht nur Geld, sondern auch Kredit. Venedig finanzierte den Kreuzzug gegen Konstantinopel im

Jahr 1204 gegen ein Viertel der Kriegsbeute, aus welcher der Stadtstaat und andere italienische Städte Geldmünzen prägten. Diese verliehen sie an Könige, die damit ihre eigenen Eroberungskriege finanzierten. Dieser Zufluss von Silber und Gold infolge der Plünderung Konstantinopels beschleunigte den Aufstieg der Finanziers. Nach 1492 lieferte die Plünderung der Neuen Welt Silber und Gold zur Finanzierung der Handelsausweitung – und auch der immer kostspieligeren imperialen Rivalitäten, um neue Eroberungen abzustecken.

Die Finanzialisierung der Kriegskosten führte zu öffentlichen Schulden und zum modernen Anleihemarkt. Herrscher nahmen Kredite auf, um Kanonen zu kaufen und Kriegsflotten zu bauen, Soldaten zu bezahlen, Söldner anzuwerben und Verbündete zu unterstützen. Tatsächlich wurde der Krieg lange vor der Industrie oder dem Immobilienmarkt finanzialisiert. Und wie in jedem finanzialisierten Sektor haben für gewöhnlich die Gläubiger zu guter Letzt den Profit eingestrichen. Regierungen begaben erstmals zinsbringende Anleihen (das entsprechende englische Wort *bonds* bezeichnete ursprünglich physische Fesseln von Leibeigenen: eine passende Analogie zu der Position, in der sich die Regierungen fortan befanden). In der Regel bezahlten sie diese Kriegsschulden dadurch, dass sie Land und Bergwerke verkauften und öffentliche Monopole schufen, die sie gegen die von ihnen begebenen Anleihen eintauschten.

Kriegsschulden als die Mutter königlicher Monopole

Die Mönchsorden, die Finanzaktivitäten nachgingen – die Templer und die Malteser –, vergaben Kredite an Könige und Adlige an der Spitze der gesellschaftlichen Stufenleiter, zunächst zur Finanzierung der Kreuzzüge und dann zur Führung von Kriegen, die vom Papst unterstützt wurden. Da sie völlig frei von jeder religiösen Kritik am Gewinnstreben agieren konnten und ihre Schuldner eine hohe gesellschaftliche Stellung bekleideten, konnten sie die kirchliche Doktrin, die die Zinsnahme verbietet, elegant umschiffen. Es war nur ein kurzer Schritt zur Legitimierung der gewerblichen Kreditvergabe, mit der Begründung, der Handel habe geholfen, Nationen als Teil der göttlichen Ordnung zu einen und jeder Region ihren besonderen Platz in der Harmonie der Welt zuzuweisen.

Banken spielten als Kriegsfinanciers die gleiche Rolle wie die Tempel der Athene und der Juno Moneta in der Antike.

Anders als in der Antike führten die Schulden, die Herrscherhäuser bei (oftmals ausländischen) Privatbankiers statt bei öffentlichen Tempeln aufnahmen, zu einer starken Ausweitung von Steuern, die zum Begleichen der Zinslasten erhoben wurden. Herrscher bemühten sich, die Schulden zurückzahlen, indem sie Handelsmonopole schufen und sie zur Begleichung der Forderungen aus königlichen Kriegsanleihen verkauften.

Die neuen Eigentümer sind oftmals Ausländer. Die Niederländer wurden zu Großinvestoren bei den Monopolen der englischen Krone (einschließlich der 1694 gegründeten Bank of England), als die Hochfinanz zur Mutter der Monopole wurde: die Ost- und Westindien-Kompanien der Niederlande, Englands und Frankreichs nach etwa 1600 und die Südsee- und Mississippi-Kompanie in den 1710er-Jahren. Die Überweisung ihrer Dividenden und Zinsen ins Ausland verursachte einen Kapitalabfluss über die Zahlungsbilanz, der den gleichen monetären Effekt wie Tributzahlungen an militärische Sieger hatte.

Das traditionelle Ziel des Krieges – Eroberung des Landes und natürlicher Monopole zur Abschöpfung ihrer Renten – wurde zum obersten Ziel der heutigen Hochfinanz. Die Strategie ist friedlicher, zielt aber ebenfalls auf Tributleistungen ab. Hohe Kreditaufnahme zwang Großbritannien und Frankreich im 17. und 18. Jahrhundert, das Osmanische Reich im 19. Jahrhundert und lateinamerikanische und afrikanische Regierungen im 20. Jahrhundert, Vermögenswerte an Käufer zu veräußern, die aus öffentlichen Dienstleistungen Gelegenheiten zur Rentenextraktion machten. Seit 2008 wurde eine ähnliche Strategie der Vermögensaneignung gegen Portugal, Italien, Griechenland und Spanien angewandt. Die Idee dahinter ist, Privatisierern die Umwandlung industrieller Volkswirtschaften in »Mautstellen-Volkswirtschaften« zu ermöglichen. Die Neue Einhegungsbewegung der Gegenwart zielt darauf ab, die sogenannten Allmenden (Gemeingüter) zu privatisieren. Die Russen nennen das »Oligarchen-Kleptokratie« – die Privatisierung öffentlicher Unternehmen und natürlicher Ressourcen durch Insider und ihre Unterstützer.

Romanciers und Historiker haben diese Dynamik klarer erkannt als Ökonomen. Honoré de Balzac scherzte in *Le Père Goriot*, hinter jedem großen Vermögen stünde eine Verbrechen, das längst in Vergessenheit geraten oder nie entdeckt worden sei, weil man es so gekonnt ausgeführt habe. Aber nicht immer gerät die Herkunft des Reichtums in Vergessenheit. Vor hundert Jahren enthüllte Gustavus Myers in seinem Werk *History of the Great American Fortunes*, dass der Grundstein vieler Familienvermögen durch koloniale Landzuteilungen, Bestechung und Insidergeschäfte gelegt wurde, bei denen Gemeineigentum in Privateigentum überführt wurde – und dass diese Vermögen schnell eine finanzielle Form annehmen.

Nachdem der Finanzsektor eine hinreichende Kontrolle über die Regierungspolitik errungen hatte, um die Privatisierung öffentlicher Vermögenswerte durchzusetzen, stellt er Kredite für den Erwerb des Rechts bereit, Mautstellen an bislang öffentlichen Straßen, Bahnlinien, Fluggesellschaften und anderen Verkehrsmitteln sowie Telekommunikationssystemen zu errichten. Ziel ist es, Monopolrenten abzuschöpfen, anstatt grundlegende Dienstleistungen kostenlos oder zu subventionierten Preisen anzubieten. Finanzialisierung bedeutet, diese Rentenextraktion für den Schuldendienst zu nutzen.

Die Vermeidung der Finanzierungskosten von Kriegen führt zum klassischen Liberalismus

Bis die Welt im Jahr 1971 den Goldstandard aufgab, waren ausreichende Goldreserven für das Führen von Kriegen und Zinszahlungen an ausländische Anleihegläubiger unabdingbar. Um durch Handelsbilanzüberschüsse Währungsgold zu erwirtschaften, mussten industrielle Exportgüter zu günstigen Preisen angeboten werden. Dies bedeutete, dass man die Kosten für Arbeitskräfte und deren Lebenshaltung minimieren musste. Imperien, die riesige Summen für Kriege und koloniale Rivalitäten ausgaben, beschafften sich Geld, indem sie Städte und Verbraucher besteuerten, um Zinsen auf ihre Kriegsschulden bezahlen zu können. Im Fünften Buch von *Der Wohlstand der Nationen* beschreibt Adam Smith, wie für jeden neuen Kriegskredit in England eine spezifische zweckgebundene Verbrauchsteuer eingeführt wurde, um aus deren Aufkommen die Zinsen zu bezahlen. Zur Zeit des Siebenjährigen Krieges zwischen den Franzosen und den Briten in Nordamerika (1754–1763) erhöhte diese Kriegsführung und -besteuerung die Lebenshaltungskosten der Arbeiter und folglich den Grundlohn, und die gleiche Wirkung hatte die Schaffung und der Verkauf von Monopolen. Hohe Steuern und Preise hemmten die Industrie-Entwicklung und schränkten die Fähigkeit zur Kriegsführung ein. Dies war das Grundproblem, das Großbritannien dazu veranlasste, zu einem »Freihandelsimperialismus« überzugehen. Die Erkenntnis, dass militärische Konflikte zu einem wirtschaftlichen Verlustgeschäft geworden waren, bildete den Grund, warum frühe Liberale wie Smith Kriege, Kolonisierung und die zu ihrer Bezahlung erhobenen Steuern ablehnten. Die Kosten der imperialen Schulden übertrafen das Vermögen der meisten Großmächte. Smith forderte Großbritannien auf, die amerikanischen Kolonien in die Unabhängigkeit zu entlassen, damit es nicht länger ihre Verteidigung bezahlen müsse. Sein Zeitgenosse Josiah Tucker beschrieb die Kolonien als »einen Mühlstein am Hals Englands«. Es sei billiger, ihnen die politische Freiheit zu geben und Kredite und Investitionen als effizientere Methoden der Ausbeutung einzusetzen.

Die Preise von Infrastrukturdienstleistungen sind in der modernen Welt ein steigender Kostenfaktor. Öffentliche Investitionen haben traditionellerweise versucht, solche Kosten zu minimieren. Aber das Kreditgewerbe sah in großen Infrastrukturprojekten wie Eisenbahnlinien und Kanalbau (gekrönt vom Panama- und Suez-Kanal) hervorragende Gelegenheiten, um auf Kosten der gesamten Volkswirtschaft einen Reibach zu machen. Emissionsgebühren und Spekulationsgewinne spielen dabei eine genauso wichtige Rolle wie die Zinsextraktion, während Betrug und Plünderei schon immer grassierten. Auf diese Weise wurden die Eisenbahnbarone, Monopolisten und Trust-Gründer vor hundert Jahren zur Machtelite der Nation und haben postsowjetische Oligarchen nach den neoliberalen »Reformen« von 1991 öffentliche Vermögenswerte an sich gerissen. Aus diesem Grund steht die Finanzialisierung im Widerspruch zur Wert- und Preistheorie der klassischen Ökonomie.

Wie die Finanzkapitalisten öffentliche Steuern und Abgaben vermeiden

Heute, da man den Grundbesitz – auf Kredit – demokratisiert hat, bezahlt eine Mehrheit der Menschen in den meisten Industrieländern (zwei Drittel in den Vereinigten Staaten und über 80 Prozent in Skandinavien) keine

Miete mehr an Hausbesitzer. Stattdessen entrichten Eigenheimbesitzer und Investoren von Gewerbeimmobilien den größten Teil des Mietwerts als Hypothekenzinsen an die Banken. In den Vereinigten Staaten kassieren Banken etwa zwei Drittel des Immobilien-Cashflows, ermöglicht vor allem durch die Senkung der Grundsteuern. Denn je stärker der Finanzsektor die steuerliche Belastung verringern kann, desto mehr Mieteinnahmen stehen für neue Käufer zur Verfügung, um damit Zinsen für Immobilienkredite an Banken zu zahlen. Dies erklärt, warum der Finanzsektor die Forderungen der »Tea Party« nach Steuersenkungen unterstützt.

In der Industrie ist es das Gleiche. Finanzanalytiker brüten über Konzernbilanzen, um den Cashflow zu ermitteln, der die direkten Produktions- und Betriebskosten übersteigt. Diese Kennzahl wird Ebitda genannt: Gewinn vor Zinsen, Steuern, Abschreibungen auf Sachanlagen und Abschreibungen auf immaterielle Vermögenswerte. Eigentümer und ihre Gläubiger wollen einen möglichst großen Teil dieses Einkommens steuerfrei machen – und das erreichen sie hauptsächlich dadurch, dass sie Zinsen zu steuerlich absetzbaren Ausgaben machen.

Gläubiger haben von jeher versucht, sich der Steuerpflicht weitgehend zu entziehen. Durch niedrigere Grundsteuern bleibt eine höhere Rente übrig, um Banken zu bezahlen, und die steuerliche Absetzbarkeit von Zinszahlungen sorgt dafür, dass mehr von dem Konzern-Cashflow für die Auszahlung an Anleihegläubiger zur Verfügung steht als für Dividendenzahlungen an Aktionäre. Banken erhalten heute den größten Teil des Mietwerts von Land als Hypothekenzins, und dies auf Kosten der Steuerkasse, während Anleiheinhaber einen immer größeren Teil der Unternehmensgewinne erhalten (oder, genauer gesagt, des Ebitda), ebenfalls auf Kosten der Steuerkasse.

All diese Steuersenkungen für Finanztransaktionen und Immobilien erhöhen staatliche Haushaltsdefizite. Wenn die Banken Regierungen zudem davon abhalten können, öffentliches Geld zu schöpfen, um diese Defizite zu finanzieren, muss der Fehlbetrag durch Kreditaufnahme bei den Privatbanken ausgeglichen werden – oder man erhöht die steuerliche Belastung von Arbeitnehmern und Industrie. Und zu gegebener Zeit, wenn die öffentlichen Schulden so stark angestiegen sind, dass sie aus den schrumpfenden Steuereinnahmen nicht mehr bezahlt werden können, verlangen Gläubiger, dass Regierungen ihren Haushalt ausgleichen, indem sie öffentliche Vermögenswerte und Unternehmen privatisieren. Auf diese Weise verwandelt sich das staatliche Eigentum in eine riesige Menge von Gelegenheiten zur Rentenextraktion, die Banken mithilfe von »Finanzierungsangeboten« ausnutzen.

Genau diese Art von illegitimer Ressourcenaneignung erlegten der IWF und die Weltbank viele Jahrzehnte lang Schuldnerländern in der Dritten Welt auf. Auf diese Weise verschaffte sich Carlos Slim das Telefon-Monopol in Mexiko, das ihm erlaubte, Unternehmen und der Bevölkerung insgesamt stark überhöhte Gebühren aufzuerlegen. Zuletzt zeigte sich dies in den Forderungen der Europäischen Union, der Europäischen Zentralbank und des IWF, Griechenland und Zypern sollten ihre Auslandsschulden dadurch zurückzahlen, dass sie sämtliche Liegenschaften, Öl- und Gasförderrechte, Häfen und sonstige Infrastruktureinrichtungen, die sich noch in öffentlichem Eigentum befanden, verkauften. Alles, was privatisiert wird, wird zu einer Gelegenheit, wie an einer »Zahlstelle« Monopolrenten abzuschöpfen.

Wie sich der Finanzsektor das verfügbare Einkommen von Arbeitnehmern aneignet

Die klassische Idee einer postindustriellen Freizeitwirtschaft bestand darin, Nationen von der Renten- und Zinsextraktion zu befreien, sodass die Preise auf das Niveau der direkten Produktionskosten gesenkt würden, während der Staat grundlegende Dienstleistungen aus dem Aufkommen progressiver Steuern oder mit neu geschöpftem Geld subventionieren sollte. Dagegen zwingt die heutige finanzialisierte Version »freier Märkte« Familien dazu, lebenslang hauptsächlich für die Rückzahlung von Bankkrediten zu arbeiten, die notwendig sind, um in der heutigen Welt zu überleben.

Studenten und Eigenheimbesitzern Schulden aufzubürden hat ihre Hoffnungen und Ambitionen in einen Weg in die Insolvenz verwandelt. Die Menschen können auswählen, bei *welcher* Bank sie einen Kredit aufnehmen, *welches* Haus sie mit einem Hypothekendarlehen kaufen, für dessen Tilgung sie 30 Jahre lang arbeiten müssen, und *welches* College sie mit einem Studiendarlehen besuchen können. Aber wie sie sich auch entscheiden, sind sie einer finanzialisierten Version des Company Store[1] ausgesetzt, einer deregulierten und räuberischen Wirtschaft. Eine der Kreditparteien muss zurückstecken, wenn die Einnahmen den vereinbarten Schuldendienst nicht decken. Wenn Banken ihre Kredite nicht abschreiben, kommt die Zeit der Pfändungen, und Vermögenswerte gehen verloren.

Neben dem Immobilienbesitz ist Bildung der Weg in die Mittelschicht. Studiendarlehen sind heute die zweitgrößte Kategorie von Privatschulden (über 1,3 Billionen Dollar im Jahr 2015, was das Volumen der Kreditkartenschulden noch übertrifft). Die Finanzierungskosten dieser Schulden beanspruchen über 25 Prozent des Einkommens vieler Hochschulabsolventen aus Familien mit niedrigem Einkommen.

Das US-amerikanische Konkursgesetz von 2005, das weitgehend von Banken- und Kreditkartenlobbyisten geschrieben wurde, erschwert allgemein die Abschreibung von Privatschulden und macht die Streichung von Studiendarlehensschulden praktisch unmöglich. Auf diese Weise werden viele Hochschulabsolventen zu Schuldknechten, die gezwungen sind, einen Großteil ihres Arbeitslebens mit der Abzahlung der Schulden zu verbringen, die sie aufgenommen haben, um einen akademischen Abschluss zu machen – selbst dann, wenn sie ihr Studium nicht erfolgreich beendet haben, wobei unseriöse, gewinnorientierte Colleges, die mit staatlich verbürgten Studiendarlehen finanziert werden, eine besonders unrühmliche Rolle spielen. Viele Hochschulabsolventen kommen nur dadurch über die Runden, dass sie weiterhin bei ihren Eltern wohnen. Die Unfähigkeit, ausreichende Ersparnisse zu bilden, um eine eigene Immobilie zu erwerben, hat zur Folge, dass sie heute später heiraten und eigene Familien gründen.

Indem man den Eintritt in den Stellenmarkt der Mittelschicht mit einer Zugangsgebühr belegt, fördert man die Privatisierung und Finanzialisierung des Bildungssystems und erhöht die Lebenshaltungskosten. Dies verkehrt die lange Zeit von den Vereinigten Staaten, Deutschland und anderen erfolgreichen Nationen verfolgte Politik, die ihre Volkswirtschaften durch kostenlose oder günstige Bildungssysteme und andere grundlegende Dienstleistungen wettbewerbsfähiger machten. Wenn man am Engpass des Bildungssystems eine Kreditabhängigkeit erzeugt, verwandelt man Universitäten in Werkzeuge, die es Banken erlauben, durch staatliche Bürgschaften abgesicherte Zinseinnahmen zu erzielen.

So wie Zinskosten von Immobilienhypotheken Banken auf lange Sicht mehr Geld einbringen als der Verkaufspreis der Immobilen den Verkäufern, so verschafft auch die Rückzahlung von Studentendarlehen den Banken langfristig oftmals ebenso viele Zinseinnahmen, wie das College oder die Berufsschule an Studiengebühren erhalten haben. Verbraucherkredite, Immobilienhypotheken und Studiendarlehen behandeln die Arbeitnehmer folglich so, wie feudale Grundherren das Land und seine Bewohner behandelten: als eine Quelle von Tribut.

Vom Finanzkapitalismus zum Neofeudalismus

Die Finanzplaner, die sich hinter einer Orwell'schen, die klassische Idee eines freien Markts ins Gegenteil verkehrenden Rhetorik verstecken, führen die Welt auf jenen autokratischen Weg, den Spanien und Frankreich vor 500 Jahren einschlugen. Das ökonomisch unproduktive Rentier-Einkommen ist ganz überwiegend dafür verantwortlich, dass das reichste Eine Prozent seit der Finanzkrise 2008 73 Prozent vom Zuwachs des US-Volkseinkommens kassiert hat, während die restlichen 99 Prozent einen Rückgang ihres Vermögens verzeichneten. Doch im Gegensatz zur klassischen Volkswirtschaftslehre greift Pikettys hoch gelobter neoliberaler Versuch, die heutige ökonomische Polarisierung zu erklären, nicht den Finanzsektor und das Rent-Seeking-Verhalten heraus, so dass die von ihm vorgeschlagene Abhilfe keine verstärkte Besteuerung von Rentier-Einkommen und keine erneute Verstaatlichung von Infrastrukturmonopolen durch Wiederherstellung einer »sozialen Marktwirtschaft« beinhaltet, einer Wirtschaftsform, in der der Staat den Ordnungsrahmen der Privatwirtschaft definiert.[2]

Es stand zu erwarten, dass der Wille zur Ausweitung der politischen Demokratie diesem Trend entgegenwirken würde. Die Wähler würden erwartungsgemäß Politiker wählen, die den Rentiers durch ordnungs- und steuerpolitische Maßnahmen Einhalt geböte, so dass der Industriekapitalismus seinen ökonomischen Mehrwert zur Ausweitung von Märkten und dadurch zur Hebung des Lebensstandards einsetzen könnte. Die Vorstellung, die Aufblähung der Vermögenspreise könnte eine Strategie des Finanzkapitals sein, die darauf abzielt, den Kredit in einer Weise auszuweiten, die nichts mehr mit der Förderung des Wirtschaftswachstums zu tun hat, tauchte nirgends am intellektuellen Horizont auf. Thorstein Veblen war praktisch der Einzige, der erklärte, in welcher Weise die Finanzierungstechnik die industrielle Kapitalbildung untergräbt.

Die Auszahlung von Banken und Anleihegläubigern auf Kosten der »Realwirtschaft« steht im Widerspruch zum Industriekapitalismus. Der Geschäftsplan des Finanzkapitals sieht vor, Volkswirtschaften mit möglichst vielen »Rentenfallen« zu versehen und sich Privilegien zu sichern, deren Kauf und Verkauf von Banken und Anleihegläubigern finanziert wird. Statt die Kosten grundlegender Dienstleistungen zu senken, um Volkswirtschaften wettbewerbsfähiger zu machen, werden ihnen immer höhere Schulden aufgebürdet, um Zinsen, Gebühren und Rentier-Erträge abzuschöpfen. Diese zerstörerische Politik bläht die Kostenstruktur einer Volkswirtschaft auf, indem sie höhere Nutzergebühren für die privatisierten Monopole und einen wachsenden Strom von Schuldendienstzahlungen an Banken mit sich bringt, während sie zugleich der Kernwirtschaft eine Schulden- und Rentendeflation auferlegt.

Die Wall Street, die Londoner City, Frankfurt und andere Finanzzentren wollen dadurch, dass sie den Staat als zentrale Steuerungsinstanz unserer Zeit ersetzen, zunächst das gesamte Nettoeinkommen der Volkswirtschaft und anschließend das Anlagevermögen (Sachkapital), mit dem dieses erzeugt wird, unter ihre Kontrolle bringen. Es ist leichter, mit Finanzmanipulation und kreditfinanzierten Blasen Geld zu verdienen als mit der harten Arbeit, die es bedeutet, neue Produkte zu entwickeln, Produktionsanlagen zu organisieren und Fertigungsarbeiter sowie Marketing- und Vertriebskräfte einzustellen und zu schulen. Dies ist der Grund, warum die Übertragung der wirtschaftlichen und sozialen Planung auf Finanzmanager die Stellung der US-amerikanischen und britischen Volkswirtschaft als industrielle Exportnationen untergraben. Bei der Finanzialisierung der Einkommensströme aus Privilegien, die die Erhebung von Nutzungsgebühren erlauben, geht es nicht darum, durch produktive Investitionen in Sachkapital Gewinne zu erwirtschaften. Es geht um die Aneignung von öffentlichem Eigentum durch Kredit. Diese Form der finanziellen Enteignung stellt die optimistische Annahme auf den Kopf, die Dynamik des historischen Fortschritts würde von sich aus dafür sorgen, dass die Vermögens- und Gläubiger/Schuldner-Beziehungen gemäß den geltenden Rechtsnormen im langfristigen Interesse einer ganzen Volkswirtschaft geregelt werden. Die Tatsache, dass Immobilien, Verfügungsrechte an Unternehmen, Monopolrechte und der Zugang zu Bildung und anderen grundlegenden Leistungen zunehmend auf Kredit gekauft werden, hat zur Folge, dass nominelles Eigentum in eine

Art »Geschäftsbesorgung« im Auftrag von Banken und Anleihegläubigern umgewandelt wird. Diese Zwangsverpflichtung weiter Bevölkerungskreise zur Zahlung von finanziellem Tribut wird heute als ein moralisches und gesetzliches Recht hingestellt.

Der Gewinnanteil, den die Rentiers für sich beanspruchen, ist kein notwendiger Produktionskostenfaktor. Er verringert die Wettbewerbsfähigkeit von Volkswirtschaften. An die Stelle des Industriekapitalismus, der den klassischen Reformern vorschwebte, um die Wirtschaft von rentenabschöpfenden Eliten zu befreien, ist eine Ausbeutungsstrategie der Rentiers getreten. Dies stellt einen Rückfall in die Zeit feudaler Privilegien dar, der es den Eliten erlaubt, für grundlegende Leistungen Wucherpreise zu verlangen. Es ist das, was Hyman Minsky »Geldmanagerkapitalismus« genannt hat: Ersparnisse und Kredite werden so zugeteilt, dass sie der Rentenextraktion des Einen Prozents dienlich sind, während sie einen immer größeren Teil der Bevölkerung zu Sparsamkeit zwingen und in die Überschuldung treiben.

Die Banken und Anleihegläubiger unserer Zeit enteignen Immobilienbesitzer in einer Weise, die man vor hundert Jahren nicht vorhersehen konnte, als Eliten befürchteten, der Sozialismus könne diese Rolle spielen. Damals erschien der Finanzsektor als die stärkste Stütze für die Sicherheit des Grundbesitzes, und sei es auch nur, weil der Sicherungsgegenstand wertbeständig sein muss, um als Pfand für einen Kredit zu dienen. Aber Gläubiger, die zur Not die Zwangsvollstreckung betreiben konnten, haben von jeher damit gedroht, verschuldete Hausbesitzer zu enteignen.

Die größte Bedrohung für breite Einkommensverteilung, ökonomische Effizienz und einen höheren Lebensstandard geht also nicht vom Sozialismus, sondern vom Finanzkapitalismus aus. Familien wurden auf die Tretmühle der Schulden gestoßen, geschoben und gelockt, damit sie einen steigenden Tribut für den Erwerb eines Hauses zahlen, von dem sie sich ihre ökonomische Unabhängigkeit erhoffen. Auf Bankenhypotheken entfielen im Jahr 2012 60 Prozent des Gesamtwerts aller US-Immobilien. Als die Marktpreise bei unverändertem Schuldenstand fielen, sank der Anteil der Häuser, die tatsächlich amerikanischen Eigenheimbesitzern gehörten, auf unter 40 Prozent. Der Preis dafür sind langfristige Schuldknechtschaft und die mittlerweile sehr hohen Studienkosten.

Die List der Finanzkapitalisten, um klassische Steuer- und Wirtschaftsreformen rückgängig zu machen

Gemäß der klassischen politischen Ökonomie und des Sozialismus (zumindest jener Spielart, die nach den 1848er-Revolutionen in Europa formuliert wurde) sollten dem Staat die Renteneinnahmen aus Grundbesitz und natürlichen Ressourcen zufließen. Stattdessen privatisiert der heutige Finanzsektor diese Renten für sich und seine Klienten. In Verbindung mit dieser Rentenextraktion zielt die Schuldknechtschaft darauf ab, das verfügbare persönliche Einkommen abzuschöpfen, indem man Eigenheimbesitzer, Studenten und Verbraucher dazu zwingt, ihr gesamtes Nettoeinkommen jenseits des Existenzminimums als Zinsen zu bezahlen. Für die meisten Hauskäufer werden die Marktgleichgewichtspreise an dem Punkt festgelegt, wo der Schuldendienst den vollständigen Mietwert des Objekts abschöpft. In diesem Phänomen spiegelt sich das Ausmaß wider, in dem das zentrale politische Ziel der klassischen volkswirtschaftlichen Lehre rückgängig gemacht wurde und, wenn es nach dem Finanzsektor ginge, in Vergessenheit geraten würde.

Eine ähnliche räuberische Finanzdynamik hat sich in der Industrie ausgebreitet. Wie in Kapitel 8 beschrieben, finanzieren Gläubiger Unternehmensplünderer, die Gewinne als Zinsen auszahlen und Anlageinvestitionen zurückfahren, um die dadurch frei werdenden Mittel für Aktienrückkäufe und Dividendenauszahlungen zu verwenden und so den Aktienkurs in die Höhe zu treiben. Eine auf kurzfristige Renditemaximierung gerichtete Finanzstrategie ist somit das Gegenteil einer weitsichtigen industriellen Planung und Bildung von Sachkapital.

Banken stellen ihre Schuldenabschöpfung gern als notwendige Produktionskosten dar, so als würde die Wirtschaft ohne ihren Dienst der Ressourcenallokation – ihre Entscheidungen über optimale Kreditzuteilungen – nicht funktionieren. Tatsächlich drängen Banken jedem, der als Sicherheit verpfändbares Grundvermögen oder abschöpfbare Ertragskraft besitzt, Kredite auf. Sie wollen die finanziellen Forderungen auf die Produktionsmittel bis zu jener Grenze maximieren, wo die Zinsen das gesamte verfügbare Einkommen beanspruchen – so dass Schuldner die eigentliche Arbeit der Wirtschaft leisten müssen.

Die gläubigerfreundliche Ideologie stellt Kredite so dar, als würden Kreditnehmer und Kreditgeber gleichermaßen davon profitieren, in einem fairen Handel, der für alle Vorteile bringt. Kreditnehmer lassen sich die Finanzialisierung von Immobilien gefallen, solange sie glauben, der Kauf von Häusern (oder akademischen Graden) auf Kredit werde sie reicher machen. Sie sind bereit, Entbehrungen auf sich zu nehmen, wenn sie glauben, dies sei notwendig, damit sie später einmal besser dastehen. Tatsächlich ist es so, dass sie dadurch tiefer in Schulden versinken, während staatliche Haushaltsdefizite immer größer werden. Dies führt zu Forderungen des Einen Prozents, soziale Leistungen zu kürzen, angefangen bei Renten und Pensionen.

Gläubigerfreundliche Täuschungsmanöver machen es notwendig, die tatsächliche historische Entwicklung des Finanzkapitalismus zu verfälschen, denn die Lehren über die Jahrtausende hinweg sind hinreichend klar. Nur wenige Kredite flossen in die Finanzierung neuer Produktionsmittel. Das ist die Tragödie des Finanzkapitalismus unserer Zeit: Weder das Bankensystem noch der Aktienmarkt finanzieren die Bildung von Sachkapital zur Steigerung von Produktion, Beschäftigung und Lebensstandard. Stattdessen erzeugt ein exponentiell ansteigender Schuldendienst eine Kettenreaktion, die die Leistungsfähigkeit der Wirtschaft untergräbt, bis diese in einen Zustand bleierner Trägheit verfällt.

Gleichzeitig finanziert das Eine Prozent wirtschaftswissenschaftliche Fakultäten und »Denkfabriken«, damit diese die Öffentlichkeit überzeugen, so etwas wie »unverdientes« Einkommen und Vermögen gebe es nicht. Demographisch zeigt sich die Verschleierung dieses Konzepts in steigenden Suizidraten, einer rückläufigen Lebenserwartung, sinkenden Geburtsraten und verstärkter Auswanderung. Nur die Verkennung der zerstörerischen Effekte dieser finanzkapitalistischen Praxis macht die postklassische Rentier-Ideologie »wertfrei«. Gewinnerzielung durch Privatisierung, Aufblähung von Vermögenspreisen (Spekulationsblasen) und Ausplündern von Unternehmen wird beschönigend als »Schaffung von Wohlstand« bezeichnet. Banken schöpfen Kredit, um die Preise von Immobilien, Aktien und Anleihen in die Höhe zu treiben, während der Aktienmarkt als Mittel zum Ausschlachten von Unternehmen und für fremdfinanzierte Übernahmen dient, bei denen Eigenkapital durch hochverzinsliche Anleihen ersetzt wird. Statt den Schuldendruck abzumildern, erhöht das Finanzsystem die Abhängigkeit von weiteren Krediten, die ihrerseits dazu dienen, die Schuldenlast zu tragen.

Die zerstörerischen Folgen der »Eroberungen« des Finanzkapitals

Die Eule der Weisheit fliegt nur nachts. Nur nach einem größeren Zusammenbruch lassen sich die Folgen schlecht durchdachter Entscheidungen in aller Deutlichkeit erkennen. Mit Fremdkapital finanzierte Unternehmenskäufe haben keine neuen Anlageinvestitionen finanziert, sondern Unternehmen ausgeblutet, um Anleihegläubiger und aktivistische Aktionäre auszuzahlen. Aber bis zu dem Zeitpunkt, als Warren Buffet Finanzderivate der Wall Street als finanzielle Massenvernichtungswaffen bezeichnete, haben die meisten Volkswirte die zerstörerische Kraft der Schuldenschöpfung nicht erkannt und auch nicht durchschaut, dass das Eine Prozent seine Ersparnisse an die 99 Prozent als Kredite vergab, um diese zu verschulden. Die Auswirkungen lassen sich mit den gleichen Worten beschreiben, mit denen der Physiker J. Robert Oppenheimer im Jahr 1965 die Explosion der Atombombe Trinity schilderte, die ihn an die Selbstcharakterisierung des Gottes Vishnu in der Bhagavad Gita erinnerte: »Jetzt bin ich zum Tod geworden, dem Zerstörer der Welten.«

Von F. Scott Fitzgeralds *Der große Gatsby* bis zu Tom Wolfes *Fegefeuer der Eitelkeiten* haben Romanciers die Superreichen als verantwortungslose Autofahrer dargestellt, die unschuldige Fußgänger töten. »Rücksichtlose Leute waren sie, Tom und Daisy«, schrieb Fitzgerald, »sie schlugen Dinge und Geschöpfe kaputt und dann zogen sie sich zurück in ihr Geld und ihre Verantwortungslosigkeit, oder was immer sonst sie zusammenhielt, und ließen andere das Chaos aufräumen, das sie gemacht hatten …«[3]

Das ist es, was die Reichen anders macht. Die Kollateralschäden ihrer Angriffe sind verheerend, und die Folgen ihrer Handlungen für andere sind ihnen gleichgültig. Rentiers brüsten sich damit, sie würden »Arbeitsplätze schaffen«, und behaupten, sie handelten als Stellvertreter im Interesse des Gemeinwohls. Ihr Reichtum werde irgendwie »nach unten durchsickern«, als würde ihre finanzielle Selbstbereicherung zugleich das Wirtschaftswachstum insgesamt anschieben. Die Gläubiger unserer Zeit nennen die Finanzialisierung »Wertschöpfung«, und Goldman Sachs schreckt nicht davor zurück, diese Tätigkeit als »Gottes Werk tun« zu beschreiben. So wie die Fahrer im *Großen Gatsby* und im *Fegefeuer*, die Unfälle verursacht haben, die Schuld auf andere abwälzen, so versucht das Eine Prozent die

Verantwortung auf die finanziellen Opfer abzuwälzen (»den Wahn der Massen«). Staaten werden wegen ihrer Haushaltsdefizite gerügt, obwohl diese hauptsächlich auf die steuerliche Vorzugsbehandlung von Rentiers zurückzuführen sind. Nachdem das Eine Prozent vom Arbeitgeber einbehaltene Beiträge zur Sozialversicherung von Arbeitnehmern (FICA-Abgaben) als einen Trick benutzt hat, um seit den 1980er-Jahren die progressive Besteuerung eigener Einkünfte zu drücken, hat es der verschuldeten Bevölkerung vorgeworfen, länger zu leben und durch gesetzliche Rentenversicherungsansprüche und Betriebspensionen ein »Rentenproblem zu schaffen«.

Dies ist finanzielle Kriegsführung – und nicht alle Kriege enden mit dem Sieg der progressivsten Parteien. Das Ende der Geschichte ist nicht unbedingt die Wirklichkeit gewordene ideale Gesellschaft. Die finanzielle Eroberungsstrategie gegen Arbeitnehmer und Industrie ist heute genauso verheerend wie der Bundesgenossenkrieg in der Römischen Republik, der den Übergang zum Imperium im ersten Jahrhundert v. Chr. markierte. Es war vor allem die Dynamik der Schulden, die das Imperium in eine Wüste verwandelte und die Bevölkerung in Schuldknechtschaft trieb, wenn nicht geradewegs in die Sklaverei.

Livius, Plutarch und andere römische Historiker haben Gläubiger für den Niedergang des Imperiums in ihrer Epoche verantwortlich gemacht. Tacitus gibt die Worte des keltischen Anführers Calgacus wieder, der um 83 n. Chr. seine Soldaten vor der Schlacht gegen die Römer aufstachelte, indem er das Imperium, gegen das sie kämpften, folgendermaßen beschrieb:

> Räuber der Welt, durchspüren sie, nachdem den alles Verwüstenden die Länder ausgingen, nun auch das Meer – habgierig, wenn der Feind reich ist, ruhmsüchtig, wenn er arm ist; nicht der Osten, nicht der Westen hat sie gesättigt ... Stehlen, Morden, Rauben heißen sie mit falscher Bezeichnung »Herrschaft«, und wo sie Einöde schaffen, nennen sie das »Frieden«.[4]

Der Frieden, den Rom brachte, erwies sich als ein Rückfall in die ländliche Bedarfsdeckungswirtschaft, da die Städte sich entvölkerten. Rom wurde zum Musterbeispiel dafür, was mit einer Volkswirtschaft geschieht, die ihre Schulden nicht annulliert, sondern einer Polarisierung zwischen Gläubigern und Schuldnern Vorschub leistet. Roms Geschichte – und folglich die Antike – endete in einer massiven Entvölkerung ganzer Regionen und einem Dunklen Zeitalter.

Die imperialen Eroberungen des von einer Gläubigeroligarchie beherrschten Roms waren Ausdruck einer bellizistischen und repressiv-arbeiterfeindlichen Gesinnung, die Tacitus an anderer Stelle erklärte (*Agricola* 42): »Es ist dem menschlichen Gemüt ja eigen, den zu hassen, den man beleidigt hat.« Das Bewusstsein der Finanzkapitalisten, es durch raffgierige Ausbeutung zu Reichtum gebracht zu haben, ließ sie ihre Opfer fürchten und hassen.

Und dies bringt uns zurück zum Grundthema dieses Buches: Im Gegensatz zu den Erwartungen, die gehegt wurden, als die Industrielle Revolution ihren Aufschwung nahm, hemmt der Finanzkapitalismus das industrielle Potential und beschwört das Schreckgespenst eines Rückfalls in antike Wucherpraktiken mit exponentiell anwachsender Schuldenabhängigkeit herauf. Ähnlich wie Gläubiger im antiken Rom versuchen auch die heutigen Finanzmagnaten die Demokratie durch eine Oligarchie zu ersetzen. Wir sind Zeugen einer Wiederkehr der »ursprünglichen Akkumulation« durch Schuldenschöpfung, Zwangsvollstreckung und Privatisierung.

Die Strategie der Oligarchie besteht darin, diesen finanziellen Bereicherungsdrang zu politisieren. Einmal mehr sind auch hier die Romanciers den wirtschaftswissenschaftlichen Lehrbüchern voraus. So fasste Mario Puzo in seinem Drehbuch zu dem Film *Der Pate, Teil III* (1990) dieses Thema folgendermaßen zusammen:

> Vincent Mancini: Don Lucchesi, Sie sind ein Mann der Finanz und der Politik – Dinge, von denen ich nichts verstehe.
> Don Lucchesi: Verstehen Sie etwas von Schusswaffen?
> Vincent Mancini: Ja.
> Don Lucchesi: Die Finanz ist eine Schusswaffe. Politik ist das Wissen, wann man den Abzug betätigen muss.

Die EZB, die EU-Kommission und der IWF hielten Griechenland im Juni 2015 die Finanzpistole an den Kopf, und sie betätigten den politischen Abzug, um Griechenland zu einem »Regimewechsel« zu drängen, indem sie dem griechischen Ministerpräsidenten mit einer Finanzkrise drohten, falls er sich nicht an das Sparprogramm hielte, das die vorige Regierungskoalition aus PASOK und Konservativen ausgehandelt hatte.[5] Die Waffe sollte vielleicht besser mit einer finanziellen Schlinge verglichen werden, die jeden Tag enger zusammengezogen wird.

KAPITEL 28

Werden die ökonomischen Produktivkräfte durch Rentenextraktion gelähmt?

»Im Zeitalter des Finanzkapitalismus finanziert der Finanzsektor hauptsächlich sich selbst.«

Jan Toporowski[1]

Fast alle wirtschaftswissenschaftlichen Werke, die Ende des 19. und Anfang des 20. Jahrhunderts veröffentlicht wurden, definierten Vermögen als Eigentum an Produktionsmitteln: Fabriken, Produktionsanlagen und Maschinen, Technologien und öffentliche Investitionen in Infrastruktur und Bildung. Angesichts der enormen Produktivitätssteigerungen durch die Nutzung von Energie – von Wasser- und Dampfkraft bis zu Verbrennungsmotoren und Elektrifizierung – erwarteten Ökonomen eine Gesellschaft, in der die Menschen über beispiellos viel Freizeit verfügen würden.

Der sich verschärfende Sparkurs, die zunehmende Arbeitslosigkeit und steigende Auswanderung bedeuten nicht, dass dieses technologische Potential versagt hätte, und wir erleben auch nicht die Art von Überproduktionskrise, vor der frühe Kritiker des Industriekapitalismus warnten: Lohnarbeiter würden zu niedrig bezahlt, als dass sie sich die produzierten Güter leisten könnten. Arbeitgeber, die Lohnarbeiter ausbeuten, sind selbstverständlich immer ein Problem. Aber das gravierendste ökonomische Problem unserer Zeit sind ausbeuterische Finanzgeschäfte, die ein Ausmaß angenommen haben, das, mit der bemerkenswerten Ausnahme von Thorstein Veblen, vor hundert Jahren kaum jemand hat kommen sehen.[2]

Thomas Picketty hat in seinem Werk *Kapital im 21. Jahrhundert* berechnet, was fast jeder intuitiv wusste: Das reichste Eine Prozent hat in der letzten

Generation seinen Anteil am Vermögen verdoppelt. Weniger Beachtung fand die Frage, *wie* dieses Vermögen angehäuft wurde. Es wurde nicht in der Weise in Anlagegüter und Beschäftigung investiert, wie es Industriekapitalisten nach dem Lehrbuch tun sollten. Die meisten Vermögen werden mit Rent-Seeking und Schulden-Schneeballsystemen, mit Finanzialisierung von Immobilien und Industrieunternehmen sowie mit der Schaffung oder Privatisierung von Monopolen aufgebaut.[3]

Die vordringlichste politische Auseinandersetzung unserer Zeit bezieht sich auf die Frage, wie man mit Finanzzentren umgehen soll, die Zentralbanken und Regierungen kontrollieren, Volkswirtschaften ständig neue Einsparungen auferlegen und die Industrie am Straßenrand zurücklassen. »Banken ›leihen‹ heute dem Nichtbankensektor nichts mehr«, schreibt Professor Jan Kregel von der University of Missouri-Kansas City. »Wenn überhaupt, dann gewähren sie in erster Linie sich selbst, das heißt anderen Finanzinstituten, Kredit.«[4]

Die Pfahlwurzeln, die diese Finanzmacht nähren, sind Immobilien-, Rohstoff- und Monopolrenten, die als verzinsliche Schuldtitel und schuldengehebelte »Kapitalgewinne« kapitalisiert werden. Diese auf Rentenextraktion basierende Finanzialisierung hat das Wesen des Reichtums von Grund auf verändert. Statt in Anlagen und Maschinen zu investieren, um mehr Arbeitskräfte einzustellen, die mehr Output produzieren, verdienen die neuen Kapitalisten heute ihr Geld mithilfe von Finanzgeschäften, während die Wirtschaft selbst schrumpft.

Bereits im 19. Jahrhundert beschrieben Ökonomen aller politischen Richtungen – von Marx bis Henry George – finanzielle Forderungen als »fiktives Kapital«. Frederick Soddy, der bedeutende englische Chemiker und Universalgelehrte, nannte finanzielle Forderungen »virtuelles Vermögen«. Aber nur wenige erwarteten, dass Gläubigerforderungen in Form von Anleihen, Aktien und Bankkrediten auf der »Passiva«-Seite der Bilanz die Aktiva-Seite – die materiellen Produktionsmittel – weit überwiegen würden. Schließlich wäre dies gewissermaßen wie ein Schatten, der die Kontrolle über einen Körper übernimmt. Aber genau das ist geschehen.

Niemand konnte sich vorstellen, dass eine »leistungslose« Rente in zinstragenden Bankkrediten kapitalisiert würde, um zur Basis für den größten Teil der Kredit- und Schuldenschöpfung der Banken zu werden. Man erwartete, dass Renten entweder durch Besteuerung weitgehend abgeschöpft würden (wenn Grund- und Rohstoffrenten in privaten Händen blieben) oder aber dass Renten abwerfende Vermögenswerte verstaatlicht würden. Die Polarisierung der heutigen Volkswirtschaften und ihre anschließende Schrumpfung durch Schuldendeflation sind vor allem auf die Finanzialisierung der ökonomischen Rente zurückzuführen. Die heutige finanzökonomische Methode der »Vermögensbildung« durch Arbitrage, Glücksspiel mit Finanzderivaten und Kreditpyramiden – gekrönt durch Zwangsversteigerungen und Privatisierung – verdrängt den industriellen Produktionsmodus und ermöglicht weitaus höhere Profite, als man sie durch Nutzung von industriellem Kapital erzielen kann. Diese Profite gehen zu Lasten der Gesamtwirtschaft. In Verbindung mit anderen rentenextrahierenden Sektoren arbeitet der Finanzsektor darauf hin, die industrielle Wirtschaft zu verschulden und dann den Schuldendienst einzustreichen und gleichzeitig die Zugangspreise für Wohnraum, Bildung und Infrastrukturdienste zu erhöhen.

Jeder Lohnempfänger muss einen so großen Teil seines Arbeitseinkommens für den Schuldendienst und die Rentenextraktion abzweigen, dass der inländische Gütermarkt austrocknet. Statt in die verheißene Freizeitgesellschaft tritt die Welt in ein finanzialisiertes Zeitalter der Austerität ein. Die Arbeitnehmer mögen mehr und mehr verdienen, aber die Lohnzuwächse werden vom Finanz-, Versicherungs- und Immobilien- (FVI)-Sektor abgeschöpft.

Unproduktiver Vermögensaufbau, unverdienter Wohlstand und ihre Apologeten

Niemand mag Trittbrettfahrer. Kinder der Reichen belastet oftmals das Gefühl, ihr Vermögen nicht durch eigene Leistung erworben zu haben. »Wer ein großes Vermögen erbt«, bemerkt ein Psychologe aus der Vermögensverwaltung der Wells Fargo Bank, »hat oft das Gefühl, dieses Geld nicht zu verdienen, und verspürt Scham und Schuld. Sie fühlen sich isoliert und zum Versteckspiel verurteilt. Und wir benutzen sogar abfällige Wörter für sie ... Es gibt so viele negative Namen für reiche Erben: Investmentbaby, Silberlöffel, verzogene Brut – sie haben keinerlei positive Assoziationen.«[5]

Im Gegensatz zu diesem negativen, aber realistischen Selbstbild staffieren Rentier-Lobbyisten ihre Klientel mit einer nützlichen Legende aus. Für Banken besteht das Kunststück darin, Kreditnehmer zu überzeugen, dass sie durch Aufnahme von Schulden Vermögen aufbauen können – und sie dazu zu bringen, sich mit ihren Verlusten abzufinden, wenn aus ihren Träumen wahre Alpträume werden und sie sich selbst die Schuld geben und nicht dem System. Das Ziel der PR-Anstrengungen der Banken besteht darin, der Bevölkerung die Tatsache zu verschleiern, dass Verschuldung von jeher mit dem Risiko verbunden war, sein Obdach und die öffentlichen Gemeingüter ganzer Nationen zu verlieren. Sie behaupten, dass es nichts umsonst gebe, und sie stellen das Eine Prozent als produktive Helfer in einer wechselseitig vorteilhaften Symbiose dar. Der führende Autor von Wirtschaftslehrbüchern in Amerika, Greg Mankiw, indoktriniert seine Harvard-Studenten, um das Eine Prozent zu verteidigen, das sich mit Banken- und Finanzgeschäften bereichert. Dabei führt er den Wohlstand des Einen Prozents auf seinen »Dienst« bei der Zuteilung der ökonomischen Ressourcen zurück:

> Denjenigen, die bei Banken, Wagniskapitalgesellschaften und anderen Finanzdienstleistern arbeiten, obliegt es, der Wirtschaft Investitionsmittel zuzuteilen. Sie entscheiden im Rahmen eines dezentralen Wettbewerbs darüber, welche Unternehmen und Branchen schrumpfen und welche wachsen. Es ist sinnvoll, dass eine Nation viele ihrer begabtesten und höchstbezahlten Individuen für diese Aufgabe einsetzt.[6]

Banken treten demnach als umsichtige Kreditgeber auf, die Kredite dorthin lenken, wo sie am produktivsten sind. »Genau, genau«, kommentiert ein Blogger: »Dies sind die Clowns, die gigantische Kapitalsummen dafür ausgegeben haben, dass während der letzten Immobilienpreisblase, die in der größten Vermögensumverteilung nach oben in der Weltgeschichte gipfelte, ganze Countys mit Styroporgiebelhäusern zugepflastert wurden.«[7] Aber obwohl Finanzinstitute durch die Art und Weise, wie sie Ersparnisse und Kredite verteilten, die Wirtschaft in die Verschuldung trieben, ist dies nicht für sie selbst, sondern für die 99 Prozent eine Katastrophe gewesen. Ihre Machenschaften haben sie reich gemacht.

Die meisten Vermögen wachsen durch Untätigkeit, durch Anhäufung von Zinsen und Grundrenten, »die dem Empfänger im Schlaf zufallen«, um

John Stuart Mills Beschreibung der Grundeigentümer zu paraphrasieren. Die Gewinnstrategie besteht darin, Kredite zu vergeben, um den Rest der Gesellschaft in die Verschuldung zu treiben. Die Schuldenlasten, mit denen das Eine Prozent den größten Teil seines Geldes verdient, werden von den 99 Prozent bezahlt, so dass immer weniger Geld für Investitionen oder den Erhalt des Lebensstandards übrig bleibt. Die entscheidende politische Frage der Gegenwart lautet also, wie man Volkswirtschaften vor der Allianz des Finanzsektors mit Rentenextraktoren – und vor dem koordinierten Angriff der Rentiers auf die staatliche Hoheitsbefugnis zur Besteuerung von Vermögen und Zuteilung von Ressourcen schützen kann. Um ihren Reichtum zu schützen, stellen die Superreichen ihre Einnahmen so dar, als würden sie die gesamtwirtschaftliche Produktivität steigern, und sie kämpfen gegen Demokratie, Landreform, progressive Besteuerung, Sozialismus und eine starke Regierung, in denen sie potentielle Bedrohungen für ihre Einnahmen erkennen. Ihre Waffen sind Täuschung, Gewalt und Bestechung, unterstützt von einem beherrschenden Einfluss auf die Rechtsprechung.

Produktion kontra Extraktion

Die Finanzkrise, die heute den westlichen Volkswirtschaften zu schaffen macht, hat weit zurückreichende historische Vorläufer. Die gesamte Geschichte hindurch wurden die größten Vermögen mit Kreditvergabe und Zwangsversteigerung erwirtschaftet, vor allem durch Privatisierung von Gemeingütern (dem öffentlichen Eigentum), durch Verschuldung von Staaten, um diese zum Ausverkauf von Vermögenswerten zu zwingen, oder einfach durch Insidergeschäfte und Betrug. Es wäre eine Verhöhnung der Sprache, wenn man behauptete, die resultierenden Privatisierungsrenten, die Finanzextraktion und die »Kapitalgewinne« wären »verdient«.

Irgendjemand *muss* verlieren, wenn die Schulden so stark anwachsen, dass sie nicht mehr zurückgezahlt werden können. Also versuchen Banken und Anleihegläubiger den Staat für ihre Interessen einzuspannen, damit er sie vor Verlusten schützt – so dass allein Rentner, Hypothekenschuldner und Studenten die Nachwirkungen der Schuldendeflation ausbaden müssen. Hochverschuldete Staaten von Irland bis Griechenland werden angehalten, die Gläubigerforderungen durch Einschnitte im Bildungs- und Gesundheitswesen sowie bei der Instandhaltung der Infrastruktur zu befriedigen und öffentliches Eigentum zu privatisieren.

Die Wirtschaft auf dem Altar der Schulden opfern

Das Finanzsystem wurde zu Lasten der Wirtschaft gerettet. Die Tatsache, dass die riesigen Bankenkonglomerate, die Kredite gewährten, gerettet wurden, nicht aber die Unternehmen und Haushalte, deren Bilanzen man zerstörte, zeigt, wie sehr die Politik mittlerweile die finanzielle Ausbeutung unterstützt. Um das Schuldenproblem der 99 Prozent zu lösen, müssten die Ersparnisse und andere finanzielle Forderungen auf der anderen Seite der Bilanz abgeschrieben werden. Aber das Eine Prozent hat seine Vertreter im US-Finanzministerium und bei der Federal Reserve platziert und die Wahl der führenden Mitglieder in dem Kongressausschuss, der für das Bankwesen zuständig ist, beeinflusst.

Das politische Problem läuft immer auf die Frage hinaus, wer die Verluste tragen soll. Das Eine Prozent besteht darauf, dass der Staat die Gläubiger befriedigt, wenn die Privat-, Immobilien- und Firmenschulden der 99 Prozent erlassen werden sollen. Die 99 Prozent müssen dann in anderer Weise dafür aufkommen – nämlich als Steuerzahler, wenn sie als Schuldner ihren Verpflichtungen nicht mehr nachkommen können. Es ist daher kein zufälliges Nebenprodukt des Verhaltens des obersten Einen Prozents, wenn die 99 Prozent ärmer werden. Banklobbyisten haben ihre eigenen Tim Geithners entsprechend platziert, damit diese in solchen Situationen ihre Interessen schützen. Wenn es ihnen gelingt, zu verhindern, dass uneinbringliche Forderungen abgeschrieben werden, würgen Banken und Anleihegläubiger die Wirtschaft ab, indem sie ihr einen Sparkurs aufzwingen.

Wenn Schulden nicht zurückgezahlt werden können, kann man sie entweder streichen oder bestehen lassen, mit der Folge, dass Gläubiger entweder die Zwangsvollstreckung betreiben oder mit öffentlichen Geldern ausgezahlt werden.

Die Begünstigung der Gläubiger polarisiert Volkswirtschaften, indem sie Einkommen abschöpft und zu einer Vermögensumverteilung zugunsten der Gläubiger führt. Diese finanzielle Eroberung muss gestoppt werden, indem man den Kampf um die Besteuerung von »unverdientem« Einkommen (also Einkommen aus Vermögen) wieder aufnimmt und dieses überhaupt von Anfang an möglichst gering hält, indem man verhindert, dass sich Rentenextraktoren grundlegende öffentliche Leistungen (einschließlich Bankgeschäften) aneignen.

Die heutigen Volkswirtschaften werden stagnieren, wenn sie nicht von Rentier-Parasitismus und Schuldenschöpfung befreit werden. Die Finanzoligarchie spielt ihre Gläubigermacht gegen Arbeitnehmer und gesetzliche Regulierung durch demokratische Regierungen aus. Damit ihre Schuldner den exponentiell anwachsenden Schuldenberg tilgen können, nimmt sie in Kauf, dass immer mehr Menschen in Armut leben und die Umwelt zerstört wird.

Wie wird die postindustrielle Wirtschaft aussehen?

In dem entscheidenden Kampf auf ökonomischem Terrain stehen sich heute nicht einfach Arbeitnehmer und Arbeitgeber gegenüber. Vielmehr findet dieser Kampf zwischen Rentier-Interessen einerseits und Arbeitnehmern, Industrie und Staat andererseits statt. Deshalb sind die notwendigen Reformen unserer Zeit viel weitreichender als die der sozialdemokratischen Bewegung vor hundert Jahren. Reformen der Finanzmärkte und Gesetze zur Einschränkung des Rent-Seeking spielen in den Programmen der vorgeblich sozialistischen und Arbeiterparteien der Gegenwart keine große Rolle. Von Großbritannien bis Griechenland und sogar in den Vereinigten Staaten führen sie den Kampf um ausgeglichene Haushalte und fiskalische Sparsamkeit (Austerität) in der radikalen Weise eines Tony Blair, Barack Obama und Papandreou. Es ist, als hinge die wirtschaftliche Erholung davon ab, dass die Superreichen noch reicher werden, und nicht von der Rettung hochverschuldeter Staaten wie Griechenland und Zypern, Irland, Italien und Spanien.

Die nächsten Generationen werden sich mit der Frage auseinandersetzen müssen, wie sie die finanziellen Knoten in den heutigen Volkswirtschaften lösen wollen. Die Beseitigung der Überschuldung macht es erforderlich, der neoliberalen Pseudo-Ökonomik entgegenzutreten, die darauf abzielt, die Selbstverteidigungsmechanismen der Gesellschaft gegen Finanzialisierung und Einkommen aus Vermögen lahmzulegen. Es gab tatsächlich mutige US-Amtsträger wie Sheila Bair und Neil Barofsky, deren Gerechtigkeitsgefühl von den Gratisgeschenken an die Großbanken und deren Anleihegläubiger verletzt wurde. Die ehemaligen Wall-Street-Banker Nomi Prins und Yves Smith, die Vordenker der Website *Naked Capitalism*, haben dargelegt, wie die finanzielle Abzocke funktioniert. Die von der University of Missouri-Kansas City betriebene Website *New Economic Perspectives*, die der modernen Geldtheorie gewidmet ist, führt detailliert aus, wie nutzlos die heutige Sparpolitik in Anbetracht der Macht der Zentralbanken ist, das Wirtschaftswachstum zu finanzieren. Aber ihre Stimmen werden fast vollständig übertönt von Befürwortern einer bankenfreundlichen Spar- oder Austeritätsökonomik aus allen politischen Lagern, die einander einfach nur nachplappern.

Niemand erwartete, dass demokratische Gesellschaften für eine Politik stimmen würden, die den Interessen des Einen Prozents dient, während sie die Verarmung der 99 Prozent fördert. Führende Politiker behandeln Zinsen und ökonomische Renten als zweitrangige Anliegen, während sie Vermögenspreisinflation und Privatisierungen begrüßten. Die ökonomische Terminologie wurde verfälscht, um Ausbeutung als »Schaffung von Wohlstand« darzustellen – was sie für das Eine Prozent im Rahmen des gegenwärtigen Systems tatsächlich ist, allerdings zu Lasten der 99 Prozent.

Die Letten haben wiederholt neoliberale Regierungen gewählt, die ihrer Bevölkerung die radikalste Sparpolitik in ganz Europa auferlegten. Am berüchtigtsten ist das Beispiel der irischen Regierung, die ausländische Anleihegläubiger und »Hot-Money«-Arbitrageure auszahlte und dafür die Verarmung der eigenen Bevölkerung in Kauf nahm. Die Wähler jagten die neoliberalen Politiker schließlich aus ihren Ämtern, aber die neue Regierungskoalition hat die aufgenommenen Schulden nicht für nichtig erklärt.

In den Vereinigten Staaten, Großbritannien und Frankreich hat keine größere politische Partei oder Gewerkschaft das oligarchische Prinzip in Frage gestellt, wonach Steuervorschriften, die Finanzmarktordnung und das Rechtssystem den FVI-Sektor begünstigen sollten, der dem Einen Prozent dient. Die Passivität der 99 Prozent gegenüber einer Gegenaufklärung der Rentiers spiegelt das Ausmaß wider, in dem Wähler das neoliberale Finanz- und Steuersystem mittlerweile als etwas Selbstverständliches erachten, ganz so, als gäbe es tatsächlich keine Alternative.

Wir benötigen eine Perspektive, die es Menschen erlaubt, die Reformen zu erkennen, die dem zerstörerischen Modus der Vermögensbildung des FVI-Sektors entgegenwirken. Die Förderung dieses Verständnisses wird dadurch erschwert, dass seine Logik und seine Konsequenzen radikal sind – wie sie es auch im 19. Jahrhundert waren, als sie von einer breiten Gruppe von Reformern unterstützt wurden, den »ricardianischen Sozialisten« um John Stuart Mill, die auf die Verstaatlichung der Bodenrente (durch direkten Kauf oder erhöhte Grundstücksbesteuerung) sowie auf christlich-sozialistische Ideale vom Kommunalismus bis zum Marxismus drängten, ausgehend von der Verstaatlichung aller Produktionsmittel, Fabriken sowie der öffentlichen Infrastruktur. Es schien, als würden die Überreste des Feudalismus zum Mindesten durch Grundbesteuerung und Kartellgesetze weggefegt, während man das Bankwesen industrialisierte.

Aber dies ist nicht passiert. Die weitreichendsten Bemühungen, um die Volkswirtschaften vom Erbe des Feudalismus zu befreien, wurden durchkreuzt. Nach dem Ersten Weltkrieg wurde der auf der ökonomischen Rente liegende Fokus der Wert- und Preistheorie durch einen trivialeren ökonomischen Lehrplan ersetzt, der den Begriff des »unverdienten«, leistungslosen Einkommens und die Unterscheidung zwischen produktiver Arbeit und Rentenextraktion ausklammerte.

Zerstören sich finanzialisierte Volkswirtschaften selbst?

Der Chefkommentator der *Financial Times*, Martin Wolf, der davor warnt, die Volkswirtschaft zu opfern, um den Finanzsektor zu subventionieren, empfiehlt der Politik folgende Handlungsmaximen: »Erstes ›Gebot‹: Schenke dem eigennützigen Gemecker des Finanzsektors nicht allzu viel Beachtung. ... Der Finanzsektor hat die Wirtschaft in Schwierigkeiten gebracht. Wenn die Regierung gezwungen ist, einen Teil des Risikos für die Reparatur des Systems zu übernehmen, muss sie zuerst die öffentlichen Interessen schützen.« In seinem letzten »Gebot« drängt Wolf darauf, »die Vergabe von Hypothekenkrediten nicht durch staatliche Subventionen abzusichern. Mittlerweile sollte offensichtlich sein, dass die britische Obsession mit spekulativem Wohneigentum eine Falle und eine Selbsttäuschung ist. Wir sollten die Luft aus dem Markt herauslassen.«[8]

Wenn sich Gläubiger durchsetzen, zerstören sie die Wirtschaft. Der Chefökonom der Citigroup (und ehemalige Berater von Goldman Sachs) Willem Buiter räumte im Jahr 2012 ein: »Die Staaten mit dem höchsten

Insolvenzrisiko – Griechenland, Portugal, Irland, Zypern und vermutlich auch Spanien, Italien und Slowenien – können ohne eine Umschuldung nicht wachsen.« Für Irland mit einer offiziellen Verschuldung in Höhe von 63 Milliarden Euro stufte er das Risiko eines Staatsbankrotts am höchsten ein. »Austeritätsmüdigkeit in der Peripherie und eine zunehmende Rettungsmüdigkeit im Kern bedeuten, dass allein die EZB/das Euro-System die Liquiditätslücke von Staaten und Banken im Euro-Raum schließen kann.«[9] Aber die Finanzminister Deutschlands, der Niederlande und Finnlands lehnten dies ab.

Das Finanzsystem setzte seine Interessen rücksichtslos durch, nachdem es sich einem Rentier-Konsens mit dem Einen Prozent angeschlossen hatte, um sich gegen die Besteuerung oder Regulierung jeglicher Form von Reichtum zu wenden – und auch gegen die Verbesserung der Arbeitsbedingungen sowie der Löhne und Renten der Arbeitnehmer, obwohl der »Triumph« im Krieg gegen die Arbeitnehmer den Binnenmarkt und damit die Fähigkeit der Wirtschaft zerstört, Schulden beim Finanzsektor zurückzuzahlen.

So muss es nicht sein. Bereits vor 200 Jahren plädierten die Saint-Simonisten dafür, den Kredit in den Dienst der Industrie zu stellen. Die klassische Steuerpolitik wollte der Rentier-Ökonomie entgegenwirken, die in den hundert Jahren seit dem Ersten Weltkrieg dadurch entstanden ist, dass ökonomische Renten nicht mehr besteuert, Versorgungsunternehmen privatisiert und Banken nicht verstaatlicht wurden, so dass Bankkredite auch weiterhin zu dem Zweck gewährt wurden, ökonomische Renten abzuschöpfen. Schulden können nicht abgeschrieben werden, solange man glaubt sie aufrechterhalten zu müssen, um das Vertrauen in das Finanzsystem zu bewahren und dadurch eine schwere Wirtschaftskrise abzuwenden. Ein solches »Vertrauen« trägt allerdings dazu bei, die gegenwärtige Stagnation zu vertiefen.

Industriekapitalismus oder Finanzkapitalismus?

Lenin soll gesagt habe, die Kapitalisten würden den Kommunisten noch den Strick verkaufen, an dem diese sie dann aufhängten. Aber die Kapitalisten haben den Strick selbst gefertigt, in Form eines ausbeuterischen Finanzsektors, der Zinsen, Dividenden, Gebühren und verschiedene Formen der Rente von Industrie, Immobilienbesitzern, Haushalten und auch von

Staaten extrahiert. »Kapitalgewinne« werden durch Schuldenanhäufungen erzeugt, die den Weg zu einer Schuldendeflation der »Realwirtschaft« ebnen.

Die Frage ist, ob das Finanzkapital einfach dadurch überleben kann, dass es Kredite an Spekulanten vergibt, die auf der Suche nach Zinseinnahmen, Rentenextraktion und steigenden Vermögenspreisen oder nach Glücksspielen sind, während sich der Finanzkapitalismus in einen Kasinokapitalismus verwandelt. Natürlich erfüllen Banken viele notwendige Funktionen. Die Schuldenkrise der finanzialisierten Volkswirtschaften von heute ist denn auch weitgehend das Werk einiger weniger Wall-Street-Großbanken, wie der Ökonom Randy Wray schreibt: »Wir haben 4500 anständige Banken, und wir haben ein halbes Dutzend Großbanken, die gewissermaßen ›institutionalisierten Betrug‹ begehen. Die Hauptprobleme unseres Finanzsystems werden von diesen SGI – systemgefährdenden Instituten – verursacht. Unsere Wirtschaft und unsere Regierung werden uns erst dann wieder gehören, wenn wir sie dichtmachen.«[10]

In steuerlicher Hinsicht gleicht das heutige Problem demjenigen Spaniens im 16. Jahrhundert: Der spanische Landadel besteuerte Arbeitnehmer und die im Entstehen begriffene Industrie in den Kleinstädten, während er selbst steuerfrei in Saus und Braus lebte. Im Frankreich des 18. Jahrhunderts löste eine ähnliche Steuerabwälzung die Französische Revolution aus. Dies war der einzige Weg, um den Würgegriff der Rentiers zu brechen, der die Kosten der Arbeit und der Produkte in die Höhe trieb.

Die heutige Gegenrevolution des Finanzkapitals gegen die Reformbewegung des 19. und 20. Jahrhunderts hat die Steuern vom FVI-Sektor auf Arbeitnehmer und Industrie abgewälzt, ganz ähnlich wie es im mittelalterlichen Spanien der Fall war. Die republikanischen Regierungen unter Ronald Reagan und George Bush haben die Einkommensteuern für die Spitzeneinkommen und Steuern auf Veräußerungsgewinne von Immobilien und Wertpapieren gesenkt, während sie gleichzeitig eine Vielzahl von Umsatz- und Mehrwertsteuern sowie von Lohnabzügen einführten (und sich die US-Staatsverschuldung zwischen 1981 und 1992 vervierfachte).

Aufgrund dieser regressiven steuerlichen Belastung und der Überschuldung gibt es für die Wirtschaft nur einen Weg, um ohne Absenkung des Konsumniveaus zu überleben: durch Aufnahme von Bankkrediten, mit denen sich die Käufe finanzieren lassen, für die Löhne und Gehälter nicht mehr ausreichen. *Mehr* Schulden aufzunehmen scheint also die einzige Lösung für die heutige Überschuldung zu sein. Das ist der innere finanzkapitalistische Widerspruch in unserer »Post-Blasen-Wirtschaft«.

Nach einer Finanz- und Schuldenreform werden die Probleme für Arbeitnehmer und Umwelt fortbestehen

Man vergisst leicht, wie optimistisch Marx und andere Sozialisten seiner Zeit die Zukunft des Industriekapitalismus sahen. Marx erwartete, dass die industrielle Produktionsweise über alle Formen parasitischer Rentier-Aktivitäten siegen werde. Das aufgeklärte Klassenbewusstsein und die politische Demokratie sollten eine Welt steigender Lebensstandards, besserer Arbeitsbedingungen und einer weniger ungerechten Einkommensverteilung einleiten.

Wie die meisten derjenigen, die zu seiner Zeit die zukünftige wirtschaftliche Entwicklung vorhersagten, rechnete Marx damit, dass sich der Industriekapitalismus selbst von den »Auswüchsen« der Grundherrschaft, der Monopole und anderer Formen der Ausbeutung befreien würde. Aber die Klassen der Bankiers und der Grundbesitzer, die zu Ricardos Zeiten miteinander verfeindet waren, haben sich nach dem Ersten Weltkrieg miteinander verbündet. Als dies geschah, haben sozialdemokratische und Arbeiterparteien das Problem der Grundrente den Liberalen und den Verfechtern einer Einheitssteuer (die rasch bedeutungslos wurden) überlassen. Und obwohl sich Rudolf Hilferding, Lenin und andere Marxisten zu Beginn des 20. Jahrhunderts auf den Finanzkapitalismus konzentrierten, wurde die Analyse des Geldes und der Schulden überwiegend rechtsgerichteten Befürwortern des Bankwesens überlassen, angefangen von Anhängern Ludwig von Mises' bis hin zu den Monetaristen der Chicagoer Schule.[11]

Zu Beginn des 20. Jahrhunderts erwartete man, dass der Kampf zwischen Arbeitgebern und Arbeitern in Zukunft der zentrale Gestaltungsfaktor der Politik sein würde. Heute dagegen kämpfen Arbeiter und Gewerkschaften nur noch um Arbeitsplätze. An die Stelle des Klassenkampfs von vor hundert Jahren ist ihrer Meinung nach eine weitgehende Deckungsgleichheit der Interessen mit Arbeitgebern getreten – und sie sind zudem überzeugt, das Finanzkapital begünstige die Schaffung industrieller Arbeitsplätze und nicht etwa deren Abbau oder Verlagerung.

Das Immobilieneigentum ist heute breiter gestreut, staatliche Renten und Gesundheitsleistungen wurden zumindest zugesichert, und eine neue Welt an Chancen hat sich aufgetan. Aber die Demokratisierung des Wohnungseigentums hat es Lobbyisten großer Gewerbe- und Mietimmobilieneigentümer ermöglicht, die Steuerbefreiung von Immobilien zu einem scheinbar dem Gemeinwohl dienenden Ziel zu erklären. Diese Demagogie erreichte ihren Höhepunkt mit der berüchtigten Proposition 13 (einem Volksentscheid über eine Verfassungsergänzung) in Kalifornien, die Steuern auf Gewerbe- und Mietimmobilien sowie auf Eigenheime einfror.

In Verbindung mit anderen Steuervergünstigungen für Immobilien und Finanzprodukte führte dies zu einer stark regressiven Steuerabwälzung, wodurch der Finanzsektor eine stärkere Machtstellung erhielt als der Industriesektor. Die Industrie wurde stärker finanzialisiert, als die Finanz industrialisiert wurde. Die geeignete Gegenmaßnahme besteht darin, Schulden zu erlassen und das Steuersystem zu reformieren. Unser Finanzproblem gleicht einem Parasiten auf einem kranken Körper. Der Wirt muss den Eindringling loswerden, ehe er sich selbst heilen kann.

Die Verschlankung des Finanzsektors allein wird die angedrohte Privatisierung von Post, Wasserversorgung, Verkehrswegen und Telekommunikation nicht abwenden und auch nicht die hohen Kosten privater Krankenversicherungen und Infrastruktureinrichtungen senken. Selbst wenn man den Industriekapitalismus von der Schuldenlast und der Bürde der Rentiers befreit, werden die altbekannten Spannungen zwischen den Klassen der Arbeitgeber und der Arbeitnehmer fortbestehen. Und auch die vertrauten sozialen Probleme des Industriekapitalismus werden nicht verschwinden – der Kampf um gerechte Arbeitsbedingungen und den lebensnotwendigen Bedarf für alle Bürger sowie die Vermeidung von Krieg, Umweltverschmutzung und sozialen Entbehrungen.

Aber der Aufstieg der Finanzmacht konterkariert all diese Ziele und verhindert, dass sich die Gesellschaft selbst heilt. Wie Alan Greenspan in den weiter oben zitierten Passagen bemerkte, ist das Festbinden »traumatisierter Arbeitnehmer« an der Tretmühle der Schulden ein zentraler Faktor, der Arbeiter von dem Versuch abhält, Lohnerhöhungen und bessere Arbeitsbedingungen durchzusetzen. Ohne Lösung der Überschuldungskrise und ohne Bereitstellung einer öffentlichen Option für Bankdienstleistungen werden die anderen Probleme erheblich verschlimmert.

In der antiken Mythologie wird die Frage diskutiert, wie König Midas überleben konnte, wenn er nichts anderes zu essen hatte als sein Gold. Dies könnte eine Metapher für den heutigen Finanzkapitalismus sein – den Traum, man könnte ausschließlich von Geld leben, ohne Produktionsmittel und lebende Arbeitskräfte. Um diesem Schicksal zu entgehen, müssen wir die unvollendete Revolution des 19. Jahrhunderts durch eine Reform der Finanzmärkte ergänzen, um die fortbestehenden Ungerechtigkeiten postfeudaler Landnahme, der Aneignung von Gemeingütern und der Schaffung von Monopol-Privilegien zu beseitigen. Es sind die Überreste vergangener Aneignungen und Insidergeschäfte, die dem Rent-Seeking zugrunde liegen und die Basis eines Finanzsystems bilden, das auf neofeudalen Praktiken gründet, statt in Industrie und Wohlstand zu investieren.

TEIL IV

Es gibt eine Alternative!

KAPITEL 29

Der Kampf um das 21. Jahrhundert

»Wenn Europa die Spaltung und die Aufrechterhaltung der Knechtschaft will, werden wir uns nicht scheuen, dem ein »großes Nein« entgegenzusetzen. Wir werden um die Würde der Menschen und um unsere Souveränität kämpfen.«

Alexis Tsipras, als er im Juni 2015 die Bedingungen des Rettungspakets der Eurozone ablehnt[1]

Im Jahr 1933, als die schweren finanziellen Verwerfungen im Gefolge des Ersten Weltkriegs in die Große Depression übergingen, schrieb der Philosoph H. G. Wells einen Roman über den Konflikt, den er für das letzte Viertel des 20. Jahrhunderts erwartete. Er erinnert seine Leser an den »immerwährenden Lebenskampf zwischen dem Gläubiger und der toten Hand« und beschreibt die »zukunftsgerichteten Anstrengungen« der Gesellschaft, sich von vergangenen Schulden und finanziellen Forderungen zu befreien. Wells, der in Schulden eine fortschrittshemmende Kraft sah, sagte voraus, dass sich die Lage im Jahr 1979 zuspitzen würde, dem Jahr, in dem seine literarische Figur Austin Livewright ihr Werk *Bankrott im Wandel der Zeiten* veröffentlichte. »Wir müssen den Studenten lediglich an die in den Chroniken der Römischen Republik und Judäas dokumentierten Auseinandersetzungen zwischen Schuldnern und Gläubigern erinnern; an die Sezessionen der Plebejer in ersterer und das Jubeljahr von letzterer.«[2] Tatsächlich erreichten die Zinssätze im Jahr 1979 mit 20 Prozent ihren neuzeitlichen Höchststand.

Als ein Beispiel für den gleichzeitigen Kampf gegen Grundbesitzer, die Steuern vermeiden wollen, führte Wells die englischen Statutes of Mortmain (von 1279 und 1290) an, die verhindern sollten, dass Grundbesitz durch Nachlass, Zwangsvollstreckung oder Verkäufe zur Umgehung der Feudalabgaben der damaligen Epoche an die Kirche übergeht. Zu allen

Zeiten gab es ein permanentes Spannungsverhältnis zwischen königlicher oder öffentlicher Autorität einerseits und andererseits den Gläubigern oder vermögenden Grundherren, die bestrebt sind, das Land und seine Bevölkerung in Schuldenabhängigkeit von sich zu bringen, um so die öffentliche Herrschaft durch ihre eigene zu ersetzen. Aber während sich der große politische Kampf im 19. Jahrhundert um die Verstaatlichung beziehungsweise Besteuerung von Grund- und Rohstoffrenten drehte, muss der heutige Kampf auf die Verstaatlichung des Banken- und Finanzsektors abzielen, die letztlich die Empfänger und folglich die Hauptverfechter solcher Renten sind.

Die Finanzkrise von 1979 wurde in einer Weise gelöst, die in die entgegengesetzte Richtung dessen führte, was Wells vorhergesagt und progressive Ökonomen empfohlen hatten. Statt durch einen Schuldenerlass das Problem der Überschuldung zu beseitigen, haben die Regierungen von Ronald Reagan und George Bush zwischen 1981 und 1992 einer Welle neuer Kredite/Schulden Vorschub geleistet, die so groß war, dass die Zinssätze in den 1980er-Jahren stetig sanken.

Zunächst wurden mit den so geschaffenen Schulden die Preise an den Vermögens- und Aktienmärkten aufgebläht. Während der Vietnamkrieg und die nachfolgende Inflationsphase unter Carter (1977–1980) die Löhne und die Warenpreise in die Höhe getrieben hatten, sorgte die anschließende neoliberale Inflation für einen Anstieg der Vermögenspreise, verstärkt durch Steuersenkungen auf Immobilien und Veräußerungsgewinne sowie für die obersten Einkommensgruppen. Dieser Wechsel zu einer regressiven Besteuerung war das Gegenteil dessen, was Ökonomen und Zukunftsdenker erwartet hatten. Aber die Gleichheit nahm keineswegs zu, vielmehr kam es in den Volkswirtschaften zu einer wachsenden Polarität zwischen Gläubigern und Schuldnern.

Durch die Haushaltsdefizite unter Ronald Reagan und George Bush vervierfachte sich die Staatsverschuldung in den USA, während die leichtere Kreditaufnahme einer Überschuldung Vorschub leistete, die genau zu dem wurde, was Wells vorhersah und wovor er warnte: Ein »tote Hand« von finanziellen Forderungen, die zu dem Crash von 2008 und dessen Nachwirkungen führten. Anders als von Wells vorhergesagt, hat die Welt nur wenig unternommen, um sich von dieser Dynamik zu befreien. Die Abwälzung der Steuerlast und der Kosten der Bankenrettungspakete auf Arbeitnehmer und »Steuerzahler«, die nach 2008 erfolgte, gab der Wall Street (und ihren Pendants im Ausland) die Macht, ganze Staaten in die Verschuldung zu treiben.

Das Finanzsystem lässt sich nur schwer restrukturieren, wenn eine Gesellschaft in einer Krise versinkt, insbesondere wenn Menschen glauben, sie könnten durch Aufnahme weiterer Kredite wieder auf die Beine kommen – und zudem befürchten, sie hätten keine andere Wahl. In Wirklichkeit lehrt uns die Geschichte, dass es viele mögliche Abhilfen gibt. Und dazu gehören fast immer Schuldenerlasse.

Es gibt eine Alternative

Wenn wir eine perfekte Welt entwerfen würden, würden wir die langfristigen Interessen der Wirtschaft über die kurzfristige Orientierung der Finanzmärkte stellen. Wir würden das Banken- und Finanzsystem so organisieren, dass Kredite produktiven Zwecken zugeführt und die Zahlungsfähigkeit von Schuldnern nicht übersteigen würden. In Fällen, in denen ausbeuterische Kredite und Schulden die Zahlungsfähigkeit übersteigen oder einer Wirtschaft Austerität und Schuldendeflation aufzwingen, würden man sie annullieren.

Eine solche Restrukturierung wird deshalb nicht verfolgt, weil Gläubiger Macht über Staaten und die öffentliche Meinung erlangt haben. Sie haben die Menschen davon überzeugt, dass Volkswirtschaften den gegenwärtigen Kurs fortsetzen sollten und dass Austerität sogar irgendwie das wirtschaftliche Gleichgewicht und den Wohlstand wiederherstellen könne. Nur wenige Menschen würden erwarten, dass Staaten in Anbetracht der Tatsache, dass sich Finanzkrisen verschärfen und Volkswirtschaften einer zunehmenden Polarisierung zwischen Gläubigern und Schuldnern ausgesetzt sind, das Finanzsystem nicht restrukturieren. Aber Friedrich Hayek charakterisiert in *Der Weg zur Knechtschaft* öffentliche Planung, Besteuerung und Regulierung in überspitzter Weise als Knechtschaft im metaphorischen Sinne.

Darin spiegelt sich die Furcht, ja sogar der Hass des Einen Prozents auf Demokratie, progressive Besteuerung, öffentliches Unternehmertum und soziale Ausgabenprogramme wider. Wenn es nach ihnen ginge, würden Hayeks Gefolgsleute Volkswirtschaften auf den Weg zu buchstäblicher

Schuldknechtschaft setzen, einen Zustand der Abhängigkeit, in dem der Zugang zu Wohnraum und Bildung lebenslängliche Verschuldung bedeutet.

Man erwartete, das Bankwesen würde im Zuge der weiteren historischen Entwicklung Kredite für Anlageinvestitionen bereitstellen. Öffentliche Dienstleistungen sollten immer mehr Menschen zu sinkenden Preisen (und letztlich gratis) angeboten werden. Aber statt sich in Richtung »Sozialismus« zu entwickeln, entdeckten Banken und wohlhabende Eliten die Rentenextraktion als ihre wichtigste Einnahmequelle. Sie nannten ihren Widerstand gegen eine Regierung, die stark genug wäre, um sie in Schach zu halten, »libertär«, obwohl ihr Ziel einfach darin besteht, das demokratische Regierungssystem durch ein von Banken und Anleihegläubigern gesteuertes Planungssystem zu ersetzen. Wenn man ihre Rentenextraktion und ihre schuldenfinanzierte Vermögenspreisinflation »Schaffung von Wohlstand« nennt, macht man sich das Vokabular der Rentiers zu eigen.

Zehn Reformen zur Wiederherstellung einer prosperierenden Industrie

1. Schulden sollten vollständig erlassen oder zumindest auf ein für den Schuldner tragfähiges Maß herabgesetzt werden.
2. Ökonomische Renten sollten besteuert werden, um zu verhindern, dass sie als Zinszahlungen kapitalisiert werden.
3. Schuldzinsen sollten nicht länger steuerlich absetzbar sein, damit Überschuldung nicht länger subventioniert wird.
4. Eine öffentliche Bankenoption sollte geschaffen werden.
5. Staatsdefizite sollten von Zentralbanken finanziert werden, nicht durch Erhebung von Steuern, aus denen Anleihegläubiger ausgezahlt werden.
6. Gesetzliche Renten und die Krankenversicherung für ältere Menschen sollten aus dem allgemeinen Haushalt finanziert werden.
7. Natürliche Monopole sollten in öffentlichem Eigentum bleiben, um Rentenextraktion zu verhindern.
8. Kapitalerträge sollten mit den höheren Sätzen besteuert werden, mit denen Arbeitseinkommen belastet wird.
9. Von unverantwortlicher Kreditvergabe sollte eine Rechtsnorm der betrügerischen Übereignung abschrecken.

10. Die klassische Wert- und Rententheorie (und ihre statistischen Kategorien) sollte wiederbelebt werden.

1. Erlassen von Schulden, die wirtschaftliche Erholung hemmen

Eine Pleitewelle ist der Preis, der dafür entrichtet werden muss, dass der Finanzsektor das Steuersystem sabotiert und Aufsichtsbehörden den Interessen des zu regulierenden Sektors dienen. In Kapitel 9 habe ich dargelegt, dass die meisten Beobachter im Jahr 2008 erkannten, dass die überhöhte Kreditvergabe für Ramschhypotheken eine Blase (Vermögenspreisinflation) verursacht hatte, und ich sprach mich dort dafür aus, die Schulden auf die Zahlungsfähigkeit des Schuldners zu begrenzen (vgl. Abschnitt 9 unten). Solche Schuldennachlässe hätten im Jahr 2008 die Welle von Zwangsvollstreckungen verhindert, in deren Verlauf zehn Millionen Eigenheime zu Notverkaufspreisen auf den Markt geworfen wurden. Banken widersetzten sich solchen Schuldennachlässen, denn dies hätte ihnen selbst, ihren Anleihegläubigern und anderen Finanzakteuren Verluste beschert.

Die US-Notenbank schuf ausreichend Reserven, so dass die Banken ihre Verluste ausgleichen konnten, aber sie unternahm nichts, um bedrängten Eigenheimbesitzern zu helfen. Es wurde kein Druck ausgeübt, um »angeschlagene« (also übermäßig aggressive und ausbeuterische) Banken zu verstaatlichen oder ihre leitenden Angestellten strafrechtlich für den Hypotheken- und Versicherungsbetrug, der ein fester Bestandteil der Finanzkrise war, zu belangen. Die US-Bundeseinlagenversicherung wollte dies im Jahr 2008 mit Citigroup tun und die noch vorhandenen Rücklagen der Bank dafür verwenden, die Ansprüche versicherter Einleger zu befriedigen – im Unterschied zu denjenigen von Aktionären, Anleihegläubigern und nicht versicherten Kontrahenten.[3] Doch dieses Vorhaben wurde vom Finanzministerium blockiert. Die Fed hat aber nicht nur Geld geschöpft, das sich Banken direkt als Reserven ausleihen konnten, sie hat zudem versucht, die Preise am Immobilienmarkt erneut in die Höhe zu treiben, damit verbriefte Bankenhypotheken als gehandelte Wertpapiere ihre früheren Kurse erreichen konnten. Banken verzichteten vor allem deshalb auf die Zwangsversteigerung von Häusern, deren Besitzer mit der Schuldenabzahlung in Rückstand waren, weil sie von Fannie Mae versicherte Kredite in ihren Büchern halten wollten, und sie fügten ihren Zinsforderungen gegen Hypothekenschuldner noch Säumnisgebühren und Vertragsstrafen hinzu.

Banken stellen schon einen teilweisen Schuldenerlass als eine bedrohliche Anarchie hin – ihr Ausdruck dafür, dass sie einen Verlust verbuchen müssen, wenn das von ihnen konzipierte, deregulierte System kaputtgeht. Aber die Alternative zu Abschreibungen ist der Zusammenbruch des Finanzsystems und die Verarmung weiter Bevölkerungsgruppen. Durch einen Schuldenerlass ließe sich leichter eine öffentliche Option für das Bankwesen einführen. Dies würde Banken helfen, sich in öffentliche Versorgungsunternehmen umzuwandeln. Es würde auch die Rentenbesteuerung erleichtern, die die Reformer des ungebändigten Kapitalismus im 19. Jahrhundert anstrebten.

Der Versuch, das Gesicht zu wahren, indem man faule Kredite in den Büchern hält, hat dazu geführt, dass die Schuldendeflation die Verbrauchernachfrage und die Investitionstätigkeit der Unternehmen dämpft. Also müssen wir uns mit der unbequemen Wahrheit abfinden, dass für den Fall, dass finanzielle Forderungen *nicht* annulliert werden, eine Oligarchie, die einen immer größeren Teil des gesellschaftlichen Reichtums monopolisiert, Staaten eine chronische Sparpolitik auferlegt, wodurch es noch schwieriger wird, die Schuldenlast zurückzuzahlen.

2. Ökonomische Renten besteuern, damit sie nicht als Zinszahlungen abgeschöpft werden

Damit sich eine solche Finanzialisierung nach einem Schuldenschnitt nicht wiederholt, müssen die Steuergesetze reformiert werden und sich der Abschöpfung von Rentenextraktion und »Kapitalgewinnen« zuwenden. Andernfalls werden Banken und Finanzmärkte weiterhin Kredite hauptsächlich gegen (die Verpflichtung zur Zahlung von) Grundrenten für Immobilien, Rohstoffrenten für den Erdöl- und Bergbausektor und Monopolrenten für staatliche Infrastruktureinrichtungen, die privatisiert werden, vergeben.

Die Grundrente führt die Liste an, weil Immobilien in fast allen Volkswirtschaften der wichtigste Vermögenswert bleiben. Wie in Kapitel 7 beschrieben, sind fast 80 Prozent aller neu vergebenen Bankkredite Hypothekendarlehen, deren hauptsächlicher Effekt darin besteht, Immobilienpreise in die Höhe zu treiben. Dieser Preisanstieg dient als ein vergifteter Köder für Hauskäufer (und auch für »aktivistische Aktionäre« auf dem Aktienmarkt), die hoffen, durch schuldenfinanzierte »Kapitalgewinne«, die ihr Vermögen auf dem Papier erhöhen, reich zu werden.

Die Vermögenszuwächse lassen sich nicht aufrechterhalten, wenn der Prozess der Schuldenschöpfung die Wirtschaft abwürgt. Im Jahr 2011 hat die Federal Housing Finance Agency ihre Garantie für die Bedienung von Hypothekenschulden auf 43 Prozent des Familieneinkommens erhöht, während vor den 1980er-Jahren 25 Prozent üblich waren.

Die Anzahlungen wurden im Jahr 2013 von 5 auf nur noch 3 Prozent herabgesetzt. Diese gelockerten Vorgaben erlauben es Familien, höhere Kredite aufzunehmen – und die Immobilienpreise steigen auf einen Betrag, der dem entspricht, was Banken maximal als Kredit zur Verfügung stellen. Aber statt Familien den Aufstieg in die Mittelschicht zu ermöglichen, wird die Inflation von Häuserpreisen zu einer Tretmühle der Schuldknechtschaft.

Das Aufblähen der Preise für Renten abwerfende Vermögenswerte erzeugt ein eigennütziges Interesse, unproduktive Kreditschöpfung auszuweiten, um einen Zusammenbruch der Vermögenspreise zu verhindern. Denn dies würde zu einem negativen Kapitalwert führen. Dadurch ist die Wirtschaft gezwungen, zwischen zwei Übeln zu wählen: noch mehr Schulden aufzunehmen (nach dem Motto: »verlängere den Wahnsinn und wahre den Schein«, was per se nur kurzfristig funktionieren kann), oder die zu guter Letzt unvermeidlichen Insolvenzen und Verluste für Gläubiger zu akzeptieren.

Die klassische Rententheorie bestätigt das, was der Intuition zu widersprechen scheint: Die Erhöhung der Grundsteuern *drückt* die Höhe der Kredite, die Banken vergeben, und damit auch die Immobilienpreise, weil die *an den Fiskus gezahlte Rente nicht als Bankschuld kapitalisiert werden kann*. Aber der Finanzsektor verbreitet die Illusion, niedrigere Grundsteuern würden Wohneigentum erschwinglicher machen. Banken wissen, dass bei niedrigeren Steuern ein größerer Teil des Mietwerts einer Immobilie für Zinszahlungen von *neuen* Käufern zur Verfügung steht (und Alteigentümer dann höhere Zweithypothekendarlehen aufnehmen können). Die Einsparungen von Eigenheimbesitzern infolge niedriger Grundsteuern werden durch höhere Hypothekenkosten für den Häuserkauf wieder wettgemacht.

Die Besteuerung der Bodenrente (und auch von Rohstoff- und Monopolrenten) hat drei positive Effekte. Sie hält, erstens, Immobilienpreise niedrig, indem sie verhindert, dass diese Rente für Bankkredite kapitalisiert wird. Sie befreit, zweitens, Arbeitnehmer und Industrie von Steuern auf Löhne, Gewinne und Umsätze, was die Belastung der meisten Familienbudgets verringert. Und drittens werden Banken gezwungen sein, nicht so viele neue Schulden zu schöpfen, die lediglich Kosten der Eigentumsübertragung darstellen, statt die Wirtschaftsleistung und die Produktivität wirklich zu erhöhen.

Die Besteuerung von Renten lässt sich administrativ leicht umsetzen. Die Vereinigten Staaten haben über 20 000 Immobilienschätzer, deren Aufgabe es ist, den Marktwert von Gebäuden getrennt von dem der Grundstücke zu beurteilen.

Im Fall von Rohstoffen kaufen Öl- und Bergbaugesellschaften den Erzeugerländern in der Regel das unverarbeitete Produkt zu niedrigen, den tatsächlichen Produktionskosten entsprechenden Preisen ab. Die Zahlung erfolgt über (praktischerweise den US-Dollar benutzende) »Billigflaggen«-Länder wie Panama und Liberia, die das Öl mit einem Preisaufschlag an Raffinerien in den Verbraucherländern verkaufen. Dieser Aufschlag ist eine reine Ressourcenrente, kein »Profit« im klassischen Sinne. Er wird nicht besteuert.

Für Monopole sind ökonomische Renten Einnahmen, denen keine Ausgaben für Sachanlageinvestitionen und Arbeitskräfte gegenüberstehen. Man versucht schon seit langem, das Gewirr der fiktiven Kostenrechnung aufzudröseln. Während des Zweiten Weltkriegs unternahm die US-Regierung einen entsprechenden Versuch mit ihrer Übergewinnsteuer, und frühere Aufseher berechneten den angemessenen Marktpreis für Bahntickets und andere Monopoldienstleistungen (zumindest hatte man das von ihnen *erwartet*). Investmentbanken setzten »kostenlose« Rentenrechte ganz oben auf ihre Wunschliste von Vermögenswerten, die privatisiert, steuerbefreit und dereguliert werden sollten, eben weil diese Rentenrechte »Melkkühe« sind, ganz ähnlich wie Lotterien und andere öffentliche Einnahmeströme.

Eine hochverschuldete, regressiv besteuerte Volkswirtschaft, in der Reichtum auf Rentenextraktion und auf finanziellen Forderungen *gegen* den Staat (auf Zinsen, Tilgung und Gebühren) basiert, ist kostspieliger als eine »Eigenkapital«-Ökonomie, die hauptsächlich Boden- und Rohstoffrenten besteuert und Monopolpreise reguliert. Wenn ein solches Rentier-Einkommen »nicht verdient« und daher unfair ist, gilt dies auch für das Vermögen und das Erbe, das aus diesem Einkommen aufgebaut wird. Glücklicherweise lassen sich Renteneinnahmen rückgängig machen. *Eine Rentensteuer kann sich das zurückholen, was sich Privatisierer und Kleptokraten angeeignet haben.*

In der Auseinandersetzung um die heutige Neue Einhegungsbewegung, die ökonomische Renten privatisieren will, stehen sich zwei Visionen des Kapitalismus gegenüber: Finanz- und Industriekapitalismus. Die »Schaffung von Wohlstand« nach dem Modell der Vermögenspreisinflation durch, erstens, Schuldenfinanzierung und, zweitens, Besteuerung von Arbeitnehmern und Verbrauchern statt der ökonomischen Renten hat Amerika zu einer kostspieligen Volkswirtschaft gemacht.

Wenn Staaten die Grundrente abschöpfen, werden viele Immobilienbesitzer ihren Zahlungsverpflichtungen gegenüber den Banken nicht mehr nachkommen können, oder sie werden sich gezwungen sehen, ihre Immobilie aufzugeben. Wenn Banken nicht bekommen, womit sie fest gerechnet haben, wird dies ihre Rücklagen in vielen Fällen auf noch dramatischere Weise aufzehren als im Jahr 2008. Ein plötzlicher Wechsel zur Besteuerung von Renten oder anderen Einnahmen, die Banken bereits zugesagt wurden, wird deren Aktionäre und Anleiheinhaber dezimieren. Die Besteuerung ökonomischer Renten wird daher eine öffentliche Übernahme solcher »angeschlagenen« (das heißt im Klartext übermäßig aggressiven und ausbeuterischen) Banken erfordern. Der Finanzsektor hat die Gesellschaft gezwungen, eine Wahl zu treffen: sich entweder damit abzufinden, dass die Wirtschaft in ein Schneeballsystem im Dienste der Rentiers verwandelt wird, oder durchzusetzen, dass sich das Banken- und Steuersystem dem Ziel der Wachstumsfinanzierung unterordnet. Eine solche Reform muss jedoch umfassend und darf kein Stückwerk sein.

Es ist schwer ersichtlich, wie die ökonomische Rente ohne eine öffentliche Option für das Bankwesen vollständig besteuert werden könnte, weil die zu besteuernde Rente bereits für die Zahlung von Zinsen vorgesehen ist. Jemand muss nachgeben. Verstaatlichung ist der Preis, den Banken für ihre übermäßige Kreditvergabe bezahlen, bis zu dem Punkt, wo die Zinslasten oftmals die gesamte ökonomische Rente aufzehren und der Fiskus leer ausgeht, während verschuldete Besitzer in die Zahlungsunfähigkeit gezwungen werden. Unter diesen Bedingungen ist die Umwandlung insolventer Banken in öffentliche Institute die einfachste Alternative zu einer strengen Sparpolitik und zu Anarchie.

3. Die steuerliche Absetzbarkeit von Schuldzinsen rückgängig machen

Zinsen sind keine Betriebskosten, wenn sie für die Übertragung von Eigentumsrechten an Grundstücken oder bestehenden Unternehmen gezahlt werden. Schulden, die lediglich für den Erwerb von Vermögenswerten aufgenommen werden, sind reine Gemeinkosten, die die Betriebskosten erhöhen. Die steuerliche Absetzbarkeit von Zinszahlungen auf solche Transaktionen erlaubt dem Einen Prozent, sich einen größeren Teil von Industrie, Immobilien und Handel zu sichern. Aufgrund dieses krassen Fehlanreizes können Industrieunternehmen mit Finanztaktiken ausgeplündert werden, die es den Ausschlachtern erlauben, Anleiheinhabern mehr auszuzahlen als Aktionären (indem sie Einnahmen auszahlen, die andernfalls als steuerpflichtige Einkünfte erklärt werden müssten). Dies fördert die Schuldenfinanzierung auf Kosten von Kapitalinvestitionen, insbesondere bei fremdfinanzierten Übernahmen, bei denen Zinskosten zu den Kosten der Geschäftstätigkeit hinzukommen.

Die steuerliche Absetzbarkeit von Zinsen erhöht außerdem die Lebenshaltungskosten, insofern sie die Steuerlast auf Lohneinkommen und Konsumentenkäufe abwälzt. Doch zu guter Letzt gewähren Politiker Gläubigern immer Steuervorteile, weil der Finanzsektor ihr größter Wahlkampfspender geworden ist.

Wie bei den ökonomischen Renten bewirkt auch die Steuerbefreiung von Zinszahlungen, dass ein größerer Teil der nachsteuerlichen Immobilienrente und des Cashflows von Unternehmen für die Vergabe höherer Kredite zur Verfügung steht. Diese wiederum erhöhen die Vermögenspreise für neue Käufer auf Kredit. Die unversteuerten Zinsen werden schließlich an Banken und Anleihegläubiger ausgezahlt. Diese Umwandlung von Renten und Steuerkürzungen in Zinsen – bei der »Kapitalgewinne« anfallen – sichert die Unterstützung der Wall Street für eine wachstumsfeindliche Steuerpolitik, deren hauptsächliches »Produkt« Schulden sind.

Das gewundene Umschreiben und Verwässern des Dodd-Frank-Bankengesetzes hat gezeigt, dass Banklobbyisten in der Lage sind, Reformen zu bremsen und sie durch Einfügen fataler Schlupflöcher zu entschärfen. Die Einflussnahme der Wall Street auf Gesetzgebung, Gerichte und Aufsichtsbehörden sowie ihre politische Kontrolle über die Wahlkampffinanzierung zwingen Gesellschaften dazu, radikale Maßnahmen zu ergreifen, um sich vor Austerität und Schuldknechtschaft zu schützen. Und radikale Schritte müssen naturgemäß unvermittelt erfolgen. Um erfolgreich zu sein, müssen systemische Reformen rasch und durchgreifend, nicht langsam und schrittweise umgesetzt werden.

4. Eine öffentliche Bankenoption schaffen

Kapitel 7 hat gezeigt, dass das Bankwesen in den Jahren vor dem Ersten Weltkrieg auf dem Weg war, die Rolle eines öffentlichen Versorgungsunternehmens zu übernehmen. Eine öffentliche Option hat in den Postbanken Japans und Russlands überlebt. Dadurch, dass sie Einlagen- und Girokonten, Darlehen und Kreditkarten zu Preisen bereitstellt, in denen sich die tatsächlichen Kosten solcher Dienstleistungen widerspiegeln (oder auch zu subventionierten Preisen statt der heutigen Zinskosten, Gebühren und Vertragsstrafen), könnte diese öffentliche Option die Wirtschaft von den Monopolrenten befreien, die die Banken heute einstreichen. Am wichtigsten: Öffentliche Banken hätten wohl kaum Kredite für die Übernahme und Zerschlagung von Unternehmen und die Schuldenfinanzierung bereitgestellt, die das heutige Finanzsystem kennzeichnen.

Es gibt im Wesentlichen drei Argumente für die Gründung einer öffentlichen Bank, die grundlegende Scheck-, Spar- und Kreditkartendienstleistungen bereitstellt. Der offensichtlichste Grund besteht darin, diese Dienstleistungen zu minimalen Kosten anzubieten. Eine öffentliche Option ist frei von überzogenen Gehältern und Aktienbezugsrechten, von Verwaltungsgebühren und anderen Finanzialisierungsfinten, ganz zu schweigen von politischem Lobbying und Geldstrafen für das mittlerweile chronische Fehlverhalten der größten Banken. Ein zweiter Grund für die Gründung einer öffentlichen Bank liegt in der Fähigkeit von Wall-Street-Lobbyisten, die Umsetzung des Sarbanes-Oxley-Act, des Dodd-Frank Act und der Volckerschen »Too-Big-To-Fail«-Regel zu untergraben und die Ernennung hochrangiger Beamter im Justizministerium oder in der Börsenaufsichtsbehörde zu blockieren, wenn diese Beamten es ernst meinen mit der Durchsetzung gesetzlicher Vorschriften. Solange die beiden führenden politischen Parteien der Vereinigten Staaten (und ihre Pendants in anderen Ländern) es als »den Weg in die Knechtschaft« ansehen, wenn Finanzkriminelle zu Gefängnisstrafen verurteilt werden, besteht die einzige Möglichkeit, eine rücksichtslose Ausbeutung durch Banken zu vermeiden, darin, öffentliche Banken zu gründen, die einfache Standardleistungen anbieten.

Der dritte Grund für die Schaffung einer öffentlichen Bankenoption ist, dass man auf diese Weise das Privatkundengeschäft vom »Investmentbanking« trennt, das sich quasi nicht mehr von einem Spielkasino der Arbitrage- und Derivategeschäfte unterscheiden lässt. Da die geltenden Gesetze die im Glass-Steagall Act verankerte Trennung dieser beiden verschiedenen Arten von Bankgeschäften nicht fortgeführt haben und der Kongress sich als unfähig erwies, die Wirtschaft vor dem Finanzsektor zu schützen, ist eine Situation entstanden, in der Megabanken die Regierung als Geisel für Rettungspakete nehmen können, wenn das exponentielle Wachstum finanzieller Ansprüche zu einer Neuauflage der Liquiditätskrise von 2008 führt.

Schließlich ist es für Staaten leichter, auf eigene Forderungen gegen Schuldner zu verzichten, als Schulden gegenüber privaten Gläubigern zu annullieren. Vor der Privatisierung des Kredits strichen mesopotamische Könige und ägyptische Pharaonen Schulden gegenüber dem Palast, um weitverbreitete Leibeigenschaft und Auswanderung zu vermeiden – jenes Schicksal, mit dem heutzutage überschuldete Länder konfrontiert sind.

5. Staatsdefizite durch Zentralbanken und nicht mit Steuern finanzieren

Es ist von jeher der Staat gewesen, der Geld schöpfte. Das Papiergeld in unserer Tasche ist eine Form staatlicher Schulden. Der Staat schuf Geld als eine Art Schuldschein, mit dem er Güter und Dienstleistungen bezahlte. Auf diese Weise versorgt er die Wirtschaft mit Geld. Die Inhaber dieser Währung sind ihrerseits Gläubiger gegenüber dem Rest der Wirtschaft – und zahlen mit diesem Kredit (der dadurch Wert erhält, dass der Staat ihn als Zahlungsmittel zur Begleichung von Steuerforderungen akzeptiert). Dies ist der Kern der Modernen Geldtheorie, die von den Nachfolgern Hyman Minskys an der University of Missouri-Kansas City, Randy Wray und Steve Keen, detailliert ausgearbeitet wurde.

Die öffentliche Verschuldung – einschließlich der Geldmenge – würde nicht existieren, wenn der Staat nicht Jahrhundert um Jahrhundert Schulden angehäuft hätte. Das Defizit ist das, was die Geldbasis der Wirtschaft schafft, die jedes Jahr proportional zur Zunahme der Staatsverschuldung wächst. Anders als bei persönlichen Schulden erwartet man von öffentlichen Schulden nicht, dass sie zurückgezahlt werden. Denn dies würde die Geldmenge vernichten. Genau das geschah im späten 19. Jahrhundert in den Vereinigten Staaten, und es verursachte eine schwere Deflation (das »Kreuz aus Gold«, an das Schuldner geschlagen wurden, denen immer weniger Arbeitseinkommen zur Rückzahlung der auf einem höheren Preisniveau aufgenommenen Schulden zur Verfügung stand).

Die Aufgabe einer Zentralbank besteht darin, Geld auf elektronischem Weg zu schöpfen, damit es für den Kauf von Gütern und Dienstleistungen ausgegeben wird. Damit schiebt sie das Wirtschaftswachstum an, *ohne* verzinsliche Verbindlichkeiten gegenüber Geschäftsbanken und Anleihegläubigern zu schaffen. Aus diesem Grund sind Finanzeliten gegen die Defizitfinanzierung durch Zentralbanken. Anleiheinhaber ziehen es vor, Staaten an einer straffen finanziellen Leine zu führen. Die Zentralbanken sollen nur Geld schöpfen, um Banken, nicht aber die Wirtschaft insgesamt zu retten. Banken werfen Regierungen vor, Währungen abzuwerten und eine Hyperinflation zu verursachen. Dabei waren es Banken, die in den letzten dreißig Jahren die größte Inflation der Immobilien-, Aktien- und Anleihepreise in der Geschichte finanziert haben. Dies ist keinesfalls eine moralisch verantwortungsvollere Form der Inflation, als Staatsausgaben es sind.

Zentralbanken wurden zum Zweck der Defizitfinanzierung gegründet. Aber in den letzten Jahrzehnten hat der Finanzsektor sie in Anhängsel des privatisierten Bankensystems verwandelt. Bei der Federal Reserve haben »Helikopter-Ben« Bernanke und seine Nachfolgerin Janet Yellen nur über der Wall Street einen Geldsegen niederregnen lassen – unter dem Strich 4 Billionen Dollar an elektronischen Krediten für US-Banken seit der Krise von 2008.

Diese quantitative Lockerung diente nicht der Finanzierung von Investitionen in neues Industriekapital, der Instandsetzung verfallender Brücken, Straßen und anderer Infrastruktureinrichtungen oder der Erhaltung von Arbeitsplätzen. Sie zielte lediglich darauf ab, durch Stabilisierung der Preise von Immobilienhypotheken Bankbilanzen zu stützen. Das erneute Aufblähen von Vermögenspreisen verteuert für Familien den Häuserkauf und mindert ihre Kaufkraft für andere Güter und Dienstleistungen.

Die Wall Street hat eine Propagandakampagne gestartet, um Wähler davon zu überzeugen, dass Staatshaushalte wie private Haushaltsbudgets geführt werden sollten: also ausgeglichen oder besser noch mit einem Überschuss. Der Unterschied besteht darin, dass private Haushalte kein Geld schöpfen können. Die Aufhebung der Silber- beziehungsweise Golddeckung von Währungen hat Banken in die Lage versetzt, im Rahmen gesetzlicher Bestimmungen und Mindestreservevorschriften grenzenlos Kredit zu schöpfen. Aufgrund der Aufhebung staatlicher Regulierungsbefugnisse bleibt die Kreditschöpfung heute den Geschäftsbanken überlassen. Diese blähen die Vermögenspreise auf Kredit auf und erdrücken die Wirtschaft durch zusätzliche Zinslasten. Die Vermögenspreisinflation rückte in den Mittelpunkt des Kreditgeschäfts der Banken – und schien weitere Bankkredite im Rahmen eines sich auf die gesamte Wirtschaft erstreckenden Schneeballsystems zu rechtfertigen.

Es gibt eine Alternative. Die Eurozone hätte einige Billionen Euro zur Defizitfinanzierung direkt in die Wirtschaft pumpen können, um sie aus der sparbedingten Depression herauszuholen. Sie hätte den Überbau aus Bankderivaten zusammenbrechen lassen und so die finanziellen Wetten, die das Bankensystem gefährdeten, beseitigen können. Aber Banklobbyisten und rechte Ideologen haben einen engen Tunnelblick gefördert, um die Vereinigten Staaten davon abzuhalten, Geld zu anderen Zwecken als der Unterstützung der Wall Street zu schöpfen, und um die Europäische Union davon abzuhalten, sich eine vollwertige Zentralbank mit der Vollmacht zur Finanzierung von Staatsdefiziten zuzulegen.

Dies geschieht mit der vorgeschobenen Begründung, die Geldpolitik müsse technokratischen, fachkundigen (soll heißen »mit hinreichendem Tunnelblick ausgestatteten«) und staatsfeindlichen Ideologen überlassen bleiben. Der Wirtschaftsprofessor Mario Seccareccia von der Universität Ottawa hat unlängst dargelegt, wie radikal antidemokratisch die Sichtweise des Geldwesens ist, die dem zugrunde liegt:

> Seit der Errichtung des modernen Nationalstaats im späten 18. und im 19. Jahrhundert war die Einführung des Euro vielleicht das bedeutendste Experiment der Neuzeit, in dem versucht wurde, Geldwesen und Staat voneinander zu trennen, das heißt, eine Währung zu entstaatlichen, wie es von einigen rechten Ideologen und Begründern des modernen Liberalismus, darunter etwa Friedrich von Hayek, gefordert wurde. … Die Entstaatlichung oder »Supranationalisierung« des Geldes, die in der Eurozone stattfand, hat gewählten nationalen Regierungen die Möglichkeit genommen, ihre Volkswirtschaften effizient zu steuern. Solange Regierungen der Eurozone nicht in der Lage sind, ein erhebliches Maß an Kontrolle und Verfügungsgewalt über das von ihren eigenen Zentralbanken

geschöpfte Geld zurückzuerlangen, wird das System fortwährend von Krisen heimgesucht werden und wohl auf lange Sicht zusammenbrechen.[4]

Verschlimmert wird alles dadurch, dass die Zentralbanken in Europa und den Vereinigten Staaten in ihrem Handlungsspielraum durch die (von Finanzlobbyisten geförderte) Ansicht eingeschränkt sind, der Staatshaushalt solle keine Defizite, sondern *Überschüsse* aufweisen. Doch diese Überschüsse entziehen dem Wirtschaftskreislauf Ressourcen und zwingen die Wirtschaft dazu, sich auf Geschäftsbanken und Anleiheinhaber zu stützen. Statt dass öffentliche Kredite das Wirtschaftswachstum finanzieren, werden Bankschulden in einer Weise monetarisiert, die Gläubiger zu Lasten der von ihnen ausgebeuteten Volkswirtschaften begünstigt.

Die Rettungspakete für Citigroup und AIG wurden mit einem Federstrich finanziert. Die staatliche Rentenversicherung, die Krankenversicherung für Senioren und soziale Ausgaben können in ähnlicher Weise mit Geldern finanziert werden, die die Zentralbank geschöpft hat, so, wie sie die Wall Street mit geschöpftem Geld gerettet hat. Schlimmer noch, Lohnempfänger bezahlen über ihre vom Arbeitgeber einbehaltenen Sozialversicherungsbeiträge (FICA-Beiträge) diese Programme im Voraus. Sie tun dies, indem sie die Zwangsersparnisse dem US-Finanzministerium leihen, so dass die Steuern für die höchsten Einkommensgruppen noch weiter gesenkt werden können. Die Moderne Geldtheorie besagt im Kern, dass Staaten ihre Defizite auf elektronischem Weg auf ihren Computertastaturen finanzieren können, in der gleichen Weise wie Geschäftsbanken Kredite schöpfen. Der Unterschied zwischen öffentlicher Geldschöpfung und Bankkrediten besteht darin, dass der öffentliche Zweck die Förderung des Wirtschaftswachstums ist und nicht Vermögenspreisinflation. Nationaler Wohlstand erfordert, dass Geld *in* der Wirtschaft ausgegeben wird – zum Beispiel für neue Infrastrukturinvestitionen, für Gesundheitsversorgung und Altersrenten. Haushaltsüberschüsse würden es notwendig machen, dass solche Ausgaben privat finanziert werden – was viel höhere Preise für diese Dienstleistungen zur Folge hätte.

6. Die staatliche Rentenversicherung und die Krankenversicherung für Senioren aus dem allgemeinen Haushalt finanzieren

Im Jahr 1983 empfahl die von Alan Greenspan geleitete Kommission zur Reform der staatlichen Rentenversicherung, die staatliche Rentenversicherung und die Krankenversicherung für ältere Menschen nicht länger als öffentliche Programme aus dem allgemeinen Haushalt zu finanzieren, sondern als Sparprogramme zu privatisieren, die durch stetige Erhöhung der FICA-Sozialversicherungsbeiträge gezahlt werden sollten, und zwar hauptsächlich von den einkommensschwächsten Mitgliedern der Gesellschaft. Diese vom Lohn einbehaltenen Beiträge belaufen sich mittlerweile auf über 15 Prozent (einschließlich des Arbeitgeberanteils von 6,2 Prozent an den Rentenversicherungsabgaben). Sie treffen nicht die Spitzenverdiener!

Diese regressive Steuerabwälzung von den höheren Einkommensgruppen weg gleicht einem fiskalischen Klassenkampf. Er hat Lohnempfänger Hunderte von Milliarden Dollar gekostet. Die Regierung hat Steuern auf Lohneinkommen erhöht – bis zu einer niedrigen Höchstgrenze, die Erwerbstätige mit einem Jahreseinkommen von mehr 120 000 Dollar von der Beitragspflicht befreit. Banken dagegen müssen die 4 Billionen Dollar, die sie von der Federal Reserve im Rahmen der quantitativen Lockerung als Kredite erhielten, die TARP-Notkredite in Höhe von 800 Milliarden Dollar und andere Subventionen nicht versteuern.

Sobald irgendein Politiker zu erklären versäumt, dass es sich hier um eine regressive Einkommensteuer handelt, die das Eine Prozent subventioniert, kann man getrost davon ausgehen, dass er im Dienst der Wall Street steht oder einer jener sprichwörtlichen »nützlichen Idioten« ist. Sich selbst finanzierende Sozialausgaben haben den Effekt, den 99 Prozent eine Sparpolitik aufzuerlegen, die das Eine Prozent von fiskalischer Verantwortung »befreit«.

7. Natürliche Monopole sollten in öffentlichem Eigentum bleiben, um eine Rentenextraktion zu verhindern.

Finanzlobbyisten verurteilen öffentliche Ausgaben selbst für Straßen, die Post und andere grundlegende Infrastruktureinrichtungen als Wohlfahrtsverluste. Sie behaupten, bei einer Privatisierung würden diese Leistungen zu niedrigeren Preisen bereitgestellt, als Staaten sie anbieten können. Aber alle empirischen Daten deuten auf das Gegenteil hin.[5] Dies ist vor allem darauf zurückzuführen, dass in der heutigen Welt Privatisierung Finanzialisierung bedeutet. Und dies wiederum bedeutet, dass die Kosten für Zinsen, Dividenden und überzogene Managergehälter auf die Gewinnschwellenpreise aufgeschlagen werden, die berechnet werden müssen – ganz zu schweigen davon, dass Gewinne oder Renten in Aktienrückkäufe fließen, um Kapitalgewinne für Manager und Eigentümer zu schaffen.

Über diese Kosten hinaus verlangen Privatisierer den höchsten am Markt erzielbaren Preis. Diese Spanne ist die Monopolrente. Um diesen Wucher zu vermeiden, sind grundlegende Infrastruktureinrichtungen von jeher in öffentlichem Eigentum gehalten worden. Seit der Antike sind Straßen und Beförderungsmittel, Kanäle und öffentliche Gebäude so teuer gewesen, dass privates Eigentum daran die Vermögensungleichheit verschlimmert und monopolistische Eliten geschaffen hätte. Selbst mittelalterliche Leibeigene hatten zumindest Zugangsrechte zu Gemeingütern, was zur Sicherung ihres Lebensunterhalts beitrug.

Monopole wurden in den Vereinigten Staaten während der Progressiven Ära in größerem Umfang privatisiert als in Europa, so dass die US-amerikanischen Methoden der Preisregulierung für Stromversorger und Bahngesellschaften ausgetüftelter waren als andernorts. Als Wucher galt ein Marktpreis, der über dem sorgfältig definierten inneren und notwendigen Kostenwert lag. Europa dagegen beließ grundlegende Infrastruktureinrichtungen in öffentlichem Eigentum, so dass es für die nach 1980 privatisierten Sektoren über geringere regulatorische Erfahrungen verfügte. Und als die Republiken der Sowjetunion im Jahr 1991 unabhängig wurden, besaßen sie keinerlei entsprechende Erfahrungen. Ihre rentenextrahierende »Oligarchen-Kleptokratie« war extremer als in irgendeinem anderen Land der Welt.

Die Neue Einhegungsbewegung der Gegenwart privatisiert die öffentliche Infrastruktur. Dieser Ausverkauf der Allmenden von heute lockt neue Käufer an, die Kredite aufnehmen, um diese Monopolrechte zu kaufen – und den Banken aus den in Rechnung gestellten Preisen Zinsen zu zahlen. Die Privatisierung stellt Banken einen Kreditmarkt zur Verfügung, der Rentenextraktionsrechte in Form von Anleihen, Aktien und Bankkrediten kapitalisiert. Das Thatcher-Blair-Modell für öffentlich-private Partnerschaften ist kennzeichnend für dieses Verscherbeln öffentlicher Vermögenswerte. (Die Finanzialisierung der Gehsteig-Parkuhren in Chicago ist ein berüchtigtes Beispiel aus den USA). Diese Übernahme gab Banken ein starkes Motiv, den Staat aus dem öffentlichen Dienstleistungssektor und der Regulierung und Besteuerung von Renten abwerfenden Unternehmen herauszudrängen.

Abgesehen von der Entprivatisierung (das heißt der erneuten Verstaatlichung) von Land, Rohstoffen und Monopolen ist die geeignete Abhilfe eine

Rentensteuer, flankiert von einer Steuer auf Übergewinne und ungeklärte Bereicherung.

8. Kapitalgewinne sollten genauso progressiv besteuert werden wie Arbeitseinkommen

Etwa 80 Prozent der Kapitalgewinne entfallen auf den Immobiliensektor, worin sich seine beherrschende Größe in der Volkswirtschaft widerspiegelt. Wie auf den Aktien- und Anleihemärkten beruhen die meisten derartigen Gewinne nicht auf Sachanlageninvestitionen, vielmehr resultieren sie hauptsächlich daraus, dass Banken ihre Bonitätsanforderungen senken und daher mehr Kredite gewähren; dies gilt zum Beispiel für Ramschhypothekenkredite in den Jahren von 2001 bis 2008. Immobilienpreise steigen, wenn Zentralbanken den Zinssatz senken, zu dem Unternehmensgewinne und ökonomische Renten in Bankkrediten kapitalisiert werden.

Je geringer die steuerliche Gewinnabschöpfung ist, umso stärker wird der Druck auf Regierungen, die Kapitalerträge der Rentiers noch geringer zu besteuern. Die Gewinne aus dem Verkauf von Immobilien werden nicht besteuert, wenn sie in neue Immobilien reinvestiert werden oder der nominelle Eigentümer seinen offiziellen Wohnsitz in Steueroasen hat (oder wenn ein Eigentümer stirbt). Börsenhändler an der Wall Street profitieren von einem ähnlichen »Schlupfloch«, das ihre Finanzgewinne mit einem niedrigen Kapitalgewinnsteuersatz belastet.

Dabei sollten Vermögenspreisgewinne mindestens mit dem Einkommensteuerhöchstsatz belastet werden. Andernfalls begünstigt die Wirtschaft solche Gewinne gegenüber denjenigen aus Sachanlageinvestitionen.

9. Unverantwortliche Kreditvergabe mit einem Verbot betrügerischer Übereignung oder einer Regel über die Streichung illegitimer Schulden bekämpfen

Eine überhöhte Kreditvergabe ließe sich am ehesten verhindern, indem man Kreditgebern die Kosten fauler Kredite aufbürdet. Kredite, die ohne eine gründliche Prüfung vergeben werden, mit der man sicherstellt, dass sie im Rahmen der normalen Geschäftstätigkeit zurückgezahlt werden können, sollten als betrügerisch gelten.[6] Unternehmen, die sich in den 1980er-Jahren gegen Corporate Raiders verteidigten, behaupteten unter Verweis auf den Grundsatz der betrügerischen Übereignung, dass Ramschanleihen und Bankkredite, mit denen die Übernahmen finanziert werden sollten, nur durch Zerschlagung des Unternehmens, das Anzapfen der betrieblichen Pensionskasse und das Zusammenstreichen der langfristigen Investitionen zurückgezahlt werden könnten. Für öffentliche Schulden sollte die Leitmaxime lauten, dass Anleiheinhaber Verluste tragen sollten, wenn »der Preis« für ihre Auszahlung ein Sparprogramm, Arbeitslosigkeit und erzwungene Auswanderung oder Ausverkauf von öffentlichem Eigentum wäre. Kein Staat sollte gezwungen werden, Gläubiger zu befriedigen, bevor er sein eigenes wirtschaftliches Überleben sichergestellt hat.

Als die Verhandlungen über die Schulden Griechenlands in die entscheidende Phase eintraten, formulierte die parlamentarische »Wahrheitskommission über die Schulden« das Problem am 17. Juni 2015 folgendermaßen: »Die Würde der Menschen ist mehr wert als illegale, illegitime und untragbare Schulden.« Die Forderungen der Troika seien »ausschließlich darauf ausgerichtet, private Schulden auf den öffentlichen Sektor abzuwälzen«.[7] Der Bericht beschreibt, wie diese Ausschlachtung öffentlicher Vermögenswerte in Verbindung mit Forderungen nach einem Sparhaushalt die Folge des »Rettungspakets« der Troika für Griechenland war:

> Alle Daten, die wir in diesem Bericht vorlegen, zeigen, dass Griechenland nicht nur nicht in der Lage ist, diese Schulden zurückzuzahlen, sondern diese Schulden auch nicht zurückzahlen sollte, vor allem weil die Schulden, die aus den Vereinbarungen mit der Troika hervorgehen, die fundamentalen Menschenrechte der griechischen Staatsbürger verletzen. Daher sind wir zu dem Schluss gelangt, dass Griechenland diese Schulden nicht bezahlen sollte, weil sie illegal, illegitim und verabscheuungswürdig sind.

Die Frage ist, ob die Gesellschaft verschuldete Volkswirtschaften oder deren Gläubiger retten wird. Banken schlagen Alarm bei dem Gedanken, Schulden zu streichen, die nicht zurückgezahlt werden können, als ob dies undenkbar wäre. Aber es ist weniger radikal, als Volkswirtschaften in überschuldetes Ödland zu verwandeln, wie es im Fall von Griechenland geschah. Aus einer historischen Perspektive ist es radikaler, eine Schuldendeflation durch eine Sparpolitik zu vertiefen und währenddessen Banken Immobilien zwangsversteigern zu lassen, als wenn Regierungen Schuldner schützen, die die übergroße Mehrheit der Bevölkerung und Unternehmen ausmachen. Realismus und die Notwendigkeit, funktionstüchtige Märkte aufrechtzuerhalten, verlangen die Einsicht, dass die meisten Schulden letztlich nicht zurückgezahlt werden können.

Gegenwärtig leben wir in einem finanziellen Interregnum. Bei einem weiteren Anwachsen des Schuldenbergs kann die Wirtschaft eine sich exponentiell verstärkende Schuldenkrise nicht vermeiden, da sie einem exponentiellen Schnellballsystem folgt. Banken und Anleiheinhaber werden weitermachen, solange sie können – bis durchgreifende Reformen angepackt und Regeln festgelegt werden, unter welchen Bedingungen Schulden gestrichen werden sollten, wenn sie zerstörerische Auswirkungen auf die Gesamtwirtschaft haben.

10. Die klassische Wert- und Preistheorie unter besonderer Berücksichtigung der Schulden wiederbeleben

Wie in Kapitel 3 beschrieben, entwickelte François Quesnay die volkswirtschaftliche Gesamtrechnung, um zu ermitteln, wie viel Grundrente eingenommen wurde und wie die Grundherren diese Einnahmen verwendeten. Die anschließende Wert- und Preistheorie von Adam Smith und Ricardo hat den Begriff der ökonomischen Rente eindeutig definiert, was John Stuart Mill und andere ricardianische Sozialisten in die Lage versetzte, nachzuweisen, dass durch die Besteuerung von Renten Rohstofferträge und steigende Grundstückswerte für die Allgemeinheit abgeschöpft werden können. Diese Rentenwerte werden nicht durch Anstrengungen von Grundherren geschaffen, vielmehr verdanken sie sich dem gesamtgesellschaftlichen Wohlstand und öffentlichen Investitionen in Verkehrssysteme, Schulen und andere Infrastruktureinrichtungen, die den Wert eines Standorts definieren.

Der Kampf um die öffentliche Aneignung von Grund- und Rohstoffrenten und um die Verstaatlichung natürlicher Monopole einschließlich des Kreditwesens fand in fast jedem Industrieland in den Jahrzehnten vor dem Ersten Weltkrieg statt. Die Besteuerung von Renten sollte die steuerliche Belastung von Konsum und Unternehmen senken, während die öffentliche Infrastruktur die Preise für grundlegende ökonomische Güter senkte. Im vergangenen Jahrhundert hat sich diese Entwicklung umgekehrt, indem die Grundstücks-, Rohstoff- und Basisinfrastrukturrenten privatisiert und hauptsächlich als Zins an die Banken gezahlt wurden.

Die Finanzmagnaten der Gegenwart, die die Erinnerung an die klassische Rententheorie auslöschen wollen, geben vor, Adam Smith und seine Schüler hätten dieses Rent-Seeking von Steuern und staatlicher Regulierung und nicht freie Marktwirtschaften von Rentier-Eliten befreien wollen. In der Tatsache, dass sie kein progressiveres Steuersystem schufen, spiegelt sich die Unfähigkeit der kapitalistischen Lehre des 19. Jahrhunderts wider, sich die politische und gesetzgeberische Macht zu verschaffen, um die Volkswirtschaften von den Resten des Feudalismus zu befreien. Dazu gehören, erstens, Großgrundbesitz, der von der militärischen Eroberung Europas und der von Europa kolonisierten Regionen herrührte; zweitens, das Bankwesen in privater Hand mit gläubigerfreundlichen Gesetzen; und, drittens, Monopole, die mit öffentlicher Genehmigung gegründet und zur Bezahlung königlicher Kriegsschulden oder, in jüngerer Vergangenheit, zur Finanzierung der Defizite, die durch Steuersenkungen für Rentiers und den Rest des Einen Prozents entstanden sind, verkauft wurden.

Wie ein Schuldenerlass gestaltet werden sollte

Während sich der politische Kampf im 19. Jahrhundert um die Verstaatlichung von Land, Rohstoffen und Monopolen drehte, wird heute um die Verstaatlichung des Bank- und Finanzwesens gestritten. Dadurch, dass Banken und Anleiheinhaber zu den Hauptempfängern von Renten geworden sind, sind sie als die wichtigsten Verteidiger des Rent-Seeking in Erscheinung getreten. Da Banken besicherte Privilegien der Rentenextraktion zur Grundlage unseres Kreditsystems gemacht haben – Hypothekenschulden und Privilegien von Erdölkonzernen und privatisierten Monopolen –, können sie behaupten, die Wiederbelebung des klassischen Programms zur Besteuerung ökonomischer Renten werde das Finanzsystem zu Fall bringen, das diese Renten in Zinsen verwandelt und die gesamtwirtschaftlichen Ersparnisse absichert.

Diese Ersparnisse sind selbstverständlich weitgehend in den Händen des Einen Prozents konzentriert. Aber die Symbiose zwischen Banken, Immobiliensektor und Monopolen hat diese Rentiers in die Lage versetzt, ihre Interessen so darzustellen, als wären sie deckungsgleich mit denen der Arbeitnehmer und der Industrie – sofern man die Konzepte ökonomische Rente,

Vermögenseinkommen und fiktives Vermögen außer Betracht lässt. Die oben angeführten Reformen lassen sich nicht realisieren, solange die Überschuldung fortbesteht. Wenn sich an der gegenwärtigen Rentenextraktion nichts ändert, lässt sich die Wirtschaft nur dann nachhaltig wiederankurbeln, wenn Unternehmen und Familien von der Schuldenlast befreit werden. Die Geschichte zeigt, dass übermäßige Rentenextraktion und die Weigerung, Schulden zu erlassen, Volkswirtschaften in Schuldknechtschaft und Kollaps treiben. Aber sie enthüllt auch, dass es immer ein breites Spektrum von Alternativen gab, mit denen sich die Ausbreitung der Verschuldung rückgängig machen lässt. Wenn ein Schuldenerlass so radikal erscheint, dass er heute nachgerade undenkbar geworden ist, ist dies hauptsächlich darauf zurückzuführen, dass durch die Rentier-Ideologie die meisten gewohnheitsrechtlichen Proklamationen über Schuldenerlasse, die sich über 3000 Jahre erstrecken und von Mesopotamien und Ägypten über Athen, Sparta und Judäa reichen, in Vergessenheit geraten sind.

Die Proklamation von Schuldenerlassen zur Wiederherstellung eines ökonomischen Gleichgewichts – die Annullierung angehäufter Schulden, wenn sie die Rückzahlungsfähigkeit des Schuldners überstiegen – gewährleistete die finanzielle Stabilität der prärömischen Zivilisation. Das mosaische Gesetz rückte diesen Grundsatz ins Zentrum der jüdischen Religion (3. Buch Mose 25). Aber das moderne Christentum ignoriert weitgehend die Tatsache, dass Jesus Christus in seiner ersten Predigt (Lukas 4) das Buch des Propheten Jesaja aufschlug und erklärte, er sei gesandt worden, um das Jahr des Herrn zu verkünden. So wurde das Jubeljahr auch genannt, weil in ihm der »Ablass« der Schulden gewährt wurde.

Die Wiedereinführung des Jubeljahrs war für die Urchristen Anlass, sich von Rabbi Hillel loszusagen, dessen *Prosbul*-Klausel von Gläubigern dazu benutzt wurde, Schuldner zu zwingen, auf ihre Rechte auf einen Schuldenerlass zu verzichten. Jesus' Position – die auch von den am Toten Meer gefundenen Schriftrollen der Essener bestätigt wird – veranlasste das vermögende Establishment dazu, ihn entschlossen zu bekämpfen. Mittlerweile war es zu spät, den Kampf gegen Rom und seine zunehmend gewalttätige Gläubigerklasse zu gewinnen, die schließlich der westlichen Welt ein gläubigerfreundliches poströmisches Gesetz hinterließ.

Wenig überraschend lautet die Lehre aus der Finanzgeschichte, dass Schulden, die nicht zurückgezahlt werden können, auch nicht zurückgezahlt werden. Die große politische Frage unserer Zeit ist, *wie* sie nicht zurückgezahlt werden: Werden Staaten Gläubigern erlauben, die Zwangsvollstreckung zu betreiben und sich öffentliche und private Vermögenswerte anzueignen, so dass ganze Bevölkerungsgruppen in Knechtschaft gehalten werden? Oder werden sie einen Schuldenerlass verkünden und dadurch einen Neuanfang ermöglichen?

Einer muss nachgeben: entweder der Finanzkapitalismus oder der Post-Rentier-Industriekapitalismus, der sich vor hundert Jahren in Richtung Sozialismus zu entwickeln schien. Bloße oberflächliche Reformen können eine gründlich deformierte Volkswirtschaft nicht retten. Ein so großer Teil der Grund-, Rohstoff- und Monopolrenten sowie der industriellen Profite, des persönlichen Einkommens und der Geldschöpfung der Zentralbank wird über den Schuldendienst von Banken und Anleihegläubigern abgeschöpft, dass die einzige sinnvolle Reform ein durchgreifender Schuldenerlass ist. Am Ende der heutigen Dynamik zinstragender Schulden und eines dysfunktionalen Finanz- und Steuersystems stehen ein wirtschaftliches Dunkles Zeitalter und die Privatisierung der Gemeingüter.

Wenn Rentiers beteuern, dass *es keine Alternative gibt,* meinen sie, dass ihre Forderungen und Eigentumsansprüche so eng mit der gesamten Wirtschaft verflochten sind, dass jede systemische Alternative kurzfristig Chaos zu stiften droht. Sie wollen, dass jegliche Reform das bestehende Finanz- und Rentenextraktionssystem weitgehend unangetastet lässt. Banken und Anleiheinhaber hassen die klassische politische Ökonomie, weil ihre logische Schlussfolgerung der Sozialismus im damaligen Sinne war (ehe die heutigen »sozialistischen« Parteien diesen mit einer neoliberalen Spar- oder Austeritätspolitik gleichsetzten). Marx wurde zum roten Tuch der Rentier-Klasse, weil er zeigte, wie die radikale Dynamik des Industriekapitalismus danach strebte, sich die Land-, Finanz- und Monopolinteressen zu unterwerfen, die als Relikte des Feudalismus überlebt hatten.[8] Dazu bedurfte es einer Regierung, die stark genug war, um den Rentier-Interessen entgegenzutreten und ihren postfeudalen Würgegriff zu brechen.

Aber es sollte anders kommen: Eine finanzielle Gegenrevolution versucht Wähler davon zu überzeugen, dass eine Regierung, die stark genug ist, die Wirtschaft effektiv zu regulieren und den Finanz-, Versicherungs- und Immobiliensektor (FVI) zu besteuern, geradewegs in die Knechtschaft führt. Das ist die Strategie des Parasiten – seinen Wirt derart einzulullen, dass dieser nicht bemerkt, dass der Schnorrer die Wachstumskräfte des Wirts für sich selbst abzweigt.

Der Reichtum des Einen Prozents lässt sich auf unterschiedliche Weise auf ein früher einmal als normal geltendes Maß zurückstutzen. Im Gefolge der Krise von 2008 wurden viele entsprechende Maßnahmen vorgeschlagen, etwa die Herabsetzung von Schuldzinsen auf den marktüblichen Zinssatz, gemäß der Fähigkeit des Schuldners, Verbindlichkeiten aus laufendem Einkommen zu bedienen. Für die große Kategorie der selbstgenutzten Immobilien zum Beispiel lässt sich der marktübliche Mietwert von Immobilien, die mit einer zu hohen Hypothek belastet sind, ermitteln und dann als monatliche Zahlung festsetzen, durch die der Hypothekenkredit nach 30 Jahren automatisch getilgt wäre. Die Banken (genauer gesagt: ihre Anleihegläubiger und nicht versicherten Vertragspartner) würden den Verlust tragen, da sie einen im Verhältnis zum Objektwert überhöhten Kredit vergeben haben.

Eine andere Lösung bestünde darin, den Marktpreis der Immobilie sachgerecht zu ermitteln und die Schulden auf dieses Niveau herabzusetzen – denn die Banken hätten ursprünglich keine höheren Kredite vergeben dürfen. Man könnte, drittens, auch das tatsächliche Einkommen des Wohnungsinhabers berechnen (nicht den »Lügnerkredit«-Betrag, den der Hypothekenmakler der Bank in den Antrag geschrieben hat) und die Hypothekenzahlung auf einen bestimmten Anteil davon festsetzen, zum Beispiel die früher üblichen 25 Prozent. Der Kongress hat im Oktober 2008 im Rahmen des Troubled Asset Relief Program entsprechende Abschreibungen erlaubt. Aber wie in Kapitel 11 beschrieben, hat es der neu gewählte Präsident Obama vorgezogen, die Schulden unangetastet zu lassen.

Im Jahr 1931 erkannte man, dass die Weltwirtschaft einen Schuldenerlass benötigte, und verkündete entsprechend ein Moratorium für die zwischenstaatlichen Zahlungsverpflichtungen aus dem Ersten Weltkrieg. Heute benötigen wir eine ähnliche Maßnahme für die Staatsschulden in der Eurozone, ja in einem Großteil der Weltwirtschaft. Vorbild bleibt auch heute noch das deutsche Wirtschaftswunder. Im Jahr 1948 setzten die Alliierten die Währungsreform in Kraft, die sämtliche Schulden strich, außer den Lohnverbindlichkeiten von Unternehmen gegenüber ihren Mitarbeitern, geringfügigen persönlichen und Firmenersparnissen sowie Sichteinlangen bis zu einer festgesetzten Höhe für grundlegende Transaktionen. Die deutsche Wirtschaft wurde auf einen Schlag weitgehend schuldenfrei. Das war das Wunder, das die deutsche – schuldenfreie – Marktwirtschaft langfristig existenzfähig machte.

Es war für die Alliierten politisch leicht durchsetzbar, die deutschen Verbindlichkeiten zu streichen, weil sie fast ausschließlich ehemaligen Nazi-Anhängern geschuldet wurden. Aber die heutigen Banken und Anleihegläubiger haben die Regierungen, die Finanzministerien, die Zentralbanken, den IWF und die EZB fest im Griff. Diese Gläubiger stellen ihre eigenen Profite über die wirtschaftliche Erholung, auch wenn dies verheerende Folgen hat und es den gesamten finanziellen Überbau zusammenbrechen lässt.

Was geschieht, wenn die Schulden *nicht* gestrichen werden?

So oder so werden die heutigen Schulden nicht getilgt werden. Der Schuldenberg ist derart groß, dass er nicht zurückgezahlt werden kann, ohne dass es zu einer noch weitergehenden Verarmung ganzer Volkswirtschaften und zu weiteren Pleitewellen kommt. Aber bis man die Aussichtslosigkeit dieses Unterfangens allgemein erkannt hat, wird ein steter Strom von Zwangsvollstreckungen und Privatisierungen die Polarisierung zwischen Gläubigern und Schuldnern in der Volkswirtschaft weiter verschärfen. Früher oder später werden Volkswirtschaften einsehen, dass sie wählen müssen: Entweder sie werden zu einer immer stärker polarisierten Finanzoligarchie, oder sie machen einen Neuanfang, indem sie die Reste übermäßiger Kreditvergabe und finanzieller Fehlstrukturierung beseitigen.

Das politische Problem, das Schuldenabschreibungen verhindert, besteht darin, dass die Schulden der einen Partei (hauptsächlich der 99 Prozent) die Ersparnisse der anderen sind. Es ist nicht möglich, Schulden auf der Passiva-Seite der Bilanz zu annullieren, ohne Ersparnisse auf der Aktiva-Seite zu vernichten. Solange »Ersparnisse« (hauptsächlich des Einen Prozents) die Form von Forderungen gegen den Rest der Gesellschaft annehmen, werden sie exponentiell ansteigen und die 99 Prozent in einer sich vertiefenden Schuldknechtschaft halten, während das Eine Prozent den Überschuss monopolisiert, und zwar in einer Weise, die die Wirtschaft schrumpfen lässt.

Gegenwärtig verfolgen Regierungen den Kurs, den Finanzsektor zu unterstützen und Schulden nicht gemäß der Zahlungsfähigkeit des Schuldners herabzusetzen. Die einseitige Unterstützung der US-Regierung für

Gläubiger seit 2008 hat einen Schuldenerlass verhindert. Anfang 2013 verkündete die Fed, sie werde jeden Monat hypothekenbesicherte Wertpapiere im Volumen von 40 Milliarden Dollar kaufen – fast eine halbe Billion Dollar im Lauf eines Jahres, während die staatlichen Wohnungsbauagenturen rund 90 Prozent der verbrieften Hypothekenpakete, die verkauft wurden, garantierten.

Der *Financial Times*-Kolumnist Gillian Tett beschrieb diesen staatlichen Aktivismus als Travestie eines freien Marktes. Banken vergaben keine neuen Hypothekenkredite mehr, solange der Staat nicht das *gesamte* Risiko übernahm (wie es auch bei Studiendarlehen der Fall ist), indem er für den Fall, dass Eigenheimbesitzer nicht in der Lage sind, ihre Verbindlichkeiten zu erfüllen, die Zahlung aus der Staatskasse garantiert. Tett weist darauf hin, dass »eine staatliche Unterstützung wie diese in der westlichen Welt beispiellos ist«, und zitiert in diesem Zusammenhang die Warnung des ehemaligen Finanzministers Paulson: »Heute garantiert die Regierung 90 Prozent der Hypotheken. Wenn sie damit fortfährt und die Märkte ihre Arbeit nicht erledigen dürfen, werden wir uns wieder in genau der gleichen Situation wie in den Jahren 2007 und 2008 befinden.«[9]

Die heutigen staatlichen Interventionen haben nichts mit Sozialismus gemein. Das sachgerechte Wort lautet »Oligarchie«. Schuldenproteste von Island bis Griechenland und Spanien weisen Forderungen von Anleihegläubigern nach Austerität und Privatisierungsverkäufen zurück, sie wählen gläubigerfreundliche Regierungen ab und verlangen Volksabstimmungen über die Frage, ob Gläubigern finanzieller Tribut gezahlt werden sollte. Aus diesem Grund entziehen Gläubiger demokratisch gewählten Regierungen ihre Unterstützung, und sie fordern, dass ihren designierten technokratischen Lobbyisten die Kontrolle über die Wirtschaftspolitik übertragen wird.

Anleihegläubiger sehen in dem steigenden Druck, sich mit Schuldenschnitten abzufinden, einen Angriff auf ihre Vorstellung von freien Märkten. Aber ihre Idee von Freiheit bedeutet Schuldknechtschaft für die Bevölkerung insgesamt. Ihre Verhöhnung der klassischen Vorstellung von rentenfreien Märkten wirft die unausgesprochene Frage auf: Warum handeln Regierungen nicht im Interesse der verschuldeten Mehrheit, statt zu intervenieren, um Gläubigerforderungen durchzusetzen und Banken zu retten, während sie dem Land eine Sparpolitik auferlegen? Weshalb entscheiden sie sich nicht eher für Wachstum als für eine wirtschaftliche Schrumpfkur, die im

Bankrott endet? Die Kosten sind sehr viel geringer, weil finanzielle Risiken vermieden werden könnten.

So unvorstellbar ein allgemeiner Schuldenerlass erscheinen mag, bleibt festzuhalten, dass, sobald wir die Unmöglichkeit erkannt haben, den heutigen Schuldenberg abzutragen (zumindest nicht ohne schwere gesellschaftliche Verwerfungen und Auferlegung eines finanziellen Neofeudalismus), die Schulden nicht zurückgezahlt werden. Denn letztlich genügen die Einnahmen bei weitem nicht. Wenn wir diese Tatsache zugeben, gilt das, was Sherlock Holmes in *Die Beryll-Krone* sagte: »Es ist eine alte Maxime von mir, dass, wenn man das Unmögliche einmal ausgeschlossen hat, was immer übrig bleibt, wie unwahrscheinlich es auch ist, die Wahrheit sein muss.«

Tatsächlich lautet die Wahrheit, dass die heutige Überschuldung nicht zurückgezahlt werden kann. Der politische Kampf der Gegenwart betrifft lediglich die Art und Weise, *wie* sie nicht zurückgezahlt werden. Wenn die Schulden des Staates bei ausländischen Gläubigern durch erzwungene Privatisierungsverkäufe bezahlt werden, wird ehemaliges öffentliches Eigentum wie etwa Infrastruktureinrichtungen in Gelegenheiten zur Rentenextraktion umgewandelt, und durch die von Rentiers auferlegte Sparpolitik kommt es zu einer Verarmung ganzer Volkswirtschaften.

SCHLUSS

Die griechische Tragödie könnte das Ende des Euro bedeuten

»Ein Schuldenschnitt in der Währungsunion ist unmöglich. Das lassen die europäischen Verträge nicht zu.«

Finanzminister Wolfgang Schäuble[1]

Während der sechs Monate nach dem Wahlsieg Syrizas im Januar 2015 rückte die Troika nie von ihrer Forderung ab, die griechischen Unterhändler sollten die Wahlergebnisse ignorieren und das Sparprogramm, zu dem sich ihre Vorgänger verpflichtet hatten, umsetzen. Die Troika, die sich weigerte, über Alternativen zu diskutieren, machte Ministerpräsident Alexis Tsipras und Finanzminister Yanis Varoufakis für die mangelnden Fortschritte verantwortlich. Die Gläubiger erzürnte, dass Syrizas Berechnungen bestätigten, worin sich fast alle Ökonomen einig waren: Aufgrund der Sparpolitik wäre Griechenland noch weniger in der Lage, seine Auslandsschulden zu bedienen. Die Troika reagierte darauf, indem sie ihre Forderungen noch verschärfte und in den »Verhandlungen« unverblümt die Kapitulation Griechenlands verlangte. Varoufakis fasste die Konfrontation folgendermaßen zusammen:

> »... Man weigerte sich unumwunden, ökonomische Argumente auszutauschen. ... Man brachte ein Argument vor, das man wirklich gründlich durchdacht hatte – um sicherzustellen, dass es logisch kohärent ist –, und dafür erntet man nur ausdruckslose Blicke. ... Sehr mächtige Personen schauten einem fest in die Augen und sagten: ›Sie haben Recht mit dem, was Sie sagen, aber wir machen Sie trotzdem fertig.‹«[2]

James Galbraith, ein Kollege von Varoufakis an der Universität von Texas, der ihn nach Griechenland begleitete, beschrieb dieses sechsmonatige Tauziehen. Das griechische Verhandlungsteam machte immer wieder Zugeständnisse, aber die Gläubiger weigerten sich, einen Schuldenschnitt auch nur zu diskutieren. Ihr Standpunkt war unnachgiebig: »Wenn Sie einlenken und sich mit dem einverstanden erklären, was wir Ihnen sagen, nehmen wir Sie ernst. Andernfalls nicht.«[3]

Es ging nicht um die ökonomische Logik, sondern allein um Macht. Varoufakis äußerte sich in seinem Interview im *New Statesman* in diesem Sinne: »Die Sparpolitik zielt nie darauf ab, das Problem der öffentlichen Verschuldung zu lösen«, und sie sollte die griechische Wirtschaft nie zu dem Zweck stabilisieren, die Schulden bei der Troika zurückzuzahlen. Vielmehr ging es darum, Forderungen durch Zwangsveräußerung öffentlichen Eigentums einzutreiben. Man wollte es auf Kredit privatisieren, der von den führenden europäischen Banken finanziert werden sollte. Es ging darum, mit der demokratischen Tradition gemischter Wirtschaftsordnungen zu brechen, Arbeitnehmerschutzrechte weitgehend abzuschaffen und öffentliche Investitionen und die ökonomische Infrastruktur Rentenextraktoren zu übereignen.

Eine Revolution ist keine Teegesellschaft. Finanzinteressen hatten keine Skrupel, einzugestehen, dass ihre Forderung, Griechenland in eine »Mautstellen-Wirtschaft« für Rentiers zu verwandeln, tatsächlich eine Revolution war. Sie erkannten, dass es darum geht, wie sich das 21. Jahrhundert in einer Welt entwickeln wird, die dem neoliberalen Washingtoner Konsens gehorcht. Und in diesem Kampf war die Trumpfkarte der Troika deren Fähigkeit, Griechenland mit dem ökonomischen Chaos zu drohen, für den Fall, dass seine Regierung nicht kapitulierte.

Ende Juni mündete dieses Tauziehen schließlich in die Frage nach dem angemessenen Verhältnis zwischen Gläubigern und souveränen Staaten. Inwieweit dürfen Gläubiger Staaten dazu zwingen, sich über eigene Gesetze hinwegzusetzen, die sie auf die Förderung des Wohlergehens ihrer Bürger verpflichten? Ist es legitim oder legal, wenn die von Gläubigern diktierte Austerität und Schuldendeflation wirtschaftlicher Depression, sozialen Verwerfungen und Emigration Vorschub leistet, oder sollten Anleiheinhaber die Verluste ihrer eigenen übermäßigen Kreditvergabe tragen?

Gläubiger kontra Demokratie

Es ist nicht Aufgabe der Finanzminister, solche allgemeinen Fragen zu erörtern. Ihre Aufgabe ist lediglich, zu berechnen, wie viel von ihrem Eigentum Schuldner verkaufen oder wie stark sie ihre Ausgaben kürzen müssen. Als sich die neuen griechischen Unterhändler weigerten, Renten zu kürzen oder den Haushaltsüberschuss zu erhöhen, und auf Schuldenerleichterungen bestanden, zeigte sich die Gegenseite unerbittlich: »Wenn Sie es wagen sollten, ein entsprechendes Gesetz einzubringen, wird nichts davon umgesetzt werden. Es wird als ein einseitiger Schritt betrachtet werden, der dem Zustandekommen einer Vereinbarung abträglich ist.«[4]

Schäuble schloss jegliche Verhandlung über Schuldenerleichterungen aus, mit der Begründung, die »Vorgängerregierung habe sich mit den Bedingungen einverstanden erklärt, und wir können es nicht zulassen, dass eine Wahl etwas daran ändert«.[5] Varoufakis erinnert sich, dass er in diesem Augenblick »aufstehen und sagen musste ›Nun, vielleicht sollten wir einfach in verschuldeten Ländern keine Wahlen mehr abhalten‹«, worauf er keine Antwort erhielt. Ich kann dieses Schweigen nur folgendermaßen deuten: »Ja, das wäre eine gute Idee, aber es wäre schwer umzusetzen. Also entweder unterschreiben Sie auf der gestrichelten Linie, oder Sie sind draußen.« Am Abend des 26. Juni versuchte Ministerpräsident Tsipras nach fünf Monate währenden ergebnislosen Verhandlungen mit den Gläubigern der Eurozone einen Ausweg aus der Sackgasse zu finden, indem er sein Anliegen dem Volk zur Entscheidung vorlegte. Er kündigte für Sonntag, den 5. Juli, ein Referendum über die Frage an, ob die Regierung die Forderungen der Troika nach weiteren Einsparungen, Rentenkürzungen und höheren Haushaltsüberschüssen erfüllen oder ablehnen sollte.

Zwei Tage später, am Abend des 28. Juni, hat Mario Draghi noch einmal nachgelegt. Er gab bekannt, dass sich die finanzielle Lage Griechenlands nach dem Scheitern der Verhandlungen (das heißt nach der Weigerung Syrizas, zu kapitulieren, und nach den Maßnahmen der Regierung zur Verlangsamung des ökonomischen Zusammenbruchs) so stark verschlechtert habe, dass die Europäische Zentralbank keine Kredite mehr an griechische Banken vergeben könne. Dadurch mussten diese am darauffolgenden Montag schließen und zunächst bis zum 7. Juli – zwei Tage nach dem Referendum – geschlossen bleiben. Tatsächlich öffneten sie aber erst am 20. Juli wieder ihre Türen.

Die EZB soll Banken mit Liquidität und ausreichend Zahlungsmitteln versorgen, damit diese Einleger auszahlen können, nicht das Bankensystem einfrieren. Der Schritt war rein politisch motiviert; es ging nicht nur darum, den Willen Griechenlands zu brechen, vielmehr wollte man das Land auch zu einem Lehrbeispiel machen, das der spanischen Podemos und den Parteien in Italien und Portugal, die die Sparpolitik ablehnten, das Leid vor Augen führen sollte, das die EZB und der IWF Ländern zufügen konnten, die es wagten, um Schuldenerleichterungen zu ersuchen.

In der Woche vor dem Referendum verschärfte sich die Finanzkrise. Vor den Geldautomaten bildeten sich lange Schlangen von Menschen, die nur Geld für Lebensmittel abheben wollten. Rentner hatten besonders große Probleme, weil die Renten auf ihre Bankkonten überwiesen wurden. Aber die Banken waren geschlossen und Abhebungen von Geldautomaten waren auf kleine Beträge begrenzt.

Die konservativen Medien kritisierten Syriza dafür, dass sie den harten Konditionen der Troika nicht zustimmte. Sie und die Führer der Eurozone drängten auf ein »Ja« zur Kapitulation und taten ihr Bestes, um den Wählern Angst einzujagen, indem sie ihnen einredeten, es ginge bei dem Referendum nicht darum, ob man der »Friss-oder-Stirb«-Drohung der Troika nachgeben wolle, sondern darum, ob man den Euro behalten und in der Europäischen Union bleiben wolle, wofür die Zustimmung zum Euro unabdingbar war.

Am Freitag, dem 3. Juli, zwei Tage vor der Volksabstimmung, ließen Mitarbeiter des IWF eine politische Bombe platzen. Ihre Schuldentragfähigkeitsanalyse vom vorhergehenden Freitag, dem 26. Juni, zeigte, dass Syrizas Argumentation auf ganzer Linie zutraf und dass die Unterhändler der Troika sich dessen wohl bewusst waren: »Die Laufzeiten bestehender europäischer Kredite müssen deutlich verlängert werden, während neue europäische Finanzmittel zur Deckung des Finanzierungsbedarfs über die kommenden Jahre zu ähnlichen Vorzugskonditionen bereitgestellt werden müssen.« Am wichtigsten aber ist, dass »Schuldenschnitte notwendig werden«, wenn der Sparkurs die Wirtschaft weiter schwächt und deshalb die Steuereinnahmen sinken oder wenn die Privatisierung weiterhin schleppend verlaufen sollte.[6]

Aus diesen Befunden folgte, dass sich der IWF angesichts der strengen Auflagen, die die EZB und der Europäische Rat verlangten, gemäß seiner Charta nicht an einem neuen Kreditprogramm für Griechenland beteiligen durfte. »Gemäß den Sonderzugangskriterien des IWF muss die Schuldentragfähigkeit bei sorgfältiger Analyse mit hoher Wahrscheinlichkeit als gegeben beurteilt werden«, lautete die Schlussfolgerung des Berichts. Allzu optimistische Vorhersagen zum Haushaltsüberschuss unter der Sparpolitik mussten unter die projizierten 3 Prozent des Bruttoinlandsprodukts abgesenkt werden. »Allerdings würde eine noch stärkere Absenkung des Primärüberschussziels in diesem wachstumsschwachen Umfeld eine nicht tragfähige Schuldendynamik bedeuten. ... In einem solchen Fall wären ein Schuldenschnitt sowie umfangreiche Vorzugskredite mit festen Zinsen, die auf gegenwärtigem Niveau festgeschrieben werden müssten, notwendig«. Ohne einen »Schuldenschnitt« könnte der IWF keine neuen Kredite vergeben. Laut seinen eigenen Regularien dürfte er dies nur tun, wenn die griechischen Schulden tragfähig wären, aber: »Es ist unwahrscheinlich, dass Griechenland seine Finanzierungslücken auf den Märkten zu Konditionen, die mit der Schuldentragfähigkeit vereinbar sind, wird schließen können. ... Angesichts der fragilen Schuldendynamik bedarf es weiterer Konzessionen, um die Schuldentragfähigkeit zu erneuern.« Es bedurfte umfangreicher neuer öffentlicher Kredite zu Vorzugskonditionen.

Tsipras und einige andere führende Syriza-Politiker waren der Ansicht, der Finanzkrieg gegen Griechenland würde die Bevölkerung demoralisieren und zu einem mehrheitlichen »Ja«-Votum zu den Bedingungen der Troika führen. Für Tsipras hätte dies zumindest bedeutet, dass er sein Bestes getan hatte; er hätte den rechten Medien die Schuld geben und Griechenland als Opfer von Erpressung und Nötigung hinstellen können. Aber es zeigte sich, dass seine Befürchtungen unbegründet waren. Die Troika hatte den Bogen überspannt. Die meisten Wähler reagierten mit Wut, die sich insbesondere gegen Deutschland richtete.

Am Sonntag lehnten die Wähler die Austeritätsbedingungen der Troika mit 61 gegen 39 Prozent ab. Die öffentliche Meinung war in einem Ausmaß radikalisiert, dass jeder Wahlbezirk in Griechenland mit »Nein« (*Oxi*) stimmte. Stathis Kouvelakis, ein Mitglied der Linken Plattform Syrizas, erklärte: »In Arbeiterbezirken stimmten 70 Prozent und mehr mit ›nein‹, in Oberschichtbezirken stimmten 70 Prozent und mehr mit ›ja‹. ... 85 Prozent der jungen Leute zwischen 18 und 24 stimmten mit ›nein‹.«[7] Die Mehrheit der Wähler zeigte, dass sie bereit war, »das Risiko eines möglichen Ausstiegs aus dem Euro einzugehen, falls dies die Bedingung für die Ablehnung weiterer Sparmaßnahmen war«. Viele Griechen hatten sich auf einen solchen Fall vorbereitet, indem sie Euro-Geldscheine von den Banken abhoben und außerdem neue Autos, Boote und andere Konsumgüter kauften, die sie verkaufen konnten, wenn das Land zu einer abgewerteten Drachme zurückkehrte.

»Am kommenden Montag, nach dem Referendum, wird die griechische Regierung am Verhandlungstisch sitzen und bessere Bedingungen für das griechische Volk herausholen«, versprach Tspiras. Aber die Troika verschärfte ihre Forderungen, ganz offensichtlich um zu zeigen, dass es zwecklos sei, demokratische Abstimmungen über solche Fragen herbeizuführen. Die neuen Bedingungen verlangten noch weitergehende Einsparungen und noch schnellere Privatisierungen. Paul Krugman beschrieb das Verhalten der Troika in seinem *New-York-Times*-Blog in aller Klarheit: »Ein Mitglied der Eurozone zu sein bedeutet, dass die Gläubiger eine Volkswirtschaft zugrunde richten können, wenn sie aus der Reihe tanzt.«[8]

Das Dilemma führte zu einer Krise innerhalb der Syriza-Führung. Varoufakis hatte eine Gruppe zur Ausarbeitung eines »Plans B« geleitet. Dieser sah die Emission auf Euro lautender Schuldtitel vor, die aus Steuereinnahmen zurückgezahlt werden und als Zahlungsmittel dienen sollten. Griechenland sollte seiner Ansicht nach die Bedienung seiner Schulden gegenüber der Troika einstellen und versuchen, die Probleme im Alleingang zu lösen. »Wir sollten unsere eigenen Schuldscheine ausgeben oder wenigstens ankündigen, dass wir unser eigenes, auf Euro lautendes Bargeld ausgeben werden; wir sollten den Nominalwert der 2012 emittierten griechischen Anleihen, die von der EZB gehalten werden, herabsetzen, oder ankündigen, dass wir dies tun werden; und wir sollten die Kontrolle über die Bank von Griechenland übernehmen. Dies war unser Triptychon, die drei Maßnahmen, mit denen wir reagieren sollten, falls die EZB unsere Banken schließen würde.«[9] Aber Tsipras war der Meinung, ihnen bleibe im Grunde nichts anderes übrig, als sich zu fügen, da Griechenland andernfalls der erzwungene Austritt aus der Eurozone drohte, sowie Finanzsanktionen und in der Folge chaotische Verhältnisse. Varoufakis wurde mit 4 zu 2 überstimmt und trat daraufhin von seinem Amt zurück.

Tsipras sagte, bei den Verhandlungen habe man sich auf eine Umschuldung verständigt, aber die lettische Ministerpräsidentin sperrte sich gegen jeglichen Schuldenerlass. Auch Finnland verfolgte eine harte Linie, und die deutsche Kanzlerin, Angela Merkel, erklärte ebenfalls, die einzige Schuldenerleichterung, die sie und ihre Kollegen in Betracht ziehen würden, seien der

Aufschub von Zinszahlungen und längere Laufzeiten – und diese würden »erst nach einer positiven Beurteilung des neuen griechischen Programms diskutiert«. Zunächst musste Griechenland kapitulieren. Es »gab nicht einen einzigen Cent Schuldenerleichterung. Vage Versprechen über eine ›Reprofilierung‹ der Schulden – eine Tilgungsstreckung und eine Herabsetzung der Zinsen: Zu mehr war Angela Merkel nicht bereit.«[10]

Nichts davon sollte auch nur diskutiert werden, solange Griechenland die »Arznei« nicht vollständig und ohne Änderungen akzeptiert habe. Die zwischen Januar und Juni verabschiedeten Reformen sollten rückgängig gemacht werden, und Griechenland musste zusammenbrechen. Erst dann würde es Schuldenerleichterungen geben. Erst *nachdem* Griechenland ernsthaft begonnen hätte, seine Banken und sein öffentliches Eigentum zu verkaufen, erst *nachdem* 20 Prozent seiner Bevölkerung ausgewandert wären und die Wirtschaft ruiniert und privatisiert wäre, würden Schulden erlassen, da es dann ja wirklich nichts mehr gäbe, was man sich unter den Nagel reißen könnte!

Tsipras legte dem Parlament das Troika-Rettungspaket im Volumen von 86 Milliarden Euro zur Abstimmung vor. In einem Interview mit dem Staatsfernsehen räumte er ein, dass »er zwar nicht an diese Übereinkunft glaubt, [ihm] aber nichts anderes übrig bleibe, als sie zu akzeptieren, um ein wirtschaftliches Chaos zu verhindern«.[11] Gegen den Widerstand vieler Mitglieder des linken Syriza-Flügels, aber mit Unterstützung der neoliberalen Parteien wurden die Kapitulationsbedingungen am 15. Juli mit 229 zu 64 Stimmen (bei 6 Enthaltungen) angenommen. Dabei wurden sämtliche Forderungen Schäubles erfüllt. Das griechische Parlament segnete öffentliche Ausgabenkürzungen in Höhe von 13 Milliarden Euro ab, 4 Milliarden Euro mehr als in dem Troika-Plan, den die griechischen Wähler gerade abgelehnt hatten. Das neue Rettungspaket verlangte Lohnkürzungen im öffentlichen Sektor, Rentenkürzungen, eine Erhöhung der Mehrwertsteuer auf 23 Prozent und mehr Privatisierungen.[12]

> SPIEGEL: Das neue Programm hat die Auflagen aber verschärft. Die Renten sollen reformiert, Steuern erhöht, der Arbeitsmarkt liberalisiert werden. Was spricht dafür, dass die Medizin, die fünf Jahre lang nicht gewirkt hat, diesmal anschlägt?

> Schäuble: Das Problem ist doch: Diese Medizin wurde fünf Jahre lang nicht so eingenommen, wie sie verschrieben worden ist. ... Die Troika hat noch im Dezember deutlich gemacht, dass Griechenland 15 wichtige Reformen noch immer nicht angepackt hat. Das muss sich endlich ändern.

Schäuble ging so weit, Lettland als eine Erfolgsgeschichte hinzustellen. »Auch im Baltikum und in den mitteleuropäischen Ländern ist dies [die Sanierung der Haushalte] seit den Neunzigerjahren beeindruckend gelungen.«[13] Griechenland sollte deren »Erfolg« nacheifern – und sich wohl auch ein Beispiel an der massiven Auswanderung aus diesen Ländern nehmen! IWF-Chefökonom Blanchard schaltete sich ein und veröffentlichte einen Aufsatz, in dem er behauptete, die Maßnahmen, die der IWF seit 2010 ergriffen habe, seien richtig gewesen, und die griechische Regierung hätte die Löhne nur stärker absenken, die Renten stärker kürzen und mehr öffentliches Eigentum an ausländische Rentenextraktoren veräußern müssen, wenn Syriza nur dieses unerträgliche Referendum nicht abgehalten hätte![14]

Die zweite Analyse des IWF schlägt wie eine Bombe ein

Als die Direktorin des Internationalen Währungsfonds Christine Lagarde Deutschlands Weigerung, Griechenland einen Schuldenerlass zu gewähren, unterstützte, spielten einige IWF-Mitarbeiter der Nachrichtenagentur Reuters am 14. Juli, unmittelbar vor der Abstimmung im griechischen Parlament, ein internes Dokument zu.[15] Diese dreiseitige Analyse war am 11. Juli an die Finanzminister der Eurozone verschickt worden. Sie belegte, dass die Minister, als sie Griechenland ihre völlig unrealistischen Forderungen vorlegten, umfassend darüber im Bilde waren, dass die Drohung der EZB, griechische Banken zu schließen, die Schuldentragfähigkeit praktisch unmöglich gemacht habe. Denn sie »hob den Gesamtfinanzierungsbedarf bis Ende 2018 auf 85 Milliarden Euro an, was rund 25 Milliarden Euro über dem Bedarf lag, der noch zwei Wochen zuvor ermittelt worden war. ... Die Schulden Griechenlands können jetzt nur noch durch Maßnahmen der Schuldenerleichterung, die weit über das hinausgehen, was Europa bislang in Betracht ziehen wollte, tragfähig gemacht werden.« Reuters fasste die Ergebnisse der Analyse folgendermaßen zusammen:

> Europäische Länder müssten Griechenland ein 30-jähriges Moratorium für die Bedienung all seiner europäischen Schulden einschließlich neuer Kredite und eine sehr weitreichende Verlängerung der Laufzeiten gewähren, oder ausdrückliche Finanztransfers in den griechischen Haushalt vornehmen oder aber »im Vorfeld einem weitreichenden Forderungsverzicht« bei ihren Krediten an Athen zustimmen.[16]

Die aktualisierte IWF-Analyse widersprach dem Glauben der Troika an die Fähigkeit Griechenlands, »primäre [Haushalts-]Überschüsse ... von 3,5 Prozent des BIP aufrechtzuerhalten«, um daraus seine Gläubiger zu bezahlen. Außerdem hielt sie es für äußerst unwahrscheinlich, dass die IWF-Kredite ohne einen vorherigen drastischen Schuldenschnitt jemals »wieder zu angemessenen Zinsen zurück in die Bilanzen des Privatsektors gelangen würden«. Andernfalls würde die Verschuldung im Lauf der nächsten beiden Jahre auf 200 Prozent des BIP ansteigen, was »zusätzliche Finanzmittel« erforderlich mache. Daher war die griechische Schuldenlast »über die nächsten Jahrzehnte offensichtlich nicht tragfähig«, so dass es dem IWF verboten war, weitere Kredite zu gewähren oder sich an neuen Kreditprogrammen zu beteiligen! Aber Frau Lagarde lehnte weiterhin Gespräche über einen Schuldenschnitt ab, und damit schien es ganz egal zu sein, zu welchem Ergebnis ihre Mitarbeiter bei ihren Analysen kamen. Sie schien kompromittiert zu sein, und der IWF verlor seine Glaubwürdigkeit.

Das Problem ist, dass die Leitungsverantwortlichen des IWF auf die Zustimmung des US-Finanzministeriums angewiesen sind. Daher müssen sie der neoliberalen Doktrin folgen, wonach durch eine Sparpolitik hinreichende Haushaltsüberschüsse erwirtschaftet werden können, um die Forderungen der Gläubiger zu befriedigen. Der Chefökonom des IWF, Olivier Blanchard, ist bekannt für seine grob vereinfachenden Berechnungen darüber, wie stark das Arbeitnehmereinkommen sinken muss, damit Schulden zurückgezahlt werden können. Dies ist die alte »bestrafende« Wirtschaftsdoktrin des Versailler Vertrags. Der IWF will den Fehler, den er mit seinem großen falschen Schritt von 2011 beging, nicht zugeben. Damals stellte sich Strauss-Kahn auf die Seite der französischen Banken und setzte sich über die Analyse seiner

Mitarbeiter hinweg, die zu dem Schluss gelangt waren, Griechenland könne seine Schulden schlechterdings nicht zurückzahlen. Der IWF und die EZB zahlten Anleihegläubiger, Banken und Spekulanten aus, deren Forderungen niemals hätten erfüllt werden dürfen, und die griechischen Steuerzahler (wie auch die irischen) blieben auf den uneinbringlichen Forderungen sitzen.

Um den Anschein zu wahren, diese Schulden könnten irgendwie zurückgezahlt werden, obwohl die griechische Wirtschaft in eine noch tiefere Krise schlitterte als während der Großen Depression, definierte Lagarde »Schuldenerleichterung« in der gleichen Weise wie Angela Merkel: Sie lehnte eine Herabsetzung der Schuldensumme ab und bot stattdessen nur eine Verlängerung der Laufzeiten, eine tilgungsfreie Zeit und einen niedrigeren Zinssatz an. Tatsächlich ziehen Reporter von Reuters den IWF der Heuchelei; sie zitierten eine »EU-Quelle [die] sagte, die Finanzminister und Regierungschefs hätten die Zahlen des IWF gekannt, als sie sich am Montag auf einen Zeitplan für ein drittes Rettungspaket verständigten«.[17] Sie segneten Schulden ab, von denen sie genau wussten, dass sie nicht zurückgezahlt werden konnten.

Viele Beobachter glaubten, der Bericht würde das IWF-Direktorium davon abhalten, seine geplanten 16,4 Milliarden Euro zu dem geplanten neuen Rettungsprogramm der Troika in Höhe von 86 Milliarden Euro beizusteuern. Evans-Pritchard, ein Varoufakis nahestehender britischer Journalist, schrieb, der IWF-Bericht »erschwert enorm den von den Regierungschefs der Eurozone vereinbarten Rettungsplan, da Deutschland darauf besteht, dass dieser erst dann umgesetzt wird, wenn der IWF beteiligt ist«. Sein Fazit lautete: »Kernaussage des Berichts ist, dass sich Griechenland in so großen Schwierigkeiten befindet, dass es weitere Einschnitte nicht verkraften kann. Dies lässt sich kaum mit den jüngsten Forderungen von Gläubigern der Europäischen Wirtschafts- und Währungsunion nach Rentenkürzungen, Steuererhöhungen und einer strengen Haushaltsdisziplin in Einklang bringen, die die Neuverschuldung im nächsten Jahr auf 2 Prozent des BIP begrenzt.«[18]

In ähnlicher Weise interpretierte die *Financial Times* den Bericht des IWF. Sie schrieb, er setze »ein starkes Signal, dass der IWF sich möglicherweise nicht an dem neuen Rettungsprogramm für Griechenland beteiligen wird, und begründet dies damit, dass er sich nicht beteiligen kann, wenn die europäischen Gläubiger Athen keine deutliche Schuldenerleichterung anbieten«. Der Artikel zitiert einen hochrangigen IWF-Vertreter: »Wir haben in aller Deutlichkeit gesagt, dass wir eine konkrete und vollständige Lösung des Schuldenproblems benötigen, bevor wir das Direktorium [des IWF] bitten, die Freigabe von Geldern zu genehmigen.«[19] Der britische Journalist Paul Mason verdeutlichte das Dilemma: »Dies bedeutet nichts anderes, als dass das dritte Rettungspaket, auf das man sich Sonntagnacht im Grundsatz verständigt hat, zum Scheitern verurteilt ist. Erstens, weil der IWF sich ohne Schuldenerleichterung nicht daran beteiligen kann; zweitens, weil ohne Schuldenerleichterung die griechische Wirtschaft zusammenbrechen wird.«[20]

Das dritte Rettungspaket benutzt den Schuldenhebel, um eine Privatisierung auf breiter Front zu erzwingen

Ungeachtet der Tatsache, dass die Analytiker des IWF und die meisten Volkswirte der Welt, die sich mit dem Thema befassten, Syriza unterstützten, lautete die Reaktion der Eurozone tatsächlich: »Selbstverständlich ist kein Geld da. Wir wissen das. Fangt an, eure Vermögenswerte zu verkaufen.« Die Bedingungen des neuen Rettungspakets bekräftigten den Zielwert von 50 Milliarden Euro an Privatisierungserlösen, der im Juli 2011 festgesetzt wurde. Griechische Banken sollten in ausländische Hände übergehen, um durch Zwangsversteigerung von Eigenheimen, deren Besitzer ihre Hypothekendarlehen nicht mehr bedienten, Einnahmen zu erzielen. (Die griechische Regierung hatte diese Maßnahmen außer Kraft gesetzt.) Danach sollten Flughäfen, Häfen und Straßen, Immobilien, Gasrechte in der Ägäis und Monopolprivilegien, die ausländischen Käufern Gelegenheiten zur Rentenextraktion bieten könnten, an die Reihe kommen.

Die einstige gemischte Wirtschaftsordnung westlichen Stils wäre beseitigt – stattdessen wäre Griechenland jetzt vollständig privatisiert, und zwar zu Schleuderpreisen, obwohl die Gebühren, die Nutzer öffentlicher Infrastruktureinrichtungen in Zukunft zu bezahlen hätten, steigen würden.

»Der Privatisierungsfonds war der Streitpunkt, der auf dem 17-stündigen Marathongipfel der europäischen Regierungschefs in Brüssel zu Anfang des Monats beinahe einen Grexit erzwungen hätte. ›Es war das einzige Thema, über das auf dem Gipfel diskutiert wurde‹, erinnerte sich ein Diplomat. Um

6 Uhr früh, als Griechenland auf den Austritt aus dem Euro zusteuerte, feilschte der griechische Ministerpräsident mit seinen Amtskollegen Angela Merkel und François Hollande noch immer um Details der Privatisierung.«[21] In einem Zugeständnis in letzter Minute wurde vereinbart, dass der von der Troika geforderte Privatisierungsfonds seinen Sitz in Griechenland und nicht in Brüssel haben sollte.

Als der *Spiegel* Finanzminister Schäuble fragte, ob diese Privatisierung und die ausländische Kontrolle der griechischen Steuerpolitik ein »Versuch [seien], das Land in eine Art Kolonie zu verwandeln«, antwortete er: »Das ist Unsinn ... Sonst wird das nichts mit der Schuldentragfähigkeit. Ohne die geht es aber nicht.«[22] Fortan sollten Finanzzentren die griechische Wirtschaft im Interesse von Anleihegläubigern, Banken und Käufern der privatisierten Vermögenswerte steuern.

Die Schuldentragfähigkeitsanalyse des Fonds vom 26. Juni hatte darauf hingewiesen, dass der Widerstand der Regierung gegen den Verkauf zentraler Infrastruktureinrichtungen an rentenabschöpfende Investoren die Privatisierungserlöse auf »nur etwa 3 Milliarden Euro über die letzten 5 Jahre« begrenzte, also »94 Prozent unter dem Soll«.

Die Hälfte der Erlöse in Höhe von 23 Milliarden Euro, die für den Zeitraum 2014–2022 angesetzt wurden, sollten aus der Privatisierung der staatlichen Beteiligungen an griechischen Banken hervorgehen, aber die Krise, die durch das Tauziehen der Troika mit Syriza entstanden war, hatte den Bestand der Banken an faulen Krediten so stark erhöht, dass »es unrealistisch wäre, mit Einnahmen aus Bankverkäufen zu rechnen«.

Die IWF-Mitarbeiter gelangten auch zu der Überzeugung, dass die erwarteten Erlöse aus dem Verkauf von Infrastruktureinrichtungen niedriger angesetzt werden sollten, »angesichts der von der Regierung verkündeten Absicht, zukünftige Verkäufe mit neuen Bedingungen zu versehen, etwa der Beibehaltung von hohen staatlichen Beteiligungen und von Schutzmaßnahmen für Arbeitnehmer, Umwelt und Kommunen«. Die Analytiker veranschlagten die jährlichen Verkaufserlöse auf nur 500 Millionen Euro innerhalb der nächsten Jahre. Dies machte einen Schuldenschnitt notwendig – genau das, was Schäuble, Merkel und Lagarde abgelehnt hatten.

Varoufakis legte Deutschland am 19. Juni einen alternativen Vorschlag vor:

Die griechische Regierung bietet an, öffentliche Vermögenswerte ... in einer zentralen Holdinggesellschaft zu bündeln, die von der staatlichen Verwaltung getrennt und unter der Aufsicht des griechischen Parlaments als Privatunternehmen geführt werden sollte, mit dem Ziel, den Wert der zugrunde liegenden Vermögensgegenstände zu maximieren und einen inländischen Investitionsstrom zu erzeugen. Der griechische Staat wird Alleinaktionär dieser Gesellschaft sein, aber keine Haftung für ihre Verbindlichkeiten oder Schulden übernehmen.

Die Holdinggesellschaft [würde] »eine vollständige besicherte Anleihe an den internationalen Kapitalmärkten emittieren«, um 30–40 Milliarden Euro (32–43 Milliarden Dollar) aufzubringen, die »unter Berücksichtigung des Gegenwartswerts der Vermögenswerte in die Modernisierung und Restrukturierung der von ihrer verwalteten Vermögenswerte investiert würden«.

Unser Vorschlag wurde mit eisigem Schweigen aufgenommen.[23]

Eine andere Alternative war die Verstaatlichung der griechischen Banken und ihre Leitung im öffentlichen Interesse.[24]

Probleme in Verbindung mit zwischenstaatlichen Schulden

Angesichts der deutlichen Ablehnung von Forderungen ausländischer Gläubiger durch die Wähler am 5. Juli stellt sich die Frage, wie bindend die Unterwerfung Griechenlands ist. Wann werden Schulden, die im Interesse ausländischer Gläubiger unter Androhung schwerwiegender finanzieller Sanktionen aufgenommen werden, »illegitim« im rechtlichen Sinne? Regierungen sollen das Volk repräsentieren, aber Tsipras sagte, er habe unter diplomatischem Zwang kapituliert.

Wenn Schulden, die die Zahlungsfähigkeit des Schuldners weit übersteigen, stellt sich die Frage, wessen Interessen Vorrang haben sollten. Es ist mathematisch unmöglich, sowohl die immensen Forderungen des Finanzsektors zu erfüllen als auch die Wirtschaft zu retten. Nach den gegenwärtigen neoliberalen Regeln müssen ganze Volkswirtschaften geopfert werden. Aus diesem Grund sollte sich die politische Debatte der kommenden Generation darauf konzentrieren, in welchem Ausmaß Gläubigerforderungen nach einer Austeritätspolitik Vorrang vor Grundsätzen nationaler Souveränität, Demokratie und Wirtschaftswachstum haben sollten.

Die erste Prämisse eines reformierten Völkerrechtskodizes sollte lauten, dass keine Nation dazu gezwungen werden dürfe, ihr Wachstum zu opfern, um ausländische Gläubiger auszuzahlen. Der fatale Fehler der Eurozone bestand darin, dass sie diesen Grundsatz rückgängig machte. Da Griechenland keine eigene Zentralbank mehr hat, die öffentliche Ausgaben monetarisieren könnte, wurde das griechische Steuersystem zu »einem Werkzeug in den Händen der Troika«, um damit Haushaltsüberschüsse zur Auszahlung von Gläubigern zu erzwingen.[25] Um eine finanzielle Blockade seiner Wirtschaft abzuwenden, musste Griechenland staatliches Eigentum verkaufen, arbeitnehmer- und reformfeindliche Gesetze verabschieden und regressive Steuern einführen, die den Finanz- und Immobiliensektor sowie Monopole begünstigten.

Der stärkste Hebel, der eine strenge Konsolidierungspolitik erzwingt und Schuldnerländer in solcher Abhängigkeit hält, sind Schulden gegenüber internationalen Institutionen. Insolvenzverfahren sehen den Erlass von Firmen- und persönlichen Schulden vor, so dass Privatpersonen und Unternehmen wieder bei null anfangen können. Außerdem gibt es rechtsförmige Verfahren für den Erlass von Staatsschulden gegenüber Banken und Anleihegläubigern. Aber Regierungen sind gnadenlos. Zwischenstaatliche Schulden können nicht ohne Weiteres erlassen werden, auch wenn ihre Konditionen noch so verheerende Folgen haben.

Der Versailler Vertrag erlegte Deutschland untragbar hohe Reparationsverpflichtungen auf, und die US-Regierung den Alliierten ebenso zerstörerische Forderungen nach Rückzahlung ihrer Rüstungsschulden aus dem Ersten Weltkrieg. Das alles endete schließlich im Zusammenbruch des Weltfinanzsystems zwischen 1929 und 1931. Aber bis zu dem Zeitpunkt, als schließlich deutlich wurde, dass das Volumen der zwischenstaatlichen Schulden unbezahlbar hoch war, fand eine Verarmung und Polarisierung der Volkswirtschaften Deutschlands, Großbritanniens und Frankreichs statt. Seit den 1960er-Jahren wurden viele Staaten in gleicher Weise einem Sparkurs und einer wirtschaftlichen Schrumpfkur unterworfen, mit der Folge, dass sie immer weniger in der Lage waren, sich von ihren Schulden zu befreien.

Die Wiederholung der damaligen Situation hat Varoufakis dazu veranlasst, die Forderungen der Troika an Griechenland ein »neues Versailles« zu nennen. Es gibt keinen Rechtsrahmen für den Erlass von Schulden gegenüber IWF, EZB oder europäischen und amerikanischen Gläubigerregierungen – alles Institutionen, die ihrerseits im Interesse von Banken und Anleiheinhabern handeln, unter denen arbeitnehmer- und staatsfeindliche Finanzkreise tonangebend sind.

Die Übertragung hoheitlicher Befugnisse an den heutigen Internationalismus bedeutet unerbittliche Sparpolitik

Im Gefolge des Zweiten Weltkriegs setzten sich viele Idealisten dafür ein, nationale Regierungen durch regionale oder globale Staatenverbünde zu ersetzen, mit der Begründung, nur Nationen führten gegeneinander Krieg. Sie dachten selbstverständlich an militärische Kriegsführung. Aber die heutigen globalen Institutionen führen einen Wirtschaftskrieg, der genauso tödlich ist. Statt die Welt zu mehr Wohlstand zu führen, unterstützen IWF, Weltbank, Welthandelsorganisation und Europäische Zentralbank eine gläubigerfreundliche Sparpolitik.

Was die Eurozone betrifft, so hat ihre Deflationspolitik die europäische Integration nicht etwa befördert, sondern geschwächt. Ein irischer Kolumnist merkt dazu an: »Die Europäische Union, wie wir sie gekannt haben, gibt es seit dem Wochenende nicht mehr. Bei dem EU-Projekt ging es um den allmählichen Zusammenschluss gleichberechtigter Nationen zu einer ›immer engeren Union‹. Das ist jetzt vorbei.«[26] Die griechische Krise hat gezeigt, dass Staaten die Kontrolle über ihre Währung und ihre Steuerpolitik behalten müssen. In einem Bloomberg-Leitartikel hieß es unmissverständlich:

> Genug ist genug. Griechenland sollte aus dem Euro-System ausscheiden. … Ein solches Abkommen ist nicht länger möglich. Das Vertrauen ist so stark geschwunden, dass Griechenland gesagt wird, es müsse zu einer EU-Kolonie werden und dürfe kein souveräner Staat mehr bleiben. Es wird zu einem Abkommen gezwungen, über das es sich jahrelang ärgern und an das es sich nicht gebunden fühlen wird. Unter diesen Umständen ist der Ausstieg die beste Option.[27]

In einem ähnlichen Sinne äußerte sich der Leitartikler Wolfgang Münchau in der *Financial Times:* »Die Gläubiger Griechenlands ... haben die Eurozone so, wie wir sie kennen, zerstört und der Idee einer Währungsunion als Schritt zu einer demokratischen politischen Union den Todesstoß versetzt.«[28] Mitglieder der Eurozone haben ihre ökonomische Souveränität an die Europäische Union übertragen, aber die EU ist kein Staat. Sie hat kein Finanzministerium und keine Zentralbank, um öffentliche Ausgabendefizite zu monetarisieren. (Zumindest ist die EZB nicht bereit, dies zu tun, und die EU-Regeln begrenzen Defizite sogar auf nur 3 Prozent des BIP.) Dies bedeutet, dass Mitglieder der Eurozone ihre staatlichen Hoheitsrechte aufgeben müssen.

Das erklärt die wachsende Popularität von Anti-Euro-Parteien von Frankreich und England bis Dänemark, Italien, Spanien und Portugal. Auch in den ehemaligen Ostblockstaaten, die der Europäischen Union beitreten, schlägt die Stunde der Euro-Skeptiker. Polens ehemaliger stellvertretender Außenminister Witold Waszczykowski sagte einem Reporter: »Wir werden versuchen, der Eurozone so lange wie möglich fernzubleiben.« In Ungarn sagte Zoltan Kovacs, der außenpolitische Sprecher von Ministerpräsident Viktor Orban, das Fehlen eines festen Stichtags »eröffne Ungarn eine Menge Vorteile, die gerade daher rühren, dass es den Euro nicht eingeführt hat, etwa, dass wir die Kontrolle über unsere Steuer- und Haushaltspolitik behalten«.[29]

Ohne ein mit umfassenden Vollmachten ausgestattetes Euro-Parlament in Brüssel bleibt die Finanzpolitik Sache der EZB und des Europäischen Rats. Die Begrenzung dieser Verwaltungsorgane auf die geldpolitische Sphäre – und ihre Leitung im Interesse von Geschäftsbanken und Anleihegläubigern – macht aus dem, was einmal eine gemischt öffentlich/private Wirtschaftsordnung war, ein Portfolio von Gläubigerforderungen auf Vermögen und Einkommen. Schuldnerregierungen werden der Fähigkeit beraubt, ihre eigenen Interessen, diejenigen der Arbeitnehmer oder der Zukunft ihrer Wirtschaft zu schützen.

Diese Gegenrevolution der Rentierklasse ist nicht das Ergebnis einer wohldurchdachten ökonomischen Logik. Selbst neoliberale Ökonomen behaupten, wie die Klassiker Gegner des Rent-Seeking zu sein, und nur wenige würden chronische Sparmaßnahmen (Austerität) und Schuldknechtschaft befürworten.

Ende der 1920er-Jahre wurde allgemein anerkannt, dass Schulden gestrichen werden sollten, wenn sie das soziale Gleichgewicht gefährden, was dann der Fall ist, wenn sie die Zahlungsfähigkeit des Schuldners übersteigen. Und Politiktheoretiker betonen das Recht von Nationen, ihr Geld- und Finanzsystem selbst zu bestimmen und zu leiten, sich der Überschuldung zu widersetzen und Rentier-Einkommen zu besteuern – beziehungsweise grundlegende Infrastruktureinrichtungen, Land, Bodenschätze und andere knappe soziale Güter in öffentlichem Eigentum zu halten oder in dieses zu überführen. Dies macht sie souverän. Aber die Arenen der Macht sind in der weltlichen politischen Sphäre angesiedelt. Finanzlobbyisten kontrollieren die Gesetzgebung, indem sie einen beherrschenden Einfluss auf Wahlkämpfe, Medien und die Gerichte ausüben, während Finanzzentren den Schuldenhebel einsetzen, begleitet von der Drohung brachialer monetärer Sanktionen des IWF und der EZB.

Keine Nation sollte chronische Arbeitslosigkeit und wirtschaftliche Depression erdulden müssen, nur um die Forderungen von Banken und Anleihegläubigern zu erfüllen. Die Verteidigung gegen diese Übernahme durch Rentiers muss mit der Bekräftigung des Rechts von Nationen beginnen, ihrem Wachstum Vorrang einzuräumen gegenüber den Forderungen von Gläubigern, die auf die Aneignung von Staatsvermögen und die Auferlegung einer Sparpolitik hinauslaufen. Jede Nation hat das hoheitliche Recht, eine eigene Währung auszugeben, Steuern zu erheben und eigene Gesetze zu erlassen, einschließlich derjenigen, die die Beziehungen zwischen Gläubigern und Schuldnern und die Rahmenbedingungen von Insolvenz und Schuldenerlass regeln. Diese rechtliche Selbstbestimmung erlaubt es Nationen, sich gegen die finanzialisierte Globalisierung der letzten fünfzig Jahre zu verteidigen.

Aber die einstigen sozialdemokratischen Parteien unterstützen die Globalisierung, obwohl diese heute neoliberalen Interessen dient. Dadurch haben sie sich von ihrem eigenen klassischen Programm für die Befreiung des Industriekapitalismus und der Märkte vom Erbe des Feudalismus verabschiedet. Sie sind damit zu Handlangern des Neofeudalismus geworden.

Wie geht es weiter?

Der internationalistische Idealismus, der als pazifistische Reaktion auf den Zweiten Weltkrieg entstanden ist, ist auf Abwege geraten, vor allem weil die politische Linke ihren wirtschaftspolitischen Fokus aufgegeben hat. Die Begriffe »Globalisierung« und »europäische Integration« implizieren die Unterwerfung unter eine neoliberale Agenda. Das Finanzkapital ist von jeher kosmopolitisch, aber nicht harmlos gewesen. Es hat die militärische Kriegsführung durch einen Kampf der Rentiers gegen die Gesellschaft ersetzt, während der Finanzsektor eine Sparpolitik und Schuldenabhängigkeit auferlegt, die zu Privatisierungen führt.

Die Eurozone, die ein weiterer Schritt der politischen Integration sein sollte, droht heute, ihre Mitglieder auseinanderzutreiben. Das Versäumnis der Linken, dieser Dynamik entgegenzutreten, wurde besonders deutlich im Fall von Griechenland, wie Kouvelakis anmerkt:

> Bei der Linken finden sich jede Menge wohlmeinende Menschen, die auf dem Feld der praktischen Politik total unfähig sind. Aber es spricht auch Bände über die geistigen Verwüstungen, die der fast religiöse Glaube an das europäische Einigungsprojekt verursacht hat. Dies bedeutete, dass diese Leute bis zum Schluss glaubten, sie könnten etwas von der Troika bekommen. Sie dachten, dass sich zwischen »Partnern« eine Art Kompromiss finden würde, dass sie einige Grundwerte teilten, wie den Respekt für das demokratische Mandat oder die Möglichkeit einer rationalen Diskussion auf der Basis ökonomischer Argumente.[30]

Die Wurzel des europäischen Problems ist die Unterwürfigkeit des Kontinents gegenüber den neoliberalen Strategen in den USA, die den Schuldenhebel einsetzen, um eine Neo-Rentier-Gesellschaft zu schaffen. So schrieb eine Beobachterin unlängst:

> Die Kapitulation Europas gegenüber den Vereinigten Staaten ereignete sich vor etwa siebzig Jahren, Sie wurde als Befreiung begrüßt, aus der jedoch eine dauerhafte Vorherrschaft wurde. Die Kapitulation Griechenlands am 12. Juli 2015 hat dies nur noch einmal bestätigt. Und diese Kapitulation wurde durch eine zunehmend hegemoniale Ideologie des

Anti-Nationalismus durchgesetzt, die besonders stark bei der Linken ausgeprägt ist. Die Linke hält den »Nationalismus« für die Quelle allen Übels und die Europäische Union für die Quelle alles Guten, da sie die Souveränität der Nationen zerstört. Diese Ideologie ist bei der Linken derart vorherrschend, dass sich nur sehr wenige ihrer Vertreter trauten, sie in Frage zu stellen ...

Folglich wagten es nur »rechte« Parteien, die nationale Souveränität zu verteidigen. Oder besser gesagt wird jeder, der die nationale Souveränität verteidigt, als »rechts« hingestellt. Es gerät allzu leicht in Vergessenheit, dass es ohne nationale Souveränität keine Demokratie, keine Wahlfreiheit des Volkes gibt. ... Ein Großteil der europäischen Linken ist in wachsendem Maße in dem Widerspruch zwischen ihrem antinationalistischen »europäischen Traum« und der Zerstörung der Demokratie durch die Finanzbürokratie der EU gefangen. Das griechische Drama ist der erste Akt eines langen und vertrackten europäischen Konflikts.[31]

Die neoliberale Strategie besteht darin, sich in den Mantel des Universalismus zu hüllen und gleichzeitig jede alternative ökonomische Theorie oder Ideologie zu tabuisieren. Das Ende der Geschichte wird ein neues Dunkles Zeitalter der Einhegungen und Privatisierungen sein. Das Projekt der Aufklärung, nämlich Volkswirtschaften von den Privilegien der Rentiers zu befreien, die heute »Schaffung von Wohlstand« genannt werden, wird dabei begraben.

Selbstverständlich gibt es eine Alternative. Ausgangspunkt muss die Erkenntnis sein, dass seit vielen Jahrhunderten ein Wirtschaftskrieg stattfindet. In diesem Krieg kämpfen die Finanzmagnaten und andere Rentiers umso entschlossener und oftmals im Verborgenen, weil sie sich bewusst sind, dass es keine moralische Rechtfertigung für Einkommen und Vermögen gibt, das mit extraktiven Mitteln erlangt, statt durch produktive Arbeit verdient wurde.

Diejenigen, die auf ausbeuterische Weise erwirtschaftetes Vermögen und Privilegien erlangen oder erben, erkennen, dass die äußersten Mittel zur Auferlegung einer Sparpolitik und zur Zerstörung der Macht von Demokratien Taktiken der Täuschung, »Ramschökonomik« und ideologische Tarnung sind, unterstützt durch den Einsatz von Finanzsanktionen und destruktiven geldpolitischen Instrumenten – und notfalls auch durch offene Gewaltanwendung im Stile rechtsgerichteter Coups à la Pinochet.

Um dieses rentierfreundliche »Ende der Geschichte« zu vermeiden, müssen die Menschen den langen Kampf zur Befreiung der Volkswirtschaften wieder aufnehmen. Die Alternative dazu wäre Neofeudalismus.

Nachwort für die deutsche Ausgabe von 2016

Gibt es ein Gesetz des wirtschaftlichen Fortschritts?

Während der Hochzeit der Industriellen Revolution erwarteten Schriftsteller, angefangen von der deutschen Historischen Schule der Nationalökonomie bis zu den Marxisten, dass Gesellschaften ihre Steuer- und Finanzsysteme reformieren würden, um die effizientesten Produktionsweisen zu unterstützen. Man ging davon aus, dass der ökonomische Fortschritt stetig und universell sein würde, weil die Technologie universell ist.

Es schien, als würde ein natürlicher Entwicklungstrend den Lebensstandard kontinuierlich heben und eine Überflussgesellschaft hervorbringen. Die Amerikanische Schule der Ökonomen entwickelte im 19. Jahrhundert die Effizienzlohntheorie, wonach besser ausgebildete und besser ernährte Hochlohnarbeiter für einen Arbeitgeber kostengünstiger sein können als schlechter bezahlte Arbeiter, weil sie produktiver sind. Daraus folgte, dass die vom Klassenkampfdenken geprägte Sichtweise britischer Industrieller, wonach die niedrigen Löhne der Arbeiter ihr wichtigster Wettbewerbsvorteil seien, falsch war. Die Steigerung der Produktivität in der Industrie erforderte eine bessere Qualifizierung der Arbeiter und die Anhebung des Lebensstandards.

Auch die politischen Erwartungen waren optimistisch. Die Modernisierung der Industrie erforderte demokratische Reformen, um die Macht von Grundherren und Monopolisten zu beschneiden. Ihre Sonderrechte sollten ersetzt werden durch Märkte, die frei von Rent-Seeking und ausbeuterischen Kreditpraktiken sein sollten.

Doch heute haben Rentier-Interessen ihre Kontrolle über den Finanz- und Immobiliensektor enorm ausgeweitet. Löhne und Lebensstandards steigen nicht mehr. Statt in einer Freizeitgesellschaft mit zunehmenden Ersparnissen und wachsendem verfügbarem Einkommen zu leben, steigt die Verschuldung der meisten Familien kontinuierlich. Das Eine Prozent hat ursprünglich ererbtes Grundeigentum und Finanzvermögen dazu benutzt, die 99 Prozent, aber auch Unternehmen und Staaten in permanenter Verschuldung zu halten. Und diese Schulden werden als Hebel benutzt, um sich Vermögenswerte verschuldeter Volkswirtschaften anzueignen.

Weltweit vollzieht sich eine wachsende Polarisierung der Volkswirtschaften. Wir sehen, dass diese Tendenz in der nationalen Politik der meisten europäischen Länder und anschließend der Vereinigten Staaten unausgesprochen enthalten war: Die führenden Industrienationen haben ihre industriellen und technologischen Vorsprünge behalten. Und sie haben eine Kombination aus finanziellen und militärischen Druckmitteln eingesetzt, um andere Länder in Abhängigkeit zu bringen, statt dort jenen wirtschaftlichen Fortschritt zu fördern, wie er in den am höchsten entwickelten Industrie- und Finanzregionen erreicht worden ist.

Das merkantilistische Großbritannien gab das Tempo im 17. und 18. Jahrhundert vor, indem es seinen Inlandsmarkt schützte, während es den Wettbewerb in seinen Kolonien abwürgte. Nachdem Großbritannien zur führenden Industriemacht der Welt aufgestiegen war, vollzog es eine Kehrtwende: Das Königreich verbreitete seine Freihandelsideologie, wo immer es Länder dazu bewegen konnte, Nahrungsmittel und Rohstoffe zu exportieren, sich aber im Gegenzug für die Möglichkeit, von britischen Fertigprodukten abhängig zu machen. Da sich die Außenhandelsfinanzierung zum Hauptgeschäft britischer Banken entwickelte, profitierten sie von der Spezialisierung der Arbeiter und der Produktion weltweit. Dies bewog Bankiers (unter Führung von Ricardo) dazu, sich Schutzzöllen für landwirtschaftlich tätige Großgrundbesitzer zu widersetzen, und sich an die Spitze der Kampagne zur Abschaffung der Kornzölle im Jahr 1846 zu setzen.

Die Vereinigten Staaten und Deutschland überwanden die britische Vorherrschaft, indem sie den Freihandel ablehnten. Sie zogen es vor, die heimische Wirtschaft durch Industriezölle und Subventionen sowie durch öffentliche Investitionen in die soziale Infrastruktur, in Bildung und wissenschaftliche Forschung zur Steigerung der Produktivität zu schützen.

Weder Europa noch die Vereinigten Staaten haben diese protektionistische Industrie- und Sozialpolitik sowie demokratische Reformen auf Lateinamerika, Asien und Afrika übertragen. Mutterländer zwangen ihre Kolonien dazu, auf Plantagen angebaute Feldfrüchte und Rohstoffe zu exportieren und sich in Abhängigkeit von ihren Banken zu begeben. Als die Vereinigten Staaten zu einem bedeutenden Auslandsinvestor wurden, unterstützten auch sie Klientel-Oligarchien gegen demokratische und nationalistische Bewegungen, die eine Umverteilung forderten.

Am Ende des Zweiten Weltkriegs besaßen die Vereinigten Staaten 40 Prozent des weltweiten Bestandes an Währungsgold. Sie unterstützten Klientel-Oligarchien, die bereit waren, sich bei Handels- und Finanzgeschäften abhängig von US-Investitionen zu machen, und die Weltbank und den IWF bei der Durchsetzung gläubigerfreundlicher Regeln. Sie wandten sich gegen Landreformen und Selbstversorgung mit Nahrungspflanzen (und dazu gehörte auch der anfängliche Widerstand gegen die Gemeinsame Agrarpolitik Europas). Die daraus resultierende Handelspolitik, monetäre Abhängigkeit und Abneigung gegenüber demokratischen Reformen verhinderte es, dass andere Länder die gleiche Entwicklung wie die Vereinigten Staaten und Europa durchliefen.

Die Weltwirtschaft entwickelte sich also nicht als Einheit in die gleiche Richtung, sondern sie polarisierte sich. Dem Fortschritt der führenden Industriestaaten und Gläubigermächte entsprach die Export- und Finanzabhängigkeit der Entwicklungsländer. Ein Kern demokratischer Gläubigerstaaten hatte sein Pendant in ausländischen Oligarchien, die in immer größere Abhängigkeit gerieten.

Ironischerweise wurden die Vereinigten Staaten selbst in den 1970er-Jahren zur führenden Schuldnernation der Welt. Beginnend mit dem Koreakrieg im Jahr 1951 verzeichneten sie ein ständig größer werdendes Zahlungsbilanzdefizit. In den 1970er-Jahren war das US-Zahlungsbilanzdefizit gänzlich auf militärische Ausgaben im Ausland, nicht auf private Handelsgeschäfte und Investitionen zurückzuführen. Diese Defizite zwangen die Vereinigten Staaten dazu, den Londoner Goldpool zu schließen und im Jahr 1971 den Goldstandard aufzugeben.

Als die Goldkonvertierbarkeit des Dollars endete, hatte dies eine unerwartete Folge. Die Zentralbanken der Welt konnten von nun an ihre Devisenreserven nur noch in Form von US-Schatzpapieren halten. Zentralbankreserven wurden damit zu offiziellen Krediten, die das US-Haushalts- und Zahlungsbilanzdefizit, das diese überschüssigen Dollar bereitstellte, zu finanzieren halfen. Das Weltfinanzsystem basierte nicht länger auf Gold oder produktiven Kapitalinvestitionen, sondern auf Schuldscheinen, mit denen die USA ihre weltweiten Militärausgaben finanzierten.

Während die US-Strategie die grenzenlose Schöpfung von Dollar-Währung erlaubt, hat sie den Euro zu einer Satellitenwährung gemacht. Dadurch, dass es die Regeln der Eurozone den Zentralbanken der Mitgliedstaaten untersagen, Haushaltsdefizite selbst zu finanzieren, zwingen sie Staaten dazu, Kredite bei Banken und Anleiheinhabern aufzunehmen. Dann müssen Staaten öffentliche Defizite durch »interne Abwertung« zurückzahlen; dies bedeutet niedrigere Löhne und Lebensstandards, ergänzt durch die Veräußerung öffentlicher Vermögenswerte. Dies steht im Widerspruch zur *Staatlichen Theorie des Geldes* sowie zum Effizienzlohngrundsatz.

Die heutige Sparpolitik und Schuldendeflation in der Eurozone ist nicht das Ergebnis eines Prozesses der natürlichen Auslese der effizientesten Produktionsweise. Banken vergeben Kredite zur Finanzierung von Unternehmensausschlachtungen, Aktienrückkäufen und höheren Dividendenauszahlungen, aber nicht für neue Sachanlageinvestitionen. Schuldendienst und Rentenextraktion übersteigen den industriellen Produktivitätszuwachs. Doch anstatt dass öffentliche Investitionen die Kosten grundlegender Infrastrukturdienste senken, wird das Staatsvermögen Europas privatisiert. Dazu gehören finanzielle und Rentenlasten, die die Preise für diese Leistungen erhöhen.

Im steuerlichen Bereich verschiebt die steuerliche Begünstigung von Rentier-Einkommen und Vermögenspreis- (»Kapital«-)zuwächsen von Immobilien, Aktien und Anleihen die Belastung auf Arbeitnehmer und Verbraucher. Die progressive Besteuerung wird ersetzt durch eine Mehrwertsteuer, die die Verbraucher trifft. Es wird sogar Propaganda für eine regressive Pauschalsteuer gemacht, die nicht zwischen Arbeitseinkommen und »arbeitslosem« Einkommen unterscheidet. Viele postsowjetische Volkswirtschaften haben eine niedrige Pauschalsteuer eingeführt – wobei Immobilien fast steuerfrei blieben. Aus diesem Grund sind die Preise für Wohn- und Gewerbeimmobilien in diesen Volkswirtschaften mit die höchsten weltweit, was die Lebenshaltungskosten und die Kosten der unternehmerischen Tätigkeit entsprechend in die Höhe treibt.

Die Kreditschöpfung der Banken dient größtenteils der Vergabe von Hypothekenkrediten und der Aktienspekulation, nicht der Bildung von industriellem Sachkapital. Die Vereinigten Staaten waren das Zentrum der Finanzblase, und ihr Aktienboom basierte auf Aktienrückkäufen, der Ausgabe von Ramschanleihen und der Ausweitung der Verschuldung, nicht auf steigender Ertragskraft der Unternehmen. Die Deregulierung der Finanzmärkte nach 2001 führte zu einer Explosion bei der Vergabe von Ramschhypotheken.

Der technologische Optimismus des 19. Jahrhunderts sah nicht voraus, dass der Hauptmarkt der Banken Rent-Seeking-Sektoren sein würden und diese die Steuergrundlage bilden sollten. Doch hat der Sektor Finanzen, Versicherung und Immobilien (FVI) die Oberhand über das industrielle Potential gewonnen und die Volkswirtschaft mit einer Flut der Schuldenabhängigkeit überschwemmt, die die Gläubigereliten reich gemacht, aber die Eurozone in eine tote Zone der Austerität verwandelt hat.

Es wäre völlig verfehlt, zu glauben, dies wäre das leistungsfähigste, effizienteste Wirtschaftssystem, das aus dem Streben nach Maximierung der Produktivität und des technologischen Potentials hervorgegangen wäre. Demokratie und Industrie wurden von einer Neo-Rentier-Finanzoligarchie gekapert. Das US-Finanzministerium und die Federal Reserve, die Europäische Zentralbank und die Brüsseler Bürokratie wollen die finanziellen Ansprüche von Banken und Anleiheinhabern gegen die Wirtschaft aufrechterhalten und durchsetzen, nicht die Volkswirtschaft von diesen Rentier-Ansprüchen befreien.

Diese »Vereinnahmung« von Behörden, ja des gesamten Staates durch den Finanzsektor hat die Überzeugung der viktorianischen Epoche erschüttert, demokratische Reformen müssten zur Wahl von Politikern führen, die eine Wirtschaft des Überflusses hervorbrächten. Wenn die Finanzmärkte die Kontrolle über die staatliche Industriepolitik und die Geschäftspolitik der Industrieunternehmen erlangen, neigen sie dazu, ihren Einfluss zur Rentenabschöpfung zu missbrauchen. Kurzfristig erzeugen sie durch den leichten Zugang zu Krediten eine Vermögenspreisblase, langfristig erzwingen sie eine Sparpolitik, die mit dem Druck verbunden ist, öffentliches Vermögen zu privatisieren. Genau das geschieht gegenwärtig. Die neoliberale Politik unterstützt eine neofeudale Aristokratie, deren ererbtes Vermögen das 21. Jahrhundert zu beherrschen droht.

Eine ökonomische Gegenaufklärung?

So, wie die altrömische Verfassung politische Stimmrechte gemäß dem Grundbesitz zuwies, so spiegelt sich in der politischen Macht unserer Zeit das Finanzvermögen wider. Die Vereinigten Staaten haben das Wahlgesetz umgeschrieben, um Wall Street zu ermöglichen, zum größten Wahlkampfspender zu werden. Es ist nicht weiter verwunderlich, dass die finanzpolitische Strategie der USA (wie sie etwa in dem Abkommen über die Transpazifische Partnerschaft (TTP) und dem Abkommen über den Handel mit Dienstleistungen zum Ausdruck kommt) darauf abzielt, andere Staaten davon abzuhalten, Monopole zu regulieren und Rentier-Einkommen und -Vermögen zu besteuern.

Seit dem Westfälischen Frieden von 1648 wird Nationalstaatlichkeit durch die Fähigkeit definiert, Steuern zu erheben, den Krieg zu erklären, Geld zu drucken und Gesetze zu erlassen. *Heute übernimmt die Finanzoligarchie diese Aufgaben*. Sie strebt danach, Staaten in die Abhängigkeit von Gläubigern zu treiben. Das Mantra wiederholend, die öffentliche Geldschöpfung treibe die Inflation, kreierten Politiker den Euro ohne eine Zentralbank, die in der Lage wäre, die Staatsschulden zu monetarisieren (durch Aufkauf von Staatsanleihen in »Geld zu verwandeln«). Dadurch, dass Regierungen diese Möglichkeit genommen wird, Geld in die Wirtschaft zu pumpen, wird die Eurozone in eine tote Zone verwandelt, da ihre Volkswirtschaften tiefer in die Schuldendeflation getrieben werden.

Um Europa dazu zu bewegen, staatliche Hoheitsbefugnisse an eine neue Rentier-Oligarchie zu übertragen, muss die Wirtschaftsgeschichte umgeschrieben werden, um die Erinnerung daran auszulöschen, dass man einst versuchte, den Industriekapitalismus von »unverdientem« Einkommen in der Form von Landrente, Rohstoffrente, Monopolrente und ausbeuterischen Finanzgeschäften zu befreien.

Verfehlte wirtschaftswissenschaftliche Konzepte wurden popularisiert, um Staaten davon abzuhalten, ihre Haushaltsdefizite zu monetarisieren (mit der Notenpresse zu finanzieren), und auch, um darauf zu bestehen, dass sie ihre Haushalte ausgleichen. Dies entzieht Volkswirtschaften Geld und zwingt sie dazu, bei Banken Kredite gegen Zinsen aufzunehmen. Dies ermöglicht Banken und Anleihegläubigern, die steuerlichen und regulatorischen Kontrollmechanismen zu diktieren, die in der Vergangenheit von

Staaten bestimmt wurden, und die gleiche Machtstellung wie adelige Grundherren und Bankiers im Mittelalter zu bekleiden.

Infrastruktureinrichtungen, die im Lauf von Jahrhunderten aufgebaut wurden, werden in kürzester Zeit privatisiert, und die Käufe mit Krediten bezahlt, die Wall Street und ihre Satelliten bereitstellen. Es geht darum, im Rahmen einer neuen »Einhegungsbewegung« die Kontrolle über die Investitionen einer Gesellschaft in Eisenbahnen, Fluggesellschaften, Häfen und Telekommunikationsnetze zu erlangen – die Russen haben diese Form der Privatisierung während der Regierungszeit von Boris Jelzin »Oligarchisierung« genannt. Von der Bronzezeit über die klassische Antike, das mittelalterliche Europa und die Industrielle Revolution bis in die Gegenwart haben alle Länder öffentliche Infrastruktureinrichtungen in Form von Straßen und anderweitigen Verkehrswegen, Postdiensten, Wasserversorgung und anderen grundlegenden Gütern – einschließlich des größten Teils des Geldes und Kredites (natürlich hauptsächlich zur Zahlung von Steuern) – bereitgestellt. Diese Investitionen bilden noch immer das Rückgrat der meisten Volkswirtschaften.

Der Neo-Rentier-Traum besteht darin, die privatisierten Versorgungsunternehmen so hohe Preise verlangen zu lassen, wie der Markt hergibt, wenn er »frei« von öffentlicher Regulierung ist. Diese Abschöpfung ökonomischer Renten widerspricht den klassischen Ideen freier Märkte und progressiver Besteuerung. Die Finanzinteressen, die die Idee öffentlicher Investitionen zur Subventionierung von Volkswirtschaften, wie sie in der Progressiven Ära vertreten wurde, ablehnen, wollen die öffentliche Infrastruktur einer neuen Managerklasse übertragen, damit diese »Mautstellen« errichtet, um Monopolrenten abzuschöpfen.

Vor allem das Recht von Banken, Kredit zu schöpfen und die Geldmenge zu steuern, soll privatisiert werden. Dies beraubt Staaten ihrer Fähigkeit zur Eigenfinanzierung. Und gewissermaßen als Krönung der Enteignung des öffentlichen Vermögens durch die Finanzmärkte sollen selbst die im gesetzlichen Rentenversicherungssystem angehäuften Ersparnisse privatisiert und in den Aktienmarkt investiert werden.

Damit die Öffentlichkeit nicht gegen diese Machtaneignung Sturm läuft, wurde die Geschichte der Industriellen Revolution und ihrer ökonomischen Strategie umgeschrieben, um den langjährigen Kampf für die Senkung der Kosten der Lebenshaltung und der unternehmerischen Tätigkeit durch Verstaatlichung der Renteneinnahmen generierenden Vermögenswerte, die der Feudalismus privatisiert hatte, zu hintertreiben. Die heutige Umkehr progressiver Werte markiert einen historischen Übergangspunkt, ähnlich jenem, der sich beim Übergang von der Römischen Republik zum Kaiserreich ereignete, während des Jahrhunderts des Bundesgenossenkriegs, 133–129 v. Chr. Die Schuldner und Plebejer Roms mussten in einer Welle politischer Gewalt eine Niederlage hinnehmen. Durch Mord vereitelte die Partei der Oligarchen die Reformen des Tiberius Gracchus in Rom nach 133 v. Chr. Julius Cäsar erlitt im Jahr 44 v. Chr. ein ähnliches Schicksal, nachdem er den demos auf seine Seite gezogen hatte. Andere Politiker, die einen Schuldenerlass forderten, wurden ebenfalls ermordet.

Rom überlebte nicht durch Wohlstand im Innern, sondern auch durch das Ausplündern ausländischer Regionen. Arminius widersetzte sich der Expansion Roms im Jahr 9 n. Chr. im Teutoburger Wald mit großer Tapferkeit. Aber zu diesem Zeitpunkt waren die Würfel bereits gefallen. Im Lauf der nächsten Jahrhunderte erlegten die Oligarchen einem Viertel der römischen Bevölkerung die Schuldknechtschaft auf, so dass die imperiale Ökonomie strukturell von sklavenähnlichen Abhängigkeitsverhältnissen geprägt war.

Vollzieht sich heute eine ähnliche Entwicklung in Richtung Schuldknechtschaft und Krieg gegen Länder, die es wagen, Widerstand zu leisten? Wie das moderne Rom unterstützen die Vereinigten Staaten in ihrer gesamten ökonomischen Einflusssphäre gläubigerfreundliche Regeln. Dieses Buch beschreibt die unmenschlichen gläubigerfreundlichen Gerichtsurteile, die gegen Argentinien verhängt wurden und die einen Präzedenzfall für Umschuldungsverweigerer und Geierfonds schufen, der diesen erlaubt, Regierungen daran zu hindern, durch Übereinkunft mit Anleihegläubigern ihre Schulden mit ihrer Zahlungsfähigkeit in Einklang zu bringen. Den Schuldnerländern der Welt sollten großzügige Schuldenerlasse gewährt werden, da sie andernfalls das gleiche Schicksal erleiden wie Griechenland.

Ähnlich wie das antike Rom vor 2000 Jahren steht die westliche Welt heute an einem Wendepunkt, was das Verhältnis zwischen Gläubiger- und Schuldnerinteressen anlangt – es ist eine Auseinandersetzung über die Frage, welche Art von Wirtschaft und Gesellschaft wir uns in Zukunft wünschen. Samuel Huntington prägte im Jahr 1992 den Ausdruck »Zusammenprall der Kulturen«. Damit meinte er aber nicht den finanziellen Bürgerkrieg, den die heutige Oligarchie innerhalb der westlichen Gesellschaften selbst führt, um das Programm der Aufklärung – die Befreiung des Industriekapitalismus von postfeudalem Rent-Seeking und Finanzialisierung – rückgängig zu machen.

Neoliberale stellen die heutige Neo-Rentier-Gegenaufklärung als das Ende der Geschichte dar, so, als wäre der Konflikt beigelegt worden und als könnte das klassische Streben nach einer gerechteren Wirtschaftsordnung nicht wiederbelebt werden. Das war Francis Fukuyamas Botschaft in *Das Ende der Geschichte und der letzte Mann*. Wie Huntingtons Essay wurde auch dieses Buch im Jahr 1992 veröffentlicht, also im Gefolge des Zerfalls der Sowjetunion und der Ablösung kommunistischer Kader durch Privatisierer, die durch eine Schocktherapie die industrielle Basis des Landes zerstörten. Aber in einem Interview mit dem *Spiegel* am 1. Februar 2012 räumte Fukuyama ein, dass seine Lobeshymne auf den Neoliberalismus verfrüht gewesen war. »Obama bot sich eine große Gelegenheit am Anfang der Krise, als sogar ›Newsweek‹ titelte: ›Jetzt sind wir alle Sozialisten‹. Damals hätte er die großen Banken verstaatlichen und stückweise verkaufen können. Aber die Weltsicht seiner Regierung wurde schon damals vor allem davon geprägt, was die großen Wall-Street-Banken wollen.«

Europa wird aufgefordert, die Bereitstellung von Liquiditätshilfen für die Banken durch die EZB zu unterstützen, als würden Bankkredite neue Anlageinvestitionen und neue Arbeitsplätze finanzieren und nicht etwa die Schuldendeflation vertiefen. Wähler werden aufgefordert, dem »Durchsicker«-Versprechen zu glauben, wonach die Privatisierung von Staatseigentum zu einer effizienteren und kostengünstigeren Bereitstellung von Infrastrukturdiensten führen wird. Tatsache ist, dass ausbeuterische »Mautstellen«-Renten – Gebühren für den Zugang zu Infrastruktureinrichtungen – und Zinskosten in die Preise einkalkuliert werden, die neue Monopolisten festsetzen.

Dieses Ausplündern der öffentlichen Infrastruktur und die Schuldendeflation können sich nur dann weltweit ausbreiten, wenn keine besseren Alternativen in Sicht sind. Ich möchte in diesem Buch eine Alternative aufzeigen, basierend auf den klassischen analytischen Werkzeugen und politischen Reformkonzepten, die vom 17. bis zum frühen 20. Jahrhundert entwickelt wurden, um Volkswirtschaften von »unverdientem« Rentier-Einkommen und ausbeuterischen Finanzpraktiken zu befreien.

Der Traum, die Geschichte werde sich aufgrund einer natürlichen Auslese der gerechtesten, produktivsten und friedlichsten Gesellschaften letztlich zum Positiven wenden, lässt die Bedrohung durch einflussreiche Interessengruppen, deren Krönung die heutige Finanzoligarchie ist, außer Betracht. Die heutige Schuldendeflation und Sparpolitik ist nicht die technologisch bestgeeignete Form der Wirtschaftsorganisation, die einen historischen Ausleseprozess überstanden hätte. Es ist eine regressive Rentier-Strategie postfeudaler Sonderinteressen, die darum kämpfen, ihre Vorrechte zu behalten und von Besteuerung und Regulierung verschont zu bleiben. Die Frage ist, ob die Wähler es zulassen werden, dass neoliberale Manager die Macht in den Händen des Einen Prozents konzentrieren und Schuldner so behandeln, wie alliierte Gläubiger vor hundert Jahren Deutschland behandelten. Schlimmer noch: Werden sie dem Beispiel ihrer römischen Vorgänger folgen und ihr Reich in einen *Dunkles Zeitalter* treiben?

Es lässt für die Zukunft nichts Gutes erahnen, dass die Vereinigten Staaten als führende Finanz- und Militärmacht der Welt eine besondere extreme Einkommens- und Vermögenskonzentration aufweisen. Das Eine Prozent hat die Kapitalerträge monopolisiert, und diese Erträge steigern den nationalen Wohlstand nicht wirklich. Sie stellen einen Transfer ökonomischer Renten und Zinsen – und von Vermögen – von den 99 Prozent an die Spitze der ökonomischen Pyramide dar.

Die heutige volkswirtschaftliche Gesamtrechnung weist ökonomische Renten nicht gesondert aus. Es wird ein irreführendes Bild des Wirtschaftsgeschehens gezeichnet, um die Aufmerksamkeit von der tatsächlichen Dynamik abzulenken. Dieses Buch beschreibt, wie die Hochfinanz ihren Griff nach der Macht politisiert hat, indem sie den Finanzsektor und seine Renten abschöpfenden Klienten auf der Grundlage einer Fehlinterpretation ökonomischer Zusammenhänge als »Schöpfer von Arbeitsplätzen«, nicht als Arbeitsplatzvernichter darstellt. Ihre Moralphilosophie, die sich einer Rhetorik »persönlicher Verantwortlichkeit« bedient und die Opfer für ihre Verschuldung verantwortlich macht, lautet, dass Schulden in voller Höhe zurückgezahlt werden müssen, selbst wenn dies die Gesellschaft zerreißt.

Es gibt eine Alternative. Um sie zu verwirklichen, muss man die Dynamik, die hier am Werk ist, verstehen und zwischen (durch eigene Arbeit) »verdientem« und »unverdientem« Einkommen, zwischen produktiven und unproduktiven Formen der Vermögensbildung unterscheiden. Dann ließe sich der Griff nach der Macht durch die Neo-Rentiers abwehren.

ANHANG

Anmerkungen

Einleitung – das Thema unseres Zeitalters

1 Adam Smith, *Der Wohlstand der Nationen: Eine Untersuchung seiner Natur und seiner Ursachen*, Verlag C. H. Beck, München 1974, S. 802.

2 Die wichtigsten Artikel, die ich zu diesem Thema verfasste, waren: »The Logic of Regionalism in History and Today«, »The Objectives of Regionalism in the 1980s« und »A Regional Strategy to Finance the New International Economic Order«, allesamt erschienen in dem von Davidson Nicol, Luis Echeverria und Aurelio Peccei 1981 herausgegebenen Band *Regionalism and the New International Economic Order*, »The Structure of the World Economy: A Northern Perspective« in dem von Erwin Laszlo und Joel Kurtzman herausgegeben Band *The Structure of the World Economy and Prospects for a New International Economic Order*, der 1980 erschien, und »The United States and NIEO« in dem ebenfalls von Laszlo und Kurtzman herausgegeben Band *The United States, Canada and the New International Economic Order*, der 1979 erschien.

3 »Did the Phoenicians Introduce the Idea of Interest to Greece and Italy – And if So, When?« in dem von Günter Kopcke herausgegebenen Band *Greece Between East and West: 10th–8th Centuries BC* (Mainz 1992) S. 128–143. Später ergänzt und erweitert in dem Artikel »How Interest Rates Were Set, 2500 BC – 1000 AD: *Máš, tokos* and *fœnus* as metaphors for interest accruals« im *Journal of the Economic and Social History of the Orient* 43 (Frühjahr 2000), S. 132–161.

4 »Saving, Asset-Price Inflation, and Debt-Induced Deflation« in dem von L. Randall Wray und Matthew Forstater herausgegebenen, 2006 bei Edward Elgar erschienenen Band *Money, Financial Instability and Stabilization Policy*, S. 104–124, sowie »The New Road to Serfdom: An illustrated guide to the coming real estate collapse«, *Harper's Magazine*, Bd. 312 (Nr. 1872), Mai 2006, S. 39–46. Ich habe diese und andere Artikel zu diesem Thema in dem Buch *The Bubble and Beyond* bei ISLET 2012 neu veröffentlicht. Dieses Buch bildet auch den akademischen Hintergrund zu dem vorliegenden Werk.

5 Dirk Bezemer, »Why some economists could see the crisis coming«, *Financial Times*, 7. September 2009. Für eine Liste der »Finanz-Kassandras« siehe Alphaville, *Financial Times*, 13. Juli 2009: »Wer es kommen sah und die Vormachtstellung der Bilanzierung«, eingestellt von Tracy Alloway.

Der Parasit, der Wirt und die Kontrolle über das wirtschaftliche Gehirn

1 Athenaios, *Das Gelehrtenmahl*, VI., 234–236 und Carl Zimmer, *Parasitus Rex* (Frankfurt 2001), S. 2.

2 Für Friedman heißt dies, dass man auch für scheinbar kostenlose öffentliche Dienstleistungen in irgendeiner Form bezahlen muss. Der Gedanke wird auch häufig mit dem Akronym »TANSTAAFL« abgekürzt – »There Ain't No Such Thing As a Free Lunch« –, das aus Robert Heinleins Roman *The Moon is a Harsh Mistress* stammt (dt. *Revolte auf Luna*). Die klassische Vorstellung der ökonomischen Rente als ein »free lunch« – eine kostenlose Mahlzeit – bezieht sich jedoch auf die »unverdienten«, leistungslosen Einkünfte im Privatsektor, die oft weit über das durch Arbeitskraft verdiente Einkommen hinausgehen.

3 Die »marginale Revolution« (auch »Grenznutzenschule« genannt) betrachtet völlig kurzsichtig die winzigsten Veränderungen, setzt die bestehende Umwelt als selbstverständlich voraus und stellt es so dar, als würden sich alle schädlichen Störungen von selbst beheben und seien somit keine strukturellen Fehler, durch die die Volkswirtschaften noch mehr aus dem Gleichgewicht geraten. Jede Krise wird als natürliches Ergebnis der Marktkräfte gedeutet, weshalb auch keine Notwendigkeit bestehe, die Rentiers zu regulieren und besteuern. Schulden, so wird behauptet, seien kein Eingriff in das gesellschaftliche System, sie würden die institutionellen politischen Strukturen der Volkswirtschaft nicht kapern und umgestalten, sondern vielmehr der Gesellschaft dienen.

4 Ich habe Michael Perelman den Hinweis zu verdanken, dass in einem biologischen Kontext die meisten Parasiten, die ihren Wirt in eine selbstmörderische Richtung treiben, dies nur deshalb tun, damit ihre Nachkommenschaft in einen neuen Wirtsorganismus übergehen kann. Aber die heutigen Finanzparasiten sind im Begriff, ihre Wirte zu vernichten, ohne dass ihnen eine Alternative zur Verfügung stünde. Darüber hinaus führt ihre Kurzsichtigkeit weltweit zur Zerstörung der von Umwelt, des Bildungswesens sowie der Infrastruktur. Der notwendig daraus resultierende Zusammenbruch könnte zur Folge haben, dass den Finanzparasiten keine neuen Welten mehr zur Verfügung stehen, die die Finanzparasiten kolonialisieren könnten. Wirt und Nutznießer werden gemeinsam untergehen.

TEIL I: Von der Aufklärung zu einer Wirtschaft der Neo-Rentiers

Kapitel 1 – Der Finanzsektor und sein Aufstieg zur Macht

1 Christoph Deutschmann, *Ende und Wiederkehr des Keynesianismus. Rätsel der aktuellen Wirtschaftspolitik*, S. 7, in: http://www.weltderarbeit.de/PDF_Dateien/Keynesianismus.pdf. (Die Veröffentlichung erschien im »Leviathan« 3/03 und in gekürzter Fassung in der *Frankfurter Rundschau* vom 02. Dezember 2003.

Kapitel 2 – Der lange Kampf, um Volkswirtschaften vom Rentier-Erbe des Feudalismus zu befreien

1 Josiah Tucker, *Four Tracts on Political and Commercial Subjects*, 1774, 2. Ausgabe, Gloucester 1776, Seite 21–26. Für eine zeitgenössische Analyse dieser Vorkommnisse siehe Erik Reinert, *How Rich Countries got Rich ... and why Poor Countries Stay Poor* (dt. *Warum manche Länder reich und andere arm sind*, Stuttgart 2014).

2 James Dale Davidson und Lord William Rees-Mogg, *The Great Reckoning*, 1991, S. 114.

Kapitel 3 – Kritiker und Apologeten der ökonomischen Rente, von John Locke bis John Stuart Mill

1 David Harvey, *A Brief History of Neoliberalism*, (dt. *Kleine Geschichte des Neoliberalismus*, Zürich 2007, S. 197–198).

2 John Locke, »Of Property« *The Second Treatise of Civil Government* (dt. »Vom Eigentum«, *Zweite Abhandlung über die Regierung*, Leipzig 2010, S. 132).

3 Das *Forbes Magazine* schätzte ihren Reichtum auf 28 Milliarden, was sie zur viertreichsten Frau der Welt machte. Siehe den Artikel von Tom Treadgold, »Australia's $17 billion Woman On the Road to Becoming a Whole Lot Richer«, *Forbes*, 21. März 2014.

4 Siehe »Report: 110 People Own 35 Pct of Russia's Wealth«, Johnson's Russia List, 10. Oktober 2013, #24, in dem ein Bericht des Credit Suisse Forschungsinstituts vom 9. Oktober desselben Jahres zusammengefasst wurde.

5 Adam Smith, *Der Wohlstand der Nationen*, V. Buch, 2. Kapitel, 1. Artikel, S. 722. Smith führte an gleicher Stelle aus: »Grundrenten für Häuser und übliche Grundrenten sind beide eine Art Einkommen, das dem Eigentümer in vielen Fällen zufließt, ohne dass er sich besonders darum kümmert oder bemüht. Selbst wenn ihm Teile dieses Einkommens entzogen werden sollten, um öffentliche Ausgaben zu bestreiten, so wird dadurch nirgendwo die Erwerbstätigkeit beeinträchtigt.« David Ricardo stimmte dieser Analyse in den *Principles of Political Economy and Taxation* (dt. *Grundsätze der politischen Ökonomie*) zu.

6 Adam Smith, *Lectures on Jurisprudence* (dt. *Vorlesungen über Rechts- und Staatswissenschaften*, zitierter Abschnitt nicht in der deutschen Ausgabe enthalten), Oxford 1978, S. 340. 1814 veröffentliche David Buchanan eine Ausgabe von *Wohlstand der Nationen*, der er einen Band mit eigenen Anmerkungen und Kommentaren hinzufügte. Darin ordnete er die Rente dem Monopol zu (Bd. 3, S. 272 ff.) und zog den Schluss, es handele sich dabei nicht um eine Wertschöpfung, sondern lediglich um einen *Werttransfer*. Hohe Grundrenten oder Pachtzinsen dienten allein der Bereicherung der Grundherren auf Kosten der Nahrungsmittelkonsumenten – etwas, das heutige Ökonomen ein »Nullsummenspiel« nennen, bei dem sich eine Partei auf Kosten einer anderen bereichert.

7 John Stuart Mill, *Principles of Political Economy, with Some of their Applications to Social Philosophy* (dt. *Grundsätze der politischen Oekonomie nebst einigen Anwendungen derselben auf die Gesellschaftswissenschaft*, Hamburg 1864, Buch V., Kapitel II, § 5, S. 607). William Gladstone nannte die Grund- oder Bodenrente »lazy income« – faules Einkommen. Gegen Ende des 19. Jahrhunderts war allgemein die Bezeichnung »unverdienter Zuwachs« gebräuchlich.

8 Ebenda.

9 Thomas Malthus hielt dem entgegen, Ricardos Differential-Rente sei eher ein theoretisches als ein reales Phänomen und gelte sehr viel eingeschränkter, als man es bisher geglaubt habe (siehe Thomas Malthus, *Principles of Politicial Economy*, London 1820, S. 208 ff.).

10 Diese Behauptung folgt einer gewissen Logik. So unvernünftig die Preissubventionen auch erscheinen mögen, die der US-amerikanischen Landwirtschaft seit den 1930er-Jahren zugute kamen, so haben sie doch zu großen, nachhaltigen Produktivitätssteigerungen geführt.

11 Ebenda, S. 222 ff. In den Anmerkungen, die Ricardo zu Malthus' Werk verfasste, schrieb er, diese Behauptung sei »vollkommen unbegründet« (David Ricardo, *Notes on Malthus*, 1951, S. 205).

12 Malthus, *Principles*, S. 149. Dieses Buch wurde drei Jahre nach Ricardos *Principles of Political Economy and Taxation* (dt. *Über die Grundsätze der politischen Ökonomie und der Besteuerung*) veröffentlicht, das 1817 erschienen war.

13 Keynes schrieb in seinen *Essays in Biography*: »Man kann diese Korrespondenz [zwischen Ricardo und Malthus] nicht beiseite legen, ohne zu der Überzeugung zu gelangen, dass die komplette Auslöschung von Malthus' Ansatz für einen Zeitraum von fast hundert Jahren und die daraus resultierende alleinige Vorherrschaft von Ricardos Meinung eine Katastrophe für den wirtschaftlichen Fortschritt war. In diesen Briefen bringt Malthus immer und immer wieder seinen gesunden Menschenverstand zum Ausdruck, dessen Überzeugungskraft Ricardo, der mit seinem Kopf in den Wolken steckt, in keiner Weise zu verstehen scheint.«

14 Ricardo, *Über die Grundsätze der politischen Ökonomie und Besteuerung*, S. 103.

15 Ebenda S. 103.

16 Ebenda S. 105.

17 Karl Marx, *Theorien über den Mehrwert*, Kapitel 17, Art. 15.

18 Meine Besprechung der kritischen Abhandlungen, die Everett, E. Peshine Smith und Simon Patten zu Ricardo und Malthus verfassten, findet sich in dem Band *America's Protectionist Takeoff: 1815–1914*, ISLET 2011.

19 Smith, *Wohlstand der Nationen*, V. Buch.

20 Ich habe mich an anderer Stelle mit Ricardos »Bullionismus« auseinandergesetzt sowie mit seiner Behauptung, die Abbezahlung von Auslandsschulden sei unproblematisch, nämlich in Kapitel 13 meines Buchs *Trade, Development and Foreign Debt* von 2009 sowie in *The Bubble and Beyond*, im 3. Kapitel: »How Economic Theory Came to Ignore the Role of Debt«.

Kapitel 4 – Die alles verschlingende Macht des Zinseszinses

1 Piotr Steinkeller setzt sich mit den Einzelheiten dieser Tradition auseinander, in seinem Artikel »Money-Lending Practices in Ur III Babylonie«, erschienen in dem 2002 von mir und Marc Van De Mieroop herausgegebenen Band *Debt and Economic Renewal in the Ancient Near East*, S. 109–138. In Bezugnahme auf Moses Finleys Artikel »Debt-bondage and the Problem of Slavery« von 1981 beantwortet Steinkeller Finleys Frage, »warum ein Gläubiger einem verarmten Landmann überhaupt Geld lieh, wo dieser doch wirtschaftlich so gut wie gar nicht in der Lage war, ein solches Darlehen zurückzuzahlen.« Dies sei, so schrieb Steinkeller, nicht geschehen, um einen Profit zu erzielen, sondern »um einen verlässlichen Arbeiter zu gewinnen«.

2 Die Logik, die diesem Zinssatz zugrunde liegt und auch jenem, der später in Griechenland und Rom üblich war, erkläre ich in dem bereits erwähnten Artikel »How Interest Rates Were Set, 2500 BC – 1000 AD: *Máš, tokos* and *fœnus* as metaphors for interest accruals«.

3 Das Beispiel entstammt einer mathematischen Keilschrift (»VAT 8528«) aus dem Berliner Pergamonmuseum. In Karen Rhea Nemet-Nejats Buch *Cuneiform Mathematical Texts as a Reflection of Everyday Life in Mesopotamia* findet sich eine Bibliographie der Schulbuchaufgaben und Anwendungen zu diesem Thema.

4 Aus Miriam Lichtheim, *Ancient Egyptian Literature*, II:135.

5 Diese mathematische Aufgabe entstammt dem »VAT 8525«. Nähere Ausführungen dazu finden sich bei Hildegard Lewy in »Marginal Notes on a Recent Volume of Babylonian Mathematical Texts«, *Journal oft the American Oriental Society*, Nr. 67, 1947, S. 308, und in Nemet-Nejat, op. cit., S. 59 ff.

6 Siehe hierzu auch den bereits erwähnten, von mir und Mark Van de Mieroop herausgegebenen Band *Debt and Economic Renewal in the Ancient Near East*, auf dem ein Großteil der nun folgenden Erörterungen aufbaut.

7 Michael Flürscheim, *A clue to the Economic Labyrinth*, London 1902, S. 327 ff.

8 Richard Price, *Appeal to the Public on the Subject of the National Debt*, London 1722, S. 19.

9 Price, *Observations on Revisionary Payments*, London 1769, S. XIII.
10 J. W. Bennett, *A Breed of Barren Metal*, Chicago 1895, S. 87.
11 Ebenda S. 49 und S. 93.
12 Ebenda S. 80.
13 Ebenda S. 111.
14 Ebenda S. 102.
15 John Brown, *Parasitic Wealth*, Chicago, 1898, S. 81 ff.

Kapitel 5 – Wie das Eine Prozent die übrigen 99 Prozent in exponentiell wachsender Verschuldung hält

1 Brett Christophers, »Making finance productive«, *Economy and Society*, Bd. 40 (2011), S. 112–140.
2 Hyman P. Minsky, »The Financial Instability Hypothesis« in Levy Institute Paper, Nr. 74, Mai 1992. Für eine Zusammenfassung von Minskys Theorien siehe Dimitri B. Papadimtriou und L. Randall Wray, »The Economic Contributions of Hyman Minsky« in Levy Institute Paper, Nr. 217, Dezember 1997.
3 Die Moderne Geldtheorie beschäftigt sich eingehend mit der Frage, wie es den Banken gelingt, solche sogenannten »endogenen Kredite« zu schaffen. Siehe hierzu L. Randall Wray, *Understanding Modern Money* und *Modern Money Theory*, Steve Keen, *Debunking Economics* und sein *Debtwatch*-Blog, sowie die Webseite des wirtschaftswissenschaftlichen Instituts der Universität von Missouri-Kansas City mit dem Titel *New Economics Perspectives*.
4 Edward Osborne Wilson, *Consilience* (dt. *Die Einheit des Wissens*, Berlin 1998, S. 382).

Kapitel 6 – Wie die Rentiers ihre Einkünfte aus den volkswirtschaftlichen Einkommensstatistiken verbannten

1 Das Zitat entstammt dem Artikel von Greg Farrell, »Goldman chief defends employees' pay«, *Financial Times*, 11. November 2009.
2 Thomas Piketty, *Le capital au XXIe siècle* (dt. *Das Kapital im 21. Jahrhundert*, München 2014) und Emmanuel Saez, »Income Inequality: Evidence and Policy Implications«, UC Berkeley, Januar 2013. Für weitere Statistiken zu Reichtum und Einkommensverteilung siehe auch »WEALTH: Having it All and Wanting More«, Oxfam Issue Briefing, Januar 2015: »Im Jahr 2014 gehörten dem reichsten einen Prozent der Menschen 48 Prozent der globalen Reichtümer, die restlichen 99 Prozent der Weltbevölkerung müssen die verbleibenden 52 Prozent unter sich aufteilen«. Dabei zitierte der Artikel den *Credit Suisse Global Wealth Report* von 2013 und 2014, https://www.credit-suisse.com/uk/en/news-and-expertise/research/credit-suisse-research-institute/publications.html.
3 John Bates Clark, *The Distribution of Wealth*, New York 1899, S. V.

4 Eine Biographie zu Patten findet sich in meinem Buch *America's Protectionist Takeoff*, sowie in meinem Artikel »Simon Patten on Public Infrastructure and Economic Rent Capture«, *American Journal of Economics and Sociology*, Bd. 70, Oktober 2011, S. 873–903.

5 Simon Patten, »Another View of the Ethics of Land Tenure«, *International Journal of Ethics*, Bd. 1, 1890, S. 363. John Henry liefert eine Analyse zu Clarks Grenzproduktivitätstheorie in seinem Artikel »God and the Marginal Product: Religion and the Development of J. B. Clark's Theory of Distribution«, *Research in the History of Economic Thought and Methodology*, Bd. 13, 1995, S. 75–101.

6 Simon Patten, op. cit., S. 356.

7 Simon Patten, »The Political Significance of Recent Economic Theories«, neu aufgelegt in Simon Patten, *Essays in Economic Theory*, Hg. Rexford Guy Tugwell, New York 1924, S. 254.

8 Simon Patten, »Another View of the Ethics of Land Tenure«, S. 356 ff.

9 Ebenda, S. 364 ff.

10 Gary Becker, Edward P. Lazaer und Kevin McMurphy, »The Double Benefit of Tax Cuts«, *Wall Street Journal*, 7. Oktober 2003. Dieser Artikel wurde in derselben Zeitung noch einmal am 5. Mai 2014 in einem Nachruf auf Becker zitiert. Ähnlich wie Clark unterrichtete auch Becker an der Universität von Columbia und gewann 1967 die John-Bates-Clark-Medaille der American Economics Association, die jedes Jahr an den vielversprechendsten Wirtschaftswissenschaftler unter 40 verliehen wird. In seinem Leitartikel für das *Wall Street Journal* vom 2. September 2011 gab er der staatseigenen Bank Fannie Mae und den gesetzlichen Regulierungen der Regierung die Schuld an der Finanzkrise von 2008 und nicht etwa den betrügerischen Hypothekenvergaben und den Ramschpapieren der Finanzwelt, die ihren Schöpfern so riesige Profite eingebracht hatten.

11 Paul Samuelson und William D. Nordhaus, *Economics* (dt. *Volkswirtschaftslehre*, Heidelberg 2007), zitiert in Fred Harrison, »Ten Theses, #4: Mortal Taxes or a Life of Liberty«, http:/www.sharetherents.org/thesis/mortal-taxes-life-liberty/.

12 Paul Krugman und Robin Wells, *Economics* (dt. *Volkswirtschaftslehre*, Stuttgart 2010), zitiert in Harrison, ebenda. Harrison weist auf die politischen Folgen einer solchen Verwechslung hin: 1963 versicherte Richard Lipseys Lehrbuch den Studenten, dass »eine effektive Steuer auf die ökonomische Rente nur einen winzigen Bruchteil der Staatsausgaben finanzieren würde«. Und außerdem gebe es ein schwerwiegendes Problem bei einem solchen Vorschlag: »Die politischen Auswirkungen einer Besteuerung der Renteneinkommen hängen davon ab, ob es überhaupt möglich ist, die ökonomische Rente genau zu bestimmen. Das dürfte bestenfalls eine schwierige Aufgabe, schlimmstenfalls jedoch unmöglich sein.« Richard. G. Lipsey, *Positive Economics* (dt. *Einführung in die positive Ökonomie*, Köln 1971), S. 370 ff.

13 Ich erkläre die genauen Hintergründe dieser Statistik im achten Kapitel meines Buches *The Bubble and Beyond*, das die Überschrift »The Real Estate Bubble at the Core of Today's Debt-Leveraged Economy« trägt. Der Geldfluss aus den Renten-

einnahmen (als Ebitda, also Gewinn vor Zinsen, Steuern und Abschreibungen auf Sachanlagen und immaterielle Vermögensgegenstände), der den Grundbesitzern und anderen Immobilieninvestoren zufließt, wird in der NIPA-Statistik in die unterschiedlichsten Kategorien aufgeteilt. Es gibt eine Tabelle für den unternehmerischen und eine für den privaten Bereich, und wieder eine andere für Zinsen, Abschreibungen und Steuern, sowohl auf staatlicher als auch auf kommunaler Ebene, sowie für Privatpersonen. Dieser Geldfluss enthält die Einnahmen aus dem gesamten Immobiliensektor, also aus Gebäuden, Objektaufwertungen und Grundbesitz. Um einschätzen zu können, wie viel davon als Grundrente anzusehen ist und wie viel als tatsächlicher Profit aufgrund einer Objektaufwertung zu gelten hat, muss man berechnen, welcher Teil des Immobilienpreises auf das Grundstück selbst entfällt und welcher Teil auf das darauf errichtete Gebäude. Außerdem muss der Wert eingeschätzt werden, der sich aus niedrigeren Zinssätzen ergibt. Denn bei niedrigen Zinsen kann für den als Sicherheit fungierenden Einkommensstrom ein höherer Kreditbetrag aufgenommen werden. Ähnliche Berechnungen lassen sich auch für die Ölindustrie und den Bergbau anstellen, sowie für die Profite aus Industriemonopolen.

14 Bryan Haig, »The treatment of interest and financial intermediaries in the Economy and Society«, *Review of Income and Wealth*, Bd. 32, 1986, S. 409.

15 Brett Christophers, »Making finance productive«, *Economy and Society*, Bd. 40, 2011. Er zitiert hier aus den *United Kingdom National Accounts: The blue book 2006*, Basingstoke, S. 21. In seinem Buch *Banking across boundaries: Placing Finance in Capitalism*, Chichester 2013, geht Christophers noch näher auf dieses Thema ein.

16 Diana Coyle, *GDP: A Brief but Affectionate History*, Princeton 2014.

17 John Kay, »GDP is flawed – just not in the way most people think«, *Financial Times*, 16. März 2014. Kay fügt hinzu: »Die Kosten für Krieg und Krankenpflege werden auf ein und derselben Berechnungsgrundlage gewertet. Und die Plünderung der Umwelt fließt nur mit dem Betrag ein, der zu ihrer Zerstörung aufgewendet wird, und dabei fasst sie ihn auch noch mit dem Betrag zusammen, den man bezahlen muss, um die Folgen dieser Zerstörung zu beheben.« Dazu gehören aber auch die Kosten, die durch die »Verschmutzung« durch Schulden und deren Beseitigung anfallen.

18 Yves Smith, »Yes, Virginia, Banking Contributes a Lot Less Value Than You are Lead to Believe«, *Naked Capitalism*, 4. März 2014, unter Bezugnahme auf Coyle, op. cit.

19 Alan Greenspan in einem Interview mit Justin Fox in der *Harvard Business Review*, zitiert von Izabella Kaminska in ihrem Artikel »Greenspan, the Keynesian«, http://ftalphaville.ft.com/ vom 9. Januar 2014.

Kapitel 7 – Der vergebliche Versuch, die Hochfinanz zu industrialisieren

1 Martin Lipton, der Erfinder der berühmten »Poison Pill« (Giftpille), mit der sich Unternehmen besser vor einer feindlichen Übernahme schützen können, in einem Interview mit Joe Nocera, »The Battle Over DuPont«, *New York Times*, 9. Mai 2015.

2 Für eine aktuellere Liste siehe Paula Reid, »Goldman Sachs' Revolving Door«, *CBS Investigates*, 8. April 2010, http://www.cbsnews.com/news/goldman-sachs-revolving-door/.

3 Robert Scheer, »Geithner and Goldman, Thick as Thieves«, *Truthdig*, 31. Mai 2011: »Wo Geithner seine Prioritäten setzte, wurde schon in seiner Zeit im Finanzministerium der Regierung Clinton deutlich, als er zunächst unter der Ägide des ehemaligen Goldman-Chefs Robert Rubin und dann für Lawrence Summers tätig war. Dieser ließ sich von Goldman und anderen Banken sechsstellige Vortragshonorare bezahlen, während er als Berater für den damaligen Präsidentschaftskandidaten Obama arbeitete. Es waren Rubin und Summers, denen Geithner seine Berufung zum Präsidenten der New Yorke Federal Reserve zu verdanken hatte. In diesem Amt folgte er treu und gewissenhaft den politischen Vorgaben, die er vom ehemaligen Vorstandsvorsitzenden von Goldman und damaligen Finanzminister Henry Paulson erhielt.« http://www.truthdig.com/report/item/geithner_and_goldman_thick_as_thieves_20110531/.

4 Pam Martens, »Fed Nominee Stanley Fischer has a Citigroup Problem«, *Wall Street on Parade*, 4. März 2014, http://wallstreetonparade.com/2014/03/fed-nominee-stanley-fischer-has-a-citigroup-problem/.

5 Sheila Bair, *Bull by the Horns*, New York 2012, S. 122.

6 Matt Taibbi, »The Great American Bubble Machine«, *Rolling Stone*, 9. Juli 2009. Für eine etwas konzisere Beschreibung siehe William Cohan, *Money and Power: How Goldman Sachs Came to Rule The World*, New York 2011.

7 Matthew Decker, *Essay on the Causes of the Decline of the Foreign Trade* (dt. *Ein Essay über die Ursachen des Niedergangs des Außenhandels*), 1744, Vorwort. Decker war 1702 aus Holland ausgewandert und hatte sich in London niedergelassen.

8 Adam Smith, *The Wealth of Nations* (dt. *Der Wohlstand der Nationen*, S. 800).

9 David Hume, *Essays: Moral, Political and Literary* (dt. *Politische und ökonomische Essays*, Hamburg 1988, S. 279).

10 Malachy Postlethwayt, *Great Britain's True System*, 1757, S. 21.

11 Ebenda, S. 165.

12 Ebenda, S. 20.

13 Ebenda, S. 52.

14 Ebenda S. 22.

15 James Steuart, *Principles of Political Economy*, 1767, Bd. II, S. 349 ff.

16 Leland Jenks, *The Migration of Britisch Capital to 1875*, 1927, S. 14 ff.

17 *Religion Saint-Simonienne, Économie politique et Politique*, Paris 1831, S. 45 u. 98. Marx zitiert diese Passagen im *Kapital*, 3. Band, V. Buch, Kapitel 36. Auch in Constantin

Pecqueurs Werk *Theorie Nouvelle d'Économie Sociale et Politique* wird darauf gedrängt, die Produktion von einer Gemeinschaft beherrschen zu lassen, die die Saint-Simonisten das *Système général des banques* nannten.

18 Émile Péreire trug auch eine Reihe von Essays zu der von den Saint-Simonisten herausgegebenen *Revue Encyclopédique* bei, die in dem 1832 unter seinem Namen erschienenen Sammelband *Considérations sur les Finances de la France et des États Unis* zusammengefasst wurden. Isaac Péreire erklärte seinerseits den finanzphilosophischen Hintergrund der Crédit Mobilier in den beiden Werken *Le Rôle de la Banque de France et l'Organisation du Crédit en France* von 1864 und *La Politique Financière* von 1879.

19 George W. Edwards, *The Evolution of Finance Capitalism*, 1938, S. 51.

20 Karl Marx, Friedrich Engels, *Werke*, Berlin 1983, Band 25, »Das Kapital«, Bd. III, Fünfter Abschnitt, S. 619.

21 Ebenda, S. 613.

22 Ebenda, S. 617.

23 Ebenda, S. 609.

24 Ebenda, S. 610.

25 Ebenda, S. 613/614.

26 Ich habe diese optimistische Sichtweise Roschers und seiner Zeitgenossen in meinem Artikel »Roscher's Victorian View on Financial Development« zusammengefasst, *Journal of Economic Studies*, Bd. 22, Frühjahr 1995, S. 187–208.

27 Edwards, *Evolution of Finance Capitalism*, S. 68.

28 A. d. Ü. Der Begriff »Gilded Age« – Vergoldetes Zeitalter – stammt von Mark Twain und soll zum Ausdruck bringen, dass diese Zeit dem äußeren Anschein nach zwar von einer wirtschaftlichen Blüte, gleichzeitig jedoch auch von großer Armut und Korruption geprägt war.

29 *Economic Journal*, Bd. 27, September und Dezember 1917, S. 323–327 und 502–515.

30 Ebenda S. 514.

31 Foxwell, op. cit., S. 514.

32 Ebenda S. 514.

33 George Akerlof und Paul Romer, »Looting: The Economic Underworld of Bankruptcy for Profit«, in *Brookings Papers on Economic Activity*, Bd. 1993, Nr. 2, S. 1–73, auch erschienen als *NBER Working Paper No. R1869*, April 1994.

TEIL II: Die Wall Street als zentrale Planungsabteilung

Kapitel 8 – Die Börse als Schauplatz rücksichtsloser Finanzmachenschaften

1 John Maynard Keynes, *The General Theory of Employment, Interest and Money* (dt. *Allgemeine Theorie der Beschäftigung, des Zinses und des Geldes*, Berlin 1952, Kapitel 12, § VI., S. 134).

2 Einen Überblick über die Frühzeit der Finanzpraktiken und industriellen Unternehmungen sowie die große Bedeutung des Landbesitzes gebe ich in meinem Artikel »Entrepreneurs. From the Near Eastern Takeoff to the Roman Collapse« in dem von William J. Baumol, David S. Landes und Joel Mokyr herausgegebenen Band *The Invention of Enterprise: Enterpreneurship from Ancient Mesopotamia to Modern Times*, Princeton 2010, S. 8–39.

3 Siehe Daniel Eran Dilger, »Appel, Inc. Stock IPO created 300 millionaires 33 years ago today«, *Apple Insider*, 12. Dezember 2013, http://appleinsider.com/articles/13/12/12/apple-inc-stock-ipo-created-300-millionaires-33-years-ago-today.

4 Eine solche Strategie der Unterbewertung war im Großbritannien Margaret Thatchers sehr verbreitet. Thatcher wollte damals den Privatisierungsprozess voranbringen, indem die Aktien von öffentlichen Versorgungsunternehmen wie der British Telecom bewusst unterbewertet wurden. Gegen eine Anzahlung sprach man den interessierten Kunden Aktiengutscheine zu. Die Gewinne am ersten Handelstag, an denen die British Telecom jedoch keinerlei Anteil erhielt, waren ungeheuer hoch. Auch bei späteren Privatisierungs-Aktienverkäufen wurden ähnliche Profite eingefahren. Man wollte mit dieser Strategie den Eindruck vermitteln, jedermann könne mit dem Handel an der Börse ein Vermögen machen, insbesondere, wenn es um die Privatisierung von Versorgungsunternehmen ging, die sich vormals in staatlicher Hand befunden hatten. Die britische Wirtschaft wurde so in äußerst raschem Tempo deindustrialisiert, während die City of London – das britische Finanzzentrum – zum dominanten volkswirtschaftlichen Sektor und politischen Entscheidungsträger aufstieg.

5 Joe Nocera, »Carl Icahn's Bad Advice«, *The New York Times*, 25. Oktober 2014.

6 Ian Sherr und David Benoit, »Icahn Pushes Apple on Buyback« (Icahn drängt Apple zum Aktienrückkauf), *Wall Street Journal*, 14. August 2013.

7 Seit Januar 2014 belief sich die Marktkapitalisierung von Apple auf 456 Milliarden Dollar. Die Verschlechterung gegenüber 2012 erklärt sich durch das niedrigere Kurs-Gewinn-Verhältnis, das sich wiederum aus den gesunkenen Einnahmen aufgrund der verlangsamten US-amerikanischen und globalen Wirtschaft ergeben hatte. Im Februar wurde Apple als nach Marktkapitalisierung wertvollstes Unternehmen von Google abgelöst.

8 Sherr und Benoit, op. cit. Siehe auch den Artikel von Richard Waters und Dan McCrum: »Bold attempt to unlock tech cash reserves«, *Financial Times*, 7. Februar 2013.

9 »Icahn beats the drum for $ 150 bn Apple buyback«, *Financial Times*, 2. Oktober 2013.

10 David Benoit, »Carl Icahn Continues to Push Apple for $ 150 Billion Stock Buyback«, *Wall Street Journal*, 24. Oktober 2013. »Viele Kritiker sagen immer wieder, warum lässt Icahn unsere Unternehmen nicht einfach mal in Ruhe«, fügte Icahn in dem zitierten Interview hinzu. »Für mich ist das das Gleiche, als würde man sagen: Warum hat Teddy Roosevelt die Monopole nicht einfach in Ruhe gelassen, obwohl sie doch unsere Wirtschaft in den Würgegriff genommen hatten.«

11 Ben Fox Rubin, »Icahn Ends Apple Stock Buyback Campaign«, *Wall Street Journal*, 10. Februar 2014. In der Finanzpresse wurden diese Vorgänge heftig kritisiert. So schrieben zum Beispiel Michale MacKenzie und Nicole Bullock in ihrem Artikel »Money well spent?«, *Financial Times*, 13. Oktober 2014: »Apple ist der Inbegriff jener US-Unternehmen, die billige Schuldverschreibungen verkaufen und die Einnahmen daraus dann für gigantische Aktienrückkäufe verwenden, um fette Dividenden an ihre Aktionäre verteilen zu können ... Dabei wird die Firma nur von ExxonMobil und IBM übertroffen, die nach 2009 noch großzügiger mit ihren Aktionären verfuhren.«

12 Mike Whitney, »Do Tumbling Buybacks Signal Another Market Crash?«, *Counterpunch*, 23. Oktober 2014.

13 Ian McDonald, »Big Companies Put Record Sums Into Buybacks«, *Wall Street Journal*, 12. Juni 2006. In dem Artikel heißt es an anderer Stelle: »Letzte Woche genehmigte Cisco Systems den Rückkauf von weiteren Aktien im Wert von 5 Milliarden Dollar, zusätzlich zu dem 35-Milliarden-Dollar-Aktienrückkaufprogramm, das das Unternehmen vor fünf Jahren bekanntgegeben hatte. In der Woche davor gab Tribune Co. einen Rückkauf über 2 Milliarden Dollar bekannt, der mit einer Kreditaufnahme finanziert werden sollte – eine Maßnahme, die im Vorstand zu hitzigen Debatten geführt hatte. Die Vertreter der Chandler-Familie, eine der größten Aktionäre der Firma, hatten sich dezidiert gegen solch massive Aufwendungen ausgesprochen.«

14 William Lazonick, »Profits Without Prosperitiy«, *Harvard Business Review*, September 2014. Der Autor ist Professor der Wirtschaftswissenschaften an der University of Massachusetts (dem Lowell-Campus).

15 Edward Luce, »The short-sighted US buyback boom«, *Financial Times*, 22. September 2014.

16 Paul Craig Roberts, »Illusionary Growth«, *Counterpunch*, 3. bis 5. Oktober 2014.

17 Rudolf Hilferding, *Das Finanzkapital*, Berlin 1909, S. 195.

18 Janet L. Yellen, »Labor Market Dynamics and Monetary Policy«, Rede beim Federal Reserve Bank of Kansas City Economic Symposium in Jackson Hole, Wyoming, vom 22. August 2014.

Kapitel 9 – Von den Anfängen des Aktienmarkts zur Ausgabe von Ramschpapieren

1 Dominic Barton und Mark Wiseman, »Short-term profit can cost sharholders dear«, *Financial Times*, 1. April 2015.

2 Mit der Frage, inwiefern Freihandelstheorie und globale Arbeitskräfteverteilung die eigennützigen Interessen des Finanzsektors widerspiegeln, setze ich mich in folgendem Buch näher auseinander: *Trade, Development and Foreign Debt: A History of Theories of Polarization v. Convergence in the World Economy*, 2. Aufl., ISLET 2010 (1992).

3 Für eine Erörterung dieser Vorgänge siehe Gershon Legman, *The Guilt of the Templars*, New York 1966, S. 37, und Norman Cohn, *Europe's Inner Demons*, New York, 1975, S. XI, 41 und 85. In Raymond Oursels Buch *Le Procès des Templiers* (Paris 1955) findet sich ein Protokoll des Prozesses. Michael Goodrich untersucht die Parallelen zwischen Sodomie und unproduktiver Kreditvergabe in seinem Buch *The Unmentionable Vice: Homosexuality in the Later Medieval Period*, Santa Barbara 1979, S. 9.

4 Wenn ein Investor nur 10 Prozent des Kaufpreises einer Aktie (oder eines Hauses) als Anzahlung leisten muss, braucht der gesamte Marktpreis nur um 10 Prozent zu steigen, um das Anteilskapital zu verdoppeln, das der Investor ursprünglich bezahlt hat. Wenn jedoch der Aktien- oder Immobilienpreis um 10 Prozent fällt, wird die gesamte Anzahlungssumme ausgelöscht – ein Verlust von 100 Prozent.

5 George W. Edwards, *The Evolution of Finance Capitalism*, S. 16 ff.

6 Der während des Ersten Weltkriegs zum britischen Premierminister gewählte David Lloyd George nannte sie die »Hochburg der Reaktionäre« (siehe Thomas Johnston, *The Financiers and the Nation*, London 1934, S. 138). Ernest Bevin, G. D. H. Cole und andere Mitglieder der britischen Labour-Partei kritisierten die Banken in ihrem Pamphlet *The Crisis*, das 1931 in London erschien. Siehe auch G. D. H. Cole, *The Socialism of Banking*, London 1931, und John Wilmot, *Labour's Way to Control Banking and Finance*, London 1935. Der Lösungsvorschlag der Labour-Partei bestand in einer Verstaatlichung der Bank of England. 1933 empfahl man außerdem, alle Aktienbanken in Staatsbesitz zu überführen. Keynes fand diesen Vorschlag durchaus sinnvoll und verlieh dem Ausdruck in seinem Artikel »A New Economic Policy for England«, *Economic Forum*, Winter 1932–33, S. 29–37.

7 Bis in die 1930er-Jahre galten Hypothekendarlehen meist für einen Zeitraum von nur drei Jahren. Als die Einleger begannen, ihre Gelder abzuziehen, stellten die Banken ihre Kreditvergabe ein. Nur wenige Hauseigentümer hatten genug Bargeld oder leicht verkäufliche Vermögenswerte, mit denen sie den ausstehenden Restbetrag ihrer Hypotheken begleichen konnten. Falls sie aber keinen hohen Geldbetrag gespart hatten, riskierten sie, ihre Eigenheime zu verlieren, sobald die Banken zur Zwangsvollstreckung schritten. Um solche Risiken zu vermeiden, führte man bei Hypothekendarlehen eine Laufzeit von dreißig Jahren ein.

8 Die genauen Einzelheiten dieser Geschichte werden in Connie Brucks 1988 erschienenem Buch *Predators' Ball: The Inside Story of Drexel Burnham and the Rise of the Junk Bond Raiders* geschildert, sowie in Bryan Burroughs und John Helyars Buch *Barbarians at the Gate: The Fall of RJR Nabisco* (dt. *Die Nabisco-Story: Ein Unternehmen wird geplündert*, Berlin 1991) und einer Vielzahl anderer Publikationen. Die Übernahme von Nabisco im Wert von 25 Milliarden Dollar war damals, im Jahr 1988, die größte ihrer Zeit, und wurde juristisch von der Anwaltsfirma Skadden Arps begleitet. Siehe auch Lincoln Caplan, *Skadden: Power, Money, and the Rise of a Legal Empire*, 1993.

9 Lincoln Caplan, »Joe Flom«, *New York Times*, 27. Februar 2011. Zu Floms Rolle bei der Entwicklung von Taktiken zu Unternehmensplünderungen, Übernahmen und Fusionen siehe Malcolm Gladwell, *Outliers: The Story of Success* (dt. *Überflieger. Warum manche Menschen erfolgreich sind – und andere nicht*, Frankfurt 2009).

10 Caplan, *Skadden*, S. 227.

11 Ebenda, S. 220.

12 Ebenda, S. 212.

13 Jeremy Grand, »Investor urges McDonald's to sell off restaurants«, *Financial Times*, 14. November 2005. Whitney Tilson, dessen T2-Partners-Hedgefonds sich Ackmans Kampagne anschloss, hatte zuvor bereits Wal-Mart zu Aktienrückkäufen gedrängt. Man solle unbedingt die niedrigen Zinsen für Kreditaufnahmen nutzen, so meinte er, und könne dann mit dem aufgenommenen Geld sowohl eine Unternehmensexpansion als auch einen Aktienrückkauf finanzieren. Forderungen nach einem Aktienrückkauf waren zum Normalfall geworden.

14 Alan Murray, »Attack on McDonald's Heralds a New Order«, *Wall Street Journal*, 23. November 2005.

15 Justin Lahart, »Cash-Rich Firms Urged to Spend«, *Wall Street Journal*, 21. November 2005.

16 Richard Siklos und Andrew Ross Sorkin, »Icahn Plan For a Split Gets a Push«, *The New York Times*, 8. Februar 2006.

17 Alan Murray, »Attack on McDonald's Heralds a New Order«.

18 »The Google I. P. O.; Excerpts from ›Owner's Manual‹ Included With Offering«, *New York Times*, 30. April 2004. Die Google-Gründer erklärten darüber hinaus, sie würden entgegen den Gepflogenheiten an der Wall Street keine Schätzungen von Quartalsergebnissen abgeben, sondern sich auf die langfristigen Entwicklungen konzentrieren. Außerdem würden sie auch keine Bilanzierungstricks verwenden, um die Quartalsergebnisse zu beschönigen, sondern immer nur die tatsächlichen aktuellen Einnahmen und Kosten bekanntgeben, selbst wenn diese einem Zickzackkurs folgten. Wenn man bedenke, dass sich die Informationstechnologien noch kontinuierlich im Fluss befinden, so heißt es in dem Brief weiter, sei die Erwartung an Google, Ertragsprognosen im herkömmlichen Sinn bekanntzugeben, unrealistisch. Man könne für den eng begrenzten Zeitraum eines Quartals unmöglich die Geschäftsentwicklungen vorhersagen.

19 Andrew Ross Sorkin und Landon Thomas Jr., »An Egalitarian Auction? Bankers Are Not Amused«, *The New York Times*, 30. April 2004.
20 Alex Berenson, »Google Says To Investors: Don't Think of Flipping«, *The New York Times*, 30. April 2004. Siehe auch Floyd Norris, »Google May Have Pre-empted Regulators on Public Offerings«, *The New York Times* vom 4. Mai 2004.
21 Michael Dell, »Going Private Is Paying Off for Dell«, *Wall Street Journal*, 25. November 2014.
22 Robin Harding, »Corporate investment: A mysterious divergence«, *Financial Times*, 24. Juli 2013.
23 Ed Hammond, »Top M&A lawyer attacks activist investors«, *Financial Times*, 28. März 2014.

Kapitel 10 – Finanz kontra Industrie: Die zwei Seiten der Bilanzaufstellung

1 Jason Zweig, »Will Stock Buybacks Bite Back«, *Wall Street Journal*, 22. März 2014.
2 *Economic Report of the President*, 1985.
3 Martin Lipton, in *American Lawyer*, Mai 1986. Für eine Beschreibung der Methoden, mit denen Unternehmensübernahmen vollzogen werden, sowie der Funktionsweise der »Poison Pill« und anderer Verteidigungsmechanismen, siehe Gregg A. Jarrell, »Financial Innovation and Corporate Mergers« in einem Bericht der Boston Federal Reserve, S. 52–73, https://www.bostonfed.org/economic/conf/conf31/conf31c.pdf.
4 Martin Wolf, »Lunch with the FT: Andrew Smithers«, *Financial Times*, 1. März 2014.
5 Yves Smith, »Why the ›Maximizing Shareholder Value‹ Theory of Corporate Governance is Bogus«, *Naked Capitalism*, 21. Oktober 2013. Smith fügt hinzu: »Ich habe von McKinsey fast ein ganzes Jahrzehnt lang immer wieder Berichte erhalten, dass sie ihre Kunden nicht dazu bewegen können, neue Initiativen umzusetzen, wenn sie eine solche Kerbe in ihre Quartalsgewinne schlagen.«
6 Claudia H. Deutsch, »An Early Advocate of Stock Options Debunks Himself«, *The New York Times*, 3. April 2005.
7 Francesco Guerrera, »Corporate Raiders rolling back the years«, *Financial Times*, 16. August 2006.
8 Martin Lipton, Jay W. Lorsch und Theodore N. Mirvis, »Schumer's Shareholder Bill Misses the Mark«, *Wall Street Journal*, 12. Mai 2009.
9 Gillian Tan, »OCC Has ›No Exceptions Policy‹ for Financing Takeover Deals, Official Says«, *Wall Street Journal*, 20. März 2014. In einem anderen Artikel berichtet die Reporterin, dass die mit dem größten Schuldenhebel verbundene Firmenübernahme während der vergangenen Jahre unter anderem von Bain Capital organisiert wurde, einer Investorenfirma, die von dem republikanischen Präsidentschaftskandidaten von 2012, Mitt Romney, geleitet wird. Siehe: Gillian Tan, »What's Next for LBOs Amid Crackdown?«, *Wall Street Journal*, 22. Januar 2014.

Kapitel 11 – Die Blasenökonomie: von der Vermögenspreisinflation zur Schuldendeflation

1 Karl Marx, Friedrich Engels – *Werke*, Berlin 1983, Band 25, »Das Kapital«, Bd. III, Fünfter Abschnitt, S. 454–455.

2 Das ist auch der Grund, warum in den von Piketty angeführten Grafiken die Polarisierung der Gesellschaft nicht noch sehr viel höher ausfällt. Denn er bezieht neben den Arbeitseinkünften nur die »Kapitalgewinne« mit ein. Pikettys Statistiken vernachlässigen damit den Preisanstieg der Vermögenswerte, die nicht verkauft und somit auch nicht zum Gegenstand der Kapitalgewinnsteuer werden. Solche Gewinne lassen sich nur erklären, wenn man den Anstieg der insgesamt vorhandenen Vermögenswerte berücksichtigt (nachdem man die Posten für neue Baumaßnahmen und die Bildung von Sachkapital abgezogen hat).

3 Die Details dieses Phänomens beschreibe ich in dem zusammen mit Kris Feder verfassten Aufsatz »Real Estate and the Capital Gains Debate«, erschienen beim Levy Economics Institute of Bard College, Working Paper Nr. 187, März 1997.

4 Im Jahr 2014 betrug der Steuersatz der FICA (Federal Insurance Contribution Act – eine amerikanische Lohnsteuer zur Finanzierung der Sozial- und Krankenversicherung) bei einem Arbeitslohn von bis zu 117 000 Dollar 6,2 Prozent. Dieser Satz ist von Arbeitgebern und Arbeitnehmern zu bezahlen. Der Steuersatz für Medicare – die öffentliche Krankenversicherung für ältere und behinderte US-Bürger – beläuft sich bei einem Einkommen von bis zu 200 000 Dollar auf 1,45 Prozent und beträgt für alle darüber liegenden Einkommensklassen 2,35 Prozent. In Europa liegt der von der OECD ermittelte Durchschnitt für den Einkommenssteuersatz und die Sozialversicherungsabgaben bei 35,2 Prozent der Lohnkosten – wobei er in Österreich laut dortigem Institut für Wirtschaftsforschung sogar 48,4 Prozent beträgt. Siehe hierzu Jomes Shotter: »Freedom party exploits unease in one of Europe's strongest economies«, *Financial Times*, 21. Mai 2014.

5 Die nach Einkommensklassen geordneten Statistiken hierzu werden alle drei Jahre in dem von der Federal Reserve veröffentlichten *Survey of Consumer Finances* aufgeführt.

6 Für eine detaillierte Beschreibung dieser Entwicklung siehe das Kapitel »Saving, Asset-Price Inflation and Debt Deflation« in meinem Buch *The Bubble and Beyond*, S. 297–319. Erstmals veröffentlich wurde dieses Kapitel in dem von L. Randall Wray und Matthew Forstater herausgegebenen Band *Money, Financial Instability and Stabilization Policy*.

7 Irving Fisher, »The Debt-Deflation Theory of the Great Depression«, *Econometrica*, 1933, S. 342. Nachlesen kann man diesen Text auf folgender Webseite: http://fraser.stlouisfed.org/docs/meltzer/fisdeb33.pdf.

8 Ben Bernanke, *Essays on the Great Depression*, Princeton 2000, S. 24, zitiert von Steve Keen in »The case against Mr. Bernanke« in Debtwatch Nr. 42., http://www.debtdeflation.com/blogs/. In seinem Buch *Debunking Economics* führt Keen seine

Kritik an Ökonomen weiter aus, die das Prinzip der »endogenen Kreditschöpfung« nicht verstanden haben – also den Umstand, dass durch die Kreditvergabe der Banken Einlagen geschaffen werden. Diese Theorie steht im Zentrum der Modernen Geldtheorie.

9 Fisher, *op. cit.*, S. 344.

10 Jack Healy, »As Incomes Rebound, Saving Hits Highest Rate in 15 Years«, *New York Times*, 27. Juni 2009.

11 Kelly Evans, »Americans Save More, Amid Rising Confidence«, *Wall Street Journal*, 27. Juni 2009.

Kapitel 12 – Die Banker haben es kommen sehen, aber die Ökonomen schauten weg

1 Willem Buiter, »The Unfortunate Uselessness Of Most ›State of the Art‹ Academic Monetary Economics«, »Maverecon«, 3. März 2009, http://blogs.ft.com/maverecon. Dieser Blog wurde von der *Financial Times* ins Leben gerufen. Buiter ist seit 2010 Chefökonom der Citigroup. Zuvor hatte sein Blog diese Bank noch als ein »Gemisch der schlimmsten Praktiken quer durch das finanztechnische Spektrum« beschrieben.

2 Dirk Bezemer, »Why some economists could see the crisis coming«, *Financial Times*, 7. September 2009. Für eine Liste der »Finanz-Kassandras« siehe den Blog »Alphaville«, *Financial Times*, 13. Juli 2009: »Who saw it coming and the primacy of accounting«, gepostet von Tracy Alloway. In seinem Buch *The Big Short* (dt. *The Big Short – Wie eine Handvoll Trader die Welt verzockte*) nennt Michael Lewis einige Beispiele für solche Investoren, die das Ganze kommen sahen und ihr Geld entsprechend anlegten.

3 Robert Rubin, Datenbank für Zitate, http://www.successories.com/iquote/author/6194/robert-rubin-quotes/2.

4 Damian Paletta, »Tracing Budget Team's DNA«, *Wall Street Journal*, 5. März 2013.

5 Michiyo Nakamoto und David Wighton, »Citigroup chief stays bullish on buy-outs«, *Financial Times*, 9. Juli 2007.

6 »Nach der Entwicklung, die sich zwischen 2000 und 2007 vollzog, wurde schließlich den Regierungsbeamten in Washington eine von 11 000 Gutachtern unterzeichnete Petition überreicht ... Darin wurde der Vorwurf erhoben, dass Kreditgeber die Gutachter unter Druck setzten, damit sie künstlich überhöhte Immobilienpreise angaben. Die Kreditgeber, so hieß es weiter, würden eine schwarze Liste jener Gutachter führen, die »ehrlich« geblieben waren, und ihre Aufträge nur an solche Personen vergeben, die das gewünschte Preisziel gewährleisten.« (*Financial Crisis Inquiry Commission* 2011, S. 18.) William K. Black bezieht sich in einem Artikel auf diese Passage und erklärt: »Die Vorstandsvorsitzenden solcher betrügerisch vorgehenden Kreditunternehmen können sich auf drei Dinge verlassen: Der Kreditgeber wird kurzfristig sehr hohe Gewinne zu verzeichnen haben, die Rechnungsprüfer

werden dank der modernen Vorstandsvergütung mit einem Schlag reich, und am Ende wird der Kreditgeber schwere Verluste erleiden. Das bringt die Marktkräfte auf den falschen Pfad und lässt die Betrugsfälle in der Rechnungsprüfung sprunghaft ansteigen.« Aus »Two Sentences that Explain the Crisis and How Easy it Was to Avoid«, *New Economic Perspectives*, (Blog der wirtschaftswissenschaftlichen Fakultät der UMKC), 9. Juli 2013.

7 Siehe hierzu: http://www.law.columbia.edu/media_inquiries/news_events/2013/march2013/financial-fraud-panel. Dort findet sich ein Link zu dem Bericht der Columbia Law School vom 26. Februar 2013 mit dem Titel »Rent-Seeking, Instability and Fraud«, in dem sich William Black, Professor an der UMKC, der Chefbuchhalter der Börsenaufsichtsbehörde SEC Lynn E. Turner und das ehemalige Kommissionsmitglied der SEC Harvey J. Goldschmid zu Wort melden. Für weitere Belege siehe auch Turners Aussage vor dem Senatsausschuss für Banken, Wohnungsbau und Stadtentwicklung mit dem Titel »The Economic Crisis – Bad Loans, Bad Gatekeepers and Bad Regulation«, 10. März 2009, http://www.banking.senate.gov/public/index.cfm?FuseAction=Files. In der dortigen Suchmaske dann folgenden Text eingeben: View&FilesStore_id=16e2bab5-2d77-4f6e-a471-933a438f6cac.

8 Siehe hierzu auch: »LTC bailout reassures«, *CNN Money*, 24. September 1998, http://money.cnn.com/1998/09/24/companies/ltc/. Merton hatte am MIT bei Paul Samuelson promoviert, während Scholes an der neoliberalen Universität von Chicago studierte. Bald nach dem Zusammenbruch von LTCM gründete Scholes – anscheinend unbeirrt – einen weiteren Hedgefonds namens Platinum Grove Asset Management. Das Unternehmen verwaltete etwa 4,5 Milliarden Dollar und warf eine durchschnittliche Jahresrendite von 9,4 Prozent ab. Dabei profitierte es von der vollkommen sorglosen Stimmung an den Finanzmärkten, deren Profite bis 2008 ohne jede Angst vor Risiken immer weiter anstiegen. Doch in der Zeit von Anfang 2008 bis zum 15. Oktober desselben Jahres verlor der Masterfonds 38 Prozent seines Werts und löschte sämtliche Gewinne aus dem Vorjahr aus. Bald darauf hinderte man die Investoren daran, ihre Gelder abzuziehen, und wieder einmal zeigte sich, dass die Schneeballmethode der Hedgefonds nur so lange funktioniert, wie die Märkte steigen. Sobald die Sache ernst wird, brechen sie in sich zusammen.

9 Matthew O'Brien, »How the Fed Let the World Blow Up in 2008«, *The Atlantic*, 26. Februar 2014, http://www.theatlantic.com/business/archive/2014/02/how-the-fed-let-the-world-blow-up-in-2008/284054/.

10 Zitiert aus Matt Stoller, »The Con-Artist Wing of the Democratic Party«, *The Vice Reader*, 4. Juni 2014, http://www.vice.com/read/tim-geithner-and-the-con-artist-wing-of-the-democratic-party.

11 Zitiert aus Pam und Russ Martens, »As Citigroup Spun Toward Insolvency in '07–'08, Its Regulator Was Dining and Schmoozing With Citi Execs«, *Wall Street on Parade*, 7. Januar 2014.

12 Zitiert aus Gretchen Morgenson, »A New Light on Regulators in the Dark«, *The New York Times*, 22. Februar 2014. In dem Artikel wird das Sitzungsprotokoll des FOMC-Meetings vom 18. März 2008 in der New Yorker Federal Reserve zusammengefasst.

Kapitel 13 – Der Coup von 2008: Wie die Banken gerettet wurden, aber nicht die Wirtschaft

1 Sheila Bair, *Bull By the Horns*, New York 2012, S. 323.

2 Aus Herbert Hoover, *Memoirs* (*Memoiren*), Bd. 3: *The Great Depression, 1929–1941* (dt. *Die große Wirtschaftskrise, 1929–1941*, Mainz 1954). Zwar hat Hoover Mellons Rat nicht angenommen, doch die Ökonomen der Chicagoer Schule und des Internationalen Währungsfonds haben eine solche Vorgehensweise lange Zeit befürwortet.

3 A. d. Ü.: Dieser Begriff wurde 2015 auf Wunsch der neugewählten griechischen Regierung erst zu »Institutionen« und im Juli desselben Jahres aufgrund des Hinzutretens des Europäischen Stabilitätsmechnismus (ESM) zu »Quadriga« umgewandelt.

4 William K. Black, der in dem Savings-and-Loan-Skandal als Staatsanwalt tätig war, beschreibt die Details dieser Entwicklung in seinem 2005 erschienenen Buch *The Best Way to Rob a Bank is to Own One* sowie in seinen Beiträgen zu den Blogs *New Economic Perspectives* und *The RealNews Network*. Er weist darauf hin, dass der »Nobelpreis« für Wirtschaftswissenschaften 2001 an George Akerlof verliehen wurde, unter anderem für seinen 1993 in Zusammenarbeit mit Paul Romer verfassten Artikel »Looting: The Economic Underworld of Bankruptcy for Profit«.

5 *The Lender of Last Resort: A Critical Analysis of the Federal Reserve's Unprecedented Intervention After 2007*, Levy Institute, April 2013 (größtenteils herausgegeben von Randall Wray), S. 7.

6 Timothy F. Geithner, »The Paradox of Financial Crises«, *Wall Street Journal*, 13. Mai 2014: »Weil zwei Präsidenten bereit waren, ihre politischen Überzeugungen zurückzustellen und eine gigantische, schöpferische Rettungsaktion auf den Weg zu bringen, gelang es uns, eine wirtschaftliche Katastrophe zu verhindern und innerhalb von sechs Monaten wieder ein Wirtschaftswachstum anzukurbeln. Wir sorgten dafür, dass die Geldautomaten weiterhin funktionierten, retteten die Automobilindustrie, stellten den Fluss in den unterbrochenen Kreditströmen wieder her, damit die Wirtschaft wachsen konnte ...« Geithner führte diese Thesen noch detaillierter in seiner mit reichlich Fantasie gespickten Apologie *Stress Test* von 2014 aus. Kurz gesagt: Er hatte – so möchte er es uns zumindest glauben machen – keine Alternative.

7 Kathleen Madigan, »Like the Phoenix, U.S. Finance Profits Soar«, *Wall Street Journal*, 25. März 2011.

8 Richard Eskow, »The ›Bankization‹ of America«, *Common Dreams*, 16. August 2013, http://www.commondreams.org/view/2013/08/16.

9 Für Hintergrundinformationen zu dieser Übernahme siehe Mike Whitney, »Swan Song for Fanny Mae«, *Counterpunch*, 18. Juli 2008, und Peter J. Wallison, »There is No Reason to Panic«, *Wall Street Journal*, 14. Juli 2008.

10 Für eine Erläuterung der politischen Manöver rund um den Erwerb dieser Optionen, siehe Peter J. Wallison, »How Paulson Would Save Fannie Mae«, *Wall Street Journal*, 12. September 2008; James R. Hagerty und Jessica Holzer, »U.S. Move to Cover Fannie, Freddie Losses Stirs Controversy«, *Wall Street Journal*, 26. Dezember 2009; David Skeel, »Now Uncle Sam is Ripping Off Fannie and Freddie«, *Wall Street Journal*, 28. Februar 2014, und der englischsprachige Wikipedia-Eintrag hierzu mit dem Titel: »Federal takeover of Fannie Mae and Freddie Mac«.

11 Das Troubled Asset Relief Program (TARP) ist ein Programm, in dem die Regierung der Vereinigten Staaten Anteile an Finanzinstituten aufkauft, um den Finanzsektor zu stabilisieren. Am 3. Oktober 2008 unterzeichnete George W. Bush das entsprechende Gesetz; es lief Dezember 2014 aus. Es war die größte der Maßnahmen, die die US-Regierung 2008 ergriffen hatte, um der Subprimekrise zu begegnen. Ursprünglich wurden für das Programm bis zu 700 Milliarden $ bewilligt, später mit dem Dodd–Frank Act auf 475 Milliarden $ reduziert. Zunächst hatte die Regierung angenommen, ihre Anteile an Firmen wie GM, AIG und Citigroup viele Jahre lang halten zu müssen. Tatsächlich kauften diese Unternehmen ihre Aktien vom US-Finanzministerium zurück und stiegen aus dem TARP aus. (Anm. d. Ü.)

12 Joe Nocera, »Sheila Bair's Bank Shot«, *The New York Times Magazine*, 10. Juli 2011. Dieses Interview gab sie anlässlich ihres Rücktritts als Leiterin der FDIC.

13 Willem Buiter, »Slaughtering sacred cows: it's the turn of the unsecured creditiors now«, *Financial Times*, 18. März 2009.

14 Yves Smith, »The less optmistic view of Treasury's handling of the crisis«, *Credit Writedowns*, 6. November 2009 (ebenfalls in »Geithner and Summers as Obama's Cheney and Rumsfeld«, *Naked Capitalism*, 9. Juli 2011.

15 Zitiert nach Chris Isidore, »Bailout plan rejected – supporters scramble«, *CNNMoney*, 29. September 2008. Einige Demokraten stimmten gegen das Gesetz, weil es den Steuerzahlern nicht genügend Hilfe bei ihrem Kampf gegen Zwangsenteignungen und Arbeitslosigkeit gewährte. Sie beschuldigten ihre Gegner, zu überstürzt zu handeln. So sagte etwa Lloyd Doggett, der den Bundesstaat Texas im Repräsentantenhaus vertritt: »Ähnlich wie der Irak-Krieg und der Patriot Act (Anti-Terror-Gesetz) ist auch dieses Gesetz von Angst und Hast bestimmt.«

16 Zitiert aus Brendan Murray, »Paulson Bank Rescue Proposal Is ›Crazy‹, O'Neill Says«, *Bloomberg*, 1. Oktober 2008, http://www.bloomberg.com/apps/news?pid=20601087&sid=atJMmCIVjevU&refer=home.

17 Paul Craig Roberts, »Why Paulson's Plan is a Fraud«, *Counterpunch*, 3. Oktober 2008.

18 Richard C. Cook, »›Grand Larceny‹ on a Monumental Scale: Does the Bailout Bill Mark the End of America as We Know It?«, *Global Research*, 2. Oktober 2008.

19 Carl Hulse, »Senate Passes Bailout Plan; House May Vote by Friday«, *The New York Times*, 1. Oktober 2008.

20 Bair, *Bull by the Horns*, S. 111.

21 In Joe Nocera, »Sheila Bair's Bank Shot«. Im selben Interview sagte Bair: »Man hätte Bear Stearns Konkurs gehen lassen sollen.«

22 Bair, *Bull by the Horns*, S. 99 ff.

23 »Kucinich Opposes Bailout and asks, ›Is this the United States Congress or the board of directors of Goldman Sachs?‹«, 28. September 2008, Rede im Repräsentantenhaus.

24 Neil M. Barofsky, »Where the Bailout Went Wrong«, *The New York Times*, 30. März 2011.

25 Yves Smith, »AIG Bailout Trial Bombshell III: Paulson Lied to Congress About TARP«, *Naked Capitalism*, 17. Oktober 2014. Gemeint ist die Zeugenaussage von Scott Alvarez, der den Aufsichtsrat der Federal Reserve in Rechtsdingen beriet. Seine Aussage habe deutlich gemacht, »dass eine Eigenkapitalzufuhr an die Banken von vornherein geplant« war. Smith fährt fort: »Man sollte dabei keinesfalls vergessen, dass die Wall Street ihre Dankbarkeit gegenüber den amerikanischen Steuerzahlern bewies, indem sie sich in den Jahren 2009 und 2010 Boni in Rekordhöhe ausbezahlte.«

26 Gretchen Morgenson, »Fresh Doubt Over the Bailout of A.I.G.«, *The New York Times*, 21. Dezember 2014.

27 Richard Teitelbaum, »Hank Greenberg, AIG, CIC and the Backdoor Bailout«, *Institutional Investor*, 21. November 2014.

Kapitel 14 – Die staatlichen Geschenke werden immer mehr von Politik und Korruption beherrscht

1 Zitiert aus Gina Chon, »Geithner clashes with lawyer for Greenberg over bailout of AIG«, *Financial Times*, 9. Oktober 2014.

2 Zitiert aus David Wessel, »Geithner: Post-Crash«, *Wall Street Journal MONEY*, Sommer 2014, S. 14.

3 »In Conversation: Barney Frank«, *New York Magazine*, 23. April 2012.

4 Zitiert aus Alan S. Blinder, »Missing the Target With $700 Billion«, *The New York Times*, 20. Dezember 2008.

5 »The Troubled Asset Relief Program Report on Transactions Through December 31, 2008«, herausgegeben vom Congressional Budget Office am 16. Januar 2009.

6 Zitiert aus Daniel Dombey und Joanna Chung, »Democrats threaten next Tarp disbursement«, *Financial Times*, 5. Dezember 2008.

7 Joe Nocera, »Sheila Bair's Bank Shot«.

8 Ausschnitt aus der Rede von Senator Elizabeth Warren zur Citigroup und ihren Bailout-Auflagen am 12. Dezember 2014 vor dem Repräsentantenhaus. In dieser Rede sprach sie sich auch gegen das Rettungspaket für die Citibank (»Citibank

Budget«) und die Nominierung von Antonio Weiss für eine gehobene Position im Finanzministerium aus. Siehe http://www.warren.senate.gov/?p=press_release&id=686.

9 Pam und Russ Martens, »As Citigroup Spun Toward Insolvency in '07–'08, Its Regulator Was Dining and Schmoozing With Citi Execs«. An dieser Stelle zitieren die Autoren Jo Becker und Gretchen Morgenson, *The New York Times*, 26. April 2009.

10 Bair, *Bull by the Horns*, S. 105.

11 Joe Nocera, »Sheila Bair's Bank Shot«.

12 Zitiert aus Pam und Russ Martens, »As Citigroup Spun Towards Insolvency ...«

13 Yves Smith, »Sheila Bair Gives Her Account of the Crises, and (Quelle Surpise!) the Bailouts and Geithner Do Not Look Pretty«, *Naked Capitalism*, 26. September 2012. Smith berichtet weiter, dass die Regierung während Rubins Zeit als Vorstandsvorsitzender der Citigroup von 1999 bis 2009 »gezwungen war, 45 Milliarden Dollar Steuergelder in das Unternehmen zu pumpen und für illiquide Vermögenswerte in Höhe von weiteren 300 Milliarden Dollar zu bürgen. Die Steuerzahler saßen am Ende auf 27 Prozent Eigentumsanteilen der Citigroup, die 2010 zu einem kumulierten Gewinn von 12 Milliarden Dollar (statt der eingesetzten 45 Milliarden Dollar) verkauft wurden. Rubin verzichtete auf einen Teil der vereinbarten Ausgleichszahlung – und erhielt dennoch etwa 126 Millionen Dollar in Bar und in Form von Aktien – und das alles für eine Amtszeit, bei der man immer mehr den Eindruck gewann, seine notorische Gelassenheit sei eher eine fatale Lähmung.«

14 Die Einzelheiten dieses Berichts finden sich unter dem Kürzel GAO-11-696, Report to Congressional Addressees, »Federal Reserve System – Opportunities Exist to Strengthen Policies and Processes for Managing Emergency Assistance«, Juli 2011.

15 In Stephen Zarlengas Buch *The Lost Science of Money* (dt. *Der Mythos vom Geld*, Zürich 1999) findet sich eine gute Erklärung zu den »Continentals«.

16 Paul Krugman, »Does He Pass the Test?«, *New York Review of Books*, 10. Juli 2014, http://www.nybooks.com/articles/archives/2014/jul/10/geithner-does-he-pass-test/.

Kapitel 15 – Die Scheinversicherung der Wall Street gegen den Crash

1 Matt Stoller, »The Con-Artist Wing of the Democratic Party«, *The Vice Reader*, 4. Juni 2014, http://www.vice.com/read/tim-geithner-and-the-con-artist-wing-of-the-democratic-party.

2 Mary Williams Walsh, »A.I.G. Lists Which Banks It Paid With U.S. Bailouts«, *The New York Times*, 15. März 2009: »Zu den Finanzunternehmen, die von A.I.G. geschuldete Zahlungen in Milliardenhöhe erhielten, gehören Goldman Sachs (12,9 Milliarden Dollar), Merrill Lynch (6,8 Milliarden Dollar), Bank of America (5,2 Milliarden Dollar), Citigroup (2,3 Milliarden Dollar) und Wachovia (1,5 Milliarden Dollar). Ausländische Großbanken erhielten ebenfalls hohe Summen aus dem Rettungspaket, unter anderem die französische Société Générale und die Deutsche

Bank, die jeweils fast 12 Milliarden Dollar bekamen, die britische Barclays (8,5 Milliarden Dollar) und die schweizerische UBS (5 Milliarden Dollar).«

3 Haushaltsausschuss des Senats, Aussage von Ben S. Bernanke, Präsident des Board of Governors des Federal Reserve System, »Kurz- und langfristige wirtschafts- und haushaltspolitische Herausforderungen« (3. März 2009). AIG London trat in das Geschäft mit Credit Default Swaps ein, um als AAA (ausfallsicher) eingestufte Wertpapiere im Volumen von 441 Milliarden Dollar zu versichern. Davon waren Wertpapiere im Volumen von 57,8 Milliarden Dollar »strukturierte Schuldtitel«, die mit gebündelten zweitklassigen (»Subprime«-)Krediten unterlegt waren. Über diese Kredite hatten Alan Greenspan und andere Finanzgurus gesagt, niemand habe vorhersehen können, dass sie ausfallen würden.

4 Das Congressional Oversight Panel stellt in seinem Bericht *The AIG Rescue, Its Impact on Markets, and the Government's Exit Strategy* (auf den sich die nachfolgenden Seiten weitgehend stützen) vom 9. Juni 2010 fest, dass das Hauptaugenmerk der OTS »auf dem regulierten Spareinlagengeschäft des Unternehmens lag. Dieses machte nur einen kleinen Prozentsatz des Gesamtgeschäfts von AIG aus, und sein Anteil an der Bilanzsumme der Holdinggesellschaft lag deutlich unter 1 Prozent«. Tatsächlich betrug er lediglich 0,14 Prozent.

5 Congressional Oversight Panel, *The AIG Rescue*, 9. Juni 2010.

6 Yves Smith, »Judge Rakoff Blasts Breuer, Prosecution of Companies Rather than Individuals in Bar Speech«, *Naked Capitalism*, 14. November 2013.

7 Jamie Dimon, Brief an die Aktionäre von JP Morgan, 30. März 2012, zitiert in Bill Black, »The New York Times Authors the Most Ironic Sentence of the Crisis«, *New Economic Perspectives*, 24. Oktober 2013. Black fügt hinzu, dass »Kredite, deren Risiken nicht sorgfältig geprüft wurden«, in betrügerischer Absicht ausgewiesene »heutige Erträge« und Verluste generieren, die »morgen« ausgewiesen werden.

8 Serena Ng und Michael R. Crittenden, »Geithner Defends Big AIG Payouts«, *Wall Street Journal*, 28. Januar 2010.

9 Charles Perrow, *Normal Accidents: Living With High Risk Technologies* (1984, überarb. Neuaufl. 1999, Princeton).

10 Eric Dash und Andrew Ross Sorkin, »Throwing a Lifeline to a Troubled Giant«, *The New York Times*, 17. September 2008.

11 »AIG's Black Box«, *Wall Street Journal*, Leitartikel, 3. März 2009.

12 Eric Dinallo, »What I Learned at the AIG Meltdown: State insurance regulation wasn't the problem«, *Wall Street Journal*, 3. Februar 2010.

13 Gretchen Morgenson und Louise Story, »Testy Conflict With Goldman Helped Push A.I.G. to Edge«, *The New York Times*, 7. Februar 2010.

Kapitel 16 – AIG wird gerettet, um Goldman durchzufüttern

1 Zitiert in: Gretchen Morgenson, »An A.I.G. Failure Would Have Cost Goldman Sachs, Documents Show«, The New York Times, 24. Juli 2010.

2 Shah Gilani, Contributing Editor, *Money Morning*, »Warning: This is Not Another Wall Street Conspiracy Theory, These are the Facts«, 2. Februar 2010: »Friedman legte sein Amt in der New Yorker Fed am 7. Mai 2009 nieder, nachdem Kritik an seinem 3 Millionen Dollar schweren Kauf von Goldman-Aktien im Dezember 2008 laut geworden war. Er erhöhte damit seinen ohnehin beachtlichen Aktienbestand – und tätigte den Kauf erst, nachdem er für Goldman die Erlaubnis erwirkt hatte, sich in eine Bankholdingfirma zu verwandeln. Dadurch machte er es Goldman möglich, sich aus dem großzügigen Liquiditätstopf der Fed zu bedienen.«

3 Gretchen Morgenson, »Fresh Doubt Over the Bailout of A.I.G.«, *The New York Times*, 21. Dezember 2014.

4 Mary Williams Walsh und Sewell Chan, »Under Fire, Geithner Says A.I.G. Rescue Was Essential«, *The New York Times*, 27. Januar 2010.

5 Noam Scheiber, »Finally, the Truth About the A.I.G. Bailout«, *The New York Times*, 28. September 2014.

6 Gretchen Morgenson, »Court Casts a New Light on a Bailout«, *The New York Times*, 28. September 2014. Sie fügt hinzu: »Hingegen bezahlten die Banken, die Geld aus dem staatlichen Troubled Asset Relief Program erhielten, nur 5 Prozent Zinsen. Jene Banken, die das Glück hatten, Geld aus der Primary Dealer Credit Facility zu erhalten – diese Kredite waren nur für Institute zugänglich, die als Handelspartner der Fed galten –, bezahlten nur 2,25 Prozent Zinsen. Und diese Glücklichen profitierten noch von einer weiteren Vergünstigung: Die Fed lockerte die Anforderungen für die Sicherheiten erheblich und erlaubte den Instituten, sehr riskante Wertpapiere als Sicherheiten für Liquiditätshilfen zu hinterlegen.« Die fiktiven Bewertungen dieser Papiere lagen über dem Marktwert. Siehe auch Aaron M. Kessler, »A.I.G. Trial Witnesses Will Be Central Cast From 2008 Crisis«, *The New York Times*, 30. September 2014.

7 Gillian Tett, »Global Insight: Still bristling over AIG haircut«, *Financial Times*, 14. Januar 2010.

8 Gretchen Morgenson, »A.I.G.'s Payouts to Companies Draw Criticism«, *The New York Times*, 18. März 2009.

9 Gretchen Morgenson, »Court Casts a New Light on a Bailout«.

10 Darren Lenard Hutchinson, »Tangled Webs: Goldman Sachs, AIG and the Feds«, *Dissenting Justice*, 21. März 2009, http://dissentingjustice.blogspot.com/2009/03/tangled-webs-goldman-sachs-aig-and-feds.html.

11 Leo Kolivakis, »What Do Pensions Have in Common with AIG?«, *Pension Plan Pulse*, 15. März 2009.

12 Aaron M. Kessler, »A.I.G. Trial Puts Geithner, and His Book, on Hot Seat«, *The New York Times*, 8. Oktober 2014.

13 Ein Leitartikel im *Wall Street Journal* behandelte Geithners Versuche, zukünftige

Abmachungen zwischen führenden Köpfen von Federal Reserve und Finanzministerium und ihren Gönnern an der Wall Street geheim zu halten: »Gemäß der Reform der Regeln des Repräsentantenhauses würde Geithner ein neu eingerichtetes Financial Services Oversight Council leiten. Das Council könnte praktisch jedes Unternehmen in den Vereinigten Staaten zu einem Systemrisiko erklären und damit zum Ziel einer Intervention auf Kosten des Steuerzahlers machen. Die Anwaltsfirma Davis Polk berichtet, dass dieses Council keine Behörde sei, weshalb weder der Administrative Procedure Act noch der Freedom of Information Act, der Sunshine Act oder andere Rechtsvorschriften, die den Bürgern die Kontrolle der Regierung erleichtern sollen, darauf anwendbar seien. (»The Geithner AIG Story«, *Wall Street Journal*, 13. Januar 2010.) Schließlich kamen die Namen und Fakten doch ans Licht, aber die Tatsache, dass weder der Kongress noch die Gerichte etwas taten, um die Verantwortlichen für das aufgedeckte Fehlverhalten, die Abzocke und die Lügen zur Rechenschaft zu ziehen, zeigt deutlich, welche Macht die Wall Street mittlerweile über die Gesamtwirtschaft hat.

14 Richard Teitelbaum, »Secret AIG Document Shows Goldman Sachs Minted Most Toxic CDOs«, *Bloomberg*, 23. Februar 2010.

15 Porter Stansberry, »This Is One of the Biggest Wall Street Frauds Ever ...«, *Information Clearing House*, 26. Februar 2010, http://www.informationclearinghouse.info/article24873.htm.

16 »AIG and Systemic Risk«, *Wall Street Journal*, 20. November 2009.

17 Neil Barofsky, *Bailout: An Inside Account of How Washington Abandoned Main Street While Rescuing Wall Street*, New York 2012, S. 186 f.

18 Ebenda, S. 187.

19 Ebenda, S. 184.

20 Sheila Bair, Interview mit Joe Nocera, *The New York Times*, 10. Juli 2011.

21 Sam Stein, »David Axelrod Describes The No Good, Very Bad Minefield Of Obama's Early Presidency«, *Huffington Post*, 10. Februar 2015, http://www.huffingtonpost.com/2015/02/10/david-axelrod-obama_n_6649688.html.

22 Bill Black, »Geithner: ›The End of Capitalism as We Know It‹«, *New Economic Perspectives*, 10. Februar 2015. Dies ist der Blog des Fachbereichs Wirtschaftswissenschaften der University of Missouri-Kansas City.

23 Edmund L. Andrews und Peter Baker, »Bonus Money at Troubled A.I.G. Draws Heavy Criticism«, *The New York Times*, 15. März 2009.

24 »The Real AIG Outrage«, *Wall Street Journal*, 17. März 2009. Das Congressional Oversight Panel kritisierte die New Yorker Federal Reserve dafür, dass sie das Finanzministerium mehr als drei Monate nicht über den Bonusplan aufgeklärt hatte. Die Geheimhaltung war zur Norm geworden. Anscheinend erfuhr die New Yorker Fed im November 2008 von den Bonusplänen der Finanzsparte von AIG, hielt es jedoch erst im Februar 2009 für notwendig, das Finanzministerium darüber zu informieren.

25 John Kay, »Why banking crises happen in America but not in Canada«, *Financial*

Times, 4. Juni 2014. Matt Stoller (»The Con-Artist Wing of the Democratic Party«, 2014) erklärt: »Nachdem ich dieses Buch [*Stress Test*] gelesen und Lüge für Lüge dokumentiert habe, bin ich überzeugt, dass es hier nicht nur um einen eigennützigen, korrupten Politiker geht. Es ist eine ganze Kultur, die von Personen im Finanzministerium, in der Federal Reserve, in der ganzen Führungsstruktur der Demokratischen Partei und in der Welt des Journalismus getragen wird, eine Kultur, in der Geithner so etwas wie ein Rollenvorbild ist.«

26 »The Real Bailout Victims«, *The New York Times*, 24. Oktober 2014.

Kapitel 17 – Die Wall Street übernimmt das Ruder und verhindert Schuldenerleichterungen

1 Elizabeth Warren, A Fighting Chance, New York 2014, S. 124.

2 L. Randall Wray, »Fire Geithner Now!«, *Huffington Post*, 8. Januar 2010.

3 Robert Sheer, »Thievery under the TARP«, *Truthdig*, 22. April 2009.

4 Simon Johnson, »The Legacy of Timothy Geithner«, *The New York Times*, 17. Januar 2013.

5 Neil Barofsky, »Tim Geithner's principal hypocrisy«, Reuters op.ed., 6. August 2012, http://blogs.reuters.com/great-debate/2012/08/06/tim-geithner's-principal-hypocrisy/.

6 Barofsky, ebenda.

7 Gretchen Morgenson, »Banks, at Least, Had a Friend in Geithner«, *The New York Times*, 3. Februar 2013.

8 Barofsky, *Bailout*, S. 197.

9 Sheila Bair, »Why I recommend Tim Geithner's book«, *Fortune*, 19. Mai 2014, http://finance.fortune.cnn.com/2014/05/19/sheila-bair-tim-geithner/.

10 James R. Hagerty, »Mortgage Bankers Association Sells Headquarters at Big Loss«, *Wall Street Journal*, 7. Februar 2010.

11 Verfügbar als »Mortgage Bankers Association Strategic Default«, 11. Oktober 2010, http://realestateinsidernews.com/financing-2/mortgage-bankers-association-strategic-default/.

12 Bair, *Bull By the Horns*, S. 187–190.

13 Ursprünglich zitiert von Felix Salmon, »Bailouts: Geithner vs. Barofsky«, Reuters, 7. November 2011, der sich auf eine Äußerung Geithners im Vorfeld eines G20-Treffens in Europa bezieht, http://blogs.reuters.com/felix-salmon/2011/11/07/bailouts-geithner-vs-barofsky, wörtlich wiederholt in *Stress Test*, wo er Senatorin Warren kritisiert. Siehe Suzy Khimm, »Timothy Geithner vs. Elizabeth Warren in new book ›Stress Test‹«, msnbc, 14. Mai 2014, http://www.msnbc.com/msnbc/timothy-geithner-new-book-stress-test-elizabeth-warren.

14 Stephen Gandel, »The bigger beef between Tim Geithner and his critics«, 14. Mai 2014, cnn.fortune.

15 Joe Nocera, »Bankrupt Housing Policy«, *The New York Times*, 20. Mai 2014; er zitiert Jennifer Taub, *Other Peoples' Houses*.

16 Ebenda.

17 Amir Sufi, »Housing Crisis Was Overlooked«, *The New York Times*, 20. Mai 2014. Yves Smith legt eine ausführliche Analyse vor in »Larry Summers' Contradictory and Dishonest Defense of Administration's Bank-Focused Crisis Response«, *Naked Capitalism*, 9. Juni 2014.

18 Barofsky, *Bailout*, S. 193–199.

19 Barofsky, *Bailout*, S. 193, 157 und 199.

20 Zitiert in Rob Garver, »Geithner's Insult a ›Badge of Honor‹, Says TARP Top Cop«, *The Fiscal Times*, 19. Mai 2014, http://www.thefiscaltimes.com/Articles/2014/05/19/Geithner-s-Insult-Badge-Honor-Says-TARP-Top-Cop.

21 Ron Suskind, *Confidence Men: Wall Street, Washington, and the Education of a President* (2011), S. 234. Eric Zuesse unterstellt Obama, nur so zu tun, als wäre er gegen hohe Gehälter und für eine entschlossene Strafverfolgung von Betrugsdelikten; er weist auch darauf hin, dass die Äußerung, die Suskind wiedergibt, »nicht auf der Website des Weißen Hauses steht; sie wurde durchgestochen, und das ist einer der Gründe dafür, dass Obama geheime Informanten hasst«. (»Retiring White House Prosecutor Says the SEC Is Corrupt«, *Counterpunch*, 9. April 2014.)

22 Transkript: *60 Minutes*, Präsident Barack Obama, Teil 2, http://www.cbsnews.com/8301-18560_162-5975426.html?pageNum=2.

23 Barofsky, *Bailout*, S. 217.

24 Penny Pritzker, für deren Familie Obama als Community Organizer (Fachkraft für Gemeinwesenarbeit) Hunderte von Millionen Dollar verdiente, indem er die Schwarzen-Slums von Chicago gentrifizierte, hatte ihn zehn Jahre zuvor mit Robert Rubin bekannt gemacht. Nach seiner Wahl in den Senat suchte sich Obama den weltweiten Meistercoach in Scheinheiligkeit, Joe Lieberman, den Senator aus der Versicherungswirtschaft von Connecticut, als Mentor aus.

25 »Audit of the Department of Justice's Efforts to Address Mortgage Fraud«, zitiert in Eric Zuesse, »Retiring White House Prosecutor Says the SEC Is Corrupt«, *Counterpunch*, 9. April 2014.

26 http://thedailyshow.cc.com/videos/yvrohw/exclusive---ron-suskind-extended-interview-pt--2, 20. September 2011.

Kapitel 18 – Von der Demokratie zur Oligarchie

1 Jim Yardley, »Lawmakers (Just Not Greece's) Approve a Bailout Extension«, *The New York Times*, 28. Februar 2015.

2 Bei einem *Liquiditätsproblem* handelt es sich um einen vorübergehenden Mangel an Bargeld, zum Beispiel wenn die Banken angesichts wachsender Risiken davor zurückschrecken, weitere Kredite zu vergeben. Der eigentliche Einnahmestrom ist nicht bedroht, sondern nur der Kredit, der für den Kauf eines Ertrag abwerfenden

Vermögenswerts benötigt wird. Zu einer *Solvenzkrise* kommt es, wenn das Kreditvolumen über einen längeren Zeitraum hinweg den Wert der Sicherungsgegenstände übersteigt (und die Zinsen die Einnahmen übersteigen). Dieser Fall trat offenkundig ein, als der Absturz der Immobilienpreise Millionen Hauseigentümer zahlungsunfähig machte.

3 Paul Craig Roberts, »Is Dave Brat a Marked Man?«, *Counterpunch*, 12. Juni 2014.

4 Tom Braithwaite, »Brat win delivers blow to Wall St pack«, in: *Financial Times*, 12. Juni 2014.

5 David Dayen, »Cantor's Loss a Triumph for Anti-Corporate Right-Wing Populism«, in: Naked *Capitalism*, 12. Juni 2014.

6 Wolfgang Münchau, »Europe faces the horrors of its own house of debt«, in: *Financial Times*, 16. Juni 2014.

TEIL III: Die selbstauferlegte Sparpolitik als Griff nach den Gemeingütern

Kapitel 19 – Die selbstauferlegte Sparpolitik Europas

1 *James K. Galbraith, »The first great financial crisis has not ended«,* The International Economy, Herbst 2013, S. 25

2 Die Eurozone besteht aus den Staaten, die den Euro als offizielle Währung haben. Sie sollte nicht mit der Europäischen Union verwechselt werden.

3 Michael Lewis, »When Irish Eyes Are Crying«, *Vanity Fair*, März 2011, schreibt: »Anglo Irish Bank hatte nur sechs Filialen in Irland, keine Bankautomaten und keine organisch gewachsene Beziehung zu irischen Unternehmen, mit Ausnahme von Bauträgern. Sie vergab Kredite an Privatpersonen, mit denen diese Grundstücke kauften und darauf bauten: Mehr hat sie praktisch nicht getan. Sie tat dies vor allem mit Geld, das sie sich von Ausländern geliehen hatte. Sie war von Natur aus nicht systemisch. Das wurde sie erst, als ihre Verluste der Allgemeinheit aufgebürdet wurden.«

4 Für eine Beschreibung der Strategien, mit denen Banken ihre Aktienkurse in die Höhe treiben, indem sie heimlich das Hochbieten ihrer Aktien finanzieren, siehe Friðrik Már Baldursson, »Gambling for Resurrection in Iceland«, *Naked Capitalism*, 7. Januar 2014, ursprünglich veröffentlicht auf VoxEU: »Als Emile Zola *l'Argent* (1891) schrieb, hat er Archivunterlagen über den Zusammenbruch der Union Générale im Jahr 1882 studiert, deren Generaldirektor Paul Bontoux genau das getan hatte. Es war schon damals illegal, und er wurde vor Gericht gestellt und verurteilt. Zolas Romanfigur Aristide Saccard verhielt sich ebenso.«

5 Morgan Kelly, »Ireland's future depends on breaking free from bailout«, *Irish Times*, 7. Mai 2011, http://www.irishtimes.com/newspaper/opinion/2011/0507/1224296372123.html.

6 Michael Brennen, »US rejects claims it ›torpedoed‹ write-off«, *Independent*, 9. Mai 2011, http://www.independent.ie/irish-news/us-rejects-claims-it-torpedoed-write-off-26730671.html.

7 Kelly, »Ireland's future depends on breaking free from bailout«.

8 David Gardner, »Voters likely to say No without debt relief«, *Financial Times*, 1. März 2012.

9 Fintan O'Toole, »Ireland's Rebound Is European Blarney«, *The New York Times*, 10. Januar 2014. Er fügt hinzu: »Besonders bitter für die meisten Iren ist die Tatsache, dass heute wie beiläufig zugegeben wird, dass [diese Politik der Befriedigung aller Anleihegläubiger] eine ziemlich verrückte Idee war. Olli Rehn, der EU-Wirtschaftskommissar und einer der Hauptarchitekten der irischen Strategie seit dem Crash, sagt heute: ›Im Rückblick ist es leicht, einige Fehler zu erkennen, wie etwa die pauschale Garantie für Banken.‹ Doch folgt aus diesem Eingeständnis keine Änderung der Politik. ›Aber das ist jetzt Schnee von gestern‹, fuhr er fort.«

10 »Inside the bubble«, *Financial Times*, Leitartikel, 26. Juni 2013.

11 »Ireland's winter of discontent«, *Financial Times*, Leitartikel, 1. März 2011.

12 Jamie Smyth, »Ireland: Bleak houses«, *Financial Times*, 30. April 2013.

13 Herrn Masuchs Reaktion bestand darin, seine Unterlagen zusammenzuraffen und den Raum zu verlassen. Wenn Sie sich das Video ansehen wollen, googlen Sie »Vincent Brown versus ECB official«. Siehe vor allem http://yanisvaroufakis.eu/2013/10/25/the-dirty-war-for-europes-integrity-and-soul-europe-inaugural-public-lecture-uws-state-library-of-new/.

14 Jamie Smyth, »Irish president warns of EU upheaval«, *Financial Times*, 2. Mai 2013.

15 Vincent Boland, »IMF criticises Irish failure to impose ›bail in‹«, *Financial Times*, 30. Januar 2015.

16 Vincent Boland, »Ireland pleads with emigrants to come home«, *Financial Times*, 4. März 2015. In dem Bericht heißt es weiter: »Eine Studie von Wissenschaftlern des University College Cork im Jahr 2013 kam zu dem Ergebnis, dass Irland infolge der Finanzkrise ›eine erheblich höhere Auswanderungsquote‹ verzeichnete als andere von der Euro-Krise betroffene Länder. Die Auswanderung wurde mit der Tatsache erklärt, dass fast zwei Drittel der Emigranten einen Hochschulabschluss hatten – oftmals aus den Bereichen Informationstechnologie und Gesundheitswesen –, und diese Qualifikationen sind in anderen Ländern heiß begehrt.«

17 Nicholas Watt, »Reform EU or Britain quits – George Osborne lays down ultimatum«, *The Guardian*, 4. Januar 2014.

18 Nigel Farage, »Big Banks, Big Business and Big Bureaucrats Run the EU«, 15. Januar 2014, http://www.ukipmeps.org/articles_779_Farage-A-Battle-of-National-Democracy-vs-EU-State-Bureaucracy.html.

19 Gillian Tett, »Jingles that sound the beginning of recovery«, *Financial Times*, 24. Oktober 2014.

Kapitel 20 – Die finanzielle Eroberung Lettlands: von der sowjetischen Planwirtschaft zur neoliberalen Austerität

1 Michael Pettis, »Syriza and the French Indemnity of 1871–73«; 4. Februar 2015, http://blog.mpettis.com/2015/02/syriza-and-the-french-indemnity-of-1871-73/.

2 Menschen erhielten für fast kostenlose Wohnungen »Mieterrechte«, allerdings mit eingeschränkten Weiterverkaufsmöglichkeiten. Schließlich konnten Bürger mit staatlichen Gutscheinen Immobilien erwerben. Die Preise schnellten in die Höhe, als Banken Kredite bereitstellten.

3 Die größte litauische Bank war Parex, deren Eigentümer Valery Kargin und Viktor Krasovitsky waren. Sie gründeten zunächst ein Reisebüro und nutzten dies als Gelegenheit, um sich die erste sowjetische Lizenz für Devisengeschäfte zu beschaffen – ein vorübergehendes Monopol, mit dem sie genügend Geld verdienten, um im Jahr 1992 Parex zu gründen. Die Bank brach zusammen (hauptsächlich wegen ihrer faulen Immobilienkredite) und wurde am 8. November 2008 verstaatlicht. Lettland beantragte einen Hilfskredit bei EU und IWF, um damit seine Verbindlichkeiten bedienen zu können, so wie es Irland für seine insolventen Banken getan hatte. Siehe Robert Anderson, »Latvia nationalizes Parex Bank«, *Financial Times*, 4. Dezember 2008, und *Bloomberg Businessweek Magazine*, 6. Juli 2003, http://www.businessweek.com/stories/2003-07-06/valery-kargin-viktor-krasovitsky.
In ähnlicher Weise brach auch die Krajbanka zusammen, die aus der 1924 gegründeten lettischen Postsparbank hervorging. Sie wurde von litauischen und russischen Geschäftsleuten gekauft, denen zu der Zeit, als die lettische Regierung sie im Jahr 2011 verstaatlichte, schwerer Betrug vorgeworfen wurde.

4 Die ersten Deportationen fanden 1941 statt (zwischen 12 000 und 15 000 Menschen), und sie erreichten 1949 ihren Höhepunkt (um die 40 000 Personen). Siehe lettisches Außenministerium, http://www.mfa.gov.lv/en/policy/history/briefing-papers/briefing-paper4/. Für Hintergrundinformationen siehe meinen Aufsatz »Stockholm Syndrome in the Baltics: Latvia's neoliberal war against labor and industry«, in: Jeffrey Sommers und Charles Woolfson (Hg.), *The Contradictions of Austerity: The Socio-Economic Costs of the Neoliberal Baltic Model* (Routledge 2014), S. 44–63, und »How Neoliberals Bankrupted ›New Europe‹: Latvia in the Global Credit Crisis« (mit Jeffrey Sommers), in: Martijn Konings (Hg.), *The Great Credit Crash* (Verso 2010), S. 244–263.

5 Wohnimmobilien werden gegenwärtig (2015) je nach ihrem Wert mit 0,2, 0,4 oder 0,6 Prozent besteuert. Gewerbeimmobilien werden mit 1,5 Prozent besteuert.

6 Nina Kolyako, »Knight Frank: Latvia registers most rapid reduction in house prices in Q1«, *The Baltic Course*, 26. Mai 2009. http://www.baltic-course.com/eng/real_estate/?doc=14159.

7 Joaquin Almunia, »letter B-1049 Brussels«, 26 Jan. 2009. 1 Mai 2009, http://www.fm.gov.lv/faili/bildes/preses_relizes/dok/Almunia_letter-ENG.pdf.

8 Ott Ummelas, »More than Half Swedbank Mortgages in Latvia Exceed Collateral«, Bloomberg, 24. Juli 2009, http://www.bloomberg.com/apps/news?pid=20601095&sid=ayclk5MrouBU. Im Vergleich dazu hatten rund 37 Prozent der litauischen Immobilien einen negativen Kapitalwert, nachdem die Preise in der Hauptstadt Vilnius um 28 Prozent gesunken waren. In Tallinn, der Hauptstadt Estlands, waren die Immobilienpreise um 53 Prozent gesunken, so dass angeblich 24 Prozent der Immobilien einen negativen Kapitalwert aufwiesen.

9 Adam Smith, *Der Wohlstand der Nationen*, Drittes Buch, drittes Kapitel (München 2013), S. 332. Ich diskutiere diese Passage und sich darauf beziehende Emigrations- und Handelstheorien in: *Trade, Development and Foreign Debt*, S. 22.

10 Mark Adomanis, »Central Europe's Convergence With The West Has Slowed Dramatically«, Forbes.com, 24. Januar 2014.

11 Die politische Situation ist komplex. Während ein progressives Lager innerhalb des »Harmonie-Zentrums« verbraucherfreundliche Reformen anstrebt, gibt es in der Partei genügend revanchistische Elemente, was es neoliberalen Vertretern der Bankeninteressen erlaubt, die nationalistische Karte zu spielen und ethnische Letten so zu einer Ablehnung der Reformen zu bewegen.

12 Igor Pimenow, persönliche Mitteilung.

13 Simon Nixon, »›More Europe‹ Pitch Gets Harder to Sell«, *Wall Street Journal*, 6. Januar 2014. Nicholas Shaxson, »Did Ireland's 12.5 Percent Corporate Tax Rate Create the Celtic Tiger?«, *Naked Capitalism*, 12. März 2015.

Kapitel 21 – Die Gründung der Troika: ihre bankenfreundliche, arbeiterfeindliche Agenda

1 Greg Palast, »Robert Mundell, evil genius of the euro«, *The Guardian*, 21. Juni 2012. Mundell, der in jenen Jahren an der Universität Chicago lehrte, zu einer Zeit, als dort viele einflussreiche spätere Pinochet-Berater studierten (1965–1972), wurde 1999 für seine Theorie »optimaler Währungsräume« mit dem Nobelpreis für Wirtschaftswissenschaften ausgezeichnet. Diese Währungsräume waren als rein privatwirtschaftliche Gebilde gedacht, in denen es keine öffentliche Geldschöpfung und Besteuerung geben sollte.

2 Louise Story, Landon Thomas Jr. und Nelson D. Schwartz, »Wall St. Helped to Mask Debt Fueling Europe's Crisis«, *The New York Times*, 13. Februar 2010. Als diese unlautere Transaktion öffentlich bekannt wurde, verkaufte Goldman Sachs seine Forderungen an die griechische Nationalbank, um die öffentliche Empörung zu beschwichtigen. Für weitere Details siehe Nicholas Dunbar und Elisa Martinuzzi, »Goldman Secret Greece Loan Shows Two Sinners as Client Unravels«, Bloomberg, 6. März 2012. Papademos war seit 1998 Mitglied der neoliberalen Trilateralen Kommission und deren europäischer Vorsitzender, als er in der Finanzkrise von 2011 zum griechischen Ministerpräsidenten ernannt wurde, um die Interessen der Gläubiger zu vertreten (siehe Kapitel 22 unten).

3 G. Tichy, »Credit rating agencies: part of the solution or part of the problem«, *Intereconomics*, Vol. 46 (2011), Nr. 5, S. 232–262.

4 Für weitergehende Informationen darüber, wie sich Strauss-Kahn und andere Verantwortliche im Jahr 2010 für den Kredit an Griechenland über diese IWF-Kriterien hinwegsetzten, siehe Susan Schadler, *Unsustainable Debt and the Political Economy of Lending: Constraining the IMF's Role in Sovereign Debt Crises*, CIGI Papers #19, Oktober 2013. Schadler war von 1999–2007 stellvertretende Leiterin der Europa-Abteilung des IWF und hatte davor für das US-Finanzministerium gearbeitet. Die nachfolgende Diskussion stützt sich weitgehend auf ihren Enthüllungsbericht.

5 Blustein, *Laid Low, The IMF: the Euro Zone and the First Rescue of Greece*, CIGI Paper No. 61, 7. April 2015, S. 14, https://www.cigionline.org/sites/default/files/cigi_paper_no.61web.pdf.

6 Blustein, *Laid Low*, S. 9.

7 Siehe Carlo Bastaten, »Saving Europe: How National Politics Nearly Destroyed the Euro« (Brookings, 2012, Kap. 13, zitiert in Blustein, (*Laid Low*, S. 11), sowie Olivier Besancenot und Pierre-François Grond, »The Greek People are the Victims of an Extortion Racket«, *Le Monde*, 14. Mai 2010, übersetzt, http://www.informationclearinghouse.info/article25488.htm (19. Mai 2010). Im November 2011 trafen sich Merkel und Sarkozy vor dem G-20-Gipfel, um mehr Druck auf Griechenland auszuüben.

8 Blustein, *Laid Low*, S. 10 f.

9 Schadler, *Unsustainable Debt*, S. 8. Der frühere Rekordbrecher war Korea, das 1997 1900 Prozent seiner Quote beanspruchte.

10 Schadler, *Unsustainable Debt*, S. 10.

11 Blustein, *Laid Low*, S. 15. Der Repräsentant Brasiliens beim IWF, Paulo Nogueira Batista, »nannte die Prognose einer V-förmigen Erholung durch den IWF ›irrational optimistisch‹.« In Deutschland drängte der ehemalige Bundesbankpräsident Karl Otto Pohl ebenfalls auf einen teilweisen Forderungsverzicht privater Gläubiger.

12 Schadler fährt fort (*Unsustainable Debt*, S. 13–14): »Durch die Einführung der Ausnahmeklausel bei systemischem Risiko drückte sich der IWF im Grunde um eine Beurteilung der [ökonomischen] Kosten [des Kredits] ... und dies in der Hitze des Gefechts, als die Beteiligung des Fonds als unverzichtbar angesehen wurde, um einen ungeordneten Zahlungsausfall zu verhindern.«

13 Schadler, *Unsustainable Debt*, S. 12.

14 Blustein, *Laid Low*, S. 16. Sein Fazit lautet: »Angenommen, Strauss-Kahn hätte insgeheim den Troika-Partnern des IWF gesagt, dass der Fonds schon bald danach auf einer Umschuldung bestehen werde. ... Er hätte sagen können, Europa könne mit seinem Geld tun und lassen, was es wolle, der IWF werde die Vergabe seines Kredits jedoch davon abhängig machen, dass zu einem späteren Zeitpunkt des Jahres 2010 eine Umschuldung stattfinde. So könne Griechenland rechtzeitig die Schuldenerleichterung erhalten, die es benötige, und die Steuerzahler müssten nicht auf den Verlusten sitzenblieben, die eigentlich die Banken hätten tragen sollen.«

15 Schadler, *Unsustainable Debt*, S. 12.

16 Patrick McGroarty und Brian Blackstone, »Rift Over Greece Deepens in Europe«, *Wall Street Journal*, 11. Juni 2011.

17 Martin Wolf, »The eurozone's journey to defaults«, *Financial Times*, 11. Mai 2011. Vier Jahre später schrieb er: »Im Jahr 2010 zeichnete sich ab, dass das Geld nicht zurückgezahlt werden würde. Statt dem notwendigen Schuldenschnitt zuzustimmen, beschlossen Regierungen (und der Internationale Währungsfonds), die privaten Gläubiger durch die Refinanzierung Griechenlands auszuzahlen. So begann das Spiel von ›Gewähren und Vorgeben‹. Leichtfertige Gläubiger verlieren Geld. Das ist schon immer so gewesen. Und es ist noch heute so. ... Offen ist die Frage, ob die Griechen die nächsten Jahrzehnte damit verbringen werden, einen Berg an Krediten zurückzuzahlen, die nie hätten gewährt werden dürfen.« (»Mythology that blocks progress in Greece«, *Financial Times*, 22. April 2015.) Die Schuldenlast verdoppelte sich zwischen 2010 und 2015.

18 John H. Cochrane und Anil Kashyap, »Europe's Greek Stress Test«, *Wall Street Journal*, 17. Juni 2011. Die EZB begann im Mai 2010, griechische Staatsanleihen auf dem freien Markt zu kaufen. Ein Jahr später, im Juni 2011, hatte sie Anleihen im Wert von über 80 Milliarden Euro erworben, »und war so an die Stelle privater Kreditgeber getreten, die das Weite gesucht hatten ... Alle privaten Anleihegläubiger werden schon bald ihre Schuldtitel eingelöst haben, so dass nur die EZB, der IWF, Regierungen und Banken mit Staatsgarantie übrigbleiben. ... Wenn Griechenland zahlungsunfähig wird und griechische Banken zusammenbrechen, bleibt die EZB auf wertlosen Sicherheiten sitzen. Dies erklärt, weshalb EZB-Präsident Jean Claude Trichet darauf besteht, dass es ›kein Kreditereignis, keinen selektiven Zahlungsausfall‹ geben darf.«

19 Reuters, »Greece PM fails to win austerity reform backing«, *Financial Times*, 28. Mai 2011.

20 Kerin Hope, »Thousands protest against Greek austerity«, *Financial Times*, 6. Juni 2011.

21 Kerin Hope, »Rift widens on Greek reform plan«, *Financial Times*, 7. Juni 2011.

22 Wolfgang Münchau, »Maybe Greek MPs would be right to say No«, *Financial Times*, 27. Juni 2011.

23 Kerin Hope und Peter Spiegel, »Greece in line of fire over inability to hit targets«, *Financial Times*, 10. Mai 2011.

24 Schadler, *Unsustainable Debt*, S. 9.

25 Ashoka Mody, »The IMF's Big Greek Mistake«, Bruegel Blog, 21. April 2015, http://www.bruegel.org/nc/blog/detail/article/1615-the-imfs-big-greek-mistake/.

Kapitel 22 – Die Hochfinanz »verramscht« die Demokratie

1 Alexis Tsipras, »Europe at crossroads«, Le Monde, 31. Mai 2015.

2 Helena Smith, »The Greek spirit of resistance turns its guns on the IMF«, *The Observer*, 9. Mai 2010.

3 Peter Spiegel, Hugh Carnegy und Chris Giles, »EU suspends €8bn in Greek aid«, *Financial Times*, 3. November 2011.

4 »Schäuble verteidigt Hilfszusagen für Griechenland«, *Süddeutsche Zeitung* (Online-Ausgabe), 2. November 2011, http://www.sueddeutsche.de/politik/umstrittene-volksabstimmung-griechisches-kabinett-billigt-referendums-plan-einstimmig-1.1178433–2.

5 Tony Barber, Kerin Hope, Peter Spiegel und David Oakley, »Greek PM scraps referendum plan«, *Financial Times*, 3. November 2011.

6 Costas Paris und Alkman Granitsas, »Papandreou Faces Open Revolt in Party«, *Wall Street Journal*, 1. November 2011; Rachel Donadio, »Greek Leader Survives Vote, Bolstering Deal on Europe Debt«, *The New York Times*, 5. November 2011.

7 Frank Schirrmacher, »Demokratie ist Ramsch«, *Frankfurter Allgemeine Zeitung* (Online-Ausgabe), 1. November 2011, http://www.faz.net/aktuell/feuilleton/der-griechische-weg-demokratie-ist-ramsch-11514358.html.

8 Am 25. Juli hatte das Finanzministerium mitgeteilt, dass Geithner sich in Washington mit dem griechischen Finanzminister Evangelos Venizelos getroffen und »die Notwendigkeit einer langfristigen und umfassenden Umsetzung des Programms« betont hatte. Siehe Ian Talley und Alkman Granitsas, »Geithner Lauds Greek ›Progress‹ on Economy«, *Wall Street Journal*, 26. Juli 2011.

9 Richard Milne, Tracy Alloway und Ralph Atkins, »S&P moves to cut Greek credit rating«, *Financial Times*, 10. Mai 2011.

10 Leo Kolivakis, http://pensionpulse.blogspot.com/2011/11/end-of-greek-crisis.html.

11 Kerin Hope, »Talks for new Greek government to begin«, *Financial Times*, 5. November 2011.

12 Kerin Hope und Alex Barker, »Greece to form coalition government«, *Financial Times*, 7. November 2011.

13 Peter Spiegel und Kerin Hope, »Call for EU to control Greek budget«, *Financial Times*, 27. Januar 2012.

14 Kerin Hope, Peter Spiegel und Ralph Atkins, »Greek leaders ready to back austerity deal«, *Financial Times*, 9. Februar 2012. Die EZB übertrug ihre griechischen Anleihen im Wert von 40 Milliarden Euro zum selben Preis an einen Intermediär (die Europäische Finanzstabilisierungsfazilität, EFSF). »Draghi erklärte, die EZB könne keine Verluste mit ihren griechischen Anleihen auf sich nehmen, weil dies auf eine direkte Finanzierung des griechischen Staats hinauslaufen würde. Die Verträge der Europäischen Union verbieten eine solche ›monetäre Finanzierung‹. Wenn die EZB jedoch ›Gewinne an einige ihrer Mitgliedsländer ausschüttet ..., ist das keine monetäre Finanzierung‹, sagte er.«

15 Christopher Lawton und Laura Stevens, »Deutsche Telekom, Others Look to Grab State-Owned Assets at Fire-Sale Prices«, *Wall Street Journal*, 7. Juni 2011.
16 Andy Kessler, »The Brady Bond. Solution for Greek Debt«, *Wall Street Journal*, 29. Juni 2011.
17 Europäische Kommission, *The Second Economic Adjustment Programme for Greece First Review – December 2012*, S. 33–35, http://ec.europa.eu/economy_finance/publications/occasional_paper/2012/pdf/ocp123_en.pdf, zitiert in Joseph Zucune *et al., Privatising Europe: Using the Crisis to Entrench Neoliberalism*, http://www.tni.org/sites/www.tni.org/files/download/privatising_europe.pdf, S. 9 f. Vollständiger Bericht bei *UNDESA, World Economic Situation and Prospects 2012*.
18 Don Quijones, »Death By A Thousand Cuts: The Silent Assassination Of European Democracy«, *Naked Capitalism*, 7. Januar 2014 (ursprünglich gepostet bei *Testosterone Pit*).
19 Roland Vaubel, »Europe's Bailout Politics«, *The International Economy*, Frühjahr 2011, S. 40.
20 »Jetzt haben wir den Salat«, Interview mit Ex-Bundesbank-Chef Karl Otto Pöhl über die Rettungspakete für südeuropäische Staaten, die Rolle der Geldpolitik in der Krise und die Zukunft der Gemeinschaftswährung, *Der Spiegel*, 17. Mai 2010, http://www.spiegel.de/spiegel/print/d-70500988.html. Wenn Staaten unter finanziellen Druck geraten, kauft die EZB über ihr Programm »Outright Monetary Transactions« Anleihen dieser Staaten (unter der Bedingung, dass sie sich entsprechend verhalten). Die Praxis wurde aufgrund der verfassungsrechtlichen Einwände Deutschlands nicht gesetzlich verankert, aber ihre Ankündigung hat spekulative Angriffe auf die Eurozone verhindert. Siehe Wolfgang Münchau, »Mario the Magician«, *The International Economy*, Frühjahr 2014, S. 12–14.

Kapitel 23 – Die Hochfinanz installiert Technokraten als Statthalter

1 Yanis Varoufakis, »How I Became an Erratic Marxist«, *The Guardian*, 18. Februar 2015.
2 Kostas Vaxevanis, »Greece's Rotten Oligarchy«, *The New York Times* op-ed, 7. Januar 2013.
3 http://e24.no/makro-og-politikk/eva-joly-slakter-kriseavtalen/20117622. Eva Joly ist der Ansicht, der griechische Staat müsse wie ein insolventes Unternehmen in Abwicklung behandelt werden.
4 Joshua Chaffin und Alex Barker, Ralph Atkins und Kerin Hope, »Eurozone dismisses Greek budget deal«, *Financial Times*, 10. Februar 2012.
5 Alkman Granitsas, Matina Stevis und Nektaria Stamouli, »Greece Passes Sweeping Cuts«, *Wall Street Journal*, 13. Februar 2012.
6 Kerin Hope und James Wilson, »Greece passes vote as violence erupts«, *Financial Times*, 13. Februar 2012 (gedruckte Ausgabe).
7 Peter Spiegel, Gerrit Wiesmann und Matt Steinglass, »Athens faces tough bail-out terms«, *Financial Times*, 17. Februar 2012.

8 Wolfgang Münchau, »Greece must default if it wants democracy«, *Financial Times,* 20. Februar 2012. Siehe auch Costas Lapavitsas, »Why it is in Greece's best interest to leave the euro«, *Financial Times,* 24. Mai 2012.

9 Yves Smith, »Will Greeks Defy Rape and Pillage By Barbarians Bankers?«, *Naked Capitalism,* 30. Mai 2011. Sie fügt hinzu: »Diese Schuldknechtschaft führte schließlich zur Rebellion in der Form der populistischen Bewegung.«

10 Greg Palast, »Trojan Hearse: Greek Elections and the Euro Leper Colony«, *Truthdig,* 29. Januar 2015, http://www.truthdig.com/report/item/trojan_hearse_greek_elections_and_the_euro_leper_colony_20150129/ taxation. (Ich vermute, dass Palast den letzten Satz paraphrasiert, um dessen tieferen Sinn zu verdeutlichen.)

11 Perry Anderson, »The Italian Disaster«, *London Review of Books,* 22. Mai 2014.

12 Landon Thomas Jr., »Hedge Funds May Sue Greece if It Tries to Force Loss«, *The New York Times,* 19. Januar 2012.

13 Landon Thomas Jr., »Greek Debt Talks Again Seem to Be on the Verge of a Deal«, *The New York Times,* 29. Januar 2012.

14 Charles Forelle, »Greece Defaults, and Tries to Move On«, *Wall Street Journal,* 10. März 2012.

15 Agustino Fonteveccia, »ISDA Says Greece in Default, CDS Will Trigger«, *Forbes,* 9. März 2012, http://www.forbes.com/sites/afontevecchia/2012/03/09/on-greece-defaults-and-the-future-of-derivatives/.

16 Katy Burne, »ISDA: Greek Debt Restructuring Triggers CDS Payouts«, *Wall Street Journal,* 9. März 2012. Laut den Definitionen der ISDA: »Die aufgelisteten Ereignisse sind: Herabsetzung des Zinssatzes oder des Darlehensbetrags (dazu würde auch ein ›Schuldenschnitt‹ gehören); Aufschub von Zins- oder Tilgungszahlungen (wozu eine Verlängerung der Laufzeit einer ausstehenden Schuldverschreibung gehören würde); die rangmäßige Herabstufung der Schuldverschreibung; und ein Wechsel der Zahlungswährung zu einer Währung, die kein gesetzliches Zahlungsmittel in einem G7-Land oder einem mit AAA bewerteten OECD-Land ist.«

17 Charles Forelle und Katy Burne, »Insurance Pays Off in Greece«, *Wall Street Journal,* 19. März 2012.

18 Kerin Hope, »Greece suffers Gazprom blow«, *Financial Times,* 22. Juni 2013: »Gazprom, der einzige Kaufinteressent, wollte nach monatelangen Verhandlungen mit der griechischen Regierung über die Verkaufsbedingungen geschätzte 800 Millionen Euro für eine Mehrheitsbeteiligung an Depa anbieten … Gazprom ist bereits der größte Erdgaslieferant Griechenlands; das Gas wird im Rahmen eines verlängerbaren bilateralen Abkommens, das Ende 2016 ausläuft, durch eine Pipeline aus Bulgarien geliefert.«

19 Alkman Granitsas und Nektaria Stamouli, »Setback for Greek Privatization Plans«, *Wall Street Journal,* 11. Juni 2013. Die EU wollte ihre Gasversorgung diversifizieren, indem sie »geplante Pipelines fördert, die um russisches Hoheitsgebiet herumführen – wie etwa die Nabucco-West- und die Trans-Adriatic-Pipeline – und Gas aus Aserbaidschan über Balkanrouten nach Europa transportieren sollten. Insbesondere

die TAP-Pipeline verläuft über griechisches Territorium, und es bestand die Sorge, dass die Anwesenheit von Gazprom in Griechenland dieses Projekt behindern könnte«.

20 Yanis Varoufakis, »Europe in 25 years – my ›futuristic‹ piece in Europe's World«, 4. Oktober 2013, http://yanisvaroufakis.eu/2013/10/02/europe-in-25-years-my-futuristic-piece-in-europes-world/.

21 Liz Alderman, »Greece Has a Surplus, but Maybe Not for Long«, *The New York Times*, 6. Februar 2014.

22 Niki Kitsantonis, »Greece Wars With Courts Over Ways to Slash Budget«, *The New York Times*, 13. Juni 2014.

23 Varoufakis erklärte, diese aggressive Einmischung in die griechischen Wahlen offenbare »eine tiefsitzende Verachtung für die Demokratie und eine koloniale Geisteshaltung, die die Vorstellung von einer die Souveränität ihrer Mitgliedstaaten respektierenden Union ad absurdum führt«, yanisvaroufakis.eu/2014/12/15/interviewed-by-thomas-fazi-for-oneuro-greece-the-eurozone-and-the-prospects-of-a-syriza-government/. Gepostet am 15. Dezember 2014 von yanisv, von EUnews. Er fährt fort: »Die Europäische Kommission sollte eigentlich gegenüber den Bürgern der Mitgliedstaaten zur Rechenschaft verpflichtet sein. Die Bürger der Mitgliedstaaten sind nicht gegenüber der Kommission zur Rechenschaft verpflichtet, und die Kommission sollte sich kein Urteil darüber anmaßen, was ein ›richtiges‹ und was ein ›falsches‹ Wahlergebnis ist.«

24 Yanis Varoufakis, »How I Became an Erratic Marxist«, *the Guardian*, 18. Februar 2015. Siehe auch http://www.zerohedge.com/news/2015-02-06/yanis-varoufakis-sums-europe-one-sentence.

25 »Athens plots a daring escape from the troika«, *Financial Times*, Leitartikel, 3. Februar 2015.

26 Yanis Varoufakis, »EU centralisation-without-representation: a reply to Frances Coppola, Simon Wren-Lewis and Niall Ferguson«, *Open Democracy*, 6. Oktober 2014, http://yanisvaroufakis.eu/2014/10/03/centralisation-without-representation-a-reply-to-frances-coppola-simon-wren-lewis-and-niall-ferguson/ https://www.opendemocracy.net/can-europe-make-it/yanis-varoufakis/eu-centralisationwithoutrepresentation-reply-to-frances-coppola-.

27 Guy Hedgecoe, »Political fault line widens between Greece and Iberia's anti-Athens axis«, *The Irish Times*, 5. März 2015. In dem Artikel heißt es weiter: »›Passos Coelho kritisiert Syriza nur deshalb weniger lautstark [als Rajoy], weil es in Portugal keine Podemos gibt‹, sagt António Costa Pinto vom Sozialwissenschaftlichen Institut der Universität Lissabon.«

28 Yanis Varoufakis, »How I Became an Erratic Marxist«.

Kapitel 24 – Der Weg der Troika in die Schuldknechtschaft

1 David Graeber, *Schulden: Die ersten 5000 Jahre*, S. 409.

2 Yanis Varoufakis, »The IMF's Anger – and what it means for the Eurozone's crashing Periphery«, 6. Juni 2013, http://yanisvaroufakis.eu/2013/06/06/the-imfs-anger-and-what-it-means-for-the-eurozones-crashing-periphery/.

3 Guillermo Ortiz, »Lessons from Latin America's debt crisis for Greece«, *Financial Times*, 6. Dezember 2012.

4 Matina Stevis, »IMF Admits Mistakes on Greece Bailout«, *Wall Street Journal*, 5. Juni 2013.

5 IWF-Exekutivdirektorium beendet Konsultationen nach Artikel IV für das Jahr 2013, schließt die dritte Überprüfung der Erweiterten Fondsfazilität (EFF) ab und diskutiert die Ergebnisevaluation des Bereitschaftskreditabkommens (SBA) mit Griechenland, Öffentliche Mitteilung (PIN) Nr. 13/64, 5. Juni 2013, https://www.imf.org/external/np/sec/pn/2013/pn1364.htm.

6 Wolfgang Münchau, »Hail the outbreak of honesty about Greece's bailout«, *Financial Times*, 10. Juni 2013.

7 Matina Stevis, »IMF and Europe Part Ways Over Bailouts«, *Wall Street Journal*, 12. Oktober 2013.

8 Matina Stevis, »Greeks Left Out Of Top-Level Bailout Meeting«, *Wall Street Journal*, 1. Februar 2014, berichtete, dass der IWF spätestens im Februar 2014 nur noch widerwillig bei der Abzockerei Griechenlands durch die EZB mitgemacht hat. »Die Befürchtungen wachsen, weil im Mai griechische Staatsanleihen im Wert von 11 Milliarden Euro fällig werden. Der IWF hat seit Juli keine Hilfsgelder mehr an Griechenland ausgezahlt und ist mit 3,8 Milliarden Euro an planmäßigen Hilfszahlungen im Rückstand. Der IWF besteht darauf, 12 Monate im Voraus ein klares Bild der Finanzlage des Landes zu haben, und diese Bedingung wurde nicht erfüllt.«

9 Yanis Varoufakis, »The IMF's Anger …«.

10 Peter Doyle aus Washington D.C. schreibt in einem Brief an die *Financial Times* vom 5. Februar 2015 unter der Überschrift »Der IWF hat keine Vorhersagefehler zugegeben«: »Christine Lagarde, geschäftsführende Direktorin des IWF, und Poul Thomson, Leiter des IWF-Teams, das diese abwegigen Prognosen und die darauf basierenden politischen Handlungsempfehlungen erstellte (und der mittlerweile zum Leiter der Europa-Abteilung des IWF befördert wurde), sagten mit Bezug auf die Ergebnisevaluation der Arbeit des IWF in Griechenland, dass sie unter den gleichen Umständen wieder das Gleiche tun würden. Der IWF hat keinerlei Fehler eingeräumt.«

11 Yanis Varoufakis: »Ponzi Austerity – A Definition and an Example«, 9. November 2013, http://yanisvaroufakis.eu/2013/11/08/ponzi-austerity-a-definition-and-an-example/. Siehe auch http://yanisvaroufakis.eu/2013/10/25/the-dirty-war-for-europes-integrity-and-soul-europe-inaugural-public-lecture-uws-state-library-of-new/.

12 Ich analysiere die Frage der Zahlungsfähigkeit näher in *Trade, Development and Foreign Debt* [1992, Neuaufl. 2010]. In *Super-Imperialism* [1972, Neuaufl. 2002] diskutiere ich die Politik zwischenstaatlicher Schulden seit dem Ersten Weltkrieg.

13 Richard Koo vom japanischen Nomura Research Institute machte diesen Terminus in seinem Buch *Balance Sheet Recession* (2003) populär; er erklärte damit die japanische Schuldendeflation nach dem Platzen der Immobilien- und Aktienblase im Jahr 1990. Während die Japaner ihre hohen Hypothekenschulden zurückzahlen mussten, erhöhte die Regierung gleichzeitig die Verbrauchsteuern deutlich. Die fiskalische Deflation führte in Verbindung mit der Schuldendeflation dazu, dass die Immobilienpreise auf breiter Front abstürzten, und zwar Quartal für Quartal über ein Jahrzehnt lang.

14 Bank für Internationalen Zahlungsausgleich, 84. Jahresbericht, 1. April 2013–31. März 2014 (Basel, 29. Juni 2014), S. 45, http://www.bis.org/publ/arpdf/ar2014e.pdf?utm_source=Credit+Writedowns&utm_campaign=df4d581eb1-.

15 Ebenda.

16 Der BIZ-Bericht empfiehlt unter anderem folgende Maßnahmen: »Die Deregulierung geschützter Sektoren wie zum Beispiel Dienstleistungen, die Erhöhung der Flexibilität des Arbeitsmarktes, die Steigerung der Erwerbsquote und das Zurückstutzen des aufgeblähten öffentlichen Sektors« (S. 15).

17 Raul Prebisch, »Monetarism, Open Market Policies and the Ideological Crisis«, *Cepal Review* 17, August 1982 (zitiert in Kari Polanyi Levitt, *From the Great Transformation to the Great Financialization,* London 2013, S. 230).

18 Martin Wolf, »Bad advice from Basel's Jeremiah«, *Financial Times,* 2. Juli 2014.

19 Ralph Atkins, »Transcript: Lorenzo Bini Smaghi«, *Financial Times*, 30. Mai 2011. Nach seinem Ausscheiden aus der EZB im Jahr 2011 genoss Bini Smaghi seinen »Abstieg vom Himmel«, um seinen weltlichen Lohn als nicht geschäftsführender Direktor von Morgan Stanley International sowie als Dozent an der Harvard-Universität zu genießen.

20 Paul Krugman, »Mysterious Arrogance«, *The New York Times,* 18. Mai 2012. Er fährt fort: »Nur wenige Personen lagen mit ihrer Behauptung, der anfängliche Griechenland-Plan sei machbar und eine Umschuldung sei weder notwendig noch wünschenswert, durchweg so daneben.«

21 Yanis Varoufakis, »Monetising the ... ECB«, http://yanisvaroufakis.eu/2013/05/20/monetising-the-ecb-the-latest-insult-to-be-added-on-greeces-multiplying-injuries/, 21. Mai 2013.

Kapitel 25 – US-Gerichte blockieren Schuldenschnitte

1 Zitiert in »Argentina Dances With Default«, *Wall Street Journal*, Leitartikel, 28. Juli 2014.

2 Siehe für das offizielle Schuldeingeständnis des IWF bezüglich seiner neoliberalen Antwort auf die Argentinien-Krise und seiner verfehlten Vorhersagen *Lessons from the Crisis in Argentina*, http://www.imf.org/external/np/pdr/lessons/100803.pdf. Absatz 58: »Eine unfreiwillige Umschuldung hätte bereits ernsthaft in Erwägung gezogen werden sollen, mit einer Herabsetzung des Gegenwartswertes der Schulden, verbunden mit einem Ausstieg aus dem Currency-Board-System.«

3 Für den historischen Hintergrund siehe Paul Blustein, *And the Money Kept Rolling in (And Out): Wall Street, The IMF, and the Bankrupting of Argentina*, New York 2005.

4 Anne O. Krueger, *A New Approach to Sovereign Debt Restructuring*, IMF, 2002.

5 J. F. Hornbeck, »Argentina's Defaulted Sovereign Debt: Dealing with the Holdouts«, Congressional Research Service, 6. Februar 2013. http://fas.org/sgp/crs/row/R41029.pdf: »Am 14. Januar 2005 begann Argentinien mit dem Anleiheumtausch, in der Hoffnung, einen abschließenden Vergleich über die Anleihen mit einem Nennwert von 81,8 Milliarden Dollar plus überfälliger Zinsen von 20,8 Milliarden Dollar zu erzielen. Der Zahlungsausfall war beispiellos: wegen seines Volumens (102,6 Milliarden Dollar), seiner langen Dauer (über drei Jahre), der geringen Einbringungsquote (27 bis 30 Prozent des Barwerts) und der großen Anzahl von Umtauschverweigerern (24 Prozent der Gläubiger). ... Anleihen im Wert von 18,6 Milliarden Dollar wurden nicht angedient und blieben zusammen mit den aufgelaufenen Zinsen strittig, dazu gehörten Rückstände in Höhe von 6,3 Milliarden Dollar beim Pariser Klub und Schulden von 9,5 Milliarden Dollar beim IWF.«

6 Axel Kicillof, »Vulture funds are showing their true colours«, Brief an die *Financial Times*, 10. Juli 2014.

7 Greg Palast beschreibt seit vielen Jahren Singers Strategie, notleidende Schuldtitel zu kaufen, etwa in *Vultures' Picnic: In Pursuit of Petroleum Pigs, Power Pirates and High-Finance Carnivores*, New York 2011. Singer war der zweitgrößte Spender des American Enterprise Institute im Jahr 2008 (mit 2,3 Millionen Dollar), und ein wichtiger Spendenbeschaffer für Mitt Romney bei dessen Präsidentschaftskandidatur im Jahr 2012. Er ist auch ein wichtiger Geldgeber von AIPAC (1,5 Millionen Dollar in den Jahren 2010–2011). Übertroffen wird dies noch von seiner Spende in Höhe von 3,6 Millionen Dollar an die Anti-Iran-Lobby, die Foundation for Defense of Democracies (FDD), einem Pionier für die Planung von Wirtschaftssanktionen. Siehe Eli Clifton und Ali Gharib, »The Iranophobia Lobby Machine«, *The Nation*, 4./11. August 2014, S. 21–24.

8 Für Einzelheiten siehe http://www.whitecase.com/alerts-09072010-2/#.U8kmPRaHsgc. Nach britischem Recht gehört Argentinien nicht zu den 40 HIPCs.

9 Floyd Norris, »Not Crying for Argentina«, *The New York Times*, 30. August 2013.

10 Jude Webber und Xan Rice, »UN tells Ghana to release Argentine ship«, *Financial Times*, 15. Dezember 2012. Belgische und deutsche Gerichte weigerten sich ebenfalls, argentinische Bankkonten zu pfänden.

11 Associated Press, »Judge Orders Argentina to Pay Holdout Investors«, *The New York Times*, 23. November 2012, http://www.nytimes.com/2012/11/23/business/global/us-judge-orders-argentina-to-pay-holdout-bondholders.html?ref=business&_r=0.

12 Mario Blejer, »Argentina shows that default can be indispensable«, *Financial Times*, 26. November 2012.

13 Robin Wigglesworth und Jude Webber, »Argentina angered at hedge fund court win«, *Financial Times*, 23. November 2012. Sie schreiben weiter: »In einem ähnlichen Fall im Jahr 2004 behauptete die New Yorker Federal Reserve, die Methoden der Geierfonds stellten einen ›Terrorismus von Zahlungs- und Abrechnungssystemen‹ dar.«

14 Ken Parks und David Luhnow, »U.S. Orders Argentina to Pay All Creditors«, *Wall Street Journal*, 22. November 2012. Ähnlich äußert sich David Martinez, »America's judges are jeopardising international finance«, *Financial Times*, Kommentar, 8. März 2013.

15 Floyd Norris, »Not Crying for Argentina but Fearful of a Ruling«, *The New York Times*, 30. August 2013.

16 Aldo Caliari und José Antonio Ocampo, »Argentina's bondholders deserve their day in court«, *Financial Times*, 10. Juli 2013.

17 Bob Van Voris und Katia Porzecanski, »Argentina Loses Bid for Full-Court Rehearing on Bonds«, Bloomberg, 26. März 2013, http://www.bloomberg.com/news/2013-03-26/argentina-loses-bid-for-full-court-rehearing-on-bonds.html.

18 Brief von Tim Jones. *Financial Times*, 23. Juni 2014, Bezug nehmend auf den Leitartikel der Zeitung vom 18. Juni 2014, »Ending Argentina's lengthy bond battle«.

19 Robin Wigglesworth und Jude Webber, »An Unforgiven debt«, *Financial Times*, 28. November 2012.

20 Selbst solche Klauseln weisen gravierende Mängel auf. Siehe die Diskussion von Samples und Stiglitz unten.

21 Tim Samples, »Rogue Trends in Sovereign Debt: Argentina, Vulture Funds, and Pari Passu Under New York Law«, [2014], *Northwestern Journal of International Law and Business*, S. 34, http://ssrn.com/abstract=2403342. Samples, der »Schurkengerichte oder Schurkenpräzedenzfälle in Bezug auf Staatsschulden« für genauso wichtig erachtet wie Schurkenschuldner und »Schurkengläubiger, die berüchtigten ›Geier‹, die sich auf das Ausschlachten staatlicher Schuldtitel spezialisiert haben«, weist darauf hin, dass Griesas Interpretation »die Optionen von Staaten, die vor der Zahlungsunfähigkeit stehen, tiefgreifend verändert hat – insbesondere die Fähigkeit, bestimmten Zahlungen Vorrang einzuräumen. Dies galt lange als ein Vorrecht staatlicher Kreditnehmer«. Anna Gelpern, »Argentina Lost! Elliott Won! Pari Passu Rules! (... or Why I Love Being a Law Professor ...)«, *Sovereign Debt*, 26. Oktober 2012 (wieder veröffentlicht in *Naked Capitalism*, 28. Okt. 2012) weist darauf hin, dass

Singer grundsätzlich sogar die Subskriptionen (Kapitaleinzahlungen) Argentiniens beim IWF oder der Weltbank pfänden lassen könnte! Die fortlaufende Diskussion zwischen Gelpern und anderen Jura-Professoren lässt sich verfolgen auf http://www.creditslips.org/creditslips/sovereign-debt/.

22 Stiglitz, Oberster Gerichtshof der Vereinigten Staaten, REPUBLIK ARGENTINIEN, Kläger, gegen NML CAPITAL LTD., ET AL., Beklagte. Gemäß Appellationszulassungsbeschluss gegenüber dem Bundesberufungsgericht erster Instanz für den zweiten Gerichtsbezirk erstellter Schriftsatz von Joseph Stiglitz als im Gerichtsverfahren zu fachlicher Stellungnahme zugelassenem Dritten zur Unterstützung des Klägers, 24. März 2014, http://www.creditslips.org/files/stiglitz_brief-1.pdf, S. 5 f. Auch unter http://bancroftpllc.com/wp-content/uploads/2014/03/2014-03-24-Stiglitz-Amicus-Brief.pdf.

23 Martin Wolf, »Defend Argentina from the vultures«, *Financial Times*, 25. Juni 2014. Siehe Robin Wigglesworth und Alan Beattie, »Bankruptcy regime for countries urged amid Argentina debt battle«, *Financial Times*, 7. Januar 2013.

24 Wigglesworth und Webber, »An Unforgiven Debt«, *Financial Times*, 28. November 2012.

25 Lyle Denniston, Argument analysis: The problem when a pitfall opens, SCOTUSblog (21. Apr. 2014), http://www.scotusblog.com/2014/04/argument-analysis-the-problem-when-a-pitfall-opens/.

26 Angesicht der Tatsache, dass andere Länder viel begrenztere Auskunftsrechte gewähren als die Vereinigten Staaten, wies Richterin Ginsburg darauf hin, dass »[ein] Gericht in den Vereinigten Staaten nicht einfach unterstellen darf, außerhalb unseres Landes unterliege die Pfändung von Vermögensgegenständen eines ausländischen Staats zur Vollstreckung eines US-amerikanischen Gerichtsurteils gegen diesen Staat keinerlei Einschränkungen. Kein anderer Richter schloss sich ihr in dieser abweichenden Meinung an«, http://www.law360.com/articles/550797/district-courts-now-have-broad-discovery-discretion.

27 Jorge Vilches, »The Trial of the Century?« *Counterpunch*, 23. Juli 2014: »Dies bedeutet, dass man den Geierfonds ganz genau mitteilt, wo Argentinien überall zu beschlagnahmendes Vermögen besitzt, damit sie keine Zeit, kein Geld und keine Energie darauf verwenden müssen, dies selbst herauszufinden.«

28 Vivianne Rodrigues und John Paul Rathbone, »Unpaid investors in Argentine bonds seek to quash NY ruling«, *Financial Times*, 4. Juli 2014.

29 Ian Talley, »IMF Issues Warning on Argentina Debt Defeat«, *Wall Street Journal*, 17. Juni 2014.

30 Floyd Norris, »Ruling on Argentina Gives Investors an Upper Hand«, *The New York Times*, 20. Juni 2014.

31 Peter Eavis, »Action by Argentina Seems to Defy Judge's Order on Bond Payments«, *The New York Times*, 27. Juni 2014, sowie Ed Stocker und Vivianne Rodrigues, »Argentina deposits $832m to pay bonds«, *Financial Times*, 26. Juni 2014.

32 Bob Van Voris und Katia Porzecanski, »Ruling Risks New Argentine Default as Monday Deadline Approaches«, *Bloomberg*, 27. Juni 2014. Richter Griesa »lehnte auch einen Antrag von Inhabern auf Euro lautender Restrukturierungsanleihen ab. Diese forderten, seine Anordnungen sollten nicht für ihre Wertpapiere gelten, da deren Zahlungen vollständig außerhalb der USA erfolgten. Der Richter entgegnete, seine Verfügungen würden für sämtliche Zahlungen Argentiniens gelten, das sich bei der Begebung der ursprünglichen Anleihen mit der Zuständigkeit von US-Gerichten einverstanden erklärt habe.«

33 Bei einem Tageshonorar von 12 000 Dollar würde der gerichtlich bestellte Mediator Daniel Pollack in 22 Tagen 250 000 Dollar verdienen, http://www.infobae.com/2014/07/15/1580783-la-argentina-debera-depositar-us125-mil-pagar-los-honorarios-del-mediador.

34 Anna Gelpern, »Argentina: The RUFO Crazy«, *Credit Slips*, 23. Juli 2014, beschreibt RUFO als »ein Versprechen Argentiniens an die Inhaber restrukturierter Anleihen, dass, sollte das Land Verweigerern günstigere Konditionen gewähren, diese automatisch auch den Inhabern der restrukturierten Anleihen zugutekämen. Wenn also NML und Freunde 100 Prozent plus überhöhte rückständige Zinsen auf die notleidenden Anleihen von 1994 bekommen, können die Inhaber der restrukturierten Anleihen das Gleiche für sich verlangen. Die immer ganz undramatische argentinische Presse hat alles durchgerechnet und kam auf einen Gesamtbetrag von 500 Milliarden Dollar.

35 Elaine Moore, »New rules agreed for sovereign defaults«, *Financial Times*, 29. August 2014.

36 Charlie Devereux, Camila Russo und Katia Porzecanski, »Argentina's Bonds Decline on Plan to Offer Local-Law Swap«, *Bloomberg*, 20. August 2014, http://www.bloomberg.com/news/2014-08-19/argentina-to-pay-bondholders-in-local-account-to-skirt-ruling.html.

37 Redakteure des *Herald* mit DyN, »Kicillof: Griesa's ruling proves we were right«, *Buenos Aires Herald*, 8. Juni 2015, http://www.buenosairesherald.com/article/191128/kicillof-griesa's-ruling-proves-we-were-right. »Insgesamt reichten 526 Kläger 120 Anträge bei Griesa ein, der den 2. März als Frist für die Geltendmachung dieser Ansprüche festgesetzt hatte. Die meisten wurden von NML, Aurelius, Blue Angel, Lightwater, Blue Castle, Old Castle, Capital Ventures und EM gestellt – alle großen Fonds, die die Umschuldung abgelehnt hatten und die auch kleinere Organisationen vertreten.«

38 Jorge Vilches, »Real Hurt, Real People: Argentina's ›Me-Toos‹ Make Sure No Vultures Left Behind«, *Counterpunch*, 11. Juni 2015. Dart verzichtete auf seine amerikanische Staatsbürgerschaft zugunsten derjenigen der Kaimaninseln und, im Jahr 1994, der Staatsbürgerschaft von Belize.

Kapitel 26 – Sparpolitik oder Neuanfang?

1 zitiert in D. G. Teldulkar, *Mahatma*, Bd. 5: 1938–40, *S. 16*

2 Anna Gelpern, »Debt Sanctions Can Help Ukraine and Fill a Gap in the International Financial System«, Peterson Institute for International Economics, Policy Brief PB14–20, August 2014, http://www.piie.com/publications/pb/pb14-20.pdf.

3 Gelpern führt diese Idee auf das Völkerrecht des 17. Jahrhunderts zurück; sie zitiert Robert Howse, *The Concept of Odious Debt in Public International Law*, UNCTAD Discussion Paper 185 (Juli 2007), abrufbar unter http://unctad.org/en/docs/osgdp20074_en.pdf, sowie Seema Jayachandran und Michael Kemer, »Odious Debt«, *American Economic Review* 96 (2006), S. 82–92, und andere Quellen. »Wenn Gläubiger bei einer Insolvenz den Schuldner schädigen, sich unlautere Vorteile gegenüber anderen Gläubigern verschaffen wollen oder die Natur ihrer Forderungen falsch darstellen, können Richter ihre Forderungen zurückweisen, ihnen ihre Stimmrechte entziehen oder sie in der Rangfolge der Gläubiger ganz weit nach hinten stellen.« Die argentinische Regierung hatte in Erwägung gezogen, sich auf diesen Grundsatz zu berufen, um die Rückzahlung ihrer Schulden zu verweigern.

4 Ellen Brown, »Colonization by Bankruptcy«, *Counterpunch*, 26. August 2014; sie zitiert hier Adrian Salbuchi, »Sovereign Debt for Territory: A New Global Elite Swap Strategy«, *RT*, 12. August 2014, http://rt.com/op-edge/179772-sovereign-debt-for-territory/.

5 Der Grundsatz der »illegitimen Schulden« wurde 1927 von Alexander Sack formuliert; aber die Vereinigten Staaten beriefen sich bereits 1898 darauf, um Kuba die Schulden zu erlassen (die das Königreich Spanien angehäuft hatte), und sie rechtfertigten damit auch den Erlass der irakischen Schulden im Jahr 2003. Für eine umfassende Übersichtsdarstellung siehe Michael Kreme und Seema Jayachandran, »Odious Debt«, *Finance and Development*, Juni 2002 (Bd. 30, Nr. 2), und http://www.jubileeusa.org/truth-about-debt/dont-owe-wont-pay/the-concept-of-odious-debt.html: »Illegitime Schulden sind ein feststehender Rechtsgrundsatz. Juristisch gesehen sollten Schulden dann als illegitim erachtet werden, wenn die Regierung das Geld für persönliche Zwecke oder zur Unterdrückung der Bevölkerung verwendet.« Siehe auch Ellen Brown, »Cry for Argentina: Fiscal Mismanagement, Odious Debt, or Pillage«, *Truthout*, 14. August 2014.

Kapitel 27 – Der Finanzkapitalismus als Krieg

1 A. d. Ü.: In den USA und Mexiko verstand man darunter einen firmeneigenen Laden für Güter des täglichen Bedarfs, in dem die Mitarbeiter mangels Alternativen einkaufen mussten.

2 In meinem Aufsatz »Piketty vs. the classical economic reformers«, in: Edward Fullbrook und Jamie Morgan (Hg.), *Piketty's* Capital *in the Twenty-First Century*

(World Economics Association Books, 2014), S. 189–202, gehe ich näher auf diesen Punkt ein.

3 F. Scott Fitzgerald, *Der große Gatsby*, neu übersetzt von Lutz-W. Wolff, München 2011, S. 214.

4 Tacitus, *Agricola* 30: *Auferre, trucidare, rapere, falsis nominibus imperium; atque, ubi solitudinem faciunt, pacem appellant.* Übersetzt, erläutert und mit einem Nachwort herausgegeben von Robert Feger, Stuttgart 2012. Die Einstellung des keltischen Fürsten steht im Gegensatz zu dem Orwell'schen Motto »Friede der Welt«, das häufig in römische Münzen eingeprägt wurde. Tacitus mag sich daher hier des Stilmittels sarkastischer Ironie bedienen.

5 Claire Jones, »ECB tries to avoid having any blood on its hands«, *Financial Times*, 24. Juni 2015.

Kapitel 28 – Werden die ökonomischen Produktivkräfte durch Rentenextraktion gelähmt?

1 Jan Toporowski, *Why the World Economy Needs a Financial Crash and Other Critical Essays on Finance and Financial Economics*, London 2010, S. 40.

2 Marx erörterte die »alles verschlingende« Dynamik des Zinseszinses, erwartete jedoch, dass der Kapitalismus sich dieser mit wachsender Industrialisierung und Produktivität entziehen könnte. Seit Lenin und Rudolf Hilferding in der Zeit des Ersten Weltkriegs über den Finanzkapitalismus schrieben, hat sich die politische Linke stärker auf Arbeitnehmerfragen als auf Finanzen und Renten konzentriert.

3 Ich führe dieses Argument näher aus in »Piketty vs. the classical economic reformers«, in Edward Fullbrook und Jamie Morgan (Hg.), *Piketty's* Capital *in the Twenty-First Century*, World Economics Association Books 2014, S. 189–202.

4 Jan Kregel, »Is this the Minsky Moment for reform of financial regulation?« in Sebastian Dullien, Eckhard Hein, Achim Truger und Till van Treeck, *The World Economy in Crisis – the Return of Keynesianism?*, Marburg 2010, S. 225.

5 Dr. Jamie Traeger-Muney, zitiert von Emma Jacobs, »Shrinks with cash on the couch«, *Financial Times*, 10. Januar 2014.

6 N. Gregory Mankiw, »Yes, the Wealthy Can Be Deserving«, *The New York Times*, 15. Februar 2014.

7 Lambert Strether, »Stay classy, Greg: Mankiw on What the Rich Deserve, and Why They Deserve It«, *Naked Capitalism*, 19. Februar 2014, der Mankiws Kommentar in der *New York Times* vom 15 Februar 2014 zitiert.

8 Martin Wolf, »How to meet the dangers facing Britain«, *Financial Times*, 17. September 2008.

9 Willem Buiter, »Only widespread debt restructuring can save the euro«, *Financial Times*, 16. Oktober 2012.

10 L. Randall Wray: »The Greatest Myth Propagated About The FED: Central Bank Independence (Part 3)«, *Naked Capitalism*, 12. Januar 2014. Ursprünglich veröffentlicht auf dem Blog *New Economic Perspectives* der University of Missouri-Kansas City.

11 Im dritten Band des *Kapitals* (und im dritten Band der *Theorien über den Mehrwert*) analysierte Marx gründlicher als jeder andere Ökonom seiner Zeit die Rentier-Triebkräfte der Finanz und der Grundrente. Umso bemerkenswerter ist, dass seine selbsterklärten Anhänger in unserer Zeit diese Diskussionen in »Band 3« weitgehend ignoriert haben.

TEIL IV: Es gibt eine Alternative!

Kapitel 29 – Der Kampf um das 21. Jahrhundert

1 Zitiert in Ambrose Evans-Pritchard, »Syriza Left demands ›Icelandic‹ default as Greek defiance stiffens«, *The Telegraph*, 18. Juni 2015, der sich seinerseits bezieht auf http://www.avgi.gr/article/5616948/al-tsipras-eimaste-etoimoi-gia-biosimi-sumfonia-i-to-megalo-oxi-.

2 H. G. Wells, *The Shape of Things to Come*, New York 1933, S. 35. Dieser Gedanke wurde in dem offensichtlich auf Wells' Roman basierenden Film von 1936 *Things to Come* weggelassen, obwohl Wells das Drehbuch dazu schrieb.

3 Nicht versicherten Vertragspartnern hätte man Aktien an dem übertragen können, was von den Unternehmen übrigbleibt. Steven Gjerstad und Vernon L. Smith schlagen diese Lösung für zukünftige »systemrelevante« Banken vor, in: »Bonds, Not Bailouts, for Too Big to Fail Banks«, *Wall Street Journal*, 12. August 2014.

4 Mario Seccareccia: »Greece shows the Limits of Austerity in the Eurozone. What Now?«, Interview mit Lynn Parramore, INET, 30. Januar 2015, http://www.nakedcapitalism.com/2015/01/greece-shows-limits-austerity-eurozone-now.html.

5 Siehe zum Beispiel John Kay, »Twenty Years of Privatization«, 1. Juni 2002, http://www.johnkay.com/2002/06/01/twenty-years-of-privatization.

6 http://legal-dictionary.thefreedictionary.com/Fraudulent+Conveyance: »Wenn eine Übereignung ohne adäquate Gegenleistung einen Schuldner zahlungsunfähig macht oder dem Schuldner die Mittel nimmt, die er benötigt, um die zum Zeitpunkt der Übereignung vorhandenen Schulden zurückzuzahlen, ist sie betrügerisch und rechtlich unwirksam, unabhängig von der Absicht der Parteien.« Dieses Prinzip ist im Uniform Fraudulent Conveyance Act (UFCA) § 5 und Uniform Fraudulent Conveyance Act (UFTA) § 4(a)*2)ii) enthalten. Das gilt auch dann, wenn »der Schuldner höhere Schulden macht oder zu machen beabsichtigt, als er zurückzahlen kann (siehe UFCA § 6 und UFTA § 4(a))«.

7 http://greekdebttruthcommission.org/wp/, http://www.parliament.gr/UserFiles/8158407a-fc1–4ff2-a8d3–433701dbe6df/Report web.pdf. Eine der wenigen US-Internetseiten, die diese Ergebnisse veröffentlichten, war Tyler Durden, »Greek

Debt Committee Just Declared All Debt To The Troika <Illegal, Illegitimate, And Odious>«, *Zero Hedge*, 17. Juni 2015, http://www.zerohedge.com/news/2015-06-17/greek-debt-committee-just-declared-all-debt-illegal-illegitimate-and-odious.

8 Es ist eine Ironie der Geschichte, dass die selbsternannten Anhänger von Marx heute so sehr seinen Kampf gegen die Industriekapitalisten in den Vordergrund rücken. Sie haben seine Diskussion im zweiten und dritten Band des *Kapitals* über den grundlegenden Kampf gegen Grundherren und wucherische Bankiers weitgehend aus dem Blick verloren. Dies zeigt sich besonders deutlich in der Art und Weise, wie Russland – die frühere Sowjetunion – Neoliberalen erlaubte, ihre Volkswirtschaften so zu organisieren, dass sie ihnen eine Vielzahl von Gelegenheiten zur ausbeuterischen Rentenabschöpfung boten.

9 Gillian Tett, *Financial Times*, 26. April 2013.

Schluss: Die griechische Tragödie könnte das Ende des Euro bedeuten

1 SPIEGEL-Gespräch mit Finanzminister Wolfgang Schäuble, *Der Spiegel*, 30/2015 (18. Juli 2015), S. 30–33 [31], http://www.spiegel.de/spiegel/print/d-136751554.html.

2 »Yanis Varoufakis full transcript: Our battle to save Greece«, Interview mit Harry Lambert, *New Statesman*, 13. Juli 2015, http://www.newstatesman.com/world-affairs/2015/07/yanis-varoufakis-full-transcript-our-battle-save-greece.

3 James Galbraith, Interview mit Lynn Parramore, »The Greek Revolt Against Bad Economics Threatens European Elites«, INET, 9. Juli 2015, http://ineteconomics.org/ideas-papers/blog/the-greek-revolt-against-bad-economics-threatens-european-elites. Galbraith fügte später hinzu, Griechenland habe »seine ›Partner‹ zu dem Eingeständnis zu bewegen versucht, dass die Wirtschaftspolitik, die nicht die seit fünf Jahren vorhergesagte Erholung gebracht hatte, überdacht und geändert werden sollte. Für diese Häresie wurde Griechenland ans Kreuz geschlagen, um ein Zeichen zu setzen.« http://www.politico.com/agenda/story/2015/07/greece-death-spiral-ahead-000152.

4 Varoufakis, Interview mit Harry Lambert, *New Statesman*.

5 Ebenda.

6 *Greece: Preliminary Draft Debt Sustainability Analysis*, IMF Country Report No. 15/165, 26. Juni 2015, http://www.imf.org/external/pubs/ft/scr/2015/cr15165.pdf.

7 Sebastian Budgen und Stathis Kouvelakis, »Greece: The Struggle Continues«, *The Jacobin*, Juli 2015, https://www.jacobinmag.com/2015/07/tsipras-varoufakis-kouvelakis-syriza-euro-debt/.

8 Paul Krugman, »Killing the European Project«, 12. Juli 2015, blogs.nytimes.com/2015/07/12.

9 Siehe sein Interview im *New Statesman*, und außerdem Mick Krever, »Yanis Varoufakis: Greece ›made mistakes, there's no doubt‹«, CNN, http://edition.cnn.com/2015/07/20/world/amanpour-greece-yanis-varoufakis/index.html.

10 Paul Mason, »Decoding the IMF: Greek deal doomed, exit likely«, 15. Juli 2015, http://blogs.channel4.com/paul-mason-blog/greece-crisis-austerity-deal-pointless/4197.

11 Renee Maltezou und Jan Strupczewski, »IMF calls for Greece debt relief ahead of bailout vote«, Reuters, 14. Juli 2015, http://mobile.reuters.com/article/idUSKBN0P40EO20150714?irpc=932.

12 John Pilger, »The Problem of Greece is not Only a Tragedy: It is a Lie«, *Counterpunch*, 13. Juli 2015.

13 SPIEGEL-Gespräch mit Finanzminister Wolfgang Schäuble, S. 32.

14 Olivier Blanchard, »Greece: Past Critiques and the Path Forward«, 9. Juli 2015: »Wir hielten einen geringen, langsam ansteigenden Primärüberschuss für absolut notwendig, um die Schuldentragfähigkeit zu erhalten. … Bis zum Referendum und seinen potentiellen Folgen für das Wachstum waren wir überzeugt davon, dass, unter diesen Annahmen über den Primärüberschuss, die Schuldentragfähigkeit durch Umstrukturierung bestehender Schulden und lange Laufzeiten für neue Schulden erreicht werden könnte.« http://blog-imfdirect.imf.org/2015/07/09/greece-past-critiques-and-the-path-forward/?hootPostID=8299b6670cea64b9daad8b21e9a85fe7.

15 IMF Country Report No. 15/186: »Greece: An Update of IMF Staff's Preliminary Public Debt Sustainability Analysis«, 14. Juli 2015, https://www.imf.org/external/pubs/ft/scr/2015/cr15186.pdf.

16 Reuters, »Exclusive: Greece needs debt relief far beyond EU plans – Secret IMF report«, 14. Juli 2015, http://www.reuters.com/article/2015/07/14/us-eurozone-greece-imf-report-idUSKCN0PO1CB20150714?feedType=RSS&feedName=businessNews.

17 Renee Maltezou und Jan Strupczewski, »IMF calls for Greece debt relief ahead of bailout vote.

18 Ambrose Evans-Pritchard, »IMF stuns Europe with call for massive Greek debt relief«, *The Telegraph*, 14. Juli 2015, http://www.telegraph.co.uk/finance/economics/11739985/IMF-stuns-Europe-with-call-for-massive-Greek-debt-relief.html#disqus_thread.

19 Peter Spiegel und Shawn Donnan, »IMF raises doubts over its bailout role«, *Financial Times*, 15. Juli 2015. Das Memo plädierte für eine sehr umfangreiche Schuldenerleichterung, gegen die sich die Eurozone sperrt.

20 Paul Mason, »Decoding the IMF: Greek deal doomed, exit likely«.

21 Jennifer Rankin und Helena Smith, »The great Greece fire sale«, *The Guardian*, 24. Juli 2015.

22 SPIEGEL-Gespräch mit Finanzminister Wolfgang Schäuble, S. 32.

23 Yanis Varoufakis, »Europe's Vindictive Privatization Plan for Greece«, Project Syndicate, 21. Juli 2015, von yanisv. http://yanisvaroufakis.eu/2015/07/21/europes-vindictive-privatization-plan-for-greece-project-syndicate/.

24 Eric Toussaint, »Greece: Alternatives and Exiting the Eurozone«, The Bullet, Socialist Project • E-Bulletin No. 1146, 19. Juli 2015.

25 Sebastian Budgen und Stathis Kouvelakis, »Greece: The Struggle Continues«.

26 Fintan O'Toole, »Tormenting Greece is about sending a message that we are now in a new EU«, *The Irish Times*, 14. Juli 2015.

27 »Greece Should Just Quit«, Bloomberg-Leitartikel, 13. Juli 2015, http://www.bloombergview.com/articles/2015-07-13/greece-should-just-quit.

28 Wolfgang Münchau, »Brutal creditors have gutted the eurozone project«, *Financial Times*, 14. Juli 2015.

29 Rick Lyman, »Greek Crisis Dulls Appetite for Euro in Countries Waiting to Adopt It«, *The New York Times*, 15. Juli 2015.

30 Sebastian Budgen und Stathis Kouvelakis, »Greece: The Struggle Continues«.

31 Diana Johnstone, »Greece Surrendered: But to Whom Exactly?«, *Counterpunch*, 17. Juli 2015.

Register

Länderregister

Afrika 197, 593
Argentinien 22, 120, 420f., 424, 477ff., 485f., 488ff., 492f., 495, 502, 505f., 509f., 599

Brasilien 22, 120, 495f., 510
Brüssel 422, 440, 462, 582, 587

Chile 22, 84, 261
China 61, 247, 293ff., 495f., 510

Den Haag 478
Deutschland 9ff., 13f., 16, 36, 65, 130, 155, 166ff., 172, 194, 247, 389, 429, 432, 436, 441f., 444f., 450, 454, 462, 469f., 472, 497, 512, 519, 538, 576, 579, 581, 583, 585, 593, 601
Dritte Welt 11, 23, 26ff., 234, 368, 465, 504f., 518

Estland 408
Europa 9, 12, 14ff., 18, 24, 32, 37, 60, 62, 72, 74, 77ff., 91, 152, 154, 166, 168, 172, 218, 250, 270, 344, 367, 376ff., 381, 385f., 389, 394f., 398ff., 405f., 408, 411, 413, 416, 419, 424f., 431, 433, 436ff., 445f., 450, 452f., 458, 464f., 509, 512, 523, 536, 545, 559, 561, 565, 579, 589, 593ff., 597f., 600
Europäische Union (EU) 11, 277, 386, 390, 394f., 399, 416, 421, 449, 486, 518, 558, 575, 586f., 590
Eurozone 11ff., 28, 54, 66, 231, 346, 365, 376, 378, 385f., 388, 392, 395, 397ff., 401, 407, 416, 419f., 424, 430, 434, 436f., 439ff., 443ff., 449ff., 453f., 456ff., 463f., 472f., 475, 496f., 510, 545, 558, 568, 574f., 577, 579, 581f., 585ff., 589, 595ff.

Finnland 538, 577
Frankreich 63, 73, 80, 88ff., 96, 155f., 161f., 164, 168, 195ff., 377, 416, 427, 436, 514, 520, 536, 539, 585, 587

Griechenland 11, 13, 16, 29f., 37, 48, 54, 70, 100, 105, 111, 277, 366, 370, 377, 380, 385f., 388, 396, 400f., 411, 416, 418ff., 422, 424ff., 428ff., 447ff., 452ff., 456ff., 462f., 465, 469, 474f., 497, 502, 504, 512, 514, 518, 527, 533, 535, 538, 563, 570, 572ff., 589, 599
Großbritannien 9, 16, 41, 60f., 63, 73f., 88, 94f., 98, 146, 156ff., 160, 167, 170, 196f., 200, 218, 320, 363, 371, 377, 389, 396, 399, 409, 411, 485, 504f., 514, 516, 535f., 585, 593

Indien 102, 495f., 510
Iran 495, 510

Irland 48, 365, 385, 387ff., 403, 411f., 418, 420, 427, 433, 437, 444, 450, 455, 459, 497, 502, 533, 535, 538
Island 32, 390, 570
Italien 11, 54, 196, 385, 411, 416, 420, 427, 433, 437, 443, 450, 459f., 466, 469, 514, 535, 538, 575, 587

Lateinamerika 419, 463, 471, 504, 593
Lettland 32, 387f., 396, 401ff., 411f., 415, 418, 425, 428, 435, 512, 579
Liberia 23, 552
Lissabon 385, 388, 433, 465
Litauen 408
London 70, 138, 173, 194, 208, 251, 254, 317, 319, 321, 323f., 327, 330, 454, 504, 509

Mexiko 23, 27f., 64, 120, 122, 518

New York (Bundesstaat) 509
New York (City) 349
Nordamerika 112, 509, 515

Osmanisches Reich 514
Ostukraine 503, 505

Panama 23, 200, 516, 552
Polen 587
Portugal 11, 78, 377, 385, 416, 420, 427, 433, 437, 444, 450, 459, 497, 514, 538, 575, 587

Rom 29, 31, 37, 111, 500, 512, 526f., 566, 599
Russland 87f., 155, 456, 495f., 502ff., 510, 555

Schweden 404, 410
Schweiz 24, 425
Skandinavien 403, 516
Slowenien 538
Somalia 398
Sowjetunion 64, 88, 403, 405, 561, 600
Spanien 11, 78ff., 370, 377, 385, 411, 416, 418, 420, 427, 433, 437, 450, 459, 466, 497, 514, 520, 535, 538f., 570, 587
Südafrika 495f., 510

Ukraine 449, 496, 502ff.
USA 9, 20, 24f., 27, 37, 40, 47, 55, 59f., 73, 81, 84f., 87, 116, 118, 213, 221f., 226f., 238ff., 243, 247, 260f., 270, 276f., 295, 299, 319f., 357, 370, 374, 377, 389, 393f., 399, 408, 456, 478, 484, 488, 490, 496, 504, 509, 546, 561, 589, 594, 597

Virginia 306, 377

Zypern 416, 518, 535, 538

Personenregister

Ackman, Bill 206ff., 214
Adomanis, Mark 413
Akerlof, George 172
Almunia, Joaquin 406f., 412
Andersen, Arthur 25, 261
Anderson, Perry 452
Aristoteles 366
Axelrod, David 342

Bagehot, Walter 278f., 394
Bair, Sheila 154f., 273, 280, 283, 290, 303ff., 307, 310, 338, 341, 348f., 351, 353, 355, 358, 395, 535
Barofsky, Neil 292, 310, 340f., 348ff., 359f., 362, 535
Becker, Gary 128, 135
Bennett, J. W. 113f.
Bernanke, Ben 245, 247, 290, 309f., 322, 407, 557
Bismarck, Otto von 37, 166
Black, Fischer Sheffey 263
Black, William 304
Blair, Tony 16, 370, 386, 434, 535, 561
Bliley, Tom 306
Boies, David 336, 488
Bolten, Joshua B. 153
Borges, Antonio 154, 464
Borne, Brooksley 252
Breuer, Lanny 17, 269, 349
Brin, Sergey 210
Brown, Gordon 16, 254, 321, 433
Brown, John 114
Bryan, William Jennings 101
Buffet, Warren 301, 525
Buiter, Willem 251, 284, 537
Bullard, James 265
Burwell, Sylvia Mathews 253
Bush, George 239, 347, 539, 546
Bush, George W. 285, 288, 291, 299, 317, 347f., 350, 356, 371, 488

Carney, Mark 154
Chevalier, Michel 162
Christophers, Brett 115, 146
Cicero, Marcus Tullius 196, 512
Clark, John Bates 29, 81, 130ff., 146, 148
Clinton, Bill 117f., 154, 253, 255, 263, 269, 299, 306, 324, 347ff., 371, 373
Comte, Auguste 74, 162, 164
Cook, Tim 183
Corrigan, Gerald 153
Cox, James 295
Coyle, Diana 148
Culberson, John 288

Davidson, James Dale 79
Decker, Matthew 157, 159
Dell, Michael 211
Dimon, Jamie 266
Dinallo, Eric 329
Dodd, Chris 277, 302, 304, 319, 554f.
Dove, Patrick 93
Draghi, Mario 12, 66, 154, 412, 574
Durbin, Dick 357

Edwards, George W. 163, 199
Eisenhower, Dwight D. 239
Elisabeth II. 251
Engels, Friedrich 164
Everett, Alexander 99

Fischer, Stanley 154, 304
Fisher, Irving 116, 245f., 314
Flom, Joe 203
Ford, Henry 200
Forgash, Morris 19
Forst, Edward C. 153
Fourier, Charles 164
Fowler, Henry 153
Foxwell, Herbert 168ff.
Frank, Barney 298, 302

Friedman, Milton 25, 41, 160
Friedman, Stephen 153, 266, 332
Fuld, Dick 266
Furman, Jason 254

Galbraith, James K. 385, 573
Gates, Bill 184
Geithner, Tim 17, 153, 253, 265ff., 280, 290, 297, 299, 304, 308, 310, 312, 314, 317f., 322, 324, 331, 333, 335ff., 348ff., 355ff., 362f., 369, 374, 379, 389, 393, 422, 427, 437, 473, 534
Gelpern, Anna 502ff.
George, Henry 61, 93, 130, 530
Goolsbee, Austan 335
Gould, Nathaniel 109
Gramm, Phil 306
Gréau, Jean Luc 257
Greenberg, Maurice »Hank« 293, 319f., 331f., 336, 345
Greenspan, Alan 118, 121, 149, 241, 253, 262, 285, 306, 308, 324, 355, 541, 559
Griesa, Thomas 478, 482ff., 495, 506

Habsburger (österr. Herrscherdynastie) 196
Haig, Bryan 146
Haldane, Andrew 149
Hamilton, Alexander 253, 312
Harrison, Fred 141
Harvey, David 84
Hayek, Friedrich August von 367, 547, 558
Heilbroner, Robert 26
Hilferding, Rudolf 188, 540
Holder, Eric 17, 261, 263, 269, 349, 363
Hoover, Herbert 276
Hubbard, Glenn 356
Hulse, Carl 289
Hume, David 157

Icahn, Carl 181ff., 191, 205, 208, 214
Immelt, Jeff 266

Jackson, Andrew 313
Jelzin, Boris 155, 598
Jenks, Leland 159
Jensen, Michael 215f., 219f.
Johann Ohneland 77
Johnson, Lyndon B. 24, 259
Johnson, Simon 351
Johnson, Tom 72

Kahn, Herman 27
Katrougalos, Georgos 366
Kaufman, Henry 216
Kautsky, Karl 20
Kay, John 149, 344
Keating, Charles 288, 306
Keen, Steve 556
Kelton, Stephanie 32
Keynes, John Maynard 10, 41, 52, 59f., 98, 116, 136f., 144, 177, 246, 376
Klein, Naomi 285
Klemens VII. (Papst) 152
Kregel, Jan 530
Krugman, Paul 141, 314, 474, 577
Kucinich, Dennis 291
Kues, Nikolaus von 257

Lagarde, Christine 446, 464, 579ff., 583
Law, John 162, 197
Leach, Jim 306
Leo X. (Papst) 152
Leo XI. (Papst) 152
Leroux, Pierre 162
Lesseps, Ferdinand de 162
Lew, Jack 154, 253, 304, 349
Liddy, Edward 332
Lipton, Martin 152, 214, 217, 221
Locke, John 20, 81, 84ff., 89, 92
Lukács, Georg 19

Mackay, Charles 197
Madoff, Bernard Lawrence »Bernie« 267
Malthus, Thomas 20, 74, 81, 94, 96ff., 144, 245f.
Mankiw, Greg 532
Martens, Pam 305
Martens, Russ 305
Marx, Karl 15, 20, 99, 113, 115, 164f., 171, 229, 347, 460, 530, 540, 567
Mayer, Christopher 356
McCain, John 287f.
McCarthy, Terence 19
McChesney Martin, William 117
McCormick, David 295
Meckling, William 215
Medici, ital. Familiendynastie (15.–18.Jh.) 152
Mellon, Andrew 276, 480, 482, 485, 490
Merkel, Angela 434, 436, 577, 581, 583
Merton, Robert 189, 263
Mian, Atif 358
Milken, Michael 203
Miller, Merton 189
Mill, John Stuart 15, 20, 38, 41, 55, 61, 77, 84, 92f., 101, 103, 162, 164, 224, 533, 537, 564
Minsky, Hyman 32, 120f., 123, 217, 220, 522, 556
Mirabeau, Comte de (Honoré Gabriel de Riqueti) 74
Mirabeau, Marquis de 74
Modigliani, Franco 189
Moedas, Carlos 154
Monti, Mario 154, 443, 469
Morgan, John Pierpont (J. P.) 115, 338
Mozilo, Angelo 254, 263
Mundell, Robert 418, 451
Murphy, Kevin J. 215
Murray, Alan 208
Myers, Gustavus 113, 515
Napoleon III. (franz. Kaiser) 162f.
Nast, Thomas 98
Naumann, Friedrich 168
Nocera, Joe 303, 357f.

Obama, Barack 12, 17, 154, 247, 253, 263, 267, 274, 286f., 291, 298f., 302, 304f., 312, 314, 317f., 335, 337, 342f., 347ff., 351ff., 356ff., 360ff., 370f., 374, 378f., 422, 438, 535, 568, 600
Osborne, Giorgos 393, 399

Page, Larry 210
Palast, Greg 418, 451
Pandit, Vikram 155, 307
Papandreou, Giorgos 16, 370, 419, 430f., 434ff., 439f., 446, 448, 469, 504, 535
Patten, Simon 132ff.
Patterson, Mark 153
Paull, Matthew 207
Paul, Ron 266
Paulson, Henry (Hank) 153, 268, 279, 284ff., 290f., 294ff., 298ff., 305, 308ff., 320, 327, 331f., 350, 389, 570
Paulson, John 323, 340, 508
Péreire, Émile 162
Péreire, Isaac 162
Peterson, Pete 265, 502
Pettis, Michael 401
Philipp, Herzog von Orléans (Regent v. Frankreich, 1715–1723) 197
Philipp IV. (Kg.v. Frankreich) 195
Piketty, Thomas 128, 249, 520
Pitt, William 159
Pius IV. (Papst) 152
Ponzi, Charles (Ponzi-System) 120f., 267
Postlethwayt, Malachy 157ff.
Price, Richard 108f., 125, 169
Prince, Charles 255, 304, 307
Prins, Nomi 536

Prodi, Romano 154
Proudhon, Pierre-Joseph 38
Proxmire, William 217

Quesnay, François 73, 89ff., 136, 564
Quishan, Wang 294

Rand, Ayn 367
Raskin, Marcus 27
Reagan, Ronald 185, 216, 227, 239, 259, 288, 310, 347, 493, 539, 546
Rees-Mogg, Lord William 79
Ricardo, David 15, 20, 38, 41, 46, 61, 74, 77, 80, 94ff., 114, 160, 195, 249, 540, 564, 593
Rich, Marc 263, 482
Rinehart, Gina 86
Roberts, Paul Craig 187, 288, 377
Rockefeller, John D. 115
Rohatyn, Felix 217
Romer, Paul 172
Roosevelt, Franklin D. 246, 306
Roscher, Wilhelm 15, 166
Rubin, Robert 118, 153ff., 253, 255, 265ff., 299, 304, 306ff., 312, 319, 349f.

Saez, Emmanuel 128, 249
Saint-Simon, Claude-Henry de 156, 160ff., 164, 538
Salomon Brothers 216, 229, 305
Samples, Tim 486
Samuelson, Paul 141
Sanders, Bernie 310
Say, Jean-Baptiste 136f.
Schadler, Susan 425ff., 432
Schäuble, Wolfgang 429, 436, 449, 572, 574, 578f., 583
Scholes, Myron 263, 325, 328
Sculley, John 180
Seccareccia, Mario 558
Shachtman, Max 19
Shulman, David 229
Singer, Paul 478, 481ff., 485ff., 492f., 495
Skadden Arps 203
Slim, Carlos 64, 518
Smaghi, Bini 473ff.
Smith, Adam 15, 20, 26, 38, 41, 46, 55, 61, 63, 72f., 80, 91, 100, 108, 129, 157, 159f., 162, 213, 411, 497, 515, 564f.
Smithers, Andrew 217
Smith, Taiya 294
Smith, Yves 149, 218, 288, 293, 449, 536
Spencer, Herbert 93
Sperling, Gene 254
Stanley, Morgan 178, 209, 307, 338
Steel, Robert K. 153, 201
Steuart, James 159
Stiglitz, Joseph 487
Stockman, David 310
Stockman, David A. 185
Strauss-Kahn, Dominique 423f., 426f., 580
Sufi, Amir 358
Summers, Lawrence (Larry) 253, 267, 299, 304, 306, 308, 312, 319, 324, 335, 342f., 348f.
Sun Yat-Sen 61
Suskind, Ron 361, 363f.

Taibbi, Matt 155
Taleb, Nicholas 264
Thatcher, Margaret 198, 227, 259, 363, 370, 493, 561
Thomas von Aquin 76
Trichet, Jean-Claude 390, 421, 424
Trotzki, Leo 19
Trump, Donald 340
Tsipras, Alexis 433, 439, 458, 460, 545, 572, 574, 576ff., 584
Tucker, Josiah 78, 516

Varoufakis, Yanis 446, 452, 457ff., 462, 464ff., 475, 572ff., 577, 581, 583, 585
Veblen, Thorstein 69, 168, 171ff., 257, 520, 529
Volcker, Paul 202, 259

Wallace, Alfred 93
Warren, Elizabeth 301, 304, 347, 356, 525
Wasserstein, Bruce 205
Watt, James 200
Weill, Sanford 304
Wells, H. G. 545f.
Wells, Robin 141
Wilhelm der Eroberer 77
Wilson, Edward O. 126
Wilson, Kendrick 153
Wolf, Martin 218, 429, 472, 487, 537
Wray, L. Randall (Randy) 32, 539, 556

Yellen, Janet 188, 557

Zoellick, Robert B. 153

Sachregister

72er-Regel 107, 111

Ablassjahr 112
Abschreibung 33, 142f., 221, 330, 335f., 340, 353, 357f., 419, 427, 517, 519, 550, 568
Abwertung 14, 25, 387, 406f., 410f., 434, 465, 475, 595
Agency-Theorie 215, 217
Agrochemie 95
Aktien 12, 25, 52, 66, 69, 81, 83, 133, 137, 144, 146ff., 150, 161, 163, 167, 171f., 177ff., 184ff., 190f., 194, 198, 201ff., 206ff., 212, 214f., 219, 221, 225f., 231ff., 239, 242, 245, 247, 249, 259f., 276, 301, 390, 420, 425, 468, 498, 524, 530, 557, 561f., 595
Aktienindex 188, 215
Aktienmanipulation 185
Aktienrückkäufe 46f., 65, 180ff., 190, 206, 211f., 215f., 220, 227, 375, 498, 523, 561, 595
Aktienverwässerung *siehe auch* Anleihen 171, 200
Aktiva 33, 242, 292, 309, 351, 530, 569
»aktivistische Aktionäre« 33, 65, 180f., 188, 202, 219, 221, 525, 550
Almende *siehe* Gemeingüter
Ambac Financial Group 334
American International Group (AIG) 254, 267, 269, 291, 293ff., 303, 308, 310, 317ff., 328ff., 341ff., 438, 508, 559
Anglo Irish Bank 277, 390, 392, 394f.
Anleiheemission 23, 167
Anleihen 12, 25, 30, 52, 66, 69, 71, 81, 83, 137, 139, 144, 146ff., 150, 161, 163, 167, 190, 198f., 202ff., 225f., 232ff., 239, 242, 245, 249, 259f., 282, 330, 341, 393, 419f., 425, 427f., 438f., 441f., 444, 450f., 453ff., 466, 468, 474, 476ff., 480f., 483ff., 490f., 493, 502, 504, 513, 524, 530, 561, 577, 595
Anschaffungswert 55, 171
AOL 205
Apple 178ff., 185, 204, 209
Arbeitswerttheorie 38, 76, 80, 92f., 95, 100
Arbitrageure 144, 536
Asiento de Negros 197
Asset Stripping 65, 83, 172, 214
Aufsichtsbehörden 117, 254, 262f., 277, 320, 322, 327, 329, 344, 347, 549, 554
Auslandsverschuldung 98
Austerität 10f., 18, 33, 49f., 70, 138, 230f., 250, 253, 258, 271, 275, 291, 315, 371f., 401, 452, 465, 471, 496, 508f., 531, 535, 547, 554, 570, 573, 587, 596
Automatische Stabilisatoren 249

Bad Bank 307
Bagehot-Regel 278f., 394
Bail-In 387
Bailout 281, 287ff., 294, 299, 313f., 351, 359
Bank of America 262, 269, 276, 280, 309f., 333, 336, 344f.
Bank of England 109, 149, 154, 197, 386, 450, 485, 514
Bank of the United States 313
»Bankster« 270, 275, 287, 341
Bank von Griechenland 418, 577
Bear Stearns 266, 268, 282, 303
Begebung (von Aktien und Wertpapieren) 170
Beleihungswert 121, 240
Bevölkerungswachstum 95f., 236f.
Bezugsrechte 187, 283
Bilanzwert 171
Blackstone Group 294

Blasenökonomie (Bubble Economy) 53, 126, 226, 229, 237
Bloomberg L.P (New Yorker Nachrichten- und Medienunternehmen) 310, 337, 586
Blue-Chip-Unternehmen 205
BNP Paribas 265
Bodenqualitäten 96, 98
Boni 128, 187, 189, 215, 218, 220, 229, 255, 276, 282f., 299, 303, 310f., 318, 321, 323, 325f., 328, 331, 337, 342ff., 347, 350, 361, 380, 467, 508
Bonus-Kultur *siehe* Boni 218
Börsenaufsichtsbehörde, amerikanische 201, 254, 319, 323, 555
Börsengang 178f., 209f., 294
Bradford & Bingley 299
Brady Bonds 23
British Telecom 198
Bruttoinlandsprodukt (BIP) 13, 51, 67, 79, 129, 139ff., 146, 148ff., 185, 234, 248, 254, 385, 395, 407, 419, 422, 429, 454, 457, 463, 467, 503, 580f., 587
Bruttosparquote 247
Buchwert 189, 359
Bundesanleihen 71

Capital Purchase Program 301, 308
Chicago Mercantile Exchange 138
China Investment Corporation (CIC) 294f.
Citibank 118, 253, 269, 280, 305, 307, 329
Citigroup 17, 153ff., 255, 263, 266f., 269, 276, 286, 291, 293, 299f., 302, 304ff., 332ff., 336, 338, 344f., 348f., 363, 537, 549, 559
City of London 70, 138, 173, 194, 251, 254, 327, 504, 521
Collateralized Debt Obligations (CDOs) 252, 301, 307, 322f., 325, 330, 334, 338, 343
Congressional Oversight Panel (Untersuchungsausschuss des Kongresses) 332, 344
Consols 160
Continentals 312
Corporate Raiders 17, 33, 181, 188, 190, 202ff., 219f., 222, 562
Countrywide Financial Corporation 254, 262, 269, 282f.
Credit Default Swaps 279, 317, 319, 321f., 325, 330f., 455, 508
Crédit Mobilier 162f.
Credit Suisse First Boston 209
Crowding-out 116

Darlehen, tilgungsfreie 240
debt-traumatized worker effect 60
Defizitfinanzierung 12, 66, 232, 386, 472, 557f.
Deregulierung 216, 223, 230, 260, 262, 266, 269, 306, 327f., 356, 368, 376, 479, 596
Derivate 48, 253, 255, 279, 306, 317, 320, 324, 334, 336f., 339, 343, 375, 508
Deviseneinkünfte 22f.
Dienstleistungsabkommen *siehe* Trade in Services Agreement
Differentialrente 95
Dodd-Frank-Gesetz 277
Dodd-Frank-Regulierung *siehe* Dodd-Frank-Gesetz 304
Domesday Book 77
Dotcom-Blase 150, 198, 202, 209
Drexel Burnham Lambert 202f.
»Durchsickereffekt« (»Trickle-down-Effekt«) 73, 81, 257, 298, 526, 600

Ebitda (Gewinn vor Zinsen, Steuern und Abschreibungen) 221, 517
Eigenkapital, negatives 54, 120, 232, 269, 285
Eigenkapitalrendite 185

Eigenkapitalreserven 266
Eigenkapitalwert 309
Eigenkapitalzufuhr 293
»Ein Prozent« 42, 49, 53, 66, 75, 83, 97, 115, 128, 135, 144, 150, 190, 233, 240, 249, 260, 271, 273, 275, 297, 367, 372, 379ff., 418, 427, 509, 520, 524ff., 529, 532ff., 536, 560, 569, 592, 601
Einkommen, leistungsloses 43, 86, 88, 537
Einlagensicherungsfonds *siehe* FDIC
Einsteuer *(l'impôt unique)* 90f.
Emergency Economic Stabilization Act 291f.
Emissionsbanken 178ff., 209, 319
Emissionskonsortium 170
Enron-Skandal 261
»Entsparen« 59
equity loans 120, 352
Eurobonds 430
Europäische Kommission 386, 393, 420ff., 424, 427, 443, 447
Europäische Zentralbank (EZB) 66, 154, 369, 372, 377, 379, 385, 387, 389ff., 399, 406, 412, 415, 420ff., 427, 429, 433, 436, 438, 440ff., 444f., 447f., 450f., 454ff., 462, 464ff., 469, 473f., 498, 504, 507, 527, 538, 569, 574f., 577, 579, 581, 586ff., 600
Exportüberschüsse 247
»externe Effekte« 398

»Falken« 265
Fannie Mae (Federal National Mortgage Association, FNMA), US-amerik.e Hypothekenbank 242f., 281f., 315, 323, 333, 352, 356, 549
FBI 230, 262, 323, 349, 362
Federal Deposit Insurance Corporation (FDIC; US-amerikanischer Einlagensicherungsfonds) 117, 154, 201, 255, 277, 280, 285, 290, 293, 298, 300, 303, 307, 309, 311, 329, 337
Federal Housing Administration 243
Federal Insurance Contribution Act (FICA) 526, 559f.
Federal Open Market Committee 266
Federal Reserve Bank of New York (»Fed«) 12, 17, 66, 116ff., 123, 130, 138, 144, 153f., 188, 202, 221, 224ff., 230, 232, 234, 245, 247, 256, 258f., 262, 265f., 268, 274ff., 279, 281, 286ff., 290, 295, 298, 300, 303f., 306, 309ff., 318, 321, 329, 332ff., 336ff., 343, 349f., 355, 360, 374f., 380, 386f., 404, 407, 445, 450, 534, 549, 557, 560, 570, 596
Finanzderivate *siehe auch* Derivate 173, 319, 324, 525, 531
Finanzdienstleistungsaufsicht (FSA) 319
Finanzheuschrecken 33, 80, 180f., 188f., 191, 204, 211
»Finanzialisierung« 65ff., 124f., 188, 215, 222, 227, 367, 371, 381, 410, 413, 465, 497, 499, 513, 515f., 519, 521, 524f., 530f., 535, 550, 560f., 600
Finanzkrise 32, 42, 113f., 116, 120, 139f., 149f., 188, 221, 231, 252, 258f., 263, 267, 277, 285, 306, 311, 344, 360, 378, 398, 401, 407, 442, 470f., 520, 527, 533, 546, 549, 575
Finanzoligarchien 34, 68
Fitch 208, 419
Fluchtkapital 88, 404, 406
Ford Motor Company 178, 207
Frankfurter Börse 70, 173, 251, 422, 521
Französische Revolution 74, 159, 161, 539
Freddie Mac (Federal Home Loan Mortgage Corporation), US-amerik.e Hypothekenbank 242, 281f., 323, 333, 352, 356
Freedom of Information Act 310, 338

»Freizeitwirtschaft« 518
FVI-Sektor (Finanz-, Versicherungs- und Immobiliensektor) 21, 40, 137, 139, 142, 148, 171, 244, 260, 324, 367, 369f., 404, 497, 531, 536, 539, 567, 596

Geierfonds 204, 312, 420, 422, 439, 453, 476f., 480f., 484, 486f., 489ff., 493, 505, 599
Geldmanagerkapitalismus 217, 220, 522
Geldmenge 25, 112, 137, 259, 373, 556, 598
Geldschöpfung 9, 12, 14, 68, 77, 224, 232f., 258, 373f., 385f., 388, 444, 450f., 461, 466, 468, 475, 559, 567, 597
Geldstrom 20, 123, 130, 136f.
Geldtheorie, Moderne 32, 556, 559
Gemeingüter (Allmende) 38, 55, 64, 155, 514, 532f., 542, 561, 567
General Electric 19, 266
General Motors 207, 218
Gesamtrechnung, volkswirtschaftliche 51, 89, 128, 134, 136, 138f., 145ff., 564, 601
Giftmüllpapiere 339
Glass-Steagall-Gesetz 117, 201, 253, 261, 268, 277, 303, 305
Globalisierung 94, 588f.
»Goldlöckchen-Wirtschaft« 229
Goldman Sachs 128, 139, 153ff., 263, 266f., 290, 292, 294f., 301, 304, 317, 320f., 323, 327f., 330ff., 337f., 340f., 344f., 348, 419, 440, 469, 508, 525, 537
Google 209f., 390
Grexit 434, 582
Große Mäßigung 229f.
Grundrente 22, 43, 60ff., 69f., 74, 77, 79, 82, 86, 89ff., 95, 97, 100f., 111, 114, 127, 133f., 141f., 540, 550, 553, 564
grupos (oder Mischkonzerne) 261
»Guns and Butter«-Politik 259

Haircuts (Forderungsverzicht) 280, 328, 340
Hambrecht & Quist 178
Haushaltsdefizit 11, 27, 67, 70, 190, 222f., 231, 245, 247, 271, 349, 371ff., 385, 389, 418f., 422, 434f., 442, 444, 449f., 462, 465, 467f., 475, 500, 517, 524, 526, 546, 595, 597
Hausse 259f.
Hedgefonds 41, 135, 172, 181, 202, 205ff., 210, 225, 251, 264, 284, 287, 307, 322, 338, 458, 463, 481, 484, 492
»heißes Geld« 24
Hewlett-Packard 186
Historische Schule 166
Holdinggesellschaft 163, 584
»holländische Auktion« 209
Home Affordable Mortgage Program (HAMP) 351f., 359
Hortons 206
host economies 36
House Financial Services Committee 298
Humankapital 128, 135
Hypothek 23, 39, 59, 62, 71, 119, 121, 123, 137, 142, 206, 226, 230, 233, 236, 238ff., 243, 252, 282, 284, 286, 290, 292, 298, 303, 311, 323, 330, 346, 351, 353, 357f., 378, 386, 396, 400, 413, 442, 549, 568, 570
Hypothekenobligationen 281
Hypothekenschulden 22f., 44, 60, 119, 233, 298, 347, 351, 353, 358ff., 408, 551, 565
Hypothekenverbriefung 254, 267, 293, 310

IBM 184f.
Immobilien 12, 15, 21f., 25, 32, 43f., 46f., 51ff., 59, 62, 66ff., 81, 87, 118, 121ff., 135f., 142ff., 146, 148, 169ff., 191, 195, 201, 206f., 211f., 222, 225f., 230ff., 239f., 242, 244f., 260, 268, 276, 284,

294, 324, 354f., 360, 364, 372, 399, 402f., 405, 410ff., 414, 468, 470, 499, 517, 521f., 524, 530f., 534, 539, 541, 546, 550, 554, 557, 562f., 568, 582, 595f.
Industriekapital 40, 66, 132, 143, 208, 223, 557
IndyMac 303
Inflationsdruck 120, 139
Inflationsrate 68, 259
Insolvenzrecht 262, 510
Institutionen 29, 68, 72, 76, 90, 146, 152, 242, 269, 276, 279, 281f., 285, 293, 301, 303, 367, 386, 394, 412, 424, 466, 469, 493, 585f.
Intel 187
Internationaler Währungsfonds (IWF) 11, 25, 28, 54, 123, 234, 277, 297, 351, 372, 377, 379, 387, 392ff., 397ff., 406f., 420ff., 429ff., 436, 441f., 444, 450f., 454f., 459, 462ff., 469, 471, 473f., 477, 479f., 484f., 488, 490, 495f., 498, 503, 505, 507, 509f., 518, 527, 569, 575, 579ff., 586, 588, 594
Investitionsrentabilität 143

»Jingle Mail« 354
JP Morgan Chase 263, 266, 268, 326
»Jubeljahr«, jüdisches 103, 545, 566
»Jubilee 2000« (»Erlassjahr 2000«-Kampagne) 482
junk bonds (Ramschanleihen) 173
junk economics (»neoliberale Pseudo-Ökonomie«) 45, 258, 263, 271, 380

Kapitalflucht 23, 25, 48, 110, 425, 430, 434, 447, 480
Kapitalgewinn 49, 123, 125, 129f., 147, 150, 171, 189f., 199, 212, 216, 222, 234ff., 238ff., 246, 498, 530, 533, 539, 550, 554, 561f.
Kapitalgewinnsteuer 239f.
Kapitalisierungsfaktor 236, 238
»Keating Five« 288
Kleiner Perkins Caufield & Byers 209
Kleptokratie 288, 342, 514, 561
Konjunkturerholung 222, 230, 245, 256, 297, 314
Konsumausfall 246
Konsumausgaben 52, 59, 97f., 137, 245, 274, 379, 458
Konsumgüter 96, 112, 156, 246, 577
Konsumquote 246
Korngesetze, britische 74, 94ff., 98, 369
Körperschaftssteuer 190
Kostendeckungsschwelle 90f., 100, 243
Kosten, externe 148
Kreditausfälle 115
Kredite, endogene 137
Kredite, regresslose 279
Kreditexpansion 110
»kreditgesättigt« 23, 118, 313
Kreditrahmen 191, 308
Kreditschöpfung, produktive 111f.
Kreditvergabe, »räuberische« 111
»Kuponabschneider« 41, 69
Kurs-Gewinn-Verhältnis 139, 189

Lazard Frères & Co. 217
LBO 190
Lehman Brothers 264ff., 268, 282, 331, 339
Leitzins 103, 111, 120, 238
Lenovo 185
Leveraged Buyout *siehe* LBO 190, 214
Levy Institute 32, 279
liar loans siehe »Lügnerkredite« 122
Liegenschaftsgewinne 240
Liquiditätsfalle 376
Liquiditätskrise 279, 335f., 374, 556
London School of Economics 251
Long-Term Capital Management 264, 338
»Lügnerkredite« 122, 236f., 242f., 252, 263, 269f., 283, 300f., 311, 315, 319, 321, 352, 364, 568

Maastricht-Vertrag 418
Magna Carta 77
Maiden-Lane-(Sonder)fonds 343
Malteserorden 195
Management-Buyout 211
Marktkapitalisierung 182f.
Marxismus 70, 131, 537
MBIA 334
Medicare 244, 370
Mehrwert, wirtschaftlicher 23, 67, 74, 89ff., 129
Meritokratie 161
Merrill Lynch 333
Microsoft 180, 184, 186
Mietwert 44, 143, 237, 312, 364, 411, 414, 517, 523, 551, 568
Mindestlohn 94, 97, 99f., 157, 349, 441, 447, 456
Minsky-Effekt 123
Mischkonzerne 261
Mississippi-Kompanie 197, 514
Modigliani-Miller-Theorem 189
Monetarisierung 68
Monetarist 35, 421, 540
Monopolrente 16, 63f., 69, 74, 127, 129, 561, 597
Moody's 118, 286, 419, 430, 483
Morgan Stanley 178, 209, 307, 338
Mortgage-backed Securities 307
Mortgage Banking Association 354

National Income and Product Accounts (NIPA) 40, 40, 45, 130, 139f., 142, 145, 147, 213, 234
neoliberal 50, 75, 79, 253, 263, 319, 370, 379, 387, 397, 401, 403, 412, 414, 435, 441, 460, 469, 480, 496, 510, 516, 535f., 567, 573, 578, 580, 584, 588f.
Neoliberalismus 69, 73, 79, 84, 386f., 416, 600
Nettosparquote 247
Neuemissionen 179
New Deal 116, 246, 273, 277, 306
»New Labour« 370, 386
New York Clearing House 138
New York Federal Reserve 153, 265, 290, 305, 310
Nobelpreis für Wirtschaftswissenschaften 263
Nominaler Vermögenswert, »Papiervermögen« 22
Northern Rock 299
Notverkäufe 118, 275, 387, 396
Nullsummenspiel 267

OCC *siehe* Office of the Comptroller of the Currency
Occupy-Bewegung 42, 379ff., 428
Öffentliche Banken 555
Office of Management and Budget 185, 253
Office of the Comptroller of the Currency (OCC) 221
Office of Thrift Supervision (OTS) 322
Ordoliberalismus 437
Ostindiengesellschaft 157

Papiervermögen siehe Nominaler Vermögenswert 22
Pari-passu-Regel 486, 503
Pariser Börse 173, 422
Pershing Square Capital Management 214
»Peterspfennig« 195
Physiokraten 15, 20, 55, 61, 73, 80, 89ff., 127
Plutokraten 98
Poison Pill 217, 221
Postindustrialisierung 218
Preisdeflation *siehe auch* Preisverfall 101, 389
Preisverfall 100, 276
Privatinsolvenz 509
Privatisierung 18, 31, 52, 64, 66, 84, 88, 111, 155, 198f., 260, 271, 370ff., 381, 386,

403f., 412, 428, 431, 443, 445, 457, 461, 479, 496f., 499, 514f., 519, 524, 527, 530f., 533, 541, 556, 560f., 567, 570, 575, 582f., 598, 600
Privatunternehmen 211, 443, 584
Problemaktiva 276, 279, 287f., 300, 307f.
Produktionsfaktoren 111, 131, 133
Progressive Ära 15, 37, 47, 55, 85, 132, 380f., 498, 561, 598
Pump-and-Dump-Angriff 198, 205

Quantitative Lockerung (»Quantitative Easing«) 12, 66, 232, 274, 280, 374f., 380, 498, 557

Ramschanleihen, Ramsch-Hypotheken 17, 65, 173, 180, 190f., 202, 204, 216, 239, 310, 319, 562, 595
Ratingagentur 118, 185, 208, 286
Raubtierkapitalismus 171, 205
regulatory capture (regulatorische Vereinnahmung) 254, 408
Reinertrag, volkswirtschaftlicher 91
Rendite 30, 454
Rentendeflation 91, 100, 140, 231, 521
Rentenextraktion 18, 37f., 41ff., 50, 64, 72f., 83f., 94, 101, 127, 129, 132, 139f., 145, 156, 192, 196, 199, 275, 356, 467, 494, 499ff., 514f., 518, 522f., 529ff., 537, 539, 548, 550, 552, 560, 565f., 571, 582, 595
Rentenmarkt 183, 259f.
Rententheorie 41, 69, 80, 91, 98, 130, 133, 155, 549, 551, 565
Rente, ökonomische 15ff., 34, 38, 41, 43, 45, 50ff., 55, 63f., 67, 69, 74, 76, 80f., 84, 87ff., 93, 98, 130, 133, 135, 139ff., 144, 152, 161, 172, 237, 369, 376, 388, 404, 467, 500, 507, 531, 536ff., 552ff., 562, 564f., 601
Rentier 15, 18, 34, 38, 41ff., 45ff., 50ff., 55, 57, 59, 62, 67, 69f., 72ff., 77ff., 88, 90, 98, 101, 113, 124, 127ff., 134ff., 138f., 144, 146f., 150, 159ff., 223f., 231, 246, 249, 262, 356, 367, 369, 377, 379f., 435, 452, 460, 467f., 491, 496ff., 520ff., 524f., 532f., 535f., 538ff., 548, 552f., 562, 565, 567, 571, 573, 588ff., 595ff., 600f., 607
Rent-Seeking 15, 73, 80, 402, 467f., 496, 498f., 501, 520, 530, 535, 542, 565, 587, 592, 596, 600
Rettungsmaßnahmen 33, 49, 54, 140, 148, 150, 177, 230, 243, 245, 270, 278, 309, 311
Risiken 150, 254, 266, 269, 273, 303, 310, 318, 320f., 327, 337, 343, 350, 390, 392, 397, 426, 472, 483, 485, 504, 571
Risikokapitalgeber 179
robo-signed documents 269
Rohstoffe 95, 98, 100, 194, 552, 561, 565, 593
Royal Bank of Scotland 299, 390
Russell 3000 215

Sachanlagen 17, 47, 50, 132, 156, 177, 181, 186, 227, 375, 517
Sarbanes-Oxley-Act 555
Savings-and-Loan-Skandal, -Krise) 230, 261, 278, 288, 306
Schneeballsystem 54, 121, 252, 267, 405, 465f., 508, 553, 558
Scholastik 76
Schuldendeflation 10, 12ff., 18, 49f., 52, 60, 67, 70, 91, 100, 116, 119, 124, 136, 140, 188, 223, 228f., 231, 233f., 244ff., 259, 270, 275, 314, 318, 327, 365, 367, 376, 378, 380, 386, 389, 398f., 401, 408, 410, 412, 416, 452, 470ff., 491, 499, 508f., 531, 533, 539, 547, 550, 563, 573, 595, 597, 600f.
Schuldendienst 11, 22f., 26, 45, 52, 60, 64, 72, 81, 100f., 119, 129, 136, 140, 156, 218, 226f., 244f., 248, 258, 260, 365,

373, 379, 405, 413, 441f., 463, 465, 475, 515, 519, 523f., 531, 567, 595
Schuldenerlass 14f., 27, 29, 31, 54, 71, 112, 127, 163, 262, 281, 299, 314, 349, 374, 376, 424, 474, 482, 485f., 491, 499, 504, 546, 550, 565ff., 570f., 577, 579, 588, 599
Schuldenkrise 20, 27, 401, 492, 499, 539, 564
Schuldenschnitt 112, 116, 274, 328, 353, 393, 400, 420f., 424, 427, 437, 471, 474, 550, 572f., 576, 580, 583
Schuldknechtschaft 31, 55, 59, 102f., 111, 191, 213, 252, 275, 364, 366f., 395, 407, 445, 449, 453, 460, 462, 499, 507, 510, 522f., 526, 548, 551, 554, 566, 569f., 587, 599
Schutzzölle 97, 101
Schwedische Reichsbank 263
Securities and Exchange Commission (SEC) *siehe* Börsenaufsichtsbehörde, amerikanische
Selbstversorgung 195, 413, 594
Sequoia Capital 209
Silver Lake Management 211
Sovereign Wealth Fund 29
Sozialismus 33, 55, 82, 130, 224, 239, 283, 289, 380, 404, 419, 433, 446, 497, 522f., 533, 548, 567, 570
Sozialisten *siehe auch* Sozialismus 15f., 47, 66, 101, 132, 156, 162, 164, 173, 224, 370, 431, 434, , 457, 537, 540, 564
S&P 500-Index 185f., 188
Sparmaßnahmen *siehe auch* Sparprogramme 33, 36, 43, 50, 98, 100, 125, 138, 213, 231, 244, 246, 271, 281, 297, 379, 439f., 456, 458, 469, 576, 587
Sparprogramme 25, 28, 47ff., 52, 54f., 66, 172, 370, 372, 376, 460, 465, 560
Spekulationsblase 30, 53, 81, 124, 149, 212, 225, 228, 242, 245, 249, 252, 254, 266, 274, 318, 320, 338, 371, 427
Staatsfonds (Staatsanleihen) 9, 23f., 27, 29, 41, 66, 109, 126, 138f., 156f., 160, 196, 198, 247, 294, 340, 373, 377, 385, 412, 422f., 425, 429, 438, 441, 453f., 463, 477, 483, 487, 502, 504, 597
Staatsschuldenquote 185
»Stabilitäts- und Wachstumspakt« 386
Standard Oil 23, 201
Standard & Poor's 185, 419, 430, 438
Stimmrecht *siehe auch* Stimmrechtskampf 210, 300f., 334, 597
Stimmrechtskampf 205f.
»Strategische Zahlungsunfähigkeit« 354
»Strukturanpassungen« 28
Subprime-Fonds 265
Swapgeschäfte 308f.
Syntagma-Platz (Athen) 430, 447
systemrelevant 299, 305, 308, 326, 362

T2 Partners 206
Tableau Économique 74, 89, 136
Target 218
TARP-Bailout 289, 338
TARP (Troubled Asset Relief Program) 283ff., 287, 289ff., 296, 299ff., 309ff., 313, 318, 321, 332f., 338, 340, 344, 347, 350f., 359, 560
T-Bonds 71, 126, 190, 252, 282, 294
Thatcherismus 64
The Hamilton Project (THP) 253, 312
Tilgungsfonds 109, 125
Time Warner 186, 205, 208
Tobins Quotient 171
Tokioter Börse 251
»too big to fail« 48, 269, 343
Trade in Services Agreement (TiSA) 370, 496
Transferzahlung 40, 146, 245
Transpazifische Partnerschaft (TPP) 356, 370, 379, 496, 597
Travelers Insurance 305, 324

Trickle-down-Effekt (bzw. –Ökonomie) 73, 367
»Troika« 277, 387, 396, 418, 420, 422ff., 426f., 430f., 434ff., 448, 452, 457ff., 462, 466, 563, 572ff., 583, 585, 589
TWA 181

Übernahme, feindliche 65, 202f., 217
Überschuldung 12, 17, 102, 246, 258, 343, 354, 372, 374, 410, 470, 497, 500, 522, 535, 539, 546, 548, 566, 571, 588
umgekehrter Aktiensplit 309
Umkehrhypothek 124
Unternehmensführung 216, 220, 299, 301
Unternehmenspolitik 184, 187f.
Unternehmenszerschlagung 223
U.S. Steel 201

Verbrauchssteuer 92
Verdopplungszeit 104, 111
»Vergoldete Zeitalter« 167, 171
Vermögenserträge 171, 403
Vermögenspreisinflation 12, 46, 52, 81, 144, 147, 223, 225, 228f., 233f., 236, 244, 268, 285, 318, 373, 499, 536, 548f., 553, 558f.
Vermögensveräußerung 111
Vermögenswerte 11f., 25, 33, 39, 52ff., 65, 68, 75, 81, 84, 87ff., 111ff., 117, 121, 123, 126, 133, 136f., 144, 148, 161, 163, 165, 172, 184, 188f., 191, 195, 198, 200, 206f., 217, 222, 225f., 233ff., 239, 245, 252, 260, 262, 267, 274ff., 302, 329, 372, 374, 396, 404, 442f., 453, 470, 474, 476, 482, 488f., 491, 496, 498ff., 505f., 509ff., 514ff., 531, 533, 551f., 554, 561, 563, 567, 582ff., 593, 595, 599
Verschuldung 13, 33, 44, 68, 79, 96, 102, 111f., 115f., 137, 158, 172f., 188, 190f., 202, 213ff., 222, 227, 229ff., 241, 244, 308, 327, 338, 355, 366, 413, 418, 429, 434, 449f., 472f., 479, 492, 497, 501, 503, 506, 508, 511, 532f., 538, 547f., 556, 566, 573, 580, 592, 595, 601
Verschuldungsgrad 160, 185, 192
Verstaatlichung 93, 155, 266, 311, 317, 355, 410, 520, 537, 546, 553, 561, 564f., 584, 599
Vertrag von Lissabon 385, 388, 433, 435, 465
Vetternwirtschaft 78, 163, 288, 295, 435
Volkseinkommen 11, 73, 79, 95, 125, 145f., 149, 233ff., 247, 457, 520

Wachstumsunternehmen 182, 185
Wall Street 20, 26ff., 33, 41, 43, 45, 48f., 70, 76, 82, 98, 113, 118, 122, 131, 135, 138, 153, 167, 173, 175, 177, 180, 182, 192, 194, 200, 210, 212, 217, 219, 222, 225, 230ff., 245, 251ff., 258, 261, 263ff., 267, 269ff., 274, 276f., 279f., 283, 285f., 288ff., 295, 297, 300, 302, 308, 310f., 313, 317ff., 325ff., 336ff., 342ff., 347ff., 353f., 356, 360ff., 370f., 374ff., 379ff., 422, 437f., 487, 498, 521, 525, 547, 554, 557ff., 562, 597f.
Wandelvorzugsaktien 180
Washington Mutual 282, 303
Wechselkurs 10, 111, 120, 407, 503
Weltbank 19, 87, 369, 469, 488, 502, 510, 518, 586, 594
Weltkrieg, Erster (1914–1918) 9f., 13f., 43, 82, 94, 168, 172, 194, 223f., 369, 389, 501, 512, 537f., 540, 545, 555, 564, 568, 585
Weltkrieg, Zweiter (1939–1945) 14, 21f., 43, 119, 139, 213, 227, 403, 445, 469, 552, 586, 589, 594
Weltwirtschaftskrise 201, 268
Wertminderung 143
Wertschöpfung 15, 115, 185, 281, 356, 525

Wert- und Preistheorie 50, 55, 61, 74, 92, 516, 537, 564
White House Economic Council 254
Wirtschaftsleistung 14, 102, 112, 125, 138f., 146ff., 161, 213, 386, 407, 463, 465, 467, 509, 552
»Wirtswirtschaft« 36, 38, 70, 94, 101, 271, 281
Wohlstandsgefälle 144, 273

Zahlungsausfall 60, 70, 120, 122, 161, 169, 198, 200, 212f., 231, 242, 282, 298, 325ff., 352, 389, 392, 410, 425f., 429ff., 437f., 441, 444, 455, 474, 479, 483, 485, 508
Zahlungsbilanz 22ff., 111, 406, 413, 444, 514
Zahlungsdefizit 25
Zahlungskette 267, 374
Zeichnungsgebühr 179
Zentralbanken 12, 27, 41, 66, 68ff., 138f., 150, 245, 247, 258, 278, 282, 368f., 374, 386, 391, 394, 444, 451, 461, 466, 468, 470, 473, 509, 530, 536, 548, 556ff., 562, 569, 594f.
Zinsarbitrage 185, 375
Zinseszins 20, 47, 53, 73, 101f., 105, 107ff., 113ff., 125, 165, 268, 327, 488, 507
Zinseszinseffekt 23, 46, 83, 109, 113f., 117, 123, 127
Zinstilgung 64
Zwangsenteignung 111, 118, 302, 315
Zwangsvollstreckung 14, 60, 191, 233, 286, 346, 353, 358ff., 497, 500, 522, 527, 534, 545, 549, 567, 569